马克思传

【德】弗兰茨·梅林 著　胡晓琛　高杉 译

中央编译出版社
CCTP　Central Compilation & Translation Press

译者序

作为国际工人运动的伟大领袖,卡尔·马克思既是杰出的理论家,又是伟大的实践者。他在经年累月的艰苦工作中撰写了大量科学著作,在时代的巨大冲突中领导劳动群众参加工人阶级的解放斗争。这位伟大革命导师的传记自然具有重要的政治和理论意义。因为传记与其他的文学体裁不同,作传者得以利用它展现革命导师的生活,使读者看到伟人鲜活的形象,从而感到无比亲切。

在记录马克思生平的众多尝试中,弗兰茨·梅林的《马克思传》至今仍具有极其重要的地位。尤其是对于刚开始接触马克思主义的年轻人来说,这本传记体现了梅林杰出的专业知识、伟大的艺术创造力和炽热的感情,它使马克思栩栩如生,这是其他马克思主义的著作所不可取代的。

《马克思传》是梅林的最后一部重要著作。早在19世纪80年代,梅林就曾计划写一本马克思的传记。但是,其他重要的学术和政论著作一次又一次地推迟了这项任务。直到生命的最后阶段,在第一次世界大战的动荡年代中,梅林才完成了这部不朽名篇。作为传记作家和历史学家,梅林以笔为枪,与带来世界大战灾难的帝国主义作斗争,与工人运动中修正主义者和改良主义者的背叛作斗争。通过这部传记,梅林维护了马克思主义革命和激进的伟大传统,从而为社会主义革命提供了坚强的理论支持。

梅林是一位历史唯物主义大师。在他这本马克思传记的每一个阶段,相应的社会背景都清晰可见。梅林对材料的熟稔,对马克思的生平和当时

马克思传

已知的著作的了解,在他的时代可谓首屈一指。他数十年间孜孜不倦地研究马克思生平著作,这才积累了丰厚的材料。梅林之所以成为马克思最重要的传记作者,正是源自他对伟人发自内心的敬爱。即便考茨基、梁赞诺夫等人曾指责梅林敌视马克思,但只要读几页《马克思传》《德国社会民主主义史》或梅林的任何其他著作,我们就能立刻感受到梅林对他的导师始终怀有的真挚感情。这种感情赋予了《马克思传》以充沛的活力和宽厚的语调。但梅林对马克思的热爱又并非那种与工人运动格格不入的个人崇拜。他给自己定下的任务是,创作一幅真正的马克思生活画像,为此需要始终努力保持叙述的事实性和客观性。总的来说,梅林实现了这一目标。在他的传记中,我们看到了马克思的立体形象——一位杰出的思想家和热情的政治斗士,严谨的科学家和政论家,同时也是忠诚的朋友和同志,情感细腻的丈夫和父亲,是孩子们的玩伴、老师和榜样。

但必须强调的是,梅林在批评马克思和为马克思的反对者辩护时,也存在一些比较严重的错误。例如,他高估了魏特林这位"真正的"社会主义者,误解了马克思和恩格斯反对拉萨尔的斗争,错误评价了马克思对《哥达纲领》的批判等等。对此,本书尽量在注释中做了必要的说明。对于个别影响重大的语句,本书也在编辑过程中做了十分谨慎和有限的删节。

梅林的《马克思传》首次出版于1918年3月,并于1923年在莱比锡再版。作者在原书中没有做注释,只在篇末提供了一个关于各章的说明,主要列举了各个章节涉及的参考文献。1960年,柏林狄茨出版社将这本著作作为《弗兰茨·梅林全集》的第3卷出版,由托马斯·霍勒(Thomas Höhle)编辑,并做了大量的注释。

本书是根据1918年德文版翻译的,是第一个根据德文原文翻译的中译本。在此之前,1953年罗稷南的中译本依据的是1936年的英译本,1965年樊集的中译本则是根据1957年的俄译本转译的。译者在翻译过程中同时参考了上述两个中文版。

本书中马克思和恩格斯的引文,首先依据的是《马克思恩格斯全集》中文第2版。当引文涉及未出版的二版卷次时,则依据《马克思恩格斯文

译者序

集》和《马克思恩格斯全集》中文第 1 版，并对其中的个别用字做了修改，如"好象"改为"好像"、"那末"改为"那么"等。本书中的注释，包括脚注和篇末注，部分参考了 1960 年德文版的注释，部分借鉴了 1965 年中译本中的注释。

在本书的翻译过程中，译者得到了经典著作编译领域众多专家学者的指导和帮助，以及中央编译出版社领导的大力支持。在对各位领导、师友表示感谢之余，也希望本书的各位读者多多提出批评建议，以期更好地展现出作传者梅林的科学与艺术造诣，从而帮助更多人更加深入地把握革命导师马克思战斗与辉煌的一生。

高　杉　胡晓琛

2022 年 5 月于北京

序　言

　　这本书有一段小小的掌故。当时有人提出要出版马克思恩格斯通信集。劳拉·拉法格夫人表示，如果这个建议必须得到她的同意，那么她有一个条件，就是一定要我作为她的代理人参加编辑工作。1910年11月10日，她从德拉韦伊寄来了一份委托书，全权委托我作一些我认为必要的说明、注释和删节。

　　然而，我并没有实际行使这项权力。在编者们之间，或者更确切地说，在编者伯恩施坦（因为倍倍尔只是挂个名而已）和我之间并未发生过任何重大的分歧。如果没有确实或至少是迫切的原因，那么我没有理由、没有权利，也不愿意干涉他的工作，这样不符合委托者的意愿。

　　然而，在编辑该通信集的很长一段时间中，我通过几十年研究而建立起来的卡尔·马克思的形象，变得更为鲜明突出了。因此，我不由得萌生了写一部传记来刻画这个形象的愿望。尤其是我知道，这个主意一定会使拉法格夫人非常高兴。我之所以获得她的友情和信任，并不是因为我在她心目中是她父亲最博学最聪敏的学生；而只是因为，她认为我最了解他的为人，知道如何最准确地描绘他。她常常在通信与交谈中信誓旦旦地对我说，透过我的《德国社会民主党史》、特别是《马克思遗著选》中的描述，一些几已忘怀的父母家庭往事又令她记忆犹新，历历在目；当年常听她父母提到的一些人名，也因为我的描述而从单纯的幻影变成了实在的形象。

　　不幸的是，当她父亲与恩格斯的通信集出版时，这位高尚的女性已经去世很久了。她在临终前几小时还给我寄来了一封亲切的问候信。她继承

了她父亲的豁达胸怀。我至死都感激她托付我发表马克思遗著中的许多珍贵材料，并且甚至没有丝毫企图影响我对它们的批评判断。例如，虽然她从我的《德国社会民主党史》中知道，我曾经怎样坚决地、经常地维护拉萨尔的权利而反对他父亲，她还是将拉萨尔写给她父亲的信交给了我。

然而，这位女性所具有的宽宏气度，在马克思主义的两位卫道者身上却一点也找不到。当我着手开始撰写马克思传记的计划的时候，他们两位就吹响了道德愤慨的号角。其理由是我在《新时代》上发表了一些关于拉萨尔和巴枯宁与马克思关系的言论，而没有对党内流行的传说进行应有的迎合。首先，卡·考茨基斥责我总体上"反对马克思"，尤其是"辜负"了拉法格夫人的信任。而因为我仍然坚持要把马克思传记写下去，他竟然耗费《新时代》60多页的宝贵篇幅用来刊载一本小册子①。在这本小册子中，梁赞诺夫企图给我安上最可耻地背叛马克思的罪名。他对我大加非难，其言词之歪曲捏造只能和其论点之荒诞无稽相媲美。由于某种感情——为了礼貌起见，我不愿说出这是一种什么感情——的驱使，我听任这些人肆意谩骂。但是我有义务声明，我不曾对他们这种精神上的恐吓手段作出丝毫让步，而且在下面的正文中完全不理会党内流行的传说，始终以历史的真实为依据叙述拉萨尔、巴枯宁与马克思的关系。当然，我在正文中仍然避免作任何争论，只是在注释中对考茨基和梁赞诺夫向我提出的一些主要责难略加嘲讽，以便对做这方面工作的年轻工人们有所助益，因为这些年轻人现在正应该养成习惯，对马克思卫道士们的气势汹汹采取置之不理的态度。

如果马克思实际上真像马克思卫道士们所赞美的那样，是一个呆板的模范人物，那么我就绝不会醉心于写他的传记了。我的赞美，正和我的批评一样，——在一本好的传记中，这两者需要有同等分量——都集中在一位伟大人物身上，这个人在讲到他自己时，常常喜欢说：人所具有的我都

---

① 指梁赞诺夫的《社会民主主义的旗帜和无政府主义的商品》，载于《新时代》第32年卷第1册，第5—10期和13期。

序 言

具有①。把马克思的伟大形象不加修饰地重新塑造出来,这就是我给自己提出的任务。

目的本身已经决定了达成目的的方法。历史向来既是艺术又是科学,撰写传记尤其应当如此。我一时记不起是哪个古板的家伙曾生出这样一种"灿烂的"思想,认为在历史科学的殿堂内没有美学的用武之地。可是我应该坦白承认,也许这是我的耻辱,我对资产阶级社会的憎恨并不像对那些更严厉的思想家那样彻底。他们只是为了刁难善良的伏尔泰,就宣称只有枯燥无味的文体才是唯一被允许的文体。马克思本人在这一点上也被认为是糟糕的,因为他认同他喜欢的古希腊人的观点,把克利奥算作9个缪斯之一。实际上,只有被缪斯看不起的人,才咒骂缪斯。

倘若我可以假定读者对我所采用的体裁表示赞同,那么我还得请求他们在内容方面稍作宽容。在这里,我从一开始就面临着一个不可避免的必要考虑:如果要使这本书至少使文化程度较高的工人觉得通俗易懂,那么就万万不可使其篇幅过大。可是现在的篇幅已经超过原计划的一半了。我常常因此而不得不把一行紧缩为一个字,一页紧缩为一行,一印张紧缩为一页!对马克思科学著作的分析尤其受到了这种外在的制约。为了从一开始就避免任何疑问,我把伟大作家传记中惯用的副标题"他的生平和著作史"中的著作部分删掉了。

无疑,马克思之所以无比伟大,主要是因为思想的人和实践的人不可分割地融于一身,而且是相辅相成的。同样无疑的是,在他身上,作为战士的一面总是优先于作为思想家的一面的。在这方面,我们的所有伟大先驱者们,都有一致的看法。正如拉萨尔曾表达的那样,只要实际行动的时机终于到来,他就一定会心甘情愿地不再写他所知道的事了。他们对这一点的看法有多么正确,我们在我们的时代有着深刻的体会:那些用了30年甚至40年的时间来专心考究马克思著作中每一个逗号的一本正经的研究者们,到了本可以而且应当像马克思那样行动的历史时刻,却只知道像颤抖的风信标那样绕轴自转。

---

① 《马克思恩格斯全集》中文第一版第30卷,第451页。

但我不想隐瞒这样一个事实：我并不觉得自己有能力向别人指示马克思所掌握的宏大的知识疆域。甚至为了在我所叙述的狭小范围内对《资本论》第二卷和第三卷进行明确清晰的描述，我还请了我的朋友罗莎·卢森堡帮忙。因为她欣然地接受了我的请求，写了第十二章的第三节，读者们一定会像感激我一样感激她。

我的这本书由于她的珍贵手笔而增色，令我感到高兴；我们共同的朋友克拉拉·蔡特金允许我的小船打着她的旗帜驶出公海，也同样令我感到高兴。在时代的狂飙将那么多社会主义的"英勇而坚决的先锋们"如秋风扫落叶般扫掉时，这两位女性的友谊给了我莫大的安慰。

弗兰茨·梅林

1918 年 3 月，柏林-施特格利茨

目　录

第一章　青年时代 ··· 001
　（一）家庭和学校 ··· 001
　（二）燕妮·冯·威斯特华伦 ·· 006

第二章　黑格尔的弟子 ··· 010
　（一）柏林的第一年 ··· 010
　（二）青年黑格尔派 ··· 016
　（三）自我意识的哲学 ··· 023
　（四）博士论文 ··· 027
　（五）《轶文集》和《莱茵报》 ······································ 033
　（六）莱茵省议会 ··· 038
　（七）战斗的五个月 ··· 044
　（八）路德维希·费尔巴哈 ··· 053
　（九）结婚和被逐 ··· 056

第三章　流寓巴黎 ··· 060
　（一）《德法年鉴》 ·· 060
　（二）哲学的展望 ··· 066
　（三）《论犹太人问题》 ·· 071

　　（四）法国文明 …………………………………………… 076
　　（五）《前进报》和被驱逐 ……………………………… 081

第四章　弗里德里希·恩格斯 ………………………………… 091
　　（一）商行和军营 …………………………………………… 091
　　（二）英国文明 ……………………………………………… 097
　　（三）《神圣家族》 ………………………………………… 101
　　（四）一部社会主义的奠基之作 …………………………… 109

第五章　流亡布鲁塞尔 ………………………………………… 114
　　（一）《德意志意识形态》 ………………………………… 114
　　（二）"真正的"社会主义 ………………………………… 117
　　（三）魏特林和蒲鲁东 ……………………………………… 122
　　（四）历史唯物主义 ………………………………………… 128
　　（五）《德意志—布鲁塞尔报》 …………………………… 136
　　（六）共产主义者同盟 ……………………………………… 143
　　（七）布鲁塞尔的宣传 ……………………………………… 148
　　（八）《共产党宣言》 ……………………………………… 155

第六章　革命和反革命 ………………………………………… 161
　　（一）二月和三月的日子 …………………………………… 161
　　（二）六月的日子 …………………………………………… 164
　　（三）对俄战争 ……………………………………………… 169
　　（四）九月的日子 …………………………………………… 175
　　（五）科隆的民主派 ………………………………………… 181
　　（六）弗莱里格拉特和拉萨尔 ……………………………… 185
　　（七）十月与十一月的日子 ………………………………… 188
　　（八）一次暗算 ……………………………………………… 193
　　（九）又一次卑怯的打击 …………………………………… 199

第七章　流亡伦敦 ······ 202
　（一）《新莱茵报。评论》 ······ 202
　（二）金克尔案 ······ 207
　（三）共产主义者同盟的分裂 ······ 211
　（四）流亡中的生活 ······ 218
　（五）雾月十八日 ······ 224
　（六）科隆共产党人案件 ······ 229

第八章　马克思和恩格斯 ······ 237
　（一）天才和社会 ······ 237
　（二）独一无二的同盟 ······ 243

第九章　克里木战争和危机 ······ 250
　（一）欧洲政治 ······ 250
　（二）大卫·乌尔卡尔特、哈尼和琼斯 ······ 255
　（三）家庭和朋友 ······ 259
　（四）1857年的危机 ······ 265
　（五）《政治经济学批判》 ······ 270

第十章　王朝的变革 ······ 277
　（一）意大利战争 ······ 277
　（二）与拉萨尔的争论 ······ 283
　（三）流亡者之间的新斗争 ······ 290
　（四）插曲 ······ 299
　（五）《福格特先生》 ······ 305
　（六）家事和私事 ······ 309
　（七）拉萨尔的鼓动 ······ 318

第十一章 国际的创始 ························ 328
（一）成立 ························ 328
（二）《成立宣言》和《章程》 ················ 335
（三）与施韦泽的决裂 ···················· 341
（四）伦敦第一次代表会议 ·················· 346
（五）德国的战争 ······················ 353
（六）日内瓦代表大会 ···················· 361

第十二章 《资本论》 ························ 369
（一）产痛 ························ 369
（二）第一卷 ························ 373
（三）第二卷和第三卷 ···················· 382
（四）著作的接受 ······················ 390

第十三章 处于鼎盛期的国际 ···················· 397
（一）英国、法国、比利时 ·················· 397
（二）瑞士和德国 ······················ 405
（三）巴枯宁的鼓动 ····················· 412
（四）社会主义民主同盟 ··················· 420
（五）巴塞尔代表大会 ···················· 426
（六）日内瓦的论争 ····················· 431
（七）机密通知 ······················ 437
（八）爱尔兰大赦和法国的全民投票 ·············· 442

第十四章 国际的衰微 ························ 446
（一）色当会战以前 ····················· 446
（二）色当会战以后 ····················· 452
（三）法兰西内战 ······················ 459
（四）国际和公社 ······················ 465

- （五）巴枯宁主义的反对派 ………………………………… 471
- （六）伦敦第二次代表大会 ………………………………… 479
- （七）国际分裂的根源 ……………………………………… 484
- （八）海牙代表大会 ………………………………………… 489
- （九）余波 …………………………………………………… 497

第十五章 最后十年 …………………………………………… 504
- （一）马克思在家中 ………………………………………… 504
- （二）德国社会民主党 ……………………………………… 510
- （三）无政府主义与东方战争 ……………………………… 517
- （四）曙光 …………………………………………………… 521
- （五）暮色 …………………………………………………… 529
- （六）最后一年 ……………………………………………… 532

说 明 …………………………………………………………… 537

第一章　青年时代

（一）家庭和学校

1818年5月5日，卡尔·亨利希·马克思生于特里尔。由于18、19世纪的连年战火，莱茵省的户籍册都已错乱失散了，人们对他的家系知之甚少。即使在今天，亨利希·海涅的出生年份仍然众说纷纭！

当然，就卡尔·马克思来说，问题还不至于这样严重，因为他生在一个比较承平的时代。不过，当他父亲的一位姊妹在50年前逝世并且留下一张被认为无效的遗嘱时，法庭为查明合法继承人所进行的调查，始终也没能确定她的父母即卡尔·马克思的祖父母的生卒日期。他的祖父原本姓马克思-莱维，但后来只简称马克思，是特里尔的一名拉比①；他大概是在1798年逝世的，无论如何在1810年时已不在人世了。他的妻子伊娃（娘家姓莫泽斯）在1810年还活着，大概逝世于1825年。

这对夫妇生了许多子女，其中有两人——塞米尔和赫舍尔从事学术。塞米尔在父亲死后继承了特里尔的犹太经师的职位。他的儿子莫泽斯作为犹太经师的候补人，到西里西亚的格莱维茨去了。塞米尔生于1781年，卒于1829年。赫舍尔，卡尔·马克思的父亲，生于1782年。他学习法律，在特里尔当律师，后来又做了司法参事。1824年，他接受了基督教洗礼，

---

① 即犹太经师。

取名亨利希·马克思。他是在1838年逝世的。亨利希·马克思同一位荷兰犹太女子罕丽达·普雷斯堡结了婚。据她的孙女爱琳娜·马克思说，她的祖先一百年间都是犹太经师。罕丽达在1863年逝世。她同她的丈夫身后留下了许多子女，但是在确定继承权（马克思家庭的谱系资料就是从确定继承权的文件中取得的）的时候，这些子女中只有四人还活着，这就是卡尔·马克思和3个女儿：索菲娅——马斯特里赫特的律师施马尔豪森的遗孀；埃米莉——特里尔的工程师康拉第的妻子；路易莎——开普敦的商人尤塔的妻子。

卡尔·马克思父母的婚姻是极其美满的，因此，作为仅次于长姊索菲娅的长子，卡尔·马克思的童年是在无忧无虑的欢乐中度过的。他父亲对他的"辉煌的天赋"充满希望，认为这些天赋有朝一日将用于造福人类的事业；母亲则把儿子称做一个无往不利的幸运儿。但是卡尔·马克思既不像歌德那样只受母亲的影响，也不像席勒和莱辛那样只受父亲的影响。他的母亲对自己的丈夫和孩子关怀备至，完全被家务缠身。她终生只会讲蹩脚的德语，也根本没有参与过儿子的思想斗争，只是有时不禁以一位母亲的心情为她的卡尔发愁，想到假如他走上了正路的话，他的成就会有多大。后来，卡尔·马克思似乎同他母系的荷兰亲属，特别是同他的一位"舅舅"菲力浦斯接近起来。他不止一次怀着深切的感情谈到这位"了不起的老头儿"，这人在他生活困难时曾经在物质上帮助过他。

尽管马克思的父亲在卡尔刚过20岁生日几天以后就去世了，但就连他有时也暗中忧虑地注视着爱子心灵中的"魔"。使他感到苦恼的不是那种操心儿子光辉前程的家庭妇女式的渺小忧虑，而是对儿子性格中某种像大理石般坚硬的东西的朦胧感觉，这种东西是和他自己的柔和秉性格格不入的。作为犹太人、莱茵省人和法学家，他似乎应该有三重的武装来抵御易北河东岸容克地主们的一切诱惑。然而亨利希·马克思是一个普鲁士的爱国者，不是现时所谓的那种庸俗的爱国者，而是一个老式的普鲁士爱国者，像我们这一辈人当中的年长者还见过的瓦尔德克和齐格勒那样的爱国

第一章 青年时代

者。他受过彻头彻尾的资产阶级教育,真诚地相信"老弗里茨"① 式的开明改革,是拿破仑很有理由憎恶的那些"思想家"中的一个。特别是被拿破仑称做"思想的梦呓"的那种东西,燃起了马克思的父亲对这个征服者的仇恨,尽管拿破仑曾给予莱茵省的犹太人以平等的公民权利,并且给予莱茵省以拿破仑法典②——一个不断受到旧普鲁士反动派侵犯而为莱茵省人民所悉心维护的珍宝。

即使普鲁士政府可能曾经强迫亨利希·马克思改变宗教以保持他的职位,他对普鲁士君主政体的"守护神"的信念也不曾因此而动摇过。这一点,那些洞悉内情的人也不止一次地肯定过,他们的目的显然是为了辩护或者至少是宽恕那既不需要辩护、也不需要宽恕的事情。即使是从纯宗教的观点来看,一个同洛克、莱布尼茨和莱辛一样承认"对上帝的纯粹信仰"的人,在犹太教教堂里也已经是无事可做的了。毋宁说他更容易在普鲁士的国家教会的庇护下找到一个容身之所,因为当时的普鲁士国家教会中盛行着一种宽容的理性主义,即所谓理性宗教,这种宗教甚至在 1819 年的普鲁士书报检查令③上也留下了某些印迹。

但是在当时的情况下,放弃犹太教不仅是一种宗教解放的行动,而且主要是一种社会解放的行动。犹太教并不曾参与我们的卓越思想家和诗人的伟大精神劳动。莫泽斯·门德尔松曾力图以他那微弱的火炬把自己的"民族"引导到德国精神生活之中,但是白费力气。正好在亨利希·马克

---

① 指弗里德里希二世。

② 拿破仑法典(法兰西民法典)指在拿破仑统治时期于 1804 年通过并以《拿破仑法典》著称的民法典,这里还广义地指 1804—1810 年拿破仑第一统治时期通过的 5 部法典:民法典、民事诉讼法典、商业法典、刑法典和刑事诉讼法典。这些法典曾沿用于拿破仑法国所占领的德国西部和西南部,在莱茵地区于 1815 年归并于普鲁士以后仍然有效。恩格斯称法兰西民法典为"典型的资产阶级社会的法典"。

③ 普鲁士政府于 1841 年 12 月 24 日颁布的新书报检查令规定不仅要保持,甚至还要加强政府对报刊的监督。该书报检查令于 1842 年 1 月 14 日在半官方的《普鲁士国家总汇报》第 14 号上公布。之后马克思写了批判该法令的文章《评普鲁士最近的书报检查令》。

思改宗基督教的那些年，在柏林成立了一个犹太青年的小组，想走门德尔松的道路。虽然这些青年人当中有爱德华·甘斯和亨利希·海涅这样的人物，但他们的努力也终告失败。① 甘斯，这个小船的舵手，第一个放下旗帜而皈依了基督教。海涅虽然起先恶狠狠地骂了甘斯一句："昨天还是英雄，今天就成了坏蛋"②，但是自己不久以后也不得不为"欧洲文化的入场券"③ 付出了同样的代价。他们两人都在19世纪德国的精神发展中起过历史性的作用。而过去那些比他们更忠实于犹太精神的伙伴们，却早已湮没无闻了。

可见，在好几十年间，改宗基督教是犹太人中间的自由思想者的一种文化进步。亨利希·马克思和他的家人在1824年改宗，这件事也只能从这个意义上来理解。不过，某些外部条件，虽然并未决定改宗一事本身，却可能决定了改宗发生的时间。在19世纪20年代的农业危机期间，犹太人加紧收购庄园和土地的行为，即便在莱茵省也引起了强烈的仇犹情绪。像老马克思这样一个无可訾议的正直的人，不但认为他没有义务受到这种憎恨，而且认为，为了自己的孩子们，也没有权利受到这种憎恨。也许，他母亲的死促成了他的改宗。她正好是在这个时候逝世的，她一死，亨利希·马克思就没有必要再保持那种完全不符合他性格的虔敬了。还有，在他改宗基督教的那一年，他的长子达到了入学的年龄，这个情况也可能有一部分影响。

不管是什么原因，有一点是无可怀疑的，即亨利希·马克思接受了一

---

① 梅林在这里说的是"犹太教文化和科学协会"，除甘斯和海涅外，还有莱奥波德·楚恩茨、莫泽斯·莫泽尔、拉撒路·本达维德和路德维希·马尔库斯等人。海涅在1844年撰写并发表的文章《路德维希·马尔库斯。纪念词》中赞赏了该协会及其领导成员的努力。——原文编辑注

② 梅林引用了1869年出版的海涅的遗著诗作《给一个变节者》的最后两句诗文。——原文编辑注

③ "洗礼标签是欧洲文化的入场券。"海涅的这句名言在他的遗著中被发现，并于1869年出版——与其他名言一起，以《思想集》为题收录在一起。载于《亨利希·海涅全集》，恩斯特·埃尔斯特教授编辑，七卷本，莱比锡—维也纳版，第407页。

第一章 青年时代

种自由人的教育,这种教育使他摆脱了犹太教的一切偏见,而他就把这种自由当作一种宝贵的遗产留给了他的卡尔。在他写给身为青年大学生的儿子的相当多的信中,找不到一星半点犹太人性格的特征或缺点。这些信都是用流行于 18 世纪的那种旧式的温情笔调写的。他是一个地道的德国人,爱的时候如痴如狂,怒的时候就暴跳如雷。做父亲的完全没有小市民的狭隘观点,喜欢在信中过问儿子的精神兴趣,只是对于儿子想当一名"平庸的诗人"的愿望,坚决地而且是完全有理由地加以反对。这位"白发苍苍而精神有些抑郁"的老人,虽然对他的卡尔的未来做着美梦,却不禁给自己提出一个问题:卡尔的心灵是不是和他的头脑相称?在他身上是不是存在着能够在痛苦的人世间给人以慰藉的那种比较柔和的世俗的感情?

从他的角度来说,他的疑虑是有根据的。他"蕴藏在心灵深处"的爱子之心并没有使他盲目,却使他眼光明亮。但是一个人往往不能预见自己的行为的最后结果,因此,亨利希·马克思没有想到,也无法预料,他自己毫不吝惜地赠送给儿子的资产阶级教养的珍贵礼物,只是有助于解放那个危险的"魔",他不知道这个"魔"究竟是"天上的"还是"浮士德式的"。卡尔·马克思还在父母身边时就已经轻而易举地克服了很多困难,而海涅或拉萨尔在人生早期却曾为这些困难猛烈挣扎,并因此受到了从未完全愈合的创伤!

中学生活给予正在成长的马克思的东西就更不清楚了。卡尔·马克思从来没有提到过他的任何一个中学同学,这些同学也没有一个人留下与马克思有关的信息。他相当早就在本城的文理中学毕了业;他的毕业证书上注明的日期是 1835 年 8 月 25 日①。证书上照例写着对这个有才华的青年的祝福,以及关于他各科成绩的老一套的考语。但是,毕业证书上特别指出,卡尔·马克思常常能很好地翻译和解释古典作家作品中最艰深的地方,特别是那些与其说难在文词的晦涩、毋宁说难在内容和思想的逻辑关系的地方;他的拉丁文作文表现出丰富的思想和对主题的深刻理解,不过

---

① 梅林在这里弄错了,马克思的毕业证书上的日期是 1835 年 9 月 24 日。——原文编辑注

与主题无关的议论往往过多。

在毕业考试中,他的神学考得不好,历史也考得不太好。不过在德语作文里他表述了一个思想,这个思想在主考教师看来是"很有意思"的,而在我们看来更是意味深长的。这篇作文的题目是《青年在选择职业时的考虑》。评语指出,文章以丰富的思想和完美严谨的结构而引人注意,但是作者在这里又表现了他所常犯的一个毛病——过分追求文词的华美和生动。下面一字不漏地摘引了一句原话:"我们并不总是能够选择我们自认为适合的职业;我们在社会上的关系,还在我们有能力决定它们以前就已经在某种程度上开始确立了。"① 可见,还在少年马克思的头脑中,就已闪现着一种思想的火花,这种思想的全面发挥就是他在成年时期的不朽贡献。

(二) 燕妮·冯·威斯特华伦

1835年秋天,卡尔·马克思进入波恩大学。他在那里的第一年与其说是在研习法学,不如说只是"住在大学"。

我们没有掌握马克思这一时期生活的第一手材料。但是,从马克思父亲的信中所反映的情况来判断,他似乎在纵情享受青春的欢乐。后来,当父亲非常生气的时候,他曾在信中指责儿子的"放浪形骸"。这时,父亲还只是抱怨儿子给他寄来一些"既没有关联、也没有结算的卡尔式的账单"。不过说到账单,这位经典的货币理论家就是到后来也从来没有弄清楚过。

在波恩充满欢乐的第一年结束时,马克思正好达到18岁的幸福年龄;这时,他同他儿时的女游伴订了婚。这位姑娘是他姐姐索菲娅的密友,索菲娅是把这两颗年轻的心撮合在一起的人。马克思的订婚实际上是这位天生的领袖所获得的第一个最辉煌的胜利。马克思的父亲最初认为儿子的胜利是完全"不可思议的",直到他发现卡尔的未婚妻身上也有"某种天才

---

① 《马克思恩格斯全集》中文第二版第1卷,第457页。

第一章 青年时代

的东西",发现她能够作出一般女孩子所做不到的牺牲时,他才更理解这次胜利的意义。

确实,燕妮·冯·威斯特华伦不但生得异常美丽,而且具有非凡的才智和品德。她比卡尔·马克思大4岁,但也只是20出头。她正当美貌年华,身边围绕着许多爱慕者。而且,她这样一位身居高位的官员的女儿无疑会有辉煌的前途。而她却为了一个如老马克思所说的"艰险莫测的未来"牺牲了所有这一切。马克思的父亲有时甚至觉得,从她身上也能观察到那些令他不安的难以预测的惊恐。但他却深深地相信这位"天使",这位"迷人的女郎",并且向他儿子担保,她不会拿他去换任何一位王侯。

未来确实比亨利希·马克思在最不祥的幻梦中所想像的还要艰险莫测。然而燕妮·冯·威斯特华伦(她的少女时代的肖像至今还焕发着天真的魅力)却以毫不动摇的英雄气概,在最艰苦的坎坷生活中矢忠于她所选择的人。也许,就寻常的含义来说,她并没有能帮助减轻他生活的重担,因为她从小娇生惯养,不是总能像一个饱经风霜的女无产者那样应付日常生活上的微小困难。但是,就更高的含义来说,在理解她丈夫的事业方面,她却是他当之无愧的伴侣。她那些保存下来的书信,都散发着真正的女性的气息。她具有歌德笔下人物的那种性格,无论在什么样的精神状态下,从欢乐的日子里的谈笑风生,直到穷困夺去她的孩子而她甚至无力为他安置一个像样的坟墓时的尼俄伯式的悲恸,都是同样真诚的。燕妮的美常使她丈夫引以自豪;1863年,当他们共同生活了将近30年后,他回特里尔去安葬母亲时写信给她说:"每天我都去瞻仰威斯特华伦家的旧居(在罗马人大街),它比所有的罗马古迹都更吸引我,因为它使我回忆起最幸福的青年时代,它曾收藏过我最珍贵的璞宝。此外,每天到处总有人向我问起从前'特里尔最美丽的姑娘'和'舞会上的皇后'。做丈夫的知道他的妻子在全城人的心目中仍然是个'迷人的公主',真有说不出的惬意。"① 当马克思弥留之际,这位与感伤情绪一向无缘的人,却也怀着深沉的悲痛谈到这位女性所带给他的一生中最美好的时光。

---

① 《马克思恩格斯全集》中文第二版第30卷,第640页。

 马克思传

　　这一对年轻人没有征得女方父母的同意就订了婚,这种情况使马克思正直的父亲担惊受怕。不过很快威斯特华伦家也就同意了。枢密顾问路德维希·冯·威斯特华伦虽然有着显赫的身家地位,却既不属于易北河东岸的容克地主,也不属于旧普鲁士官僚阶级。他的父亲菲力浦·威斯特华伦是德国军事史上一位声名赫赫的人物。出身市民的他在不伦瑞克的斐迪南大公手下担任机要秘书。斐迪南大公曾经率领一支英国出钱雇佣的杂牌军,在七年战争①中胜利地抗击了野心勃勃的路易十五和彭帕杜尔侯爵夫人,保卫了德意志西部。尽管全军中有许多德国将军和英国将军,菲力浦·威斯特华伦成了大公事实上的总参谋长。他的功绩受到如此的重视,以致英王有意任命他为全军的副总参谋长,然而威斯特华伦谢绝了这个建议。他仅仅抑制了自己的市民精神,"接受"了赐给他的贵族身份;他这样做,也只是出于那曾经迫使赫尔德和席勒忍受同样屈辱的同一个理由——为了能够和一位苏格兰男爵的女儿结婚;这位姑娘到斐迪南大公的军中来,是为了探望她的姐姐,一位英国后备军将军的妻子。

　　路德维希·冯·威斯特华伦就是这对夫妇的儿子。他继承了父亲的历史声名,而他母亲祖先的名字也唤起了伟大的历史回忆:直系祖先当中有一个人在苏格兰争取宗教改革的斗争中被处以火刑;另一位祖先,阿奇博尔德·阿盖尔伯爵,在反抗詹姆斯二世的解放斗争时期被当作叛乱者在爱丁堡的市场广场上斩首。这样的家族传统从一开始就使路德维希·冯·威斯特华伦脱离了贫乏而又骄傲的容克地主和狂妄自大的官僚的行列。最初他在不伦瑞克公国任职,甚至当这个小小的公国被拿破仑并入威斯特伐利

---

　　① 七年战争是1756—1763年欧洲两个国家联盟之间的战争,一方是英国和普鲁士,另一方是法国、俄国、奥地利、萨克森和瑞典。这场战争反映了欧洲各封建大国之间的利益冲突。英法之间主要是为了争夺对北美和亚洲殖民地的统治权;普奥之间主要是为了占领西里西亚。1763年,七年战争以缔结巴黎和约和胡贝图斯堡和约而告结束。根据巴黎和约,法国被迫将其最大的殖民地(加拿大以及在东印度的几乎所有领地)割让给英国,英国因此而增强了其在殖民地和海上的实力。俄国的势力也有所增强。普鲁士、奥地利和萨克森恢复了战前的疆界。普鲁士得到了西里西亚,并确立了其在中欧的霸权地位,与之相反,奥地利却因为战争削弱了自己的实力。

第一章 青年时代

亚王国的时候,他还不打算离职。他显然不大重视那些世袭的韦尔夫家族人士,却较为关心法国征服者企图用以改善他的祖国的腐朽状况的那些改革。但是对于外国统治本身,他却也抱着否定的态度,因此在1813年遭到达乌元帅的严厉惩处。以后,他在萨尔茨韦德尔任县长,1814年2月12日在当地生下了女儿燕妮。两年以后,他又被调到特里尔去做枢密顾问。因为,普鲁士王国首相哈登堡在初期的热情中仍然认为,应当把一些不怀有容克偏见的精干人物派到仍然心系法国的新收复的莱茵省去。

卡尔·马克思终生都对路德维希·冯·威斯特华伦怀着十分尊敬和感戴的心情。他称威斯特华伦为"敬爱的慈父般的朋友",并且向他报以"子弟的敬爱"①,而这不仅仅是因为威斯特华伦是他的岳父,威斯特华伦能够从头到尾背诵荷马诗中的许多段,能够用德语和英语背诵莎士比亚的大部分剧作。在"威斯特华伦家的老宅子"里,卡尔·马克思获得了父母所不能给予,而学校更不能给予的精神食粮。他自己从很小的时候起就是威斯特华伦一家所钟爱的孩子,而威斯特华伦同意他们的订婚,还可能是由于他想到自己父母的美满婚姻。因为,在世人眼中,世袭贵族的男爵家的女儿嫁给一个贫穷的、市民出身的机要秘书的家庭,也不是一桩好姻缘。

路德维希·冯·威斯特华伦的长子没有承袭他父亲的精神品质。他是一个典型的官僚和名利之徒。不仅如此,在19世纪50年代的反动时期,当他担任普鲁士国家内政大臣时,他甚至曾为了维护最顽固不化的地方容克的封建要求而反对首相曼托伊费尔,而这位首相毕竟是一个老于世故的官僚。斐迪南·冯·威斯特华伦同妹妹燕妮的关系从来就不亲近,尤其是他比她大15岁,而且他只是父亲的前妻所生的异母兄长。

燕妮的亲兄弟是埃德加·冯·威斯特华伦。他在信念方面比父亲更左一些,正如斐迪南比父亲更右一些一样。他曾在马克思的一些共产主义文告上签过名。但是他并没有成为马克思固定的同志;他漂泊在海外,饱经变化莫测的命运,时来时往,行踪不定;凡是谈到他的人都认为他是个十足的野人。但是对于燕妮和卡尔·马克思,他始终是一个忠实的朋友,而他们的第一个儿子就是用他的名字命名的。

---

① 《马克思恩格斯全集》中文第二版第1卷,第9页。

第二章　黑格尔的弟子

（一）柏林的第一年

在卡尔·马克思订婚以前，他的父亲就决定让他到柏林继续求学。在保存下来的一份日期为1836年7月1日的证明中，亨利希·马克思不仅允许，而且希望他的儿子卡尔下学期转到柏林大学，继续学习已在波恩开始的法学和财政学课程。

马克思的订婚不仅没有动摇，反而增强了他父亲的决心。由于婚期尚远，生性谨慎的父亲认为让这对恋人暂时天各一方是有益的。此外，他之所以选择柏林，也许是出于普鲁士的爱国主义，也许还因为柏林大学没有旧式大学生生活的奢靡习气，而在要防患未然的父亲看来，卡尔·马克思在波恩已经吃足了这种习气的苦头。路德维希·费尔巴哈曾说过："和这里的习艺所相比，其他大学简直就是酒店。"①

这位年轻学生自己绝对没有选择柏林。卡尔·马克思热爱他阳光明媚的故乡，却终生厌恶普鲁士的首都。在创立者逝世后，黑格尔哲学比他生前更加不受限制地支配着柏林大学，然而它对卡尔·马克思没什么吸引力，因为当时黑格尔哲学对他来说完全是陌生的。何况，他还与恋人相距甚远。诚然，他曾经发誓，为了她将来同意结婚，而在眼下不显露出任何

---

① 《路德维希·费尔巴哈的书简和遗嘱》1874年莱比锡版，第183页。

第二章 黑格尔的弟子

爱的外在迹象。但是，即使在他俩之间，这种恋人间的誓言也有种特殊的优点，它如同镜花水月一般。马克思后来告诉他的孩子们，由于爱上他们的母亲，他当年简直是个疯狂的罗兰。而在他被允许和未婚妻通信之前，他那年轻而火热的心始终无法平静下来。

但是，直到来到柏林一年以后，他才收到她的第一封信。关于马克思在这一年的生活，我们掌握的信息在某些方面比他之前或之后的任何一年都更为准确。这些信息是由马克思1837年11月10日写给父母的一封长信所提供的，他写这封信是为了让父母"在过去的一年结束之际，对他如何在这里度过这一年"有所了解。这份值得注意的证明材料已经在这个青年身上向我们展现了一个人的完整特质，这个人为争取真理而献出了全部身心：他有永不满足的求知欲，无穷无尽的精力，不遗余力的自我批判精神，和那种只要心烦意乱就能予以压抑的战斗精神。

1836年10月22日，卡尔·马克思在柏林大学注册。他对学校的课程不太上心。在9个学期中，他修的课程不超过12门，主要是法学必修课，而且这些课程中他自己上过的可能很少。在大学的正式教师中，可能只有爱德华·甘斯一人对卡尔·马克思的精神发展有一些影响。他听了甘斯的刑法课和普鲁士邦法课，甘斯本人曾证明，马克思在听他的两门课时"极为勤奋"。这类考语的个人倾向浓厚。比它们更有说服力的是马克思在最初几篇论文中与历史法学派①进行的无情论战。富有哲学修养的法学家甘

---

① 历史法学派是18世纪末在德国兴起的一个法学流派。其特征是反对古典自然法学派，强调法律应体现民族精神和历史传统；反对1789年法国资产阶级革命中的资产阶级民主主义思想；重视习惯法；反对制定普遍适用的法典。该派的代表人物是古·胡果、弗·卡·萨维尼等人。他们借口保持历史传统的稳定性，极力维护贵族和封建制度的各种特权。该派以后逐步演变成19世纪资产阶级法学中的一个重要流派。1842年，萨维尼被任命为修订普鲁士法律的大臣，这样，历史法学派的理论和方法就成了修订普鲁士法律的依据。历史法学派的主张同黑格尔法哲学的观点相对立。早在1836—1838年，马克思就开始研究历史法学派与黑格尔法哲学之间的分歧和论争。1841年底，马克思着手批判黑格尔的法哲学，同时继续研究历史法学派。对这一流派的批判，见马克思《历史法学派的哲学宣言》(《马克思恩格斯全集》中文第二版第1卷)。

 马克思传

斯也义正词严地斥责了这个学派的狭隘和愚钝，以及它对立法和法律发展的有害影响。

但是，根据马克思自己的说法，他只是把法学当做一门历史和哲学之外的次要学科来进行攻读。但马克思也根本不听后两门学科的大课，而仅仅上了必修的逻辑学必修课。这门课是黑格尔的正式接班人加布勒开设的，然而他是黑格尔平庸的追随者之中最平庸的一个。作为一个思想者，马克思在大学时代就已经独立工作了。他在两个学期里所积累的大量知识，按照学校课程的缓慢灌输方式就是20个学期也消化不完。

到达柏林后，马克思首先对一个"新的世界、爱情的世界"提出了要求。"沉醉于爱情而希望渺茫的"他挥毫写就了3本诗集①，全部"献给我所倾慕的、永远爱恋的燕妮·冯·威斯特华伦"。这些诗到达燕妮手中时已是1836年12月，马克思姐姐索菲娅在寄给柏林的信中写道，燕妮当时"含着悲喜交集的眼泪"。一年以后，诗人自己在写给父母的一封长信中，对他的缪斯的产儿进行了极为不敬的评价："漫无边际、异常奔放的感情，毫无自然的东西，纯粹地凭空想像，现有之物和应有之物的截然对立，以修辞上的刻意追求代替充满诗意的构思【……】"。整张罪状正是年轻诗人本人开列的。如果他想把"或许也有某种热烈的感情和奋发向上的追求"②充当减轻罪责的情节，那么这些更加可嘉的品质只是就席勒的"劳拉之歌"的意义和程度而言才能适用。

总的来说，马克思的这些青年时代的诗作散发着平庸的浪漫主义气息，而这种浪漫主义很少能奏出真实的音调。而且，诗句的技巧是如此笨拙和生涩，这在海涅和普拉滕之后实际上是不应该再出现的。马克思从这条如此奇特的歧路开始，发展出了高度的艺术才能，并恰恰将其表现在自己的学术著作中。就语言的表现力而言，马克思可以与德国文学中第一流

---

① 马克思当时喜好写诗，他曾把自己的诗作结集成册，其中3本诗集《爱之书》第1、2部和《歌之书》是献给未婚妻燕妮的。从来信看这3本诗册显然是马克思通过索·马克思交给燕妮的。

② 《马克思恩格斯全集》中文第二版第47卷，第7页。

第二章 黑格尔的弟子

的大师媲美。因此,他非常重视自己著作在美学上的协调性,而不像那些蹩脚的学者那样,把枯燥无味当成学术创作的首要保证。缪斯在他摇篮里放了许多馈赠,然而其中并没有束缚言辞的才能。

但是,正如马克思在1837年11月10日给父母的长信中所说的那样,诗歌可以是而且应该仅仅是附带的事情。他认为自己必须攻读法学,而且首先渴望专攻哲学。他研究了海奈克齐乌斯、蒂博和各种文献,把《学说汇纂》头两卷译成德文,并且试图在整个法的领域内创立一种法哲学。这部"倒霉的作品",据他说,已经写了约有300张纸,不过这个数字可能只是一个笔误。最后,他看到了"整体的虚假",便投入了哲学的怀抱,打算创立一个新的形而上学体系。但他在该体系的结尾处又一次不得不认识到,他以前的努力是错误的。这期间,他养成了对读过的一切书做摘录的习惯,例如莱辛的《拉奥孔》、佐尔格的《埃尔温》、温克尔曼的《艺术史》、卢登的《德国史》①,并顺便写下自己的感想。同时,他翻译了塔西佗的《日耳曼尼亚志》和奥维狄乌斯的《哀歌》,并且开始自学,即根据语法学习英文和意大利文,只不过还没有什么成绩。他还读了克莱因的《刑法》和他的《年鉴》②,以及所有的文学新作,不过后者只是顺便浏览一下而已。到学期末时,他又转向"缪斯的舞蹈和萨蒂尔的音乐"。这时,在他面前闪现了一个犹如遥远的仙宫一样的真正的诗歌的王国,而他所创作的一切全都化为乌有了。

第一学期的结果是,"熬过了许多不眠之夜,经历了许多斗争,体验了许多内心的和外在的冲动"③,然而收获甚少。他忽视了自然、艺术和整个世界,也疏远了朋友们。马克思年轻的身体也疲劳过度,因此他遵照医

---

① 指以下著作:哥·埃·莱辛《拉奥孔:或论绘画和诗歌的界限》1766年柏林版;卡·威·斐·佐尔格《埃尔温。关于美和艺术的四问答》1815年柏林版第2部;约·约·温克尔曼《古代艺术史》1764年德累斯顿版第2部;亨·卢登《德意志民族史》(十二卷集)1825—1837年哥达版。

② 恩·斐·克莱因《德国一般刑法原则》1799年哈雷版;《普鲁士国家立法和法学年鉴》(二十六卷集)1788—1809年柏林和斯德丁版。

③ 《马克思恩格斯全集》中文第二版第47卷,第12页。

 马克思传

嘱搬到了施特拉劳。这地方当时还是一个安静的小渔村。在那里,他很快就恢复了健康,重新开始思想搏斗。在第二学期,他也吸取了大量极为多样的知识,但是黑格尔哲学越来越明显地成为一系列表现的焦点。当马克思初次接触黑格尔哲学的片断时,他并不喜欢它那种"离奇古怪的调子"。但是在又一次生病的时候,他从头到尾地研究了它,并且加入了青年黑格尔派的"博士俱乐部"。在那里,他在思想争论中同这个"现代世界哲学"的联系却越来越紧密了。当然,他的内心万籁俱寂了,而"在如此多的东西遭到否定以后",他产生了"讽刺的狂热"。

卡尔·马克思向自己的父母倾吐了这一切,并且在信的结尾处请求允许他立刻回家,而不是按照父亲以前所允许的那样,等到第二年复活节才回去。他希望向父亲诉说他"忐忑不安"的心情。只有在父母"这些亲爱的人身边",他才能使那些"兴奋激动的妖怪"安静下来。①

这封信现在对我们来说有多宝贵(它像一面镜子,我们从中真切地了解了青年马克思),给他父母带来的感受就有多糟糕。那时已经体弱多病的父亲,又在儿子身上看到了那个他一直担忧的"魔"。他加倍地惧怕这个"魔",因为他已经把"某人"当成自己的孩子来钟爱,因为一个十分可敬的家庭不得不同意一桩婚姻,这桩婚姻表面看来,从世俗观点看来,预示着他们宠爱的儿女将面临危险,将有一个阴暗的未来。他也绝不会固执到要给儿子规定人生的道路,即便只有一条道路能够履行"神圣的天职"。但是,他现在看见的只是一片波涛汹涌的海洋,而没有任何安全的驻泊之所。

因此,尽管马克思父亲最清楚自己的"弱点",他还是决定"做一次坚强的人"。他在12月9日的回信展现了自己的"强硬"方式,言辞极度夸张,夹杂着悲哀的叹息。他问自己的儿子是如何完成任务的,接着自己回答说:"圣明的上帝!!!杂乱无章,漫无头绪地踯躅于知识的各个领域,在昏暗的油灯下胡思乱想,虽不在啤酒杯中消磨放纵,却蓬头乱发穿着学者的睡衣放荡不羁;离群索居、不拘礼节甚至对父亲也不尊重。与外界交

---

① 《马克思恩格斯全集》中文第二版第47卷,第17页。

第二章 黑格尔的弟子

往的艺术仅限于一间肮脏的房间,在那里,也许在异常混乱的情况下,燕妮的情书和父亲的可能是噙着眼泪写的、善意的告诫,被用来点燃烟斗,顺便说一句,比起由于更不负责任的混乱而让这些信落入旁人之手,这还算是不错的。"① 写到这里,父亲为悲哀的情绪所笼罩,为了保持严厉无情的态度,他服用了医生给他开的丸药来自持。接着他严厉地训斥了卡尔的经济状况:"我们的儿子先生违反一切协议、违背一切惯例一年花了700塔勒,好像我们是阔佬,可是,就连最富有的人花的钱也不超过500。"② 当然,卡尔不是耽于享乐的人,也不是好挥霍的人,但是一个每隔一两周就要创立新体系和推倒旧体系的人,怎么能考虑一些琐碎小事呢?父亲认为是每个人都把手伸进他的口袋,欺骗他。

这封信就这样继续写了很长的一段,在结尾处,父亲坚决拒绝卡尔现在回家。"在现在这个时候来这里是不明智的!我知道你不喜欢听课,虽然你大概还是付了听课费用,不过,我至少要保持外表的体面。我绝不是舆论的奴隶,但也不喜欢别人说我的坏话。"③ 卡尔被允许回来过复活节假,甚至可以提前两周回来,因为父亲并不是迂夫子。

从父亲的这一通怨言之中,可以看出他是在指责儿子冷漠无情。后来,卡尔·马克思也一再受到这种指责,但是由于这里是第一次,而且是最有可能进行指责的场合,因此不妨在此说几句必要的话。当下时髦的"尽情享受生活的权利"这句口号,是一种养尊处优的文化为了掩饰懦弱的自私而发明的。这个口号当然什么也解释不了。应当允许天才比常人享受更多的所谓"天才的权利"的旧说法也没有好到哪去。确切地说,卡尔·马克思对最高认知的不懈追求,是源于内心最深厚的感受。正像他曾经直率地说过的那样,他不是一头牛,不能不管"人类的痛苦";或者像胡登所说的那样,上帝赋予他的性情,使他对普遍的痛苦的感受比别人更强烈,更深切。没有任何一个人比卡尔·马克思做过更多铲除"人类的痛

---

① 《马克思恩格斯全集》中文第二版第47卷,第565页。
② 《马克思恩格斯全集》中文第二版第47卷,第567页。
③ 《马克思恩格斯全集》中文第二版第47卷,第568页。

苦"根源的工作。他的生命之船在公海上巡航,在疾风暴雨和敌人无尽的枪林弹雨间穿行,而他的旗帜总是在桅杆上高高飘扬,但船上的生活无论对船长还是船员而言都并不舒适安闲。

因此,不能说马克思对自己的亲人冷酷无情。他的战斗精神也许能够压抑他心底的感受,但是永远无法将其扼杀。他在成年时还常常痛苦地感叹,在他不屈的命运下,他最亲近的人比他自己更为痛苦。这个青年大学生对父亲的呼喊并没有无动于衷;他不但没有立刻回特里尔,而且复活节也没有回去,这使他母亲很伤心,却使他父亲十分满意,父亲的怨恨很快就开始平息。虽然父亲后来一直责怪他,但是已经不再夸大其词了。父亲承认,他在抽象议论的技巧上无法与卡尔较量;而要在深入圣所之前钻研专门术语,他已太老了。他写道,只有在一个问题上,一切先验的东西是无能为力的,而儿子正是在这个问题上聪明地保持着傲慢的缄默,也就是可鄙的钱的问题。看来儿子始终都没有认识到钱对一家之长的价值。但是,父亲表示,由于疲倦,他想放下武器了。与这封信字句间再次流露出来的轻松的幽默相比,这句话的含义要严重得多。

这封信是在 1838 年 2 月 10 日写的。当时亨利希·马克思刚刚在患病五周后起了床。但是病情的好转没有持续多久。他的病似乎是肝病,复发且又加重了,直到 3 个月后,1838 年 5 月 10 日,马克思的父亲逝世了。死亡来得正是时候,它让这位父亲的心免于因失望而破碎。

不过,卡尔·马克思终生对父亲所做的一切心怀感激。正像父亲曾经把他珍藏在内心深处一样,他也把父亲的形象铭记在心,一直带进自己的坟墓。

(二) 青年黑格尔派

从 1838 年春天丧父以后,卡尔·马克思在柏林又度过了 3 年。他和"博士俱乐部"的成员交往,俱乐部的精神生活为他揭示了黑格尔哲学的秘密。

第二章 黑格尔的弟子

当时，黑格尔哲学还被认为是普鲁士的国家哲学。教育大臣阿尔滕施泰因和他的枢密顾问约翰奈斯·舒尔采对这一哲学给予了特别保护。黑格尔称赞国家是伦理理念的现实，是绝对合乎理性的东西和绝对的目的本身。因此，国家是针对个人的最高的法，个人的最高义务则是成为国家的一员。这种国家学说极其适合普鲁士官僚的口味；它甚至美化了迫害"蛊惑者"① 这样的罪行！

黑格尔的哲学也绝不是伪善的。受他本人的政治发展水平所限，他才把公仆必须尽心尽力的君主制视为最理想的政体。此外，他充其量认为各统治阶级有必要在某种程度上间接地参与统治，但这也只是在等级的限制下。就像普鲁士国王和他的贤哲梅特涅一样，他根本不想考虑现代宪法意义上的全民代表机构。

但是，黑格尔为自己创立的体系，与他作为哲学家所倡导的辩证方法之间有着不可调和的矛盾。有了"存在"的概念，也就有了"虚无"的概念，从二者之间的斗争中则产生了"变易"这个更高的概念。一切事物都存在，同时又不存在，因为一切都在流动，一切都在不断地变化，不断地变易和消逝。因此，历史是一个永恒变动的、由低级上升到高级的发展过程。黑格尔打算用他的渊博学识在历史科学的各个领域中来证明这一过程，即便这种证明只是采用与他的唯心主义观点相符的形式。黑格尔认为，绝对观念是给整个世界注入活力的灵魂，在所有历史事件中都发挥了作用。然而，他对绝对观念的说明仅限于此了。

因此，黑格尔哲学和弗里德里希-威廉的国家之间的联盟只是一场理性的联姻。只要双方都能互相证明对方的理性，这场联姻就会持续下去。

---

① 蛊惑者是对19世纪20年代德国知识分子反政府运动的参加者的称呼。他们组织政治性的示威游行，反对德意志各邦的反动制度，提出统一德国的要求。1819年大学生桑德刺杀神圣同盟的拥护者和沙皇代理人科策布，这一事件成了镇压所谓"蛊惑者"的借口。1819年8月德意志各邦大臣在卡尔斯巴德召开联席会议，通过一项对付所谓"蛊惑者阴谋"的专门决议，从此"蛊惑者"这一称谓便流传开来。到了30年代，由于受法国1830年革命的影响，德国及欧洲各国的反政府运动和革命运动重新高涨，所谓的"蛊惑者"又受到新的迫害。

 马克思传

在卡尔斯巴德决议和迫害"蛊惑者"时期,情况大抵就是如此。但是,1830年的七月革命已经给欧洲的发展提供了如此强大的前进动力,因而使黑格尔的方法显得比他的体系要远远可靠得多。当七月革命对德国产生的微弱影响刚被遏止,教会的死寂重新笼罩诗人和思想家的国度时,普鲁士的容克地主就赶紧重新搬出中世纪浪漫主义这个老掉牙的废物来反对现代哲学。这对他们来说比较容易,因为与其说黑格尔在赞扬他们,不如说是在赞扬较为开明的官僚阶层。黑格尔尽管推崇官僚国家,却根本没有试图维持人民的宗教信仰,而维持人民的宗教信仰正是封建传统的首要目标,归根结底也是一切剥削阶级的首要目标。

于是,第一次冲突就发生在宗教领域内。黑格尔认为,《圣经》中神圣的故事应该被视为世俗的历史,而关于普遍和真实的历史的知识与信仰毫无关系。因此,年轻的士瓦本人大卫·施特劳斯完全把老师的话当真了。他要求对福音书故事进行历史的批判,并以自己的《耶稣传》一书证明了这种要求的合理性;这本书出版于1835年,并引起了巨大的轰动。施特劳斯就此与资产阶级启蒙运动结下了不解之缘,黑格尔却十分轻蔑地将这场运动称作是"伪启蒙的"。但辩证思维的才能使施特劳斯对这个问题的把握比老赖马鲁斯,即莱辛的"无名氏"① 要深刻得多。施特劳斯不再认为基督教是欺诈的产物,也不再认为使徒们是一群骗子,而是把福音书中的神话成分解释为早期基督教教团的无意识创作。但是,他仍旧承认福音书中的大部分内容是对耶稣生平的历史记载,也承认耶稣本人是一个历史人物。他也总是假定,耶稣生平中最重要的事件都拥有历史的内核。

在政治上,施特劳斯是完全无害的,而且一生都是如此。《哈雷年鉴》的政治基调却更激烈一些,它是由阿尔诺德·卢格和泰奥多尔·埃希特迈尔在1838年创办的,是青年黑格尔派的机关刊物。诚然,这个杂志也探讨文学和哲学,但最初只不过是想与老年黑格尔派僵化的机关刊物——柏林

---

① 汉堡神学家赖马鲁斯写了一本启蒙主义的和宗教批判的书《理性信仰辩护》,但他不敢发表。死后,莱辛以"无名氏"的名义把它发表了一部分,书名《无名氏著作片断》。

第二章 黑格尔的弟子

的《科学评论年鉴》相抗衡。早逝的埃希特迈尔在阿尔诺德·卢格的面前很快退居次要地位。而卢格过去就参加过大学生运动，并在迫害"蛊惑者"的疯狂岁月中在科本尼克和科尔贝格坐了6年牢。当然，他并没有让自己的命运以悲剧收场，而是通过幸福的婚姻谋得了哈雷大学的讲师职位，从而过上了舒适的生活，这使他不顾一切地宣称普鲁士国家制度是自由和公正的。他其实不反对以他本人来证实老普鲁士官僚们的恶意言论，这一言论称，在普鲁士，没有人能比变节的蛊惑者更快地飞黄腾达。但这恰恰没能实现。

卢格不是一个独立的思想家，更不是一个革命者；但他拥有足够的学识、抱负、勤奋和战斗精神来办好一份学术刊物。他曾经颇为确切地自称为精神的批发商。他的《哈雷年鉴》成为所有不安分人物的聚集地，这些人具有使刊物充满活力的优点，而这种优点是令一切国家制度感到厌恶的。大卫·施特劳斯作为撰稿人所吸引的读者，远远多于那些使尽浑身解数捍卫福音书神圣无缺性的所有神学家们所能吸引的读者。虽然卢格保证说，他的年鉴忠于"黑格尔派的基督徒和黑格尔派的普鲁士人"，但已经被浪漫主义反动派逼到墙角的教育大臣阿尔滕施泰因却不信任这种和解，对于卢格关于国家承认他的功绩并加以任用的恳切请求也置之不理。于是，《哈雷年鉴》逐渐醒悟到，必须要解开对普鲁士的自由和正义的种种束缚了。

此时，在《哈雷年鉴》的撰稿人中也包括一些柏林的青年黑格尔分子，马克思与他们一起度过了3年的青春岁月。"博士俱乐部"是由一些正当年的讲师、教员和作家组成的。卡尔·马克思起初曾在给父亲的一封信里将鲁滕堡称为"最亲密的"柏林朋友。鲁滕堡曾是柏林士官学校地理教员，但被开除了，据说是因为他有一天早上醉倒在水沟里，实际上是因为有人怀疑他在汉堡或莱比锡的报刊上发表过"恶意的"文章。爱德华·梅因给一个短命杂志撰稿，这份杂志发表过马克思仅有的两首有幸问世的诗。还无法确认的是，当马克思在柏林上大学的时候，在一所女子学校任教的麦克斯·施蒂纳是否也是这个俱乐部的一员。也没有证据表明马克思和施蒂纳私下里认识。这个问题也并不十分重要，因为马克思和施蒂纳之

马克思传

间没有任何思想上的联系。对马克思影响更大的是"博士俱乐部"的两位思想上最杰出的成员：柏林大学讲师布鲁诺·鲍威尔，以及多罗西娅施塔特实科中学教员卡尔·弗里德里希·科本。

卡尔·马克思在加入"博士俱乐部"时还不到20岁。但是正如他后来的人生中经常发生的那样，每当他加入一个新团体之后，他就立刻成为活跃的中心。鲍威尔和科本都比他大十来岁，但他们也早早承认了马克思卓越的精神力量，并且认为没有比这位青年更亲密的战友了。毕竟这位青年能够也确实从他们那里学到许多东西。科本在1840年为普鲁士国王弗里德里希大帝诞辰一百周年①而写的十分激烈的论战小册子②，就是"献给我的朋友，特里尔的卡尔·亨利希·马克思"的。

科本有极高的历史天赋，他在《哈雷年鉴》上发表的文章至今仍是证明。我们要感谢他第一次真正历史地评价了法国大革命的红色恐怖时期。他非常正确而中肯地批判了同时代的历史学家，如莱奥、兰克、劳默和施洛塞尔。他也曾在历史研究的各种不同领域中一显身手：从可与雅科布·格林和路德维希·乌兰德的研究相媲美的北欧神话文学导论，到一部论佛陀的巨著（就连素不赏识这位老年黑格尔分子的叔本华也认可了这本书）。如果连科本这样的有识之士都渴望普鲁士历史上最凶恶的暴君"灵魂重生"，以便"用冒着火焰的剑消灭一切阻碍我们进入应许之地的敌人"，那么人们就可以迅速想见这些柏林青年黑格尔派所生活的奇特环境了。

当然，这里不应该忽略两件事。浪漫主义反动派以及它的一切拥趸都千方百计地抹黑对"老弗里茨"的纪念。正如科本所说，这是"可怕的群猫大合奏：新旧约的号角、道德的口琴、使人虔诚的风笛、历史的风笛和其他无聊滑稽的吹奏乐器，其中还夹杂着用古条顿人粗粝的低音吼出来的自由颂歌"。此外，当时还没有任何批判性的学术研究，能够稍显公正地评价这位普鲁士国王的生平和事迹。这种研究也是不可能的，因为关于这

---

① 此处梅林疑有误，弗里德里希大帝生于1712年，1740年登基，1840年应为登基一百周年。——原文编辑注

② 指科本的《弗里德里希大帝和他的敌人》一书。

第二章 黑格尔的弟子

位国王生平最关键的史料都还没有公开。这位国王享有"开明"的美誉,因为这个美誉,一些人憎恨他,另一些人赞扬他。

事实上,科本希望他的小册子能够有助于恢复18世纪启蒙运动的精神。卢格认为,鲍威尔、科本和马克思的特征是同资产阶级启蒙运动相联系的。他们是哲学上的山岳党①,并且在德国风雨飘摇的天空中写下了"弥尼、弥尼、提客勒、乌法珥新"一行大字。科本驳斥了那些反对18世纪哲学的"庸俗的空谈"。他认为,虽然德国启蒙主义者的言论确实有乏味之处,但我们还是要多多感谢他们。他们的缺点只是还不够开明。科本主要是想开导那些没有头脑的黑格尔盲从者,那些"概念的孤独忏悔家",那些"逻辑学的老婆罗门",他们永远安静地盘腿而坐,单调地喃喃自语,反复诵读着3部神圣的《吠陀经》,只是时不时地向舞妓投去淫荡的一瞥。无怪乎万哈根会在老年黑格尔派的机关刊物上称这本小册子"恶心""令人作呕"了。科本对"沼泽中的癞蛤蟆"的粗暴批评特别刺痛了他,科本说这种害虫没有宗教,没有祖国,没有信念,没有良心,没有感情,不冷不热,无喜无忧,无爱无憎,不信上帝和魔鬼,是一些在地狱之门前徘徊,连进地狱都不够资格的可怜虫。

科本只是把这位"伟大的国王"称颂为"伟大的哲学家"。但这样一来,他犯了一个甚至按照当时的知识水平都不允许发生的大错误。他认为:"弗里德里希不像康德那样具有双重的理性:一种是理论的理性,它相当直率而大胆地提出自己的一切怀疑、问题和否定;另一种是实践的、

---

① 山岳党即山岳派,在1793—1795年间是指法国资产阶级革命时期代表中小资产阶级利益的革命民主派,因其在国民公会开会时坐在大厅左侧的最高处而得名,代表人物有马·罗伯斯庇尔、让·马拉、若·丹东等。其成员大都参加了雅各宾俱乐部。1792年10月,代表大工商业资产阶级利益的吉伦特派退出雅各宾俱乐部后,山岳派实际上成为雅各宾派的同义语。山岳党在1848—1851年间是指法国制宪议会和立法议会中集合在《改革报》周围的小资产阶级民主主义者和社会主义者。其领袖人物为赖德律-洛兰、费·皮阿等人。以路易·勃朗为首的小资产阶级社会主义者也参加了这一派。他们自称是1793—1795年法国国民公会中的山岳党思想的继承人。1849年2月后该派又称新山岳党。

监护人的、公开运用的理性,它弥补了前者的过失,掩盖了它学生式的胡闹。只有最幼稚的不成熟者才会断言:弗里德里希作为哲学家①的、理论的理性比起他作为国王的、实践的理性来说显得极为超脱;老弗里茨常常对无忧宫中的隐士没什么印象。相反,在他身上,国王从来没有落在哲学家后面。"② 今天,如果任何人敢于重复科本的这种论断,即便从普鲁士历史学的观点来看,他也必定会被指责为最幼稚的不成熟者。而即使是在1840年,把康德这样的人毕生所致力的启蒙事业看得比普鲁士专制君主和那班自降身份做宫廷小丑的法国才子们所开的启蒙玩笑还要低,也是一个很大的失策。

科本的这一失策举动表明了柏林生活所特有的贫乏和空虚,这对柏林的青年黑格尔派来说完全是致命的。这种贫乏与空虚恰恰在最早将其摆脱的科本身上表现得最为明显,尤其表现在他真心诚意写出的论战小册子上。柏林也不像莱茵省,缺少高度发达的工业,缺少向资产阶级自我意识提供的那种强有力的支持。而当时代的斗争转向实际问题时,这座普鲁士的首都不但落后于科隆,也落后于莱比锡,甚至连柯尼斯堡都不如。东普鲁士人瓦勒斯罗德对当时柏林人的描述是:"当他们坐在咖啡馆里,学着街头无赖的腔调,拿农奴、老爷、国王和时事等开玩笑的时候,他们自以为是无比自由的。"柏林首先是一座军事城市和首府,它的小资产阶级居民用恶毒狭隘的诽谤来弥补自己面对每一辆宫廷马车所公开表露的怯懦的恭顺姿态。适合这类反对派的去处就是那位万哈根所主持的闲话沙龙,而这人只要面对科本所理解的那种弗里德里希式的启蒙,就会在胸前画十字。

毫无疑问,青年马克思赞同这本小册子的观点,这本小册子也使他的名字首次光荣地与公众见面。他与科本的交往最为密切,并且从这位年长的伙伴那里学到了许多写作方法。虽然他们很快就分道扬镳了,但一直是好朋友。二十年后,当马克思重访柏林时,他发现科本"还是那个老科

---

① 即指弗里德里希大帝。
② 科本《弗里德里希大帝和他的敌人》1840年莱比锡版,第13—14页。

第二章 黑格尔的弟子

本",并且一起度过了快乐时光,欢庆这场纯真的重逢。此后不久,科本便于1863年逝世了。

(三) 自我意识的哲学

不过,柏林青年黑格尔派的真正首领不是科本,而是布鲁诺·鲍威尔。特别是当他以思辨的傲慢态度抨击了士瓦本人施特劳斯的《耶稣传》并受到施特劳斯的猛烈回击后,他也被公认为黑格尔的亲传弟子。教育大臣阿尔滕施泰因对这个大有前途的人伸出了保护之手。

尽管如此,布鲁诺·鲍威尔却不是一个追名逐利之徒,施特劳斯曾预言他将认同正统派①首领亨斯滕贝格的"僵死的经院哲学",然而预言落空了。恰恰相反,1839年夏天,布鲁诺·鲍威尔同亨斯滕贝格展开了一场笔战,因为亨斯滕贝格想把《旧约》中那个复仇和愤怒的上帝奉为基督徒的上帝。这场笔战虽然还在学术争论的范围内,但还是触动了衰老而胆小怕事的阿尔滕施泰因,他让自己的被保护人远离了复仇心切又虔诚的正统派充满疑虑的视线。1839年秋天,阿尔滕施泰因把布鲁诺·鲍威尔派到波恩大学,起初让他当讲师,不过打算在一年内提拔他为教授。

但是,正像布鲁诺·鲍威尔给马克思的信所清楚地表明的那样,鲍威尔当时正处于一种思想发展之中,这种发展将使他远远超过施特劳斯。他着手对福音书的批判,彻底清除施特劳斯保留下来的最后一点残垣断壁。

---

① 正统派是法国代表大土地贵族和高级僧侣利益的波旁王朝(1589—1792年和1814—1830年)长系的拥护者。1830年波旁王朝第二次被推翻后,正统派结成政党。在反对以金融贵族和大资产阶级为支柱的当政的奥尔良王朝时,一部分正统派常常抓住社会问题进行蛊惑宣传,标榜自己维护劳动者的利益,使他们不受资产者的剥削。马克思和恩格斯在《共产党宣言》中,把该派代表人物的观点叫做封建的社会主义。在第二帝国时期,正统派得不到人民的支持,只能采取等待时机的策略,出版一些批评性的小册子。他们在1871年参加了反革命势力对巴黎公社的镇压以后,才开始活跃起来。

 马克思传

布鲁诺·鲍威尔证明，福音书中没有丝毫历史的元素，它们的全部内容都是福音书作者的自由创作。他进一步证明，基督教作为世界性宗教，不是强加给古希腊罗马世界的，而是那个世界本身的产物。这样，鲍威尔就为科学研究基督教的起源开辟了唯一的道路。正因为此，那位如今为了统治阶级的利益而粉饰福音书的时髦宫廷沙龙神学家哈纳克，最近才会把布鲁诺·鲍威尔所开辟道路上取得的进展斥为"不幸的"了。

当这些思想在布鲁诺·鲍威尔头脑中开始成熟的时候，卡尔·马克思是他不可分离的伙伴。鲍威尔本人也把这位小他9岁的朋友视为最得力的战友。他刚到波恩不久，就试图用充满渴望的信件吸引马克思前来。鲍威尔写道，波恩的教授俱乐部与柏林的"博士俱乐部"相比简直是"庸俗鄙陋"，毕竟"博士俱乐部"总是可以产生精神上的趣味；在波恩，他也时常拥有人们所说的那种欢笑，但是还从来没有像在柏林和马克思一起漫步街头时笑得那样痛快。鲍威尔催促马克思赶快了结他的"无聊的考试"，说为应付这种考试，只要读读亚里士多德、斯宾诺莎、莱布尼茨就行了，不需要其他任何东西。他认为，马克思不应当再把这种胡闹，这种逢场作戏的事情看得过分认真。他写道，马克思能够轻松应付波恩的教授们，但最重要的事情是他们必须立刻开始合办一份激进的杂志。柏林的胡言乱语和《哈雷年鉴》的虚弱无力已经令人无法忍受了。鲍威尔为卢格感到遗憾，但卢格为什么不把这些害虫赶出他的杂志呢？

这些信有时候听起来十分革命，但是它们始终只意味着哲学革命，并且鲍威尔指望的是国家政权的帮助而不是反对。1839年12月，他还写信给马克思说，普鲁士似乎注定只能通过一场耶拿战役①才能前进，当然这个战役并不一定要在尸横遍野的战场上进行。然而几个月以后，当他的保护人阿尔滕施泰因和老国王②几乎同时去世时，鲍威尔就宣誓效忠于德意志国家生活的最高观念，也就是霍亨索伦王室的家族精神。4个世纪以来，王室一直不遗余力地致力于处理好教会和国家之间的关系。同时，鲍威尔

---

① 在耶拿战役（1806年）中，普鲁士军队被拿破仑的军队打败。
② 指弗里德里希-威廉三世。

第二章 黑格尔的弟子

宣称，科学将不知疲倦地捍卫国家的观念，反对教会的无理要求；国家有时也会犯错，会对科学产生怀疑，对科学采取强制手段，但理性与国家的联系非常紧密，因此国家不会长期犯错。面对鲍威尔的宣誓效忠，新国王的回应却是任命正统的反动派艾希霍恩为阿尔滕施泰因的继任者。而艾希霍恩则竭力在与国家观念有关的范围内牺牲科学的自由，即学院的学术自由，以满足教会的无理要求。

鲍威尔在政治上的不坚定远胜于科本。科本或许会错估一个超过自己家族水平的霍亨索伦王室人士，但不会错估这个王室的"家族精神"。科本绝不像鲍威尔那样深深地沉浸在黑格尔的思想体系中。但是不应忽视的是，鲍威尔的政治短视只是他的哲学洞见的反面。他在福音书中发现了产生它的那个时代的思想沉淀。从纯思想体系的观点看来，他不乏情理地认为，如果夹杂着古希腊罗马哲学沉渣的基督教尚且能够战胜古代文化，那么，现代辩证法自由而清晰的批判当然将更轻松地甩掉基督教—德意志文化的重担。

给了他这种有力保证的是自我意识的哲学。这一哲学名下曾集合了古希腊几个哲学学派——怀疑派、伊壁鸠鲁派和斯多葛派；这些学派产生于希腊民族生机衰落的时期，并且对基督教的形成起过极大的促进作用。这些学派在思辨的深度上不能和柏拉图相比，在知识的渊博上也不能和亚里士多德相比，因此，黑格尔相当轻视它们。这些学派的共同目标是，使因可怕的灾变而丧失此前维系和支撑自己的一切的个人，现在开始摆脱一切外界事物，并引导他们聚焦自己的内心生活，在精神和心灵的宁静中寻求幸福。即便世界崩溃，这种宁静也丝毫不为所动。

但是，鲍威尔解释说，在这崩溃了的世界的废墟上，形容枯槁的"自我"这个唯一的力量会对自己感到畏惧，把自己的自我意识异化和外化。"自我"把自己普遍的力量当作一种异己的力量同自己对立；"自我"给罗马的世界统治者，那个大权在握、执掌生杀予夺的主宰者创造了一个敌对的兄弟，但也还是兄弟。这便是福音书中的"主"，他吹一口气就能平息自然的抵抗，战胜自己的敌人，并且已在地上宣布自己是世界的主宰和裁判。但是，人类在基督教的奴役下经受锻炼，以便更加彻底地为自由铺平道

路,并且在最终赢得自由时更加牢固地保有自由。返回自身、理解自身、认识自身本质的无限的自我意识,有力量控制它的自我异化的创造物。

如果抛开当时哲学家语言中的掩饰,那就能够更为简单明了地说明,希腊的自我意识哲学令鲍威尔、科本和马克思倾心的实质是什么。实际上,他们还想通过这种哲学同资产阶级启蒙运动产生联系。古希腊的自我意识学派没有产生过像德谟克利特和赫拉克利特等老一辈自然哲学家或亚里士多德和柏拉图等晚近的思辨哲学家那样的天才代表人物,但是这些学派仍然起过伟大的历史作用。它们为人类精神开辟了新的广阔视野,打破了希腊文化的民族界限和奴隶制度的社会界限,而这种界限是柏拉图和亚里士多德都不曾超越的。它们决定性地促使原始的基督教产生,这是受苦难者和被压迫者的宗教,这个宗教只是在柏拉图和亚里士多德时期才堕落为剥削者和压迫者的宗教。无论黑格尔曾多么粗暴地对待过自我意识哲学,他还强调说,在罗马帝国世界暗无天日的灾祸中,当个人精神中一切崇高美好的事物都横遭摧残的时候,主体的内心自由是有意义的。因此,18世纪的资产阶级启蒙运动就已经以自我意识学派的希腊哲学,以怀疑派的怀疑、伊壁鸠鲁派对宗教的敌视和斯多葛派的共和主义观点来武装自己了。

科本在小册子中谈到他的启蒙英雄弗里德里希大帝时,也持同样的论调。他说:"伊壁鸠鲁主义、斯多葛主义和怀疑论是古代有机体的神经、肌肉和内脏;它们直接的、自然的统一决定了古代的美与善。而当这个有机体死亡时,它们也分崩离析了。弗里德里希以惊人的力量把三者兼收并蓄并予以驾驭。它们成为构成他的世界观、他的性格和生活的主要元素。"至少对于科本关于这3种体系同希腊生活的关系的说法,马克思认为是"有着更深刻的意义的"。

马克思对这一问题的关注不亚于他年长的朋友们,当然,他对这个问题的看法与其他人不同。他认为"人类自我意识"是独一无二的"至上的神"。但他既不在宗教这面扭曲的凹凸镜里,也不在专制君主的哲学空谈中去寻求,而是去追溯这种哲学的历史根源,把这种哲学的体系看作理解希腊精神的真正历史的钥匙。

（四）博士论文

当布鲁诺·鲍威尔1839年秋天找到马克思，让他赶紧了结他的"无聊的考试"时，他的不耐烦是有一定理由的，因为马克思已经学习了8个学期。但是他大概不会认为马克思真的害怕考试，否则他就不会认定马克思初次交手就能打垮波恩的哲学教授们了。

不论是在当时，或是直到他生命的最后一刻，马克思的风格都是：永不满足的求知欲促使他迅速研究最困难的问题，而无情的自我批判精神却妨碍他同样迅速地解决这些问题。按照这种工作方式，他就会深深地陷进希腊哲学之中。哪怕仅仅是阐释那3个自我意识哲学的体系，也绝不是几个学期就能完成的事。鲍威尔则写得非常快，以致他的作品都经不住时间的考验。因此，他对马克思工作方式的理解就极不充分，远远比不上后来的恩格斯，而当马克思陷入无止境的自我批判时，就连恩格斯有时也会不耐烦。

此外，这个"无聊的考试"也有麻烦，虽然对鲍威尔来说没有麻烦，但对马克思来说却是如此。马克思在父亲在世时就已经决定投身学术，但也并未因此就放弃从事一门实际的职业。但是自从阿尔滕施泰因去世后，"当教授"最诱人的一面开始消失了，这便是足以消弭它的众多阴暗面的一面，也就是在大学讲坛上讲授哲学的相对自由。鲍威尔在从波恩写来的信中绘声绘色地描述过，戴上学院式的假发就没什么其他能做的事情了。

不久，鲍威尔就第一次亲身体验了普鲁士教授在科学研究上受到的独特限制。阿尔滕施泰因死后，1840年5月司长拉登堡代理了几个月教育大臣之职。他非常尊重自己的老上司，因此打算履行他的诺言，把鲍威尔在波恩的教授职位"固定下来"。但是后来艾希霍恩被任命为教育大臣，而波恩大学的神学系拒绝任命鲍威尔为教授。表面理由是他会破坏系内的团结，实际上是出于德国教授确信上级在暗中支持他们时总是表现出的那种"英雄气概"。

 马克思传

在柏林度过了秋季假期之后正要返回波恩时，鲍威尔获悉了这个决定。他的朋友们开始考虑的问题是：宗教和科学两派之间是否出现了无可挽回的裂痕，一个从事科学的人加入神学系是否与自己的良心相容。然而鲍威尔本人还是坚持对普鲁士国家制度的乐观看法，也拒绝了让他从事著述并由国家提供资金支持的官方建议。他满怀斗志地回到波恩，希望同不久后就追随他前来的马克思一起，在最紧要的关头化解这场危机。

两人都打算合办一份激进杂志，但是马克思在这所莱茵省大学里的学术生涯看起来机会极为渺茫。作为鲍威尔的朋友和帮手，他必须考虑到波恩的教授圈子会对他的到来充满敌意。而像鲍威尔建议的那样去讨好艾希霍恩或拉登堡，又绝不是他肯做的事。因为他觉得完全有可能的是，到了波恩之后"一切都不作数"了。在考虑这种事情时，马克思向来特别严谨。但即使他有意走上这条湿滑的道路，也可以肯定地预见，他将会在路上滑倒。艾希霍恩不久就原形毕露。他把已经相信启示的老谢林请到柏林大学，以便彻底打垮那群已经衰朽僵化的黑格尔派，并且下令惩诫那群恭恭敬敬地给国王上书请求任命施特劳斯为哈雷大学校长的哈雷学生。

在这种前景下，具有青年黑格尔派观点的马克思完全放弃了参加一场普鲁士大学考试的念头。他不愿意被艾希霍恩唯命是从的帮手们作弄，因此也绝不会放弃斗争。恰恰相反！他决定在一所较小的大学获得博士学位，同时发表自己的博士论文，附上一篇具有挑战性的大胆的前言，证明自己的能力和勤奋，然后再定居波恩，和鲍威尔一起出版计划中的杂志。这样，波恩大学就不能完全把他关在门外：根据大学的章程，他只要成为一个"外邦"大学的博士学位获得者，再履行一些手续，就可以被批准成为讲师了。

马克思实施了这个计划。1841年4月15日，耶拿大学根据他的一篇《论德谟克利特和伊壁鸠鲁的自然哲学的差别》的论文，在马克思缺席的情况下，授予他博士学位。这篇论文只是一部篇幅更大的著作的先导部分。在这部著作中，马克思打算全面论述伊壁鸠鲁派、斯多葛派和怀疑派哲学同整个希腊思辨哲学的关系。首先，他只是举一个例子来说明这种关系，而且只谈到了同较早的思辨哲学的关系。

第二章 黑格尔的弟子

在较早的希腊自然哲学家当中，德谟克利特的唯物主义最为彻底。没有任何东西从无中产生；没有任何存在着的东西会消失。一切变化都只是各个部分的结合或分离。没有偶然发生的事物，一切事物都有其原因和必然性。除了原子和虚空之外什么都不存在，其他的一切都是观点。原子的数量无穷，形式无限多样。在无限空间的永恒降落运动中，较大的原子落得较快，撞击着较小的原子；由此而产生的侧向运动和漩涡就是世界形成的开端。无数的世界同时和依次地形成又逝去。

伊壁鸠鲁继承了德谟克利特的自然观，但是作了某些改动。这些改动中最著名的就是所谓"原子的偏斜"。伊壁鸠鲁声称，原子在下降中有"偏斜"，即并非直线下降，而是稍微偏离直线下降。由于这在物理上是不可能的，从西塞罗和普卢塔克到莱布尼茨和康德的一切批评者都曾无情地嘲笑了伊壁鸠鲁；他们认为他是德谟克利特的模仿者，却只知道歪曲他的榜样。但是同时还有另一个流派，把伊壁鸠鲁哲学视为古代最完善的唯物主义体系。因为这一哲学在卢克莱修的教育诗①中保存了下来，而德谟克利特哲学在经过许多世纪的岁月激荡之后，只有一小部分残篇幸存至今。还是那位康德，在将原子偏斜说斥为"无耻的"臆造之后，又认为伊壁鸠鲁虽然与最杰出的理智论哲学家柏拉图相对立，却还是最杰出的感性论哲学家。

马克思决不否认伊壁鸠鲁在物理学上的不合理性。他承认伊壁鸠鲁"在解释某些物理现象时表现出一种极端疏忽大意的态度"。但他解释说，在伊壁鸠鲁看来，只有感性知觉才是真理的唯一准绳。例如，伊壁鸠鲁认为太阳有两米高，因为视觉告诉他是如此。但马克思并不满足于用一两句冠冕堂皇的话打发掉这些显而易见的弊端，而是竭力在物理上的不合理中寻求哲学上的合理。他遵守了自己在博士论文一个注释中提出的纪念老师黑格尔的一段良言：当一个哲学家具有某种前后不一的缺点时，他的学生不应当怀疑老师，而应当用产生这种缺点的根源——原则的不充分——来说明这个缺点，从而使表现为良心的进步变成一种知识的进步。

---

① 指卢克莱修的《物性论》。

 马克思传

德谟克利特看来是目的的东西,对伊壁鸠鲁来说只是达到目的的手段。伊壁鸠鲁关注的重点不是认识自然,而是能够支持他的哲学体系的自然观。如果说古代的所谓自我意识哲学分为三派,那么按照黑格尔的说法,伊壁鸠鲁派代表抽象的个别的自我意识,斯多葛派代表抽象的普遍的自我意识,两派都是片面的独断论,而怀疑派则反对这两派的片面性。或者,这种联系就像近代的一位希腊哲学史家所表述的那样:在斯多葛主义和伊壁鸠鲁主义中,主体精神的个别的方面和普遍的方面,即个体的原子论孤立和它对整体的泛神论融合,以同等的诉求不可调和地互相对立;而这种对立在怀疑论中却被中和了。

伊壁鸠鲁派和斯多葛派尽管有着共同目标,却由于出发点不同而渐行渐远。对整体的融合使斯多葛派成为哲学上的决定论者,认为一切存在物的必然性是不言自明的。在政治上,斯多葛派则是坚决的共和主义者,但在宗教上,还没有摆脱迷信和不自由的神秘主义。他们接近赫拉克利特。赫拉克利特认为,融合于整体采取了最鲜明的自我意识的形式。除此之外,斯多葛派对待赫拉克利特却像伊壁鸠鲁派对待德谟克利特一样,毫不掩饰自己的不敬。反之,伊壁鸠鲁派因孤立个体的原则而成为哲学上的非决定论者,个人意志自由的承认者,以及政治上的极端忍让者。《圣经》格言"在上有权柄的,人人当顺从他",就是伊壁鸠鲁的遗训。然而这也使伊壁鸠鲁派摆脱了宗教的一切束缚。

马克思在一系列精细的研究中解释了"德谟克利特的自然哲学和伊壁鸠鲁的自然哲学的差别"。他认为,德谟克利特注重的只是原子的物质存在,伊壁鸠鲁除此之外说明了原子的概念,原子的质料和形式,原子的存在和本质。他不仅把原子视为现象世界的物质基础,而且也视为孤立个体的象征,抽象的、个别的自我意识的形式原则。德谟克利特从原子的垂直下落推导出一切存在物的必然性。伊壁鸠鲁则认为原子的下落会稍微偏离直线,否则就像卢克莱修(伊壁鸠鲁哲学最出色的阐释者)在他的教育诗中所提出的那样,哪里还会有自由意志,不受生命体命运摆布的意志呢?作为现象的原子和作为本质的原子之间的这种矛盾,贯穿于伊壁鸠鲁的全部哲学之中,并造成了在古代就广受嘲笑的对物理现象的极端随意的解

第二章 黑格尔的弟子

释。伊壁鸠鲁自然哲学的一切矛盾只是在天体中才得到解决，然而天体普遍而永恒的存在又破坏了抽象的、个别的自我意识的原则。因此，伊壁鸠鲁摒弃了一切物质的伪装，作为一位如马克思所称的"最伟大的希腊启蒙者"，他对从天国的高处以凶恶的目光恫吓凡人的宗教进行斗争。

在自己的第一部著作中，甚至在他阐述伊壁鸠鲁的一些细节上尚可商榷的地方，并且正是在这样的地方，马克思就已经显露出了自己的创造精神。因为这种反对意见只能针对一点，即马克思比伊壁鸠鲁本人更深入地思考了伊壁鸠鲁的基本原则，并且得出了更为明确的结论。黑格尔曾认为伊壁鸠鲁哲学总体上是肤浅的。这一哲学的创始人像所有的自学者一样，总是非常重视日常生活中的语言，因此当然不会使用马克思在解释它时所用的那些黑格尔哲学的思辨用语。马克思在自己的博士论文中证明了自己的成熟。他熟练地运用着辩证法，他的语言表现出了老师黑格尔所特有的标志性力量，而他的弟子们就失去了这种力量。

但是，马克思在这部著作中还完全站在黑格尔哲学的唯心主义立场上。令今日的读者乍看起来最为惊讶的是马克思对德谟克利特的不利评判。马克思认为，德谟克利特只是提出了一个假设，这个假设是经验的结果，而不是经验的能动的原则，因此始终没有实现，并且将来对自然界的实际研究也不会起决定性的作用。同对待德谟克利特的态度相反，马克思推崇伊壁鸠鲁，认为尽管他随意地解释自然现象，尽管他宣扬了抽象、个别的自我意识，他还是创立了原子论的科学。但是，马克思自己也承认，因为个别性不在事物本性中占统治地位，这种抽象、个别的自我意识便取消了一切真正的和实际的科学。

今天已经无须证明的是：只要原子论的科学存在，只要基本粒子学说及一切现象通过基本粒子运动而产生的学说还是现代一切自然科学研究的基础（这一学说被用来解释声、光、热的规律，以及物体的化学变化和物理变化规律），这门科学的先驱就是德谟克利特，而不是伊壁鸠鲁。但是对于当时的马克思来说，哲学，或者更确切地说，思辨哲学，还是一门科学；这使他当时形成的观念，如果不是同时揭示出他性格的本质特征，就很难为今天的我们所理解。

在马克思看来，生活永远意味着工作，而工作永远意味着斗争。他之所以不认同德谟克利特，就是因为后者缺乏"能动的原则"；正如他后来所说的那样，这是"从前的一切唯物主义【……】的主要缺点"①。从前的一切唯物主义对于事物、现实、感性，只是从客体的形式、直观的形式去加以考察，而不是主观地，作为实践、作为人的感性活动去加以考察。而伊壁鸠鲁之所以吸引他，正是使这位哲学家奋起反抗宗教的繁重压力，敢于挑战宗教的"能动的原则"：

"无论是神的传说，还是天上的闪电和滚滚雷鸣，

什么都不能使他畏惧……"②

在马克思这篇打算发表并献给他岳父的博士论文的序言中，爆发了烈火般的不可抑制的战斗热情。他说："只要哲学还有一滴血在自己那颗要征服世界的、绝对自由的心脏里跳动着，它就将永远用伊壁鸠鲁的话向它的反对者宣称：

'渎神的并不是那抛弃众人所崇拜的众神的人，而是把众人的意见强加于众神的人。'

哲学并不隐瞒这一点。普罗米修斯的自白

'总而言之，我痛恨所有的神'

【……】

对于那些以为哲学在社会中的地位似乎已经恶化因而感到欢欣鼓舞的可怜的懦夫们，哲学又以普罗米修斯对众神的侍者海尔梅斯所说的话来回答他们：

'我绝不愿像你那样甘受役使，来改变自己悲惨的命运，

你好好听着，我永不愿意！

【……】，

普罗米修斯是哲学历书上最高尚的圣者和殉道者。"③ ——马克思用这

---

① 《马克思恩格斯文集》第 1 卷，第 503 页。
② 《马克思恩格斯全集》中文第二版第 1 卷，第 63 页。
③ 《马克思恩格斯全集》中文第二版第 1 卷，第 12 页。

句话结束了他这篇不顾一切的序言。这篇序言甚至吓坏了他的朋友鲍威尔。但是，被鲍威尔认为"火气过旺"的地方，只是这个在自己的斗争和苦难中注定要成为另一个普罗米修斯的人的朴实自白。

（五）《轶文集》和《莱茵报》

马克思还没有来得及把代表新头衔的文凭收入囊中，他寄托在文凭上的生活计划，便由于浪漫主义反动派新的迫害行动而被打破了。

首先，1841年夏天，艾希霍恩带领各大学神学系对布鲁诺·鲍威尔展开了一场可耻的围猎，原因是他批判了福音书。除了哈雷大学和柯尼斯堡大学以外，所有大学的神学系都背叛了新教的教学自由的原则，鲍威尔被迫屈服。然而，这也使马克思立足波恩大学的任何希望都破灭了。

同时，出版一份激进杂志的计划也落空了。新国王①是新闻出版自由的支持者，他下令制定了一道温和的书报检查令，也在1841年底实际颁行了。但是这位国王却提出了一个条件，即新闻出版自由不得超出浪漫主义情绪的范围。就在1841年夏天，他也在一份内阁敕令中表明了自己对新闻出版自由的理解。敕令要求，卢格在莱比锡由维干德出版和印刷的年鉴应接受普鲁士书报检查机关的审查，否则卢格就要做好杂志在普鲁士各邦被禁止发行的准备。这就使卢格充分认清了他的"自由公正的普鲁士"，因而移居德累斯顿，并从1841年7月起在德累斯顿出版了名为《德国年鉴》的杂志。从这时起，这份杂志的论调变得比以前更为激烈，因此，过去嫌杂志不够激烈的鲍威尔和马克思决定给这个杂志撰稿，而不再创办自己的杂志了。

马克思没有发表他的博士论文。它的直接目的已经失效，而且根据作者后来的表示，等到一部总体论述伊壁鸠鲁哲学、斯多葛派哲学和怀疑派哲学的著作完成之后，这篇论文才能明确自身在其中的真正地位。

---

① 指弗里德里希-威廉四世。

但是,"完全不同的另外一些政治工作和哲学工作"阻碍了马克思完成这一著作。

在这些工作当中,首要的一件是要证明,不仅老伊壁鸠鲁,而且连老黑格尔都是彻头彻尾的无神论者。1841年11月,维干德出版了一本"最后通牒",题为《对无神论者和反基督教者黑格尔的末日审判的号声》。这本匿名小册子的作者伪装成一个正统派教徒,用一种圣经中先知的口吻哀叹黑格尔的无神论,并且十分令人信服地从黑格尔的著作中证明了这种无神论。这本小册子引起了巨大轰动,尤其是因为最初谁也没看出这个伪装成正统派的人是谁,甚至连卢格也没看出来。实际上,《末日审判的号声》是布鲁诺·鲍威尔写的。他打算和马克思一起继续写下去,通过批判黑格尔的美学、法哲学等著作来证明,继承了导师真正精神的不是老年黑格尔派,而是青年黑格尔派。

这时,这本小册子被查禁了,维干德难以出版续篇。而且,马克思还生了病。他未来的岳父卧病在床3个月之后,于1842年3月3日逝世。因此,马克思"不能做什么正经事"。但是,他在1842年2月10日还是给卢格寄去了"一篇小文章"①,并且表示自己力所能及的一切都将由《德国年鉴》支配。这篇文章的主题是最近的书报检查令,国王在其中下令放宽检查。马克思就以这篇文章开始了他的政治生涯。凭借犀利的批判,他逐条证明了这一检查令在浪漫主义夸张词句掩盖下的逻辑谬误。这就与那些"伪自由主义的"庸人,甚至许多青年黑格尔分子的欢呼雀跃形成鲜明对比。检查令中所表现出来的"国王的意旨",被那些人以为"太阳正在天空高照"。

在附信中,马克思请求尽快刊印这篇文章,"如果书报检查机关不查禁我的评论文章"。他焦急的预感并没有错。2月25日,卢格回信说,《德国年鉴》受到了最严厉的检查,"你的文章不可能发表了"。卢格想把被拒绝采用的文章编成一本"精彩而辛辣的东西"的集子,以《哲学界轶文

---

① 指马克思的文章《评普鲁士最近的书报检查令》。

第二章 黑格尔的弟子

集》①为题在瑞士出版。马克思在3月5日的复信中对这个计划大为赞同，他写道："由于萨克森书报检查的突然恢复，原定作为《末日审判的号声》的第二部分发表的我的《论基督教的艺术》一文，显然是完全不可能刊印了。"②他建议把这篇文章修订后收入《轶文集》，并且还答应给文集写一篇在内部的国家制度上批判黑格尔自然法的文章，以同立宪君主制这个彻头彻尾自相矛盾和自我毁灭的混合物作斗争。卢格同意了他所有的建议，但是，除了那篇评书报检查令的文章外，他什么也没有收到。

在3月20日的信中，马克思希望使论述基督教艺术的文章摆脱《末日审判的号声》式的笔调和烦冗而拘谨的黑格尔式叙述方式，而代之以更自由、更透彻的叙述方式。他答应在4月中旬完成这件工作。4月27日，他写道，文章"几乎已经脱稿"，并请求卢格"只要再宽限几天"。他还补充说，卢格将收到的论宗教艺术的文章是大大压缩了的，因为这篇东西几乎信手写成一本书了。后来，马克思又在7月9日写道，如果不是所发生的一切——"不愉快的身外琐事"——能为他开脱，他也就不再为自己辩解了。同时他保证，在给《轶文集》写的文章完稿以前，他什么也不做。最后，卢格在10月21日的信中写道，《轶文集》已经编好了，将由苏黎世的文学社出版；他仍然为马克思的文章保留了位置，虽然直到这时马克思只是让他抱有希望，而不是满足他的希望；他很清楚，马克思一旦决心去做，到底能满足多少他的愿望。

与布鲁诺·鲍威尔和科本一样，比马克思大16岁的卢格也极为敬重这个年轻人，虽然这个年轻人曾使他作为编辑的耐心受到严峻的考验。无论对于合作者还是对于出版人，马克思从来都不是个让人舒服的作者，但是他们当中没有一个人把这种情况迁延归咎于疏忽或怠惰，因为这种情况只是由于马克思过于丰富的思想和不知满足的自我批判精神而造成的。

在这一特殊的情况下，甚至在卢格看来，还有一种情况可以为马克思辩解，这就是：马克思已经被一种远比哲学强烈的兴趣吸引住了。自从他

---

① 指《德国现代哲学和政论界轶文集》。
② 《马克思恩格斯全集》中文第二版第47卷，第23页。

035

 马克思传

写了评书报检查令的文章以后,就开始了政治斗争,现在他在《莱茵报》上继续进行斗争,而不再到《铁文集》上去纺哲学的线了。

1842年1月1日,《莱茵报》在科隆创刊。它最初并不是一份反对派报纸,更确切地说是一份亲政府的报纸。自从19世纪30年代科隆发生主教纠纷①以来,拥有8000订户的《科隆日报》捍卫着教皇至上派②的主张;这一派在莱茵地区势力非常强大,给政府的宪兵政策造成不少麻烦。这种做法并不是出于对天主教的神圣热忱,而是出于讨好读者的商业考虑,这些读者根本不愿理睬柏林圣上的赐福。《科隆日报》的垄断地位极为巩固,它的所有者时常用收购的办法来排除所有出现的竞争报纸,即便这些报纸由柏林资助也是如此。同样的命运也威胁着《莱茵总汇报》。1839年12月,这家报纸从书报检查官那里得到了当时必不可少的出版许可,而这正是为了打破《科隆日报》的统治地位。不过,在最后关头,科隆的富裕市民们组建了一个股份公司,以便彻底改组该报。政府鼓励这一项目,并且暂时允许现在的《莱茵报》适用其前身获得的出版许可。

事实上,虽然广大莱茵省居民仍将普鲁士的统治视为外国统治,科隆资产阶级却远没有给这一统治带来任何不便。由于生意进展顺利,资产阶

---

① 指普鲁士官员受国王弗里德里希-威廉四世的委托同罗马教皇进行的谈判,其目的在于调解普鲁士政府和天主教教会之间的冲突。这一通常被称作"教会纠纷"或"科隆纠纷"的冲突是由天主教徒和新教教徒通婚所生子女的宗教信仰问题而引起的。1837年11月科隆大主教因拒不服从弗里德里希-威廉三世的要求,违背普鲁士国家法律,许诺这类子女信奉天主教而以叛国罪被捕,冲突就此开始。此后,天主教教会与普鲁士新教国家之间的这场争执持续了数年之久,直到1842年5月弗里德里希-威廉四世统治时期,经过谈判才以普鲁士政府向天主教教会投降而宣告结束。马克思在1842年7月9日致卢格的信中将这一结局称为"普鲁士在全世界面前亲吻教皇的鞋子"。

② 教皇至上派是天主教的一个极端反动的派别,它反对各民族教会的独立性,维护罗马教皇干涉一切国家内政的权力。19世纪下半叶教皇至上主义影响的加强,表现在欧洲若干国家建立了天主教堂,表现在梵蒂冈宗教会议于1870年通过了教皇"永无谬误"的信条等等。

第二章 黑格尔的弟子

级便放弃了对法国的同情。而关税同盟①成立后,他们索性要求普鲁士统治全德意志了。他们的政治要求极其温和,并且居于经济要求之后,而后者旨在促进莱茵地区已高度发达的资本主义生产方式:节约国家财政开支、扩建铁路网、降低诉讼费和邮费、参加关税同盟各邦采用共同的旗帜和派遣共同的领事,以及在这类资产阶级愿望清单上能找到的其他东西。

然而,两个被委任组建编辑部的年轻人,陪审员格奥尔格·荣克和见习法官达哥贝尔特·奥本海姆,都是狂热的青年黑格尔分子,并且特别受到莫泽斯·赫斯的影响。赫斯也同样是莱茵省商人的儿子,除了黑格尔哲学以外,还熟悉法国的社会主义。他们在自己的同道中,特别是柏林的青年黑格尔派中招募撰稿人。其中,鲁滕堡甚至负责编辑国内文章。他是马克思推荐的,对于马克思来说,这次推荐并没有给他带来什么殊荣。

马克思显然从一开始就和《莱茵报》走得很近。他打算3月底从特里尔迁居科隆,但是他认为当地的生活太喧闹,于是暂时在波恩定居下来。此时,布鲁诺·鲍威尔已经离开了波恩。"……如果这里没有一个让圣徒们烦恼的人留下来,那也是很可惜的。"② 马克思开始从波恩给《莱茵报》写文章,很快就压倒了所有其他的撰稿人。

虽然很明显是由于荣克和奥本海姆的私人关系,《莱茵报》最初才成为青年黑格尔派的工具。但是,如果说这种情况未经实际股东们的同意,甚至他们对此完全不知情,那也是难以设想的。股东们相当精明,他们能够意识到,在当时的德国再也找不到更有才能的撰稿人。青年黑格尔派本

---

① 关税同盟是在普鲁士领导下于1834年1月1日成立的。在此之前,1818年的保护关税条例废除了普鲁士境内的国内税。从1819年开始,一些小邦陆续与普鲁士签订关税协定。1829年普鲁士与南德意志的巴伐利亚和符腾堡(它们建有自己的关税同盟)签订了贸易协议,此后又有不少的邦如萨克森等加入此贸易协议。在这些双边或多边协议的基础上产生了最初包括18个邦的关税同盟。同盟于1834年成立之后,巴登、拿骚、法兰克福等又陆续加入。到50年代中期,同盟包括了除奥地利、汉撒自由市(吕贝克、汉堡、不来梅)和北德意志的一些小邦外几乎所有的德意志邦。关税同盟的成立促进了1871年德国政治统一的完成。

② 《马克思恩格斯全集》中文第二版第47卷,第29页。

身是极其亲普鲁士的，而他们文章中那些在科隆资产阶级看来是不可理解的或值得怀疑的地方，很可能被看成是无害的怪癖了。不管怎样，当头几个星期柏林方面抱怨该报的"颠覆倾向"，而威胁在第一季度末查禁该报时，股东们也不曾表示过任何异议。尤其是鲁滕堡进入该报时，柏林的皇帝特别惊恐。他被认为是一个可怕的革命者，受到严格的政治监视。甚至在1843年三月革命的时候，弗里德里希-威廉四世还害怕这个人，认为他是革命的真正主谋。如果说《莱茵报》暂时还没有受到致命的打击，那首先要归功于教育大臣。艾希霍恩尽管反动，却主张必须设法对抗《科隆日报》的教皇至上论倾向。也许他认为《莱茵报》的倾向"几乎更不可靠"，但是它不过是在玩弄思想，而这些思想诱惑不了任何在生活上站稳脚跟的人。

在这方面，马克思为《莱茵报》写的那些文章当然是最无可非难的。他对待每个问题的实际态度，显然比布鲁诺·鲍威尔或麦克斯·施蒂纳的文章更彻底地使报纸股东们容忍青年黑格尔主义。否则就无法理解，为什么在他的第一篇文章发表几个月以后，他就在1842年10月被聘请为该报的主笔了。

在这里，马克思第一次证明了他无与伦比的才能：他善于从实际出发，使僵死的状况活动起来，按照自己的旋律翩翩起舞。

（六）莱茵省议会

马克思写了5篇系列文章，分析一年前在杜塞尔多夫持续了9个星期的莱茵省议会辩论。各省的省议会都是无力的虚设代议机构，普鲁士国王企图通过它们来掩盖他背弃1815年立宪诺言的事实。它们闭门开会，最多在一些琐碎的地方性事务上有一点发言权。自从1837年在科隆和波森同天主教会发生冲突以来，省议会就根本没有再召开过。在莱茵和波森的省议会还很可能出现了反对派，即便只是教皇至上论的反对派。

这些庄重的机构受到了充分的保护，以防受到任何自由主义变动的影

第二章 黑格尔的弟子

响,因为拥有地产是当选议员的必要条件。这样一来,所有议员的半数是封建贵族地主,三分之一是拥有地产的城市居民,六分之一是农民。然而,这个体面的原则尽管很完善,却并没有在一切省份都得到贯彻,特别是在新收复的莱茵省,就必须对现代精神作出一些让步。然而一直以来,贵族在议会中都控制着三分之一以上的票数,由于决议必须要有三分之二的多数票才得通过,因此,违反贵族的意愿就什么也做不成。拥有地产的城市居民还受到一项限制,即必须是拥有土地10年以上的人才得以当选,而且政府还有权拒绝任何市政公务人员当选。

这些省议会受到了普遍的蔑视,但是弗里德里希-威廉四世却在即位后于1841年重新召开了省议会。他甚至把议会的权利稍加扩大,自然只是为了哄骗那些国债的持有者,因为早在1820年,政府就向他们保证,只有在未来得到帝国等级会议的同意和担保,才能另借新债。约翰·雅科比曾在一本著名的小册子①里向各省议会呼吁,要求它们把兑现国王立宪的承诺看成是自己的权利。但是国王却对此充耳不闻。

甚至莱茵省议会也毫无作为,而且正是在政府最担心的教会政策问题上毫无作为。它以三分之二的多数票否决了一个无论自由派还是教皇至上派都认为是顺理成章的提案:要么把非法逮捕的科隆大主教送上法庭,要么恢复他的教职。省议会根本没有触及宪法问题。科隆市民向省议会递交了一份有一千多人签名的请愿书,要求允许公众自由旁听议会,不加删节地发表每日议会辩论记录,在报刊上自由讨论省议会辩论和所有省内事务,并制定出版法取代书报检查制度。省议会用最卑怯的方式回应了这份请愿书。它只乞求国王准许在省议会会议记录中公开发言人的姓名,此外不要求用出版法取代书报检查制度,而只要求一部可以遏制检查官专横行为的书报检查法。与一切懦弱者应得的下场一致,国王在这一点上也拒绝了省议会。

省议会只是在代表地产利益的时候才活跃起来。当然,它不会考虑恢复封建的威势。从东部各省派来的官员也向柏林报告说,莱茵省居民对这

---

① 指1841出版的雅科比的小册子《一位东普鲁士居民的四个答题》。

方面的一切尝试都深恶痛绝，以至于完全不可能容忍。莱茵省居民尤其不允许动摇自由划分地产的权利。虽然政府不无道理地宣称，这种无限制的划分已经导致了地产的支离破碎，但他们既不会为"贵族阶层"的利益，也不会为"农民阶层"的利益而放弃这个权利。政府提出的对地产划分加以某种限制，"以保持一个强大的农民阶层"的提案，被与全省想法一致的省议会以49票对8票否决了。但是，省议会却在通过政府提出的林木盗窃法，狩猎、森林和牧场违禁法等若干法律时精神焕发。这样，立法权就寡廉鲜耻地服务于大地主的私人利益了。

按照一项庞大的计划，马克思开始同莱茵省议会打起了笔墨官司。第一篇分成六篇长文连载的论文分析了省议会关于新闻出版自由和公布省等级会议辩论的情况。国王曾准许公布会议记录而不公布发言人的姓名，这算是国王试图鼓励省议会的微小改革之一。但是这个改革却受到了省议会本身的激烈抵制。固然，莱茵省议会还不像勃兰登堡和波美拉尼亚的省议会那样，干脆拒绝公布会议记录。但是，它也表现出那种愚蠢的自负，认为当选议员高人一等，必须首先保护他们不被自己选民批评。"省议会见不得天日。在私人生活的黑夜中，我们感到更舒服一些。既然全省满怀信任地把自己的权利委托给个别人物，这些个别人物自然也就屈尊俯就地接受省的信任。但是，既然省刚刚通过这种信任表明了自己对他们的判断，如果要求他们也以同样的态度报答省，以充分的信任把他们自己、他们的成绩、他们的人格交给省去判断，那就太过分了。"① 在第一篇论文中，马克思就用动人的幽默语调嘲讽了那个他后来称之为"议会迷"并且终生厌恶的东西。

不过，为了捍卫新闻出版自由，马克思拔出了一把闪亮和锋利程度空前绝后的剑。卢格曾不无羡慕地承认，"关于新闻出版自由，以及在捍卫新闻出版自由方面，从来没有、甚至也不可能有比这说得更深刻更透彻的了。在我们的政论文章中，出现了这样有真才实学、有气魄、善于理清常见的概念混乱的文章，真是值得我们庆幸。"马克思在文章中曾谈到了自

---

① 《马克思恩格斯全集》中文第一版第1卷，第160—161页。

第二章 黑格尔的弟子

己故乡温和宜人的气候,而这篇文章至今还闪耀着柔和的光辉,如同洒在莱茵河畔葡萄园丘陵上的阳光。黑格尔曾谈到的是"坏报纸的可怜的、败坏一切的主观性",马克思则追溯到资产阶级启蒙运动,在《莱茵报》上承认康德哲学是法国大革命的德国理论①。但是,他在追溯这个问题时,黑格尔的历史辩证法为他开辟的所有政治和社会眼界都已经大大丰富了。只要把他在《莱茵报》上的文章同雅科比的《四个答题》比较一下,就可以看出马克思已经取得的成果。雅科比一再强调国王 1815 年的立宪承诺是整个宪法问题的基石,而马克思却认为它根本不值一提。

马克思颂扬自由的报刊是人民精神的洞察一切的慧眼,把它与受检查的报刊进行对比;后者的根本恶行是伪善,从中又派生出它的其他一切缺陷,派生出即使从美学观点看来也是丑陋的恶行——消极性。但尽管如此,他并没有忽视自由报刊也可能遭受到的危险。一位城市等级的发言人要求把新闻出版自由当作行业自由的一部分来争取。马克思反驳他说:

"难道被贬低到行业水平的新闻出版【……】是自由的吗?作者当然必须挣钱才能生活,写作,但是他决不应该为了挣钱而生活,写作。

【……】

新闻出版的最主要的自由就在于不要成为一种行业。把新闻出版贬低为单纯物质手段的作者应当遭受外部不自由——书报检查——对他这种内部不自由的惩罚;其实他的存在本身就已经是对他的惩罚了。"②

马克思终其一生都在印证他对作家的要求:作家的作品永远是目的本身,对于他自己或别人而言都不是手段;必要的时候,作家可以为作品的生存而牺牲他个人的生存。

第二篇评论莱茵省议会的文章,正如他给荣克的信中所说的那样,是关于"大主教事件"的。尽管卢格曾提出把它收入《轶文集》,但整篇文章都被检查机关抽掉了,后来也没有发表。1842 年 7 月 9 日,马克思写信

---

① 参看马克思《历史法学派的哲学宣言》,见《马克思恩格斯全集》中文第二版第 1 卷,第 233 页。

② 《马克思恩格斯全集》中文第二版第 1 卷,第 192—193 页。

告诉卢格:"您不要以为,我们在莱茵省是生活在一个政治的埃尔多拉多里。要把《莱茵报》这样的报纸办下去,需要极其坚强的毅力。我的关于省议会的第二篇论文,即关于教会纠纷问题的论文被抽掉了。我在这篇论文中指出了国家的拥护者怎样站在教会的立场上,而教会的拥护者又怎样站在国家的立场上。由于愚蠢的科隆天主教徒中了圈套,而维护大主教又能招揽订户,因此发生这件事对《莱茵报》来说就更为不利。再者您也难以想像,这些暴虐之徒是何等的卑鄙无耻,而他们在对付正统的固执己见的人时又是何等的愚蠢。可是事情却获得成功:普鲁士当众亲吻教皇的鞋子,而我们的政府机器走在大街上,脸都不红一下。"① 最后这句话指的是:具有浪漫主义倾向的弗里德里希-威廉四世同教庭进行了和平谈判,而教庭则为了表示答谢,按照梵蒂冈的技巧规则把他愚弄了一番。

马克思在给卢格的信中关于这篇文章所写的内容,不应被误解为他是在认真地捍卫大主教,以使科隆的天主教徒中圈套。相反,他始终很有逻辑地解释说,大主教因教会事务行为而遭到完全非法的逮捕,以及天主教徒要求把非法被捕的主教交付法庭审判,是因为国家的捍卫者站在教会的立场上,而教会的捍卫者则站在国家的立场上。然而,在这个颠倒混乱的世界里采取正确的立场,对《莱茵报》来说是一个决定性的问题,这恰恰是因为马克思在下面这封给卢格的信中所说的内容:《莱茵报》所激烈反对的教皇至上派是莱茵省最危险的党派,而反对派又太习惯于在教会范围里进行反对活动了。

第三篇论文分成5篇长文连载,是评论省议会关于林木盗窃法的辩论的。在这篇文章里,马克思不得不来到"坚实的地面上",他自己在另一个地方也表达了同样的观点:由于必须谈到黑格尔思想体系中所没有考虑过的物质利益问题,他为此感到为难。当时,他对于这个法令的问题的理解还不像后来那样透彻。这里,问题的本质是处于上升时期的资本主义和公社土地所有制的最后残余之间的斗争,是一场剥夺人民群众所有权的残酷战争。在1836年这一年中,普鲁士国内经法庭审理的207478件刑事案

---

① 《马克思恩格斯全集》中文第二版第47卷,第31—32页。

第二章 黑格尔的弟子

件中，约有15万件，即将近四分之三是关于盗窃林木，违反森林、狩猎和牧场违禁法的案件。

在莱茵省议会审议林木盗窃法时，土地私有者的剥削利益受到了最无耻的维护，甚至超过了政府所提出的法案。针对这一点，马克思为了"政治上和社会上一无所有的贫苦群众"而进行了尖锐的批评，但不是从经济方面，而是从法律方面加以论证。他要求保存受威胁贫民的习惯法，并且认为这种习惯法基于某些财产的不确定性，即不能明确肯定这些财产是私有财产，也不能明确肯定它们是公共财产，而是我们在中世纪一切法规中所看到的那种私法和公法的混合物。理智取消了财产的二重的、不确定的形式，而采用了取自罗马法的抽象私法的现有范畴。但是在贫苦阶级的习惯法中，却存在着合乎本能的法的意识。这些习惯法的根源是实际的和合法的。

这篇论文的历史认识还带有"某些不确定性"，但尽管如此，或者确切地说，正因为如此，它却表明了促使马克思成为"贫苦阶级"伟大先驱的根本原因。他描写了那些林木所有者践踏逻辑和理智，蹂躏法律和正义，尤其是侵害国家利益，以便在贫民身上满足一己私欲的无耻行径。这些描述处处凸显了他内心深处的愤怒。"为了保证自己对违反森林管理条例者的控制，省议会不仅打断了法的手脚，而且还刺穿了它的心"①。马克思想通过这些例子来证明，如果认真委托代表特殊利益的等级代议机构进行立法，可以想见会发生什么样的事。

在这篇论文中，马克思仍然坚持黑格尔的法哲学和国家哲学。但是他不像黑格尔的正统派门徒那样颂扬普鲁士国家是理想国家，而是用从黑格尔的哲学前提中归纳出来的理想国家来衡量普鲁士国家。马克思认为，国家是一个伟大的有机体，法律的、道德的和政治的自由都要在这个有机体中实现，而每个公民在遵守国家的法律时，仅仅是在遵守自己的理智，也就是人的理智的自然规律。从这一观点出发，马克思还能应付省议会关于林木盗窃法的辩论，大概也还能应付探讨狩猎、森林和牧场违禁法的第四

---

① 《马克思恩格斯全集》中文第二版第1卷，第287—288页。

篇论文,但是再也无法应付第五篇论文了。因为第五篇论文要圆满结束系列文章,论述地产分割这个"意义重大的现实生活问题"。

马克思和莱茵省资产阶级都主张土地的自由分割。限制农民分割土地的自由,就等于在他们的物质贫困之上又加上一层法律的贫困。但是法律观点并不能解决这个问题。法国的社会主义早就指出,土地的自由分割产生了一个贫苦无依的无产阶级,并且把这种土地分割同手工业的原子化孤立置于同等地位。既然马克思想要探讨这个问题,他就必须深入研究社会主义。

当然,马克思意识到了这种必要性。如果能写完计划中的系列论文,他当然也不会避开这个问题。然而这一计划并没有实现。当第三篇论文在《莱茵报》上发表的时候,马克思已经是该报的主笔了。在他能够解决社会主义的谜题以前,他已经面对着这个谜题了。

(七) 战斗的五个月

在整个夏天,《莱茵报》在社会领域内进行了几次小规模的论辩,发起者很可能是赫斯。该报转载了魏特林的杂志上的一篇论柏林家庭住宅问题的文章,作为论"当前的一个重要问题"的一篇报道。在发表斯特拉斯堡学者会议(会上也讨论了社会主义问题)的报道时,该报加了一个毫无意义的评语,说如果一无所有的等级要求占有中等阶级的财产,那么这就可以和1789年中等阶级反对贵族的斗争相比,但是这一次的问题会通过和平的方式解决。

这些无关痛痒的话被奥格斯堡《总汇报》用来指责《莱茵报》向共产主义示好。在这方面,《总汇报》自己也是理亏的,它发表过海涅论法国社会主义和共产主义的更成问题的文章。但是,《总汇报》是唯一具有全国意义甚至国际意义的德国报纸,而《莱茵报》开始威胁它的这一地位了。虽然该报进行猛烈攻击的理由绝不是高尚的,但它的攻击却不乏恶毒的技巧。该报想尽办法暗示,有富商子弟幼稚地玩弄社会主义思想,却决

第二章 黑格尔的弟子

不打算把自己的财产分给科隆大教堂的工人和港口搬运工。此外，它还特意谴责说，在德国这样一个经济落后的国家里，拿1789年法国贵族的命运来威胁几乎不敢自由呼吸的中等阶级，是一种幼稚的错误想法。

担任主笔以后，马克思的第一个任务就是反击这些恶意的攻击，而且这个任务相当艰巨。他一点也不想掩盖他自己认为是"蹩脚货"的东西，但他也不能说出他对共产主义的看法。因此，他尽可能地把战火引到对手的阵营里去，指责《总汇报》自己就有共产主义的渴望。但他也坦率地承认，《莱茵报》没有本事用空话来解决那些正由两个民族在解决的问题。马克思写道，《莱茵报》甚至不承认现有形势下的共产主义思想具有理论上的现实性，因此更不会期望在实际上去实现它，甚至根本不认为这种实现是可能的事情。但是，《莱茵报》仍旧准备"在长期持续的、深入的研究之后"对这种思想进行认真的批判，因为对于像勒鲁、孔西得朗的著作，特别是对于蒲鲁东的机智的著作，决不能根据肤浅的、片刻的想像来批判。①

的确，后来马克思认为，这种论争使他对《莱茵报》的工作失去兴趣，于是他"贪婪地"抓住重新回到书房的机会。但是，正像人们回忆往事时所常发生的那样，他把原因和结果过于直接地混在一起了。当时，马克思还是全身心投入编辑事业中去，他认为这项事业非常重要，以至于为了它而不惜同柏林的老朋友们决裂。自从"可以产生精神上的趣味"的博士俱乐部因书报检查令的缓和变成了一个所谓"自由人"② 的团体以后，这些人就再也没有给人留下什么深刻印象了。这个团体中几乎聚集了普鲁

---

① 参看马克思《共产主义和奥格斯堡〈总汇报〉》，见《马克思恩格斯全集》中文第二版第1卷，第295页。
② "自由人"是19世纪40年代上半期由柏林一些著作家组成的青年黑格尔派小组的名称，该小组的核心是布·鲍威尔、埃·鲍威尔、爱·梅因、路·布尔、麦·施蒂纳等人。"自由人"脱离现实生活，醉心于抽象的哲学争论，在1843—1844年抛弃了激进民主主义，陷入了主观主义和无政府主义。早在"自由人"小组成立时，马克思就同他们发生严重分歧。随着马克思和恩格斯由唯心主义转向唯物主义、由革命民主主义转向共产主义，他们同"自由人"的斗争日趋尖锐。1844年9—11月，马克思和恩格斯在他们合写的第一部著作《神圣家族》中对"自由人"进行了彻底批判。

马克思传

士首都所有三月革命以前的文人。他们以疯狂的庸人形象示人，扮演着政治革命家和社会革命家的角色。还在夏天时，这类举动就使马克思深感不安；他说，宣布自己效忠于解放事业是一回事，这是正大光明的；但事先就作为宣传而大嚷大叫，则是另一回事，这就有点吹牛的味道。不过他认为，幸亏布鲁诺·鲍威尔在柏林，他至少不会容许这些人做"蠢事"。

可惜马克思的判断错了。根据可靠的消息，科本倒是没有参与"自由人"的活动，但布鲁诺·鲍威尔却不一样，甚至不耻于在他们的滑稽戏中扮演一名旗手。他们在大街上列队行乞；他们在妓院酒馆里丑态百出；他们无趣地戏弄毫无防备的牧师：布鲁诺·鲍威尔在施蒂纳的婚礼上从自己的钩边钱包上取出一对铜环交给这位牧师，说用它们来代替结婚戒指是再好不过的了——这种种行径使"自由人"成为所有温顺的庸众半惊半惧的对象，但也无可挽回地糟蹋了他们自称为之效忠的事业。

这种街头顽童式的闹剧当然也对"自由人"的精神生产活动产生了极坏的影响，因此马克思不得不费很大力气来处理他们投到《莱茵报》的稿件。许多这种稿件都被书报检查官的红笔勾掉了，但是，正如马克思给卢格的信中所说的那样，"不过我自己淘汰的文章也不比书报检查官淘汰的少，因为梅因一伙人寄给我们的是一大堆思想贫乏却自命能扭转乾坤的拙劣作品；所有这些文章都写得极其草率，只是点缀上一点无神论和共产主义（其实这些先生们从未研究过共产主义）。鲁滕堡负责的时候，由于他毫无批判能力，又缺乏独立性和才能，这班人已习惯于把《莱茵报》看成是他们惟命是从的机关报，而我则决定不让他们再像以前那样空谈下去了。"① 这就是马克思所说的"柏林上空阴云密布"的第一个原因。

决裂是在1842年11月海尔维格和卢格访问柏林时发生的。海尔维格当时正在德国进行他著名的凯旋之旅。旅途中，他还在科隆迅速和马克思建立了友谊。在德累斯顿，他遇到了卢格，并和他一道前往柏林。在柏林，他们自然看不惯"自由人"的那些胡作非为。卢格同他的合作者布鲁诺·鲍威尔争吵起来，因为鲍威尔"要他相信荒谬绝伦的东西"，例如，

---

① 《马克思恩格斯全集》中文第二版第47卷，第41页。

第二章　黑格尔的弟子

应该把国家、财产和家庭作为概念来加以废除，而不再关心这些事物的积极方面。海尔维格也不喜欢"自由人"。于是"自由人"就对这位诗人的蔑视进行报复，以自己的方式对他觐见国王的著名事件，以及他同富家女订婚一事品头论足。

双方都想在《莱茵报》上展开争论。在卢格的同意下，海尔维格要求刊登一项声明。声明虽然承认，"自由人"作为个人大部分是优秀人物，但又补充道，正如他自己和卢格曾对他们坦承的那样，他们的政治浪漫主义、恃才傲物和醉心名利，却危害了争取自由的事业和党派。马克思在报上刊登了这个声明，接着，自诩为"自由人"喉舌的梅因给他寄来了好几封言辞粗暴的信。

起先，马克思的回信还非常实事求是，力求把"自由人"的投稿引上正路。"我要求他们：少发些不着边际的空论，少唱些高调，少来些自我欣赏，多说些明确的意见，多注意一些具体的事实，多提供一些实际的知识。我说，我认为在偶然写写的剧评之类的东西里塞进一些共产主义和社会主义的信条，即新的世界观，是不适当的，甚至是不道德的。我要求他们，如果真要讨论共产主义，那就要用另一种完全不同的方式，更切实地加以讨论。我还要求他们更多地在批判政治状况当中来批判宗教，而不是在宗教当中来批判政治状况，因为这样做才更符合报纸的本质和读者的教育水平，因为宗教本身是没有内容的，它的根源不是在天上，而是在人间，随着以宗教为理论的被歪曲了的现实的消失，宗教也将自行消灭。最后，我向他们建议，如果真要谈论哲学，那么最好少炫耀"无神论"的招牌（这看起来就像小孩一样，向一切愿意听他讲话的人保证自己不怕鬼怪），多向人民宣传哲学的内容。"① 这些富有教益的论述同时也使我们看到了马克思编辑《莱茵报》的原则。

但是，在这封劝告信寄到以前，马克思就接到梅因的一封"蛮横无理的信"，信中恰恰是要求《莱茵报》不许"求稳"，而要"采取最极端的方式"来行动，换句话说，就是要《莱茵报》为了迎合"自由人"而使

---

① 《马克思恩格斯全集》中文第二版第47卷，第42—43页。

自己受到压制。这终于使马克思忍无可忍,他写信给卢格说:"这一切都显示出这个人的难以置信的虚荣,他不懂得,为了挽救一个政治刊物,是可以牺牲几个柏林的吹牛家的,而他所考虑的,只是他那个小集团的事情。【……】

由于我们现在从早到晚都要忍受极其可怕的书报检查的折磨,忙于同部里通信,对付省长的指控、省议会的责难、股东的埋怨等等,而我之所以坚守在岗位上,只是因为我认为有义务在力所能及的范围内不让暴力得逞,因此您可以想见,我是有点被激怒了,于是就给梅因回了一封相当不客气的信。"① 这实际上就是马克思同"自由人"的决裂。从布鲁诺·鲍威尔到爱德华·梅因的所有"自由人"在政治上都落得不同程度的悲惨下场:鲍威尔后来给《十字报》和《邮报》撰稿,梅因则在《但泽报》的编辑任内终老。梅因也牢骚满腹地揶揄自己虚度的一生,说他只能嘲笑新教的"正统派蠢人"了,因为报纸的自由派股东们怕得罪天主教徒订户,不许他批评教皇的圣谕。"自由派"的其他人士则委身于半官方甚至官方的报刊,例如,鲁滕堡几十年后就是在担任《普鲁士国家通报》的编辑时死去的。②

但是在那时,1842 年秋天,鲁滕堡仍然是一个令人恐惧的人,政府要求他离开《莱茵报》。整个夏天,政府都在用吹毛求疵的检查折磨这个报

---

① 《马克思恩格斯全集》中文第二版第 47 卷,第 43—44 页。
② 《十字报》也称《新普鲁士报》,德国的一家日报,普鲁士容克和上层贵族的喉舌;1848 年 6 月—1939 年在柏林出版,创办人是恩·路·格尔拉赫和汉·胡·克莱斯特-雷措,编辑是海·瓦盖纳(1848—1854 年);因报头上印有后备军的十字章图样,所以又有《十字报》(*Kreuz-Zeitung*)之称。《邮报》是自由保守党的机关报。《但泽报》是民族自由党的省报。《普鲁士国家通报》是德国的一家日报,普鲁士政府的官方报纸,1819 年 1 月 2 日—1843 年 6 月 30 日以《普鲁士国家总汇报》的名称在柏林出版;1843 年 7 月 1 日—1848 年 4 月 30 日用《普鲁士总汇报》的名称出版,1848 年 5 月 1 日—1850 年 12 月 31 日改名为《普鲁士国家通报》;1851 年 1 月—1871 年 5 月改名为《普鲁士王国国家通报》;1871 年 5 月 4 日起成为德意志帝国政府的官方报纸,并更名为《德意志帝国通报和普鲁士王国国家通报》,1917 年停刊。

第二章 黑格尔的弟子

纸，但是还留着它的性命，希望它能自行消亡。8月8日，莱茵省省长冯·沙培尔向柏林报告说，《莱茵报》的订户减少到了885户。但是10月15日马克思接任主笔，11月10日沙培尔就报告说，订户数目不断上升，从885户增加到1820户，而报纸的倾向也变得更加敌对和放肆。恰好那时《莱茵报》得到了一份极其反动的婚姻法草案，把它刊登了出来。国王对于过早公布这草案非常恼怒，因为这个法案将增加离婚的困难，引发民众的激烈抵制。国王勒令《莱茵报》交代出提供草案的人，否则就威胁要立刻查封该报。但是部长们事先就知道该报会拒绝这种有辱人格的要求，他们不想把殉道者的花冠戴在这家可恨的报纸头上。他们满足于把鲁滕堡赶出科隆，并且根据禁令要求任用一个负责的主编，代替出版者雷纳德负责该报。同时，陪审官维特豪斯被任命为书报检查官，来代替因思想狭隘而臭名昭著的前任多里沙尔。

11月30日，马克思写信给卢格说："鲁滕堡不再主持德国栏（他在那里做的事情主要是改改标点符号），只是由于我的请求，才暂时把法国栏交付给他。由于我们的国君极度昏庸，鲁滕堡竟有幸被视为危险人物，尽管除了《莱茵报》和他本人以外，他对谁都不危险。当局断然要求我们解除鲁滕堡的职务。普鲁士的国君——这个极其伪善、狡猾的普鲁士专制主义——使负责人避免了一个令人难堪的场面，鲁滕堡这位新殉道者已经学会使用表情、举止和语气恰如其分地表现着殉道者意识，所以他充分利用了这个机会。他写信到各地，写信到柏林，说他是《莱茵报》的被放逐的原则，而《莱茵报》对政府则采取另一种立场。"① 马克思是在谈到他同柏林"自由人"的裂痕尖锐化时提起这件事的，不过他对"殉道者"鲁滕堡的嘲笑对这个可怜鬼来说也许有点过火了。

马克思所说的"断然要求"开除鲁滕堡，并且使出版人雷纳德摆脱了一个"令人难堪的场面"等话，只能这样来理解，即编辑部迫于"威势"，放弃了留下鲁滕堡的任何尝试。这样的尝试无疑是不可能成功的，而使出版人摆脱一个"令人难堪的场面"也是完全合理的，因为这个不懂政治的

---

① 《马克思恩格斯全集》中文第二版第47卷，第41—42页。

书商不适合参加任何礼节性的审讯。而他也只是在一份反对威胁查封该报的抗议书上签了字。然而根据科隆市档案馆保存的手稿看来，这份抗议书是马克思起草的。

抗议书中说，《莱茵报》"迫于威势"，同意暂时解除鲁滕堡的职务并任命一个负责的主编。只要与独立报纸的职责相符，该报也愿意想尽一切办法防止自己倒闭。它保证在内容容许的范围内，在叙述形式上比以前更为节制。抗议书是以一种外交层面上的谨慎写成的，这在作者一生中找不出第二个例子。但是，如果对每个词都吹毛求疵是不公正的，那么，认为青年马克思在起草抗议书时违背了他当时的信念也同样是不公正的。这对他关于该报亲普鲁士情绪的说法也是成立的。除了同敌视普鲁士的奥格斯堡《总汇报》进行论战的文章和鼓吹德国西北部也加入关税同盟外，该报的亲普鲁士情绪首先表现在，它不断提及北德科学，将其与法国和南德的肤浅理论相对比。抗议书中宣称：《莱茵报》是"莱茵省和整个南德的报刊中"第一份致力于引入北德精神并因而促进了分散各族的思想统一的报纸。

省长冯·沙培尔的回答相当无情。他表示，就是马上解聘鲁滕堡并且指定一个更适当的主编，对《莱茵报》的出版是否给予最后的许可，也还取决于该报后续的态度。任命新主编的期限截止到12月12日。事情并没有发展到这一步，因为到12月中旬又爆发了新的斗争。贝恩卡斯特尔报社的两篇关于摩泽尔农民贫困状况的通讯促使沙培尔做出了两处更正，更正的内容空洞，形式粗暴。《莱茵报》先试图再次逆来顺受，称赞更正的"平静而尊严的口吻"足以使秘密警察国家的走卒们感到羞愧，并且有助于"消除猜疑，增强信任"。但是，在搜集了必要的资料之后，该报在1月中旬发表了五篇文章①，引用了大量文件材料，证明政府残酷地压制了摩泽尔农民苦难的呼声。莱茵省的最高长官被这件事弄得声名扫地。不

---

① 这里所说的文章是指马克思在1843年1月《莱茵报》第15、17、18、19和20号上连续发表的《摩泽尔记者的辩护》。马克思原计划这篇文章分五个部分，但是当时只在《莱茵报》上发表了其中的前两部分，后来第三部分被收入卡·海因岑编辑的《普鲁士的官僚制度》1845年达姆施塔特版。另两部分是否写成，目前不得而知。

第二章 黑格尔的弟子

过,令他颇为欣慰的是,1843年1月21日的内阁会议已决定查封这个报纸。1842年年底,一系列事件惹恼了国王:海尔维格从柯尼斯堡向他寄了一封激动而傲慢不恭的信,而《莱比锡总汇报》未经作者知悉和同意就发表了它;最高法院在约翰·雅科比被控叛国和侮辱皇帝的案件上宣布他无罪;最后,《德国年鉴》发表了拥护"民主制及其实际问题"的新年宣言。《德国年鉴》立刻被查封了,《莱比锡总汇报》也被禁止在普鲁士境内发行。接着,"它在莱茵的淫乱的姐妹"也在一次清洗中被查封了,主要原因是它曾尖锐地抨击过对这两家报纸的查封。

查封《莱茵报》表面的理由是该报没有许可证。如马克思所说,"在普鲁士这个没有警察局发的号牌连狗也不能生存的地方,《莱茵报》仿佛未经官方许可就可以出版哪怕一天似的。""实际的原因"则是新旧普鲁士关于恶劣倾向的滥调,亦即马克思所嘲笑的那种"恶劣的思想、空洞的理论等老一套的胡言乱语和其他鬼话。"① 为了照顾股东们的利益,当局允许报纸在3个月内照常出版。马克思写信给卢格说:"在处决前这段时间里,报纸要受双重检查。我们的书报检查官是一个可尊敬的人,他还要受本地行政区长官,一个惟命是从的傻瓜冯·格尔拉赫的检查。我们的报纸编好以后必须送到警察局去,让他们统统嗅一遍,只要警察的鼻子嗅出一点非基督教的、非普鲁士的东西,报纸就不能出版。"② 陪审官维特豪斯十分可敬,他辞去了书报检查官的职务。为此,科隆合唱团为他唱了一首小夜曲以示敬意。取代他的是柏林派来的内务部官员圣保罗。由于此人热心地履行了刽子手的职责,所以双重检查制度就在2月18日被取消了。

《莱茵报》的查封被视为是对整个莱茵省的侮辱。订户数目一跃增加到3200人,同时,有几千人签名的请愿书被送往柏林,要求停止即将来临的打击。股东们也派了一个代表团,但是没有受到国王的召见。因为如果居民的请愿书没有使那些在上面签字的官吏受到严厉斥责,那就会无影无踪地消失在内阁的废纸篓里。但最令人担心的是,股东们希望用弱化报纸

---

① 《马克思恩格斯全集》中文第二版第47卷,第46—49页。
② 《马克思恩格斯全集》中文第二版第47卷,第45页。

立场的办法,来达到他们动人的设想所没有达到的目的。这正是马克思3月17日就辞去主笔职务的主要原因,当然,这并不妨碍他直到最后一刻还在尽可能惹恼检查官。

圣保罗是一个年轻的浪荡子。在柏林时,他和"自由人"一起狂饮作乐;到科隆后又同妓院门口的守夜人打架。但他是一个狡猾的家伙,很快就发现了《莱茵报》的"理论中心"和该报理论的"活的源泉"。在写给柏林的报告里,他情不自禁地流露出对马克思的敬意。马克思的性格和精神显然令他深感钦佩,尽管他自以为发现了马克思"理论上的大错误"。3月2日,圣保罗向柏林报告说,马克思"鉴于目前状况"已决定脱离《莱茵报》并且离开普鲁士。柏林警察机关的智囊们在文件中指出,马克思移民并不是损失,因为他的"极端民主观点与普鲁士国家的原则完全是矛盾的"。这当然无可置疑。3月18日,这位可敬的检查官欢呼道:"整个报纸的精神导师马克思博士昨天终于离开了编辑部,接替他的是奥本海姆,这是一个极其温和而又平庸的人物。……我对此十分高兴,因为现在在审查这份报纸上所花费的时间还不到先前的四分之一。"他甚至为即将离去的马克思献上了谄媚的恭维,因为他向柏林建议,马克思走后就可以安心地让《莱茵报》继续出版了。但是,圣保罗的上级却比他更加胆怯。他受命秘密收买《科隆日报》的主编,一个叫海尔梅斯的人,并恐吓该报的出版人(《莱茵报》已向他证明了危险竞争的可能性),而这个无赖的把戏居然成功了。

不过,马克思自己早在1月25日,也就是《莱茵报》被查封的消息到达科隆的那一天,就写信给卢格说:"我对这一切都不感到意外。您知道,我开始时对书报检查令是怎样评价的吗。我从这件事中只看到一个结果;我认为《莱茵报》被查封是政治觉悟的一种进步,因此我决定辞职不干了。再说这种气氛也令我感到十分窒息。即使是为了自由,这种桎梏下的生活也是令人厌恶的,我讨厌这种缩手缩脚而不是大刀阔斧的做法。伪善、愚昧、赤裸裸的专横以及我们的曲意逢迎、委曲求全、忍气吞声、谨小慎微使我感到厌倦。总而言之,政府把自由还给我了。

第二章 黑格尔的弟子

【……】在德国,我什么事情也干不了。在这里,人们自己作践自己。"①

(八) 路德维希·费尔巴哈

在同一封信中②,马克思确认收到了刊登他第一篇政治论文的文集。1843 年 3 月初,这个文集以《德国现代哲学和政论界轶文集》为题,分两卷由苏黎世文学社出版。这家出版社是尤利乌斯·福禄培尔为逃避德国书报检查的作家们建立的一个避难所。

在这本文集中,青年黑格尔派的老卫士们又一次列队行军,然而队列已不整齐。在他们之中出现了那位埋葬了黑格尔全部哲学的大胆的思想家。他宣称"绝对精神"就是神学的死去的精神,因而是一种纯粹的鬼魂信仰。他认为,哲学一切奥秘的解决要在对人和自然界的直观中解决。路德维希·费尔巴哈在《轶文集》上发表的《关于哲学改革的临时纲要》一文,对于马克思来说也是一个启示。

恩格斯后来认为,费尔巴哈对青年马克思精神发展的巨大影响,是从 1841 年就已出版的费尔巴哈的名著《基督教的本质》一书开始的。恩格斯说,这部书的"解放作用",只有亲身体验过的人才能想象得到。他说:"那时大家都很兴奋:我们一时都成为费尔巴哈派了。"③ 但是,在马克思发表在《莱茵报》上的那些文章里,还看不到费尔巴哈的影响。马克思只是在《德法年鉴》上才"热诚地欢迎"费尔巴哈的新观点,虽然也保留了某些批判性的意见。《德法年鉴》是 1844 年 2 月出版的,从标题中就可以看出它与费尔巴哈思想的某种联系。

---

① 《马克思恩格斯全集》中文第二版第 47 卷,第 49 页。
② 梅林在这里说得不确切。关于收到文集的事,马克思是在 1843 年 3 月 13 日,而不是 1 月 25 日通知卢格的;文集出版的日期不是在 1843 年 3 月初,而是在 2 月。——原文编辑注
③ 《马克思恩格斯全集》中文第二版第 28 卷,第 329 页。

《关于哲学改革的临时纲要》的思想无疑已经包含在《基督教的本质》一书之中，因而从这方面来说，即使恩格斯的记忆有错误，那也是可以忽视的。但是他的错误又是不可忽视的，因为它掩盖了费尔巴哈和马克思之间的思想联系。虽然费尔巴哈只是在乡村的隐居生活中才感到怡然自得，但他仍不愧为一位斗士。他像伽利略一样，认为城市对爱好思辨的人来说是一所监狱；相反地，自由的乡村生活却是一本自然之书，直接展现在每个善于读它的人的眼前。费尔巴哈总是用这样的话来抵御对他在布鲁克贝格的幽居生活的一切攻讦。他爱乡间的隐居，不是因为那句平和的老话：隐居的人是幸福的；而是因为他从中汲取了斗争的力量。作为一个思想家，他需要集中精神，远离日常生活的喧嚣，以便不受干扰地对自然界进行沉思。对他来说，自然界是生活及其奥秘的伟大本源。

虽然在乡间隐居，费尔巴哈却在最前列参加了时代的伟大斗争。他发的文章给卢格的杂志带来了最犀利的锋芒。他在《基督教的本质》一书中证明，是人创造了宗教，而不是宗教创造了人；我们的幻想所创造的最高本质，不过是我们自身本质的虚幻的反映。而就在费尔巴哈的书问世的时候，马克思转向了政治斗争，这使他陷入了之前已经讲到的那种露天市场的纷扰之中。但是这场斗争不适合使用费尔巴哈在自己著作中所装备的武器。不过，就在黑格尔哲学已经无力解决马克思在《莱茵报》上所遇到的物质问题时，费尔巴哈的《关于哲学改革的临时纲要》发表了。它致命地打击了黑格尔哲学这个神学最后的避难所和理性支柱。这本书给马克思留下了深刻的印象，虽然他当时就保留了批评意见。

在3月13日给卢格的信中，马克思写道："费尔巴哈的警句只有一点不能使我满意，这就是：他强调自然过多而强调政治太少。然而这是现代哲学能够借以成为真理的惟一联盟。结果可能会像16世纪那样，除了醉心于自然的人以外，还有醉心于国家的人。"[①] 确实，费尔巴哈在他的《纲要》里只是微不足道地评论了一下政治，而且与其说超越了黑格尔，毋宁说比他还要落后。马克思抓住了这一点，像费尔巴哈研究黑格尔的自然哲

[①] 《马克思恩格斯全集》中文第二版第47卷，第53页。

第二章 黑格尔的弟子

学和宗教哲学一样,彻底地研究了黑格尔的法哲学和国家哲学。

在3月13日给卢格的信里,还有一个地方表现了当时费尔巴哈对马克思的影响有多么强烈。马克思刚一认清自己不能在普鲁士的书报检查制度压迫下写作,不能在普鲁士的空气中呼吸,他就立刻决定带着未婚妻离开德国。早在1月25日,马克思就写信问卢格,自己是否可以在海尔维格当时准备在苏黎世出版的《德意志信使》找到工作。但是海尔维格的计划还没来得及实施,他就被逐出了苏黎世。这时卢格就向马克思提出了其他一些合作建议,包括共同编辑经过改组和重新命名的《年鉴》,并且请马克思结束科隆的"编辑工作上的苦恼"之后到莱比锡去,以商谈"我们复兴的地点"。

在3月13日的信中,马克思接受了卢格的建议,但"暂时"就"我们的计划"表示了如下的意见:"当巴黎被占领时,有些人提议推举拿破仑的儿子为国王,同时组成一个摄政政府,另一些人则提议推举贝尔纳多特,还有一些人提议推举路易-菲力浦。可是达来朗回答说:不是路易十八,就是拿破仑。这是原则,其他一切都是阴谋。

同样,我也想说,除了斯特拉斯堡(充其量再加上瑞士)以外,其他一切地方都不是原则,而是阴谋。篇幅超过20印张的书,就不是为人民写的书。在这里能够出版的最多是一个月刊。

即使《德国年鉴》重新获准出版,我们至多也只能搞一个已停刊的杂志的很拙劣的翻版,而现在这样做是不够的。相反,《德法年鉴》,这才是原则,是能够产生后果的事件,是能够唤起热情的事业。"① 我们在这里可以听到费尔巴哈的《纲要》的回响,书中说,与生活和人融为一体的哲学家,必须具有高卢—日耳曼的血统。哲学家的心脏必须是法国的,头脑必须是德国的。头脑要改革,心脏要革命。只有在那有运动、热潮、激情、血性和感性的地方,才有精神存在。只有莱布尼茨的睿智,他的富有血性的、唯物而又唯心的原则,才第一次把德国人从学究习气和经院哲学的统治下解救出来。

---

① 《马克思恩格斯全集》中文第二版第47卷,第51—52页。

卢格在 3 月 19 日的回信中表示完全同意这个"高卢—日耳曼原则",但是这件事在事务方面的安排还是拖了几个月。

(九) 结婚和被逐

在初次进行公开斗争的动荡的一年中,马克思还不得不同某些家庭困难作斗争。他不愿意谈这些事情,而总是只在迫不得已的时候才谈。同那些为了琐事而忘掉上帝和世界的庸人的可悲命运相反,马克思能够为了"人类的伟大目的"而超然于最痛苦的困境之上。生活给了他太多锻炼这种能力的机会。

从保存下来的马克思第一次提到"私人的琐事"的那些表述中,可以非常清楚地看出他对这种事情的看法。为了因不能如约寄去几篇给《轶文集》的文章而向卢格表示歉意,他 1842 年 7 月 9 日给卢格写了信,并列举了自己遇到的各种障碍:"余下的时间都被令人讨厌之极的家庭纠纷占用和浪费了。我的家庭虽然殷实,却给我设下重重障碍,使我目前陷入极为窘迫的境地。我绝不是要用谈论这些私人的琐事来麻烦您;社会的肮脏事使一个坚强的人不可能为私事而烦恼,这是真正的幸事。"① 就连这种不同寻常的性格力量的表现,也被那些"为私事而烦恼"的庸人说成是马克思"冷漠无情"的证明。

这些"令人讨厌之极的家庭纠纷"的详细情况已经不为人知了;马克思只是在谈及创办《德法年鉴》的问题时才再一次泛泛地提到这些事。他写信对卢格说,在计划一经确定之后,他就要到克罗伊茨纳赫(燕妮的母亲自丈夫死后就住在那里)去,并且在那里结婚。不过,随后他打算在燕妮的母亲家里再住上一段时间,因为:

"一切准备工作、发布预告等都需要花费相当多的时间。我可以丝毫不带浪漫色彩地对您说,我正在十分热烈地而且十分严肃地恋爱。我订婚

---

① 《马克思恩格斯全集》中文第二版第 47 卷,第 31 页。

第二章 黑格尔的弟子

已经七年多,我的未婚妻为了我而进行了极其激烈的、几乎损害了她的健康的斗争,一方面是反抗她的虔诚主义的贵族亲属,这些人把'天上的君主'和'柏林的君主'同样看成是崇拜的对象,一方面是反抗我自己的家族,那里盘踞着几个牧师和我的其他对手。因此,多年来我和我的未婚妻经历了许多不必要的严重冲突,这些冲突比许多年龄大两倍而且经常谈论自己的'生活经验'【……】的人所经历的还要多。"① 除了这个简短的暗示以外,没有任何关于马克思订婚期间斗争的资料保存下来。

新杂志的出版不是没有困难的,但出版速度还是比较快,马克思甚至不用去莱比锡。在富有的卢格宣布作为合伙人以6000塔勒入股"文学社"以后,福禄培尔就决定接手这家出版社。马克思被聘为编辑,年薪500塔勒。有了这样的前景后,他就在1843年6月19日同他的燕妮结了婚。

《德法年鉴》的出版地点仍然没有确定下来。选择在布鲁塞尔、巴黎和斯特拉斯堡之间摇摆不定。阿尔萨斯地区的那座城市②本来最符合青年马克思夫妇的愿望,不过,在福禄培尔和卢格亲自考察了巴黎和布鲁塞尔后,最终选定了巴黎。虽然布鲁塞尔比巴黎有更自由的活动空间,但是巴黎实行着保证金制度和九月法令③。但是,编辑部在法国的首都比在比利时的首都更接近德国的生活。卢格写信鼓励说,马克思在巴黎只要有3000法郎或再多一点就能生活。

按照原定计划,马克思在岳母家中度过了新婚的头几个月。11月,这

---

① 《马克思恩格斯全集》中文第二版第47卷,第52页。
② 指斯特拉斯堡。
③ 九月法令是法国政府利用路易-菲力浦1835年7月28日遭谋刺事件于当年9月9日颁布的法令。这项法令对1789年和1819年的新闻出版法进行了修订,限制了陪审人员的权利,对新闻出版业采取了多项严厉措施,增加了定期刊物的保证金;规定对发表反对私有制和现行政治体制言论的人以政治犯罪论处并课以高额罚款。马克思在这里讲的"德国政府突发奇想",是指1843年1月31日德国政府颁发的"书报检查令"、1843年2月23日颁发的《关于书报检查机关的组织的规定》、1843年6月30日发布的《指令,包括对1843年2月23日的规定所作的有关新闻出版和书报检查条例的若干必要补充》。

对新婚夫妇就到巴黎去了。他在祖国生活的最后音讯是1843年10月23日①从克罗伊茨纳赫寄给费尔巴哈的一封信,请费尔巴哈为新年鉴的创刊号写一篇批判谢林的文章:

"从您的《基督教的本质》第二版序言中,我就几乎觉得可以得出结论:您正在写关于谢林的详尽著作,或者至少是打算就这个吹牛大王再写些什么东西。您看,这该是一个多么辉煌的开端啊!

【……】

谢林先生曾经多么巧妙地使法国人——起初是使懦弱的折衷主义者库辛,稍后甚至是使天才的勒鲁——中了圈套!就是说,在皮埃尔·勒鲁等人眼里,谢林一直是一个讲究理性的现实主义,而不是超验的唯心主义,讲究有血有肉的思想,而不是抽象的思想,讲究世界哲学,而不是行帮哲学的人!

【……】因此,如果您马上给创刊号写一篇评论谢林的文章,那就是对我们所创办的事业,尤其是对真理,作出了一个很大的贡献。您正是最适合做这件事情的人,因为您是谢林的直接对立面。谢林的真诚的青春思想——我们也应该相信我们对手好的一面,不过他要实现这一思想,已经除了想像以外没有任何能力,除了虚荣以外没有任何力量,除了鸦片以外没有任何刺激剂,除了容易激动的女性感受力以外没有任何感觉器官了,谢林的这种真诚的青春思想,在他那里只是一场异想天开的青春梦,而在您那里则成了真理、现实、男子汉的郑重。【……】因此,我认为您是自然和历史的陛下所召来的、谢林的必然的和天然的对手。"②这封信写得多么亲切,多么清楚地闪耀着对伟大斗争的欢欣希望啊!

费尔巴哈却犹豫不决了。他起先曾赞扬了卢格的新事业,但后来却否决了它。甚至援引他自己的"高卢—日耳曼原则"也没能说服他。他的著作最为强烈地激起了掌权者的愤怒,于是,警察的棍棒就打掉了德国仅存的哲学自由。哲学反对派如果不想怯懦地投降,就只能逃亡国外了。

---

① 马克思致费尔巴哈的这封信的日期是1843年10月3日。
② 《马克思恩格斯全集》中文第二版第47卷,第69页。

第二章　黑格尔的弟子

　　费尔巴哈不愿投降，但他也不愿意勇敢地跃入涌动在德意志死亡之地周围的浪涛。费尔巴哈对马克思的火热话语虽然充满友好的兴趣，但仍然做否定答复的那一天，是他一生中黑暗的一天。从此以后，他在精神上也离群索居了。

第三章　流寓巴黎

（一）《德法年鉴》

新杂志生不逢时，它只在1844年2月底出版了一期合刊。

"高卢—日耳曼原则"，或者如卢格所改称的"德法精神联盟"，并没有实现。"法国的政治原则"瞧不起德国的嫁妆——黑格尔哲学的"逻辑的明彻性"，并不把它当作形而上学领域内可靠的指南，而在卢格看来，法国人正是在这一领域内失去方向而随波逐流的。

按照卢格的说法，他们打算首先争取拉马丁、拉梅耐、路易·勃朗、勒鲁和蒲鲁东。诚然，这个名单本身就够杂乱了。这些人当中只有勒鲁和蒲鲁东对德国哲学有所了解，而勒鲁住在外省，蒲鲁东又暂时放弃了写作，埋头发明一种排字机。其他人都根据这种或那种宗教原因拒绝合作。甚至路易·勃朗也拒绝了，他认为哲学上的无神论会导致政治上的无政府主义。

当然，这份杂志争取到了相当数量的德国撰稿人。除了主编以外，还有海涅、海尔维格、约翰·雅科比等一流的名家，以及一些值得注意的二流人物，如莫泽斯·赫斯和普法尔茨的青年法学家贝尔奈斯；更不用说最年轻的弗里德里希·恩格斯了。恩格斯在屡试笔锋之后，第一次在这份杂志上公开披着闪亮的盔甲投入战斗。但就连这群人也足够参差不齐。有些人对黑格尔哲学所知甚少，更不懂得它"逻辑的明彻性"。

第三章 流寓巴黎

最重要的是,两位主编之间很快就发生了分裂,使二者之间的合作变得难以为继。

这份杂志的第一期合刊,也是它唯一的一期,一开头是马克思、卢格、费尔巴哈和巴枯宁之间的"通信"。巴枯宁是一位年轻的俄国人,他在德累斯顿结识了卢格,并曾在《德国年鉴》上发表过一篇备受关注的文章。通信共有8封,标有作者姓名的首字母:马克思与卢格各3封,费尔巴哈1封,巴枯宁1封。卢格后来把这批通信说成是他创作的一场戏,尽管他利用了"原信中的一些片断",而且还把这些通信收入了他自己的"全集"。但他明显只是对书信进行了恶意的歪曲,并且略去了马克思署名的、包含着通信全部精髓的最后一封信。这些信件的内容无疑出自标记着姓名首字母的人。如果认为这些信组成了一首统一的乐曲,那么马克思就是这首协奏曲中的第一小提琴手。因此不容否认的是,卢格可能修改了马克思的信,也修改了巴枯宁和费尔巴哈的信。

结束"通信"的是马克思,也是他弹出了一首简短而动人的开场曲。他认为:浪漫主义反动派导致革命,国家是十分严肃的东西,要它演滑稽戏是办不到的。满载愚人的船只或许会有一段时间顺风而行,但正是因为愚人们不相信这一点,它才向着自己的命运驶去。卢格的复信是一篇冗长的哀歌,叹息着德国庸人绵羊般的无尽耐性,正如他后来自己说的那样"充满了责难和绝望",或者如马克思随即发来的更为礼貌的回信所说:"我亲爱的朋友,您的来信是一支出色的哀曲,一首使人心碎的挽歌,可是它毫无政治内容。"① 如果世界是属于庸人的,那么研究一下这位世界之主是值得的。当然,说庸人是世界之主,只不过是由于世界上充满了庸人及其伙伴,正如尸体充满了蛆虫一样;而只要庸人是构成君主制的材料,君主就只是庸人之王而已。普鲁士的新国王比他父亲更清醒,更有朝气,他希望在庸人国家特有的基础上消灭庸人国家,但是只要庸人和君主仍然是现在这样,国王就既不可能使他自己也不可能使他的臣民成为自由的、真正的人。于是,结果又回到了旧的业已僵化的奴仆国家。但是,这种令

---

① 《马克思恩格斯全集》中文第二版第47卷,第56页。

人绝望的形势使人产生了新的希望。马克思指出了主人的无能和一切都听天由命的奴仆和臣民的麻木不仁。但是这两个因素加在一起就足以导致一场灾难。他指出,庸人习气的敌人,即一切思维着的人和一切受难的人都取得了共识,甚至昔日臣民的那种消极繁殖制度也在每日征募为新人类服役的新兵。工商业的制度,占有人和剥削人的制度正在加速地引起现今社会内部的分裂,这种分裂,旧制度是无法医治的,因为它根本就不医治,不创造,它只是存在和享受罢了。马克思认为,他们的任务是要彻底揭露旧世界,并积极建立新世界。

巴枯宁和费尔巴哈也分别以自己的方式写信鼓励卢格。卢格在回信里承认,"新的阿那卡雪斯和新的哲学家"说服了他。费尔巴哈把《德国年鉴》的垮台比作波兰的覆灭,在这样一个生命已经腐化的民族的公共泥潭里,少数人的努力是徒劳的。而卢格在给马克思的信里则回应说:"是的。天主教信仰和贵族的自由挽救不了波兰,同样,神学的哲学和高贵的科学也解放不了我们。不跟过去彻底决裂,我们就不能成为过去的继承者。《年鉴》已经垮台了,黑格尔哲学是属于过去的。我们将在巴黎创办一份刊物,并在其中充分自由地和开诚布公地讨论我们自己和整个德国的问题。"他保证他将负责商业事务,而请马克思就杂志的计划发表意见。

马克思既是最先表态的人,也是结束讨论的人。他认为,很明显,必须为真正思维着的独立的人们寻找一个新的集结地点。虽然对于"从何处来"这个问题没有什么疑问,但是对于"往何处去"这个问题却很模糊。"不仅在各种改革家中普遍出现混乱,而且他们每一个人都不得不承认他对未来应该怎样则没有正确的看法。然而,新思潮的优点又恰恰在于我们不想教条地预期未来,而只是想通过批判旧世界发现新世界。以前,哲学家们把一切谜底都放在自己的书桌里,愚昧的凡俗世界只需张开嘴等着绝对科学这只烤乳鸽掉进来就得了。而现在哲学已经世俗化了,最令人信服的证明就是:哲学意识本身,不但从外部,而且从内部来说都卷入了斗争的漩涡。如果我们的任务不是构想未来并使它适合于任何时候,我们便会更明确地知道,我们现在应该做些什么,我指的就

第三章 流寓巴黎

是要对现存的一切进行无情的批判，所谓无情，就是说，这种批判既不怕自己所作的结论，也不怕同现有各种势力发生冲突。"① 马克思不主张树起任何教条主义的旗帜。在他看来，像卡贝、德萨米、魏特林所鼓吹的那种形式的共产主义，也是一种教条的抽象概念。目前德国主要关注的对象，首先是宗教，其次是政治。不管这两个对象怎样，应当把它们作为出发点，而不应当拿任何现成的制度，例如《伊加利亚旅行记》中的制度，来同它们相对立。

马克思反对那些"极端的社会主义者"的观点，这些人认为政治问题是不值得注意的。从政治国家的冲突中，即从政治国家的理想使命同它的现实前提的矛盾中，到处都可以展示出社会的真理。"所以，什么也阻碍不了我们把政治的批判，把明确的政治立场，因而把实际斗争作为我们的批判的出发点，并把批判和实际斗争看作同一件事情。在这种情况下，我们不是教条地以新原理面向世界：真理在这里，下跪吧！我们是从世界的原理中为世界阐发新原理。我们并不向世界说：停止你那些斗争吧，它们都是愚蠢之举；我们要向你喊出真正的斗争口号。我们只向世界指明它究竟为什么而斗争；而意识则是世界必须具备的东西，不管世界愿意与否。"② 这样，马克思就把新杂志的纲领归结为下面这句话：

"对当代的斗争和愿望作出当代的自我阐明（批判的哲学）。"③

但是完成这种"自我阐明"的只是马克思，而不是卢格。"通信"已经表明，马克思是推动者，卢格仅仅是被推动者。而且，卢格来到巴黎以后就病了，很少参加杂志的编辑工作。这使他无法发挥他卓越的编辑才能，他认为马克思在编辑方面"过于拘泥小节"。卢格没能使这个杂志具有他认为最适当的形式和倾向，甚至没能在上面发表自己的文章。尽管如此，他并没有完全否定创刊号。他发现，"这里面有许多引人注目的东西，必定会在德国引起很大的轰动"。但他又责备说，其中有一

---

① 《马克思恩格斯全集》中文第二版第47卷，第64页。
② 《马克思恩格斯全集》中文第二版第47卷，第66页。
③ 《马克思恩格斯全集》中文第二版第47卷，第66页。

 马克思传

些"粗糙的东西",他本来会加以修改,然而现在却如此仓促地弄出来了。如果不是有下面这些外部障碍的干扰,这项事业大概是可以继续进行的。

首先,"文学社"的资金很快就枯竭了,福禄培尔已经扬言,这项事业无法再继续进行了。随后,普鲁士政府一听到《德法年鉴》出版的消息,就立刻动员起来予以压制。

然而,普鲁士政府这次甚至没有得到梅特涅的特别青睐,更不用说基佐了。它只好在1844年4月18日通告各省省长,说《年鉴》犯有预谋叛国及大不敬的罪行,各省省长应命令警察机关,一旦卢格、马克思、海涅和贝尔奈斯踏上普鲁士土地,就不事声张地加以逮捕,并且没收他们的证件。这个通令本是无关紧要的,因为刽子手在把人抓到手以前,是不能把他绞死的。但是,普鲁士国王的恶毒变得很危险,因为他擅长如临大敌地监视国境。在莱茵河上的一艘汽船上搜出了100本《年鉴》,在法国和普法尔茨边界上的贝格察伯恩没收了远多于200本的《年鉴》。鉴于杂志可以预期的发行量本来就很小,这称得上是极为严重的打击。

但是,内部磨擦一旦存在,就往往容易被外部困难所激化而加剧。据卢格说,外部困难加速甚至造成了他和马克思的决裂。这也许有一部分道理,因为马克思对于钱财问题总是非常冷漠,而卢格却像个小商贩一般斤斤计较。他毫无顾忌地按实物工资制的办法,用《年鉴》来支付马克思应得的薪金。由于他对于书报业毫无经验,便因为马克思强求他冒险把自己的财产用来继续出版杂志而大发雷霆。在类似的情况下,马克思确实曾强求自己拿出钱来冒险,但很难说他曾强求过卢格。也许,他曾经劝说卢格不要在初次失利后就立刻放弃。但是,卢格已经对让他花几个法郎来印刷魏特林著作的要求而感到"愤怒"了,他还可能怀疑马克思的劝告是对自己钱袋的危险企图。

此外,卢格自己也解释过决裂的真正原因,认为直接诱因是关于海尔维格的一场争执。卢格认为自己"也许的确是过分激烈地"把海尔维格称做"无赖",而马克思却强调海尔维格有"远大的前途"。事实上,卢格是正确的。海尔维格并没有"远大的前途",而他当时在巴黎的生活方式似

第三章 流寓巴黎

乎确实有争议。就连海涅也曾严厉地指责过这种生活方式。卢格承认，马克思自己也并不喜欢这种生活方式。然而，"苛刻"而"暴躁"的马克思由于豁达而犯的错误，却比"正直"而"高尚"的卢格所自夸的天生直觉更令人尊重。因为，马克思看重的是一位革命诗人，卢格看重的则是一位无可指摘的小市民。

这就是使两个人永远分开的那件琐事的深层背景。对马克思来说，同卢格的决裂不像后来同布鲁诺·鲍威尔或蒲鲁东的分歧那样具有实际意义。作为一个革命者，马克思可能对卢格恼火了很久，直到关于海尔维格的争端——如果真像卢格所描绘的那样——使他忍无可忍为止。

如果想更好地了解卢格，就必须读一读他20年后出版的《回忆录》。这4卷书一直写到《德国年鉴》停刊时为止。此时，卢格的人生正是那些中小学教师和大学生中的文学先锋的典范，这些人是靠小买卖和大幻想过活的资产阶级的代言人。《回忆录》中包含着卢格童年时代的大量优美的风俗画，卢格成长于吕根岛的平原和前波美拉尼亚。它再现了生机勃勃的大学生协会时期和对"蛊惑者"的残酷迫害，其文笔的生动是德国文学中绝无仅有的。不幸的只是，在卢格《回忆录》出版的时代，德国的资产阶级已经抛开了大幻想，而开始追求大买卖了。因此，这部书几乎无人问津；而另一部无论从历史还是文学上都远为逊色的同类著作，即罗伊特的《狱中》①，却赢得了暴风雨般的喝彩。卢格是大学生协会的实际参加者，而罗伊特只不过是一个偶然加入大学生协会的浪荡子。但是，资产阶级这时已经在向普鲁士的刺刀暗送秋波，他们非常喜爱罗伊特"金子般的幽默"，罗伊特凭借这种幽默嘲笑了迫害"蛊惑者"这种无耻的违法行为。资产阶级对这种幽默的喜爱远胜于卢格"粗鲁的幽默"。而按照弗莱里格拉特的贴切说法，卢格藉此描述了无赖们怎样没有使他屈服，而囚室怎样给了他自由。

---

① 指罗伊特的《狱中生活》一书。

 马克思传

但正是从卢格的这些直观描述中，人们生动地感受到，三月革命①以前的自由主义尽管慷慨激昂，但仍然只是纯粹的庸俗主义，而它的代言人也终究只是一些庸人。卢格在这些庸人中还算是最有热情的，而且他在意识形态的桎梏中曾经进行了足够勇敢的斗争。但是当他在巴黎面对现代生活的巨大矛盾时，这种热情也更为迅速地使他后退了。

他曾经把社会主义当作哲学上的慈善家的把戏而感到满意，但是巴黎手工业者的共产主义却引起了他的小市民的惊恐，甚至不是为了自己的脑袋，而只是为了自己的钱袋。如果说卢格曾经在《德法年鉴》上给黑格尔哲学开出了死亡证明，他却在同一个 1844 年，对黑格尔哲学最古怪的产物——施蒂纳的书②——表示欢迎，认为它是使人摆脱共产主义的救星。

马克思和卢格从此永远决裂了。

（二）哲学的展望

因此，《德法年鉴》是一个死产儿。既然它的主编不可能长期合作，那么，他们何时、怎样分开，也就无关紧要了。早点决裂甚至比晚点决裂更好。因为这样，马克思就可以沿着"自我阐明"的道路向前迈进一大步。

---

① 三月革命是德国 1848—1849 年资产阶级民主革命的开端。1848 年 3 月初，柏林群众举行集会，要求取消等级特权、召开议会和赦免政治犯。国王弗里德里希-威廉四世调动军队进行镇压，遂发生流血冲突。3 月 13 日，维也纳人民推翻梅特涅统治的消息传到柏林，斗争进一步激化。国王慑于群众的威力，并企图拉拢资产阶级自由派，阻止革命发展，于 17、18 日先后颁布特别命令，宣布取消书报检查制度，允诺召开联合议会，实行立宪君主制。资产阶级自由派遂与政府妥协。柏林群众要求把军队撤出首都，在遭到军警镇压后，于 3 月 18 日构筑街垒举行武装起义，最终迫使国王于 19 日下令把军队撤出柏林。起义获得了胜利，但是起义成果却被资产阶级窃取。3 月 29 日普鲁士成立了康普豪森—汉泽曼内阁。

② 指施蒂纳的《唯一者及其所有物》一书。

第三章　流寓巴黎

他在《德法年鉴》上发表了两篇文章，一篇是《〈黑格尔法哲学批判〉导言》，另一篇是对布鲁诺·鲍威尔论犹太人问题的两本书的评论①。虽然这两篇文章的题材领域截然不同，但它们的思想内容却密切相关。马克思后来把他的《黑格尔法哲学批判》总结如下：理解历史发展的关键不是黑格尔所赞扬的国家，而是他所轻视的社会。对此，他在第二篇文章中的阐述甚至比第一篇文章更为详细。

从另一个角度来看，这两篇文章就像手段和目的一样相互关联。第一篇文章从哲学上概述了无产阶级的阶级斗争，第二篇文章则从哲学上概述了社会主义社会。但是，这两篇文章都不是突然产生的，而是展现了作者思想发展的严密的逻辑连贯性。第一篇文章从费尔巴哈出发。费尔巴哈实质上完成了对宗教的批判，即一切批判的前提。是人创造了宗教，而不是宗教创造了人。但是，马克思是这样开始论述的：人不是抽象地蛰居于世界之外的某个地方的东西，人就是人的世界，就是国家、社会。这个国家、这个社会产生了宗教，一种颠倒的世界意识，因为它们就是颠倒的世界。因此，反宗教的斗争间接地就是反对以宗教为精神抚慰的那个世界的斗争。而自从真理的彼岸世界消失以后，历史的任务就是确立此岸世界的真理。因此，对天国的批判变成对尘世的批判，对宗教的批判变成对法律的批判，对神学的批判变成对政治的批判。

在德国，这一历史任务只能由哲学来完成。即使否定了1843年的德国制度，那么，按照法国的纪年，人们也不会处在1789年，更不会处在当代的焦点。如果要对现代的政治社会现实进行批判，那么批判就超出了德国的现实，不然的话，批判就会认为自己的对象所处的水平低于这个对象的实际水平。德国历史就像一个不谙操练的新兵，到现在为止的任务只是补习操练陈旧的历史。作为这种情况的一个例子，马克思举出了一个"现代主要问题"——工业以至于整个财富领域同政治领域的关系。

马克思认为，德国人是以保护关税制度、禁止性关税制度、国民经济学的形式关注这个问题的。在法国和英国行将完结的事物，在德国才刚刚

---

① 指马克思的著作《论犹太人问题》。

马克思传

开始。这些国家在理论上激烈反对的、然而又像戴着锁链一样不得不忍受的陈旧腐朽的制度，在德国却被当做美好未来的初升朝霞而受到欢迎。在法国和英国，问题是政治经济学或社会对财富的控制；在德国却是国民经济学或私有财产对国民的控制。在那里，纽结正被解开；在这里，纽结刚被系紧。

但是，即便不是当代历史的同时代人，德国人也仍然是当代哲学的同时代人。德国的法哲学和国家哲学在黑格尔的著作中得到了最系统的表述，而对这些哲学进行批判，就接触到了当代那些关键性问题的核心。马克思在这里明确表明了对《莱茵报》中并存的两派①以及费尔巴哈的态度。马克思认为，即便费尔巴哈把哲学扔进了垃圾堆，但如果要从现实的生活萌芽出发，那就不应该忘记，德国人民现实的生活萌芽一向都只是在他们的脑壳里萌生的。他对那些"棉花骑士和钢铁英雄"说：你们要消灭哲学，这是完全正确的，但是你们不使哲学成为现实，就不能消灭哲学。反过来，他对老朋友鲍威尔及其拥护者说："你们要使哲学成为现实，这是完全正确的，但是不消灭哲学，就不能使它成为现实。"

对法哲学的批判是在任务中进行的，这种任务只有一个解决办法：实践。德国怎样才能实现有原则高度的实践，即实现一个不但能把德国提高到现代各国的同样水平，而且提高到这些国家即将达到的人的高度的革命呢？它怎么才能一个筋斗就不仅越过自己本身的障碍，而且同时越过现代各国面临的障碍呢？这些障碍对德国来说实际上应该看做摆脱自己实际障碍的一种解放，并且应该作为目标来争取。

批判的武器当然不能代替武器的批判，物质力量只能用物质力量来摧

---

① 马克思按照当时反对德国半封建状况的政治反对派对哲学的作用所持的态度，根据他在《莱茵报》从事编辑活动的一般体会，把这些政治反对派区分为"实践政治派"和"起源于哲学的理论政治派"。这里所说的实践政治派包括一部分自由资产阶级和知识分子以及民主派的代表。他们提出实践政治的要求，要么是为争取立宪君主制而奋斗，要么是为争取民主主义共和制而奋斗。这里所说的理论政治派带有整个青年黑格尔运动的特征。他们从黑格尔哲学得出彻底的无神论结论，但同时又使哲学脱离现实，从而在事实上日益脱离实际革命斗争。

第三章　流寓巴黎

毁；但是理论一经掌握群众，也会变成物质力量。而理论只要彻底，就能掌握群众。但是彻底的革命仍旧需要被动因素，需要物质基础。理论在一个国家实现的程度，总是取决于理论满足这个国家的需要的程度。光是思想力求成为现实是不够的，现实本身也应当力求趋向思想。但是这种情况在德国显然是不存在的，因为德国社会各个领域之间的关系不是戏剧性的，而是叙事式的。就连德国中产阶级道德上的自信也只以自己是其他一切阶级的平庸习性的总代表这种意识为依据。而德国市民社会的每个领域也是未等庆祝胜利，就遭到了失败，未等表现出自己的宽宏大度的本质，就表现了自己心胸狭隘的本质，以致一个阶级刚刚开始同高于自己的阶级进行斗争，就卷入了同低于自己的阶级的斗争。

但是这不能证明，德国不可能有彻底的、全人类的革命，只有不彻底的、纯政治的革命。毫不触犯根基的革命，在德国才是不可能的。德国没有实行这种革命的必要前提：一方面，德国没有一个阶级从自己的特殊地位出发，从事整个社会的解放，即使在这样的前提下，即整个社会都处于这个阶级的地位，也就是说，例如既有钱又有文化知识，或者可以随意获得它们；另一方面，德国也没有一个阶级集中了社会的一切缺陷，没有一种特殊的社会领域必定被看做是整个社会中昭彰的罪恶，因此从这个领域解放出来就表现为普遍的自我解放。法国贵族和法国僧侣的消极普遍意义，决定了同他们最接近却又截然对立的资产阶级的积极普遍意义。

马克思从不彻底的革命的不可能性出发，得出了彻底的革命的"实际可能性"这一结论。这种可能性到底在哪里？他对这个问题的回答是："就在于形成一个被戴上彻底的锁链的阶级，一个并非市民社会阶级的市民社会阶级，形成一个表明一切等级解体的等级，形成一个由于自己遭受普遍苦难而具有普遍性质的领域，这个领域不要求享有任何特殊的权利，因为威胁着这个领域的不是特殊的不公正，而是一般的不公正，它不能再求助于历史的权利，而只能求助于人的权利，它不是同德国国家制度的后果处于片面的对立，而是同这种制度的前提处于全面的对立，最后，在于形成一个若不从其他一切社会领域解放出来从而解放其他一切社会领域就不能解放自己的领域，总之，形成这样一个领域，它表明人的完全丧失，

并因而只有通过人的完全回复才能回复自己本身。社会解体的这个结果，就是无产阶级这个特殊等级。"① 马克思指出，德国无产阶级只是通过兴起的工业运动才开始形成；因为组成无产阶级的不是自然形成的而是人为造成的贫民，不是在社会的重担下机械地压出来的而是由于社会的急剧解体、特别是由于中间等级的解体而产生的群众，虽然不言而喻，自然形成的贫民和基督教日耳曼的农奴也正在逐渐跨入无产阶级的行列。

哲学把无产阶级当做自己的物质武器，同样，无产阶级也把哲学当做自己的精神武器；思想的闪电一旦彻底击中这块素朴的人民园地，德国人就会解放成为人。德国人的解放就是人的解放。哲学不消灭无产阶级，就不能成为现实；无产阶级不把哲学变成现实，就不可能消灭自身。一切内在条件一旦成熟，德国的复活日就会由高卢雄鸡的高鸣来宣布。

在形式和内容上，这篇文章在保存下来的马克思早期作品中都名列前茅。对它的基本思想所作的简略概述，甚至无法近似地把握马克思警句般精炼的形式中所蕴含的丰富思想。德国教授们认为这篇文章风格怪诞，极端乏味，其实只是不光彩地证明了他们自己的怪诞和乏味罢了。诚然，就连卢格也认为这篇文章的"警句""过于造作"。他责备马克思"毫无章法又过度雕琢"，但也在这篇文章中发现了一种"有时会退化为狂妄的辩证法的批判才能"。这个判断不是没有道理的，青年马克思有时很欣赏自己锋利而沉重的武器的铿锵声。狂妄本是一切有才能的青年人的天赋。

这篇文章仍然只是对于未来的哲学展望。没有人能比后来的马克思更有说服力地证明，没有一个民族能够一个筋斗翻越自身历史发展的各个必要阶段。不过，他用坚定的手笔在这篇文章中给未来描绘了一个并非不正确的，却又忽隐忽现的轮廓。后来的事件在细节上不尽相同，但总体上与他的预言一样。德国资产阶级的历史和德国无产阶级的历史都证明了这一点。

---

① 《马克思恩格斯全集》中文第二版第3卷，第213页。

第三章　流寓巴黎

（三）《论犹太人问题》

与第一篇文章相比，马克思在《德法年鉴》上发表的第二篇文章形式上不那么引人入胜，但在批判分析的能力上也许还更胜一筹。在这篇文章中，马克思根据布鲁诺·鲍威尔论犹太人问题的两篇论文①，探讨了人类解放和政治解放之间的区别。

这个问题在当时还没有像现在这样陷到各种反犹和亲犹空谈的泥坑里。作为商业资本和高利贷资本最主要的承担者，犹太人这个居民阶层的力量不断增长，但除了因高利贷活动而享有的种种特权外，由于其宗教被剥夺了一切公民权利。那位"开明专制"最著名的代表，无忧宫的哲学家②就是一个可资借鉴的范例：他把"基督教银行家的自由"赋予了那些帮助他伪造钱币和从事其他可疑的金融活动的犹太高利贷者。同时，他只在治下各邦容忍哲学家莫泽斯·门德尔松的活动，这并不是因为门德尔松是一位哲学家，并力图使自己的"民族"进入德国的精神生活，而是因为他给一个享有特权的犹太高利贷者当会计。一旦失去这个职位，门德尔松就会处于法律保护之外。

但是，就连资产阶级启蒙运动者——除了少数例外——也没有对为了宗教而排斥一个居民阶层的做法而感到特别愤慨。他们反感犹太教，认为它是宗教偏执的典型，基督教正是从它那里学会了"吹毛求疵"。犹太人本身对资产阶级启蒙运动也丝毫不感兴趣。当启蒙运动批判他们自己自古以来就咒骂的基督教时，他们就兴高采烈；但是当同样的批判落到犹太教头上时，他们却责备说这是背叛人类。他们只要求犹太人的政治解放，但不是平等意义下的政治解放，不是为了放弃自己的特殊地位，而是宁愿巩

---

① 指鲍威尔的《犹太人问题》和《现代犹太人和基督徒获得自由的能力》两篇文章。
② 指弗里德里希二世。

固这种地位。他们随时准备牺牲自由的原则,只要这些原则违背了犹太人的特殊利益。

青年黑格尔派对宗教的批判自然也涉及了犹太教,因为他们把犹太教看成是基督教的准备阶段。费尔巴哈分析道,犹太教是利己主义的宗教。"犹太人把他们的种种特点一直保持到如今。他们的原则,他们的上帝,是世界上最实际的原则——利己主义,而且是以宗教为形式的利己主义……利己主义使人集中注意于自己……但是又在理论方面使人变得偏狭,因为它使人漠视一切跟他的切身利益无关的东西。"① 同样,布鲁诺·鲍威尔也指责犹太人钻到市民社会的缝隙中筑巢,以便利用它的不稳定因素,就像伊壁鸠鲁的诸神住在天地间,摆脱了固定的工作一样。鲍威尔认为,犹太人的宗教是为满足感官需求的残暴的阴谋诡计。犹太人一向反对历史进步,而且由于仇恨其他一切民族,他们就给自己的民族创造了一种惊险至极、命途多舛的生活。

费尔巴哈从犹太人的本质出发来解释犹太教的本质,布鲁诺·鲍威尔则仍旧透过神学的眼镜来考察这个问题,虽然他在研究犹太人问题时所表现的透彻、大胆和尖锐曾受到马克思的赞扬。他认为,像基督徒一样,犹太人只有克服了自己的宗教以后才能获得自由。基督教国家按其宗教本质来看,是不会解放犹太人的。但是,犹太人按其宗教本质来看,也不会得到解放。基督徒和犹太人要想获得自由,必须不再是基督徒和犹太人。但是,由于作为宗教的犹太教落后于作为宗教的基督教,因此,犹太人获得自由的道路要比基督徒的更加艰辛和漫长。在鲍威尔看来,犹太人必须首先效仿基督教,领会黑格尔哲学,才能获得自由。

马克思反驳道,只是探讨谁应当是解放者,谁应当得到解放是不够的。批判还必须提出问题:这里指的是哪一类解放?是政治解放还是人类解放?在不同国家中,犹太人和基督徒都获得了完全的政治解放,但并没有因此而获得人类解放。可见,政治解放和人类解放必然是有差别的。

马克思认为:政治解放的本质,就是发达的现代国家,而这个国家也

---

① 参见《费尔巴哈哲学著作选集》下卷,人民出版社 1962 年版,第 146 页。

第三章 流寓巴黎

是完成了的基督教国家,因为基督教日耳曼国家,即特权的国家,还是不完善的国家,还是神学的、尚未表现出政治纯粹性的国家。然而,发展到最高程度的政治国家则既不要求犹太人废除犹太教,也不要求一般人废除宗教。它解放犹太人,而且就它的本质来说也必须解放他们。就是在那些宪法明文规定行使政治权利与宗教信仰无关的地方,不信教的人也并不被认为是正派人。可见,宗教的存在与国家的完成并不矛盾。犹太人、基督徒、一般宗教信徒的政治解放,就是国家从犹太教、基督教和一般宗教中解放出来。即使人还没有真正摆脱某种限制,国家也可以摆脱这种限制,这就是政治解放的限度。

马克思进一步扩展了这一思想。像北美许多州所发生的情形那样,一旦国家取消了选举权和被选举权的财产资格限制,国家作为国家就宣布私有财产无效,人就以政治方式宣布私有财产已被废除。当国家宣布出身、等级、文化程度、职业为非政治的差别的时候,当国家不考虑这些差别而宣告人民的每一成员都是人民主权的平等享有者的时候,国家就是以自己的方式废除了出身、等级、文化程度、职业的差别。尽管如此,国家还是让私有财产、文化程度、职业以它们固有的方式,即作为私有财产,作为文化程度,作为职业来发挥作用并表现它们的特殊本质。国家根本没有废除这些实际差别,相反,只有以这些差别为前提,它才存在,只有同自己的这些要素处于对立的状态,它才感到自己是政治国家,才会实现自己的普遍性。完成了的政治国家,按其本质来说,是人同自己物质生活相对立的类生活。这种利己生活的一切前提继续存在于国家范围以外,存在于市民社会之中,然而是作为市民社会的特性存在的。政治国家和自己的前提——无论这些前提是私有财产这样的物质要素,还是像宗教这样的精神要素——的关系,就是普遍利益和私人利益之间的冲突。人作为特殊宗教的信徒同他自己的公民身份,同作为共同体成员的他人所发生的冲突,归结为政治国家和市民社会之间的分裂。

正如古代国家的基础是古代奴隶制一样,现代国家的基础是市民社会。现代国家以宣布普遍人权承认了自己的起源,而普遍人权也和政治权利一样,是犹太人应当享有的。普遍人权承认利己的市民个人以及构成他

生活状况的内容，构成现代市民生活内容的各种精神要素和物质要素的不可阻挡的运动。普遍人权并不使人摆脱宗教，而是给人以信仰宗教的自由；并不使人摆脱私有财产，而是给人以占有财产的自由；并不使人摆脱经营的肮脏勾当，而是给人以经营的自由。政治革命摧毁了形形色色的封建制度，消灭了使人民同自己的共同体相分离的一切等级、同业公会、行帮，从而建立起了市民社会。它创造了政治国家这种普遍的事务，这种现实的国家。

马克思这样总结了自己的思想："政治解放一方面把人归结为市民社会的成员，归结为利己的、独立的个体，另一方面把人归结为公民，归结为法人。

只有当现实的个人把抽象的公民复归于自身，并且作为个人，在自己的经验生活、自己的个体劳动、自己的个体关系中间，成为类存在物的时候，只有当人认识到自身'固有的力量'是社会力量，并把这种力量组织起来因而不再把社会力量以政治力量的形式同自身分离的时候，只有到了那个时候，人的解放才能完成。"①

剩下还要考察的是所谓基督徒比犹太人更有能力获得解放这个论点。鲍威尔试图从犹太教的本质来解释这个论点。马克思则从费尔巴哈的观点出发——费尔巴哈是通过犹太人来解释犹太教，而不是通过犹太教来解释犹太人。但是他也超越了费尔巴哈，揭示了犹太教所反映的特殊社会因素。马克思指出：犹太教的世俗基础是什么呢？实际需要，自私自利。犹太人的世俗礼拜是什么呢？做生意。他们的世俗的神是什么呢？金钱。

"那好吧！从做生意和金钱中解放出来——因而从实际的、实在的犹太教中解放出来——就会是现代的自我解放了。

如果有一种社会组织消除了做生意的前提，从而消除做生意的可能性，那么这种社会组织也就会使犹太人不可能存在。他的宗教意识就会像淡淡的烟雾一样，在社会这一现实的、生命所需的空气中自行消失。另一方面，如果犹太人承认自己这个实际本质毫无价值，并为消除它而

---

① 《马克思恩格斯全集》中文第二版第3卷，第189页。

第三章 流寓巴黎

工作,那么他就会从自己以前的发展中解脱出来,直接为人的解放工作,并转而反对人的自我异化的最高实际表现。"① 马克思在犹太教中看到了普遍的现代的反社会的要素。而这种要素,经由犹太人在这个不正确的方面热心参与的历史发展,达到自己目前这样的高度,即达到它必然解体的高度。

马克思通过这篇文章取得了双重收获:他说明了社会和国家之间联系的基础。国家并不像黑格尔认为的那样,是道德观念的现实,是绝对合理的东西和绝对目的本身。相反,它应当满足于一个远远更为克制的任务——保护那个把国家当做自己的守卫者的市民社会的无政府状态:人反对人、个人反对个人的普遍斗争,只是由于个性而彼此愈益分离的一切个人之间的战争;摆脱了封建桎梏的基本生命力量的普遍不可阻挡的运动;实际上的奴隶制,尽管个人貌似有自由和独立;个人把自己异化了的生命要素,如财产、工业、宗教的不可阻挡的运动看做自己的自由,其实这毋宁说是完成了的奴隶制和非人性。

但当时马克思已经认识到,宗教的日常问题只具有社会意义。他不是在宗教理论中,而是从工商业的实践中证明了犹太教的发展,犹太教正是这一实践的虚幻的反映。实践的犹太教,无非就是完成了的基督教世界。由于市民社会彻头彻尾地浸透了商业的犹太人本质,因此犹太人必然是这个社会的一部分,并且能够要求政治解放和享受普遍人权。但是,人的解放是各种社会力量的全新组织,它使自己成为生活来源的主人。在这里,社会主义社会的图景的轮廓若隐若现了。

在《德法年鉴》上,马克思还在哲学的田地上耕耘;但是在他用批判的犁开出的沟壑中,唯物史观的幼芽萌发了,在法国文明的照耀下,很快就长出了茎秆。

---

① 《马克思恩格斯全集》中文第二版第3卷,第192页。

 马克思传

(四) 法国文明

考虑到马克思的工作方式,很可能是他还在德国的时候,在幸福新婚的头几个月里,他就草拟了论述黑格尔法哲学和犹太人问题的两篇文章,至少是拟好了大纲。既然这两篇文章已经涉及了法国大革命,那么更加容易理解的是:在马克思流亡巴黎期间,一旦有可能研究法国大革命的史料,以及它的前史即法国唯物主义的史料和它的后史即法国社会主义的史料时,他就沉浸在这个革命的历史中了。

当时的巴黎有理由自诩为资产阶级文明的领头羊。在1830年的七月革命中,经过一系列具有世界历史意义的幻想和灾变之后,法国资产阶级终于巩固了它在1789年大革命中所开始的事业。他们的才能得到了极为充分的发挥。但是,当旧势力的抵抗还远未被粉碎时,新势力就已经宣布了自己的存在。而思想斗争的浪潮此起彼伏,猛烈的情势超过欧洲任何地方,更不用说死气沉沉的德国了。

马克思以宽广的胸怀投入到这个使人百炼成钢的浪潮之中。1844年5月卢格写信告诉费尔巴哈——其中并没有赞扬的意思,因而更加可信——马克思读了许多书,工作强度也很大,但是一无所成,工作总是中断,总是一次次地没入无尽的书海中。卢格又写道,马克思变得暴躁易怒,在他工作得很累,一连3晚甚至4晚不睡觉以后就更是如此了。他又把对黑格尔哲学的批判搁置起来,想利用逗留巴黎的时间写一部国民议会史,卢格对此十分赞同。马克思已经为此搜集了材料,并且提出了一些极有价值的观点。

马克思没有写出这部国民议会史,但这并不能推翻卢格的陈述,反而使其更为可信。马克思对1789年革命的历史本质钻研得越深,他就越容易放弃对黑格尔哲学的批判,不再把它当作"自我阐明"时代的斗争和愿望的手段;同时,他也就越是不能满足于研究国民议会史。因为,国民议会虽然也是政治能量、政治势力和政治理智的顶点,但在应对社会无政府状

第三章　流寓巴黎

态时却无能为力。

遗憾的是，除了卢格的零星记述外，没有任何证据可供人们详细推断马克思在 1844 年春夏所进行的研究。但是，这些研究的总体情况是不难想见的。对法国大革命的研究推动了马克思去考察"第三等级"的历史文献，这些文献是波旁王朝复辟时期产生的，出自一些极有才华的人的手笔。这些人把本阶级的历史存在追溯到 11 世纪，并将中世纪以来的法国历史描述为一系列不间断的阶级斗争。归功于这些历史学家——他特别提到了基佐和梯叶里——马克思获得了关于阶级和阶级斗争的历史本质的知识。随后，他从资产阶级经济学家——其中他特别提到了李嘉图——那里学会了对阶级和阶级斗争进行经济学的解剖。马克思本人始终否认自己创造了阶级斗争理论。他宣称，自己只是证明了阶级的存在与生产发展的一定历史阶段的斗争相联系，阶级斗争必然导致无产阶级专政，而无产阶级专政本身不过是走向一切阶级消亡和无阶级社会的过渡。这一系列思想是马克思在流亡巴黎期间发展起来的。

18 世纪，"第三等级"同统治阶级作斗争时最辉煌和最锋利的武器是唯物主义哲学。马克思在流亡巴黎期间也热衷于研究这种哲学。在这种哲学的两个派别中，马克思不大注重发端于笛卡儿而发展为自然科学的一派，而较为注重发端于洛克而汇流于社会科学的另一派。爱尔维修和霍尔巴赫把唯物主义应用到社会生活中，把人类智力的天然均等、理性进步与工业进步的统一、人的天性善良和教育的万能，当做自己学说体系的要点。他们也是照耀着青年马克思巴黎研究工作的两颗明星①。马克思把他们的学说称为"真正的人道主义"。他也是这样称呼费尔巴哈哲学的，只不过爱尔维修和霍尔巴赫的唯物主义已经成为"共产主义的社会基础"。

巴黎为马克思研究共产主义和社会主义——正如他在《莱茵报》上所宣称的那样——提供了最充分的机会。呈现在他眼前的是一幅丰富得令人几近目眩的思想和人物的图景。思想的空气中到处飘荡着社会主义的种

---

①　参看马克思恩格斯《神圣家族，或对批判的批判所做的批判。驳布鲁诺·鲍威尔及其伙伴》。

子,甚至像《辩论日报》①这个每年由政府提供丰厚资助的、金融贵族统治阶层的老牌报纸,也无法置身于这个潮流之外,虽然它只是在文艺专栏上发表了欧仁·苏的一些所谓社会主义的惊险小说而已。另一极的代表人物是像勒鲁这样已经出身于无产阶级的天才思想家。在这之间有圣西门主义的残余分子,和以孔西得朗为首的、拥有自己机关报《和平民主日报》的活跃的傅立叶主义者;有基督教社会主义者,例如天主教神父拉梅耐或曾经的烧炭党人毕舍;有小资产阶级社会主义者,如西斯蒙第、比雷、贝魁尔、维达尔;尤其还有美文界,在它的一些往往极为杰出的作品中,例如在贝朗瑞的诗歌和乔治·桑的小说中,都闪动着光影斑驳的社会主义思想。

然而,所有这些社会主义学说的特点在于,它们都把希望寄托在有产阶级的明智和善意之上,认为和平的宣传必定能够使他们相信社会改革或社会变革的必要性。这些学说本身是由于对大革命感到失望而产生的,因此,它们都唾弃了那条导致这种失望的政治道路。这些学说认为,必须帮助劳苦大众,因为他们无力自救。19世纪30年代的工人起义都失败了,而这些起义最坚决的领袖,像巴尔贝斯和布朗基这样的人,事实上既没有一套社会主义理论,也不知道实现社会变革的明确的实际手段。

然而,工人运动却因此而日益迅速地发展,海涅曾以诗人的洞察力这样描述了由此产生的问题:"共产主义者是法国唯一值得认真关注的党派。我也要求同样关注圣西门主义的残余分子,它的信徒们仍旧在奇怪的招牌下存在着;还有傅立叶主义者,他们仍旧充满朝气地活跃着。但是这些可敬的人们只是被言辞,被作为问题的社会问题,被一个传统概念打动。他们并没有被魔鬼般的必然性所推动。他们不是最高的世界意志用来执行它的非凡决定的命中注定的奴仆。圣西门派四散的家族和傅立叶派的整个总参谋部早晚都将加入日益壮大的共产主义大军,用坚实的语言表述直白的需要,并且担负起教父的使命。"②这段话是海涅在1843年6月15日写

---

① 指《政治和文学辩论日报》。
② 参看海涅的《共产主义、哲学和僧侣》一文。

第三章 流寓巴黎

的。不到一年,马克思就来到了巴黎。他实现了海涅用诗意的语言对圣西门派和傅立叶派提出的要求,他用坚实的语言表述粗陋的需要。

大概当马克思还在德国的时候,至少是当他还从哲学角度思考问题的时候,他就已表示反对关于未来的构想,反对一劳永逸地解决问题,反对树立教条主义的旗帜,反对认为政治问题不值得注意的极端的社会主义者。当他提出,光是思想力求趋向现实是不够的,现实本身也必须力求趋向思想时,他自己也实现了这个条件。在最后一次工人起义①于1839年被镇压以后,工人运动和社会主义开始在3个派别中相互靠拢。

首先是一个民主社会主义的党派。这个党的社会主义相当薄弱,因为它是由小资产阶级分子和无产阶级分子组成的。写在它的旗帜上的口号——劳动组织和劳动权利——都是一些在资本主义社会中不可能实现的小资产阶级空想。在资本主义社会中,劳动是按照这个社会的生活条件组织起来的,也就是说,是以雇佣劳动的形式组织起来的,雇佣劳动以资本为前提并且只能随着资本的消灭而消灭。劳动权的情况也是如此:只有在劳动工具公有制的条件下,也就是说,只有通过消灭资产阶级社会,劳动权才能实现。但是这个党的领袖们——路易·勃朗、赖德律·洛兰、斐迪南·弗洛孔——却郑重拒绝根除这个社会。他们既不愿做共产主义者,也不愿做社会主义者。

然而,尽管这个党的社会目标完全是空想,它却选择了走上政治道路,从而取得了决定性的进步。它宣称:没有政治改革,任何社会改革都是不可能的;夺取政权是劳苦大众自我拯救的唯一手段。它要求实现普选权,这个要求在无产阶级之中得到了强烈的响应,因为无产阶级已经对暴动和密谋感到厌倦,正在为自己的阶级斗争寻找更有效的武器。

更多的人群聚集在卡贝举起的工人共产主义的旗帜下。卡贝起初是一

---

① 1839年5月12日的巴黎起义是在奥·布朗基和阿·巴尔贝斯的领导下、由秘密的共和派社会主义的四季社发动的,在这次起义中,革命工人也起了主要作用;结果遭到了军队和国民自卫军的镇压。起义失败后布朗基、巴尔贝斯及其他一些起义者遭到流放。

个雅各宾党人,但是通过阅读,特别是在托马斯·莫尔的《乌托邦》的影响下,他转而信仰共产主义。正像民主社会主义党人公开否定共产主义一样,他公开宣扬共产主义,不过他们之间有一个共同点,就是都宣称政治民主是一个必经的过渡阶段。因此,卡贝试图描绘未来社会的《伊加利亚旅行记》远比傅立叶对未来的天才幻想著作更受欢迎,虽然这本书在其他方面由于眼界狭窄而远逊于傅立叶的著作。

最后,从无产阶级内部发出了洪亮的声音,这声音清晰地宣布,这个阶级已开始成熟。马克思还在《莱茵报》时就知道勒鲁和蒲鲁东——两人都是属于工人阶级的排字工人,并在当时承诺要彻底研究他们的著作。当勒鲁和蒲鲁东都试图与德国哲学建立联系时,马克思就更想要这么做了,尽管他们自然都带着很大的误解。马克思本人证实,他曾试图在长时间的、常常是通宵的谈话中向蒲鲁东讲解黑格尔哲学。他们走到了一起,只是不久又分开了。但是在蒲鲁东死后,马克思心悦诚服地承认,蒲鲁东的初次登场带来了巨大的推动力,他本人无疑感受到了这种推动力。蒲鲁东的第一部著作抛弃了一切空想,把私有财产称为一切社会罪恶的根源,并对它进行了彻底而无情的批判。马克思认为这部著作是现代无产阶级的第一个科学宣言。①

所有这些派别都为工人运动同社会主义的结合奠定了基础,但由于这些派别彼此之间存在矛盾,因此每一派都在迈出第一步后陷入了新的矛盾。在研究了社会主义以后,对马克思来说最重要的事情是研究无产阶级。1844年7月,卢格写信给一位共同的德国朋友说:"马克思正埋头于德国本地的共产主义——这是指同它的代表人物交往,因为他不可能认为这个可怜的运动具有政治意义。工匠们和在此地被征服的少数几个人所能造成的那种局部的伤害,是德国无须医治就能经受得住的。"卢格很快就会明白,为什么马克思如此重视少数几个工匠的创举。

---

① 指蒲鲁东的《什么是财产?》1840年巴黎版。

(五)《前进报》和被驱逐

关于马克思流亡巴黎时期的个人生活,我们所知甚少。他的妻子为他生了第一个女儿,然后回家把她介绍给亲戚们。马克思同科隆的朋友们仍然保持着旧有的关系。他们寄来了一千塔勒,这大大帮助了马克思,使他在这一年中取得了如此丰硕的成果。

马克思与亨利希·海涅来往很密切,1844年之所以成为这位诗人创作生涯的高峰,马克思是有贡献的。《冬天的童话》《织工之歌》① 以及一些讽刺德国专制君主的不朽诗篇正是在马克思的帮助下诞生的。他和这位诗人只交往了几个月,却始终对他忠心耿耿,甚至当庸人们咒骂海涅更甚于咒骂海尔维格的时候也是如此。当海涅在病床上要求马克思违背事实,证明诗人每年从基佐内阁领取补贴无可指摘的时候,马克思宽宏大量地保持了沉默。马克思还是半大小伙子的时候也曾追求过诗人的桂冠,因此他始终保持着对诗人的深切同情,对他们的小缺点极为宽容。他认为,诗人是异想天开的怪人,必须允许他们自行其是,而不能用常人甚至非常人的尺度来衡量他们。他们歌唱时希望得到恭维,而不应该受到严厉的批评。

此外,马克思不仅把海涅看成一位诗人,而且也把他看成一位战士。白尔尼和海涅之间的争论,当时已成为一种考验各类人物的试金石,而马克思坚决站在海涅一边。他认为,海涅论白尔尼的著作②在基督教日耳曼蠢驴们那里遭受的愚蠢待遇,是德国文学史上任何一个时期都未曾发生的,尽管它从来就不缺少蠢材。所谓海涅叛国的叫嚣,甚至影响过当时还很年轻的恩格斯和拉萨尔,但马克思从来就不为所动。海涅有一次写信给马克思,请求马克思原谅他的字迹"潦草"时说道,"我们用

---

① 指海涅的《德国——一个冬天的童话》和《西里西亚织工之歌》。
② 海涅·亨《评路德维希·白尔尼》1840年汉堡版。

不了多少符号就能互相了解。"但是这句话有着比字面意义更为深刻的含义。

当马克思还坐在课桌前的时候，海涅就已在1834年发现，我们的古典文学中的"自由意识"在"学者、诗人和文学家中"比在"广大积极的群众、手工业者和商人中"表现得少得多。10年后，当马克思住在巴黎时，海涅发现，"领导无产者反对现存制度斗争的是最先进的思想家和最伟大的哲学家"。要考虑到海涅当时曾辛辣地嘲笑那些小型流亡者集会上的无休止的空谈，而白尔尼在会上扮演了伟大的暴君憎恶者的角色，才能充分理解这个判断的独立和可靠。海涅明白，白尔尼或马克思同"少数几个工匠"来往，是完全不同的两回事。

把海涅和马克思结合在一起的，是德国哲学的精神和法国社会主义的精神，是对基督教日耳曼的懒惰习气和虚伪的条顿主义的深恶痛绝——这种条顿狂用激进的口号把古老德国愚蠢的外衣改成比较时髦的样式。在海涅的讽刺诗中永生的马斯曼和费奈迭只是跟着白尔尼的足迹前进，虽然白尔尼在精神和机智方面都超过他们。白尔尼有一句常被人援引的话：歌德是押韵的奴才，黑格尔是不押韵的奴才。据此可以判断，他对艺术和哲学是一窍不通的。但是，当他同德国历史的伟大传统决裂以后，并没有与西欧文化的新生力量建立精神上的亲密联系。相反，海涅如果不抛弃自己，是无法抛弃歌德和黑格尔的。同时，他还热切地投身于法国社会主义，将其当作精神生活的新源泉。他的作品经久不衰，至今仍在激起孙辈的愤怒，就像它们曾激起祖辈的愤怒一样。而白尔尼的作品则被遗忘了，这与其说应归咎于它们的"文短笔速"的文体，不如说应归咎于它们的内容。

当白尔尼和海涅还肩并肩地站在一起的时候，白尔尼就暗中散布过针对海涅的谣言。而白尔尼的文学继承人从他的遗稿中发现了这些谣言以后，竟愚蠢到将其公布。面对这些谣言，马克思表示，自己没想到白尔尼竟是这样的乏味、无聊和小气。然而，即使白尔尼按照自己的计划把这场争执写下来，马克思也仍旧不会怀疑这个造谣者无可争辩的诚实品格。在公共生活中，很难有比那些狭隘的教条激进分子更恶劣的奸诈

第三章 流寓巴黎

之徒了。这些人披着美德这件破外衣，肆无忌惮地怀疑那些更为敏锐和自由的人，仅仅因为后者天生就能认识历史生活的更深刻的联系。马克思总是站在后者这边，从未站在前者那边，特别是因为他根据亲身经验看透了"有德行的族类"。

在晚年，马克思谈到了那些在他流亡巴黎期间关怀过他的"俄国贵族"，当然，他补充说，这些人不宜过高评价。他解释说，俄国贵族们都在德国上大学，并在巴黎度过了青年时代。他们总是追求西方提供的最极端的东西；但这并不妨碍这群俄国人一获得公职就成为无赖。马克思似乎是指某个托尔斯泰伯爵，某个俄国政府的密探，或者是其他什么人。但他绝不是也不可能是指那位当时在思想发展上受过他巨大影响的俄国贵族，也就是米哈伊尔·巴枯宁。即便在两人的道路大相径庭的时候，巴枯宁也承认马克思对他的影响。而在马克思与卢格的争论中，虽然在此之前卢格是巴枯宁的维护者，巴枯宁也坚决站在马克思一边反对卢格。

这场争论在1844年夏天再次爆发，而且这次是公开的。从1844年1月1日起，在巴黎出版了一个每周两期的报纸《前进报》，创办它的目的远不是高尚的。一个曾经营戏院和其他广告业务的名叫亨利希·伯恩施太因的人为了自己的商业目的创办了这份报纸，并且依靠作曲家梅耶贝尔捐赠的丰厚小费来维持。我们从海涅那里知道，这位偏爱住在巴黎的普鲁士皇家音乐总指挥极其痴迷，可能也极为依赖各方的吹捧。但是，伯恩施太因作为一个精明的商人给《前进报》披上了一件爱国主义的外衣，并且把阿达尔贝特·伯恩施太德聘为报纸的编辑。伯恩施太德曾是普鲁士军官，现在是个国际间谍。他既是梅特涅的"密探"，又拿柏林政府的钱。实际上，《德法年鉴》刚一出版，就遭到了《前进报》的迎头痛骂，很难说这谩骂主要是出于愚蠢还是出于粗俗。

尽管如此，生意却并不顺利。伯恩施太因建立了一个麻利的翻译作坊，以便极其迅速地把巴黎舞台上的新剧目推销给德国各剧院的经理；而

他为了这个作坊的利益,必须排挤"青年德意志"① 的剧作家们。为了在当时又变得叛逆的庸人们之中达到这个目的,伯恩施太因不得不瞎扯些什么"温和的进步",并且表示既拒绝左的"极端",又拒绝右的"极端"。伯恩施太德也必须按照同样的方式行事,以免吓坏流亡者圈子,而不受怀疑地与这些流亡者交往正是他领取罪恶薪俸的先决条件。然而,普鲁士政府是如此盲目,竟然不懂得自己救国的必要性,并在境内禁止了《前进报》,德意志其他各邦政府随后也竞相效仿。

5月初,伯恩施太德认为报纸毫无希望,因而想放弃了。但是,伯恩施太因却没有这样做。无论如何,他总要做好生意,并且以一个精明的投机商人的冷血态度告诉自己,一旦《前进报》在普鲁士被禁,那就必然会具有违禁报刊的一切吸引力;到时候,普鲁士的庸人将会认为,通过秘密途径弄到这份报纸是值得的。因此,当年轻热血的贝尔奈斯给《前进报》投来一篇措词激烈的文章时,伯恩施太因非常高兴。经过一番争论之后,贝尔奈斯被聘为报纸主编,以接替伯恩施太德。此后,又有几个流亡者由于缺少其他任何机关报而加入《前进报》,不过每个人都独立于编辑部,并且文责自负。

卢格也在第一批这样做的人之中。他起先也以自己的名义同伯恩施太因展开争论,而且替马克思发表在《德法年鉴》上的文章辩护,好像与马克思的意见完全一致似的。几个月以后,他又写了两篇文章,一篇是对普鲁士政策的几则短评,另一篇是关于普鲁士王朝的长篇谤文,文中谈到了"贪杯的国王"和"跛脚的王后",以及他们"纯精神的"婚姻等等。但是这两篇文章都不署他的名字,而是署名"一个普鲁士人",暗示作者是

---

① 青年德意志或现代派是德国19世纪30年代在法国七月革命和德国人民起义的影响下出现的一个文学流派,同时又是一个文学团体,受海涅和卡·白尔尼的影响极大,在世界观方面受黑格尔思想和圣西门主义的影响。青年德意志作家(卡·谷兹科、亨·劳伯、卢·文巴尔克和泰·蒙特等)主张信仰自由和新闻出版自由、实行立宪制、解放妇女等等。他们的文艺和政论作品反映出小资产阶级的反抗情绪。青年德意志派观点的特点是思想上不成熟和政治上不坚定。他们之中的大多数人很快就沦为庸俗的资产阶级自由派。青年德意志在1848年后解体。

第三章 流寓巴黎

马克思。卢格本人曾是德累斯顿市议员,并且以此身份在萨克森驻巴黎公使馆登记;贝尔奈斯是来自普法尔茨的巴伐利亚人;而伯恩施太因则出生在汉堡,后来长期居住在奥地利,却从来没有在普鲁士生活过。

现在已经无法确定,卢格想用自己文章中这个误导人的签名达成什么目的。从他写给亲友的信中可以看出,那时他已经恨透了马克思,骂他是"卑鄙的家伙"和"无耻的犹太人"。同样无可争议的是,两年以后,在给普鲁士内务大臣的悔过书中,他出卖了流亡巴黎的同志们,并违背良知,把他自己在《前进报》上所犯的罪过推给这些"不知名的青年"。不过,也可能是卢格为了使自己探讨普鲁士事务的文章更受重视,才将其署名"一个普鲁士人"。但是即便如此,他的行为也极其鲁莽,而马克思急忙回击这个所谓"普鲁士人"的胡闹,也是完全可以理解的。

马克思自然以自己的得当方式进行了回击。他从卢格关于普鲁士政策的几句所谓客观的评论出发,并且用加在反驳文章中的下面这行脚注结束了那篇关于普鲁士王朝的长篇谤文:"由于一些特殊原因,我要声明,本文是我送交《前进报》发表的第一篇文章。"① 顺便提一句,这也是他在该报发表的最后一篇文章。

实际上,文章的关键是 1844 年的西里西亚织工起义②。卢格认为这次起义无足轻重,他指责这次起义缺少政治灵魂,而社会革命没有政治灵魂是不可能的。马克思所反对的内容已基本在他论犹太人问题的文章中论述过了。政治暴力不能治愈任何社会弊病,因为国家没有力量消除产生它的种种条件。马克思尖锐地抨击空想主义,他认为,社会主义不经过革命是不能实现的。但他也同样尖锐地抨击布朗基主义,他指出,如果政治理智企图靠一些无益的小骚动向前推进,那么政治理智就会蒙蔽社会本能。马克思言简意赅地切中了革命的本质:"每一次革命都破坏旧社会,就这一

---

① 《马克思恩格斯全集》中文第二版第 3 卷,第 375 页。
② 西里西亚织工起义指 1844 年 6 月 4—6 日德国西里西亚纺织工人反对降低工资而自发举行的起义,是德国工人阶级第一次重大的无产阶级起义。这种捣毁工厂、破坏机器的工人运动遭到政府军队的残酷镇压。朗根比劳是起义的中心之一,也是政府军屠杀织工的地点。

点来说，它是社会的。每一次革命都推翻旧政权，就这一点来说，它是政治的。"① 马克思指出，卢格要求的那种具有政治灵魂的社会革命是废话，但是具有社会灵魂的政治革命却是合理的。一般的革命——推翻现政权和废除旧关系——是政治行动。社会主义需要这种政治行动，因为它需要破坏和废除旧的东西。但是，只要它有组织的活动在哪里开始，它的自我目的，即它的灵魂在哪里显露出来，社会主义也就在哪里抛弃政治的外壳。

这些思想是马克思从论述犹太人问题的文章中发展出来的，而西里西亚织工的起义很快就证实了他关于德国阶级斗争软弱无力的论断。他的朋友荣克从科隆写信给他说，现在《科隆日报》上的共产主义比从前的《莱茵报》更多。《科隆日报》为死难的或被捕的织工的家属举行了募捐。在为县长举行的退休宴会上，也为了同一目的而向该市高官富贾募集了 100 塔勒。各处的资产阶级都对那些危险的叛乱者表示同情；"几个月以前对你们来说还是大胆的、全新的提法，现在显然几乎已经成了老生常谈。"马克思将人们对织工的普遍同情，作为反对卢格低估起义的一个论据。但是"资产阶级不大抵制社会倾向和社会思想"② 这一情况终究没有迷惑他。他预见到，一旦工人运动获得决定性的力量，它就会遏制统治阶级内部的政治反感和对立，而把政治上的一切敌意都转移到自己身上。马克思揭示了资产阶级解放和无产阶级解放之间最深刻的区别，证明前者是社会丰足的产物，而后者是社会贫困的产物。脱离政治共同体，脱离国家制度，是资产阶级革命的原因；而脱离人的本质，脱离人的真正的共同体，是无产阶级革命的原因。既然脱离人的本质，远比脱离政治共同体更加广泛、更加难忍、更加可怕、更加矛盾重重，那么，正像人比国家公民以及人的生活比政治生活意义更是无穷无尽一样，消灭这种相脱离的状态，哪怕是像西里西亚织工起义这样的局部现象，其意义也更是无穷无尽。

下面这段话表明，马克思对这次起义的评价与卢格完全不同。"首先

---

① 《马克思恩格斯全集》中文第二版第 3 卷，第 395 页。
② 《马克思恩格斯全集》中文第二版第 3 卷，第 389 页。

第三章 流寓巴黎

请回忆一下织工之歌吧！这是勇敢的战斗的号令。在这支歌中……无产阶级一下子就决不含糊地、尖锐地、毫不留情地、威风凛凛地大声宣布，它反对私有制社会。西里西亚起义恰恰在开始时就具有了法国和英国的工人起义在结束时才具有的东西，那就是对无产阶级本质的意识。这次起义的行动本身就具有这种优越性质。被毁掉的不仅有机器，即工人的这些敌手，而且还有账簿和财产契据；其他一切工人运动首先只是打击工业企业的老板，即明显的敌人，而这次运动同时还打击银行家，即隐蔽的敌人。最后，英国的工人起义没有一次是这样勇敢，这样有创见，这样持久的。"①

紧接着，马克思提到了魏特林的天才著作，不管这些著作在论述技巧方面多么不如蒲鲁东，但在理论方面甚至往往胜过他。"资产阶级，包括其哲学家和学者在内，有哪一部论述资产阶级解放——政治解放——的著作能和魏特林的《和谐与自由的保证》一书媲美呢？只要把德国的政治论著中那种褊狭卑俗的平庸气质同德国工人的这部史无前例的光辉灿烂的处女作比较一下，只要把无产阶级巨大的童鞋同德国资产阶级极小的政治烂鞋比较一下，我们就能够预言德国的灰姑娘将来必然长成一个大力士的体型。"② 马克思把德国无产阶级称作欧洲无产阶级的理论家，把英国无产阶级称作它的国民经济学家，而把法国无产阶级称作它的政治家。

马克思对魏特林著作的评价已经为后世的判断所证实。魏特林的著作在当时是天才的成就，这尤其是因为，这位德国裁缝帮工还在路易·勃朗、卡贝和蒲鲁东之前，并且比他们更有效地为工人运动同社会主义的结合作了准备。今天看来似乎更为奇怪的是马克思对西里西亚织工起义历史意义的评价。他给这次起义添加了一些显然与之无关的倾向。卢格认为这次起义仅仅是一次没有多大深刻意义的饥饿骚动，他的评价似乎更为正确。但是正如他们以前关于海尔维格的争论一样，这一次更加清楚地表明，庸人在天才面前再正确，也是不正确的。只是到头来，伟大的心灵总

---

① 《马克思恩格斯全集》中文第二版第3卷，第390页。
② 《马克思恩格斯全集》中文第二版第3卷，第390页。

 马克思传

是会战胜渺小的理智!

  为卢格所蔑视而为马克思所热心研究的"少数几个工匠",组织了"正义者同盟"①。这个组织在19世纪30年代由于与法国的一些秘密团体合并而发展起来,并在1839年随着这些团体的最终失败而解散。不过这对它也有好处:分散的成员不但在旧的中心巴黎重新集结,而且把同盟扩展到英国和瑞士。在这些地方,结社和集会的自由使它获得了更为广阔的活动空间,结果,这些嫩枝比老的树干生长得更加旺盛。巴黎组织的领导者是但泽人海尔曼·艾韦贝克。他曾把卡贝的"乌托邦"译成德文,同时本人也成了卡贝的说教式空想主义的追随者。在瑞士领导鼓动活动的魏特林在思想上胜过艾韦贝克。而同盟的伦敦领袖们至少在革命决心上也胜过他。这些领袖是钟表匠约瑟夫·莫尔、鞋匠亨利希·鲍威尔和卡尔·沙佩尔。沙佩尔曾是林业专业的大学生,后来有时当排字工人、有时当语文教师来维生。

  马克思可能首先从恩格斯那里得知关于这"三个真正的人"的"深刻印象"。恩格斯在1844年9月路过巴黎时拜访了马克思,并与他相处了10天。他们发现,彼此观点的完全一致,这一点早就体现在他们发表在《德法年鉴》上的文章中。当时,他们的老朋友布鲁诺·鲍威尔在自己创办的《文学报》上反对他们的观点。他们恰好是在相聚巴黎的时候得知了鲍威尔的批评。他们立即决定予以回复,而且恩格斯很快就写出了他要表达的内容。马克思却按照他的方式,比最初设想的研究更深入,并在随后的几个月中进行了紧张的工作,写出了20个印张。1845年1月,随着这部著作的完成,他在巴黎的逗留也就此结束了。

  自从贝尔奈斯担任《前进报》编辑以后,他就急切地投入了对柏林的

---

  ① 正义者同盟是1836年在巴黎成立的德国工人和手工业者的秘密组织,主要由从流亡者同盟中分裂出来的激进分子组成,也有一些其他国家的人参加。随着同盟开展各种合法活动和秘密活动,该组织日益具有国际性。同盟长期受威·魏特林粗陋的平均共产主义的影响,也受"真正的社会主义"和蒲鲁东小资产阶级社会主义的影响。后来在马克思和恩格斯的直接指导下,正义者同盟于1847年6月初在伦敦举行代表大会,实行了改组,更名为共产主义者同盟。

第三章　流寓巴黎

"基督教日耳曼蠢材"的斗争,而且在"大不敬"方面也无所顾忌。海涅更是对准柏林皇宫里的"新亚历山大"射出了一枝又一枝的火箭。于是,正统的王国就要求非正统的法国资产阶级王国的警察大棒对《前进报》采取暴力措施。但是基佐却充耳不闻。他尽管反动,却是一个有教养的人,而且他知道,如果他充当了普鲁士专制君主的暗探,他会给国内的反对派带来多么大的欢乐。当《前进报》发表了一篇关于市长切希谋刺弗里德里希·威廉四世的"卑劣文章"时,基佐才变得较为通融了。经内阁会议协商之后,基佐宣布准备对《前进报》采取措施,而且还是双重措施:首先是民事途径,以未交保证金的罪名起诉负责的编辑;其次还有刑事途径,以煽动弑君的罪名把编辑交付陪审法庭审讯。

柏林方面采纳了第一个建议,但是付诸实施时却没有产生任何结果:贝尔奈斯由于未缴纳法定的保证金而被判处两个月的监禁和300法郎的罚金,然而《前进报》马上就宣布它将改为月刊出版,而月刊是无须缴纳保证金的。至于基佐的第二个建议,柏林政府连听都不想听,因为它可能非常有理由担心,巴黎的陪审法庭不会为普鲁士国王而违背自己的良心。因此,普鲁士政府坚持要求基佐把《前进报》的编辑和撰稿人驱逐出境。

经过长时间的交涉之后,法国的部长终于被说服了。这件事,像人们当时所推测的那样,也像恩格斯后来在马克思夫人墓前演说中所重提的那样,是通过亚历山大·冯·洪堡的不体面的调停而发生的。洪堡是普鲁士外交大臣的姻亲。最近,有人企图替他洗清在这件事情上的责任,指出普鲁士政府的档案中没有相关的内容。但是这并不是反证,因为第一,关于这一悲惨事件保存下来的档案极不完全;第二,这一类的勾当从未留下文字证据。从档案中发现的真正的新材料,反倒证明了决定性的一幕是在幕后演出的。

柏林方面最恨的是海涅,因为他在《前进报》上针对普鲁士经济,特别是针对国王发表了11篇最辛辣的讽刺诗。但是,另一方面,对基佐来说,海涅却是整个棘手的事件中最棘手的问题。海涅是全欧洲闻名的诗人,法国人几乎把他看成是本民族的诗人。由于基佐不便亲自说出这个最主要的顾虑,于是某只鸟儿在普鲁士驻巴黎公使耳边叽叽喳喳地传了几句

话。10月4日公使突然向柏林报告说，海涅只在《前进报》上发表过两首诗，因此非常没有把握认为他是编辑部的成员。于是，柏林方面也就明白了。

海涅始终没有受到刁难，但是其他的一批为《前进报》撰过稿或是有撰稿嫌疑的流亡者，都在1845年1月11日接到了驱逐出境的命令，其中包括马克思、卢格、巴枯宁、伯恩施太因和贝尔奈斯。他们中有一部分人得以幸免：伯恩施太因保证放弃出版《前进报》；卢格奔走于萨克森公使和法国议员之间，向他们保证他是一个多么忠诚的国家公民。马克思当然不愿意这样做。他迁居到了布鲁塞尔。

马克思流亡巴黎的时间只不过一年多一点，但这是他学习和漫游年代中最重要的时期：他获得了丰富的启发和经验，更重要的是收获了一位战友——为了完成他人生的伟大事业，日子过得越久，他就越感到需要这位战友。

第四章　弗里德里希·恩格斯

（一）商行和军营

弗里德里希·恩格斯于1820年11月28日生于巴门。他和马克思一样，不是在父母家中形成自己的革命观。他走上革命道路也和马克思一样，不是由于个人的穷困，而是由于高超的才智。他的父亲是一个富有的工厂主，性格保守，也是个正统的信徒；在宗教方面，恩格斯需要克服的障碍比马克思更多。

恩格斯在埃尔伯费尔德上中学，直到毕业考试前一年离开了学校，从事商业。像弗莱里格拉特一样，恩格斯成了一个极为能干的商人，虽然他从来不曾把这"该死的生意"放在心上。我们初次直面他的为人，是在这个不来梅领事洛伊波尔德的商行的18岁实习生写给格雷培兄弟的信中。格雷培兄弟是他在中学的朋友，当时是神学系的大学生。这些信很少谈到商业和生意，除非"敝人酒醒时谨书于我商行柜台"①。青年恩格斯和后来老年时一样，是一个快活的豪饮之徒；虽然身处不来梅市政厅酒家中的他不像豪夫那样陷入幻想，也不像海涅那样引吭高歌，却懂得以豪放的幽默语调讲述自己在这座有名的酒馆中曾经历的"酩酊大醉"。

和马克思一样，恩格斯起初也试图做一名诗人，但是他也和马克思一

---

① 《马克思恩格斯全集》中文第二版第47卷，第220页脚注。

样很快意识到,诗坛没有为他种植的桂冠。在1838年9月17日的一封信中,他在将满18岁之前写道,由于受到歌德《向青年诗人进一言》的劝告的影响,他改变了自己成为职业诗人创作诗歌的信念。这里指的是歌德的两篇短文,这位昔日的大师在文中指出,德语已经发展到这样高的程度,以至于每一个人都可以轻松地用节奏和韵律来表达自己,因此,任何人都不应该认为这种才能有什么特别之处。

歌德用韵诗结束了自己的劝告:

"青年们,请注意:

当心灵翱翔之际,

缪斯只会相伴随行,

而不会在前指引。"

青年恩格斯感到歌德的劝告把他这样的人刻画得惟妙惟肖;它让他明白,他所写的这种押韵的玩意儿对艺术毫无价值。他将继续写诗,但只会把它当作像歌德所说的"愉快的消遣",并且还要让他的诗在杂志上发表,因为"别的青年人也都是这样做的,他们即使不比我更蠢,至少也是跟我一样蠢的蠢驴,而我这样做既不会提高也不会降低德国文学的水平"①。恩格斯说话时常用的那种无拘无束的语调,就是在他的青年时代也不带有轻浮的意味。在这封信中,他请求自己的朋友从科隆给他买几本民间故事书②——《齐格弗里特》《欧伦施皮格尔》《海伦娜》《屋大维皇帝》《席尔达人》《海蒙的儿子》《浮士德博士》。他还表示自己在研究雅科布·伯麦。"这是一个沉郁而又深邃的人。要想对他有所了解,非得下一番工夫研读绝大部分著作不可。"③

这种寻根究底的要求不久就使青年恩格斯对青年德意志的肤浅文学感

---

① 《马克思恩格斯全集》中文第二版第47卷,第95页。

② 恩格斯在不来梅实习经商期间(1838—1841年)对德国文学感兴趣。他这种兴趣反映在当时的《德国民间故事书》《齐格弗里特的故乡》两篇文章中。此外他还写有诗歌《贝都英人》《致敌人》和悲喜剧《刀枪不入的齐格弗里特》等。

③ 《马克思恩格斯全集》中文第二版第47卷,第96—97页。

第四章　弗里德里希·恩格斯

到厌恶。稍后，在1839年1月10日①的一封信中，他攻击了这伙"不错的人"，主要是因为这些人写的都是一些不存在的事物。"泰奥多尔·蒙特这个人在提到那个'想把舞蹈跳得同歌德齐名'的塔利奥尼小姐时，是想到什么就胡乱涂几笔，他剽窃歌德、海涅、拉埃尔和施蒂格利茨的漂亮词句来装饰自己，写些有关蓓蒂娜的极为可笑的废话，这一切在他的笔下竟如此时髦，如此时髦，以致任何一个无知的傻瓜，或者任何一个年轻、虚荣、放荡的女士肯定都喜欢看。【……】还是亨利希·劳伯！这家伙一个劲儿地胡乱塑造一些虚幻的人物，写了一些不是游记的游记，废话连篇。真是可怕！"②青年恩格斯认为，文学中的"新气象"是从"七月革命的晴天霹雳"以后开始出现的，而七月革命③是"解放战争以来人民意志最卓越的表现"。他认为，这种新气象的代表人物是倍克、格律恩、莱瑙、伊默曼、普拉滕、白尔尼和歌德，还有谷兹科。他确信谷兹科是高于青年德意志的其他著名人士的。根据1839年5月1日的一封信，恩格斯曾经给这位"十分出色、值得尊敬的小伙子"主编的《电讯》杂志写过一篇文章④。但是他要求收信人对此守口如瓶，否则他就会遇到"很大的麻烦"。

青年德意志关于自由的空论，并未使青年恩格斯无视其著作在美学上的无价值性。但是他也绝不因为这一点而更为宽松地评价正统派和反动派对青年德意志的攻击。遇到这种情况，他完全站在受迫害者一边，可能自己也署名为"青年德意志"，还威胁朋友说："弗里茨，我跟你说，有朝一

---

① 恩格斯的信的日期是1839年1月20日。
② 《马克思恩格斯全集》中文第二版第47卷，第121—122页。
③ 七月革命即1830年7月爆发的法国资产阶级革命。1814年拿破仑第一帝国垮台后，代表大土地贵族利益的波旁王朝复辟，竭力恢复封建专制统治，压制资本主义发展，限制言论自由和新闻出版自由，加剧了资产阶级同贵族地主的矛盾，激起了人民的反抗。1830年7月27—29日巴黎爆发革命，推翻了波旁王朝。金融资产阶级攫取了革命果实，建立了以奥尔良公爵路易-菲力浦为首的代表金融贵族和大资产阶级利益的"七月王朝"。
④ 指恩格斯的《伍珀河谷来信》，载于1839年3、4月《德意志电讯》（汉堡）第49—52、57、59号。

日你当牧师时,可以想怎么正统就怎么正统,但是如果你变成一个虔诚主义者,斥责青年德意志【……】那么,说真的,我可对你不客气。"① 他对白尔尼的明显偏爱,也可能与这种感情有关。青年恩格斯认为,白尔尼攻击告密者门采尔的那部著作②,以文风而论是德国最优秀的一部著作。而海涅有时也不得不被他称作是"不正派的人",当时正是人们对这位诗人大为愤慨的时日,甚至青年拉萨尔也在日记里写道:"这个人已经抛弃了自由事业!这个人从自己头上扯下了雅各宾派的帽子,而把一顶饰有金银丝带的礼帽戴在了他那尊贵的卷发上!"

但是,无论白尔尼还是海涅,或者任何其他诗人,都没有为青年恩格斯指明他的人生道路,而是他的命运把他铸成男子汉的。他生在巴门,长在不来梅这个北德意志虔诚主义的另一座堡垒。摆脱虔诚主义束缚是贯穿着他光辉一生的伟大解放斗争的开端。当他谈及自己对儿时信仰进行的斗争时,用的是一种对他而言不寻常的柔和语调:"我到处寻求真理,哪怕是仅仅有希望找到真理的影子;但是我不能承认你们的真理是永恒真理。【……】

我写到这里,禁不住热泪盈眶,心情激动极了,但我觉得我不会毁灭,我会回到一心向往的上帝身边。这是圣灵的又一证明,我为此而生,为此而死,尽管圣经上说过千万遍与此相反的话。"③ 在这种灵魂斗争中,青年恩格斯从当时正统派的首领亨斯滕贝格和克鲁马赫尔出发,更多地出于惊奇而非深思而短暂停留于施莱尔马赫,随后走向了大卫·施特劳斯。这时他向学神学的朋友们承认,他再也没有回头的余地了。恩格斯写道,一个真正的理性主义者可能会抛弃施特劳斯对奇迹所作的自然解释以及他的肤浅的道德说教,而钻回正统派的紧身衣中;但是哲学的思辨却不可能再从它们"朝霞辉映的雪峰"降临正统教义的"雾霭迷茫的山谷"。"我正处于要成为黑格尔主义者的时刻。我能否成为黑格尔主义者,当然还不

---

① 《马克思恩格斯全集》中文第二版第47卷,第139页。
② 指白尔尼的《吞食法国人的人门采尔》1837年巴黎版。
③ 《马克思恩格斯全集》中文第二版第47卷,第192—193页。

第四章　弗里德里希·恩格斯

知道，但施特劳斯帮助我了解了黑格尔的思想，因而这对我来说是完全可信的。何况他的（黑格尔的）历史哲学本来就写出了我的心里话。"① 于是，与教会的决裂直接导向了政治上的异端。当一位牧师在讲话中称颂当时的普鲁士国王，迫害蛊惑者的罪魁时，恩格斯如莽汉珀西一般大声呼喊："只有国君被人民打了耳光而脑袋嗡嗡响时，只有他的宫殿的窗户被革命的石块砸得粉碎时，我才能期待国君做些好事。"②

抱着这样观点的恩格斯超越了谷兹科的《电讯》，而达到了《德国年鉴》和《莱茵报》的水平。当他在 1841 年 10 月至 1842 年 10 月这一年间作为志愿兵在柏林的近卫炮兵部队服役时，就不时给这两家刊物撰稿。部队驻地在库普弗格拉本，离黑格尔曾经居住并去世的房子不远。他的笔名用的是弗里德里希·奥斯瓦尔德这个在军中使用的名字，他起初选择这个名字是考虑到他保守而正统的家庭，而当他穿着"王家制服"时，他就有更迫切的理由来保留这个笔名了。为了安慰一个被恩格斯在《德国年鉴》上严厉批评过的作家③，谷兹科在 1842 年 12 月 6 日的信中告诉这位作家："遗憾的是，把弗·奥斯瓦尔德引进著作界的这个可悲的功劳是属于我的。几年前，一个名叫恩格斯的店员从不来梅给我寄来了《伍珀河谷来信》。我修改了这些文章，删掉了过于刺耳的人身攻击部分，把它们发表出来。此后他又寄来一些文章，我不得不经常给他改写。突然间，他不允许我再这样修改，开始研究黑格尔，转而给其他刊物投稿了。就在他批评您的那篇文章发表前不久，我还往柏林给他寄了 15 塔勒。这些新手差不多都是这样的。他们全靠我们才学会了思考和写作，而他们的第一个行动却是精神上的弑父。当然，如果没有《莱茵报》和卢格的刊物加以迎合，这种恶行本来都不算什么。"显然，这番话并不像饥饿之塔中年老的穆尔的悲叹，而是像母鸡看见它孵出的小鸡离开自己游走时的咯咯惊叫。

---

① 《马克思恩格斯全集》中文第二版第 47 卷，第 224 页。
② 《马克思恩格斯全集》中文第二版第 47 卷，第 234 页。
③ 恩格斯于 1842 年 7 月 7—9 日在《德国科学和艺术年鉴》（莱比锡）第 160—162 期上发表了《评亚历山大·荣克的〈德国现代文学讲义〉（1842 年但泽版）》一文，署名为弗里德里希·奥斯瓦尔德。

马克思传

正像恩格斯在商行中成为一个能干的商人一样,他在军营中也成为了一名出色的军人。从服兵役的时候起直到他生命的终点,军事科学始终是他最喜欢的学问之一。在这种与日常生活实践的密切和持续的联系中,他的哲学意识在思辨深度上可能存在的不足被幸运地弥补了。在当志愿兵的一年中,恩格斯时常与柏林"自由人"一起欢聚豪饮,有时也写几本小册子,参加他们的斗争。当然,这是在"自由人"的运动堕落之前的事情。1842年4月,莱比锡的一家出版社匿名出版了他的一本55页的小册子《谢林和启示》①。在这本小册子里,他批判了"反动派扼杀自由哲学的最新企图",也就是在柏林大学任教的谢林的企图,他想用自己的启示信仰把黑格尔哲学排挤出去。卢格以为这本小册子是巴枯宁写的,他谄媚地赞美说:"这个可爱的青年把柏林所有的老蠢材都抛在后面了。"实际上,这本小册子在最极端的结论上也还是代表着青年黑格尔派哲学,不过其他一些批评家不无道理地认为,与其说其中包含着尖锐的批判,不如说它充满了诗意而富有哲理的热情。

差不多同时,凭着对布鲁诺·鲍威尔被解职的新鲜印象,恩格斯在苏黎世附近的新明斯特匿名发表了一首由4章组成的《基督教英雄叙事诗》②,讽刺了使"魔王"被"强令免职"的"信仰的胜利"。这首诗充分利用了青年人蔑视苛刻批评的权利。他描写自己以及描写自己尚不认识的马克思的那些诗句,使我们可以窥见这部作品的风格:

"那个靠在最左边迈开两条长腿的正是奥斯瓦尔德。

他着灰色上衣胡椒色长裤,内心充满火药味,俨然一个山岳派,

他从根子里就是这个脾气,彻头彻尾,彻里彻外。

他只玩一种乐器,那是断头机,

他只奏一个曲调,那是抒情曲。"

他总是哼着地狱之歌,反复吟唱:

---

① 《马克思恩格斯全集》中文第二版第2卷,第332—394页。
② 指恩格斯的《横遭威逼但又奇迹般地得救的圣经,或信仰的胜利》,见《马克思恩格斯全集》中文第二版第2卷,第473—529页。

'组织起来,拿起武器,公民们!'

【……】

是谁跟在他身后,狂风暴雨般疾跑?

是面色黝黑的特里尔之子,一个血气方刚的巨妖。

他不是在走,而是在跳,在急急忙忙向前飞奔,

他怒目圆睁,满腔悲愤。

只见他高振双臂,直指穹苍,

仿佛要把广袤的天幕扯落地上。

他紧握双拳,不知疲倦,

宛若凶神附体,只顾向前。"①

在 1842 年 9 月底服完兵役之后②,恩格斯回到了父母家。两个月后,他又从那里动身前往曼彻斯特,到他父亲任合伙人的大纺纱厂"欧门—恩格斯"公司去当一名办事员。途经科隆时,他访问了《莱茵报》编辑部,在那里第一次见到了马克思。但这次会见是非常冷淡的,因为这正好发生在马克思同"自由人"决裂的日子里。恩格斯受鲍威尔兄弟书信的影响,对马克思存有偏见,而马克思则认为恩格斯是柏林"自由人"思想上的同路人。

(二) 英国文明

恩格斯这次在英国住了 21 个月,这段岁月对恩格斯的意义与巴黎一年对马克思的意义相似。二人都出身于德国哲学的学派,并都从这种哲学出发,在国外得出了同样的结论。不过,马克思通过对法国革命的研究理解了当代的斗争和愿望,恩格斯则是通过对英国工业的研究做到这一点的。

---

① 指恩格斯的《横遭威逼但又奇迹般地得救的圣经,或信仰的胜利》,见《马克思恩格斯全集》中文第二版第 2 卷,第 503—505 页。

② 恩格斯是在 1842 年 10 月 10 日前后从柏林回到巴门的。

 马克思传

英国也发生了资产阶级革命,甚至比法国还早一个世纪,但正因为此,英国革命是在远不如法国成熟的条件下进行的。革命最终导致了贵族和资产阶级之间的妥协,它们建立了一个联合王国。英国的"中产阶级"不用像法国的"第三等级"那样与王权和贵族进行顽强而持久的战争。在法国,历史学只是在回顾过去时才清楚地认识到,"第三等级"的斗争就是阶级斗争;而在英国,当无产阶级在1832年议会改革法案时期开始与统治阶级进行斗争时,阶级斗争的思想可以说是从新的根基中快速生长出来的。

对这种差别的解释是,在英国,大工业的根基比在法国深得多。它是在几乎可以感觉到的发展过程中消灭了旧的阶级,创造了新的阶级。在英国,现代资产阶级社会的内部结构比在法国要清晰得多。恩格斯从英国工业的历史和本质了解到:经济事实——根本不为此前的历史学所重视,甚至为它所轻视——至少在现代世界是决定性的历史力量;经济事实是现代阶级对立产生的基础,而这些由于大工业而充分发展起来的阶级对立,又成为政党形成、党派斗争的基础,因而也成为全部政治史的基础。

恩格斯把目光首先投向经济领域,本来也与他的职业有关。他给《德法年鉴》撰稿就是从"国民经济学批判"开始的,正如马克思是从"法哲学批判"开始的一样。恩格斯那篇短小的文章尽管还带着青年人的激情,却已证明了他判断力的异常成熟①。只有德国教授才会把这篇文章称为"极端混乱的小作";马克思却恰当地称它为一个"天才大纲"②。这是一个"大纲",因为恩格斯关于亚当·斯密和李嘉图的经济学的观点绝不是详尽无遗的,甚至也不总是正确的;而他反驳这些理论的个别观点,可能已经由英国或法国的社会主义者说过了。但是,试图从资产阶级经济学一切矛盾的真正根源——私有财产——来引出这些矛盾的做法,却是天才

---

① 指恩格斯的《国民经济学批判大纲》,载于1844年《德法年鉴》(巴黎)第1—2期合刊。

② 参看马克思《政治经济学批判。第一分册》序言,见《马克思恩格斯全集》中文第二版第31卷,第413页。

第四章 弗里德里希·恩格斯

的。由于这一点,恩格斯已经超过了蒲鲁东,因为蒲鲁东只知道在私有财产的基础上反对私有财产。恩格斯在文章中论述了资本主义竞争灭绝人性的影响,马尔萨斯人口论①,资本主义生产不断增长的狂热性,商业危机,工资规律,科学的进步(这些成就在私有财产的统治下从解放人类的手段变成了不断强化对工人阶级的奴役的手段)等等。这些论述包含着科学共产主义在经济学方面的茁壮根苗,而恩格斯确实是首先发掘出这些根苗的人。

恩格斯本人对此的评价过于谦虚。他有一次认为,给他的那些经济原理作出"最后的明确的表述"的是马克思。他又说:"马克思比我们大家都站得高些,看得远些,观察得多些和快些。"②他还认为,他所发现的一切,马克思迟早也都会发现的。实际上,在他们年轻的时候,在应该进行并且确实进行了决战的领域内,恩格斯是给予者,而马克思是接受者。当然,马克思当时具有更高的哲学天赋,而且更重要的是,他的头脑更训练有素。如果有人想用与历史研究毫无关系的"如果……但是……"之类的幼稚游戏来自娱自乐,那么就可以在这里胡思乱想:恩格斯是否能够像马克思那样,解决了两人已解决的、以较复杂的法国形式出现的难题?但是,恩格斯同样成功地解决了以较简单的英国形式出现的同一难题,而这一点被不公正地低估了。如果单从经济学的观点来考察他的"国民经济学批判",恰恰会发现它有一些争议之处。作者认为,这一批判与众不同,并且成为一项重大的认知进展,要归功于黑格尔的辩证法思想。

---

① 英国资产阶级经济学家托·马尔萨斯的《人口原理。人口对社会未来进步的影响》1798年在伦敦出版。在这本书中,他提出了自己的人口论,即人口以几何级数率(1、2、4、8、16……)增长,生活资料以算术级数率(1、2、3、4、5……)增长,人口的增长超过生活资料的增长是一条"永恒的自然规律"。他用这一观点来解释资本主义制度下劳动人民遭受失业、贫困的原因,认为只有通过战争、瘟疫、贫困和罪恶等来抑制人口的增长,人口与生活资料的数量才能相适应。马尔萨斯的人口论又称马尔萨斯主义。

② 《马克思恩格斯全集》中文第二版第28卷,第351页。

 马克思传

恩格斯发表在《德法年鉴》上的第二篇文章①，也清楚地显露了他哲学的出发点。他在这篇文章里根据卡莱尔的一部著作描述了英国的状况，指出这部著作是文学界全年的收获中唯一值得阅读的书。在精神上，英国的贫瘠与法国的充实再次形成了鲜明对比。恩格斯从这一点出发，观察到了英国贵族和资产阶级的精神枯竭。他断言，有教养的英国人——大陆上的人们就是根据这些人来判断英国人的民族性格的——是世界上备受鄙视的奴隶，他们屈从执迷于种种偏见，特别是宗教偏见。"只有大陆上的人们所不熟悉的那一部分英国人，只有工人、英国的贱民、穷人，才是真正值得尊敬的人，尽管他们粗野，尽管他们道德堕落。拯救英国要靠他们，他们身上还有可造之处；他们没有文化知识，但也没有偏见，他们还有力量从事伟大的民族事业，他们还有前途。"② 恩格斯指出了——用马克思的话说——哲学是如何开始在这块"素朴的人民园地"扎根的。没有一个有身份的作家敢于把施特劳斯的《耶稣传》翻译出来，也没有一个有名望的出版商敢于把这本书付印；但是，一位社会主义的宣讲者却把它翻译出来，以每册1便士的售价在伦敦、伯明翰和曼彻斯特的工人中销售。

恩格斯翻译出了卡莱尔用最阴暗的色调描绘英国状况的这本"书中不时出现的令人惊叹的精彩段落中最精彩的地方"。但是他引用了布鲁诺·鲍威尔和费尔巴哈的说法来驳斥卡莱尔所提出的解救方案：一种新的宗教，泛神论的英雄崇拜以及诸如此类的东西。他证明，产生宗教的可能性一点也没有，费尔巴哈《轶文集》中发表的《纲要》③所永远了结的泛神论也是如此。"迄今为止总是提出这个问题：神是什么？德国哲学就这样回答问题：神是人。人只需认识自身，使自己成为衡量一切生活关系的尺度，按照自己的本质去评价这些关系，根据人的本性的要求，真正依照人

---

① 指恩格斯的《英国状况。评托马斯·卡莱尔的〈过去和现在〉》1843年伦敦版，载于《德法年鉴》1844年巴黎版第1—2期合刊。
② 《马克思恩格斯全集》中文第二版第3卷，第497页。
③ 指费尔巴哈的《关于哲学改革的临时纲要》，载于《德国现代哲学和政论界轶文集》。

的方式来安排世界,这样,他就会解开现代的谜语了。"① 正如马克思把费尔巴哈的人解释为人的本质即国家、社会一样,恩格斯认为人的本质就是历史,历史"就是我们的一切","我们"比其他任何一个先前的哲学学派,甚至比黑格尔,都更重视历史;在黑格尔看来,历史归根结底也只是用来检验逻辑运算问题。

在恩格斯和马克思各自发表在《德法年鉴》上的两篇文章中,详细了解同样的思想怎样产生,而又各具不同的色彩,是非常吸引人的。二人的思想一个散发着法国大革命的光辉,另一个散发着英国工业的光辉——这两场伟大的历史变革开创了现代资产阶级社会的历史,但两种思想在本质上却是一样的。马克思从人权中推演出资产阶级社会的无政府本质,而恩格斯则用下面的话来解释竞争这个"经济学家的主要范畴,他最宠爱的女儿":"我们应该怎样理解这个只有通过周期性的革命才能为自己开辟道路的规律呢?这是一个以当事人的无意识活动为基础的自然规律。"② 马克思得出结论说,只有当人把自身的力量组织成为社会力量并因而成为类存在物的时候,人的解放才能完成。而恩格斯则认为:你们有意识地作为人,而不是作为没有类意识的分散原子进行生产,你们就会摆脱所有这些人为的无根据的对立。

我们看到,他们连措辞都几乎是一致的。

(三)《神圣家族》

马克思和恩格斯合写的第一部著作,是他们与自己的哲学良心进行的清算,并采取了与《文学总汇报》论战的形式。这份报纸是布鲁诺·鲍威尔自1843年12月起与他的兄弟埃德加和埃格伯特一起在夏洛滕堡出版的。

柏林的"自由人"企图在这个刊物上论证他们的世界观,或他们称之

---

① 《马克思恩格斯全集》中文第二版第3卷,第521页。
② 《马克思恩格斯全集》中文第二版第3卷,第458、461页。

为世界观的东西。福禄培尔曾邀请布鲁诺·鲍威尔为《德法年鉴》撰稿，但他最终没有下定决心加入，而是牢牢抓住自己的哲学自我意识不放。这不只是因为他个人的自我意识被马克思和卢格所深深伤害。不管怎样，他的"已故的"《莱茵报》、"激进派"、"1842年的聪明人"这些辛辣的说法是有客观背景的。《德国年鉴》和《莱茵报》刚从哲学转向政治，就被浪漫主义反动派迅速而彻底地加以摧毁，而"群众"对这场"精神"的"屠杀"又采取完全冷漠的态度，这一切都使鲍威尔深信，这条路是走不通的。他认为，唯一的出路只能是回到纯粹的哲学、纯粹的理论、纯粹的批判上去。在思想的九霄云外，从这些纯粹事物中创造一个世界的全能主宰当然没有什么特别的困难。

就尚可理解的意义而言，布鲁诺·鲍威尔这样表述了《文学总汇报》的纲领："到现在为止，历史上的一切伟大的活动之所以一开始就是不合时宜的和没有取得富有影响的成效，正是因为群众对这些活动表示关注和怀有热情。换句话说，这些活动之所以必然落得个悲惨的结局，是因为在这些活动中，重要的是这样一种思想，这种思想必须满足于对自己的肤浅理解，因而也就是指望博得群众的喝彩。"① "精神"和"群众"的对立是《文学总汇报》的中心思想。这份报纸说，思想现在已经知道它应该到哪里去寻找它的唯一对手，就是要到群众的自我欺骗和软弱无力中去寻找。

因此，鲍威尔的报纸对当代的一切"群众"运动，对基督教和犹太教、赤贫现象和社会主义、法国革命和英国工业，都抱着轻蔑的倨傲态度。恩格斯在猛烈批判这份报纸时，言辞几乎是过分客气的："它是一个老太婆，而且将来仍然是一个老太婆；它是年老色衰、孀居无靠的黑格尔哲学。这个哲学搽脂抹粉，把她那干瘪得令人厌恶的抽象的身体打扮起来，在德国的各个角落如饥似渴地物色求婚者。"② 因为黑格尔哲学确实被逼到了荒诞的境地。在黑格尔那里，绝对精神只是事后才作为创造性的世界精神出现在哲学家的意识中的，他实际上只是说，绝对精神伪装在想象

---

① 《马克思恩格斯文集》第1卷，第286页。
② 《马克思恩格斯全集》中文第一版第2卷，第22页。

第四章　弗里德里希·恩格斯

中创造历史。黑格尔曾经十分坚决地反对一种误解，即认为哲学家本人就是绝对精神。相反，鲍威尔兄弟和他们的弟子却以为自己就是批判的化身，绝对精神的化身，而绝对精神通过他们有意识地扮演世界精神的角色，以与其他人类相对立。即使在德国的哲学氛围中，这种雾气也必然会迅速消散，甚至在"自由人"的圈子里，《文学总汇报》也受到相当的冷遇。不管是本来就袖手旁观的科本，还是甚至暗中准备清算它的施蒂纳，都没有与这份报纸合作。就连梅因和鲁滕堡也不愿加入。于是，除了唯一的例外孚赫以外，鲍威尔兄弟就只得与"自由人"的三流货色——某个荣格尼茨和一个假名为塞利加的普鲁士中尉冯·齐赫林斯基——为伍了。齐赫林斯基1900年才作为步兵上将死去。不出一年，整场喧闹就消失得无影无踪。当马克思和恩格斯公开批判《文学总汇报》的时候，它不但已经死去，而且已经被遗忘了。

这对马克思和恩格斯的第一部合著，即他们自己命名的《对批判的批判所做的批判》，或出版商建议的《神圣家族》，是不利的。反对者立刻嘲笑说，他们这是枉费心机。甚至恩格斯本人在收到成书时也认为，这本书真是太好了，尽管如此，它的篇幅还是太大了。《批判的批判》所采取的严正的鄙视态度，同这部著作22个印张的篇幅这一点很不协调。恩格斯认为，大部分批判根本不会为大多数读者所理解，也不会引起人们的普遍关注。这个见解在今天比在当时还要贴切得多。然而，这本书现在却获得了一种在其出版时无法享有的，至少不是今日所能享有的魅力。

在指出了这部著作词句上的吹毛求疵，断章取义，甚至惊人的思想扭曲之后，一位现代的批评家仍然认为，它包含着某些最辉煌的天才启示，以形式的精巧和语言的坚实有力而言，这些章节也属于马克思写出的最精彩的内容之列。

在这部著作的这些章节中，马克思表明自己是创造性批判的大师，善于以积极的事实击败意识形态的幻想。同时，这种批判以摧毁来创造，以破坏来建设。针对鲍威尔对法国唯物主义和法国革命的批判论述，马克思以对这些历史现象的精辟概述予以反驳。针对布鲁诺·鲍威尔关于"精神"和"群众"、"思想"和"利益"相对立的空话，马克思冷静地回复道:"'思想'一旦离开'利益'就一定会使自己出丑。"① 任何在历史上实现的群众性的利益,在出现于世界舞台时,在思想中都会远远超出自己的现实界限,而同一般的人的利益混淆起来。这就是傅立叶称之为每个历史时代的色调的那种错觉。"资产阶级在1789年革命中的利益决不是'不合时宜的',它'赢得了'一切,并且有过'极有影响的成效',尽管'激情'已经烟消云散,尽管这种利益用来装饰自己摇篮的'热情的'花朵也已经枯萎。这种利益是如此强大有力,以至于胜利地征服了马拉的笔、恐怖主义者的断头台、拿破仑的剑,以及钉在十字架上的耶稣受难像和波旁王朝的纯血统。"② 资产阶级在1830年实现了它在1789年的愿望,所不同的只是,他们的政治启蒙现在已经完成。他们不再通过立宪代议制来致力于实现理想国家、世界福利和达到全人类的目的,他们不再把立宪的代议制国家看做国家的理想,看做世界的福祉和全人类的目的,而是把它看做自己的独占权力的正式表现,看做对自己的特殊利益的政治上的承认。这场革命只有对于那样一些群众来说才是不合时宜的。那些群众认为在政治思想中并没有体现关于他们的现实利益的思想,所以他们的真正的根本原则和这场革命的根本原则并不是一致的。群众获得解放的现实条件和资产阶级借以解放自身和社会的那些条件是根本不同的。

布鲁诺·鲍威尔断言,国家把市民社会的原子联合起来。马克思反驳说,把市民社会的原子联合起来的是下面这个事实:他们只是在观念中、在自己想象的天堂中才是原子,而实际上他们是和原子截然不同的存在物,就是说,他们不是超凡入圣的利己主义者,而是利己主义的人。"在今天,只有政治上的迷信还会妄想,市民生活必须由国家来维系,其实恰恰相反,国家是由市民生活来维系的。"③ 针对鲍威尔轻视工业和自然界对历史认识的意义的论述,马克思反问道:难道批判的批判以为,只要它把人对自然界的理论关系和实践关系,把自然科学和工业排除在历史运动之

---

① 《马克思恩格斯文集》第1卷,第286页。
② 《马克思恩格斯文集》第1卷,第287页。
③ 《马克思恩格斯文集》第1卷,第322页。

第四章 弗里德里希·恩格斯

外,它就能达到,哪怕只是初步达到对历史现实的认识吗?"正像批判的批判把思维和感觉、灵魂和肉体……分开一样,它也把历史同自然科学和工业分开,认为历史的诞生地不是地上的粗糙的物质生产,而是天上的迷蒙的云兴雾聚之处。"①

正像马克思在批判的批判面前捍卫法国革命一样,恩格斯在批判的批判面前也捍卫了英国工业。他此时面对的是青年孚赫,孚赫在《文学总汇报》的所有撰稿人中是最重视尘世现实的人。令人高兴的是,恩格斯在当时就知道如何正确地阐释资本主义的工资规律。20年后,当拉萨尔又提出这个规律时,恩格斯把它诅咒为"腐朽的李嘉图规律"而打入地狱深处。尽管孚赫犯了恩格斯所证明的一些严重错误——他在1844年还不知道英国的结社法已在1824年被废除②——但是恩格斯自己也不是完全没有在文字上吹毛求疵,他在一个基本点上也犯了错误,虽然这个错误与孚赫的相反。孚赫嘲笑阿什利勋爵的十小时工作日法案③是不能根除罪恶的"肤浅的中庸的措施";恩格斯却认为,"整个群众的英国"都把这种措施看成是彻底激进原则的一种表现(诚然是极微弱的表现),因为这种措施不仅会破坏对外贸易的根基,并且会随之而破坏工厂制度的根基,而且会挖它的老根。恩格斯和马克思当时都把阿什利勋爵的法案视为让大工业戴上反动枷锁的一种企图,而这个枷锁必然会在资本主义社会的土地上被一次次地打碎。

恩格斯和马克思都还没有完全摆脱他们的哲学的过去。在序言的一开头,他们就提出用费尔巴哈的"现实人道主义"来反对布鲁诺·鲍威尔的

---

① 《马克思恩格斯文集》第1卷,第350—351页。
② 1824年在群众性的工人运动的压力下,英国议会被迫通过一项法令,废除了禁止工人结社的有关法律。1825年,议会通过了结社法(亦称工人联合法),这项法律重申废除禁止工会的决定,但是却对工会的活动严加限制。即便仅仅为工人结社和参加罢工进行鼓动都被视为"强制"和"暴力"行为而以刑事罪论处。
③ 关于英国十小时工作日法案,见恩格斯《英国的十小时工作日法》以及马克思《国际工人协会成立宣言》和《政治经济学批判(1861—1863年手稿)》第V笔记本第217—218页。

思辨唯心主义。他们毫无保留地承认费尔巴哈的天才成就，承认他为批判一切形而上学而创造的伟大而巧妙的基本原理的功绩，承认他用人来代替了包括无限的自我意识在内的旧的破烂货。但是他们总是通过费尔巴哈的人道主义前进到社会主义；从抽象的人走向历史的人，并且以惊人的洞察力在混乱不堪的社会主义世界中找到了路径。他们揭露了社会主义把戏的秘密，这些把戏让自鸣得意的资产阶级乐此不疲。人的贫困本身，和使人不得不接受施舍的极度窘迫的境遇，都在供金钱贵族和知识贵族消遣，满足他们的自私欲，供他们摆架子。在德国有许多慈善协会，在法国有不少慈善社团，在英国也举办无数唐·吉诃德式的慈善事业，如为赈济穷人举办的音乐会、舞会、义演、义餐，甚至为遭遇不幸的人的募捐，这一切都没有任何别的意思。

在伟大的空想主义者中，傅立叶对《神圣家族》的思想内容影响最深。但是恩格斯已经区分了傅立叶和傅立叶主义；他说，《和平民主日报》所鼓吹的那种掺了水的傅立叶主义，无非是主张博爱主义的资产阶级中的一部分人所坚持的社会学说。他和马克思总是一再强调连那些伟大的空想主义者都不曾理解的东西：历史的发展，工人阶级的独立运动。恩格斯在反驳埃德加·鲍威尔时写道："批判的批判什么也没有创造，工人才创造一切，甚至以他们的精神创造来说，也会使得整个批判感到羞愧。英国和法国的工人就很好地证明了这一点。"① 而对于所谓"精神"和"群众"互不相容的对立，马克思驳斥说，在实践中，一开始就和空想主义者们的共产主义批判相适应的，是广大群众的运动。人们只有了解英法两国工人的钻研精神、求知欲望、道德毅力和对自己发展的孜孜不倦的追求，才能想象这个运动的合乎人道的崇高境界。

因此不难理解的是，马克思特别热衷于反驳埃德加·鲍威尔在《文学总汇报》上翻译蒲鲁东著作的拙劣译文，以及曲解蒲鲁东的更为拙劣的评注。当然，认为马克思在《神圣家族》中赞扬蒲鲁东，而几年以后又尖锐批评他，不过是一种学究式的花招。马克思只是反对蒲鲁东的真正功绩被

---

① 《马克思恩格斯全集》中文第一版第2卷，第22页。

第四章　弗里德里希·恩格斯

埃德加·鲍威尔的花言巧语所掩盖。他承认，蒲鲁东的这一功绩在国民经济学领域内开辟了新途径，正如他承认鲍威尔在神学领域内有着同样的功绩一样。但正如反对布鲁诺·鲍威尔在神学上的狭隘性一样，他也反对蒲鲁东在国民经济学上的狭隘性。

蒲鲁东从资产阶级经济学的立场出发，把私有财产看成是一种内在矛盾。而马克思反驳他说：

"私有财产作为私有财产，作为财富，不得不保持自身的存在，因而也不得不保持自己的对立面——无产阶级的存在。这是对立的肯定方面，是得到自我满足的私有财产。

相反，无产阶级作为无产阶级，不得不消灭自身，因而也不得不消灭制约着它而使它成为无产阶级的那个对立面——私有财产。这是对立的否定方面，是对立内部的不安，是已被瓦解并且正在瓦解的私有财产。

【……】

因此，在这种对立内，私有者是保守的一方，无产者是破坏的一方。从前者产生保持对立的行动，从后者则产生消灭对立的行动。

的确，私有财产在自己的国民经济运动中自己使自己走向瓦解，但是私有财产只有通过不以它为转移的、不自觉的、同它的意志相违背的、为事物的本性所决定的发展，只有当私有财产造成作为无产阶级的无产阶级，造成意识到自己在精神上和肉体上贫困的那种贫困，造成意识到自己的非人化从而自己消灭自己的那种非人化时，才能做到这一点。无产阶级执行着雇佣劳动由于为别人生产财富、为自己生产贫困而给自己做出的判决，同样，它也执行着私有财产由于产生无产阶级而给自己做出的判决。无产阶级在获得胜利时，无论如何决不会因此成为社会的绝对方面，因为它只有消灭自己本身和自己的对立面才能获得胜利。到那时，无产阶级本身以及制约着它的对立面——私有财产都会消失。"①

马克思坚决反对这样一种看法，即认为当他把这种具有世界历史意义的作用归之于无产阶级时，是因为他把无产阶级当做神。"事实恰好相反。

---

① 《马克思恩格斯文集》第1卷，第260—261页。

 马克思传

由于在已经形成的无产阶级身上,一切属于人的东西实际上已完全被剥夺,甚至连属于人的东西的外观也已被剥夺,由于在无产阶级的生活条件中集中表现了现代社会的一切生活条件所达到的非人性的顶点,由于在无产阶级身上人失去了自己,而同时不仅在理论上意识到了这种损失,而且还直接被无法再回避的、无法再掩饰的、绝对不可抗拒的贫困——必然性的这种实际表现——所逼迫而产生了对这种非人性的愤慨,所以无产阶级能够而且必须自己解放自己。但是,如果无产阶级不消灭它本身的生活条件,它就不能解放自己。如果它不消灭集中表现在它本身处境中的现代社会的一切非人性的生活条件,它就不能消灭它本身的生活条件。无产阶级并不是白白地经受那种严酷的但能使人百炼成钢的劳动训练的。问题不在于某个无产者或者甚至整个无产阶级暂时提出什么样的目标,问题在于无产阶级究竟是什么,无产阶级由于其身为无产阶级而不得不在历史上有什么作为。它的目标和它的历史使命已经在它自己的生活状况和现代资产阶级社会的整个组织中明显地、无可更改地预示出来了。"① 而且,马克思再三强调,英法两国的无产阶级中有很大一部分人已经意识到自己的历史任务,并且不断地努力使这种意识完全明确起来。

在《神圣家族》中,除了许多涌出生命之水的清泉之外,自然也有许多不毛之地。特别是论述可敬的塞利加了不起的智慧的两个长章节,使读者的耐性受到了严峻的考验。要最公正地估价这部著作,就应该把它视为一部即兴之作,而它显然也正是这样一部作品。就在恩格斯和马克思会面的日子里,他们在巴黎收到了《文学总汇报》的第8期。其中,布鲁诺·鲍威尔隐晦地,但也非常尖锐地攻击了两人在《德法年鉴》上所阐述的观点。

也许就在此时,他们产生了一种想法,即用一种轻松的讽刺笔调写一本小册子来答复这位老朋友,并且打算把它尽快出版。这表现在:恩格斯马上就写完了他那部分的文章,总共只有1个印张多一点,而当他知道马克思把这部著作扩充到20个印张的时候,他不禁大吃一惊。使他感到

---

① 《马克思恩格斯文集》第1卷,第261—262页。

第四章 弗里德里希·恩格斯

"奇怪"和"可笑"的是,他那部分的篇幅很小,而他的名字却也署在封面上,甚至排在马克思的前面。马克思是以他的那种彻底的方式来对待这部著作的,就像一句非常正确的名言所说的那样,他大概没有时间把它弄短;也许他还有意把内容拉长,以便利用超过20印张的书籍所享有的免于检查的规定。

此外,作者们还宣布,这部论战性的著作只是几部独立的著作的先声,在那些著作里,他们将各自阐述自己对现代哲学学说和社会学说的态度。他们对此有多么认真,从下面这一事实就可以看出:当恩格斯收到《神圣家族》的第一本样书时,他已经完成了这些独立著作中的第一部著作的初稿。

(四) 一部社会主义的奠基之作

这部著作就是1845年夏天由《德国年鉴》的前出版商维干德在莱比锡出版的《英国工人阶级状况》。几个月以前,维干德出版了施蒂纳的《唯一者》①。当施蒂纳作为黑格尔哲学的最后分支疯狂地走进了资本主义竞争的陈词滥调时,恩格斯却在自己的书中为那些——几乎所有的——德国理论家奠定了基础,这些理论家通过费尔巴哈式的对黑格尔思辨哲学的消解走向了共产主义和社会主义。恩格斯描写了英国工人阶级可怕的、然而对于资产阶级统治却是典型的状况。

当恩格斯在差不多50年后再版这部著作时,他称之为现代国际社会主义的胚胎发展的一个阶段。他还说,正如人的胚胎在其发展的最初阶段还要再现出我们的祖先鱼类的鳃弓一样,在本书中到处都可以发现现代社会主义从它的祖先之一即德国古典哲学起源的痕迹。但是,这一点只是在下述限度之内才是正确的,即这些痕迹已经比恩格斯在《德法年鉴》中发表的文章中的痕迹要少得多。在这部著作中,布鲁诺·鲍威尔和费尔巴哈都

---

① 指施蒂纳的《唯一者及其所有物》(1845年莱比锡版)。

 马克思传

不再被提及,而"朋友施蒂纳"也只被略微戏弄了几次。可以说,德国哲学对这本书的主要影响不仅不是落后的,还明显是进步的。

这本书的真正重点不在于对英国资本主义生产方式统治下无产阶级的贫困状况的描述。在这方面,恩格斯有许多榜样——他大量引用的比雷、加斯克尔等人。甚至对使工人群众遭受最可怕的苦难的社会制度的由衷愤慨,对这种苦难的令人震惊的真实描述,对苦难受害者的深切而真挚的同情也都不是这部著作中最特别的东西。其中最令人惊叹并且最具有历史意义的是,这位 24 岁的作者敏锐地把握住了资本主义生产方式的精神,并且从中不仅说明了资产阶级的崛起,也说明了它的衰亡,不仅说明了无产阶级的贫困,也说明了解救它的办法。这部著作的核心在于,指出大工业怎样创造了现代工人阶级,把他们变成了一个非人的、在智力方面和道德方面退化为野兽的、在肉体上备受摧残的种族;以及现代工人阶级怎样由于历史的辩证法(其规律得到了详细说明)而正在成长并且必然要成长到能够推翻自己的创造者的地步。恩格斯认为,工人运动同社会主义的融合,就是无产阶级在英国取得统治权的方式。

但是,只有把黑格尔的辩证法吸收到自己的血肉中,并且知道如何把它从头足倒置的状态颠倒过来的人,才能实现这样的成就。只有这样,这部著作才是一部社会主义的奠基之作,而这也正是作者的意图。不过,这部著作出版时给人留下的深刻印象却并不是基于这一点,而是基于它所包含的纯属事实的内容。如果说,正像一位学究老爷带着滑稽的自负所说的那样,这部著作使社会主义"有资格上大学"的话,那么这不过是说,这个或那个教授在它身上折断了自己生锈的长矛。最重要的是,恩格斯曾经预言的即将发生的英国革命并没有发生,学究式的批评家们自吹自擂了。但是,他本人在 50 年后完全有理由说,值得惊奇的并不是"青年时期的激情"使他作出的预言中有那么多没有言中,倒是竟然有这样多的预言已经实现了,即便他认为这些预言是要在"不久的将来"实现的。

在今天看来,这种对"不久的将来"寄托了一些希望的"青年时期的激情",正是这部开山之作的最大魅力。如果没有这个阴影,这部著作的光芒将是不可想象的。天才的眼光懂得从现在认识未来,与健全的人类理

第四章　弗里德里希·恩格斯

智相比，它对未来事物的认识要敏锐得多，因而也贴切得多。健全的人类理智更难习惯于午饭桌上不一定有汤这种想法。另一方面，当时除了恩格斯以外，还有许多人认为英国革命已经迫在眉睫，甚至英国资产阶级的主要喉舌《泰晤士报》也是如此。但是那些心地恶毒的人只是害怕革命中的烧杀抢掠，而社会的先知却看到了从废墟中萌发的新生命。

1844年末到1845年初的冬天，恩格斯"青年时期的激情"不仅表现在这部著作上。当他在铁砧上锻造这部著作的时候，炉火上已经出现了新的铁块：除了这部著作的续篇（因为这部著作只是一部更大的英国社会史著作中的一章）外，恩格斯还打算同莫泽斯·赫斯一起出版一份社会主义月刊，然后再出版外国社会主义作家的文丛，写批判李斯特的文章，以及其他许多工作。他不厌其烦地催促马克思一起苦干一番，因为他们两人在计划中有许多事情要一起做：

"你还是先把你的国民经济学著作写完，即使你自己觉得还有许多不满意的地方，那也没有什么关系，人们已经成熟了，我们必须趁热打铁。【……】而现在是时候了。因此，你一定要在4月以前写完你的书，像我那样，给自己规定一个时限，到时候你一定要把它完成，并设法尽快付印。如果你那里不能印，那就把它拿到曼海姆、达姆施塔特或其他地方去印。但是必须尽快出版。"① 甚至对于使他"大吃一惊"的《神圣家族》的扩充，他也自慰地认为，这是很好的事情。"这么多的东西现在就要问世了，否则，谁知道它们还会在你的写字台里搁多久呢。"② 在后来的几十年当中，他是多么频繁地发出类似的催促声啊！

尽管恩格斯是一个不耐烦的催促者，但是当天才在艰苦的自我斗争中仍为普通生活的穷困坎坷所折磨时，他却又是一个最有耐心的帮助者。马克思被逐出巴黎的消息一传到巴门，恩格斯就认为有必要立刻为他筹措款项，"让我们按共产主义方式大家分担你因此而支出的额外费用。"③ 他通

---

① 《马克思恩格斯全集》中文第二版第47卷，第336—337页。
② 《马克思恩格斯全集》中文第二版第47卷，第337页。
③ 《马克思恩格斯全集》中文第二版第47卷，第342页。

 马克思传

知马克思说，筹款"办得很顺利"，又说："我不知道，这些钱够不够使你在布鲁塞尔安顿下来，所以不言而喻，我万分乐意把我的第一本关于英国的书的稿酬交给你支配；但愿我不久至少可以拿到这本书的一部分稿酬，而这笔钱目前我不是非要不可，我的老头儿一定会借给我的。至少，不能让那帮狗东西因为用卑劣手段使你陷入经济困境而高兴。"① 甚至在保护他的朋友不使"狗东西高兴"时，恩格斯也是不屈不挠地度过了 20 年时光。

尽管恩格斯在青年时代的书信中用了这样轻浮的口气，但是他本人却决不轻浮。他如此粗略地提到的"第一本关于英国的书"，在 70 年间都始终很有份量。它是一部划时代的著作，是科学社会主义的第一部伟大文献。恩格斯写这部著作，并用它连那些学究老爷头上的灰都掸下来的时候，才不过 24 岁。但他不是那种在温室的湿热空气中迅速成长，又更为迅速地枯萎的早熟的天才。他的"青年时期的激情"是源自伟大思想的真正的太阳之火，这火焰直到老年还温暖着他，正如它曾经温暖着他的青春一样。

当时，他在父母家中过着一种只有"最体面的庸人"才盼望的"恬静而舒适、虔诚而正派的日子"。但是他很快就对此感到厌烦，只是他父母的"愁眉苦脸"才使他决定，再一次去试试做生意。但是他决定无论如何要在春天离开，首先到布鲁塞尔去。由于恩格斯积极地参加了巴门和埃尔伯费尔德的共产主义宣传活动，他的"家庭争吵"更加严重了。他向马克思报告了三次共产主义者的大会，第一次大会有 40 人参加，第二次大会有 130 人参加，第三次大会至少有 200 人参加。他说："收效极大。共产主义成了人们唯一的话题，拥护我们的人与日俱增。伍珀河谷的共产主义已经成为现实，甚至已成为一种力量。"② 当然，这种"力量"在警察的一道命令下就烟消云散了，而且它在其他方面也显得足够奇怪。恩格斯甚至认为，只有无产阶级才把自己排除在这个共产主义运动之外，而"最迟钝、最无所用心、最庸俗、对世界上任何事情都漠不关心的人，现在差不多也

---

① 《马克思恩格斯全集》中文第二版第 47 卷，第 342—343 页。
② 《马克思恩格斯全集》中文第二版第 47 卷，第 343—344 页。

开始向往共产主义了。"①

这一点和恩格斯在同一时期写的关于英国无产阶级前景的内容不太相称。但他是这样一个人:一个从头到脚都出色的家伙,永远走在前列,朝气蓬勃,目光敏锐,孜孜不倦,而且不乏那种与热情勇敢的青年时期十分相称的可爱稚气。

---

① 《马克思恩格斯全集》中文第二版第47卷,第344页。

第五章 流亡布鲁塞尔

（一）《德意志意识形态》

被逐出巴黎之后，马克思带着他的家人迁居布鲁塞尔。恩格斯担心他在布鲁塞尔也会遇到麻烦，甚至在一开始就发生了这种情况。

正如马克思在给海涅的信中所说，他刚一到布鲁塞尔，就不得不到治安警察局去签署一份保证书，保证不在比利时发表任何有关当前政治问题的文章。马克思坦然地签署了这份保证书，因为他既不打算也没机会那样做。但是，由于普鲁士政府继续就驱逐他的问题与比利时当局纠缠，马克思还是在这一年，即 1845 年的 12 月 1 日退出了普鲁士国籍。

在当时以及后来，马克思始终没有取得任何一个国家的国籍，虽然法兰西共和国临时政府在 1848 年春天甚至以一种光荣的方式向他提出了入籍的建议。和海涅一样，马克思不愿作出入籍的决定。尽管弗莱里格拉特作为一个坚定的德国人，常被标榜为这两个"没有祖国的人"的对立面，在流亡期间却毫不犹豫地加入了英国国籍。

1845 年春天，恩格斯也到了布鲁塞尔。两位朋友一起去英国①考察，此次旅行历时 6 个星期。马克思在巴黎时已经开始研究麦克库洛赫和李嘉图，而在这次旅英期间，他更深入地研读了这个岛国的经济学文献。虽然

---

① 实际的时间大约在 1845 年 7 月 12 日。

第五章　流亡布鲁塞尔

除了恩格斯收藏的摘录和著作之外，他只能先阅读"在曼彻斯特能够弄到的书"。在第一次居留英国期间，恩格斯已经给罗伯特·欧文的刊物《新道德世界》①和宪章派的机关报《北极星报》撰过稿。他在这次旅行中恢复了旧交情。因此，两位朋友同宪章主义者以及社会主义者建立了新的联系。

在这次旅行以后，马克思和恩格斯先是着手再度合写一部著作。对此，马克思后来言简意赅地指出："我们决定共同阐明我们的见解与德国哲学的意识形态的见解的对立，实际上是把我们从前的哲学信仰清算一下。这个心愿是以批判黑格尔以后的哲学的形式来实现的。两厚册八开本的原稿早已送到威斯特伐利亚的出版所，后来我们才接到通知说，由于情况改变，不能付印。既然我们已经达到了我们的主要目的——自己弄清问题，我们就情愿让原稿留给老鼠的牙齿去批判了。"② 老鼠也的确完成了这个针对原稿的任务；不过原稿残留的部分可以说明，作者对这一不幸并不太伤心。

对读者来说，如果说他们对鲍威尔兄弟的详尽过头的清算之作已经是一块难啃的硬骨头，那么这部加在一起有50印张的两大卷巨著就是一块更难啃的硬骨头了。这部著作的标题是：《德意志意识形态。对费尔巴哈、布·鲍威尔和施蒂纳所代表的现代德国哲学以及各式各样先知所代表的德国社会主义的批判》。恩格斯后来在回忆中说，光是对施蒂纳的批判的篇幅就不比施蒂纳的著作本身少。而这部著作后来出版的试编本，证明这段回忆是相当可靠的。这部著作甚至是比《神圣家族》中最枯燥的章节都更加烦冗的过度论争之作。此外，虽然书中绝不是完全没有沙漠中的绿洲，但比起《神圣家族》来要稀疏得多。而无论辩证法的锋芒出现在文中何处，它随即就变为有时颇为琐碎的吹毛求疵和咬文嚼字了。

当然，今天对于这类著作的鉴赏力比那时要苛刻得多。但这并不能说明一切问题。尤其是，马克思和恩格斯此前的和此后，甚至是同时期的著

---

① 《新道德世界。合理社会的报纸》。
② 《马克思恩格斯全集》中文第二版第31卷，第414页。

 马克思传

作都能证明，他们具有进行简练而尖锐的批判的才能，而且行文绝少繁琐冗长。决定性的因素在于，这类思想斗争是在极小的圈子里展开的，而斗争者又大都非常年轻。类似的现象在文学史上，在莎士比亚以及与他同时代的戏剧家身上也可以观察到。追着一句话穷追猛打；用望文生义或曲解的办法，使论敌的言论具有尽可能愚蠢的含义；表达上追求拔高和漫无边际的倾向——所有这一切手法都不是以广大公众，而是以内行人的高雅理解为对象的。在今天看来，莎士比亚的妙语似乎是不能品味甚至不能理解的，就是因为莎士比亚在创造它们时，会有意无意地考虑到格林和马洛、琼斯、弗莱彻和博蒙特对它们的评价。

当马克思和恩格斯同鲍威尔、施蒂纳以及其他玩弄纯思维把戏的老友们打交道的时候，他们有意无意地使用的那种笔调大概也可以这样解释。如果我们知道他们在《德意志意识形态》中评论费尔巴哈的内容，无疑是更有启发性的，因为这些内容不会仅仅是基本否定的批判。可惜，这一部分并没有完成。不过，马克思在1845年写下的，由恩格斯在几十年后发表的关于费尔巴哈的一些箴言①至少留下明确的指示。马克思在费尔巴哈的唯物主义中，发现了他在学生时代从唯物主义的先驱德谟克利特身上发现的同样缺点，即缺乏"能动的原则"。他指出，从前的一切唯物主义的主要缺点是：对感性和现实，只是从直观的或者客体的形式去理解，而不是把它们当作感性的人的活动，当做实践去理解，不是从主体方面去理解。因此，和唯物主义相反，能动的方面却被唯心主义发展了，但只是抽象地发展了，因为唯心主义当然是不知道现实的、感性的活动的。换句话说，费尔巴哈在抛弃整个黑格尔时，抛弃了过多的东西。问题在于，把黑格尔变革世界的辩证法从思想王国转移到现实王国中。

还在巴门的时候，恩格斯就以他的大胆方式写信给费尔巴哈，请他站到共产主义方面来。费尔巴哈作了友好的回复，但是——至少暂时——拒绝了他的建议。费尔巴哈说，夏天他可能到莱茵地区去。于是，恩格斯希望"劝"费尔巴哈到时也来布鲁塞尔。同时，恩格斯派了费尔巴哈的一个

---

① 指马克思的《关于费尔巴哈的提纲》。

第五章 流亡布鲁塞尔

学生海尔曼·克利盖去见马克思，说他是一位"出色的鼓动家"。

但是费尔巴哈并没有去莱茵，而他不久后发表的著作①表明，他根本不会脱掉自己的"旧靴子"。他的学生克利盖也不可靠。诚然，他曾经在大洋彼岸的美国进行了共产主义宣传，但他却在纽约造成了无可救药的恶果，也对那些开始聚集在马克思周围的布鲁塞尔共产主义侨民产生了毁灭性的影响。

（二）"真正的"社会主义

这部计划中的著作的第二部分将探讨各式各样的先知所代表的德国社会主义，并且批判性地解决"所有平庸鄙陋的德国社会主义作品"②。

这里先知指的是莫泽斯·赫斯、卡尔·格律恩、奥托·吕宁、海尔曼·皮特曼及其他一些人，他们创作了相当可观的作品，包括在一些杂志上发表的文章。这些杂志是：1845年夏到1846年夏出版的月刊《社会明镜》，以及1845年和1846年出版的两卷年刊《莱茵年鉴》③和《德国公民手册》，还有从1845年创刊一直延续到德国革命时期的月刊《威斯特伐利亚汽船》；最后是几种日报，如《特里尔日报》等。

卡尔·格律恩曾命名为"真正的"社会主义——马克思和恩格斯讽刺地借用了这个名称——的这种怪现象的寿命非常短。到1848年，它就已经无影无踪了。随着革命的第一声枪响，它就自行解体了。它对马克思的思想发展没有任何影响，因为马克思从一开始就是作为一个高超的批评家面对它的。但是马克思在《共产党宣言》上对它的严厉评判，却并不能充分表明他对这种社会主义的态度。有一个时期，马克思认为这种社会主义尽管有那样多的荒谬之处，但它还是一种能酿出好酒的果汁。恩格斯也抱着

---

① 指费尔巴哈的《宗教的本质》。
② 《马克思恩格斯全集》中文第一版第4卷，第44页。
③ 指《莱茵社会改革年鉴》。

117

同样的见解，而且评价更高。

恩格斯曾和莫泽斯·赫斯一起出版了《社会明镜》杂志，马克思也曾为这个杂志投过一篇稿件。在布鲁塞尔时期，两人都曾多次与赫斯合作，而且赫斯似乎已经完全领会了两人的观点。马克思多次请求亨利希·海涅给《莱茵年鉴》撰稿。皮特曼出版的这份杂志和《德国公民手册》即便没有发表过马克思本人的文章，也发表过恩格斯的文章①。马克思和恩格斯都给《威斯特伐利亚汽船》撰过稿。马克思在这个杂志上发表了《德意志意识形态》第二部分中到目前为止唯一问世的一个片段②：对卡尔·格律恩发表的关于法兰西和比利时的社会运动的一部杂文式著作的彻底而尖锐的批判。

"真正的"社会主义是从黑格尔哲学的解体中产生出来的。这一事实导致有人断言，马克思和恩格斯本人最初也属这一派，因此后来才更为尖锐地批判它。但是这种说法完全与事实不符。真正的关系是这样：双方都是从黑格尔和费尔巴哈走向社会主义的，但是马克思和恩格斯是通过对法国革命史和英国工业发展的研究来研究社会主义本质，而"真正的"社会主义者却只是满足于把社会主义的公式和口号翻译成"陈腐的黑格尔式的

---

① 马克思和恩格斯出版《外国杰出的社会主义者文丛》的计划因故未能实现。最后，只有恩格斯1845年底为翻译《傅立叶论商业的片断》写的前言和结束语，发表在《1846年德国公民手册》上。

② 《德意志意识形态。对费尔巴哈、布·鲍威尔和施蒂纳所代表的现代德国哲学以及各式各样先知所代表的德国社会主义的批判》是马克思和恩格斯阐述唯物史观和共产主义理论的重要著作。这部著作共分两卷，第一卷批判了路·费尔巴哈、布·鲍威尔和麦·施蒂纳的唯心史观，阐发了唯物史观的基本原理，论述了共产主义和无产阶级革命的理论；第二卷批判了当时在德国流行的所谓"真正的"社会主义或"德国社会主义"，揭示了这种假社会主义的哲学基础、社会根源和阶级本质。这部著作是马克思和恩格斯于1845年秋至1846年5月共同撰写的。马克思和恩格斯曾多次为出版《德意志意识形态》在德国寻找出版商。由于书报检查机关的阻挠，加上出版商对书中所批判的哲学流派及其代表人物的同情，这部著作未能出版。只有第二卷第四章在1847年《威斯特伐利亚汽船》杂志8月号和9月号上发表过。这部著作以手稿形式保存下来，没有总标题。现在的书名源于马克思在1847年4月6日发表的声明《驳卡尔·格律恩》中对这部著作的称呼。

第五章　流亡布鲁塞尔

德语"。马克思和恩格斯努力使他们超越这种立场，而且相当公正地承认整个派别是德国历史的产物。格律恩及其同道对社会主义的解释是一种关于人的本质的实现的空洞思辨，而把这种解释拿来同康德的观点相提并论——因为康德也把法国大革命的意志表现仅仅理解为真正人的意志的规律——足以认为是对他们的奉承了。

马克思和恩格斯在教导"真正的"社会主义者时既很宽容又很严格。1845 年，恩格斯作为《社会明镜》的合编者，还能容忍善良的赫斯的许多做法，虽然他肯定极不认同这些做法。但到了 1846 年的《德国公民手册》中，恩格斯就使"真正的"社会主义者大伤脑筋了。"稍微谈谈现在大家都乐于挂在嘴上的'人性'、稍微谈谈这种人性或者宁可说是兽性的'实现'，按照蒲鲁东那样（而这还是经过了第三手或第四手呢!）稍微谈一下财产，稍微为无产阶级悲叹几声，稍微谈一下劳动组织，多少组织几个改善下层阶级人民状况的可怜的团体，而实际上对于政治经济学和现实的社会状况却茫然无知，——这种'社会主义'整个就归结为这几点。而这种社会主义，由于自己在理论领域中没有党性，由于自己的'思想绝对平静'而丧失了最后一滴血、最后一点精神和力量。可是人们却想用这些空话使德国革命化，去推动无产阶级并促使群众去思考和行动!"① 对无产阶级和群众的关心首先决定了马克思和恩格斯对"真正的"社会主义的态度。如果说在它的所有代表中，他们与卡尔·格律恩的斗争最为激烈，这不仅是因为格律恩事实上暴露的弱点最多，而且因为格律恩住在巴黎，在当地的工人中造成了无可救药的混乱，并且对蒲鲁东产生了很坏的影响。在《共产党宣言》中，马克思和恩格斯用极其尖锐的词句与"真正的"社会主义划清界限，甚至明确讽刺了他们的旧友赫斯，就是为了以此在国际无产阶级中展开实际的鼓动工作。

这也与以下事实有关：马克思和恩格斯愿意原谅"真正的"社会主义"郑重其事地看待自己那一套拙劣的小学生作业并且大言不惭地加以吹嘘"的那种"自炫博学的天真"，但是不能原谅他们对政府的所谓支持。"真正

---

① 《马克思恩格斯全集》中文第一版第 2 卷，第 659 页。

马克思传

的"社会主义想把资产阶级反对三月革命以前的专制制度和封建制度的斗争当作"求之不得的机会",以从背后攻击自由主义的反对派。"这种社会主义成了德意志各邦专制政府及其随从——僧侣、教员、容克和官僚求之不得的、吓唬来势汹汹的资产阶级的稻草人。

这种社会主义是这些政府用来镇压德国工人起义的毒辣的皮鞭和枪弹的甜蜜的补充。"① 就事而论,这些话被严重夸大了;就人而论,也是很不公平的。

马克思本人曾在《德法年鉴》上指出了德国状况的特殊性,即如果无产阶级不起来反对资产阶级,资产阶级就不能起来反对政府。此后,社会主义的任务是,在自由主义还具有革命性的地方支持它,在它已经变得反动的地方反对它。具体而言,这个任务并不容易完成。在自由主义已经变得反动的地方,就连马克思和恩格斯有时候也捍卫自由主义,认为它仍然是革命的。当然,"真正的"社会主义者常常陷到相反的方向去;把自由主义谴责得体无完肤,而这样做只能使政府高兴。卡尔·格律恩在这方面犯的错误最大,莫泽斯·赫斯和他差不多,而《威斯特伐利亚汽船》的主编奥托·吕宁的错误最小。但是不论他们在这方面有多大的过错,他们总还是出于愚蠢和无知,而并不是为了支持政府。在他们的一切幻想被判死刑的革命期间,所有"真正的"社会主义者都站在资产阶级左翼一边。不用说曾经在德国社会民主派队伍中作战的赫斯,就是其他"真正的"社会主义者也没有一个人投奔政府。在所有形形色色的资产阶级社会主义不论当时甚或现在的派别中,"真正的"社会主义者在这一点上是最问心无愧的。

"真正的"社会主义者也对马克思和恩格斯抱有最大限度的敬意,即使在他们自己感到难堪的时候,他们也仍然把自己的杂志向马克思和恩格斯开放。他们无法改掉自己的缺点,不是由于不可告人的阴谋诡计,而是由于明显的思想混乱。他们特别喜欢唱古老而可爱的庸人之歌:沉默,沉默,不要喧闹。也就是说,对待一个年轻的党不应该过分严格;在必要的

---

① 《马克思恩格斯文集》第2卷,第59页。

第五章 流亡布鲁塞尔

争论中,至少不应损害友善的基调,甚至不要过激,不要过于咄咄逼人;对于像鲍威尔、卢格、施蒂纳这样的名人,必须予以体谅。这一切自然正好使他们为马克思所不容。有一次马克思指出:"这些老太婆的特点是,他们想把所有真正的党派斗争都掩饰一下并且加一点糖"①。但是,凭借这些健康的观点,马克思有时也得到了"真正的"社会主义者的理解。尤其是和吕宁有姻亲关系并且参与过《威斯特伐利亚汽船》编辑工作的约瑟夫·魏德迈,就成了马克思和恩格斯最忠实的拥护者之一。

魏德迈原本是一名普鲁士炮兵少尉,为了政治信念而辞掉军职,在受到卡尔·格律恩影响的《特里尔日报》任副主编,进入了"真正的"社会主义者的圈子。1846年春天,不知是由于其他原因还是为了结识马克思和恩格斯,魏德迈来到布鲁塞尔。总之,他很快就同两人熟悉了,并且坚决反对因两人的无情批判而引起的叫嚣声,尽管他的姻亲吕宁也同意这种叫嚣。魏德迈生于威斯特伐利亚,是一个安静甚至迟钝的人,但有着据说是他家乡特有的忠诚和顽强。他不是个天赋极高的作家。回到德国以后,他在建设科隆—明登铁路时担任了测量员一职,只是兼职在《威斯特伐利亚汽船》编辑部帮忙。但是,他还以实际行动试图帮助马克思和恩格斯解决另一种越来越迫切的需要,即寻找一个出版商。

由于卢格的敌意,苏黎世的"文学社"已经对马克思和恩格斯关上了门。虽然卢格明知马克思不会轻易写出什么坏作品,他还是逼迫他的合伙人福禄培尔同马克思断绝一切业务联系。而莱比锡的维干德,青年黑格尔派的主要出版商,早就在另一个事例中拒绝出版批评鲍威尔、费尔巴哈和施蒂纳的著作了。所以,当魏德迈在威斯特伐利亚家乡找到两个富有的共产主义者(他们的名字是尤利乌斯·迈耶尔和雷姆佩尔)同意为创办一家出版社提供必需的资金时,便开辟了极为可喜的前景。事情立刻就有了全面进展。他们打算至少出版三种书刊:《德意志意识形态》,社会主义作家

---

① 《马克思恩格斯全集》中文第二版第47卷,第467页。

文丛①，以及一份除马克思和恩格斯之外还由赫斯担任编辑的季刊②。

然而，要付款的时候，尽管两个资本家不仅与魏德迈，而且也与赫斯达成了口头协议，他们却停手了。偏巧在这时发生了一些"业务上的困难"，摧毁了他们为共产主义而牺牲的精神。这就带来了巨大的失望情绪。魏德迈本人还加剧了这种失望情绪，因为他曾把《德意志意识形态》的书稿交给其他一些出版商而没有成功，还在威斯特伐利亚的同志当中募集了几百法郎，以解决马克思的燃眉之急。尽管他犯了这些小毛病，但他还是令马克思和恩格斯很快就忘记了这些小毛病，这也足以证明这个人的赤诚本性。

但是不管怎样，《德意志意识形态》的手稿现在只好"留给老鼠的牙齿去批判了"③。

（三）魏特林和蒲鲁东

与对黑格尔以后的哲学家和"真正的"社会主义者的批判相比，马克

---

① 指未能出版的《外国最杰出的社会主义者文丛》。

② 马克思和恩格斯为出版《德意志意识形态》在1845年和1846年与威斯特伐利亚的社会主义者、出版商尤·迈耶尔和鲁·雷姆佩尔等进行洽谈，如能出版一份季刊，在前两卷中除《德意志意识形态》外还可以发表一部分他们的追随者的作品，特别是那些批判德国哲学和"真正的"社会主义的著作。1845年11月，莫·赫斯与迈耶尔和雷姆佩尔达成资助出版季刊前两卷的协议。其余的协商由魏德迈主持。他曾建议迈耶尔在林堡成立一家股份制出版社，还建议马克思与布鲁塞尔出版商和书商卡·格·福格勒签订一份有关这份季刊和其他出版物的发行合同。但是都没有达到目的。魏德迈继续努力，但只从迈耶尔那里得到出版一卷书的保证。早在1846年7月，迈耶尔和雷姆佩尔就以资金紧张为借口，拒不兑现资助承诺，但真正的理由是，马克思和恩格斯的观点与这两个出版商所持的"真正的"社会主义的观点之间存在着原则分歧。马克思和恩格斯当时的出版计划落空了。保存下来的书稿直到1932年才被苏共中央马列主义研究院用原文发表。

③ 《马克思恩格斯全集》中文第二版第31卷，第414页。

第五章 流亡布鲁塞尔

思与对他的初期活动有重大影响的两位天才无产者的争论，在人性上无比动人，在事实上无比重要。

魏特林和蒲鲁东都出身于纯粹的工人阶级，有着健全坚强的性格和丰厚的天赋。两人所处的环境又都如此有利，以至于他们很可能成为那些罕见的例外者，这些人都笃信小资产阶级的观念，认为进入有产阶级行列的道路向工人阶级中每一个有才能的人开放。但是，这两人都摒弃了这条道路，自愿选择了贫穷，以便为自己同阶级和共患难的弟兄进行斗争。

两人都生得身材魁梧，精力充沛，仿佛天生就是为了享受生活的一切乐趣。但他们为了追求自己的目标，却忍受着最难耐的困苦。"一张狭窄的床，时常是三人合住一个小房间，一块当作书桌的木板，有时还有一杯黑咖啡"——当魏特林的名声使世间的大人物害怕的时候，他就是这样生活的。而当蒲鲁东已经在全欧洲享有盛名时，他在巴黎的小屋里也过着同样的生活，"身穿一件针织的毛线衣，脚踏一双啪嗒啪嗒响的木鞋"。

两人身上都交融着德国和法国的文化。魏特林是一个法国军官的儿子，刚一成年就匆匆赶往巴黎，以便从法国社会主义的源头汲取营养。蒲鲁东来自古老的勃艮第自由伯国，这个伯国曾由路易十四并入法国。人们总想把他看成一个德国人，甚或是一个德国怪人。不管怎样，当蒲鲁东精神上的自我意识刚一觉醒，他就被德国哲学所吸引，魏特林却认为德国哲学的代表人物仅仅是一些语焉不详的"云雾播散者"。另一方面，蒲鲁东极为尖锐地评价伟大的空想主义者们，魏特林却认为自己最好的东西都应归功于这些人。

二人最主要的共同点就是他们的名声和他们的厄运。他们是在历史上证明了工人阶级的精神和力量，证明了现代工人阶级能够自我解放的第一批现代无产者。他们首先打破了工人运动和社会主义曾经陷入的错误循环。在这个意义上，他们创造了一个时代，他们的创作和活动堪称典范，他们促进了科学社会主义的产生。没有人比马克思更多地赞许过魏特林和蒲鲁东的初期活动。在他看来，黑格尔哲学的批判性解体首先为他带来了思辨性的思想成果，而这些成果主要是由蒲鲁东和魏特林在现实生活中证实的。

 马克思传

　　但是，正如两人享有同样的名声一样，他们也遭到了同样的厄运。尽管有洞见和远见，魏特林从未超越一个德国手工业者的见识，而蒲鲁东也从未超越一个法国小资产者的见识。因此他们与那个出色地完成了他们所辉煌地开始的事业的人分开了。这不是出于个人的虚荣心，不是出于顽固的刚愎自用，虽然随着他们开始感到历史发展的潮流把他们抛弃，这两者也可能或多或少地出现了。他们与马克思的争论表明，他们根本就不理解马克思所追求的是什么。他们是狭隘的阶级意识的受害者，而正因为这种意识不自觉地对他们起作用，它才更加顽强。

　　1846年初，魏特林来到布鲁塞尔。他在瑞士进行的鼓动由于内部矛盾而陷于瘫痪，后来又成为残酷迫害的受害者。此后，他转而去往伦敦，在那里又无法应对同正义者同盟的人们。他试图把自己从成为先知的自负中解脱出来，然而正因为如此，他成为了残酷命运的牺牲品。在宪章运动①正掀起高潮的时候，他却没有投身于英国的工人运动，反而埋首研究思维和语言学说，以便创立一种世界语。从此以后，这种语言越来越成为他最喜爱的癖好。他现在轻率地担负起他的能力和知识所不能胜任的任务，从而陷入精神上的孤立，使他与他力量的真正源泉，与他自己的阶级生活越来越远。

---

　　① 宪章运动是19世纪30—50年代中期英国工人的政治运动，其口号是争取实施人民宪章。人民宪章要求实行普选权并为保障工人享有此项权利而创造种种条件。宪章派指宪章运动的参加者，其领导机构是"宪章派全国协会"，在宪章运动高涨年代其会员曾达到5万人。1840年7月宪章派全国协会成立执行委员会，又称宪章派全国执行委员会。执行委员会由全体大会和代表会议选举产生，每年选举一次，是全国宪章派组织的领导机构及大会闭会期间的常务机构。宪章派的机关报是《北极星报》，左翼代表人物是乔·朱·哈尼、厄·琼斯等。宪章运动在1839年、1842年和1848年出现三次高潮，宪章运动领导人试图通过向下院提交全国请愿书的方式迫使政府接受人民宪章，但均遭到下院否决。19世纪50年代末，宪章派全国协会停止活动，宪章运动即告结束。宪章运动衰落的原因在于英国工商业垄断的加强，工人阶级政治上的不成熟，以及资产阶级用超额利润收买工人阶级上层（"工人贵族"），造成了英国工人阶级中机会主义倾向的增长，这种倾向增长的表现就是工联领袖放弃了对宪章运动的支持。恩格斯在《社会主义从空想到科学的发展》1892年英文版导言中称宪章派是"近代第一个工人政党"。列宁指出，宪章运动是"世界上第一次广泛的、真正群众性的、政治上已经成型的无产阶级革命运动"（见《列宁全集》中文第二版增订版第36卷，第292页）。

第五章　流亡布鲁塞尔

无论如何，搬到布鲁塞尔是魏特林所能做的最明智的事情，因为如果他还想在思想上被挽救的话，那么马克思就是那个能治愈他的人。马克思以最好客的方式欢迎他，这一点不仅得到了恩格斯的证明，就连魏特林本人也承认。但是，他们却没能在思想上相互理解。1846年3月30日，在布鲁塞尔共产主义者的一次集会上，马克思和魏特林之间发生了激烈的冲突。魏特林本人在给赫斯的信中说，马克思被魏特林惹得勃然大怒。当时，为组建新出版社的协商正在进行，魏特林宣称马克思要切断他的"经济来源"，自己独揽"报酬优厚的翻译工作"。但就是在这以后，马克思也还是尽力帮助魏特林。5月6日，赫斯又根据魏特林的一家之言从韦尔维耶写信给马克思："可以预期的是，只要你的钱袋里还有一点东西，你对他的敌意就不会转变为紧闭你的钱袋。"然而，马克思的钱袋里确实已经寥寥无几了。

然而，几天以后，魏特林就被迫作出了无可挽回的决裂。克利盖在美国进行的宣传既没有实现流亡者的希望，也没有实现马克思和恩格斯寄予他的希望。克利盖在纽约出版的《人民代言者报》，幼稚而浮夸地沉溺于幻想的感伤主义。这种感伤主义与共产主义原则毫无关系，必然使工人的士气受到最大程度的打击。更糟的是，克利盖竟向美国的富翁们写了一些荒唐的乞讨信，为他的报纸讨要几美元。同时，他冒充德国共产主义在美国的著作界代表，这样一来，共产主义著作界的真正代表们完全有理由抗议这种败坏名声的牵连了。

5月16日，马克思、恩格斯和他们的朋友们决定在给同志们的通告中有理有据地提出抗议，并且把这份通告首先寄给克利盖的报纸发表①。只有魏特林以一些微不足道的借口将自己排除在外。他认为：《人民代言者报》是完全符合美国条件的共产主义机关报；共产党在欧洲本身已经有这样多的强敌，它不必再对美洲举起武器，更毫无必要手足相残。魏特林还不满足于此，他还写信给克利盖，警告他抗议者是"狡猾的阴谋家"。"这个臭名昭著而资金雄厚的同盟，大概是由12个或者20个人组成的。这些人的心目中只想把我当作反动派来斗争。首先他们要砍掉我的头，然后砍

---

① 指马克思恩格斯的《反克利盖的通告》一文。

 马克思传

掉其他人的头,然后再砍掉自己朋友的头;最后这些先生们就动手互砍脖颈,【……】他们现在有大批的钱来干这些勾当,而我却找不到一个出版商。我和赫斯孤单地站在这伙人以外,但是赫斯也像我一样,是要被针对的。"在此之后,连赫斯也放弃了这个失去理智的人。

克利盖发表了对布鲁塞尔共产主义者的抗议书,这份抗议书后来又由魏德迈在《威斯特伐利亚汽船》上转载。但是克利盖同时附上了魏特林的信或者至少是其中最恶毒的段落,作为一种消毒剂。此外,他还说服全国改革协会①——把他的周刊当作自己机关报的德国工人组织——任命魏特林为编辑并发给他必要的旅费。于是,魏特林就从欧洲消失了。

同样是在5月,马克思和蒲鲁东的决裂也开始露出苗头了。为了克服没有自己机关报的缺陷,马克思和他的朋友们就用铅印或石印的通告予以弥补,就像反克利盖的通告那样。除此之外,他们还努力在有共产党人居住的主要地点建立长期的通讯联系。布鲁塞尔和伦敦都有这样的通讯委员会②,在巴黎也准备设立一个。马克思写信给蒲鲁东,请求他参加。蒲鲁

---

① 全国土地改革派即北美土地改革派,又称美国"全国改革协会",成立于1845年,是一个以手工业者和工人为核心的政治团体,宗旨是无偿地分给每一个劳动者一块土地。19世纪40年代后半期,协会宣传土地改革,反对种植场奴隶主和土地投机分子,并提出实行十小时工作制、废除奴隶制、取消常备军等民主要求。许多德国手工业侨民参加了这一土地改革运动。

② 指马克思和恩格斯1846年初在布鲁塞尔创立的共产主义通讯委员会。创立通讯委员会的目的,是为了从思想上和组织上团结各个国家的社会主义者和先进工人,同工人运动中的非无产阶级思潮作斗争。按照马克思和恩格斯的意图,通讯委员会应为建立一个国际性的无产阶级政党打下基础。马克思和恩格斯为了在伦敦、巴黎和德国各地成立通讯委员会,努力动员欧洲各国著名的社会主义者和共产主义者参加通讯委员会。在伦敦,宪章派的左翼领导人以及卡·沙佩尔领导的伦敦德意志工人教育协会的成员参加了通讯委员会。马克思和恩格斯曾设法争取埃·卡贝、蒲鲁东和其他的法国社会主义者参加通讯委员会,但没有成功。在德国,威·沃尔弗同西里西亚工人保持着联系;格·韦伯从基尔向布鲁塞尔写信,约·魏德迈从威斯特伐利亚向布鲁塞尔写信;在莱茵省,形式上没有建立通讯委员会,但是通过斯·瑙特和古·克特根与埃尔伯费尔德的社会主义者进行通信联系;而科隆的共产主义者罗·丹尼尔斯、亨·毕尔格尔斯和卡·德斯特尔则同马克思和恩格斯保持着经常的通信联系。

第五章 流亡布鲁塞尔

东虽然在 1846 年 5 月 17 日从里昂写来的信中表示同意，但是他不能保证常写和多写。与此同时，他又利用这个机会对马克思进行了一次长长的道德训诫，这必定使马克思看到了两人之间的鸿沟。

蒲鲁东宣称自己现在在经济问题上几乎是绝对的"反教条主义"。他劝告马克思不要堕入他的同胞马丁·路德曾陷入的那种矛盾中，因为路德在推翻了天主教神学后，立即通过滥施革教和破门的手段来创建新教神学。"我们不必用制造新的思想混乱来给人类增添新的麻烦；我们应该给世界树立一个明智的和眼光远大的宽容精神的榜样，不要扮演新宗教的使徒，即使这种宗教是逻辑和理性的宗教"。和"真正的"社会主义者一样，蒲鲁东想保持惬意的混乱。而在马克思看来，消灭这种混乱乃是共产主义宣传的首要前提。

对于自己长期相信过的革命，蒲鲁东什么都不愿意了解了。"我宁可用文火烧毁财产，也不愿为有产者安排一个巴托洛缪之夜①，从而使财产获得新的力量。"蒲鲁东表示，将在一部已经印好一半的著作中详细论述如何解决这个问题，并心平气和接受马克思可能给予这部著作的挞伐，而准备随后加以报复。"我必须顺便告诉您，法国工人阶级的意愿显然与我一致；我国的无产者对科学的渴望是这样的强烈，倘若有谁除了血以外不能给他们别的饮料，那他们就会对他不客气。"最后，蒲鲁东坚决捍卫了卡尔·格律恩，而马克思曾提醒他提防格律恩对黑格尔学说的曲解。蒲鲁东认为，由于他不懂德语，他不得不依靠格律恩和艾韦贝克来研究黑格尔和费尔巴哈，研究马克思和恩格斯。格律恩还打算把蒲鲁东的最新著作译成德文。蒲鲁东认为，马克思可以帮助推销这个德文译本；他认为，这对大家都是光荣的。

这个结尾听起来几乎像是嘲讽，即便蒲鲁东也许并无嘲讽之意。但被蒲鲁东浮夸的胡言乱语描绘成一个嗜血者，这不可能让马克思感到满意。而卡尔·格律恩的作为必定引发了更严重的怀疑。与此相关，如果再加上

---

① 巴托洛缪之夜指天主教徒在巴黎屠杀异教徒事件。1572 年 8 月 23—24 日夜里，即圣巴托洛缪节的前夕，天主教徒在巴黎杀害了大批胡格诺教徒。

 马克思传

其他原因的话,恩格斯决定于 1846 年 8 月暂时搬到巴黎,负责该城的通讯工作,因为巴黎始终是对共产主义宣传最重要的地区。必须让巴黎的共产主义者了解同魏特林决裂的事,了解在威斯特伐利亚办出版社的历程,以及其他一些可能产生这种或那种影响的事件。这样做主要是因为巴黎共产主义者对艾韦贝克的支持并不坚定,更不用说贝尔奈斯了。

起初,恩格斯寄给布鲁塞尔共产主义通讯委员会和寄给马克思本人的报告都还充满希望,但他渐渐开始明白,格律恩已经把事情彻底"搞砸"了。当蒲鲁东的著作在秋天出版时,它实际上只是沿着作者的信中已指出的道路陷入泥沼。于是,马克思按照蒲鲁东的愿望,对这部著作进行了挞伐。但是,蒲鲁东除了几句粗暴的谩骂之外,并未兑现他的报复承诺。

(四) 历史唯物主义

蒲鲁东给他的书定名为《经济矛盾的体系》,副标题是"贫困的哲学"。之后,马克思将自己的反驳之作命名为《哲学的贫困》,并以法文写成,以便更准确地打击论敌。马克思并没有做到这一点,因为蒲鲁东对法国工人阶级以及对罗曼语国家的无产阶级的影响不减反增,马克思在此后数十年中仍然不得不同蒲鲁东主义打交道。

但是,这部反驳之作的价值及历史意义却丝毫也没有因此而被削弱。它不但是作者生活中的一座里程碑,而且也是科学史上的一座里程碑。在这部著作中,历史唯物主义的决定性观点首次得到了科学的阐发。在早期的著作中,这些观点像火星一样闪现,马克思后来则以扼要的形式总结了它们。但正是在反驳蒲鲁东的著作中,这些观点以胜利的论战所特有的令人信服的明晰性得到了阐明。而历史唯物主义的阐释是马克思最伟大的科学事迹。这一阐释对历史科学的贡献,正像达尔文的理论对自然科学的贡献一样。

其中也有恩格斯的一份功劳,而且比他自己所谦逊承认的要大得多,但他把基本思想的经典表述完全归功于马克思,无疑也是有道理的。据恩

第五章　流亡布鲁塞尔

格斯说，当他在 1845 年春来到布鲁塞尔的时候，马克思就已经把历史唯物主义的基本思想考虑成熟了，这个基本思想就是：每一历史时代的经济生产以及必然由此产生的社会结构，是该时代政治的和精神的历史的基础；因此全部历史都是阶级斗争的历史，即社会发展各个阶段上被剥削阶级和剥削阶级之间、被统治阶级和统治阶级之间斗争的历史；而这个斗争现在已经达到这样一个阶段，即被剥削被压迫的阶级（无产阶级），如果不同时使整个社会永远摆脱剥削和压迫，就不再能使自己从剥削它压迫它的那个阶级（资产阶级）下解放出来。

这个基本思想恰恰也是反驳蒲鲁东的著作的基石，就像这部著作射出的众多光线的焦点。与对布鲁诺·鲍威尔和施蒂纳的论战中时常令人疲倦的长篇大论形成鲜明对比的是，这部著作的叙述异常清晰简练。船已不再是在沼泽中踟蹰行进，而是乘风破浪地扬帆远航了。

这部著作分为两部分。在第一部分中，借用拉萨尔的说法，马克思是作为变成了社会主义者的李嘉图而现身的。而在第二部分中，马克思是作为变成了经济学家的黑格尔而现身的。李嘉图曾证明，资本主义社会中的商品交换是根据包含在商品中的劳动时间来进行的。蒲鲁东则主张，商品的这种"价值"应该被认为是"构成的"，从而在所耗费劳动量相等的情况下，可以直接把一件产品与另一件产品交换。他认为，应当通过下面这种方式来改造社会，即让所有人都变成直接的、交换相等劳动量的劳动者。英国的社会主义者早就从李嘉图的理论中得出了这种"平等的"结论并试图将其付诸实践，但是他们的"交换银行"很快就破产了。

马克思现在指出，蒲鲁东为解放无产阶级而声称发现的"革命理论"，实际上是针对工人阶级的现代奴隶制的公式。李嘉图从自己的价值规律中合乎逻辑地推导出了工资规律：劳动力这种商品的价值是由生产工人为维持生存和延续后代所需的物品的必要劳动量来衡量的。想象没有阶级对抗的个人交换，以便发现资产阶级社会中存在着一种和谐与永恒正义的状态，不允许任何人靠牺牲他人来发财致富，这是一种资产阶级的幻想。

关于实际情况到底是怎样，马克思是这样说的："当文明一开始的时候，生产就开始建立在级别、等级和阶级的对抗上，最后建立在积累的劳

129

动和直接的劳动的对抗上。没有对抗就没有进步。这是文明直到今天所遵循的规律。到目前为止，生产力就是由于这种阶级对抗的规律而发展起来的。"① 蒲鲁东想靠自己的"构成价值"保证工人每天劳动所得的产品随着集体劳动的进步而不断增加。对此，马克思的回答是：使英国工人1840年生产的财富是1770年的27倍的生产力的发展，是建立在阶级对抗上的一系列历史条件造成的：私人资本的积累、现代分工、无政府状态的竞争、雇佣劳动制度。要获得劳动剩余，就必须有阶级存在，其中一些阶级从中获利，另一些阶级则贫困衰败。

蒲鲁东举出金银作为"构成价值"的最早典型，说它们只是在被君主占有并在上面盖上自己的印章之后才变成货币的。马克思回答说，事实根本不是这样。货币不是一种东西，而是一种社会关系；就像个人交换一样，它是与一定的生产方式相适应的。"其实，只有毫无历史知识的人才不知道，君主们在任何时候都不得不服从经济条件，并且从来不能向经济条件发号施令。无论是政治的立法或市民的立法，都只是表明和记载经济关系的要求而已……法律只是对事实的公认。"② 君主们给金子盖上的印记并不表明它的价值，而是表明它的重量。金银最不能体现"构成价值"。正是作为价值标志的特性，金银才是所有商品中唯一不由生产费用决定的商品。因此金银在流通中可以用纸币来代替，这一点早就被李嘉图澄清了。

马克思暗示了共产主义的最终目的，他说：蒲鲁东所追求的"供求之间的正确比例"，只有在生产资料有限，交换是在极狭小的范围内进行，而需求支配着供给，消费支配着生产的时候，才是可能的。自从大工业兴起以后，这样的比例就不可能维持了。大工业由于它所使用的工具的性质，不得不经常以越来越大的规模进行生产。它不能等待需求。由于自然规律的必然性，生产一定要经过繁荣、衰退、危机、停滞、新的繁荣等等周而复始的更替。"在现代社会中，在以个人交换为基础的工业中，生产

---

① 《马克思恩格斯全集》中文第一版第4卷，第104页。
② 《马克思恩格斯全集》中文第一版第4卷，第121—122、124页。

第五章 流亡布鲁塞尔

的无政府状态是灾难丛生的根源，同时又是进步的原因。

因此，二者必居其一：

或者是希望在现代生产资料的条件下保持旧时的正确比例，这就意味着他既是反动者又是空想家；

或者是希望一种没有无政府状态的进步，那就必须放弃个人交换来保存生产力。"①

反驳蒲鲁东著作的第二章比第一章更为重要。在第一章中谈到李嘉图时，马克思还没有以完全的科学公正性来面对他——主要表现在，马克思还无保留地承认李嘉图的工资规律。而在第二章中谈到黑格尔时，马克思就如鱼得水了。

蒲鲁东严重地误解了黑格尔的辩证方法。他坚守的是这种方法当时已变得反动的一面，认为现实世界是从观念世界中产生出来的。同时，他又否定了辩论方法革命的一面，即观念的自我活动性，观念设定自身又否定自身，以便在这一斗争中展现那个更高的统一性，这种统一性在消灭双方的矛盾形式时保存了它们的物质内容。蒲鲁东却相反，把每一个经济范畴都划分成好的一面和坏的一面，并且寻求能保留好的一面并消除坏的一面的一种合题，一种科学公式。在他看来，资产阶级经济学家强调好的一面，社会主义者指责坏的一面。而他认为，凭借他的公式和综合，他可以同时超越资产阶级经济学家和社会主义者。

马克思反驳了这种主张："蒲鲁东先生自以为他既批判了政治经济学，也批判了共产主义；其实他远在这两者之下。说他在经济学家之下，因为他作为一个哲学家，自以为有了神秘的公式就用不着深入纯经济的细节；说他在社会主义者之下，因为他既缺乏勇气，也没有远见，不能超出（哪怕是思辨的也好）资产者的眼界。

他希望成为合题，结果只不过是一种合成的错误。

他希望充当科学泰斗，凌驾于资产者和无产者之上，结果只是一个小

---

① 《马克思恩格斯全集》中文第一版第4卷，第109页。

 马克思传

资产者,经常在资本和劳动、政治经济学和共产主义之间摇来摆去。"①

当然,人们不应当把小资产者和小资产阶级庸人混为一谈,因为马克思一向把蒲鲁东看成是一个才华出众的人,只是这个人的观念没有超出小资产阶级社会的限制。

对马克思而言,要揭露蒲鲁东所用方法的虚弱无力并不困难。如果把辩证过程分成好的一面和坏的一面,如果把一个范畴用作另一个范畴的消毒剂,那么观念中就不再有任何生命了。它不再起作用,它既不能把自己确立为范畴,也不能把自己分解为范畴。作为黑格尔的真正学生,马克思非常清楚地知道,正是蒲鲁东要到处消灭的那个坏的一面,通过引起斗争而创造了历史。如果人们想保留封建制度的好的一面——城市的宗法式生活、农村家庭手工业的繁荣、城市手工业的发展,而只给自己定下任务,消除给这幅图景带来阴影的一面——农奴制、特权、无政府状态,那么就会摧毁引起斗争的一切因素,就会扼杀萌芽中的资产阶级。这就等于给自己提出了一个抹杀历史的荒谬任务。

马克思对这个问题的正确提法如下:"为了正确地判断封建的生产,必须把它当做以对抗为基础的生产方式来考察。必须指出,财富怎样在这种对抗中间形成,生产力怎样和阶级对抗同时发展,这些阶级中一个代表着社会上坏的、有害方面的阶级怎样不断地成长,直到它求得解放的物质条件最后成熟。"② 马克思认为,资产阶级身上展现了同样的历史发展过程。资产阶级借以在其中活动的那些生产关系的性质决不是单一的、单纯的,而是两重的;在产生财富的那些关系中也产生贫困。随着资产阶级的发展,在它的内部也发展着无产阶级,而这两个阶级之间的斗争也在随之发展。经济学家是资产阶级的理论家,共产主义者和社会主义者是无产阶级的理论家。在无产阶级尚未发展到足以形成一个阶级以前,在生产力在资产阶级本身的怀抱里尚未发展到足以使人看到解放无产阶级和建立新社会必备的物质条件以前,这些理论家不过是一些空想主义者,他们为了满

---

① 《马克思恩格斯文集》第1卷,第617页。
② 《马克思恩格斯文集》第1卷,第613页。

第五章 流亡布鲁塞尔

足被压迫阶级的需要,想出各种各样的体系并且力求探寻一种革新的科学。"但是随着历史的演进以及无产阶级斗争的日益明显,他们就不再需要在自己头脑里找寻科学了;他们只要注意眼前发生的事情,并且把这些事情表达出来就行了。当他们还在探寻科学和只是创立体系的时候,当他们的斗争才开始的时候,他们认为贫困不过是贫困,他们看不出它能够推翻旧社会的革命的破坏的一面。但是一旦看到这一面,这个由历史运动产生并且充分自觉地参与历史运动的科学就不再是空论,而是革命的科学了。"①

在马克思看来,经济范畴只是社会关系的理论表现,即其抽象。"社会关系和生产力密切相联。随着新生产力的获得,人们改变自己的生产方式,随着生产方式即谋生的方式的改变,人们也就会改变自己的一切社会关系。【……】

人们按照自己的物质生产率建立相应的社会关系,正是这些人又按照自己的社会关系创造了相应的原理、观念和范畴。"② 马克思把谈论资产阶级社会的"永恒的天然的制度"的资产阶级经济学家比作正统派神学家,他们认为自己的宗教是神的启示,其他一切宗教都是人类的捏造。

接着,马克思根据蒲鲁东尝试应用他的方法的一系列经济范畴——分工和机器,竞争和垄断,土地所有权或地租,罢工和工人同盟——证明了这个方法的虚弱无力。与蒲鲁东的设想不同,分工不是一个经济范畴,而是一个历史范畴,它在不同的历史时期采取迥然不同的形式。从资产阶级经济学的观点看来,分工的存在条件是工厂。但是,工厂并不像蒲鲁东所设想的那样,产生于劳动伙伴间的友好协定,甚至也不产生于古老的行会内部。主持现代作坊的是商人而不是从前的行会师傅。

同样,竞争和垄断也不是天然范畴,而是社会范畴。竞争不是工业竞赛而是商业竞赛;它不为产品而战,而是为利润而战。和蒲鲁东的见解相反,竞争绝不是人类灵魂的必然要求,而是从 18 世纪的历史需要中产生

---

① 《马克思恩格斯文集》第 1 卷,第 616 页。
② 《马克思恩格斯文集》第 1 卷,第 602—603 页。

 马克思传

的,而在 19 世纪也可以由于新的历史需要而被消除。

蒲鲁东认为,土地所有权的根源是在经济之外,它根源于同财富生产没有多少关联的心理上和道德上的考虑;地租的任务是把人更紧地束缚于自然。这些见解也是同样错误的。

马克思反驳说:"在每个历史时代中所有权是以各种不同的方式、在完全不同的社会关系下面发展起来的。因此,给资产阶级的所有权下定义不外是把资产阶级生产的全部社会关系描述一番。

要想把所有权作为一种独立的关系、一种特殊的范畴、一种抽象的和永恒的观念来下定义,这只能是形而上学或法学的幻想。"①

地租,即农产品价格超过它们的生产费用(包括资本的普通利润和利息在内)的余额,是在而且只能在一定的社会关系下产生。地租是资产阶级形式的土地所有权,是受制于资产阶级生产条件的封建所有权。

最后,马克思阐明了罢工和工人同盟的历史意义,而这是蒲鲁东根本不愿了解的。尽管经济学家和社会主义者出于相反的理由,都警告工人不要运用这种武器,但是罢工和工人同盟仍将随着大工业的发展而发展。工人在利益上因竞争而分化,但他们还是有着一个维持工资的共同利益。共同的反抗思想使他们结成同盟,这一同盟包含着未来战斗的一切要素。资产阶级当初也是从组织反对封建主的局部性同盟开始,然后形成阶级,并作为已形成的阶级而将封建制度变为资产阶级制度的。

无产阶级和资产阶级之间的对抗是阶级反对阶级的斗争,这个斗争的最高表现就是全面革命。社会运动不排斥政治运动,因为没有哪一种政治运动不同时又是社会运动的。只有在没有阶级的社会中,社会进化才不再是政治革命。而在这以前,在每一次社会全盘改造的前夜,社会科学的结论总是:"不是战斗,就是死亡;不是血战,就是毁灭。问题的提法必然如此。"② 马克思用乔治·桑的这句话结束了他的著作。

在《哲学的贫困》中,马克思叙述了历史唯物主义的一系列最基本的

---

① 《马克思恩格斯文集》第 1 卷,第 638 页。
② 《马克思恩格斯文集》第 1 卷,第 656 页。

第五章　流亡布鲁塞尔

观点，同时也对德国哲学作了最终的清算。他通过返回黑格尔而超越了费尔巴哈。当然，官方的黑格尔学派已经完全破产。它把大师的辩证法变成了纯粹的公式，把它到处乱套，而且常常极为笨拙。对于这群黑格尔主义者，人们可以说，而且确实是这样说的：他们一窍不通，却又无所不写。

当费尔巴哈宣布放弃思辨概念的时候，黑格尔派的丧钟就敲响了。科学的实证内容重新胜过了它的形式方面。但是费尔巴哈的唯物主义缺乏"能动的原则"；它始终是纯粹的自然科学，并且排除了历史过程。马克思不满足于这样的唯物主义，而后来的事实证明他非常正确。这种唯物主义的巡回传道者，毕希纳和福格特出现了，他们那种狭隘的庸人思维方式甚至迫使费尔巴哈宣布：往后退时，他还能同意这种唯物主义，但向前进时，他就无法同意了。"平庸的资产阶级理智这匹驾车的笨马，在划分本质和现象、原因和结果的鸿沟面前当然就一筹莫展了；可是，在抽象思维这个十分崎岖险阻的地域行猎的时候，恰好是不能骑驾车的马的。"① 这是恩格斯曾做出的比较。

但是黑格尔派毕竟不是黑格尔。黑格尔派只能坚持自己的无知，而黑格尔本人却是有史以来最博学的人物之一。他的思维方式基于一种历史感，从而高于所有其他哲学家。这种历史感使他拥有一种宏大的历史观，尽管这种历史观只具有纯粹唯心主义的形式，就像通过一面凹镜来看待事物，只把世界历史理解为思想发展的实际检验。费尔巴哈没有领悟黑格尔哲学的这一现实内容，而黑格尔派则把它抛弃了。

马克思再次接受了这一内容，但却把它颠倒过来，使得它不再从"纯粹思维"，而是从现实的无情事实出发。这样，他就给唯物主义带来了历史辩证法，从而使唯物主义获得了"能动的原则"。对这种原则来说，问题不仅在于解释社会，还在于变革社会。

---

① 《马克思恩格斯文集》第 2 卷，第 601 页。

 马克思传

(五)《德意志—布鲁塞尔报》

为了出版反驳蒲鲁东的篇幅不大的著作,马克思在布鲁塞尔和巴黎各找到了一个德国出版商,当然他得自负印刷费用。而当这部著作在 1847 年仲夏出版时,他又有了《德意志—布鲁塞尔报》这个发布新闻的喉舌,使他得以发挥公众影响力。

这份报纸从 1847 年年初起每周出两期,主编是阿达尔贝特·冯·伯恩施太德,曾任伯恩施太因的《前进报》的主编,还曾受雇于奥地利和普鲁士政府。这一事实现已得到柏林和维也纳政府档案的佐证,完全没有疑问。有疑问的最多只是伯恩施太德在布鲁塞尔期间是否继续充当密探。当时人们也曾怀疑过他,但是由于普鲁士驻布鲁塞尔公使向比利时当局告发了伯恩施太德的报纸,这种疑虑被打消了。当然,这样做也可能只是为了掩人耳目,以便使聚集在布鲁塞尔的革命分子信任伯恩施太德。为了自己的崇高目的,王座和祭坛的保卫者是根本不择手段的。

无论如何,马克思不相信伯恩施太德是个叛徒。他认为,伯恩施太德的报纸虽然存在许多缺点,毕竟还有一些功绩。如果人们觉得这个报纸做得不够,那么就应该让它弥补,而不应该只是找对伯恩施太德的名字有反感这种便宜借口。8 月 8 日,马克思给海尔维格写了一封辛辣十足的信:"这次是说某人不行,下次是某女人不行,这次是倾向欠妥,下次是文风不佳,再下次就是版面有问题,或者推销起来多少有一些危险,等等。【……】我们的德国人总是可以拿出上千条现成的格言,来证明他们为什么要白白地放过这种机会。任何一个有所作为的机会,都只是使他们感到进退两难。"① 随后,马克思抱怨说,他的手稿的情况也和《布鲁塞尔报》差不多,并且严厉斥责了那些"蠢驴",因为那些人指责他宁肯写些法文的东西,否则什么都不写。

---

① 《马克思恩格斯全集》中文第二版第 47 卷,第 468 页。

第五章　流亡布鲁塞尔

如果认为马克思对伯恩施太德的疑虑有些轻描淡写，为的是"不白白放过这种机会"，那也就不能因此而责备他了。因为当时机会是非常有利的，仅仅由于怀疑而放过这个机会就太愚蠢了。1847年春，迫切的财政需求使普鲁士国王召集了联合省议会①，它是由以前各省的议会合并而成，即类似于1789年春路易十六迫于同样情势而召集的一个封建等级制机构②。此时，普鲁士的事态还不像当时的法国发展得那样快，但是联合省议会也还是不打算拿出钱来，还立即向政府宣布，在政府扩大议会权力，特别是作为保证定期召集议会以前，它将不会批准任何资金。事情就这样有了转机，因为财政困难是不容忽视的。舞蹈迟早要重新开始，因此奏乐越早开始越好。

马克思和恩格斯给《德意志—布鲁塞尔报》写的文章就是顺着这条思路完成的。有一篇评论联合省议会关于自由贸易和保护关税的辩论的文章③，虽然是匿名发表的，不过从内容和语言上看显然是恩格斯写的。他当时深信，德国资产阶级需要高额的保护关税，不仅是为了使自己不受外

---

① 联合议会或联合省议会是普鲁士国王弗里德里希-威廉四世为了获得向国外借款的保证以摆脱财政困难，于1847年4月11日—6月26日在柏林召开的各省等级议会的联合会议。联合议会的职权限于批准新的税收和贷款，在讨论法律草案时有发言和向国王呈交请愿书的权利。弗里德里希—威廉四世在第一届联合议会的开幕词中表示，他决不会让"君主与人民之间的天经地义的联系"变成"受到制约的、宪制的"联系；他决不会让一张"写上了字的纸"来代替"真正神圣的王权"。由于国王拒绝满足议会资产阶级多数派最低的政治要求，议会大多数代表拒绝给国王以新贷款的保证。国王出于报复于同年6月解散了联合议会。1848年4月召开第二次联合议会，同意了一笔数额为2500万塔勒的借款。

② 法国的三级会议是中世纪代表各等级的一个机构。1302年起，会议由国王召集。三级会议由牧师、贵族和市民组成，商讨国家大事并批准征收特殊的税项。由于专制体制的巩固，三级会议逐渐丧失其意义，从1614年开始，三级会议停止召开。1789年5月三级会议第一次重新开始举行会议，1789年6月17日根据第三等级代表的决议，由三级会议的代表组成了国民议会，国民议会于7月9日宣布改为制宪代表大会，成为革命的法国的最高机构。

③ 指恩格斯的《保护关税制度还是自由贸易制度》，载于1847年6月10日《德意志—布鲁塞尔报》第46号。

 马克思传

国工业的压迫,而且更是为了获得必要的力量来战胜专制主义和封建主义。出于这个理由,哪怕仅仅是为了这个理由,恩格斯劝告无产阶级支持争取保护关税的鼓动。他认为,保护关税论者的权威李斯特总算写出了德国资产阶级经济学文献中最优秀的著作①,但他又补充说,李斯特的全部光辉著作都是从大陆体系②的理论鼻祖、法国人傅立叶那里抄来的。而且他警告工人不要被"工人阶级的福利"的空话所迷惑,自由贸易派和保护关税派都把这句话当成用来炫耀的招牌,借以掩盖他们利己的鼓动。不管是在自由贸易制度还是在保护关税制度下,工人阶级的工资都没有变化。因此,恩格斯只是把保护关税当作"资产阶级的进步措施"来加以维护的,而马克思的观点也是如此。

面对基督教封建社会主义的攻击,马克思和恩格斯合写了一篇更长的文章③予以回击。攻击文章是在《莱茵观察家》上发表的,这是政府不久前在科隆创办的一家机关报,目的是煽动莱茵省工人反对莱茵省资产阶级。年轻的海尔曼·瓦盖纳在报纸的个人专栏中表现得特别卖力,就像他在自己的回忆录中所说的那样。由于与科隆方面关系密切,马克思和恩格斯必定知道这一点。因为他们在答复文章中反复嘲笑那个"头顶梳得溜光的国教顾问",而瓦盖纳当时正是马格德堡的国教顾问。

这一次,《莱茵观察家》利用联合省议会的失败,指责议会要引诱工人落入圈套。它说,由于拒绝了政府的一切财政需要,资产阶级表明它只关心夺取政权。它对人民的福利漠不关心。它把人民推到前面,只是为了

---

① 指李斯特的《政治经济学的国民体系。国际贸易,贸易政策和德国关税同盟》。

② 大陆体系或大陆封锁是法国皇帝拿破仑第一在拿破仑战争期间为反对英国而采取的一项重要的经济政治措施。1805年法国舰队被英国舰队消灭后,拿破仑于1806年11月21日颁布了《柏林敕令》,禁止欧洲大陆各国同英国进行贸易。参加大陆体系的有西班牙、那不勒斯、荷兰、普鲁士、丹麦和奥地利。根据1807年的蒂尔西特条约的秘密条款,俄国加入了大陆体系。1812年拿破仑在俄国遭到失败后,所谓的大陆体系便瓦解了。

③ 指马克思的《〈莱茵观察家〉的共产主义》,载于1847年9月12日《德意志—布鲁塞尔报》第73号。

第五章　流亡布鲁塞尔

恐吓政府。人民只是它大举进攻政府当局时的炮灰。马克思和恩格斯对此的回答在今天看来是显而易见的。他们指出，无产阶级不会上资产阶级和政府任何一方的当。它只问自己，什么更有利于自己的目的，是资产阶级的统治还是政府的统治；只要把德国工人的状况同英、法工人的状况简单比较一下，就足以回答这个问题了。

《莱茵观察家》煽动说："幸运的人民呵，你们在有关原则的问题上已经占了便宜！假如你们不清楚这是怎么回事，那就让你们的代表讲给你们听吧；你们在听他们的长篇演说的时候，大概会忘掉饥饿的！"① 对此，马克思和恩格斯起初辛辣地讽刺道，从使用这样一些挑拨性的词句而不受惩罚来看，德国出版物是真正自由的。接着他们又指出，无产阶级很清楚有关原则的问题是怎么回事，他们谴责议会，并不是因为议会实现了这些原则，而是因为它不能做到这一点。假如议会不仅限于提出扩大等级权利的要求，而是还提出实行陪审制、实现法律面前人人平等、废除徭役、实现出版自由、结社自由和真正的人民代议制的要求，那么它是可以指望得到无产阶级最有力的支持的。

然后，马克思和恩格斯彻底批驳了企图压倒共产主义的基督教的社会原则。

"基督教的社会原则有过一千八百年的发展，它并不需要普鲁士的国教顾问做任何进一步的发展。

基督教的社会原则曾为古代奴隶制进行过辩护，也曾把中世纪的农奴制吹得天花乱坠，必要的时候，虽然装出一副悲天悯人的样子，也还可以为无产阶级遭受压迫一事进行辩解。

基督教的社会原则宣扬阶级（统治阶级和被压迫阶级）存在的必要性，它们对被压迫阶级只有一个愿望，希望他们能得到统治阶级的恩典。

基督教的社会原则把国教顾问答应对一切已使人受害的弊端的补偿搬到天上，从而为这些弊端的继续在地上存在进行辩护。

基督教的社会原则认为压迫者对待被压迫者的各种卑鄙龌龊的行为，

---

① 《马克思恩格斯全集》中文第一版第4卷，第214页。

不是对原罪和其他罪恶的公正惩罚，就是无限英明的上帝对人们赎罪的考验。

基督教的社会原则颂扬怯懦、自卑、自甘屈辱、顺从驯服，总之，颂扬愚民的各种特点；然而对于不希望把自己当愚民看待的无产阶级说来，勇敢、自尊、自豪感和独立感比面包还要重要。

基督教的社会原则带有狡猾和假仁假义的烙印，而无产阶级却是革命的。"①

马克思和恩格斯领导着这个无产阶级去同君主们的社会改革钓饵作斗争。含着眼泪感谢赏给的一脚和扔来的一文钱的人民，只存在于国王的幻想中。真正的人民，无产阶级，用霍布斯的话来说，是一个结实而调皮的孩子。他怎样对付企图愚弄他的国王，可以从英国的查理一世和法国的路易十六的下场得到说明。

这篇文章像一场冰雹一样摧毁了封建社会主义的幼苗，但个别冰雹也落空了。无论马克思和恩格斯多么正确地捍卫了联合省议会拒绝拨款给不务正业的反动政府的做法，但当他们认为议会出于同一理由否决政府征收所得税的提案，这就给了它过高的荣誉。确切地说，这个提案是政府为资产阶级设置的一个陷阱。废除大城市工人负担最重的磨粉税和屠宰税，并首先以征收有产阶级的所得税来弥补财政亏空，这一要求最初是莱茵省资产阶级提出的。他们提出这个要求的理由与英国资产阶级反对谷物税的理由类似。

这个要求本是政府极度仇视的，因为它触犯了大地主的利益。而由于磨粉税和屠宰税仅仅在大城市征收，因此地主阶级不能指望废除这些税会降低他们剥削的无产阶级的工资。既然政府还是向联合省议会提出了相应的法案，那么这样做就是出于打击议会的威望同时抬高自己的威望这种不可告人的动机。因为政府估计，这个封建等级制的机构绝不会赞同一项依靠哪怕暂时牺牲有产阶级的利益来减轻工人阶级负担的税收改革。政府的估计多么有把握，这从它的法案表决的结果就可以看出：几乎所有王公、

---

① 《马克思恩格斯全集》中文第一版第4卷，第218页。

第五章　流亡布鲁塞尔

容克和官僚都投了反对票。同时，政府还特别走运，因为临到表决的时候，一部分资产阶级体面地屈服了。

之后，官方报纸的笔杆子将所得税被否决一事当作资产阶级的谎言和欺骗的明证。《莱茵观察家》更是死死抓住这点不放。因此，当"国教顾问"宣称所得税会消除哪怕是一丝一毫的社会贫困时，马克思和恩格斯完全正确地评价他"在经济问题上是个【……】最大最无耻的蠢汉"①。但是，当他们把所得税被否决当作对政府的正当打击而为之辩护时，他们却错了。这个打击完全没有击中政府的要害，因为政府把有利可图的、运转相当精确的磨粉税与屠宰税收入囊中，而不为征收所得税操心，使它在财政上得到了加强而非削弱。因为根据新老经验，向有产阶级征收所得税都是特别困难的。在这种情况下，马克思和恩格斯把已经变得反动的资产阶级看成是仍然革命的了。

"真正的"社会主义者却时常朝着相反的方向行动。因此，当资产阶级开始准备应战的时候，马克思和恩格斯便再次反对这个派别，这是可以理解的。于是，马克思在《德意志—布鲁塞尔报》上发表了一系列反对"诗歌和散文中的德国社会主义"的评论②。恩格斯也写了一篇没有发表的文章，不过也可能是两人合写的③。两篇文章主要是从文学和美学方面来清算真正的社会主义。因为这正是它最弱的方面，或者说是它最强的方面。马克思和恩格斯在抨击这一艺术畸形的过程中，并不总是充分尊重艺术权利的。尤其是在那篇文章的手稿中，弗莱里格拉特的杰作《就这么办》就受到了不公正的尖锐批评。而在《德意志—布鲁塞尔报》上，马克思也略显严苛地评价了卡尔·倍克的《穷人之歌》，认为它是"小资产阶级的幻想"。不过，他毕竟正确地预言了50年后才出现的要求甚高的自然主义的悲惨命运："倍克歌颂胆怯的小市民的鄙俗风气，歌颂'穷人'，歌颂 pauvre honteux [耻于乞讨的穷人]，怀着卑微的、虔诚的和互相矛盾的

---

① 《马克思恩格斯全集》中文第一版第 4 卷，第 215 页。
② 《诗歌和散文中的德国社会主义》一文实际上是恩格斯所写的。
③ 指恩格斯的《真正的社会主义者》一文。

 马克思传

愿望的人【……】然而并不歌颂倔强的、威风凛凛的和革命的无产者。"①除卡尔·倍克外，倒霉的格律恩也再次受到批评，因为他在一本今日早已下落不明的书中，"从人的观点"糟蹋了歌德，也就是说，从这位伟大诗人所有渺小的、无聊的和鄙俗的方面中建构了一个"真实的人"。

比这些小争论更重要的是一篇长文②，马克思在文中以不亚于斥责政府的社会主义空谈时所用的尖锐语气斥责了庸俗的空谈激进主义。卡尔·海因岑在反对恩格斯的论战文章中，用权力来说明财产关系的不公平。他说，凡是对资产者获得金钱表示仇恨而对国王获得权力却听其自然的人，都是糊涂虫和胆小鬼。海因岑是个平庸的空谈家，不值得特别关注，但是他所持的这些观点却非常符合那些"开明"庸人的口味。他认为，君主制的存在只是因为许多世纪以来人们失去了健全的人的理智和道德上的尊严；而现在，当人们重新获得这些可贵品质的时候，一切社会问题就都在君主制还是共和制这个问题面前消失了。这个高明的观点正好与君主们的高明观点形成对照，因为君主们认为，革命运动只是由于蛊惑者的恶意而引起的。

但是，马克思首先是以德国历史为例证明，是历史造就了王公们，而不是王公们造就了历史。他指出了君主专制的经济渊源，它发生在一个过渡时期，那时旧封建等级衰落，中世纪市民等级正在形成现代资产阶级。德国的君主专制产生较晚，维持较久，这是德国资产阶级的畸形发展过程造成的。因此，王公们所扮演的暴虐、反动的角色是可以用经济原因解释的。君主专制从前保护过工商业，以此鼓励过资产阶级上升，把它看做使国家富强、使自己显赫的必要条件。而现在，君主专制却到处都成了工商业发展道路上的障碍，因为工商业正在成为已经很强大的资产阶级手中日益可怕的武器。它那胆怯而鲁钝的目光又从使它繁荣的摇篮——城市，转到了它从前埋葬强敌的地方——乡村。

---

① 《马克思恩格斯全集》中文第一版第4卷，第223—224页。
② 指马克思《道德化的批判和批判化的道德。论德意志文化的历史，驳卡尔·海因岑》。

第五章　流亡布鲁塞尔

这篇文章包含着许多富有启发的观点，但是要取笑天真的庸人的"健全的人的理智"却不那么容易。马克思为了替恩格斯反驳海因岑而捍卫了关于暴力的理论，整整30年以后，恩格斯又不得不为了替马克思反驳杜林而捍卫同一个理论。

（六）共产主义者同盟

1847年，侨居布鲁塞尔的共产主义者群体有了相当大的发展。

当然，其中没有人能同马克思和恩格斯相提并论。有时候，似乎莫泽斯·赫斯或威廉·沃尔弗——他们两人都是《德意志—布鲁塞尔报》的撰稿人——将会成为团体中的第三人。但是最终两人都没有做到。赫斯始终无法从哲学的蜘蛛网中解脱出来，而《共产党宣言》上对他著作的尖锐批判造成的伤害，导致他与马克思和恩格斯彻底决裂。

马克思和恩格斯与威廉·沃尔弗之间的友谊建立得较晚，因为他直到1846年春天才来到布鲁塞尔。但事实证明，在因沃尔弗早逝而中断之前，这段友谊经受住了各种风雨的考验。但沃尔弗不是一个独立的思想家。作为一位作家，他领先于马克思和恩格斯的地方不仅在于"行文通俗"这个亮点。沃尔弗出身于西里西亚的世袭农奴阶层，付出了难以言喻的辛劳才进入大学。在那里，他通过对古代伟大思想家和诗人的研究，培养了对本阶级压迫者的刻骨仇恨。作为一个"蛊惑者"，他在西里西亚的各个堡垒中被囚禁了好几年。后来，他在布雷斯劳做了私人教师，并与官僚机构和书报检查制度展开了不知疲倦的小型战争①。直到又受到起诉之后，他才出了国，以免在普鲁士的监狱中受苦。

在布雷斯劳，沃尔弗与拉萨尔成了朋友，后来又结识了马克思和恩格斯。这三个人都用不朽的桂冠装饰了他的坟墓。沃尔弗是一个品格高尚的

---

① 小型战争是18—19世纪军事书籍中使用的一个术语，指正规军小股部队结合游击队和非正规军的活动而采取的军事行动。

 马克思传

人,用诗人的话来说,这种人会付出自己的全部。他那坚如磐石的性格,牢不可破的忠诚,清白无瑕的良心,无可挑剔的无私和始终如一的谦逊,都使他成为革命战士的典范;也解释了他的政治朋友和政治对手在各种爱恨情仇之外给予他的高度尊敬。

在马克思和恩格斯身边的圈子中,距离比威廉·沃尔弗稍远的有和他同姓的斐迪南·沃尔弗,还有恩斯特·德朗克。德朗克曾写了一本关于三月革命前的柏林的好书,并因此书被指控大不敬而被判处在堡垒中监禁两年。① 他直到快刑满才从威塞尔的监狱里逃出来。值得一提的是,与马克思、恩格斯关系较为密切的人还有格奥尔格·维尔特,恩格斯还在曼彻斯特时就认识他。维尔特也是布拉德福德一家德国商行的职员。维尔特是一位真正的诗人,正因为如此,他才摆脱了诗坛的迂腐习气。他也过早地离开了人世,还没有一位满怀崇敬的人收集过他充满战斗无产阶级精神并不经意间散落四方的诗作。②

后来,有一些有能力的体力劳动者也加入了这群脑力劳动者,首先是卡尔·瓦劳和斯蒂凡·波尔恩,两人都是《德意志—布鲁塞尔报》的排字工人。

布鲁塞尔,这个自诩为资产阶级君主制典范国家的首都,是最适于建

---

① 自1843年起,恩·德朗克开始在柏林从事他的撰稿工作。1846年秋天,他出版了大部头政论著作《柏林》,其中描述了无产阶级的贫困并尖锐抨击了普鲁士国家。但他的著作带有"真正的"共产主义者的特点。1846年11月,当他前往科隆拜访莫·赫斯之后到达科布伦茨,准备返回(美因河畔)法兰克福之时,被控犯有侮辱国王罪而遭逮捕。1847年春天,他被判处两年监禁。维利希曾到关押他的韦瑟尔要塞监狱看过他一次。

② 1883年马克思去世后,恩格斯在整理马克思的遗稿时,在一封信的附件中发现了维尔特的《帮工之歌》,这促使他在1883年5月底撰写《格奥尔格·维尔特》一文。恩格斯高度评价了维尔特的政论活动和诗歌创作,称赞他是"德国无产阶级第一个和最重要的诗人"。德意志民主共和国在1956—1957年出版了维尔特的五卷本全集。

第五章　流亡布鲁塞尔

立国际联络的地方，尤其是因为仍是革命中心的巴黎正被臭名昭著的九月法令①折磨。在比利时，马克思和恩格斯与参加过1830年革命的人们建立了良好的关系。在德国，特别是在科隆，他们有很多故交和新知。除了格奥尔格·荣克以外，主要有德斯特尔和丹尼尔斯两位医生。在巴黎，恩格斯同社会主义民主党的著作界代表人物路易·勃朗和该党机关报《改革报》的主编斐迪南·弗洛孔建立了联系。他们与宪章派革命派，与《北极星报》的主编朱利安·哈尼，以及在德国受过教育的厄内斯特·琼斯关系更为密切。这些宪章派领袖对"民主派兄弟协会"② 有着思想上的影响，这是一个国际组织，正义者同盟的代表卡尔·沙佩尔、约瑟夫·莫尔等其他成员也在其中。

1847年1月，正义者同盟采取了一个决定性的行动。作为"伦敦共产主义通讯委员会"，它与"布鲁塞尔通讯委员会"建立了联系，但相互关系相当冷淡。一方不信任"学者"，认为他们不能了解工人的疾苦，另一方也不信任"施特劳宾人"，即不信任当时德国工人中仍然普遍存在的手工业行会的局限性。在巴黎，恩格斯不得不费尽心机使那里的"施特劳宾人"摆脱蒲鲁东和魏特林的影响。他认为伦敦的"施特劳宾人"是唯一能够与之打交道的人。不过，他仍然把正义者同盟在1846年秋天就石勒苏益

---

① 九月法令是法国政府利用路易-菲力浦1835年7月28日遭谋刺事件于当年9月9日颁布的法令。这项法令对1789年和1819年的新闻出版法进行了修订，限制了陪审人员的权利，对新闻出版业采取了多项严厉措施，增加了定期刊物的保证金；规定对发表反对私有制和现行政治体制言论的人以政治犯罪论处并课以高额罚款。

② 民主派兄弟协会是宪章运动左翼代表人物（乔·哈尼、威·琼斯）和革命流亡者（正义者同盟的盟员等）为了在各国民主运动之间建立密切的联系，于1845年在伦敦成立的。该团体中也有意大利、西班牙、波兰、匈牙利等国的代表。马克思和恩格斯参加了1845年9月22日各国民主派会议的筹备工作，这个协会实际上就是在这次会议上成立的。马克思和恩格斯同"民主派兄弟协会"保持着经常的联系，竭力通过协会从思想上影响宪章运动。协会会员在理论上的幼稚观点，曾受到马克思和恩格斯的批判。1848年宪章派失败以后，协会的活动大为削弱，1853年协会完全解体了。

 马克思传

格—荷尔斯泰因问题所发表的呼吁书①称为"胡说八道"。他认为,同盟的代表人物从英国人那里学到的,正好是这种最荒谬的东西,即完全漠视所有实际存在的关系,无力把握历史的发展。

10年后,马克思谈到他当时对正义者同盟的立场时说:"同时,我们还出版了一系列抨击性小册子,有的是铅印的,有的是石印的;我们在这些小册子里,对构成当时'同盟'的秘密学说的那种法英两国社会主义或共产主义同德国哲学的混合物进行了无情的批判;为了代替这种混合物,我们提出把对资产阶级社会经济结构的科学认识作为惟一牢靠的理论基础,最后并用通俗的形式说明:问题并不在于实现某种空想的体系,而在于要自觉地参加我们眼前发生的改造社会的历史过程。"② 马克思写道,在这些声明的影响下,共产主义者同盟于1847年1月派了一个中央委员、钟表匠约瑟夫·莫尔到布鲁塞尔来,邀请他和恩格斯加入同盟,因为同盟打算接受他们的观点。

可惜,除了反克利盖的通告外,马克思所说的小册子没有一本保存下来。③ 在通告中,克利盖被嘲笑为埃萨伊秘密同盟④——正义者同盟——的使徒和先知。克利盖把欧洲各国共产主义的实际历史发展神秘化了,把

---

① 伦敦的呼吁书是指伦敦德意志读者协会和伦敦德意志工人教育协会于1846年9月联名发表的关于石勒苏益格—荷尔斯泰因问题的告德国无产者书。1846年9月13日,工人教育协会经讨论通过了呼吁书的草稿,紧接着呼吁书就被印成了传单,并于9月18日刊登在《德意志伦敦报》第77号上,呼吁书还被译成英文,发表在9月26日的《北极星报》第463号上。早在9月17日,呼吁书就已传到巴黎,由正义者同盟的盟员负责继续散发,并且传到了恩格斯的手里。呼吁书反对剥削者统治的国家意义上的"祖国"概念,同时强调所有国家的工人的共同利益。然而,这种把无产阶级的国际主义与资产阶级的民族主义对立起来的观点具有"真正的"社会主义倾向,看不到资产阶级运动的相对进步性并对当时资产阶级领导的民族运动持否定态度。

② 《马克思恩格斯全集》中文第二版第19卷,第137页。

③ 恩格斯的《德国的制宪问题》一文当时没有发表,但得以保存,1929年首次在苏联出版。

④ 公元前2世纪—公元3世纪的古犹太宗教教派。

第五章　流亡布鲁塞尔

共产主义的产生和进展归功于这个埃萨伊同盟的荒唐的、神奇的、小说般的阴谋,并且散布关于这个同盟的力量的最荒唐的幻想。

既然这个通告对正义者同盟发生了影响,那么这就证明同盟盟员不仅仅是"施特劳宾人",而且他们从英国历史中学到的东西比恩格斯所设想的要好。尽管通告中很不友好地提到了他们的"埃萨伊同盟",他们却比魏特林更重视这个通告。虽然魏特林完全没有受到通告的伤害,但他还是站在了克利盖一边。事实上,在伦敦的国际交往中,正义者同盟比在苏黎世甚至巴黎都保持着更多的生机和活力。起初以在德国工人中进行宣传为目的的同盟,在这个世界大都市中具有了国际性质。在与各大国流亡者的密切往来中,面对不断掀起高潮的宪章运动,同盟的领导人增长了眼界,大大超出了通常的手工业观念。除了老领袖沙佩尔、鲍威尔和莫尔外,又出现了在理论认识方面超过他们的海尔布隆的微型彩画家卡尔·普芬德和图林根的裁缝格奥尔格·埃卡留斯。

莫尔带着沙佩尔在1847年1月20日手写的一份委托书,到布鲁塞尔来找马克思,然后又到巴黎去找恩格斯。这份委托书的措辞仍然非常谨慎。它全权委托持有人报告同盟的情况,并就所有重要事项提供确切的说明。在面谈的时候,莫尔就放松多了。他请求马克思加入同盟,并且打消了马克思最初的疑虑,公开表示同盟中央委员会准备在伦敦召开同盟代表大会,并在一份公开宣言中将马克思和恩格斯主张的批判观点确立为同盟的学说。只是马克思和恩格斯需要协助抵制老旧和顽固分子,为此他们必须加入同盟。

马克思和恩格斯决定接受这个建议。但是1847年夏天召开的这次代表大会,起初的重点只是要把同盟的组织民主化,以适应一个必须秘密活动,却又远离任何密谋举动的宣传团体的任务。在组织上,同盟由支部(每个支部至少3人,至多10人)、区部、总区部、中央委员会和代表大会组成。其目的是:推翻资产阶级,实行无产阶级的统治,消灭基于阶级斗争的旧社会,建立一个没有阶级和私有财产的新社会。

为了保持同盟的民主性质,它从现在起改名为共产主义者同盟,新章程首先交由各支部讨论。关于章程的最后决定则被推迟到第二次代表大会

马克思传

上作出，这次大会将于年底前召开，同时还要讨论同盟的新纲领。马克思没有参加第一次代表大会，但是恩格斯作为巴黎支部的代表，威廉·沃尔弗作为布鲁塞尔支部的代表，参加了这次代表大会。

（七）布鲁塞尔的宣传

共产主义者同盟认为自己的任务首先是建立德意志工人教育协会，以便能够进行公开的宣传，并且从这些协会中吸收最有用的成员来补充和壮大自己的队伍。

协会的组织到处都是一样的。规定每周一日进行讨论，一日进行娱乐活动（唱歌、朗诵等）。各地都设立了协会图书馆，有条件的地方还给工人开班讲授基本知识。

随后，德意志工人协会①就按照这种方式于8月底在布鲁塞尔成立，很快就拥有大约一百名成员。主席是莫泽斯·赫斯和瓦劳，书记为威廉·沃尔弗。协会每星期三和星期日晚上举行集会。星期三讨论有关无产阶级利益的重大问题，星期日则由沃尔弗作例行的每周政局评论，为此他不久就发展出了一种特殊的才能。随后是社交娱乐活动，妇女们也参与其中。

9月27日，这个协会举行了一次国际宴会，来表示各国工人相互间的兄弟情谊。当时，为了避免警察对公共集会的干涉，政治宣传更倾向于采用宴会的形式。但是，9月27日的宴会还有另一个特殊的原因和目的。它

---

① 布鲁塞尔德意志工人协会全称是布鲁塞尔德意志工人教育协会，是马克思和恩格斯1847年8月底在布鲁塞尔建立的德国工人团体，旨在对侨居比利时的德国工人进行政治教育并向他们宣传科学社会主义思想。在马克思和恩格斯及其战友的领导下，协会成了团结侨居比利时的德国革命无产者的合法中心，并同佛兰德和瓦隆的工人俱乐部保持着直接的联系。协会中的优秀分子加入了共产主义者同盟的布鲁塞尔支部。协会在布鲁塞尔民主协会成立过程中发挥了出色的作用。1848年法国资产阶级二月革命之后不久，由于协会成员被比利时警察当局逮捕或驱逐出境，协会在布鲁塞尔的活动即告停止。

第五章 流亡布鲁塞尔

是由伯恩施太德以及德国侨民中的其他心怀不满的分子组织的,当时正好在场的恩格斯写信告诉不在场的马克思,他们的目的"是想把我们贬低到与安贝尔和比利时民主派相比的次要地位,并且建立一个比我们微不足道的工人协会更了不起、更广大的团体"①。但是恩格斯却及时地挫败了这个阴谋。尽管他由于自己"看起来太年轻"而竭力推辞,但他甚至与法国人安贝尔一起当选为副主席。梅利奈将军被选为宴会的名誉主席,而律师若特兰则被推选为执行主席。两人都是1830年比利时革命的老战士。

出席宴会的有120位客人——比利时人、德国人、瑞士人、法国人、波兰人、意大利人,还有一个俄国人。在许多人作了演说之后,人们决定按照"民主派兄弟协会"的模式在比利时成立一个改革之友协会②。恩格斯也被选入筹备委员会。由于他不久就离开了布鲁塞尔,因此他在写给若特兰的信中建议由马克思接替他的位置。他认为,如果马克思当时参加了9月27日的会议的话,他无疑也会当选的。"因此,不是马克思先生将代替我的职务,而是我当时在会议上代替了马克思先生等等。"③ 果然,当"促进各国联合民主协会"于11月7日和15日最终建立时,安贝尔和马克思当选为副主席,而梅利奈被批准为名誉主席,若特兰被批准为执行主席。协会章程由比利时、德国、法国和波兰的民主主义者签署,总共大约

---

① 《马克思恩格斯全集》中文第二版第47卷,第472页。

② 国际民主协会即布鲁塞尔民主协会,成立于1847年秋,马克思和恩格斯以及他们所领导的布鲁塞尔德意志工人协会对该协会的成立起了积极作用。布鲁塞尔民主协会把无产阶级革命者(其中主要是德国的革命流亡者)和资产阶级以及小资产阶级民主进步分子团结在自己的队伍中。1847年11月15日,马克思当选为该协会的副主席,比利时的民主主义者吕·若特兰被推选为主席。在马克思的影响下,布鲁塞尔民主协会成了国际民主主义运动的中心之一。1848年法国资产阶级二月革命时期,民主协会的无产阶级革命势力曾设法武装比利时工人开展争取建立民主共和国的斗争。但在1848年3月初,马克思被驱逐出布鲁塞尔以及比利时当局镇压了协会中最革命的分子以后,比利时的资产阶级民主主义者就没有能力领导劳动群众反对君主政体的运动了,民主协会的活动成了纯地方性的活动,到了1849年协会的活动实际上已告停止。

③ 《马克思恩格斯全集》中文第二版第47卷,第479页。

 马克思传

有 60 人签名。签名的德国人中除马克思外，还有莫泽斯·赫斯、格奥尔格·维尔特、两个沃尔弗、斯蒂凡·波尔恩和伯恩施太德。

民主协会第一次大型集会是 11 月 29 日召开的波兰革命周年纪念会。斯蒂凡·波尔恩代表德国人发言，他的演说受到热烈欢迎。而马克思作为协会的正式代表，在伦敦"民主派兄弟协会"同一天为同一理由举行的大会上发言。他的演说充满了无产阶级的革命精神。

他说，"毫无疑问，旧波兰已经病入膏肓了，我们绝对不希望它恢复。不过病入膏肓的不仅是旧波兰。旧德国、旧法国、旧英国，——整个旧社会都已经病入膏肓了。旧社会的死亡对于在那个社会里没有什么东西可以丧失的人们来说并不是一种损失，而一切现代国家里的极大多数人的处境正是这样。"① 马克思认为，无产阶级对资产阶级的胜利就是一切被压迫民族获得解放的信号，而英国无产者对英国资产阶级的胜利则是导致一切被压迫者战胜他们的压迫者的具有决定意义的打击，因此，不应该在波兰解放波兰，而应该在英国解放波兰。如果宪章派打倒了自己国内的敌人，那么他们也就消灭了整个旧社会。

在回答马克思的致辞时，"民主派兄弟协会"用同样的语气说："你们的代表、我们的朋友和兄弟马克思将告诉你们，我们以怎样的热情欢迎他的到来和宣读你们的致辞。所有的眼睛都闪烁着喜悦的光芒，所有的声音都喊着欢迎，所有的手都友好地伸向你们的代表……我们以最热烈的喜悦之情接受你们向我们提议的联盟。我们的协会已经成立了两年，它的口号是：人人皆兄弟。在我们上次的成立庆典上，我们提议召开各国民主主义者代表大会，我们很高兴听到你们也公开提出了同样的建议。国王们的阴谋必须用各国人民的阴谋来加以粉碎……我们深信，要实现博爱，必须求助于真正的人民，求助于无产者，求助于在现存社会制度压迫下每天流血流汗的人们……人们已经看到，事实上人们已经看到，主张博爱的人们和被选中的人类救星将走出茅屋、阁楼或地下室，离开耕犁、工厂和铁砧，走上了同一条道路。""民主派兄弟协会"建议于 1848 年 9 月在布鲁塞尔

---

① 《马克思恩格斯文集》第 1 卷，第 695 页。

第五章 流亡布鲁塞尔

召开各国民主主义者代表大会,这在某种程度上是为了对抗1847年9月在那里召开的自由贸易派代表大会①。

问候"民主派兄弟协会"并不是马克思伦敦之行的唯一目的。紧接着纪念波兰革命的集会之后,就在同一所房子,即沙佩尔、鲍威尔和莫尔于1840年创立伦敦德意志工人教育协会②的会议厅里,共产主义者同盟召开了代表大会,以最后批准新章程并讨论新纲领。恩格斯也出席了这次代表大会。他离开巴黎后,于11月27日在奥斯坦德同马克思会晤,然后他们一同渡海前往英国。经过至少10天的辩论以后,两人受托起草一篇公开的宣言来总结共产主义原理。

12月中旬左右,马克思回到了布鲁塞尔,恩格斯则经布鲁塞尔回到巴黎。他们似乎并不急于完成受托的任务。至少,伦敦中央委员会在1848年1月24日曾极力催促布鲁塞尔区部,要它通知公民马克思,如果他所承担起草的《共产党宣言》在2月1日前还没有送达伦敦,将对他采取进一步的措施。拖延的原因现在已经很难确定了:也许是因为马克思工作的那种彻底的方式,也许是因为马克思与恩格斯分隔两地;也可能是因为伦敦的人们对马克思继续急切地在布鲁塞尔进行宣传的消息感到不耐烦。

1848年1月9日,马克思在"民主协会"发表了一篇关于自由贸易的

---

① 讨论自由贸易问题的会议于1847年9月16—18日在布鲁塞尔举行,召开会议的目的和会议的过程,参看恩格斯1847年撰写的两篇文章《经济学家会议》和《讨论自由贸易问题的布鲁塞尔会议》。

② 德意志工人教育协会即伦敦德意志工人共产主义教育协会,1840年2月7日由正义者同盟的成员卡·沙佩尔、约·莫尔和其他活动家在伦敦成立,有时按会址称做大磨坊街协会。共产主义者同盟成立后,在协会中起领导作用的是同盟的地方支部。1847年和1849—1850年,马克思和恩格斯参加了该协会的活动。在共产主义者同盟内部以马克思和恩格斯为首的中央委员会多数派同维利希—沙佩尔冒险主义宗派集团少数派之间的斗争中,协会大多数成员站在少数派一边,因此,马克思和恩格斯及其许多拥护者于1850年9月17日退出了协会。从50年代末起,马克思和恩格斯重新参加了该协会的活动。国际工人协会成立之后,该协会成为国际在伦敦的德国人支部。伦敦教育协会一直存在到1918年,后为英国政府所封闭。

 马克思传

演说①。他本想在布鲁塞尔自由贸易派代表大会上发表这篇演说,但当时他没有获得发言的机会。在这篇演说中,他证明并且揭露了自由贸易派用"工人的福祉"进行的欺骗,他们声称这就是他们鼓动的主要动力。但是,虽然自由贸易肯定是牺牲工人来为资本谋利益,马克思却并没有否认,也正是因此而没有否认,自由贸易符合资产阶级经济的原则。自由贸易就是资本的自由,资本为了能充分地自由活动而排除了一些仍然限制着它的民族障碍。自由贸易瓦解了过去的各个民族,使资产阶级和无产阶级间的对立达到了顶点。这样,它就加速了社会革命,而马克思正是在这种革命意义上赞成自由贸易制度的。

同时,针对有人怀疑他有支持保护关税的倾向,他作了自我辩护,而他捍卫自由贸易是与他承认德国的保护关税是"进步的资产阶级措施"并不矛盾。像恩格斯一样,马克思纯粹是从革命的立场来考察整个自由贸易和保护关税的问题。德国资产阶级需要保护关税作为反对专制政权和封建主义的武器,作为聚集自己的力量来实现国内自由贸易和建立大工业的手段,而大工业又很快要依赖世界市场,也就是说,要或多或少依赖自由贸易。马克思的这篇演说受到"民主协会"的热烈欢迎,协会决定自费将其译成法语和法兰德斯语出版。

比这篇演说更重要的是马克思在德意志工人协会所作的关于雇佣劳动与资本的讲演。马克思的出发点是:工资不是工人在他所生产的商品中占有的一份,而是原有商品中由资本家用以购买一定量的生产性劳动的那一部分。劳动的价格像任何其他商品的价格一样,是由它的生产费用决定的。简单劳动的生产费用就是维持工人生存和延续工人后代的费用。这种费用的价格就是工资。工资像任何其他商品的价格一样,随着竞争的波动时而高于生产费用,时而低于生产费用,但在其波动的范围内则是和工资的最低额相等的。

随后,马克思考察了资本。资产阶级经济学家宣称,资本是积累起来的劳动。马克思回应说:

---

① 马克思《关于自由贸易的演说》。

第五章　流亡布鲁塞尔

"什么是黑奴呢？黑奴就是黑种人。这个说明和前一个说明是一样的。黑人就是黑人。只有在一定的关系下，他才成为奴隶。纺纱机是纺棉花的机器。只有在一定的关系下，它才成为资本。脱离了这种关系，它也就不是资本了，就像黄金本身并不是货币，砂糖并不是砂糖的价格一样。"①

资本是一种社会生产关系，是资产阶级社会的生产关系。一定量的商品，一定量的交换价值之所以变成资本，是由于把作为一种独立的社会力量，即作为一种属于社会一部分的力量，通过交换直接的、活的劳动力而保存并增大自身。

"除劳动能力以外一无所有的阶级的存在是资本的必要前提。

只是由于积累起来的、过去的、对象化的劳动支配直接的、活的劳动，积累起来的劳动才变为资本。

资本的实质并不在于积累起来的劳动是替活劳动充当进行新生产的手段。它的实质在于活劳动是替积累起来的劳动充当保存并增加其交换价值的手段。"②

资本和劳动是相互制约又相互产生的。

资产阶级经济学家由此得出结论说，资本家和工人的利益是一致的。如果资本不雇用工人，工人就会灭亡。如果资本不剥削劳动力，资本就会灭亡。生产资本增加越快，产业越繁荣，资产阶级越发财，资本家需要的工人就越多，工人出卖自己的价格也就越高。因此，使工人能勉强过活的必要条件，就是生产资本的尽快增加。

马克思解释说，在这种情况下，工资的显著增加是以生产资本的更为迅速的增长为前提的。如果资本增长了，工资也是可能提高的，但是资本的利润增加得更迅速无比。工人的物质状况改善了，然而这是以他们的社会地位的降低为代价换来的：横在他们和资本家之间的社会鸿沟扩大了。所谓生产资本的尽快增加是对雇佣劳动最有利的条件这种论点，实际上不

---

① 《马克思恩格斯文集》第 1 卷，第 723 页。
② 《马克思恩格斯文集》第 1 卷，第 726 页。

 马克思传

过是说：工人阶级越迅速地增加和扩大与它敌对的权力，即越迅速地增加和扩大支配它的他人财富，它就被允许在越加有利的条件下重新为增大资本的权力而工作，满足于为自己铸造金锁链，让资产阶级用来牵着它走。

然而，马克思接着说，资本的增加和工资的提高根本不像资产阶级经济学家所说的那样密不可分。资本长得越肥，它的奴隶也吃得越饱，这是不正确的。生产资本的增长意味着资本的积累和积聚。资本集中的结果是分工的扩大和机器的更广泛的使用。分工的扩大使工人的专门技能变得一文不值，从前需要这种专门技能的工作，现在任何人都能做，从而工人之间的竞争也就加剧了。

这种竞争之所以更趋激烈，是因为分工使一个工人可以完成 3 个人的工作。机器的采用在更大规模上产生了同样的结果。生产资本的扩大迫使工业资本家采用不断扩大的生产资料进行工作，从而使一些小工业家破产，把他们抛入无产阶级队伍。其次，因为利息率随着资本的积累而下降，小食利者不能再依靠自己的利息过活，只好到工业中去工作，并增加了无产者的人数。

最后，生产资本越增加，它就越是迫不得已地为市场（这种市场的需求它并不了解）而生产，生产就越是超过消费，供给就越是力图强制需求，结果危机的发生也就越猛烈而且越频繁。在每次地震中，商业界只是由于埋葬一部分财富、产品以至生产力才维持下去。资本不仅在活着的时候要依靠劳动。这位尊贵而又野蛮的主人在葬入坟墓时，也要把他的奴隶们的尸体，即在危机中丧生而成为牺牲品的大批工人一起陪葬。马克思得出结论说，如果说资本增长得迅速，那么工人之间的竞争就增长得更迅速无比，就是说，工人阶级的就业手段即生活资料就相对地缩减得越厉害；尽管如此，资本的迅速增长对雇佣劳动却是最有利的条件。

遗憾的是，马克思在布鲁塞尔向德国工人所作的一系列讲演只保存了这一个片断。不过，这也足以说明他在进行宣传时多么严肃和多么深思熟虑了。

然而，因在波兰革命周年纪念会上发表演说而被逐出法国的巴枯宁却对此抱有不同的看法。巴枯宁这时也来到了布鲁塞尔。他在 1847 年 12 月

第五章　流亡布鲁塞尔

28日给一位俄国朋友的信中说:"马克思在这里和从前一样搞虚夸的事情,他腐蚀了工人们,因为他把他们变成了一些爱发牢骚的人。还是一样的理论狂和不知满足的自我满足。"① 在给海尔维格的信中,巴枯宁更加尖刻地攻击马克思和恩格斯;"总而言之,谎言和愚蠢,愚蠢和谎言。在这个团体中简直无法自由畅快地呼吸。我躲开他们,并且坚决表示不加入他们那个共产主义的手工业者协会,也不想同这个协会有任何关系。"②

巴枯宁的这些言论之所以值得注意,并不是由于他这种带有个人色彩的恼怒语调——巴枯宁不论在以前或以后对马克思的评价都与之迥异——而是由于这些言论暴露出一种对立,这种对立后来在这两个革命家之间引发了激烈的斗争。

(八)《共产党宣言》

在此期间,《共产党宣言》的手稿已经寄往伦敦付印。

一部分准备工作在第一次代表大会后已经完成了,这次代表大会决定把共产主义纲领的讨论移到第二次代表大会上进行。显然,这项任务要由运动的理论家来完成。于是,马克思、恩格斯,还有赫斯便拟出了几份草稿。

其中唯一保存下来的草稿,就是恩格斯1847年11月24日,也就是第二次代表大会前不久写给马克思的信中提到的那一份:"请你把《信条》考虑一下。我想,我们最好是抛弃那种教义问答形式,把这个东西叫做《共产主义宣言》。因为其中或多或少要叙述历史,所以现有的形式完全不合适。我把我在这里草拟的东西带去,这是用简单的叙述体写的,时间十分仓促,还没有作仔细的修订。"③ 恩格斯补充说,这个草案

---

① 米·亚·巴枯宁《著作与书信选集》1936年俄文版,第8卷。
② 米·亚·巴枯宁《著作与书信选集》1936年俄文版,第8卷。
③ 《马克思恩格斯全集》中文第二版第47卷,第502页。

 马克思传

还没有提交巴黎各支部讨论,不过他希望除了某些小小不言的地方之外能够得以通过。

这份草案还完全是用教义问答的形式写的,这种体裁无论如何都会有助于而非有损于提高可读性。就当时的鼓动任务来说,恩格斯的草案要比思想内容上与它完全一致的《宣言》更适合些。恩格斯仍然从一开始就为了叙述历史的方式而舍弃了他的 25 条问答,这一点证明了他的认真负责。他认为,宣布共产主义是世界历史现象的宣言,按照希腊历史学家的说法,应当是一部具有持久意义的作品,而不是一本供草率的读者浏览的论战小册子。

因此,正是《共产党宣言》的古典形式确保了它在世界文学中的永久地位。但这绝不等于向那些怪异的蠢人让步,这些人抽出个别词句,想据以证明《宣言》的作者们剽窃了卡莱尔、吉本、西斯蒙第或其他人的著作。这样的指责是纯粹的障眼法。就此而言,《宣言》与任何一部书面作品一样,是一部独立的、原创的作品。但它包含的思想,没有一种不是马克思或恩格斯在以前的著作中表述过的。《宣言》不是一种新的启示,它只是在一面镜子中总结了作者的新世界观,这面镜子的玻璃再清晰不过,镜框也再狭窄不过了。根据文风可以判断,马克思大概在最后给文章定型时起了主要的作用。不过从恩格斯的草案也可以看出,他在认知方面的水平并不低,因此他理应被视为享有同等权利的合著者。

自从《宣言》发表以来,经济和政治发生了重大变革。在某些方面,历史的发展和《宣言》作者们所预料的有所不同,主要是发展速度缓慢得多。

他们越是放眼未来,未来对他们而言就越显得逼近。可以说,没有这个阴影就没有光。这是一种心理现象,正如莱辛早就对那些"非常正确地展望未来"的人做出的评价那样,"那些在自然界需要经历数千年的东西,在他们存在的那一刻就要成熟了。"当然,马克思和恩格斯不是错了几千年,但毕竟错了几十年。在撰写《宣言》的时候,他们认为资本主义生产方式已经发展到甚至在今天也未必达到的高度。恩格斯在他的草案中比在《宣言》本身中表达得更为精准。他断言,在文明国家里,几乎所有劳动

第五章 流亡布鲁塞尔

部门都照工厂方式进行经营了，在所有劳动部门，手工业和工场手工业几乎都被工业挤掉了。

与此形成鲜明对比的，是《共产党宣言》列举的工人政党相对微不足道的萌芽。甚至最重要的英国的宪章派，也在很大程度上受到小资产阶级分子的影响，更不用说法国的社会主义民主党了。瑞士的激进派以及那些将农民解放视为民族解放必要条件的波兰革命者，当时还只不过是墙上的朦胧影像而已。作者们后来自己也指出，当时无产阶级运动传播的范围是多么狭小，并且特别着重指出这个运动在俄国和美国都还不存在。"那时，俄国是欧洲全部反动势力的最后一支庞大后备军；美国正通过移民吸收欧洲无产阶级的过剩力量。这两个国家，都向欧洲提供原料，同时又都是欧洲工业品的销售市场。所以，这两个国家不管怎样当时都是欧洲现存秩序的支柱。"① 在后来的30年中，尤其是在现在，情况发生了多么大的变化啊！《宣言》认为资本主义生产方式所具有的那种"非常革命的作用"，事实上比《宣言》的作者们所认定的要持久得多。但是，这一点真的足以把《宣言》驳倒吗？

与此相关的是：《宣言》第一章中对无产阶级与资产阶级的阶级斗争所作的扣人心弦的精彩描述，在基本特征上是无比真实的，但对这场斗争的过程处理得过于笼统了。现在已经不可能如此笼统地说明下述事实：现代工人和以前的被压迫阶级不同，那些阶级至少还有能够维持他们的奴隶般的生存的条件，而现代工人却不是随着工业的进步而上升，而是越来越降到本阶级的生存条件以下。虽然资本主义生产方式也有这种趋势，但是工人阶级的广大阶层就是在资本主义社会的基础上也为自己争得了甚至高于小资产阶级阶层的生存条件。

当然，我们应当避免像资产阶级批评家一样，由此得出《共产党宣言》所宣称的"贫困化理论"站不住脚的结论。早在《共产党宣言》发表以前，甚至在马克思和恩格斯开始写作以前，就有了断言资本主义生产方式使所统治国家的群众陷入贫困的这一理论。社会主义思想家、激进的

---

① 《马克思恩格斯文集》第2卷，第7页。

 马克思传

政治家,甚至首先是资产阶级经济学家,都提出了这一理论。马尔萨斯的人口规律力图将"贫困化理论"粉饰为永恒的自然规律。"贫困化理论"反映了一种连统治阶级的立法碰到都会栽跟头的实践。统治阶级制定了济贫法,并且为贫民修建了许多巴士底狱①,使贫困化被看成是穷人的罪过,并受到相应的惩罚。马克思和恩格斯绝不是这种"贫困化理论"的发明者,相反,他们从一开始就反对这种理论。虽然他们并不否认群众贫困化这个本身无可争辩的事实,但他们确实证明,贫困化不是永恒的自然规律,而是一种可以而且将被产生它的同一生产方式的后果所消除的历史现象。

如果从这一观点对《共产党宣言》提出指责,那只能说它还没有充分摆脱资产阶级的"贫困化理论"观点。《宣言》仍然站在李嘉图根据马尔萨斯人口论发展的工资规律的立场上;因此,它过于轻视了工人争取提高工资的斗争和工会组织,认为它们实质上只是为政治性阶级斗争进行操练和演习的战场。马克思和恩格斯当时还不认为英国的十小时工作日法案具有"原则的胜利"。当时在他们看来,在资本主义条件下,这个法案仅仅是加在大工业身上的一个反动桎梏。总之,《宣言》还不承认工厂法和工会组织是无产阶级解放斗争的一些阶段。这一斗争必然要把资本主义社会改造成为社会主义社会,而且为实现最终目的必须要斗争到底,否则千辛万苦取得的最初成果也将会失去。

因此,《宣言》过于片面地、只从政治革命角度看待无产阶级对资本主义生产方式造成的贫困化趋势的反应。它把英国革命和法国革命的模式

---

① 习艺所是根据英国的《济贫法》设置的救济贫民的机构。1601年《济贫法》规定以教区为单位解决贫民的救济问题。1723年颁布的《济贫法》进一步作出规定,设立习艺所,受救济者必须入所接受救济。1782年又改为只对年老和丧失劳动能力的人采取集中救济的方法。1834年英国颁布的新济贫法对以前实施的《济贫法》作了修订,规定不得向有劳动能力的人及其家属提供任何金钱和食品的救济,受救济者必须在习艺所里从事强制性劳动。习艺所里生产条件恶劣,劳动强度大,生产效率低,那里实行的制度与强迫囚徒从事苦役的牢狱制度不相上下,因此,被贫民们称为"济贫法巴士底狱",马克思则称它为"无产者的巴士底狱"。

第五章　流亡布鲁塞尔

视为范例；它预计将进行几十年的国内战争和民族战争，而在这种温室的条件下，无产阶级将迅速地达到政治成熟。作者们以非常清晰的语句探讨了德国共产党的任务。《宣言》主张，只要资产阶级采取革命的行动，无产阶级就同资产阶级一起去反对君主专制、封建土地所有制和小资产阶级。同时，它又教导说，一分钟也不忽略教育工人尽可能明确地意识到资产阶级和无产阶级的敌对的对立。

《宣言》接着说：

"共产党人把自己的主要注意力集中在德国，因为德国正处在资产阶级革命的前夜，因为同17世纪的英国和18世纪的法国相比，德国将在整个欧洲文明更进步的条件下，拥有发展得多的无产阶级去实现这个变革，因而德国的资产阶级革命只能是无产阶级革命的直接序幕。"① 虽然德国资产阶级革命紧随《宣言》之后而爆发，但是使革命得以发生的条件却恰恰产生了反作用：它们使资产阶级革命半途而废，直到几个月后巴黎的六月战斗使资产阶级，特别是德国资产阶级的所有革命欲望都烟消云散了。

因此，时光磨蚀了《宣言》的某些仿佛雕刻在大理石上的语句。早在1872年，作者自己就在新版本的序言中承认，他们的纲领的"某些地方本来可以作一些修改"，但是他们同样有权利加上一句：《宣言》中所阐述的一般原理整个说来仍还是完全正确的。只要资产阶级和无产阶级之间的世界历史性斗争没有结束，这些原理就总会是正确的。《宣言》的第一章无比精辟地阐述了这一斗争的关键论点，而第二章对现代科学共产主义基本思想的阐述也是如此。第三章中，对社会主义和共产主义文献的批判虽然只叙述到1847年，但是它还是如此深刻地把握了事物的本质，以致此后出现的社会主义或共产主义派别，没有一个不曾在这一章被批判过。即使第四章和最后一章关于德国的发展的预言，也还是在和作者设想的不同的意义上实现了。在萌芽阶段就枯萎的德国资产阶级革命，只是成为无产阶级阶级斗争蓬勃开展的序幕。

---

① 《马克思恩格斯文集》第2卷，第66页。

 马克思传

《共产党宣言》的根本真理是不可动摇的,甚至它的错误也是富有教益的,它是一部具有世界历史意义的文献。整个世界历史都响彻着《宣言》结尾处的战斗口号:"全世界无产者,联合起来!"

第六章　革命和反革命

(一) 二月和三月的日子

1848年2月24日,革命推翻了法国的资产阶级王国①。革命也波及了布鲁塞尔,但是比利时国王莱奥波德这个老奸巨猾的科堡人②,比他在巴黎的岳父③更巧妙地摆脱了困境。他向他的自由派大臣、议员和市长们承诺,如果人民愿意,他会退出王位。这使那些心软的资产阶级国务活动家大为感动,以至于放弃了一切反叛的想法。

随后,国王让他的士兵们驱散了公共广场上的民众集会,并命令警察开始搜捕外国流亡者。马克思此时受到了特别粗暴的对待。警察不仅逮捕了他本人,还把他的妻子同公共妓女一起监禁了一夜。对这一无耻行径负

---

① 指1848年2月爆发的法国资产阶级民主革命。代表金融资产阶级利益的"七月王朝"推行极端反动的政策,反对任何政治改革和经济改革,阻碍资本主义发展,加剧对无产阶级和农民的剥削,引起全国人民的不满;农业歉收和经济危机进一步加深了国内矛盾。1848年2月22—24日巴黎爆发革命,推翻了"七月王朝",建立了资产阶级共和派的临时政府,宣布成立了法兰西第二共和国。法国二月革命在欧洲1848—1849年革命中具有重要影响。无产阶级和小资产阶级积极参加了这次革命,但革命果实却落到了资产阶级手里。
② 比利时国王莱奥波德一世出生于科堡。
③ 路易-菲力浦一世。

 马克思传

责的警官后来被撤职，拘捕令也不得不立即撤销，但是驱逐出境的命令依旧有效，而且它还是一种多余的虐待。

因为，马克思本来已经准备动身去巴黎。二月革命爆发后，伦敦的共产主义者同盟中央委员会立刻将自己的权力交给了布鲁塞尔的区部委员会。但由于布鲁塞尔实际上已处于戒严状态，因此区部委员会于3月3日授权马克思在巴黎组建一个新的中央委员会。马克思是被临时政府3月1日由弗洛孔签署的一封信召回巴黎的，这封信对他来说很光荣。

3月6日，马克思在巴黎的德国流亡者召开的一次大型集会上发言，反对武力攻入德国以引发当地革命的冒险计划，这后来证明了他卓越的见识。这个计划是可疑的伯恩施太德想出来的，遗憾的是，他成功地赢得了海尔维格的支持。巴枯宁当时也赞成这个计划，不过后来又后悔了。临时政府支持这个计划，不过不是出于革命的热情，而是别有用心地想在普遍的失业情况下摆脱外国工人。临时政府给这些工人提供了行军营地，并且给他们每天50生丁的行军津贴，让他们开往国境。海尔维格本人没有上当受骗，他知道这是出于政府的"自私的动机，那就是乘机摆脱与法国人竞争的成千上万手工业者"。但由于缺乏政治眼光，他使这次冒险在尼德多森巴赫遭到了悲惨的结局①。

马克思坚决反对这种革命把戏，因为革命于3月13日在维也纳，3月18日在柏林取得胜利之后②，这种行为已经变得毫无意义。他进而提出了能有效推动共产主义者最为重视的德国革命的方法。按照他被授予的权力，他组建了新的中央委员会，其中一半是前布鲁塞尔的同盟成员（马克思、恩格斯、沃尔弗），一半是前伦敦的同盟成员（鲍威尔、莫尔、沙佩

---

① 小资产阶级民主主义者海尔维格、伯恩施太德等人，他们鼓动德国流亡者组成军团，指望用攻入德国的办法在那里引起革命并建立共和制度。马克思和恩格斯坚决反对这种冒险计划。1848年4月，海尔维格组织的军团越过国境后在巴登境内被德意志南部各邦的军队歼灭。

② 维也纳事变是指1848年3月13日爆发的维也纳人民推翻梅特涅统治的起义。柏林事变是指1848年3月18日爆发的柏林人民武装起义。

第六章 革命和反革命

尔)。新的中央委员会发表了一篇通告①,"为了德国无产阶级、小资产阶级和小农的利益",提出了17点要求,其中有:宣布全德国为一个统一的、不可分割的共和国,武装全体人民,把各邦君主的领地和其他封建领地、矿山、矿井、交通运输工具收归国有,建立国家工厂,实行普遍的免费的国民教育,等等。当然,共产主义宣传的这些要求只是提出了一些总的方针。没有人比马克思更清楚,这些要求不可能一夜之间实现,而只能在漫长的革命发展过程中实现。

共产主义者同盟的力量太弱,无法作为一个团结的组织推进革命运动。事实表明,同盟在大陆上的改组仍处于起步阶段。但这已经无关紧要,因为在革命为工人阶级提供了公开宣传的手段和可能性之后,同盟就不再有存在的意义了。在这种情况下,马克思和恩格斯在巴黎建立了一个德国共产主义者俱乐部,在俱乐部中劝告工人不要参加海尔维格的队伍,而是各自回祖国从事革命运动。他们就这样把几百名工人送回了德国,通过弗洛孔的斡旋,他们为工人取得了与临时政府给予海尔维格义勇军的同样的优待。

同盟的绝大多数成员就以这种方式进入了德国,而由于他们的努力,同盟证明自己是优秀的革命预备学校。凡是革命运动蓬勃发展的地方,同盟盟员都起着推动作用:沙佩尔在拿骚,沃尔弗在布雷斯劳,斯蒂凡·波尔恩在柏林,其他人在其他地方。波尔恩在给马克思的信中贴切地描述道:"同盟解散了——它无处不在而又到处都不存在。"作为一个组织,同盟到处都不存在,作为宣传的它却存在于具备无产阶级解放斗争的现实条件的一切地方,当然,这只适用于德国相对较小的部分地区。

马克思同他较亲密的朋友们都抵达了德国最先进的莱茵地区。而且,拿破仑法典在那里比普鲁士邦法在柏林给他们提供了更大的行动自由。他们成功地利用了民主派和部分共产主义者为出版一份大型报纸所做的准备工作。当然,还有一些困难需要克服。尤其是恩格斯体会到了失望,伍珀河谷的共产主义还远不是现实,更谈不上是一种力量,而在当前的革命现

---

① 马克思恩格斯的《共产党在德国的要求》。

 马克思传

身之后，它就只是一个旧日的幽灵。4月25日，恩格斯从巴门写信给身在科隆的马克思："认股的事，在这里希望极其渺茫。【……】这些人都像害怕鼠疫一样害怕讨论社会问题，他们把这叫做蛊惑人心。【……】

从我的老头儿那里根本什么也弄不到。在他看来，《科隆日报》已经是叛逆到了顶点，他宁愿叫我们吃1000颗子弹，也不会送给我们1000塔勒。"① 恩格斯总算还募集了14股，《新莱茵报》就从1848年6月1日起开始出版了。

马克思担任该报主编，编辑部成员有恩格斯、德朗克、维尔特和两个沃尔弗。

（二）六月的日子

《新莱茵报》自称是"民主派机关报"，但它在任何意义上都不是议会中的左派。它也不希冀这种荣誉，反倒认为当务之急是监督民主派。它表示，它的理想绝不是黑红金共和国②，不过它只有在共和国的基础上才能开始反对派的活动。

《新莱茵报》完全根据《共产党宣言》的精神，试图按照革命运动当时的情况来推进革命运动。由于在3月的日子里争得的革命阵地到了6月已大半丢失，这项任务就更加紧迫了。在维也纳，由于阶级对立还不尖锐，一种散漫的无政府状态占了上风。在柏林，资产阶级上台执政，只是为了把政权重新交给在三月革命中被打败的势力。在各中小邦，自由主义的大臣们都神气起来，但与他们的封建前辈不同，他们在王座面前完全没有男子气概，骨子里反倒更加软弱了。法兰克福国民议会本应利用绝对主权来统一德国，然而从5月18日刚一开会，它就证明自己从始至终不过是

---

① 《马克思恩格斯全集》中文第二版第48卷，第24—25页。
② 黑、红、金三色是德国小资产阶级民主统一运动的象征。进步的小资产阶级民主主义者把统一运动的目标确定为在德国建立像瑞士联邦那样的自治州联邦。

第六章 革命和反革命

一个不可救药的清谈俱乐部。①

《新莱茵报》的创刊号把这些幽灵清算得如此彻底②,以至于报纸为数不多的股东中又有一半退出了。此时,报纸绝没有对议会的英雄们的见识和勇气提出过分的要求。它在批判法兰克福议会左派的联邦共和制主张时指出,由君主立宪国、小公国和小共和国组成的以共和政府为首的联邦国家,无法成为德国的最终国家组织。但是它补充说:"我们并不提出空想的要求,要 a priori〔预先〕宣布统一的、不可分割的德意志共和国,但是我们要求所谓的激进民主党不要把斗争和革命运动的出发点同它们的最终目的混淆起来。德国的统一以及德国的宪法只能通过这样一种运动来实现,这种运动的决定因素将是国内的冲突或对东方的战争。国家制度的最终确立不能依靠颁布命令的办法,而要在我们即将进行的运动中实现。因此问题不在于实现这个或那个意见、这种或那种政治思想;问题在于理解发展的进程。国民议会只应该采取一些在最近期间切实可行的步骤。"③ 然而国民议会却做了一件按照任何逻辑规律都不可能实现的事情:它选举奥地利大公约翰为帝国摄政,这就以一己之力使运动被王公们玩弄于股掌之中。

柏林事件比法兰克福事件更为重要。在德国境内,普鲁士邦是革命最危险的对手。尽管革命在3月18日把它推翻了,但是由于历史状况,胜利果实首先被资产阶级所攫取,接着他们就匆忙地背叛了革命。为了保持"法制的连续性",也就是说,为了否认自己的革命起源,资产阶级的康普

---

① 法兰克福议会于1848年5月18日在美因河畔法兰克福召开,其目的是实现国家的统一和制定宪法。在议会中占多数的自由派,把国民议会变成了一个纯粹的争论俱乐部,并在革命的决定性时刻向反革命势力屈服。1849年春,自由派在他们起草的帝国宪法遭到普鲁士等政府反对之后退出了国民议会。随后议会迁往斯图加特,并于1849年6月18日被符腾堡当局解散。

② 恩格斯《法兰克福议会》,载于1848年6月1日《新莱茵报》(科隆)第1号。

③ 《马克思恩格斯全集》中文第一版第5卷,第47页。

 马克思传

豪森—汉泽曼内阁①召开了联合省议会，以便借助这一封建等级机构确立资产阶级宪法的基础。这是通过4月6日和8日发布的法律实现的：前者把一系列的公民权规定为新宪法的基础，而后者为议会规定了普遍、平等、不记名和间接的选举权，该议会应与国王协商制定新宪法。由于有了臭名昭著的"协商"原则，柏林无产阶级在3月18日对普鲁士近卫军团所取得的胜利事实上被取消了。新议会的决议必须经过国王的批准，这样，国王就重新取得了统治权。国王独断专行，或是被二次革命所制裁，而康普豪森—汉泽曼内阁则竭尽全力阻止这种革命。它制造了许多小纠纷来刁难5月22日召开的议会，而自己则甘当"王朝之盾"，同时它又从英国召回了反动透顶的王位继承人——普鲁士亲王（他是被3月18日愤怒的群众驱赶到英国的），使当时群龙无首的反革命有了首领。

当然，柏林议会也没有站在革命的原则制高点上，尽管它不像法兰克福议会那样完全在幻想的空中王国飞行。它屈尊承认了抽掉它的精髓的"协商"原则，但是当柏林市民在6月14日进攻军械库并提出严厉的警告②时，它又一次采取了还算坚决的立场。康普豪森倒下了，但汉泽曼还没有。两人的不同之处是：康普豪森还为资产阶级意识形态的残余而感到困扰，汉泽曼则毫无羞耻地投靠了资产阶级谋取利润的赤裸裸的利益。他认为，为了实现这些利益，他要更多地在国王和容克地主面前阿谀逢迎，更多地腐蚀议会，并且对群众进行空前残暴的迫害。出于充分的理由，反

---

① 指康普豪森内阁，它成立于1848年3月30日，担任普鲁士这一新内阁首相的是莱茵省银行家康普豪森。新内阁试图在大资产阶级和普鲁士旧王室之间充当中间调停人的角色。1848年6月20日新内阁垮台。按照《新莱茵报》的观点，康普豪森内阁的破产意味着大资产阶级已从消极地把人民出卖给王室转为同王室联合起来积极地镇压人民。

② 1848年6月14日，因对普鲁士国民议会背弃三月革命而感到愤怒的柏林工人和手工业者攻占了军械库，目的是武装人民以捍卫革命的成果并把革命推向前进。但是普鲁士军队和资产阶级的市民自卫团一起迅速地击退了工人和手工业者的队伍，解除了他们的武装。西·波克罕曾在他的自传《德国1848年革命参加者的回忆》中描述了攻打军械库的情形，但他本人并未参加这次战斗。

第六章 革命和反革命

革命乐意暂时让他得逞。

《新莱茵报》极其坚决地反对这种灾难性的事态发展状况。它指出，康普豪森根据大资产阶级的精神播种了反动的种子，而根据封建政党的精神收获了反动的果实。它督促柏林议会，特别是左派，采取坚决的行动。议会曾由于在攻打军械库时毁坏了一些旗帜和武器而表示愤慨。《新莱茵报》却赞扬了人民极为正确的策略，他们的革命举动不仅反对自己的压迫者，而且反对自己过去的美妙幻想。《新莱茵报》警告左派不要被在议会中取得胜利的表象所蒙蔽，只要旧势力能够掌握所有真正的要职，他们是乐于把这些胜利送给左派的。

《新莱茵报》预言了汉泽曼内阁的悲惨结局。这个内阁想通过与旧的封建警察国家妥协来确立资产阶级的统治。"在解决这种双重矛盾的任务的过程中，办事内阁随时都看到，反动派怎样用封建专制的精神来颠覆刚刚建立起来的资产阶级统治，并颠覆内阁本身，——而内阁是注定要失败的。如果事先没有争取全体人民来作为自己的同盟者，没有为了争取人民而多少表现出一些民主精神，资产阶级是不可能取得统治的。"① 《新莱茵报》还严厉嘲讽了资产阶级把农民解放——资产阶级革命最正当的任务——变为耍花招的假象的企图；"1848年的德国资产阶级毫无良心地出卖这些农民，出卖自己的天然的同盟者，可是农民与它骨肉相连，没有农民，它就无力反对贵族。"② 因此，《新莱茵报》认为，1848年的德国革命只是对1789年法国革命的讽刺而已。

从另一种意义而言，它也是一种讽刺。德国革命不是靠自己的力量取得胜利的，而是跟随法国革命取胜的，后者已经使无产阶级得以参加政权了。这虽然并不能为资产阶级在德国革命中的背叛提供理由甚至是借口，但确实解释了这种背叛的原因。然而，几乎就在6月的日子里，当汉泽曼内阁开始葬送革命的时候，资产阶级似乎才从这场噩梦中挣脱出来。在持

---

① 《马克思恩格斯全集》中文第一版第5卷，第281页。
② 《马克思恩格斯全集》中文第一版第5卷，第331页。

 马克思传

续 4 天的激烈巷战①中,巴黎无产阶级被击溃了,因为一切资产者阶级和政党全都为资本充当了刽子手。

然而在德国,《新莱茵报》从尘土中举起了"胜利的战败者"的旗帜。对于民主派在阶级斗争中应当站到资产阶级方面还是站到无产阶级方面的问题,马克思作了如下强有力的论述:"有人问,难道我们对那些在人民的愤怒面前牺牲的人,对国民自卫军,对别动队,对共和国近卫军,对现役军人不流一滴眼泪,不叹一口气,不发一言吗?

国家将关怀他们的孤儿寡妇,法令将颂扬他们,隆重的殡仪将送他们的遗体入土,官方的报刊将宣布他们永垂不朽,欧洲的反动派将从东方到西方到处赞扬他们。

但是平民则受尽饥饿的折磨,遭到报刊的诬蔑,得不到医生的帮助,被'正直的人'叫做小偷、纵火者和流刑犯;他们的妻子儿女更是贫困不堪,他们的那些幸免于难的优秀代表被放逐海外。给这些脸色严峻阴沉的人戴上桂冠,是一种特权,是民主报刊的权利。"②

这篇辉煌的文章③至今仍燃烧着革命激情的火焰,但它使《新莱茵报》失去了另一半的股东。

---

① 指巴黎工人于 1848 年 6 月 23—26 日的英勇起义,即巴黎六月起义。二月革命后,无产阶级要求把革命推向前进,资产阶级共和派政府反对无产阶级的政策,6 月 22 日颁布了封闭"国家工场"的挑衅性法令,激起巴黎工人举行大规模武装起义。6 月 25 日,镇压起义的布雷亚将军在枫丹白露哨兵站被起义者打死,因此两名起义者后来被判处死刑。经过 4 天英勇斗争,45000 多名工人被卡芬雅克将军的部队所镇压,而这首先是通过把进行斗争的工人同劳动农民隔绝开来而实现的。起义的失败削弱了欧洲范围内的革命力量,有利于反革命的反攻。马克思在《1848 年至 1850 年的法兰西阶级斗争》中论述这次起义时指出:"这是分裂现代社会的两个阶级之间的第一次大规模的战斗。这是为资产阶级制度的存亡而进行的斗争。"

② 《马克思恩格斯全集》中文第一版第 5 卷,第 157 页。

③ 马克思《六月革命》,载于 1848 年 6 月 29 日《新莱茵报》(科隆)第 29 号。

第六章　革命和反革命

（三）对俄战争

在外交政策方面，对俄战争是《新莱茵报》的中心论题。它认为俄国是革命的真正可怕的敌人，如果运动扩大到全欧范围，俄国必然会参加斗争。

《新莱茵报》对这个问题的看法是完全正确的。在它要求对俄国进行革命战争的同时，有件事该报当时不可能知道，但现在已由文件证实了：沙皇曾向普鲁士亲王表示愿意出动俄国军队援助，以暴力重建专制制度。一年后，俄国熊用它笨重的前掌压死了匈牙利革命，从而挽救了奥地利的专制制度。如果不摧毁普鲁士和奥地利的专制国家，德国革命就不能取得胜利，但如果不首先摧毁沙皇的力量，这个目标就无法实现。

该报期待对俄战争能释放革命力量，就像对封建德国的战争曾释放1789年法国革命的力量一样。即使该报用维尔特说过的话，把德意志民族当作一群败类来看待，那么它愤恨至极地谴责德国扮演的警察角色也是正确的，因为德国70年间在美国和法国，在意大利和波兰，在荷兰、希腊和其他国家，犯下了反对其他民族自由和独立的罪行。"现在，当德国人在抛弃自己身上的羁绊的时候，也应当改变一下他们对其他民族的全部政策。不然的话，我们的年轻的、几乎是刚刚预感到的自由就会被束缚在我们用来束缚别的民族的锁链上。德国将来自由的程度要看它给予毗邻民族的自由的多少而定。"① 该报谴责了马基雅维利式的政策②，这种政策在德国国内的基础已经动摇，却引起了同德国人的世界主义性格相悖的种族仇恨，以麻痹民主的能量，转移人们的注意力，把革命的炽热熔岩引向歧途，从而铸造出国内压迫的武器。

---

① 《马克思恩格斯全集》中文第一版第5卷，第178页。
② 马基雅维利在《君主论》中以博贾为"新时代君主"的楷模，鼓吹"欲达目的可以不择手段"的论调。

 马克思传

"尽管几乎所有的德国报刊都发出了爱国主义的吼声"①,《新莱茵报》却从一开始就为波兹南的波兰人,意大利的意大利人和匈牙利的匈牙利人辩护。它嘲笑了"阴险狡猾的勾当"和"荒诞的历史奇闻"。正当德国人与自己的政府进行斗争的时候,政府却要指挥他们对波兰、匈牙利和意大利的自由,发动一次征讨。"只有反对俄国的战争才是革命的德国的战争,只有在这个战争中它才能消除以往的罪过,才能巩固起来并战胜自己的专制君主,只有在这个战争中它才能像那些要摆脱长期的奴隶枷锁的人民所应该做的那样,用自己子弟的鲜血来换取宣传文明的权利,并且在解放国外各民族的同时使自己在国内获得解放。"②

从中可以看出,该报对任何受压迫民族都不像对波兰人这样热情。1848 年的波兰运动仅限于普鲁士的波兹南省,因为俄属波兰已被 1830 年的革命③削弱了,而奥属波兰又被 1846 年的起义④削弱了。波兰的态度相当温和,它所要求的几乎就是 1815 年条约所承诺而未给的东西:用当地军队替换占领军,起用当地人担任一切官职。在 3 月 18 日之后刚刚出现的恐慌情绪中,柏林方面承诺进行"民族的改组",但是,他们背地里当然有不将其付诸实施的想法。波兰人过分轻信柏林的善意,而柏林却

---

① 《马克思恩格斯全集》中文第一版第 5 卷,第 235 页。
② 《马克思恩格斯全集》中文第一版第 5 卷,第 235—236 页。
③ 指 1830 年 11 月开始的 1830—1831 年反对沙皇制度的波兰解放起义。起义的领导权基本上掌握在波兰小贵族的手里。由于他们拒绝满足广大农民群众废除农奴依附地位的要求,未能得到农民群众的支持,起义最终遭到沙皇的残酷镇压。对这次起义的评价,见恩格斯 1848 年 2 月 22 日在布鲁塞尔举行的 1846 年克拉科夫起义两周年纪念大会上的演说以及他在《德国农民战争》中的有关论述。
④ 波兰人民为争取民族解放曾准备在 1846 年 2 月举行起义。起义的主要发起人是波兰的革命民主主义者埃·邓波夫斯基等人。但是,由于波兰小贵族的背叛以及起义的领袖遭普鲁士警察逮捕,总起义未能成功。仅在从 1815 年起由奥地利、普鲁士和俄国共管的克拉科夫举行了起义,起义者在 2 月 22 日获胜并建立了国民政府,发表了废除封建徭役的宣言。克拉科夫起义在 1846 年 3 月初被镇压。1846 年 11 月,奥地利、普鲁士和俄国签订了关于把克拉科夫并入奥地利帝国的条约。

第六章 革命和反革命

煽动波兹南省的德国居民和犹太居民，有计划地挑起了一场内战。这场内战的煽动完全由普鲁士负责，这场内战的暴行也几乎完全由普鲁士负责。遭受暴行而被迫进行激烈抵抗的波兰人作战非常英勇，而且不止一次——尤其是4月30日在米沃斯瓦夫——把武器和人数都占优势的敌人完全击溃。但从长远来看，波兰人的镰刀反抗普鲁士人的榴霰弹的战争是没有胜利希望的。

在波兰问题上，德国资产阶级的表现一如既往，既无头脑又无信义。在三月革命以前，他们已经很清楚德国与波兰的事业之间有何等紧密的联系。而且就在3月18日之后，他们中的明智之士也还在所谓法兰克福预备议会中郑重宣布，重建波兰是德意志民族的神圣义务。但这并不妨碍康普豪森在这个问题上也扮演普鲁士容克的差役。他以一种可耻的方式兑现了"民族的改组"的承诺，夺走了一块又一块波兹南省的土地，总数占它全部土地的三分之二以上。他又让在普遍蔑视的重压下垂死的联邦议会吐出了最后一口气，批准把这些土地并入德意志联邦。法兰克福国民议会现在不得不讨论这样一个问题，它是否应该承认从波兹南省被夺取地区选出的议员为其合法成员。经过3天的辩论，它不出人们所料地做出了决定：这个堕落的革命之子祝福了反革命的恶行。

《新莱茵报》对这一问题有多么重视，表现在它用八九篇文章详细报道了法兰克福议会的辩论①，其中有几篇文章很长。这与它平时报道议会废话时的蔑视性简短完全不同。一般说来，这是《新莱茵报》上发表的篇幅最长的文章。就内容和风格而言，这些文章是由马克思和恩格斯共同撰写的。至少恩格斯深深参与其中，因为这些文章非常明显地带有恩格斯笔法的痕迹。

文章最引人注目，实际上也是给它们带来极大荣誉的一点是，它们令人振奋地公开揭露了对波兰人玩弄的毫无价值的把戏。但是，马克思和恩

---

① 恩格斯《法兰克福关于波兰问题的辩论》，载于1848年9月1日《新莱茵报》（科隆）第91号。

171

 马克思传

格斯有能力表现出的义愤远比天真的庸人所能想象的要多得多,这种义愤与罗伯特·勃鲁姆在法兰克福对受虐待的波兰人的感伤同情完全不可相提并论。"最庸俗的废话——纵然是(但愿如此)范围很广、说得很高明的废话"①说的正是这位著名的左派演说家,而且不是没有道理的。勃鲁姆不明白,背叛波兰人就是背叛德国革命,因为这样一来,德国革命就失去了对付沙皇这个死敌的不可或缺的武器。

马克思和恩格斯把"各族人民的普遍友爱"也列为"最庸俗的废话"之一,这种说法不考虑各民族的历史地位和社会发展阶段,而只想信口开河地让他们友爱相处。"正义""人道""自由""平等""博爱""独立"对他们而言都或多或少属于道德范畴的字眼,这些字眼固然很好听,但在历史和政治问题上却什么也证明不了。这种"现代神话"对他们来说一直是一种折磨。特别是在革命的火热岁月中,他们只对一个口号感兴趣——"赞成还是反对?"

因此,《新莱茵报》上发表的关于波兰的文章都充满了真正的革命激情,使得这些文章远远超过了主流民主派的亲波言论。这些文章今天仍然经久不衰,因为它们雄辩地证明了作者深刻的政治洞见。但是它们在探讨波兰历史时仍未免有一些错误。认为波兰争取独立的斗争只有同时是农民民主制对宗法封建专制制度的胜利,才能取得胜利,这一点很重要,但如果认为波兰人自1791年宪法②以来就已经认识到这种联系,那便是不正确的。下面这种说法也是不正确的:在1848年,贵族民主制的旧波兰早已死去并被埋葬了,但是它却留下了一个健壮的儿子,即农民民主制的波兰。波兰容克们为了把本民族从东方大国的桎梏下解放出来,曾在西欧的街垒

---

① 《马克思恩格斯全集》中文第一版第5卷,第400页。
② 波兰1791年宪法是在法国资产阶级革命的影响下制定的,于1791年5月3日经议会通过。这部宪法反映了波兰小贵族中最进步的人士和城市资产阶级的意愿。它废除了联邦议会的决议必须一致通过的原则,改为只要多数通过即可作出决定;禁止小贵族联盟,加强中央行政权;以及扩充军队等。这部宪法没有触动农奴制的基础,贵族仍拥有全部经济特权和政治权力。

第六章 革命和反革命

上英勇作战。马克思和恩格斯将他们视为波兰贵族的代表。但是,在战火中得到淬炼和净化的列列韦尔和梅洛斯拉夫斯基都超越了自己的阶级,正如胡登和济金根超越了德国骑士阶层一样,或如不久前克劳塞维茨和格奈泽瑙超越了普鲁士容克阶层一样。

马克思和恩格斯也很快就从这个错误中回过神来,但恩格斯却始终坚持《新莱茵报》轻视南斯拉夫大小民族独立斗争的判断。1882年,恩格斯发表的观点仍然与他在1849年与巴枯宁论战时的观点一样。1848年7月,《新莱茵报》驻巴黎记者艾韦贝克曾怀疑这位俄国革命者是俄国政府的奸细。他的说法得到了哈瓦斯通讯社同一时期的类似报道的证实。但这一消息很快被证明是假的,而且被编辑部以各种形式收回了。随后,当马克思在8月底和9月初前往柏林和维也纳时,他就在柏林与巴枯宁恢复了以往的友谊,并且坚决反对普鲁士在10月驱逐巴枯宁的举动。恩格斯在与巴枯宁致斯拉夫人的呼吁书论战时,也首先保证说巴枯宁是"我们的朋友",但随后又对那本小册子的泛斯拉夫主义倾向展开了客观而尖锐的批判①。

就是在这种情况下,革命的利益也起着先决作用。在维也纳政府反对德国和匈牙利革命者的斗争中,奥地利的斯拉夫人——除波兰人以外——都站在反动的一边。他们进攻了起义的维也纳,任凭皇室和王家的统治者对它进行无情报复。就在恩格斯撰写反巴枯宁的文章的时候,奥地利的斯拉夫人正在战场上镇压匈牙利的起义。恩格斯在《新莱茵报》上凭借丰富的专业知识关注着匈牙利的革命战争。同时,他还抱有热烈的同情,这使他高估了马扎尔人的历史发展程度,就像他过去高估了波兰人一样。巴枯宁要求保证奥地利斯拉夫人的独立,恩格斯对此回答说:"我们不打算这样做。对于那些以最反革命的民族的名义向我们所说的关于博爱的悲天悯人的漂亮话,我们的回答是:恨俄国人,过去是现在仍然是德国人的首要

---

① 恩格斯《民主的泛斯拉夫主义》,载于1849年2月15日《新莱茵报》(科隆)第222号。

的革命激情，自从革命开始以来又加上了对捷克人和克罗地亚人的仇恨，只有对这些斯拉夫民族实行最坚决的恐怖主义，我们才能够同波兰人和马扎尔人一道保障革命的安全。我们现在知道，革命的敌人集中在什么地方：他们集中在俄国和奥地利的斯拉夫地区，无论什么花言巧语或关于这些国家的渺茫的民主未来的指示，都不能阻止我们把我们的敌人当作敌人来对待。"① 于是，恩格斯就宣布对"出卖革命的斯拉夫民族"无情地进行殊死的斗争。

然而，这段话并不是在为奥地利斯拉夫人向欧洲反动派效劳而感到极度愤怒的情绪中写下的。恩格斯认为一切斯拉夫民族——除了波兰人、俄国人，可能还有土耳其的斯拉夫人之外——在历史上都没有任何前途，"原因很简单：其他一切斯拉夫人都没有具备为独立和维持生命力所必需的历史、地理、政治和工业的条件"②。他认为，争取民族独立的斗争使他们成了听命于沙皇制度的工具，而民主泛斯拉夫主义者善意的自我欺骗也无法改变这种情况。伟人文化民族获得革命发展的历史权利优先于这些支离破碎而又无能为力的小民族争取独立的斗争，即便此时会践踏几朵娇嫩的民族鲜花也是如此。只有这样才能使这些民族能够参与历史的发展，而他们光靠自己始终是无法过问这种发展的。恩格斯1882年还在说，当巴尔干的斯拉夫人的解放愿望同西欧无产阶级的利益相抵触时，他是不会同情沙皇制度的这些工具的。政治中是不容许有诗意般的同情的。

恩格斯误判了各斯拉夫小民族的历史前途，但他的基本思想无疑是正确的。当这个基本思想与庸人的"诗意般的同情"发生冲突时，《新莱茵报》也总是十分坚决地捍卫这一思想。

---

① 《马克思恩格斯全集》中文第一版第6卷，第342页。
② 《马克思恩格斯全集》中文第一版第6卷，第328页。

第六章　革命和反革命

（四）九月的日子

本节探讨的是普鲁士政府在 3 月 18 日后代表德意志联邦①而展开的对丹麦战争。战争的起因是石勒苏益格—荷尔斯泰因问题。

荷尔斯泰因是一个德意志邦国，并且属于德意志联邦。石勒苏益格没有参加这个联邦，至少它的北部地区是以丹麦人为主。这两个公国几百年来因统治者家族与丹麦王国相同而与之结合在一起，而丹麦王国也只是比两个公国面积略大，人口稍多。丹麦同时也实行女系继承，而石勒苏益格—荷尔斯泰因则只实行男系继承。两个公国通过严格的联盟联系在一起，并在这种密不可分的状态中拥有国家的独立性。

根据国际法条约，丹麦与两个公国的关系就是如此。事实上，直到 19 世纪初，德意志精神都在哥本哈根居于主导地位，德语是丹麦王国的官方语言，而石勒苏益格—荷尔斯泰因的贵族在丹麦的官厅中拥有决定性的影响。在拿破仑战争中，民族对立加剧。作为丹麦始终忠于法国革命的遗产的代价，它不得不根据维也纳条约失去了挪威。尤其是由于丹麦王室的男性继承人行将断绝，使两公国落入旁系，从而使其与丹麦完全分离的可能性迫在眉睫，丹麦被迫在争取国家生存的斗争中吞并石勒苏益格—荷尔斯泰因。这样一来，丹麦便开始尽其所能地从德国的影响中解放出来，并且由于国土太小而无法产生自己的民族精神，它培养了一种人为的斯堪的纳

---

① 德意志联邦于 1815 年 6 月 8 日在维也纳会议上由德意志各邦联合组成，最初包括 34 个邦和 4 个自由市，其中还有藩属丹麦王国的荷尔斯泰因公国和尼德兰国王的领地卢森堡。联邦既没有统一的军队，也没有财政经费，保存了封建割据的一切基本特点，这就加深了德意志政治上和经济上的分散状态。德意志联邦唯一的中央机关是以奥地利代表为会议主席的联邦议会，联邦议会拥有有限的权力，是反动势力镇压革命运动的工具。德意志联邦在 1848—1849 年革命时期瓦解，于 1850 年恢复。联邦的两个最大的邦奥地利和普鲁士曾不断地进行争夺霸权的斗争。联邦在 1866 年普奥战争期间彻底解体，后来由北德意志联邦代替。

维亚主义,试图使自己与挪威和瑞典结合成一个特殊的文化圈。

丹麦政府想完全占有易北河两公国的企图遭到了两公国的顽强抵抗,这种抵抗很快就变成了德国的民族问题。经济繁荣的德国,特别是在建立了关税同盟之后,认识到了位于两海之间的石勒苏益格—荷尔斯泰因半岛对其贸易和海上往来的重要性。德国日益欢欣鼓舞地欢迎石勒苏益格—荷尔斯泰因对丹麦宣传的反对。自1844年起,《大海环抱的石勒苏益格—荷尔斯泰因,德国风俗的至高守卫者!》这首歌几乎成了国歌。当然,这场运动并没有摆脱三月革命前的鼓动的那种沉闷和困顿的步调,然而德国各邦政府并没有完全摆脱它的影响。1847年,丹麦国王克里斯蒂安八世在一封公开信中准备采取决定性的暴力举措,要求把石勒苏益格公国甚至荷尔斯泰因公国的一部分作为丹麦整个国家的组成部分。甚至连联邦议会①都振作起来对此提出了软弱无力的抗议,而没有像往常那样,在需要使德意志民族免遭诸侯的暴行时宣布自己无能为力。

《新莱茵报》并不觉得与大海环抱的资产阶级的酒后热情有丝毫的亲缘关系。它认为这只是斯堪的纳维亚主义的对立面。而它指责这种斯堪的纳维亚主义"歌颂残酷的、粗暴的、海盗式的古诺曼人的民族性格,即极端的闭关自守状态,在这种状态下,用以表达丰富的思想感情的不是语言而是行动,即粗暴地对待妇女,经常酗酒,时而疯狂好战〔Berserkorwut〕,时而又泪眼汪汪多愁善感。"② 整个事情的形势发生了奇特的转变,在斯堪的纳维亚主义的反动旗帜下作战的正是丹麦的资产阶级反对派,即所谓的

---

① 联邦议会是根据1815年维也纳会议决议成立的德意志联邦唯一的中央机关,由德意志各邦的代表组成,会址设在美因河畔法兰克福,由奥地利代表担任主席。联邦议会并不履行政府的职能,事实上成了德意志各邦政府推行反动政策的工具。它干预德意志各邦的内部事务,其目的在于镇压各邦的革命活动。1848年三月革命之后,反动势力企图加强联邦议会的活动,以达到反对人民主权的原则和反对德意志民主联合的目的。1851—1859年,普鲁士驻联邦议会的全权代表是俾斯麦,最初他力求和奥地利结盟,后来采取了坚决反奥的立场。1859年初卡·乌泽多姆被任命为普鲁士的全权代表。1866年普奥战争后,德意志联邦被北德意志联邦所取代,联邦议会也不复存在。

② 《马克思恩格斯全集》中文第一版第5卷,第464页。

第六章 革命和反革命

艾德丹麦人党①，他们渴望把石勒苏益格公国丹麦化，渴望扩大丹麦的经济领域，以便通过现代宪法来巩固整个国家。而两个公国为它们的古老的、有文字记载的权利进行的斗争，则或多或少是争取封建特权和王朝表面光彩的斗争。

1848年1月，弗里德里希七世作为男系的最后一个子嗣登上了丹麦的王位，并遵照父亲临终时的建议，着手为丹麦和两公国准备一部自由主义的共同宪法。一个月之后，二月革命在哥本哈根引起了一场暴风雨般的人民运动。这场运动使得艾德丹麦人党取得了政权，该党立即开始不知疲倦地实施自己的纲领——即吞并直到艾德河的石勒苏益格领土。两公国对此的回应是，与丹麦国王断绝关系，组成了一支兵力为7000人的军队，并在基尔成立了临时政府。在临时政府中起主导作用的是贵族，但他们并没有发动足以与丹麦的力量相抗衡的全国力量，却乞求联邦议会和普鲁士政府的帮助，因为这二者对他们的封建特权不会有任何危险。

这二者非常愿意给贵族以支持。在它们看来，"保卫德国的事业"似乎是从革命的沉重打击下恢复的可喜手段。尤其是普鲁士国王感到迫切需要恢复他的近卫军的声誉，这支部队在3月18日被柏林的街垒战士们打得头破血流，因此需要到弱小的丹麦来一次军事旅行。他憎恨艾德丹麦人党，认为它是革命的畸形产物，但他也认为石勒苏益格—荷尔斯泰因人是反对神授政权的乱民，并命令自己的将领尽可能马虎地执行"为革命服务的任务"。他通过密使冯·维登布鲁赫少校告知哥本哈根方面，他首先希望为国王和公爵保存易北河两公国；他的干预只是为了防止激进分子和共和分子进行有害的干涉。

但是丹麦并没有上他的当。它也要求列强的保护，而英国和俄国则非

---

① 艾德党或艾德丹麦人党是19世纪40—60年代丹麦的自由主义党派，名称来自其1842年提出的民族主义的口号"从松德到艾德的丹麦"。它坚持把公国（艾德河以北）划入丹麦，同时又力图把主要为德国人居住的荷尔斯泰因公国与丹麦分开，这反映了丹麦资产阶级害怕荷尔斯泰因的工业与其竞争。因此，这个自由主义的党派便反对实行对丹麦王国各部分都适用的王位继承法。

 马克思传

常愿意给予保护。它们的援助使小小的丹麦得以像教训小学生一样把庞大的德国修理了一顿。当丹麦的战舰使德国的贸易遭受极其惨重的损失时，德意志联邦的军队却在普鲁士将军弗兰格尔的指挥下突入易北河两公国。尽管弗兰格尔指挥作战并不高明，却仍然把弱得多的丹麦军队赶跑了。但是列强的外交干预却使这支军队完全瘫痪了。5月底，弗兰格尔接到了柏林要求他撤出日德兰的命令。于是，国民议会于6月9日决定，两公国的问题作为德意志民族的问题在它的职权范围内，它将维护德国的荣誉。

事实上，战争是以德意志联邦的名义进行的，而指挥战争本来应当是国民议会和6月28日被国民议会任命为帝国摄政的哈布斯堡亲王的事。但普鲁士政府并没有把这件事放在心上，而是在英国和俄国的压力下，于8月28日与丹麦缔结了一项为期7个月的马尔默停战协定。它完全无视帝国摄政所提出的条件，完全无视这些条件的传达者。停战协定的个别条款对德国来说极为不利：石勒苏益格—荷尔斯泰因的临时政府被解散，在停战期间，最高行政权被交给一个亲丹麦人士，前临时政府的法令被废除，石勒苏益格的军队与荷尔斯泰因的军队分离。同样，由于决定在冬季休战，德国在军事方面也陷入不利局面。冬季会使丹麦舰队对德国港口的封锁毫无用处，而严寒却可以使德军从冰上越过小贝尔特海峡，占领菲英岛，并将丹麦压制在西兰岛上。

在9月初的日子里，缔结停战协定的消息像一道晴天霹雳落到法兰克福国民议会头上；它"像饶舌的洗衣妇和中世纪的经院哲学家一样喋喋不休地"讨论未来帝国宪法的一纸"基本权利"，直至讨论到晕厥的程度。在最初的惊愕之下，它于9月5日决定中止实施停战协定，并因此导致了帝国内阁的辞职。

《新莱茵报》对这一决定表示热烈欢迎，尽管它并未抱任何幻想。除了条约所批准的权利之外，《新莱茵报》还要求对丹麦作战，认为这是一项历史发展的权利。"丹麦人民无论在贸易、工业、政治和文学等方面都处于绝对依赖德国的地位。大家知道，丹麦的京城实际上不是哥本哈根，而是汉堡【……】丹麦从德国获得全部文学资料，正如获得物质资料一样，因此丹麦文学（除了霍尔堡以外）实际上是德国文学的拙劣的翻版

第六章　革命和反革命

【……】

　　【……】

　　根据法国人据以夺取了弗朗德里亚、洛林和亚尔萨斯以及迟早会侵占比利时的那种权利，德国正在夺取石勒苏益格，这种权利就是：文明对于野蛮的权利，进步对于停滞的权利……

　　我们在石勒苏益格—荷尔斯泰因进行的战争是真正的革命战争。

　　【……】

　　谁一开始就站在丹麦一边呢？欧洲三个最反动的强国：俄国、英国和普鲁士政府。普鲁士政府自始至终进行的只是虚假的战争，只要回想一下维登布鲁赫的照会、普鲁士政府根据英国和俄国的声明下令从日德兰撤退的决心以及两次停战协定就清楚了！普鲁士、英国和俄国这三个强国最害怕德国的革命和革命的最直接的结果——德国的统一。普鲁士怕德国统一以后自己不能再存在，英国怕因此不能再剥削德国的市场，俄国怕因此民主制度不仅会推广到维斯拉河，甚至会推广到德维纳和德涅泊河。所以普鲁士、英国和俄国共同密谋反对石勒苏益格—荷尔斯泰因，反对德国和反对革命。

　　目前由于法兰克福的决定而可能引起的战争也许会成为德国反对普鲁士、英国和俄国的战争。这将是反对三个反动强国的战争，无精打采的德国运动正需要这种战争，这场战争将真正使普鲁士和德国融为一体，将使德国绝对需要和波兰结成联盟，将立刻使意大利获得解放，这场战争将要反对的恰恰是德国在1792—1815年的旧的反革命同盟者，它将使'祖国遭到危险'并从而拯救祖国，因为德国在这场战争中的胜利将以民主制的胜利为转移。"①

　　《新莱茵报》这些话中明确而尖锐表明的东西符合革命群众的本能。成千上万的人从周围50里的地区涌入法兰克福，准备进行新的革命斗争。但正如该报所正确指出的那样，这场新的斗争会把国民议会本身扫除，而且国民议会宁肯因胆怯而自杀，却不愿因英勇而自杀。9月16

---

① 《马克思恩格斯全集》中文第一版第5卷，第464、466—468页。

 马克思传

日，国民议会批准了马尔默停战协定，而且就连议会的左派，除少数成员外也都拒绝作为革命的国民议会行事。只有法兰克福城内发生了小规模街垒战，而幼稚的帝国摄政甚至故意让这一战斗发展扩大，以便随后从联邦要塞美因茨调来一支压倒性的军队，并且把有主权的议会置于刺刀的统治之下。

与此同时，汉泽曼内阁在柏林也遇到了《新莱茵报》早就为其预测的悲惨结局。这个内阁加强了反对"无政府状态"的"国家政权"，帮助在3月18日垮掉的旧普鲁士官僚、军事和警察国家重新站起来，却未能使这个国家夺取资产阶级赤裸裸的收益，而这个内阁正是为了这些利益才背叛革命的。最重要的是，正如柏林议会的一位议员所感叹的那样，"在3月的日子里被抛弃的旧军事制度，全部完好无损地保存了下来"，而自巴黎六月革命以来，这一制度的佩刀又在刀鞘中鸣响起来。一个公开的秘密是，普鲁士政府推动与丹麦停战，决不仅仅是为了要把弗兰格尔和他的近卫军调回柏林周边地区，并为反革命的决定性打击做准备。为此，柏林议会几经踌躇后于9月7日决定，要求陆军大臣颁布命令，警告军队中的军官们放弃一切反动意图，而如果他们的政治信念不符合宪法规定的法律状态，则责成他们把退役当作一种光荣的义务。

不过这种做法收效不大，特别是由于类似的命令过去对资产阶级官僚也没有任何作用，但这也比军国主义允许自己为资产阶级内阁所做的事情要多得多。汉泽曼内阁倒台了，普富尔将军组建了一个纯官僚的新内阁。这个内阁从容地向军官团发布了议会要求的命令，向全世界证明，军国主义不再害怕资产阶级的崇高，而只是嘲弄这种崇高。

《新莱茵报》关于"玩弄小聪明、喋喋不休和优柔寡断的"柏林议会的预言就这样实现了。左派会在一个晴朗的早晨发现，他们在议会中取得的胜利实际上是一种失败。反革命报刊叫嚣说，左派的胜利只是因为柏林的人民群众向议会施加了压力。而为了回答这种叫嚣，该报拒绝了自由主义报刊对此无力的否认，而是宣称："民主的人民群众的这种权利——出席制宪议会，从而在精神上影响制宪议会的立场——是人民旧时的革命权利，这种权利自英法革命以来，就被运用于一切暴风雨的时代。历史几乎

第六章 革命和反革命

把这些议会的所有坚决的措施都归功于这个权利。"① 对于 1848 年 9 月的日子里的"议会迷"的这种暗示，既适用于法兰克福议会也适用于柏林议会。

（五）科隆的民主派

柏林和法兰克福的九月危机对科隆也造成了强烈的冲击。

莱茵地区是最使反革命不安的地方。那里驻有大批从东部各省招募来的军队。大约三分之一的普鲁士军队驻扎在莱茵省和威斯特伐利亚。在这种情况下，小规模的起义是无济于事的，更加需要的是一个坚强而严密的民主组织，以便将来使局部的革命发展为全面的革命。

6 月在美因河畔法兰克福举行的有 88 个民主团体参加的代表大会上决定组建民主组织。这个组织只在科隆有坚实的骨架，而在德国其他地方都仍然是一个非常松散的组织。科隆的民主派分为三大团体，其中每个团体都有几千名成员：马克思和律师施奈德领导的"民主协会"②、莫尔和沙佩

---

① 《马克思恩格斯全集》中文第一版第 5 卷，第 480 页。
② 民主协会指科隆民主协会，该协会于 1848 年 4 月 25 日成立；1848—1849 年资产阶级革命时期是城市革命民主主义者的组织，其成员除了小资产阶级的代表之外，还有工人和手工业者。马克思和恩格斯曾加入民主协会，目的在于影响加入该协会的无产阶级分子并促使小资产阶级的民主主义者坚决行动。除威·沃尔弗外，马克思积极参加了协会的领导工作，他们同时又是科隆工人联合会的成员。这两个团体都属于德意志民主协会联合会，一直到 1849 年春，这两个组织之间一直保持着密切的联系。为了创建一个独立的无产阶级群众性的政党，马克思和威·沃尔弗以及其他一些人和小资产阶级民主派断绝了组织联系，并于 1849 年 4 月 16 日退出了民主协会。

 马克思传

尔领导的工人联合会①以及以候补法官海尔曼·贝克尔为主要代表的"工人业主联合会"。在科隆被法兰克福代表大会确定为莱茵省和威斯特伐利亚的中心之后,这些团体联合选出了一个中央委员会。8月中旬,中央委员会在科隆召开了莱茵省和威斯特伐利亚各民主团体代表大会②。17个团体的40名代表出席大会,并且承认科隆三大团体的中央委员会为莱茵省和威斯特伐利亚的区域委员会。

这个组织的灵魂是马克思,正像他是《新莱茵报》的灵魂一样。他有一种领导别人的天赋,而这种天赋当然是通常的民主派最无法容忍的。在科隆的代表大会上,卡尔·叔尔茨第一次见到了马克思。当时叔尔茨不过是一个19岁的青年大学生,后来他在回忆录中对马克思的描述是:"那时他才30岁,但他已经是公认的社会主义学派的领袖了。他个子不高,体格结实,前额宽大,黑头发,大胡子,眼睛又黑又亮,很引人注意。谈到他的专长,有人说他是一位杰出的学者;【……】

……马克思的话确实内容丰富,清晰而有条理……我从来没有遇到过任何人在发言时像他那样咄咄逼人,像他那样高傲得使人难以忍受。"③ 而

---

① 科隆工人联合会是共产主义者同盟盟员于1848年4月13日在科隆创立的。领导联合会的是主席和各行各业代表组成的委员会。起初,在联合会中起领导作用的是安·哥特沙克,他在"真正的"社会主义的影响下,忽视资产阶级民主革命的任务,奉行抵制间接选举全德和普鲁士国民议会的政策,反对支持民主派候选人,煽动性地要求立即建立"工人共和国"。马克思、恩格斯及其拥护者反对哥特沙克的宗派主义政策的斗争巩固了联合会,改变了它的政治路线。到1848年8月,联合会已有7000会员。哥特沙克被捕后,7月6日约·莫尔被选为联合会主席,这个职务他担任到1848年9月因被捕的危险而侨居国外为止。1848年10月马克思被选为联合会的主席,而从1849年2月起卡·沙佩尔被选为联合会的主席。联合会这时实行了改组。2月25日通过的新章程宣布,提高工人的阶级觉悟和政治觉悟是联合会的首要任务。1849年德国反革命得胜后,科隆工人联合会丧失了它的政治性质,变成了普通的工人教育协会。

② 第一届莱茵民主主义者代表大会于1848年8月13—14日在科隆召开,马克思和恩格斯参加了此次大会。

③ 《回忆马克思》,人民出版社2005年版,第291—292页。

第六章 革命和反革命

且这位资产阶级英雄始终记得马克思在说到"资产者"这个词时的尖刻嘲讽的语调,就仿佛是把唾沫吐到他的脸上一样。

两年后,泰霍夫中尉在与马克思晤谈后也用同样的语调写道:"马克思给我的印象是,他不仅有罕见的过人才智,而且还是一位卓越的人物。如果他的感情和理智一样丰富,他的爱和恨一样强烈,那我就愿意为他赴汤蹈火,尽管他不仅旁敲侧击地,而且最后还完全公开地表达了他对我的不屑一顾。我认为他是我们所有人当中第一个,也是唯一一个有领导能力,并且能够在重大事件中不拘小节的人。"① 但是接着他就开始喋喋不休地抱怨,说马克思最危险的个人野心吞噬了他的一切。

一位美国的傅立叶信徒,阿尔伯特·布里兹倍恩,曾于1848年夏天作为《纽约每日论坛报》的记者与报纸的主编查理·德纳一起在科隆逗留。布里兹倍恩对马克思却有不同的看法:"我在那里见到了卡尔·马克思,人民运动的领袖。当时他刚崭露头角。这个人大概有30岁,身体茁壮,面容英俊,有着一头浓密的黑发。从他的相貌可以看出他的精力十分充沛,在他的温和含蓄后面,可以觉察到勇敢精神的热情火焰。"马克思当时的确以审慎的胆识领导着科隆的民主派。

尽管九月危机在阵营中引起激奋,法兰克福议会却不敢革命,普富尔内阁也不敢反革命。因此,任何地方性起义都是没有希望的。但正因为此,科隆当局却更急于挑起一场叛乱,以便轻而易举地将其血腥镇压。在莫须有的、很快就被他们自己放弃的借口之下,当局对民主派区域委员会的委员和《新莱茵报》的编辑执行了司法和警察程序。马克思曾警告说,要提防对手的阴谋诡计;当没有任何重大的问题推动全体人民起来斗争,因而任何起义都必然遭到失败的时候,举行这种起义是没有意义的,这特别是因为最近的将来就可能发生重大的事件,决不能恰恰在决定关头的前夕丧失战斗力。如果国王敢于发动反革命,那么人民决定发动一场新的革命的时刻就到来了。

但是,当贝克尔、莫尔、沙佩尔和威廉·沃尔弗于9月25日被捕时,

---

① 卡尔·福格特《我对〈总汇报〉的控告》1859年日内瓦版,第151页。

马克思传

仍然发生了一场小规模骚动。当人们得知军队正在逼近，以驱散旧市场上的民众集会的时候，甚至构筑了一些街垒。但是军队并没有来，直到事件完全平息以后，警备司令才敢于在科隆宣布戒严。这种情况使《新莱茵报》受到了压制，该报于9月27日停止发行。这次毫无意义的戒严的真正目的可能就是要给《新莱茵报》致命一击，而几天后普富尔便宣布取消戒严。报纸也确实受到了足够沉重的打击，以至于直到10月12日才重新出现在战场上。

报纸的编辑部被摧毁了，因为大多数编辑为了躲避逮捕令而越过边境，像德朗克和恩格斯那样逃往比利时，或像威廉·沃尔弗那样逃往普法尔茨，后来才陆续返回。1849年1月初，恩格斯还在伯尔尼。他是在大多靠徒步穿越法国后到达那里的。然而，最主要的是，报纸的财务状况完全崩塌了。在股东们退出之后，报纸靠不断增加发行量勉强维持着。但在这次新的打击之后，报纸只是因为马克思把它当作"个人的财产"接管才得以维持的，也就是说，他把从父亲那里继承的，或是动用未来的遗产换来的一点财产都花费在报纸上。关于他本人对此事只字未提，但是他妻子的信以及朋友们的公开声明都证明了这一事实。他们指出，马克思在革命的一年中为鼓动和报纸大约付出了7000塔勒。当然，重要的不是钱的数目，而是马克思是否为了保卫要塞而不惜战斗到最后一颗子弹。

另一方面，马克思也过着十分艰难的生活。革命爆发后，联邦参议院于3月30日决定，如果德国流亡者返回德国并宣布愿意重新取得公民权，他们也应当享有德国国民议会的选举权和被选举权。普鲁士政府也明确承认这一决议。马克思满足了保证使他获得帝国公民权的条件，这就更使他可以要求，不能拒绝给他普鲁士公民权了。事实上，当马克思1848年4月申请获得公民权之后，科隆市政局立刻就批准了。马克思向科隆警察局长弥勒声明，他不能在目前这种不稳定的情况下把全家从特里尔迁到科隆去。于是弥勒向他保证说，公民权的恢复也会得到区行政机关的承认。根据旧的普鲁士法律，应当由区行政机关来批准市政局的决定。那时，《新莱茵报》已开始出版。8月3日，马克思收到了警察厅长盖格尔的公函，王国区行政机关鉴于他的情况，"目前"认为不能对他行使批准外国人加

第六章 革命和反革命

入普鲁士国籍的权利,因此,他今后仍然应当算作外国人。随后,马克思于8月22日向内政部写了一份严厉的申诉书①,然而他的申诉被驳回了。

然而,这位最深情的丈夫和父亲,还是把自己的家人在"目前这种不稳定的情况下"接到科隆来了。在此期间,家里又添了人口。第一个女儿于1844年5月出生,以她母亲的名字命名为燕妮;随后,第二个女儿劳拉于1845年9月出生。大概相隔不久,儿子埃德加又出生了。在这些孩子以及后来出生的孩子中,他是唯一无法精确确定出生年月的孩子。海伦·德穆特从巴黎时期起就作为忠诚的帮手陪伴着这个家庭。

马克思不是那种见面就跟新认识的兄弟亲如一家的人,但他却是能展现忠诚和恪守友谊的人。在科隆代表大会上,据说他曾以他那令人难以忍受的高傲把那些愿意与他接近的人拒之门外;然而也正是在那次大会上,他结识了两位终生至交,这就是特里尔的律师席利和克雷费尔德的教师伊曼特。如果说,他孤高的性格在叔尔茨和泰霍夫等半革命者看来令人生畏,那么,正是在科隆的这些日子里,弗莱里格拉特和拉萨尔这样一些真正的革命者不可抗拒地被他的思想魅力和精神魅力所吸引。

(六) 弗莱里格拉特和拉萨尔

斐迪南·弗莱里格拉特比马克思大8岁。在青年时代,他受过很深的虔敬思想教育。而在海尔维格被逐出普鲁士后,他写了一首关于这位诗人失败的凯旋旅行的嘲讽歌曲,并曾受到旧《莱茵报》的痛击。然而,三月革命前的反动很快就把他从保罗变成了扫罗②。在布鲁塞尔流亡期间,他

---

① 指马克思《马克思和普鲁士国籍》一文。
② 使徒保罗是圣经中的人物,原名扫罗,是虔诚的犹太教徒。据《新约全书·使徒行传》记载,当他前往大马士革追捕基督徒时,忽被强光照射,耶稣在光中显现,嘱他停止迫害基督徒。他从此转信耶稣基督,后来成为耶稣直接挑选的使徒,被派往各地传教,改名保罗。《新约全书》中的保罗书信传说为他所写,其主要思想成为基督教教义和神学的重要依据之一。

 马克思传

与马克思的相逢虽短暂,却很友好。他认为马克思是个"有趣的、亲切而作风简朴的人物"。对此,弗莱里格拉特也有自己的判断。尽管他本人没有丝毫虚荣心,但他能敏感地察觉到任何自命不凡的东西。

两人真正的友谊是在1848年夏秋形成的。两人在莱茵省的运动中都为捍卫共同革命原则表现出了果敢坚强的性格,而对这种性格的相互尊重将他们团结在一起。"他是一个真正的革命者,一个十分忠诚的人,这是我只能对少数人用的赞语。"① 马克思在给魏德迈的信中表达了充分的尊敬,而且他还劝魏德迈要奉承一下弗莱里格拉特,因为诗人这类人在吟唱时喜欢别人奉承。一向不轻易吐露心声的马克思还曾在他们发生争执时写信告诉弗莱里格拉特:"我坦白地承认,我不能由于一些小的误会而失掉我所爱的少数真正朋友当中的一位。"② 在极端贫困的时候,除了恩格斯之外,马克思没有比弗莱里格拉特更忠实的朋友了。

由于这种友谊是如此真诚和纯朴,因此它一直引起庸人的气愤,他们认为这是愚蠢的。他们有时认为诗人过热的想象力在对他玩可耻的把戏,把他拖进了由一群阴暗的绅士组成的团体,有时又说一个恶魔般的蛊惑者毒害了一位天真无邪的歌手,使他变得沉默。对于这种胡言乱语,如果不是人们用了不对症的药物作为针对这种无稽之谈的消毒剂,让弗莱里格拉特成为一个现代的社会民主主义者(就是在现在,这对他也是不合适的),原本是不值得多费一句口舌的。弗莱里格拉特是一位具有诗意直观的革命者,而不是一位具备科学知识的革命者。他视马克思为革命先驱,是共产主义者同盟内部在当时无与伦比的革命先锋。但是《共产党宣言》的历史思路对他来说仍然多少有些陌生,而他奔放的想象力也不能满足于那种"往往是粗劣、朴实而烦琐的鼓动"。

当时与马克思来往密切的斐迪南·拉萨尔却完全是另一种类型的人物。他比马克思小7岁。在此之前,他只是因为热心地为受丈夫虐待并被本阶级抛弃的哈茨费尔特伯爵夫人斗争而出名。1848年2月。拉萨尔因所

---

① 《马克思恩格斯全集》中文第二版第49卷,第10页。
② 《马克思恩格斯全集》中文第二版第30卷,第451页。

第六章 革命和反革命

谓涉嫌教唆盗窃文件匣的罪名被捕①。但是在他进行了精彩的自我辩护之后,于8月11日被科隆陪审团宣告无罪,这才得以参加革命斗争。由于拉萨尔"对任何伟大的力量都怀有无限的同情",所以他对革命斗争的领导者马克思不能不表示敬佩。

拉萨尔受过黑格尔学派的训练,完全掌握了这位大师的方法。他虽不怀疑这种方法无懈可击,却并没有限于模仿而萎靡不前。在访问巴黎时,他研究了法国的社会主义,并从海涅先知的眼光中洞悉了自己的伟大前途;但是对这个年轻人的殷切期待却被他本性中的一些矛盾所抑制。而他在与一个受压迫种族的消极遗产进行斗争时并未能消除这种矛盾。他父母家中还完全笼罩着波兰犹太人的那种平庸习气。在他维护哈茨费尔特伯爵夫人的斗争中,即使是思想比较自由的人也并不一定能够承认他所说的话,甚至从他的观点看来是正确的话:在这一个别事例中,他在对一个垂死的时代的社会苦难进行斗争。就连根本不怎么喜欢他的弗莱里格拉特,也带着蔑视的口吻谈论这桩"家庭丑事",而在拉萨尔看来,整个世界历史都是围绕这桩"家庭丑事"旋转的。

7年后,马克思表达了颇为类似的观点:拉萨尔认为自己征服了世界,因为他曾经在一场私人阴谋中表现得无所顾忌,就好像一个真正重要的人物会为了这种小事牺牲10年似的。几十年后,恩格斯仍然认为,马克思从一开始就对拉萨尔抱有强烈的反感;《新莱茵报》尽可能不注意拉萨尔的哈茨费尔特诉讼案,因为该报不愿意在这些事情上表现出和拉萨尔有任何共同之处。然而,在这件事情上,恩格斯却记错了。在9月27日停刊前,《新莱茵报》曾非常详细地报道了盗窃文件匣的案件,而从这些报道中可以清楚地看出,诉讼案有其不光彩的一面。正像马克思自己在给弗莱里格拉特的信中所说,在哈茨费尔特伯爵夫人困难的时候,他也曾从自己微薄的积蓄中借了一部分给她。而当他刚到科隆,生活非常穷困的时候,他在

---

① 斐·拉萨尔于1848年2月因被控教唆盗窃一只存放哈茨费尔特伯爵夫人离婚案有关文件的首饰匣而被捕,1846—1854年拉萨尔是该案的律师。拉萨尔案件于1848年8月5—11日审理,拉萨尔本人被陪审法庭宣判无罪。

这个有许多老朋友的城市选择的知己除了弗莱里格拉特之外，还有拉萨尔。

当然，恩格斯的下述观点是正确的：马克思也像恩格斯本人和弗莱里格拉特一样，用通行的说法来说，对拉萨尔抱有反感；不过这种反感不论怎样都是没有理性依据的。但是有足够的证据证明，马克思并没有从一开始就为这种反感所左右，以至于不承认与哈茨费尔特打交道的深层意义，更不用说拉萨尔对革命事业的满腔热忱，他对无产阶级阶级斗争的杰出天赋，最后还有这位比马克思更年轻的战友对他表现出的无私友谊了。

我们必须细致阐明拉萨尔与马克思之间的交往从一开始是如何形成的，但这并不是为了拉萨尔，他的历史权利早已得到了保障。这样做更重要的是为了确保揭开表现在马克思身上的任何假象，因为他与拉萨尔的关系是他一生中最复杂的心理问题。

（七）十月与十一月的日子

当《新莱茵报》从 10 月 12 日起开始重新出版，并宣布弗莱里格拉特加入编辑部时，它有幸迎来了一次新的革命①。10 月 6 日，维也纳无产阶级狠狠打击了哈布斯堡反革命的狡猾计划。即在拉德茨基在意大利取胜之后，先在斯拉夫诸民族的协助下粉碎叛乱的匈牙利人，然后再收拾反叛的德国人。

从 8 月 28 日到 9 月 7 日，马克思留在维也纳，发动那里的群众。根据与此相关的极少的现存报纸报道，他没有成功地做到这一点，因为维也纳工人仍然处于相对较低的发展阶段。更值得称道的是，维也纳工人以真正

---

① 1848 年 10 月 6 日维也纳人民起义是由于大资产阶级支持的保皇派试图取消 1848 年奥地利三月革命的成果，恢复专制制度而引起的。德意志皇帝发布命令，派遣维也纳守备部队征讨革命的匈牙利，成了起义的直接导火线。经过 1848 年 10 月 24 日—11 月 1 日的激烈战斗，起义最后被政府军队镇压。

第六章 革命和反革命

革命的本能阻滞了奉命与匈牙利作战的军团的进军。他们用这种办法把反革命的第一次打击引到自己身上,这是匈牙利贵族无法同样作出的一次慷慨牺牲。这些贵族想依靠自己纸面上的权利进行争取国家独立的斗争,而匈牙利军队只敢半推半就、畏首畏尾地推进,这不仅没有给维也纳起义的殊死斗争带来方便,反倒给它增加了困难。

德国民主派的表现也没好到哪去。他们清楚地认识到,维也纳起义的成败即便对他们来说也关系重大。如果反革命在奥地利的首都取得了胜利,那么它也会在普鲁士的首都进行决定性的打击,它早就在那里埋伏好了。但是德国的民主派却只是沉浸在感伤的哀叹中,沉浸在毫无益处的同情中,一味地向无能为力的帝国摄政发出求救的呼声。10月底,民主主义者代表大会在柏林召开了第二次会议①,发表了由卢格为被包围的维也纳起草的告人民书。《新莱茵报》中肯地评价说,这个告人民书缺乏革命的毅力,而充满了抱怨派说教的热情,这种热情后面所隐藏的显然是贫乏的思想和感情。马克思用强有力的散文、弗莱里格拉特用绚丽的诗句发出了热情的呼吁,要求给维也纳人带来唯一能够拯救他们的帮助:这种帮助就是战胜本国的反革命。然而这些呼吁都落空了。

维也纳革命的命运就这样注定了。被本国的资产阶级和农民出卖,而只得到大学生和一部分小资产阶级支持的维也纳工人进行了英勇的抵抗。但是10月31日晚,围攻部队的突袭成功了。11月1日,一面巨大的黑黄旗②在圣斯蒂芬塔上飘扬起来。

---

① 指1848年10月26—30日在柏林举行的第二届民主主义者代表大会。出席会议的有德国各城市的民主派组织和工人组织的代表220人。大会选出了德国民主主义者中央委员会的新成员(包括德斯特尔、赖辛巴赫、赫克扎梅尔),讨论了关于宪法原则的问题,并通过了人权宣言。但是,由于代表的成分复杂,在政治上和思想上存在着严重分歧。10月29日大会通过了由卢格起草的呼吁书《告德国人民书!》,呼吁书中要求德国各邦政府援助革命的维也纳。马克思在《新莱茵报》上发表了《民主主义者代表大会告德国人民书》一文,对这个呼吁书作了尖锐的批评。

② 黑黄旗是当时奥地利的国旗。

马克思传

在维也纳发生令人震惊的悲剧之后,柏林又发生了一场奇妙的悲喜剧。普富尔内阁倒台,代之以勃兰登堡内阁。这个内阁命令议会撤回省城勃兰登堡,而弗兰格尔则率领近卫军团开入柏林,用武力执行这一命令。勃兰登堡这个霍亨索伦家族的私生子过于谄媚地将自己比做一头踩死革命的大象。《新莱茵报》更加贴切地把勃兰登堡和他的同伙弗兰格尔称作"两个没有头脑、没有心肝、没有主见的人物,不折不扣的丘八"①。但是这样的人却与可敬的协商派议会形成了鲜明对比。

的确,"不折不扣的丘八"就足以把议会吓倒了。诚然,议会曾拒绝离开宪法规定的所在地柏林。而当一个打击接着一个打击,一桩暴行接着一桩暴行到来的时候,当市民自卫军被解散,戒严状态被宣布的时候,议会宣布各部大臣为叛国者,并向检察官检举他们。但议会拒绝了柏林无产阶级提出的用手中武器来恢复被践踏的法律的要求,并宣布要"消极抵抗",也就是宣布用脊背承受敌人打击的高尚决心。随后,议会允许弗兰格尔的部队把议会从一间大厅赶到另一间大厅,直到最后看到伸进会场的刺刀的时候,它才立刻愤怒地宣布:只要议会还不能自由地在柏林开会,勃兰登堡内阁就无权处置国家资金和税收。然而,议会刚被驱散,议长冯·翁鲁就为议会宝贵的遗骸感到焦虑不安。他召集办公人员,在会议记录中载明,议会平静地发到全国各地的有关拒绝征税的决议,由于一个形式上的错误而不能生效。

《新莱茵报》保留了一种以具有历史尊严的方式对政府暴行给予反抗的权利。对它来说,第二次革命必然战胜反革命的那个决定性时刻业已到来。该报日复一日地说服群众用各种暴力行动来回答暴力。消极抵抗必须以积极反抗为基础,否则这种反抗就只能像小牛在屠夫手中的挣扎罢了。用来掩盖资产阶级懦弱行为的妥协理论的一切法律上的吹毛求疵都受到了无情驳斥。该报写道:"普鲁士国王从自己的观点出发,理直气壮地以专制国王的身分与议会相对抗。但是议会却没有理直气壮地进行活动,没有以专制议会的身分来与国王相对抗【……】但是旧官僚不甘沦为资产阶级

---

① 《马克思恩格斯全集》中文第一版第6卷,第19页。

第六章 革命和反革命

的奴仆,因为到目前为止,它一直是资产阶级的专横导师。封建党派不愿为资产阶级牺牲自己的特权和利益。最后,国王把旧的封建社会(他作为这个社会的畸形产物而高踞于这个社会之上)的因素看作是自己的真正的、和他有血缘关系的社会基础,而把资产阶级看作是异己的、人为的基础,在这个基础上它只能凋萎。

资产阶级把'受命于天'的非凡的权利变成以文件作根据的平凡的权利,把贵族血统的统治变成一纸公文的统治,把王国的太阳变成资产阶级的星灯。

因此,王权没有接受资产阶级的花言巧语的劝说。国王用彻底的反革命回答了资产阶级的不彻底的革命。他把资产阶级推回革命的怀抱,推回人民的怀抱,因为他宣布说:'勃兰登堡在议会,议会在勃兰登堡。'"①《新莱茵报》把这个反革命的口号贴切地翻译成:"警备部在议会,议会在警备部"②。它希望人民能利用这个口号取得胜利,它认为这个口号就是勃兰登堡家族的墓志铭。

当柏林议会就拒绝纳税问题形成决议后,民主主义者区域委员会在11月18日由马克思、沙佩尔和施奈德尔签署的呼吁书中,要求莱茵省各民主团体促成实施如下措施:各地都应当用一切手段反对强行征税;各地都必须组织民团,抗击敌人;给贫民供应的武器和弹药,应由市镇出钱或靠募捐来购置;如果当局拒绝承认并执行议会的决定,应该成立安全委员会,并尽可能同市镇委员会签署协议;市镇委员会如果反对立法会议,则应由该地全民投票重新选举。因此,民主主义者区域委员会所采取的措施,本来正是柏林议会如果认真对待拒绝纳税的决议所应采取的措施。但是这些英雄们立刻就为自己的英勇行为瑟瑟发抖了:他们匆匆赶到自己的选区,阻挠他们执行自己的决议,然后又蹒跚地跑到勃兰登堡继续议事。议会如此贬低自己,以至于政府在12月5日一举将其驱散,并强令颁布了新宪法和新选举法。

---

① 《马克思恩格斯全集》中文第一版第6卷,第16—17页。
② 《马克思恩格斯全集》中文第一版第6卷,第14页。

 马克思传

这就使莱茵区域委员会在满是军队的本省陷入瘫痪。11月22日，热情地响应号召的拉萨尔在杜塞尔多夫被捕。科隆的检察官则对呼吁书的签署者提起了公诉，但还不敢逮捕他们。2月8日，他们站在了科隆陪审员面前，被指控煽动武装反抗军事与民政当局。

在一次引人注目的发言中，马克思驳斥了检察官的这样一个企图：他想根据4月6日和8日的法律，即政府通过政变蹂躏的那些法律，来找出议会的违法行为，甚至在更大程度上找出被告的违法行为。顺利地进行革命的人可以绞死自己的敌人，但不能对他们作出法庭判决。可以把他们作为战败了的敌人清除掉，但不能把他们当作罪犯来审判。为把战败了的敌人清除掉，但不能把他们当作罪犯来审判。在实行革命或反革命以后，不能用已被推翻的法律去反对这种法律本身的维护者。这是一种怯懦的法制伪善。至于究竟是国王有理还是国民议会有理，这是一个历史问题，它只能由历史而不能由陪审员来解决。

但是马克思更进一步，完全拒绝承认4月6日和8日的法律。他认为，这些法律是联合议会随意捏造出来的东西，它想借这些法律使国王不承认他在三月斗争中的失败。不能根据一个封建机构的法律来审判代表现代资产阶级社会的议会。认为社会以法律为基础，那是法学家们的幻想。相反，法律应该以社会为基础。"现在我手里拿着的这本拿破仑法典并没有创立现代的资产阶级社会。相反地，产生于18世纪并在19世纪继续发展的资产阶级社会，只是在这本法典中找到了它的法律的表现。这一法典一旦不再适应社会关系，它就会变成一叠不值钱的废纸。你们不能使旧法律成为新社会发展的基础，正像这些旧法律不能创立旧社会关系一样。"① 柏林议会没有认清它所处的历史地位，这种地位正是由三月革命所形成的。检察官责难议会拒绝接受任何和解，这完全不着边际，因为议会的不幸和错误正是在于它把自己从一个革命的国民议会贬低为模棱两可的协商派团体："这里所发生的不是在一个社会基础上的两个派别之间的政治冲突——这是两个社会之间的冲突，具有政治形式的社会冲突，——这是旧的封建

---

① 《马克思恩格斯全集》中文第一版第6卷，第292页。

第六章 革命和反革命

官僚社会和现代资产阶级社会之间的斗争，是自由竞争的社会和行会制度的社会之间的斗争，是土地占有的社会和工业的社会之间的斗争，是信仰的社会和知识的社会之间的斗争。"① 在这两个社会之间不可能有和平，而只能有斗争，你死我活的斗争。同检察官的可笑的说法相反，拒绝纳税并不会动摇社会的基础，而只是社会为反抗威胁着社会基础本身的政府而采取的一项自卫措施。

议会不承认征税的权利，这并没有违反法律，但如果它宣布进行消极的反抗，这却是违法的行动了。"可是，如果征税被宣布为非法的，难道我不应当用暴力来反抗用暴力实行的非法行为吗？"② 由于拒绝纳税的先生们不愿意拿脑袋去冒险而没有走革命的道路，所以人民才不得不在拒绝纳税时站到革命立场上来。"国民议会本身没有任何权利——人民委托给它的只是维护人民自己的权利。如果它不根据交给它的委托来行动——这一委托就失去效力。到那时，人民就亲自出台，并且根据自己的自主的权力来行动。……当国王实行反革命的时候，人民完全有权利用革命来回答它。"③ 马克思在结束发言时指出，只是戏剧的第一幕结束了。此后不是反革命的完全胜利，就是新的胜利的革命。也许，革命的胜利只有在反革命完成之后才有可能。

在这段充满革命自豪感的发言之后，陪审员们宣布被告无罪，而且首席陪审员还为这一富有教益的演说对发言人表示感谢。

（八）一次暗算

随着反革命在维也纳和柏林取得了胜利，德国的命运就已经决定了。革命的成果只剩下法兰克福议会，但它也早已失去了任何的政治信用，并

---

① 《马克思恩格斯全集》中文第一版第6卷，第301页。
② 《马克思恩格斯全集》中文第一版第6卷，第305页。
③ 《马克思恩格斯全集》中文第一版第6卷，第305页。

 马克思传

为了一纸宪法无休止地耗费口舌。而关于这一宪法只有一件事还是个疑问：它会被奥地利的军刀还是普鲁士的军刀刺穿？

《新莱茵报》在12月的一系列精彩的文章中再次记述了普鲁士革命和反革命的历史。此后，在1849年这新的一年，它又把充满希望的目光转向了法国工人阶级的起义，期待这场起义会引发世界大战。"英国这个把许多民族变成自己的雇佣工人，并用自己的巨手来扼制整个世界，并且一度担负欧洲复辟费用的国家，这个在自己内部阶级矛盾发展得最尖锐最无耻的国家，好像是一座使革命巨浪撞得浪花四溅的岩石，它想用饥饿来扼杀还在母腹中的新社会。英国统治着世界市场。欧洲大陆的任何一个国家甚至整个欧洲大陆在经济方面的变革，如果没有英国参与，都不过是杯子里的风浪而已。每个国家内的工业和贸易关系都依赖该国和其他国家的交往，都受该国和世界市场的关系的制约。但是英国统治着世界市场，而资产阶级又统治着英国。"① 因此，法国的任何一种社会变革都要遭到英国资产阶级的破坏，遭到大不列颠在工业和贸易上的世界霸权的破坏。如果要把法国以及整个欧洲大陆的任何一种局部性的社会改革进行到底，那无论现在或是将来都不过是一种虚无缥缈的善良愿望。而旧英国只有世界大战才能摧毁，只有世界大战才能为宪章派这个英国工人的有组织的政党提供条件，使它能为反对强大的压迫者进行胜利的起义。只有当宪章派成了英国政府首脑的时候，社会革命才会由空想的领域进入现实的领域。

这些对未来的希望的前提并未实现。自六月革命以来，法国工人阶级千疮百孔的伤口仍在出血，无力发动新的起义。自从欧洲的反革命从巴黎的六月革命出发，途经法兰克福、维也纳和柏林巡回一圈，到12月10日假波拿巴当选为法兰西共和国总统而暂时告一段落以来，只有匈牙利还坚持着革命，而此时已返回科隆的恩格斯则是革命最雄辩和最专业的捍卫者。除此之外，《新莱茵报》不得不限于对汹涌而来的反革命进行小规模战争，而它在这场战争中就像前一年的大会战中一样，进行了勇敢顽强的战斗。帝国内阁对这家被它看成是一切坏报刊中最坏的报纸提出了一连串

---

① 《马克思恩格斯全集》中文第一版第6卷，第174—175页。

第六章 革命和反革命

诉讼，但该报却用嘲讽迎接这些诉讼，说帝国政权是一切滑稽可笑的政权中最滑稽可笑的政权。对易北河东岸容克在柏林政变后乐此不疲地炫耀"普鲁士主义"，《新莱茵报》给予了应有的嘲笑："我们莱茵省居民很幸运，在维也纳买卖人口的大市场上得到了一位莱茵河下游的'大公'，不过他后来并没有履行他在被宣布为'大公'时所许下的那些条件。对于我们来说，'普鲁士国王'只是由于柏林国民议会的决议才存在，可是对我们这位莱茵河下游的'大公'来说，柏林国民议会是根本不存在的，因此对我们来说，任何'普鲁士国王'都不存在。我们所以落到了莱茵河下游的大公的手里，是因为贩卖人民的结果！当我们成长到能够不承认贩卖人口的生意的时候，我们将要求'莱茵河下游的大公'，拿出他的'领地所有证'来！"① 这些话正是在反革命最肆意的狂欢时写的。

当然，人们首先期望在《新莱茵报》的显著位置中找到一个东西，然而乍一看却未能找到：这就是对德国同时发生的工人运动的详细报道。这个运动已经深入易北河东岸地区，而且也绝不是无足轻重的。它有自己的代表大会，自己的组织，自己的报纸。它最有才能的领袖斯蒂凡·波尔恩早在布鲁塞尔和巴黎时期起就是恩格斯和马克思的朋友。就是这时，他还从柏林和莱比锡为《新莱茵报》撰稿。波尔恩对《共产党宣言》的理解非常透彻，尽管他只是不完善地使《宣言》适应德国大部分地区无产阶级相当低下的阶级意识。只是到后来，恩格斯才对波尔恩当时的活动进行了不公平的尖锐指责。波尔恩在自己的回忆录中说，马克思和恩格斯在革命年代从未对他当时的活动表示过不满。这是完全可信的。但这并不排除他们可能在某些事情上对他不满。无论如何，两人甚至在1849年春天就接近了这个并未受他们影响而产生的工人运动。

《新莱茵报》起初对这一运动的关注很少，部分是因为科隆工人联合会当时出版了一份莫尔和沙佩尔担任主编的每周两期的特别机关报，但主要则是因为《新莱茵报》认为自己首先是"民主派机关报"，也就是说，它保卫资产阶级和无产阶级的共同利益以反对专制制度和封建主义。这确

---

① 《马克思恩格斯全集》中文第一版第6卷，第87—88页。

实也是最为必要的,因为这样才能为无产阶级与资产阶级共同行动奠定基础。但是时间越久,民主派中的资产阶级分子的动摇程度也越大。他们每次遇到哪怕只是不太严峻的考验时都会崩溃。1848年6月第一届民主主义者代表大会上选出的五人中央委员会中,也有像梅因和从美国回来的克利盖这样的人。在这样的人的领导下,这个组织迅速衰落了。当它在普鲁士政变前夕在柏林召开第二次会议时,这一点明显地令人恐惧。如果说当时选出了一个新的中央委员会,并且还有马克思私交和政治上的朋友德斯特尔参加的话,那么这也不过是开了一张远期的支票而已。柏林国民议会的左派在十一月危机中不起作用了,而法兰克福议会的左派则越来越深地陷入了可悲的妥协泥潭中。

在这种情况之下,马克思、威廉·沃尔弗、沙佩尔和海尔曼·贝克尔于4月13日宣布退出民主主义者区域委员会①。他们用以下的话说明了自己作出决定的理由:"我们认为,各民主团体的现行组织成分过于庞杂,这势必妨碍有利于事业的有效活动的开展。我们认为最好建立一个由单一成分组成的工人联合会的更为严密的组织。"② 同时,科隆工人联合会退出了莱茵省民主派联合会,随后召集所有拥护社会民主派原则的工人团体及其他所有团体参加5月6日的省代表大会。这次大会要解决莱茵—威斯特伐利亚工人联合会的组织问题,以及是否应于6月赴莱比锡参加由波尔恩领导的莱比锡工人联谊会所召集的全德工人联合会代表大会的问题。

在这些声明之前,《新莱茵报》于3月20日发表了威廉·沃尔弗的《西里西亚的十亿》③ 这篇号召农村无产阶级起义的激昂文章。4月5日,马克思本人也发表了他在布鲁塞尔工人协会所作的关于雇佣劳动与资本的

---

① 声明的日期是1849年4月14日。同年4月15日,《新莱茵报》(第273号)发表了这一声明。

② 《马克思恩格斯全集》中文第一版第6卷,第509页。

③ 马克思和恩格斯的朋友和战友威·沃尔弗的一组文章《西里西亚的十亿》于1849年3月22日—4月25日发表在《新莱茵报》第252、255、256、258、264、270—272、281号。1886年,这些文章略经修改后,以单行本形式出版,并由恩格斯写了导言。恩格斯在《威廉·沃尔弗》一文中对这些文章作了详细的评述。

第六章 革命和反革命

报告。该报根据1848年的大规模群众斗争证明：任何一次革命起义，无论其目标看起来离阶级斗争有多么远，在革命的工人阶级取得胜利之前，都必然会遭到失败。而现在，该报想要更为详尽地探讨资产阶级的生存及工人被奴役赖以存在的经济关系。

但是，这个很有希望的进展却被维护法兰克福议会最终制定的一纸帝国宪法①斗争打断了。就这个宪法本身而言，人们不值得为它流哪怕是一滴血。宪法试图戴在普鲁士国王头上的世袭皇冠与愚人的帽子相差无几。国王没有接受这顶皇冠，但也没有拒绝它。他想与德国的王公们就帝国宪法进行协商，暗地里希望，在他用普鲁士之剑摧毁德意志中小各邦仍然存在的革命力量时，这些王公们会承认普鲁士的霸权。

这是对革命残骸的抢劫，它再次点燃了新的革命火焰。它引发了一连串的起义，即便帝国宪法没有赋予这些起义以内容，却为它们赋予了名称。尽管如此，宪法体现了民族的主权，而这一主权现在要被暗中消灭，以便重新确立王公的主权。在萨克森王国、在巴登大公国、在巴伐利亚的普法尔茨，都爆发了维护帝国宪法的武装斗争，而普鲁士国王到处扮演刽子手的角色，只是被他所挽救的权贵们却骗走了刽子手的报酬。莱茵省也发生了零星的起义，但政府在这个令人担忧的省份驻扎了大批兵力占优的军队，因此这些起义都被扼杀在萌芽之中。

现在，当局终于鼓起勇气对《新莱茵报》施加毁灭性的打击。随着新发生的革命起义的征兆越来越多，燃烧在报纸专栏中的充满革命热情的火焰也就日益炽烈。它在4月和5月出版的号外正是致人民的呼吁书，号召

---

① 帝国宪法指1849年3月28日法兰克福国民议会通过的德国宪法。它反映了当时议会中民主派和自由资产阶级中间派之间的妥协。帝国宪法没有提出通过建立民主共和国消灭半封建主义和专制主义以及为资产阶级提供自由的发展机会的任务。它规定了民主自由，同时又把行政权授予以皇帝为首的帝国政府。与土地有联系的封建劳役和租税并未废除，而必须要赎买。这部宪法是统一德国的一个步骤，但它只是一纸空文，没有实行其各项条文的任何力量。几乎所有德意志大邦（普鲁士、萨克森、巴伐利亚、汉诺威等）的政府都拒绝承认这部宪法。1849年5—7月，人民群众在小资产阶级领导下发动了维护帝国宪法的武装起义。

 马克思传

人民准备起义。当时,《新莱茵报》受到《十字报》"粗鲁无礼的钦博拉索山"①的光荣赞扬,而1793年的《通报》②在这座山面前都显得黯然失色了。政府早就想扼杀该报了,但是它没有这种勇气!莱茵陪审员在当时的情绪下,对马克思的两次审判都只是给他带来了新的胜利。当柏林方面要求科隆再次宣布戒严的时候,胆小的要塞司令部却不敢这样做。它宁愿要求警察厅把马克思作为"危险人物"驱逐出境。

警察厅在困境中找到了科隆行政区政府,行政区政府又到曼托伊费尔怀里诉苦,因为内务大臣曼托伊费尔正是行政区政府的上司。3月10日,警察厅报告说,马克思还待在科隆,但没有居留权。而他主编的报纸也继续保持破坏性的思想倾向,煽动推翻现存制度和建立社会共和国,嘲笑和讥讽本来被人们尊敬并奉为神圣的一切事物。报告认为,由于该报的无耻和文章的语调使它的读者圈日益扩大,它的行为将变得更加可耻。然而,警察厅对要塞司令部提出的驱逐马克思的建议有疑虑,政府会承认这种疑虑是有根据的,因为"只是由于报纸的危险倾向","而没有特殊的外部原因"便进行驱逐,可能会引起民主派的示威。

针对这个报告,曼托伊费尔也征求了莱茵省省长艾希曼的意见。3月29日,艾希曼答复说,驱逐虽然是正当的,但是在马克思犯下进一步的过错之前,却是令人生疑的。随后,曼托伊费尔在4月7日表示,他不反对驱逐,但是驱逐的时间必须由科隆政府决定。他认为,最好是在马克思有什么过错之后再驱逐。这次驱逐实际上发生在5月11日③,但并不是由于马克思有什么特别的过错,而是由于《新莱茵报》的危险倾向。换句话说,政府在5月11日感到自己有足够的力量进行暗算;而在3月29日和4月7日,它还没有这样做的勇气。不久前,一位普鲁士教授从档案中发现了这一事件的文件证据,他显然想用它来称赞弗莱里格拉特这位诗人的远

---

① 钦博拉索山是南美科迪勒拉山脉的最高峰之一。"粗鲁无礼的钦博拉索山",意即粗鲁无礼到了极点。
② 指《总汇通报》,法国的一家日报,1789—1901年在巴黎出版。
③ 驱逐马克思的命令是在5月12日发出的。

第六章 革命和反革命

见。弗莱里格拉特在对马克思被驱逐记忆犹新时曾写道：

不是公开的战斗中公开的打击，

而是使出阴谋诡计，

暗地里把我打倒在地。

西方卡尔梅克人的卑鄙。

（九）又一次卑怯的打击

当驱逐令送到时，马克思正在外地。虽然《新莱茵报》不断发展壮大，并拥有大约6000名订户，然而它的财政困难却尚未得到解决。随着订户的增加，现金开支也在增加，然而进款却只能事后收取。马克思去了哈姆，与雷姆佩尔进行谈判。雷姆佩尔就是1846年准备创办共产主义出版社的两位资本家之一。但是这个大胆的家伙现在也把钱袋扣得很紧，他要马克思去找前中尉亨泽，亨泽过去确实曾给该报预付了300塔勒，而由马克思个人负责偿付这笔钱。亨泽后来被证实是个奸细，他当时正被警察追捕。他和马克思一起来到科隆，而马克思就在那里看到了"政府的文件"。

《新莱茵报》的命运就这样注定了。还有几个编辑也可以作为"外国人"被驱逐，其余人则受到了法律追究。5月19日，报纸出版了红色的最后一期①，刊载了弗莱里格拉特著名的告别诗和马克思言辞犀利的告别词。马克思在其中猛烈抨击了政府的背后一击："那末你们为什么要玩弄虚伪的词句，制造荒唐的借口呢？

我们铁面无情，但也不向你们要求任何宽恕。当轮到我们动手的时候，我们不会用虚伪的词句来掩饰恐怖手段。但是保皇恐怖主义者，上帝和法律所宠爱的恐怖主义者，在实践上是残酷的、卑鄙的、下流的，在理论上是胆怯的、隐讳的、虚伪的，而在这两方面都是无耻的。"② 报纸警告

---

① 这一号的报纸是用红色油墨印刷的。
② 《马克思恩格斯全集》中文第一版第6卷，第603页。

科隆工人不要进行任何变乱。在科隆的军事管制状态下,他们将是毫无希望的。编辑们对工人们的同情表示感谢,并且说:"无论何时何地,他们的最后一句话始终将是:工人阶级的解放!"①

此外,马克思还履行了他作为战败之船船长所应承担的职责。亨泽借给他的300塔勒、他从邮局收到的1500塔勒的订阅费、他私人所有的快速印刷机等等,全部被用来偿还报纸拖欠排字工人、印刷工人、纸商、办事员、通讯员和编辑人员等等的债务。他只为自己保留了妻子的银器,但这套银器也被送到法兰克福的当铺里去了。当来的几百古尔登是全家仅有的活命钱,此时,他们像我们的祖先所说的那样,不得不重新陷入"贫困"了。

马克思与恩格斯一起从法兰克福去了巴登—普法尔茨起义的战场。他们先去了卡尔斯鲁厄,然后又去了凯撒斯劳滕,在那里见到了临时政府的灵魂人物德斯特尔。马克思从德斯特尔那里接受了民主主义者中央委员会的委托书,作为德国革命党的代表到巴黎国民议会的山岳党那里去。山岳党就是当时的社会民主党,由小资产阶级分子和无产阶级分子混合而成,并且正准备对秩序党②及其代表人物假波拿巴发动沉重打击。回程途中,二人因涉嫌参加起义而被黑森军队逮捕,被押送到达姆施塔特,然后又从那里被送到法兰克福,并且在法兰克福获释。于是马克思直接去了巴黎,恩格斯则返回凯撒斯劳滕,成了前普鲁士中尉维利希组建的志愿军的副官。

6月7日,马克思从巴黎写信指出,那里是保皇主义反动派进行统治,比在基佐时代更无耻。但革命火山口的大爆发也从来没有像目前在巴黎这样逼近。然而,他的这一期望落空了。山岳党所策划的打击遭到了十分悲惨的失败。一个月后,马克思本人遭到了胜利者的报复。7月19日,内政

---

① 《马克思恩格斯全集》中文第一版第6卷,第619页。
② 秩序党是1848年由法国两个保皇派即正统派和奥尔良派联合组成的保守的大资产阶级政党,从1849年到1851年12月2日政变,该党在第二共和国的立法议会中一直占据领导地位。

第六章 革命和反革命

部长通过警察局长命令马克思移往莫尔比昂省居住①。正如弗莱里格拉特在得知消息后写给马克思的信中所说,这是一次卑怯的打击,是一个"无耻至极的行为"。"丹尼尔斯认为莫尔比昂是法国最不利于健康的地区,这里沼泽密布,热病流行,可以说是布列塔尼的蓬蒂诺沼泽。"马克思并没有对这一"变相的谋杀企图"屈服,他上书内政部长,成功地使命令暂缓执行。

由于马克思微薄的积蓄已全部花光,他处在极端窘迫的境地中。于是,他向弗莱里格拉特和拉萨尔求助。两人都尽其所能帮助了他,但是弗莱里格拉特却抱怨了拉萨尔轻率的行事方法,拉萨尔使马克思的处境成了酒馆的话题。马克思对此感到十分痛心。他在7月31日回信说:"我宁愿过最拮据的生活,也不愿公开求乞。为此我给他写过信。

这件事简直把我气坏了。"② 但拉萨尔却用一封洋溢着善意的信消除了马克思的不满。拉萨尔保证他"极其慎重地"处理了这件事,但这种说法还是多少使人感到怀疑。

8月23日,马克思告诉恩格斯说他要离开法国;9月5日,他又告诉弗莱里格拉特,他的妻子将于9月15日与他同行,可是他不知道怎样才能弄到必需的钱,使她能够动身并安顿下来。在马克思的第三次流亡中,伴随着他的是极度的忧虑,而且这种忧虑一直是他形影不离的伴侣。

---

① 在巴黎六月十三日事件后,政府加紧了对民主主义者和社会主义者的镇压。1849年7月19日,马克思接到巴黎警方将把他驱逐到布列塔尼的莫尔比昂去的命令。他向内政部提出了抗议,于是驱逐令暂时停止执行。但8月23日,警方又一次命令他在24小时之内离开巴黎。马克思把沼泽丛生、不利于健康的莫尔比昂比做意大利的蓬蒂诺沼泽——那是一个滋生疟疾和其他疾病的地方。斯特拉本等作家都曾在自己的书中提到过它。

② 《马克思恩格斯全集》中文第二版第48卷,第83页。

第七章 流亡伦敦

（一）《新莱茵报。评论》①

在马克思从巴黎写给恩格斯的最后一封信中，他告诉恩格斯，他完全有希望在伦敦创办一份德文杂志，并且已经落实了一部分资金②。他恳请在巴登—普法尔茨起义失败后以难民身份住在瑞士的恩格斯立即到伦敦来。恩格斯应邀乘帆船从热那亚出发。

他们做这一计划的资金从何而来，已经不得而知了。这笔钱不会很

---

① 指《新莱茵报。政治经济评论》。这是马克思和恩格斯于1849年12月创办的共产主义者同盟的理论和政治刊物。它是马克思和恩格斯在1848—1849年革命期间出版的《新莱茵报》的续刊。该杂志从1850年3—11月底总共出了6期，其中有一期是合刊（第5—6期合刊）。杂志在伦敦编辑，在汉堡印刷。封面上注明的出版地点还有纽约，因为马克思和恩格斯打算在侨居美国的德国流亡者中间发行这个杂志。该杂志发表的绝大部分文章（论文、短评、书评）都是马克思和恩格斯撰写的。他们也约请他们的支持者如威·沃尔弗、约·魏德迈、格·埃卡留斯等人撰稿。该杂志发表的马克思和恩格斯的重要著作有：马克思《1848年至1850年的法兰西阶级斗争》，恩格斯《德国维护帝国宪法的运动》和《德国农民战争》。这些著作总结了1848—1849年革命的经验，进一步制定了革命无产阶级政党的理论和策略。1850年11月，由于反动势力的迫害，加上资金缺乏，杂志被迫停刊。

② 参看1849年8月23日马克思写给恩格斯的信，见《马克思恩格斯全集》中文第二版第48卷，第92—93页。

第七章 流亡伦敦

多，预计这本杂志也不会持续很久——马克思指望三四个月后会爆发世界大战。1850年1月1日，在伦敦发布了一则《卡尔·马克思主编的〈新莱茵报。政治经济评论〉召股启事》，署名为康拉德·施拉姆，是企业的担保人。上面说道，《新莱茵报》的编者参加了去年夏天的革命运动，有的在南德，有的在巴黎，以后他们大多数又聚集在伦敦，决定在这里继续出版报纸。一开始它仅能以评论为内容每月出版一次，篇幅约5印张。在经济条件允许的时候，就使《新莱茵报》每两周出版一次，每次5印张，或者，如果可能，就出版像美英周刊那样的大型周报，而只要形势允许回到德国，就立刻再把周报改为日报。最后，呼吁大家以每股50法郎的价格认购股票。

股份没有征集到多少。报纸是在汉堡印刷的，那里有一家图书经营公司接受委托出版该报，并要求从25银格罗申的季度售价中抽取50%。这家公司并没有为此事出多大的力，尤其是汉堡此时正被普鲁士占领着，十分压抑。不过，即使他们能投入更大的热情，也不会有更好的效果。拉萨尔在杜塞尔多夫还筹不到50个订户；魏德迈将100份寄往法兰克福销售，半年后只收到51弗罗林——"我找上了足够多的人，但尽管我催促再三，也没有人抓紧付钱。"正经历着切实的艰辛的马克思夫人写信给他说，由于经营上的疏忽和混乱，事情完全弄糟了，不知道最大的问题究竟是书商或者经理和科隆友人的拖延呢，还是民主派的全部行为。

实际上只由马克思和恩格斯承担的编辑准备工作做得不够，这也不是完全没有责任的。1月号的手稿直到2月6日才送到汉堡。然而，后世完全有理由庆幸这个计划基本上得到了执行，因为如果只把这个计划推迟了几个月，那么革命浪潮的急流就会使这个计划根本无法实施。因此，6期的《评论》是珍贵的见证，用马克思妻子的话说，马克思是如何用"他的全部精力，他的全部的镇定、清醒、冷静的自信心"，克服每日每时都要面对"如此令人苦恼"① 的生活中的琐碎烦恼。

马克思和恩格斯——后者更甚于前者——尤其是在年轻的时候，常把

---

① 《马克思恩格斯全集》中文第二版第48卷，第478页。——编者注

 马克思传

将来的事情看得过于临近,常常希望在花还没开的时候就能够摘到果实。他们常常因此而被斥责为伪先知!而做一个伪先知,并不是对一个政治家的美誉。但人们必须区分的是,虚假的预言是来自对清晰而敏锐的思维的冒进自信,还是源自对虔诚愿望的空虚的自我陶醉。在后一种情况下,幻象消失得无影无踪,失望使人不安;但在前一种情况下,这种失望反而会使人精力充沛,因为思想家会追溯其错误的原因并从中获得新的认识。

也许从来没有哪位政治家像马克思和恩格斯这样,如此不讲情面地、真诚地进行这种自我批评。他们完全摆脱了那种可悲的自以为是——即在面对最痛苦的失望时试图自欺欺人,假装只要这样或那样,结果就会与实际情况不同,就会是正确的。但他们同样摆脱了一切自作聪明的否定,摆脱了一切徒劳的悲观主义,他们从失败中吸取教训,以便用更大的力量为胜利做准备。

随着6月13日革命在巴黎的挫败,德国维护帝国宪法运动的失败,以及匈牙利革命遭到沙皇的镇压,革命的一个伟大阶段就此告终。只有在法国才有可能实现革命的复苏,那里不管怎样都还未成定局。马克思对这份希望十分坚定,但这并不妨碍他,反而促使他对法国革命迄今为止的进程进行无情的批判,讽刺任何幻想。他恰恰是从斗争的内部根源出发,从斗争中产生的经济矛盾出发,理清了斗争过程的错综复杂,而空谈理论的政治家们大体上都认为这种混乱是无法解释清楚的。

因此,在这篇贯穿前3期《评论》的文章中,他往往用几个简练的句子就能成功地解决当时最令人困惑的问题!资产阶级的聪明头脑乃至教条的社会主义者在巴黎国民大会上一起讨论劳动权之类的问题,而马克思用几句话就彻底讲明了这个口号的历史意义和无意义——"在六月事变以前制定的最初宪法草案中,还提到了'droit autravail',即劳动权这个初次概括无产阶级各种革命要求的笨拙公式。现在劳动权换成了 droit à l'assistance,即享受社会救济权,而哪一个现代国家不是这样或那样地养活着自己的穷人呢?劳动权在资产阶级的意义上是一种胡说,是一种可怜的善良愿望,其实劳动权就是支配资本的权力,支配资本的权力就是占有生产资料,使生产资料受联合起来的工人阶级支配,也就是消灭雇佣劳动、

第七章 流亡伦敦

资本及其相互间的关系。"① 如果说，马克思是在法国历史上，首先认识到阶级斗争是历史发展的驱动轮——因为自中世纪以来，阶级斗争在法国历史上就以特别清晰和经典的形式出现，那么他对法国历史的特殊偏爱就不难解释了。这篇文章和后来关于波拿巴政变的那篇，以及更晚的关于巴黎公社的那篇一样，是他的短篇历史著作的宝库中最耀眼的宝石。

同样在前3期的《评论》中，恩格斯从德国维护帝国宪法的运动中勾画了小资产阶级革命的图景，虽然也不免悲剧性的结果，但却是一个有趣的反面形象。② 马克思和恩格斯共同撰写每月的综述，他们在其中主要跟进经济事件的进程。他们在2月号上就已经指出，加利福尼亚金矿的发现是一个"比二月革命更重要"的事实，将比美洲的发现产生更大的后果。"一条跨越30个纬度的海岸是世界上最美丽最富饶的海岸之一，以前几乎荒无人迹，现在正迅速地变成一个富足的文明区域，这里稠密地居住着一切种族的人：从美国佬到华人，从黑人到印第安人和马来人，从克里奥尔人和梅斯蒂索人到欧洲人。加利福尼亚的黄金流遍美洲，流遍亚洲的太平洋沿岸地区，甚至把最倔强的野蛮民族也拖进了世界贸易，拖进了文明。世界贸易第二次获得了新的发展方向。【……】加利福尼亚的黄金和美国的不断努力，将使太平洋两岸很快就会同现在从波士顿到新奥尔良的海岸地区那样，人口也那样稠密、贸易也那样方便、工业也那样发达。那时，太平洋就会像大西洋在现代，地中海在古代和中世纪一样，起着伟大的世界水路交通线的作用；而大西洋的地位将要降低，而像现在的地中海那样只起一个内海的作用。欧洲的文明国家要避免陷入像意大利、西班牙和葡萄牙当前在工商业上和政治上的依附地位，唯一的可能就是进行社会革命，这个革命现在还不算晚，还能够根据现代生产力所促成的生产本身的需要来变革生产方式和交换方式，这样，就可以创造出新的生产力，保证

---

① 《马克思恩格斯文集》第2卷，第113页。
② 恩格斯《德国维护帝国宪法的运动》，见《马克思恩格斯全集》中文第二版第10卷。

205

欧洲工业的优势,从而弥补地理上的不利条件。"① 只是,做出这个伟大展望的两位作者不久后就不得不承认,当前的革命因加利福尼亚金矿的发现而逐渐停滞了。

此外,马克思和恩格斯共同撰写的还有对三月革命前的名人试图分析革命的文章的批判——包括德国哲学家道默、法国历史学家基佐和英国的独创性天才卡莱尔。道默来自黑格尔学派,基佐对马克思、卡莱尔对恩格斯各产生过重大影响。现在再提及这3个人,则发现他们在革命的天平上分量太轻了。道默宣扬"新年代的宗教"的那套闻所未闻的空洞套话,被概括为下面这幅"亲切的景象":德国哲学在其养父——德国小市民阶级临终的床前合掌恸哭。马克思和恩格斯在对基佐的批判中证明了,旧制度中最能干的人,甚至是那些在他们看来绝不可能被否认历史才能的人,是如何在不幸的二月事件中彻底陷入迷惘,以至于完全失去了他们对历史的理解,甚至失去了对他们早前行为方式的理解。最后,如果说基佐的著作表明了资产阶级的专家正在趋于没落,那么卡莱尔的两本宣传小册子则说明了文学天才在愈发激烈的历史斗争中没落了,他们试图对抗历史斗争而坚持他们那些认识错误的、直观的、预言式的灵感。

虽然马克思和恩格斯在这些精彩的批判中,指出了革命对三月革命前的文坛巨匠们的破坏性影响,但他们远没有像时常被议论的那样,相信革命具有某种神秘力量。革命并没有塑造一个令道默、基佐和卡莱尔惊恐万分的形象,而只是撕开了这个形象的面纱。在革命中,历史发展并没有改变,而只是加快了进程——在这个意义下,马克思将革命称为"历史的火车头"②。愚笨的庸人相信"和平而合法的改革"优于所有革命的爆发,这显然与马克思和恩格斯不是一路的——他们认为暴力也是一种经济力量,是任何一个新社会的接生婆。

---

① 《马克思恩格斯全集》中文第二版第10卷,第275—276页。
② 《马克思恩格斯全集》中文第二版第10卷,第214页。

第七章　流亡伦敦

（二）金克尔案

1850年4月的第4期之后，《新莱茵报。评论》不再定期出版，而造成这一点的原因之一是这一期上刊载的一篇短文，作者曾在文中预言这篇文章会引起"感伤主义伪善者和民主主义清谈家的普遍愤懑"①。这是一篇简短而致命的批判，针对的是哥特弗利德·金克尔于1849年8月7日②作为被俘的志愿兵在拉施塔特军事法庭上作出，并于1850年4月初刊登在柏林一家报纸上的辩护词。

这篇批判本身是完全合理的。金克尔在军事法庭上否定了革命和他的战友，他宣誓效忠"霰弹亲王"并祝祷"霍亨索伦帝国"万岁，而他的26位同志则在同一个军事法庭上被判处死刑，英勇就义。但当马克思和恩格斯抨击金克尔的时候，金克尔正在蹲监狱；正如一般人所认为的那样，他是被选中的王室报复的牺牲品，由于内阁的非法干预行为，原本被军事法庭判决的要塞徒刑被改为羞辱性的劳役刑。像这样把他钉在政治的耻辱柱上，会极大地引起不仅限于"感伤主义伪善者和民主主义空谈家们"的疑虑。

此后，金克尔案件的档案被公开，据此看来，这个案件实在是悲喜交织的一团乱麻。金克尔原本是一位神学家，而且是一位正统的神学家。由于他与一位离异的天主教徒结婚，背离了真正的信仰，从而引起了正统派势不两立的憎恨，这使他获得了远超功绩和价值的"自由英雄"称号。金克尔加入马克思和恩格斯所在的党，实际上只是因为"误会"。政治上，他没有超越众所周知的民主主义口号，他身上遗留的神学家时代的"该死的口才"——用弗莱里格拉特的话来说——把他有时向左、有时又像在拉施塔特的演说中一样向右拉扯得很远。糟糕的诗歌才能使他比同类的其他

---

① 《马克思恩格斯全集》中文第二版第10卷，第402页。
② 应为8月4日。

 马克思传

民主主义者更加出名。

在维护帝国宪法的运动中,金克尔加入了维利希的志愿军,与恩格斯和莫尔共同战斗。他在军中十分英勇,在莫尔牺牲的穆尔格河畔的最后一场战役中,他被子弹擦伤了头部,然后被俘。军事法庭判处他终身监禁在要塞中,但这对于"霰弹亲王"——或者像金克尔在辩护中更加赞美地称其为"我们的王位继承者"——来说没什么用,于是柏林的总检察署提请国王撤销军事法庭的判决并由军事法庭重新对他作出正确的审判,因为金克尔本应判处死刑。

现在整个内阁都起来反对,因为他们虽然承认了对谋反者的刑罚太过温和,但出于对舆论的考虑,还是建议要认可判决,"以示恩典"。同时,在内阁看来,下令在一个"平民机构"执行刑罚是"明智的",因为如果把金克尔当作要塞徒刑犯的话,会引起"巨大的轰动"。国王批准了内阁的提请,但却因此引起了恰恰本应避免的"巨大轰动"。"舆论"意识到这是一个极大的嘲讽——一个国王对一名谋反者"施以恩典"要把他送去监狱服劳役刑,而军事法庭仅仅是想把他送进要塞而已。

但是舆论搞错了,因为大众不了解普鲁士刑罚执行的微妙之处。金克尔并没有被判处军事要塞监禁,而是被判处军事要塞徒刑,这种刑罚的执行形式要比在监狱的劳役刑更加严厉、更加令人厌恶。一间牢房中挤满十几二十名要塞徒刑犯,只有一张硬木板床用来睡觉,吃的东西又少又差,他们必须完成像清扫厕所、打扫街道这样的最为卑微的工作,稍有疏忽就会尝到鞭子的滋味。出于对"舆论"的忌惮,内阁不想让被囚的金克尔去过这种非人生活。但当"舆论"对这件事作出相反理解的时候,内阁由于害怕"霰弹亲王"及其报复欲极强的党,不敢公开承认自己的"人道"目的而宁愿让国王遭受怀疑。这种怀疑即使在好心人的眼里,也必然并且已经使国王遭受了严重的损害。

在这次失败的行动所造成的糟糕印象下,内阁不愿因金克尔在监狱里的经历引起新的"轰动",只敢下令——在任何情况下都不能对他实施体罚。内阁还希望使金克尔免于强制性的体力劳动,建议金克尔最初被关押的瑙加德的监狱长把这份责任揽在自己的头上。但这位死板的官僚主义者

第七章 流亡伦敦

严守职责,让金克尔去摇纺车。这又引起了巨大的骚动,一首《纺车之歌》应运而生并广为传唱,"纺车旁的诗人"的图片在德国泛滥,金克尔自己也给妻子写信说:"命运的捉弄和党派的愤怒已近疯狂,曾为德意志民族写过《射手奥托》的这只手,现在摇着纺车。"然而,旧有的经验很快就得到了证实,庸人们的"义愤"往往会以贻笑大方而告终。斯德丁区政府被这种喧嚣吓坏了,他们比内阁更有勇气,当然也立即因"民主观念"受到谴责,于是下令让金克尔去做文字工作。对此,金克尔自己却宣布,他希望继续留在纺车旁,因为轻体力劳动不妨碍他自由思考,而连日的抄写则会造成胸部损伤,使他生病。

广为流传的观点是,按照国王的命令去蹲监狱是对金克尔特殊的恶意,这是不对的,虽然他还要受些苦。瑙加德的狱长施努歇尔虽然是个死板的官僚主义者,但不是残酷不仁的人:他对金克尔称"你",但允许他在户外多活动,并对金克尔夫人为解救丈夫做出的不懈努力表示理解和同情。相反,在金克尔于1850年5月转入的施潘道监狱中,虽然对他称"您",但却强迫他剃须剪发。狱长耶泽里希是个伪善的反动派,他试图变着花样折磨金克尔,并且马上就与"金克尔的另一半"发生了令人厌恶的争吵。但当内阁要求他报告有关金克尔夫人的申请——如果她的丈夫被释放到美国,他将以名誉担保放弃一切政治活动,永远不回欧洲——时,这个人贩子至少没设置什么障碍。耶泽里希甚至表示,就他对金克尔的了解来看,金克尔的内心一到美国就会得到彻底的治愈;但还是要在牢里关上至少一年,以张法纪。随后可以允许他移民,除非长期的监禁使他健康受损,但这一点现在还看不出来。耶泽里希的报告呈交给了国王,这位国王无疑被证实比内阁和狱长报复欲更强。"圣谕"决定,不允许金克尔在一年期满后移民国外,还要他遭受与以前完全不同的羞辱。

如果看一看当时对金克尔的崇拜,就会明白他必然会引起马克思和恩格斯这样的人的反感。他们向来受不了这种庸人们的吵吵嚷嚷。恩格斯在他关于维护帝国宪法运动的叙述中就进行过非常辛辣的评论,人们为五月起义的"有教养的牺牲者"做了许多事情,但却没有人愿意谈论那些将在战斗中倒下的、在拉施塔特兵营中腐烂的,或者在流亡中遭受穷困潦倒的

 马克思传

成百上千的工人。但即使撇开这点不谈,在那些"有教养的牺牲者"中,也有许多人承担的要比金克尔更加沉重,却比金克尔更有男子气概,没有像只公鸡一样高声叫嚷。只要想一想奥古斯特·罗克尔这位与金克尔不相上下的艺术家,他在瓦尔德海姆的监狱中遭受了最残忍的虐待,甚至体罚。在12年不堪忍受的折磨之后,他都不愿低下眼眉去乞求怜悯,绝望的反动派拿他的骄傲没有办法,最后只好暴力地把他扔出监狱。而在这样的人中,罗克尔并不是唯一。相反,金克尔才是唯一的一个,在短短几个月尚可忍受的监禁之后就通过发表他的拉施塔特演说,在全世界面前诉说他的懊悔和歉意。因此,马克思和恩格斯对这篇演说严厉而辛辣的批评是完全恰当的;他们有理由说,被监禁的金克尔的处境并没有因此恶化,而是得到了改善。

金克尔案的进程证明他们在其他方面也是正确的。对金克尔的狂热让资产阶级慷慨解囊,他们贿赂了施潘道监狱的一个狱官,于1850年11月由卡尔·叔尔茨帮助金克尔越狱。这就是现在国王从他的复仇欲中获得的东西。如果他允许金克尔以名誉担保不再从事政治活动并移民美洲,那么金克尔很快就会被人们遗忘,这一点连狱长耶泽里希都明白。现在,金克尔通过成功越狱成为了一个三度获誉的鼓动家,而国王则要忍受嘲弄。

但国王有国王的办法。金克尔逃跑的消息使他产生了一个想法,连他自己都承认这个想法是不正当的。他命令他的曼托伊费尔,通过"人品贵重"的施梯伯揭穿这个阴谋并加以惩罚。施梯伯在当时是普遍被人瞧不起的,就连在迫害政敌上心安理得的柏林警察局长欣克尔代也强烈反对在警察队伍中重新任用他。但这些都无济于事,施梯伯通过盗窃和伪造证据策划了科隆共产党人案,作为证明他能力的习作。

在各种无耻行径上,科隆共产党人案远超金克尔案几十倍,但人们却没有听到过哪怕一个单纯的市民为之激动。也许这个可爱的阶级想要证明,马克思和恩格斯从一开始就看透了他们。

第七章　流亡伦敦

（三）共产主义者同盟的分裂

在其他方面，金克尔案的象征意义远大于它的实际意义。从这个案子上可以最清楚地认识到马克思和恩格斯与伦敦流亡者之间争论的本质，但这个案子并不是争论中最重要的表现，更谈不上是它的原因了。

是什么把马克思和恩格斯与其他流亡者联系在一起，又是什么使他们与其他流亡者分开，这一点除了从出版《新莱茵报。评论》外，还从他们在1850年全力以赴的两项创举中看出：一方面是难民委员会①，他们与鲍威尔、普芬德和维利希一起建立了这个帮助流亡者的委员会，瑞士越是表现出对流亡者的粗暴态度，就越是有大批流亡者涌向伦敦；另一方面是重建共产主义者同盟，这件事越发必要，因为胜利的反革命越发无情地剥夺工人阶级的新闻和集会自由，总之是剥夺一切公共宣传的手段。可以说，马克思和恩格斯是在人情人性上与流亡者休戚与共，而不是在政治上；他们分担了移民的苦难，但没有跟他们一起做白日梦；他们为流亡者捐献了最后一分钱，但却丝毫没有牺牲他们的信念。

德国和现在世界各国的流亡者群体是一个由最多样化的元素组成的混乱群体。他们都希望革命的复兴能带领他们回到自己的祖国，他们都在为这个目标努力，有了这个目标似乎就有了统一的行动。然而，每一次这样的尝试都不免失败；充其量只是纸上谈兵，内容匮乏却辞藻华丽。一旦要付诸行动，就会出现最令人不快的争吵。这不是个人的过错，最多是他们

---

① 流亡者委员会原名伦敦德国流亡者救济委员会，隶属于伦敦德意志工人共产主义教育协会，1849年9月成立。马克思当选为委员会委员。1849年12月3日根据马克思和共产主义者同盟其他领导人的提议，该委员会改组为社会民主主义流亡者委员会，马克思和恩格斯都参加了它的领导工作。共产主义者同盟分裂以后，流亡者委员会大多数成员受到了维利希—沙佩尔集团的影响。1850年9月18日，马克思和恩格斯及其拥护者宣布退出这个组织，委员会被维利希—沙佩尔集团所控制。

所处的绝望境地加剧了矛盾的爆发；真正的原因是决定革命进程并且会在流亡者中持续存在的阶级斗争，尽管有人想方设法试图幻想这种斗争并不存在。马克思和恩格斯从一开始就认清了这样的尝试不会有结果，并没有参与这些尝试。但这却使所有大大小小的流亡者派别一致认为，即马克思和恩格斯是真正的、无药可救的干扰因素。

就马克思和恩格斯而言，他们在继续推进在革命前就已经开始了无产阶级阶级斗争。自1849年秋以来，共产主义者同盟的老成员几乎全部重新在伦敦聚集起来，只有在穆尔格河畔的战斗中牺牲的莫尔和直到1850年夏才到这里的沙佩尔除外，最后一位是一年后从瑞士搬来的威廉·沃尔弗。此外还增添了一些新的力量：奥古斯特·维利希，这位前普鲁士军官在巴登—普法尔茨战役中证明了自己是一位明智的志愿军团领袖，被他当时的副官恩格斯招募过来——一个能干的人，但在理论方面头脑不灵光。然后是形形色色的年轻人，商人康拉德·施拉姆，教师威廉·皮佩尔，特别是曾在德国的大学学习，却在巴登起义和瑞士流亡期间通过考试的威廉·李卜克内西。这些年他们大都在马克思身边，李卜克内西可能是最亲密和最忠诚的。马克思对另外两个人的评价并不总是好的，因为他们给马克思带来了许多麻烦，但我们不能从字面上理解马克思偶尔说的关于他们的每一句怒话。当康拉德·施拉姆年纪尚轻就被肺结核夺去生命时，马克思称赞他是党的"泼息·霍士泼"；关于皮佩尔，马克思也说他"无论如何是一条好汉"。格丁根的律师约翰奈斯·米凯尔通过皮佩尔与马克思取得了书信联系，并加入了共产主义者同盟。显然，马克思认为他是一个有思想的人，米凯尔在很多年间都是旗帜鲜明的，直到和他的朋友皮佩尔一起退回了自由主义的阵营。

1850年3月的《中央委员会告同盟书》决定要重建共产主义者同盟，这份《告同盟书》由马克思和恩格斯撰写，并由特使亨利希·鲍威尔带到德国。这份《告同盟书》从这样的一个观念出发，即一场新的革命已经迫近，"不管将来是由法国无产阶级的独立起义引起的，还是由神圣同盟对

第七章 流亡伦敦

革命的巴比伦的侵犯引起的"①。

正如三月革命带领资产阶级获得胜利一样,新的革命也将领导小资产阶级取得胜利,而工人阶级将再次遭到他们的背叛。在《告同盟书》中,革命的工人政党与小资产阶级民主派的关系是这样被总结的:"同小资产阶级民主派一起去反对工人政党所要推翻的派别;而在小资产阶级民主派企图为自己而巩固本身地位的一切场合,工人政党都对他们采取反对的态度。"② 小资产阶级要利用胜利的革命对资本主义社会进行改革,使之对他们自己的阶级,也在一定程度上对工人更加舒适、更可以忍受。但无产阶级决不可能满足于此。民主派小资产阶级在落实他们有限的要求后会迫切要求尽快结束革命,但工人的任务则是要不断革命,"直到把一切大大小小的有产阶级的统治全都消灭,直到无产阶级夺得国家政权,直到无产者的联合不仅在一个国家内,而且在世界一切举足轻重的国家内都发展到使这些国家的无产者之间的竞争停止,至少是发展到使那些有决定意义的生产力集中到了无产者手中。"③

因此,《告同盟书》告诫工人,不要被小资产阶级民主派的统一与怀柔的说教所蒙蔽,沦为资产阶级民主派的附庸。相反,工人们必须尽可能坚定有力地组织起来,以便在一直以来通过自己的力量和勇气奋斗而来的革命胜利后,强加给小资产阶级一些条件,以使资产阶级民主派的统治本身带有垮台的萌芽,并明显便于它以后被无产阶级统治所取代。"工人【……】首先必须尽一切可能反对资产阶级制造安静局面的企图,迫使民主派实现他们现在的恐怖言论。【……】工人不仅不应反对所谓过火行为,不应反对人民对可恨的人物或对与可恨的往事有关的官方机构进行报复的举动,不但应该容忍这种举动,而且应该负责加以领导。"④ 在国民议会选举中,工人须在各地提出独立的候选人,即使是在他们没有获胜希望的地

---

① 《马克思恩格斯全集》中文第二版第 10 卷,第 387 页。
② 《马克思恩格斯全集》中文第二版第 10 卷,第 388 页。
③ 《马克思恩格斯全集》中文第二版第 10 卷,第 389 页。
④ 《马克思恩格斯全集》中文第二版第 10 卷,第 391 页。

 马克思传

方,而不去理会民主派的那套空话。当然,在运动初期,工人还不能直接提出共产主义的规则,但他们可以迫使民主派尽可能多方面地干预现有的社会秩序,扰乱它的正常进程,使其出丑并尽可能多地把生产力、运输工具、工厂、铁路等平衡到国家手中。最重要的是,工人不应容忍在废除封建制度时,像在法国大革命中那样,把贵族的土地作为自由财产交给农民,从而维持着农村无产阶级,并形成一个农民小资产阶级,他们将会与法国农民一样经历贫困和负债的循环。相反,工人必须要求将没收的贵族土地保留为国有财产,转变为工人居住区,由联合起来的农村无产阶级用大规模的耕作方法进行劳动。这样一来,共有财产的原则就会立即在摇摇欲坠的资产阶级财产关系中获得一个坚实的基础。

用这份通告武装起来的鲍威尔,在德国的布道之旅中取得了巨大成功。他成功地重新接上一些已经断了的联系,并建立了新的线索,特别是在各种反革命狂潮中幸存下来的工人、农民、临时工团体和体操协会中产生了巨大影响。就连斯蒂芬·波尔恩创立的工人兄弟会①中最有影响力的成员也加入了共产主义者同盟,正如当时被一个瑞士流亡者组织委派到德国考察的卡尔·舒尔茨向苏黎世报告的那样,同盟"把一切有用的力量都拉过去了"。在1850年6月的第二篇《告同盟书》中,中央委员会报告了,同盟已经在德国的一些城市站稳了脚跟,并且建立了领导层,石勒苏益格—荷尔斯泰因的领导层在汉堡,梅克伦堡的在什未林,西里西亚的在布雷斯劳,萨克森和柏林的在莱比锡,巴伐利亚的在纽伦堡,莱茵地区和

---

① 工人兄弟会全称是"全德工人兄弟会",是共产主义者同盟盟员斯·波尔恩于1848年在柏林建立的德国工人和手工业者的组织。波尔恩是工人运动中改良主义路线的代表,他把兄弟会的活动局限于组织经济罢工和力图实现有利于手工业者的狭隘的行会性措施,如给小生产者贷款和组织合作社等。兄弟会的纲领是断章取义地引用了《共产党宣言》的观点和吸收了路·勃朗及皮·约·蒲鲁东的小资产阶级社会主义学说以后拼凑而成的。但是,兄弟会的一些经常接受共产主义者同盟盟员领导的地方分会,在1848—1849年革命事件的直接影响下积极参加了革命斗争。1849年春,马克思和恩格斯在筹建摆脱小资产阶级民主派的无产阶级政党时,曾想利用工人兄弟会的组织。1850年,政府禁止了工人兄弟会的活动,但是它的若干分会还继续存在了许多年。

第七章 流亡伦敦

威斯特伐利亚的在科隆。

在这篇讲话中,伦敦的领导层被称为整个同盟中最强大的领导层,几乎独自承担了同盟的全部费用。他们坚持领导伦敦的德国工人教育协会,以及当地的绝大多数流亡者;中央委员会还与英国人、法国人和匈牙利人的革命党保持密切联系。但在其他方面,伦敦领导层又是同盟中最薄弱的,因为他们总是被卷入流亡者之间日益激烈但也日益无望的斗争之中。

1850年夏,革命早日复兴的希望显然已经消失了。在法国,普选权被废除了①,而工人阶级并没有起义;抉择只是在王位追求者路易·波拿巴和君主主义反动派的国民议会之间做出。在德国,民主派小资产阶级退出了政治舞台,而自由派资产阶级则参与了普鲁士对德国革命遗骸的抢夺。与此同时,普鲁士受到了那些追随奥地利步调的德意志中小邦国的欺骗,而沙皇则对整个德国社会挥舞着威胁的皮鞭。但是,随着真正的革命逐渐消退,流亡者们为制造一场人为革命所做的狂热努力也在同步增加;在所有威胁性的迹象上,他们继续自欺欺人,并把希望寄托在通过他们坚定的意志就能够发生的奇迹上。同样,他们对来自自己队伍中的任何自我批评也变得更加怀疑。马克思和恩格斯以清晰而冷静的眼光观察事情的真实进程,因而与流亡者之间产生了越来越明显的对立。但是,逻辑和理性的声音怎么可能在越来越绝望的人群中压制住狂热的风暴呢?马克思和恩格斯能做的太少了,以至于这种普遍的狂热渗透到了共产主义者同盟在伦敦的领导层,并从内部破坏了中央委员会。

在1850年9月15日的会议上,出现了公开分裂。6名成员反对4名成员:老近卫军马克思和恩格斯,然后是鲍威尔、埃卡留斯,与青年接班人康拉德·施拉姆、维利希、沙佩尔、弗兰克尔和列曼,其中只有一个老委员:沙佩尔,恩格斯称他为"原始革命家",在他近距离目睹了一年的反

---

① 指新选举法,即法国1850年5月31日通过的《1849年3月15日选举法修正案》。该法案规定,在固定居住地居住3年以上并直接纳税的人才有表决权。此项法案使300多万选民丧失了选举权,实际上废除了普选权。

 马克思传

革命暴行并刚刚登陆英国之后,就被革命的热情所席卷。

在这次决定性的会议上,马克思用这样的话来描述反对派:"少数派用教条主义观点代替批判观点,用唯心主义观点代替唯物主义观点。少数派不是把现实关系,而仅仅把意志看作革命的动力。我们对工人说:不仅为了改变现存条件,而且为了改变自己本身,使自己具有进行政治统治的能力,你们或许不得不再经历15年、20年、50年的内战和国际斗争,而你们却相反地对工人们说:'我们必须马上夺取政权,要不然我们就躺下睡大觉'。我们特别向德国工人指出德国无产阶级不够成熟,而你们却非常笨拙地向德国手工业者的民族感情和等级偏见阿谀逢迎,当然这样做是比较受欢迎的,正像民主派把人民这个词变成圣物一样,你们用无产阶级这个词来玩这套把戏。"① 随后发生了激烈的争论,甚至发生了——顺便说一下,马克思对此是表示反对的——施拉姆向维利希发出决斗挑战的情况,他们在安特卫普附近一决胜负,导致施拉姆受了轻伤。但事实证明,思想的统一是不可能的。

多数派试图通过将领导层转移到科隆来挽救同盟;科隆区部将选举一个新的中央委员会,而以前的伦敦区部被两个彼此独立、仅与同一个中央委员会联系的区部所取代。科隆区部接受了这个提议,并选举出了一个新的中央委员会,但少数派拒绝承认。他们在伦敦区部,特别是在德国工人教育协会中拥有更强大的追随者,马克思和他亲近的朋友们则退出了该协会。维利希和沙佩尔建立了另外的同盟,但很快就在惊险的革命游戏中消失了。

比起9月15日的会议,马克思和恩格斯在他们的《评论》第5期和第6期中更全面地论证了他们的观点,《评论》在1850年11月的合刊后就停刊了。除了恩格斯从历史唯物主义的角度介绍1525年农民战争的一

---

① 《马克思恩格斯全集》中文第二版第11卷,第479页。

第七章 流亡伦敦

篇长文①外，合刊还登载了埃卡留斯关于伦敦缝纫业的一篇文章，马克思对此欢欣鼓舞地表示欢迎，他写道："无产阶级在街垒里和战场上赢得胜利之前，就以一系列智力上的胜利宣告自己统治的来临。"② 埃卡留斯曾受雇于伦敦的一家裁缝店，他认为手工业屈服于大工业是历史的进步，同时他在大工业的成果和成就中认识到，历史本身创造了，并且每天都在新创造着无产阶级革命的现实条件。在这种不受任何感性因素干扰的纯唯物主义观念中，面对资产阶级社会及其运动，马克思称赞这是种伟大的进步，超越了魏特林和其他工人作家对现有状况提出的敏感、道德和心理批判。这是他不停劳动的成果，也是最令他高兴的成果。

然而，杂志最后一期的重点在于5月至10月的经济—政治概况。在一项全面的调查研究中，马克思和恩格斯阐释了政治革命和反革命的经济原因，后者是如何从严重的经济危机中产生的，其根源是生产的新高潮。他们得出的结论是："在这种普遍繁荣的情况下，即在资产阶级社会的生产力正以在整个资产阶级关系范围内所能达到的速度蓬勃发展的时候，也就谈不到什么真正的革命。只有在现代生产力和资产阶级生产方式这两个要素互相矛盾的时候，这种革命才有可能。大陆秩序党内各个集团的代表目前争吵不休，并使对方丢丑，这决不能导致新的革命；相反，这种争吵之所以可能，只是因为社会关系的基础目前是那么巩固，并且——这一点反动派并不清楚——是那么明显地具有资产阶级的特征。一切想阻止资产阶级发展的反动企图都会像民主派的一切道义上的愤懑和热情的宣言一样，必然会被这个基础碰得粉碎。新的革命，只有在新的危机之后才可能发生。但它正如新的危机一样肯定会来临。"③

---

① 指恩格斯的《德国农民战争》。这部著作是恩格斯1850年夏天和秋天在伦敦为《新莱茵报。政治经济评论》写的，发表在该杂志第5、6期合刊上。1852年1月1日至1853年2月1日《体操报》（纽约）第3—20号转载了这部著作。1870年4月2日至10月15日《人民国家报》（莱比锡）第27—83号连载了这部著作。1870年10月《德国农民战争》单行本问世。

② 《马克思恩格斯全集》中文第二版第10卷，第572页。

③ 《马克思恩格斯全集》中文第二版第10卷，第596页。

在这篇概况的结尾,这一清晰而令人信服的论述与由马志尼、赖德律-洛兰、达拉什和卢格签署的欧洲中央委员会①的号召形成了对比,后者在简短的篇幅中概括出了流亡者的全部幻想。它把革命的失败归咎于个别领导人的虚荣嫉妒和各种人民导师的敌对意见,并宣称其教义是对自由、平等、博爱、家庭、社会、城邦、祖国的信仰,总之是对一个以上帝及其律法为首、以人民为基础的社会状态的信仰。

在这份日期为1850年11月1日的概述之后,两位作者在同一个地方的合作中断了20年;恩格斯去了曼彻斯特,重新担任欧门—恩格斯公司大型纺纱厂的职员,而马克思则留在伦敦,全身心地投入他的科学工作。

(四)流亡中的生活

11月的这些日子几乎恰好是马克思一生的中间点,不仅表面上是马克思毕生事业的一个重要转折。他本人对此有鲜明的感受,而恩格斯的感受或许更加强烈。

恩格斯在1851年2月写信给马克思说:"流亡是一所学校,在这里,一个人如果不彻底脱离流亡生活,不满足于同所谓的'革命党'毫无瓜葛的独立著作家的地位,他就必然会成为傻瓜、蠢驴或者卑鄙的无赖。"②。马克思回信③说:"我却很喜欢你我二人目前所处的公开的真正的离群索居

---

① 指欧洲民主派中央委员会,是根据朱·马志尼的倡议于1850年6月在伦敦成立的、欧洲各国资产阶级和小资产阶级的流亡者的国际性组织。马志尼的倡议曾得到古·司徒卢威和阿·卢格的全力支持。卢格经司徒卢威的推荐,作为德国民主派的代表加入了委员会。加入委员会的还有亚·奥·赖德律-洛兰、阿·达拉什和拉·科苏特。这个无论成分和思想都极其复杂的组织存在的时间不长。由于意大利和法国民主派流亡者之间的关系恶化,欧洲民主派中央委员会于1852年3月实际上已经瓦解。马克思和恩格斯在《时评。1850年5—10月》(见《马克思恩格斯全集》中文第2版第10卷)中批判了该委员会1850年7月3日的成立宣言。

② 《马克思恩格斯全集》中文第二版第48卷,第191页。

③ 马克思的这封"回信"在恩格斯的这封信之前。

第七章 流亡伦敦

状态。这种状态完全符合我们的立场和我们的原则。那种互相让步、出于礼貌而不得不容忍折中的做法，以及必须在公众面前同所有这些蠢驴一起对党内一些可笑的事情分担一部分责任，现在必须抛弃这些。"① 恩格斯再次回信道："我们现在终于再次——长时间以来第一次——有机会表明，我们不需要声誉，不需要任何国家的任何政党的任何支持，我们的立场完全不取决于这类小事情。从现在起，我们只对我们自己负责，【……】从根本上说，我们不能过于埋怨这些渺小的大人物惧怕我们；难道我们多年来不是做得好像同任何三教九流的人物都是一党吗？其实，我们根本不曾有过任何党，那些我们至少在正式场合将其算做属于我们一党，【……】连我们的理论的基本原理都不懂。"② 我们无需过分斟酌"傻瓜"、"无赖"这样的用词，也可以撇开那些激昂的表述看出些别的东西：可以肯定的是，马克思和恩格斯正确地认识到这一救赎的决定，即从与流亡者毫无结果的争论中脱身，并且像恩格斯说的那样，"在某种孤独状态下"进行科学研究，直到能够理解他们事业的人们和时代到来。

只不过，这种脱身并不像后来人回顾时看到的那样清晰、迅速和顺利。在马克思和恩格斯接下来几年的书信往来中，与流亡者之间的斗争仍然常常出现不同的回响。这是从共产主义者同盟分裂成的两个派别之间不断的摩擦中产生的。这两位朋友在不再介入流亡者争吵的同时，并没有打算不再参与这种政治斗争。他们没有放弃与宪章派机关报的合作，甚至不打算在《新莱茵报。评论》停刊时就这样算了。

巴塞尔的出版商沙贝利茨想要接手继续出版，但没有做成；留在科隆的海尔曼·贝克尔，他先是经营《西德意志报》，在该报被禁后主持一间小规模的出版社，马克思就其著作集的出版以及会在吕蒂希发行的季刊与他进行了谈判。这些计划由于贝克尔在1851年5月被捕而失败，但至少出版了一册由海尔曼·贝克尔出版的《卡尔·马克思文集》。这套文集原本计划是由两卷组成，每卷25个印张。

---

① 《马克思恩格斯全集》中文第二版第48卷，第190页。
② 《马克思恩格斯全集》中文第二版第48卷，第194页。

 马克思传

在5月15日之前订阅这个两卷本的人收到的是10册,每册价值8银格罗申;之后每卷的零售价为1塔勒15银格罗申。第一册卖得很快,但魏德迈夸口说卖出了15000册,这个说法肯定是基于某种错误;根据当时的条件,即使是这个数字的十分之一也意味着巨大的成功。

对马克思来说,"谋生的迫切需要"也在这些计划中发挥了作用。他当时的生活环境十分困苦。1849年11月,他的第四个孩子出生了,是一个叫吉多的小儿子。妈妈亲自给孩子喂奶,关于这一点她曾写道:"这个可怜的孩子从我身上吸去了那么多的痛苦和内心的忧伤,所以他总是体弱多病,日日夜夜忍受着剧烈的痛苦。他从出生以来,没有一个晚上是睡到两三个小时以上的。"① 这个可怜的孩子在出生一年后就夭折了。

马克思一家被粗暴地从他们在切尔西的第一套公寓里赶了出来,因为他们把租金付给了女房东,而不是户主。他们好不容易在莱斯特广场莱斯特街的一家德国旅馆找到了一个新住处,不久又搬到了索荷广场第恩街28号。在这里的两个小房间里,他们找到了一个可以安定下来的地方,长达6年。

但困境并没有随之驱散,反而是日益加剧;1850年10月底,马克思写信给在法兰克福的魏德迈,要求他把在当地当铺里当掉的银器赎回并出售;只有一件属于小燕妮的儿童餐具无论如何要保留下来。"我现在的情况是这样:即使是为了能继续工作,我也无论如何必须弄到钱。"② 恰好在这些日子里,恩格斯搬回曼彻斯特,投身于"该死的生意",毫无疑问,他做这样的打算主要是为了帮助他的朋友。

当然,在困境中,朋友往往是稀有的。马克思夫人在1850年写信给魏德迈说:"真正使我十分伤心,使我十分难过的只是,我的丈夫不得不经受这样多的琐屑的苦事,而本来只要很少的东西就可以帮助他;他曾心甘情愿地、愉快地帮助过那么多人,而在这里却是这样的无助。但是,前面已经说过,亲爱的魏德迈先生,您不要以为我们要向什么人提出要求。如

---

① 《回忆马克思》,人民出版社2005年版,第172—173页。
② 《马克思恩格斯全集》中文第二版第48卷,第135页。

第七章 流亡伦敦

果我们得到了什么人的接济,那我的丈夫还是能够用他的财产加以偿还的。我的丈夫对于那些从他那里获得过某些思想、得到过某些鼓励和支持的人所能提出的惟一要求,就是在事业上为他的《评论》更多地出力,更多地关心《评论》。对此我能够骄傲而大胆地肯定。这是他们应当为他做的一点点事情。【……】我相信,没有人会因此受到损害。这使我很痛心。但我的丈夫却想得不一样。在任何时候,甚至在最可怕的时刻,他都没有失去对未来的信心,甚至没有失去极其乐观的幽默感,只要看到我很愉快和我们可爱的孩子们围着他们亲爱的妈妈撒娇,他就心满意足了。"① 当朋友们沉默时,她关心她的丈夫;当敌人们过分吵嚷时,他也关心他的妻子。

同样,马克思在1851年8月写信给魏德迈也说道:"你能想到,我正处在非常糟糕的境地。要是长此下去,我的妻子就要完了。经常的忧虑,为日常琐事的奔忙,使她精疲力竭。此外,还要加上我的敌人的卑鄙行为;他们甚至从来也没有想在实质问题上攻击我,而是企图在生活琐事上诬蔑我,散布关于我的难以言状的无耻谰言,来为他们自己的软弱无能报仇。【……】

【……】当然,我对所有这些卑鄙行为都置之一笑,我的工作不会因此受到片刻干扰;但是你知道,我妻子正在生病,她从早到晚都处于极不愉快的日常生活困境中,其神经系统受到损害,当民主派腐臭的阴沟里的恶劣气味由愚蠢的搬弄是非者日复一日地传到她那里的时候,她是不会精神振奋的。某些人在这方面表现出来的不审慎常常是难以置信的。"② 小女儿弗兰契斯卡在几个月前(3月)出生时,尽管分娩顺利,马克思夫人还是"由于一些物质上的而不是生理上的原因"病倒了。家里一文钱都没有,"我还剥削了工人!我还追求独裁!"③ ——马克思极其苦闷地写信给恩格斯。

---

① 《马克思恩格斯全集》中文第二版第48卷,第481页。
② 《马克思恩格斯全集》中文第二版第48卷,第332—333页。
③ 《马克思恩格斯全集》中文第二版第48卷,第236页。

 马克思传

马克思本人在科学工作中找到了源源不断的慰藉。他在大英博物馆从早上9点一直坐到晚上7点。在谈到金克尔和维利希的空洞吵嚷时,他写道:"民主派的'头脑简单的人们'靠'从天上'掉下来的灵感,当然不需要下这样的功夫。这些幸运儿为什么要用经济和历史资料来折磨自己呢?正如勇敢的维利希所常对我说的,这一切都是这样简单。一切都这样简单!在这些空洞无物的脑瓜里确是如此!真是些头脑最简单的家伙!"① 当时,马克思希望在几周内完成他的《政治经济学批判》,并且已开始寻找出版商,而这样的努力只是一再地带给他失望。

1851年5月,一位马克思靠得住的忠实的朋友来到伦敦,并且在接下来的几年里,二人保持着密切联系——斐迪南·弗莱里格拉特。但跟随他一起到来的还有一个坏消息。5月10日,裁缝诺特荣克在一次鼓动之旅中作为莱比锡共产主义者同盟的特使被逮捕,他随身携带的文件将同盟的存在泄露给了警察。不久,科隆中央委员会的成员被逮捕;对所面临的危险并不知情的弗莱里格拉特恰好侥幸逃脱了同样的命运。在他抵达伦敦时,德国流亡者的各个派别争相拉拢这位著名的诗人,但弗莱里格拉特宣称,他只站在马克思及其最亲密的圈子这一边。因此,他也拒绝参加将于1851年7月14日举行的会议,该会议将再次尝试将德国流亡者协调一致。这次尝试像以往所有尝试一样失败了,只引起了新的纷争。7月20日,在卢格的思想领导下成立了"鼓动者协会";7月27日,在金克尔的思想领导下成立了"流亡者俱乐部"。这两个团体随即发生了激烈的争论,特别是还在美国的德文报刊上。

对于这场"老鼠与青蛙之战",马克思当然只报以辛辣的嘲笑,双方首领的整个思维方式对他来说几乎是同样令人反感的。卢格试图在1848年"编纂出事件的合理性",这一尝试在《新莱茵报》上得到了一种艺术家的偏爱,但也不乏针对"阿尔诺德·温克尔里德·卢格"——这个"波美拉尼亚的思想家"更粗暴的炮轰,说他的文章是"阴沟","流泄一切污秽语

---

① 《马克思恩格斯全集》中文第二版第48卷,第300页。

第七章　流亡伦敦

言和德国民主的一切矛盾"①。卢格在政治上杂乱无章，但他毕竟是一个与金克尔不同的人，金克尔从施潘道监狱逃出来后，就试图在伦敦扮演一只引人注意的狮子，"时而在酒馆里，时而在沙龙里"——像弗莱里格拉特讽刺的那样。此时，他对马克思而言更值得关注，因为维利希与金克尔结盟，谋求一场更高级的骗局——建立在股份上的新革命。1851年9月14日，金克尔抵达纽约，他的任务是争取受尊敬的流亡者作为德意志共和国公债的保证人，金额为200万美元，用于促进"即将到来的德国共和革命"，并募集2万塔勒的临时基金。然而，最早想到带着革命的捐款袋漂洋过海这个妙计的是科苏特。但金克尔在小范围内也同样热心地、毫不迟疑地开展了这项工作；师徒二人都在北方各州宣扬反对蓄奴制，在南方则宣扬支持蓄奴制。

　　与这场闹剧不同，马克思与新大陆建立了更严肃的联系。他的处境日益狼狈——马克思在7月31日给恩格斯的信中写道："不可能再这样生活下去了"②，适才想要与威廉·沃尔弗一起为美国的报刊出版石印通讯，但几天后，他就收到了北美发行最广的《纽约每日论坛报》发来定期合作的邀请，这是由他在科隆时期认识的《论坛报》编辑德纳促成的。由于马克思对英语的熟练程度还不足以用来写作，所以最初是由恩格斯代他写了一系列关于德国革命和反革命的文章③。此后不久，马克思便能够自己在美

---

① 《马克思恩格斯全集》中文第二版第10卷，第625页。
② 《马克思恩格斯全集》中文第二版第48卷，第327页。
③ 指恩格斯的《德国的革命和反革命》。1851年7月底，《纽约每日论坛报》编辑查·德纳约请马克思为该报撰稿。当时马克思正忙于经济学研究，因此请恩格斯帮忙，写一些关于1848—1849年德国革命的文章。恩格斯于1851年8月—1852年9月撰写了《德国的革命和反革命》。这部著作由19篇文章组成，是恩格斯总结德国1848—1849年革命经验的重要著作。恩格斯在写这些文章时利用了《新莱茵报》合订本以及马克思提供的其他资料，文章在寄出前都经马克思看过。这些文章从1851年10月25日到1852年10月23日陆续发表在《纽约每日论坛报》的"德国"专栏，标题是《革命和反革命》，署名是卡尔·马克思，直到1913年马克思和恩格斯的来往书信发表后，人们才知道作者是恩格斯。

马克思传

国本土出版一部德文著作①。

（五）雾月十八日

作为法兰克福一家民主派报纸的编辑，布鲁塞尔的老朋友约瑟夫·魏德迈在革命年代中勇敢地努力奋斗。在此期间，这份报纸被愈发放肆的反革命镇压了，而且自从警察发现了共产主义者联盟，其中最热心的成员之一魏德迈就遭到了密探的跟踪。

起初，他把自己藏在"萨克森豪森的一家清静的客店里"；他想等风暴过去，同时为人民写一本普及的国民经济学，但气氛变得越来越压抑，而且"鬼才能这样没完没了地东躲西藏！"。作为一个丈夫和两个孩子的父亲，他在瑞士或伦敦都看不到能够勉强度日的希望，因此他决定移民美国。

马克思和恩格斯不愿意失去这个忠诚的人。马克思绞尽脑汁，费心费力地打算给他找一份工程师、铁路检查员之类的工作，但徒劳无功；"因为你一旦到了那里，谁又能担保你不会消失在美国西部地区！我们的力量太小，我们必须非常珍惜我们现有的人才。"② 然而，如果没有其他办法，在新大陆的大都市里有一位干练的共产主义事业的代表也有其好处。恩格斯认为："我们在纽约正缺少一个像他这样可靠的人，而且纽约也终究不

---

① 指马克思《路易·波拿巴的雾月十八日》。这一著作写于1851年12月至1852年3月，是马克思总结法国1848年革命经验和评述1851年12月2日路易·波拿巴政变的重要著作。马克思原来准备在共产主义者同盟盟员约·魏德迈在纽约创办的德文周刊《革命》上连载这部著作。但《革命》在1852年1月只出了2期，便因经济困难而停刊。在《革命》停刊后，魏德迈才收到这里所提到的《路易·波拿巴的雾月十八日》的第1章以及该著作的其他部分。在阿·克路斯的帮助下，魏德迈在1852年5月和6月又出版了两期《革命。不定期刊物》，并在第1期上以单行本形式发表了马克思的这部著作。

② 《马克思恩格斯全集》中文第二版第48卷，第385页。

第七章 流亡伦敦

是在天涯海角；对魏德迈，可以相信一旦有必要他马上就能回来。"① 因此，他们对魏德迈的计划表示祝福，魏德迈计划于9月29日从勒阿弗尔动身，在经历40天大风大浪的横渡后抵达纽约。

马克思在10月31日已经给魏德迈写了一封信，建议他做一名书商，将《新莱茵报》和《新莱茵报。评论》中最好的文章作为单行本出版。魏德迈发来消息，大骂小商人经济在任何地方都没有比在新大陆更令人厌恶地赤裸裸地表现出来，同时说他希望在1月初以《革命》为题出版一份周报，并要求尽快寄来稿件。马克思闻讯，立刻火急火燎地催促共产主义的笔杆子们，首先是恩格斯，然后是弗莱里格拉特，魏德迈特别希望他写首诗，还有埃卡留斯、维尔特以及两个沃尔弗。他指责魏德迈在宣布他的周刊时没有同时说出威廉·沃尔弗的名字："我们之中谁也不能像他那样写得十分通俗。他是非常谦逊的。尤其应该避免造成这样的印象，即认为他的撰稿是多余的。"② 他自己则除了一篇关于蒲鲁东新作的长文以外，还预告了一篇关于12月2日波拿巴政变的专著《路易·波拿巴的雾月十八日》，这在当时是欧洲政治的重大事件，并引起了大量文章的探讨。

其中有两部作品特别出名，也给作者带来了丰厚的酬金。马克思后来是这样谈论这两部著作与自己著作之间的区别的：

"维克多·雨果的《小拿破仑》【……】

只是对政变的主要发动者作了一些尖刻的和机智的痛骂。事变本身在他笔下被描绘成了一个晴天霹雳。他认为这个事变只是某一个人的暴力行为。他没有觉察到，当他说这个人表现了世界历史上空前强大的个人主动性时，他就不是把这个人写成小人物而是写成巨人了。蒲鲁东呢，他想把政变描述成以往历史发展的结果。但是，在他那里关于政变的历史构想不知不觉地变成了对政变主角所作的历史辩护。这样，他就陷入了我们的那些所谓客观历史编纂学家所犯的错误。相反，我则是证明，法国阶级斗争怎样造成了一种局势和条件，使得一个平庸而可笑的人物有可能扮演了英

---

① 《马克思恩格斯全集》中文第二版第48卷，第329—330页。
② 《马克思恩格斯全集》中文第二版第49卷，第17页。

雄的角色。"① 就像灰姑娘一样，马克思的这篇文章是与它更幸运的姐妹们一起出现的，但当那些姐妹早已被遗忘在灰尘之中时，这篇文章在今天仍然闪耀着不灭的新鲜光芒。

在这部闪烁着思想和才智光芒的作品中，马克思懂得借助唯物史观，用前所未有的技能，将一个当代历史事件剖析到最深的层面。形式和内容一样珍贵。开篇是华丽的对比："例如18世纪的革命，总是突飞猛进，接连不断地取得胜利的；革命的戏剧效果一个胜似一个，人和事物好像是被五彩缤纷的火光所照耀，每天都充满极乐狂欢；然而这种革命为时短暂，很快就达到自己的顶点，而社会在还未学会清醒地领略其疾风暴雨时期的成果之前，一直是沉溺于长期的酒醉状态。相反，无产阶级革命，例如19世纪的革命，则经常自己批判自己，往往在前进中停下脚步，返回到仿佛已经完成的事情上去，以便重新开始把这些事情再做一遍；它十分无情地嘲笑自己的初次行动的不彻底性、弱点和拙劣；它把敌人打倒在地上，好像只是为了要让敌人从土地里汲取新的力量并且更加强壮地在它前面挺立起来；它在自己无限宏伟的目标面前，再三往后退却，一直到形成无路可退的情况为止，那时生活本身会大声喊道：

这里是罗陀斯，就在这里跳跃吧！

这里有玫瑰花，就在这里跳舞吧！"②

结尾是可靠的预言："如果皇袍终于落在路易·波拿巴身上，那么拿破仑的铜像就将从旺多姆圆柱顶上倒塌下来。"③

而这篇精彩的文章是在什么情况下写成的啊！魏德迈在周刊发行第一期之后就因为缺乏资金而不得不"停止"了，这还是最小的困难。关于这一点，他写道："从秋天以来，失业现象在这里空前严重，以致每一个新企业都遭到巨大的困难。而且，近来工人们还受到各式各样的盘剥。最初是金克尔，接着是科苏特，而大多数人都愚蠢到宁可送一块钱给敌视他们

---

① 《马克思恩格斯文集》第2卷，第465—466页。
② 《马克思恩格斯全集》中文第二版第11卷，第135—136页。
③ 《马克思恩格斯全集》中文第二版第11卷，第240页。

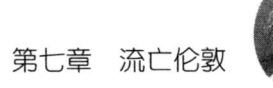

第七章 流亡伦敦

的宣传，而不愿出一分钱来捍卫自己的利益。美国的土壤对人们起着一种极大的腐蚀作用，而同时人们却开始以为，他们比旧大陆的同志们高瞻远瞩得多呢。"但魏德迈并没有感到绝望，他要使他的周刊以月刊的形式获得新生；他希望用微薄的200美元来做这件事。

更加困难的是，马克思在1月1日之后就生病了，只能在非常不舒服的情况下工作；"多少年来，任何一件事，甚至最近的法国丑事，都没有像这该死的痔疮那样使我躺倒。"① 然而，最令他困扰的是扰乱他每一个平静时刻的"臭钱"。他在2月27日写道："一个星期以来，我已窘迫到极点：因为外衣进了当铺，我不能再出门，因为不让赊账，我不能再吃肉。"②

最后在3月25日，他终于能够把最后一批手稿寄给魏德迈，同时对魏德迈告诉他诞生了一个小革命家的事情表示祝贺："没有比出生在当代更为美好了。当人们只用七天就从伦敦到达加尔各答的时候，我们两人早就毁灭了，或者老态龙钟了。而澳大利亚、加利福尼亚和太平洋呢！新的世界公民们将不能理解，我们的世界曾经是多么小。"③ 想到人类发展的巨大前景，马克思在所有的个人不幸中保持了灵魂的愉悦安宁。

但对马克思来说，更加悲伤的日子即将来临。在3月30日的信中，魏德迈打消了马克思印刷手稿的任何希望。这封信本身没有保存下来，但在威廉·沃尔弗的一封言辞激烈的信中有对它的回应。这封信写于4月16日——马克思的一个孩子下葬的日子，"几乎所有的熟人都遭到各方面的失败并处于可怕的穷困之中"，充满了对魏德迈心酸的责备，虽然他也没有玫瑰般的生活，而且总是尽他最大的努力。

对马克思和他的家人来说，那是一个可怕的复活节。他们失去的孩子是他们一年前出生的小女儿；在母亲的一页日记上，写着这样一段感人至深的话："1852年复活节，我们可怜的小弗兰契斯卡得了严重的支气管炎。

---

① 《马克思恩格斯全集》中文第二版第49卷，第16页。
② 《马克思恩格斯全集》中文第二版第49卷，第63页。
③ 《马克思恩格斯全集》中文第二版第49卷，第88页。

 马克思传

可怜的孩子与死亡搏斗了三天,受了许多痛苦。失去生命的小躯体停放在后面的小房间里。我们都搬到前面房间,晚上我们睡在地板上,三个活着的孩子同我们睡在一起,我们都为停放在邻室的冰冷而苍白的小天使痛哭。这个可爱的孩子在我们生活上最穷困的时期死去了【……】我迷惘地跑到一个住在附近、常来拜访我们的法国流亡者那里【……】他立刻极友善而同情地给了我两英镑。这样才把我的可怜的孩子现在安然躺睡的小棺材的钱付清。小女孩出世时没有摇篮,死后也好久得不到最后安息的一席之地。当我们看到她被送进坟墓时,我们是多么伤心啊!"① 而魏德迈的带来坏消息的信正在这个黑暗的日子里送到了。马克思最担心的是他的妻子,她目睹了两年来他所有事业的失败。

然而,在这不幸的时刻,魏德迈写于4月9日的一封新信已经在海上漂了一个星期了,信的开篇写道:"一份意外的帮助最终消除了阻碍印刷小册子的困难。在我寄出上一封信后,我遇到了我们法兰克福的一位工人,一个裁缝,他也是在这个夏天才来到这里。他即刻就把他的全部积蓄——四十美元,交给我支配。"多亏了这位工人,《雾月十八日》才得以重见天日。魏德迈甚至都没有提这位好汉的名字——但他叫什么名字又有什么关系呢?指导他的是无产阶级的阶级意识——不倦地为自身的解放作出慷慨牺牲。

《雾月十八日》现在构成了魏德迈试图出版的《革命》月刊的第一期;在第二期和最后一期中刊登了弗莱里格拉特写给魏德迈的两封诗体信②,其中特别是对金克尔的美国乞讨之旅进行了精彩的幽默式的谴责。随后,这份刊物就结束了;恩格斯贡献的一些文章在路途中遗失了。

魏德迈印制了一千份《雾月十八日》,其中约有三分之一送到了欧洲,虽然没有进入欧洲的书店;党员朋友们在英国,特别是在莱茵河畔把这些书推销出去了。即使是那些"激进的"书商,也无法说服他们接手这样一

---

① 《回忆马克思》,人民出版社2005年版,第159—160页。
② 指弗莱里格拉特为魏德迈的杂志撰写的两首驳斥哥·金克尔的讽刺诗《致约瑟夫·魏德迈》。

第七章 流亡伦敦

本"不合时宜"的著作，而由皮佩尔初译、恩格斯润色的英译本也卖不出去。

但是，由于在波拿巴政变之后又发生了科隆共产党人案件，为马克思找到一个出版商的困难大大增加了。

（六）科隆共产党人案件

自1851年5月的抓捕以来，马克思一直积极关注着调查的进展，但由于调查总是停滞，缺乏起诉所需的"客观的犯罪构成"，甚至科隆上诉法院的检察院也这样说，所以起初没有什么能做的。这11名被告没有任何罪证，除了参加秘密的宣传团体之外，而且《刑法典》对此并没有规定任何惩罚。

但根据国王的旨意，要将施梯伯的"人品贵重"当作一个"范本"，给普鲁士公众上演一出期盼已久的、揭露并（最重要的是）惩处阴谋的大戏，而施梯伯是一个十足的爱国者，不会违背他的长辈和国王的旨意。他堂而皇之地以破门盗窃开始，让手下撬开了奥斯瓦尔德·狄茨的桌子，这个人是维利希派同盟的秘书。施梯伯用他准确的警察眼力看出，这个同盟轻率而粗心的行动为他打开了成功完成其崇高使命的前景，而这在"马克思派"那里是徒劳无功的。

事实上，利用这些偷来的文件以及各式密探和警察的把戏——波拿巴的警察在政变前夕曾向他伸出援手，施梯伯成功地编造了一个所谓的"在巴黎的德法密谋案件"①，这导致了巴黎的陪审法庭于1852年2月判处对

---

① 1851年9月法国警察当局逮捕了1850年9月从共产主义者同盟分裂出去的维利希—沙佩尔集团所属巴黎地方支部的一些盟员。这个集团无视现实状况，采取密谋策略，指望立即组织起义，致使法国和普鲁士警察当局通过当时领导巴黎一个地方支部的密探茹·舍尔瓦尔捏造了所谓德法密谋案件。1852年2月，被捕者被判刑。舍尔瓦尔被安排越狱逃跑。马克思在《揭露科隆共产党人案件》和《福格特先生》中揭穿了威·施梯伯在科隆案件中捏造的用以证明被告参加了德法密谋的伪证。

马克思传

一些可怜的德国工人或长或短的徒刑。但施梯伯使出浑身解数都未能确立这件事与科隆被告之间的任何联系,完全找不到他们参与"德法密谋案件"的证据的影子。

相反,"马克思派"与"维利希—沙佩尔派"之间的对立因此事而变得更加尖锐了。在1852年的春夏,摩擦加剧,主要是因为维利希一如既往地与金克尔同流合污,金克尔从美国回来也使其他的流亡者纷争再次燃起更大的火焰。用于共和国革命公债基金的2万塔勒没能筹齐,只筹到了一半左右;而为了用这笔钱做什么的问题,流亡者们不仅绞尽脑汁,还打破了脑袋。最后,1000英镑被存入威斯敏斯特银行,作为第一届临时政府的保证金——其余部分则全部用在了差旅费和其他费用上了。这笔钱虽然没有用于这一目的,但整场闹剧至少有一个可以接受的收场,这些资金在15年后帮助处于起步阶段的德国社会民主党报刊克服了许多困难。

当围绕这批尼伯龙根宝藏①的争吵还在激烈进行时,马克思和恩格斯在几幅素描图中描绘了这些斗争英雄,可惜这些画没有流传到后世。促使他们这样做的是匈牙利的班迪亚上校,他通过一张由科特斯亲自签发的委任状证明自己是匈牙利流亡者的警察专员。实际上,班迪亚是一个国际间谍,由于把马克思委托他转交给柏林书商的手稿交给了普鲁士政府,他露出了真面目。

马克思立即给《纽约刑法报》寄去一篇署名的文章②,公开揭露这家伙,但他的手稿还是遗失了,至今下落不明。③ 如果普鲁士政府要得到这些手稿,作为赢得科隆案件的材料,那他们为此所作的努力就都是徒劳的。

为了弄到不利于被告的证据,增强他们的可疑性,政府一再拖延对此案的公开审判。一个陪审法庭,已使大批崇拜者们的紧张情绪上升到最高

---

① 尼伯龙根宝藏取自公元1200年左右根据古代德国神话和传说创作的德意志英雄史诗《尼伯龙根之歌》。史诗歌颂了战胜并杀死巨龙,获得尼伯龙根宝藏的英雄齐格费里德。
② 指马克思的《希尔施的自供》一文。
③ 指马克思和恩格斯的《流亡中的大人物》。

第七章　流亡伦敦

点。直到 1852 年 10 月，政府终于被迫拉开了这场闹剧的帷幕。由于无赖警察费力弄到的所有伪证目前都无法证明被告与"德法密谋案件"有任何关系，也就是说，这个密谋案件是由警局特务们在对一个组织的调查期间策划出来的，而这个组织与警察明显是对立的，所以施梯伯最终交出了"马克思派的原本记录"，里面是一系列连续的会谈记录，马克思与他的志同道合者们讨论了他们颠覆世界的罪恶计划。这本记录是一个卑鄙无耻的伪造品，由特务查理·弗略里和威廉·希尔施在警察局密探格赖夫的领导下，在伦敦拼凑而成。除了其愚蠢的内容之外，外表上就明显带有伪造的痕迹。但施梯伯指望精心筛选的陪审团成员们有着资产阶级的麻木不仁，指望邮政机构的严格监视能够切断从伦敦寄来的任何证词。

这个卑鄙的计划之所以失败，是因为马克思懂得如何周密而有力地应对，但他并没有做好一场令人筋疲力尽的、长达数周的斗争的准备。9 月 8 日，他曾写信给恩格斯："我的妻子病了，小燕妮病了，琳蘅像是患了伤寒。医生，我过去不能请，现在也不能请，因为我没有买药的钱。8—10 天以来，家里吃的是面包和土豆，今天是否能够弄到这些，还成问题。【……】。给德纳的文章我没有写，因为我连看报用的便士也没有。

【……】

最好和最理想的是能够发生这样的事：女房主把我从房子里赶走。那时，我至少可以免付一笔 22 英镑的款子。但是，未必能够指望得到她这样大的恩典。此外，还有欠面包铺老板、牛奶商、茶叶商、蔬菜商，以及欠肉铺老板的旧账。怎样才能还清所有这些鬼债呢？最后，在最近 8—10 天，我从一些庸人那里借了几先令和便士，这对我来说是最不痛快的事情；不过，为了不致饿死，这是必要的。"① 在这种让人绝望的情况下，马克思不得不与占优势的敌人展开斗争，而在这场斗争中，他和他勇敢的妻子都忘掉了家中的忧虑。

在胜负尚未有分晓时，马克思夫人写信给一个在美国的朋友说："必须从这里提供揭穿这种伪造的全部证据。因此，我丈夫不得不日以继夜

---

① 《马克思恩格斯全集》中文第二版第 49 卷，第 224 页。

 马克思传

地工作。为了揭穿警察当局的伪造，必须弄到官方确认的店主的证词，必须经官方认证所谓记录人李卜克内西和林格斯的笔迹。然后必须将全部文件转抄六至八份，通过各种途径，经由法兰克福、巴黎等地寄往科隆，因为所有写给我丈夫的信和所有从这里寄往科隆的信总是被拆开和扣留。所有这一切，就是目前警察当局为一方和我丈夫为另一方之间所进行的斗争。他们把所有的一切，把整个革命，甚至把对诉讼的领导，统统归罪于他。

请原谅，这封信写得杂乱无章，而我也参与了这一事件，并且抄写东西把手指头都抄痛了，所以写得很乱。【……】

刚才从维尔特和恩格斯那里寄来一批商业地址和假商务信函，以便转寄文件和信件等。

【……】。我们这里现在建立了整套办事机构。两三个人写东西，另一些人跑腿，还有一些人筹集便士，以便使写东西的人能够生活下去，并能把前所未闻的丑行的证据端到旧的官方世界的面前。再加上我的三个活泼的孩子又唱又叫，他们常常被他们的严厉的爸爸赶走。真是热闹极了。"①

马克思在这场斗争中取得了胜利；施梯伯伪造行为在开庭前就被揭穿了，而国家检察官不得不放弃了将"倒霉的记录"当作证据材料。但这场胜利却成为了大部分被告的灾祸。5个星期的审判揭露了诸多警察的无耻行径，它们都受到由普鲁士国家最高机关的支持，以至于对所有被告的无罪宣判会变成在全世界面前对这个国家的严厉谴责。陪审团没有让事情发展到这一步，而是泯灭了他们的荣誉和良知，判处11名被告中的7人犯有叛国罪未遂：

雪茄烟工人勒泽尔、作家毕尔格尔斯和裁缝诺特荣克被判处6年要塞监禁，工人赖夫、化学家奥托和前见习法官贝克尔被判5年，裁缝列斯纳3年；店员埃尔哈德、医生丹尼尔斯、雅科比和克莱因被宣告无罪。但在被宣告无罪的人中，有一人受到的伤害最严重：丹尼尔斯在一年半的调查期间被关在狭小的房间中，几年之后死于肺结核，马克思对此深表哀悼，

---

① 《马克思恩格斯全集》中文第二版第49卷，第733—735页。

第七章 流亡伦敦

他在给丹尼尔斯夫人的一封令人痛心的信中对她的丈夫表达了最后的致意。

这场无耻的审判的其他受害者比丹尼尔斯活得时间长,一部分人重新回到了资产阶级世界,例如毕尔格尔斯成为了进步党的国会议员,还有贝克尔做了科隆市长和普鲁士第二议院议员,因其崇高的爱国品质在宫廷和政府受到了尊重。在旗帜鲜明的被告中,诺特荣克和勒泽尔在复兴的工人运动的初期仍有实际行动,而列斯纳比马克思和恩格斯活得久,是他们在流亡中最忠诚的同志之一。

在科隆审判后,共产主义者同盟解散了,不久后又出现了"维利希—沙佩尔宗派集团"。维利希移民到了美国,在那里作为北方各州的将军在南北战争中赢得了应有的名誉,而沙佩尔则悔悟了,回到那些老同志身边。

马克思着手开始从道义上鞭笞这个在科隆法庭上赢得可耻胜利的体系。他撰写了《揭露科隆共产党人案件》,想要在瑞士,如果可能的话,也在美国出版。12月7日,他写信给美国的朋友:"如果你们考虑到,小册子的作者因无像样的裤子和鞋子而被囚禁在家里,他的一家人过去和现在时时都受到确实极端贫困的威胁,那么你们是能够赏识这本小册子的幽默的。案件使我的处境更加恶化了,因为五个星期以来,我不是为糊口而工作,而是必须为党工作,揭露政府的阴谋诡计。此外,案件使德国书商完全离开了我,我本来希望能同他们就出版我的《经济学》签订合同。"① 然而,接管出版社的沙贝利茨的儿子12月11日从巴塞尔写信给马克思,说他已经在看初校样了。"我相信,这本小册子将引起巨大的轰动,因为它是一部杰作。"沙贝利茨想要印刷2000册,并将每册的价格定为10银格罗申,他预设了这一版次中会有一部分书被没收。

不幸的是,整个版次都在正要从存放了6个星期的巴登边境村庄送往德国内陆时被没收了。3月10日,马克思向恩格斯报告了这个噩耗,他心

---

① 《马克思恩格斯全集》中文第二版第49卷,第323—324页。

 马克思传

酸地写道:"在这种情况下,谁还有兴致来写作。总是白干!"① 事情是怎么发生的已经无法确定,马克思起初对出版商的怀疑很快被证明是不公正的。沙贝利茨甚至想把他保留的500册送到瑞士推销出去,但似乎没什么结果。而对马克思来说,这件事仍有苦涩的余味,一个季度后,虽然不是沙贝利茨本人,但他的合伙人安贝格尔要求马克思支付424法郎的印刷费。

在瑞士失败的事情,至少在美国成功了,但《揭露》的出版当然并没有使普鲁士政府过分担忧。波士顿的《新英格兰报》刊登了这本小册子,恩格斯自费印制了440册单行本,在拉萨尔的帮助下在莱茵省推销。因此,马克思夫人给非常热心的拉萨尔写了信,但从这封书信中无法确定是否真的达到了预期目的。

这部著作在美国的德文报刊中得到了更热烈的回响,特别是维利希下了大力气来反对它,这又促使马克思写了一篇反对维利希的小册子,这本小册子于1853年底以《高尚意识的骑士》为题出版②。在今天看来,重提这本被遗忘很久的小册子,是不值得的。在像这样的斗争中,双方当时都有过错,而作为这件事的胜者,马克思欣然放弃了对被战胜者的炫耀。1860年,他在谈到最初几年的流亡者时宣称,对流亡者所作的一部最出色的辩护书是把它的历史跟同一时期各国政府的历史和资产阶级社会的历史加以比较;除了少数人之外,对流亡者所能责难的,只不过是他们曾经有过或多或少符合当时条件的种种幻想,以及做了一些他们所面临的意想不

---

① 《马克思恩格斯全集》中文第二版第49卷,第358页。
② 马克思《高尚意识的骑士》这篇抨击文章写于1853年11月20日至28日之间,在阿·克路斯和约·魏德迈的协助下于1854年1月在纽约以单行本形式出版。署名卡尔·马克思。这篇文章是对刊载在1853年10月28日和11月4日《美文学杂志和纽约刑法报》上的奥·维利希的《卡尔·马克思博士和他的〈揭露〉》一文的反击,同时也反映了无产阶级革命家反对工人运动中不坚定的小资产阶级分子的斗争。维利希力图使别人怀疑马克思在《揭露科隆共产党人案件》中对维利希—沙佩尔集团的宗派活动所作的批判的公正性。马克思在驳斥这种诽谤时,谈到共产主义者同盟分裂的真正原因,揭露了这个集团的冒险主义、宗派主义的策略。在写这篇抨击文时,马克思从他和恩格斯于1852年5—6月合写的著作《流亡中的大人物》中借用了个别段落。马克思生前这本小册子没有再版过。

第七章　流亡伦敦

到的特殊环境所必然引起的蠢事。①

而当马克思于1875年筹备《揭露》的再版时，对于是否应该删除关于维利希—沙佩尔集团的章节，他曾一度有所动摇。他还是留下来这部分内容，但只是因为在进一步考虑后，他认为对文本的任何删改都是对历史文件的伪造，并补充道："对革命的暴力镇压给革命的参加者，尤其是给那些被迫离乡背井流亡在外的人的震动是那样的大，甚至使那些坚强的人在一个较长的时期内也都失去了自制力。他们看不清历史的进程，不想了解，运动的形式已经改变。这就使他们去玩弄秘密阴谋和革命，从而使他们自己以及他们为之服务的事业，都同样声誉扫地；这就是促成了沙佩尔和维利希失策的原因。维利希在北美内战中证明，他比一个纯粹的幻想家要好一些，而毕生都是工人运动的先锋战士的沙佩尔，在科伦案件结束后不久就懂得并且承认了自己一时的迷误。过了许多年，在他逝世的前一天，他躺在床上用辛辣的讽刺口吻向我谈到了这个'流亡中的疯狂举动'的时期。——另一方面，写'揭露科伦共产党人案件'时所处的环境，可以说明，为什么要这样激烈地攻击共同敌人的无意中的帮手。在危急关头，轻举妄动会成为一种要求公开赎罪的反党罪行。"② 尤其是在人们把"委婉的语气"看得比鲜明地维护原则还高的今天，这真是金玉良言。

当战斗结束并取得胜利时，马克思是最不会怀恨在心的。1860年，面对弗莱里格拉特粗鲁评价那些挤到同盟里的人是"来历不明的坏透了的分子"时，他给予了比他需要给予的更多的迁就："在风暴中扬起一些尘土，在革命时代闻不到玫瑰油的香气，时而有人甚至被溅一身脏东西，这是肯定无疑的。"但他还正确地补充道："但是，如果我们考虑到整个官方世界如何拼命地反对我们：为了要毁灭我们，他们对刑法典不是稍稍触犯一下，而是通通彻底违犯了；如果我们考虑到那些"愚蠢的民主派"不会原谅我们的党比他们自己具有更高的才智和风格而进行恶毒的诽谤；如果我们熟悉同一时期的其他一切政党的历史；最后，如果我们问一下自己，究

---

① 参看马克思的《福格特先生》。
② 《马克思恩格斯全集》中文第一版第18卷，第625页。

 马克思传

竟能够提出什么事实【……】来反对整个党,那末我们就可以得出结论说,我们的党在这个十九世纪由于它的纯洁无瑕而出类拔萃。"①

随着共产主义者同盟的解散,将马克思与德国公共生活联系起来的最后一条线被切断了。此后,流亡地——"好人的故乡",成为了他的第二故乡。

---

① 《马克思恩格斯全集》中文第一版第30卷,第484页。

第八章 马克思和恩格斯

（一）天才和社会

如果说马克思在英国找到了第二故乡，那我们自然不能把故乡的概念作过于广泛的延伸。马克思在英国的土地上从未遇到过麻烦，这也是因为他的革命鼓动是针对英格兰国家的。这个"贪婪、嫉妒的小店主民众"的政府比那些坐拥大陆的政府具有更大程度的自尊和自信，大陆国家的政府出于对良心不安的畏惧，用警察的枪棒驱赶自己的反对者，即使他们仅在讨论和宣传的领域内活动。

只不过，在不同的和更深的意义上，自从马克思以独创的洞察力全面地观察资产阶级社会以来，他就再没有找到故乡。在这个社会中，天才的命运是一件会遭到各种不同评价的宽泛的事情；从庸人们无害地信仰上帝——预言每个天才都会取得最后的胜利，到浮士德的忧伤语句：

"那少数通晓事理的人，
都有几分傻气，不知道明哲保身，
他们向庸众吐露了自己的见解和真情，
只落得在十字架和火刑堆上丧命。"①

在这个问题上，马克思发展出来的历史方法使更深入地考察事物的联

---

① 参看歌德《浮士德》，人民文学出版社1963年版，第1部，第81页。

 马克思传

系成为可能。庸人们预言每个天才都会取得最后的胜利，正是因为他们是庸人；但如果一位天才没有被钉在十字架上或受火刑而死，那只是因为他最终安于做一个庸人。如果留着脑后的辫子，歌德和黑格尔就永远不会成为资产阶级社会公认的伟大人物。

资产阶级社会只是所有阶级社会中在这方面最突出的形式，除此之外，它可能有诸多优点，但它对一位天才来说从来都不是热情好客的故乡。它不可能是那样一个故乡，也是因为天才最内在的本质恰恰就在于，发挥人类原始力量的创造冲动，反对传统习俗，动摇阶级社会赖以生存的界限。在叙尔特岛上有一处埋葬着无名逝者的孤独墓地，他们都是被海水冲上海滩的。墓地的碑文十分虔诚："各各他的十字架①——流浪者之家"。这句话无意、但十分恰当地描述了天才在阶级社会中的命运：他在这个社会中无家可归，只有在各各他的十字架上才能找到自己的故乡。

除非天才在某方面对阶级社会表示满意。当他为了推翻封建社会而为资产阶级社会效力时，他似乎获得了巨大的权力，但当他想要独断专行时，这份权力就会化为乌有：至少，他可以在圣赫勒拿岛的岩石上了此余生。或者，天才把自己包裹在市侩的小礼服中，成为魏玛的萨克森大公国的国务大臣或者柏林的普鲁士国王任命的教授。但是，那些以骄傲的独立姿态和冷漠的态度面对资产阶级社会的天才有难了，他们从资产阶级社会的内部结构中知道如何解释它即将到来的衰落，他们铸造的武器将给它带来致命的打击。对于这样的天才，资产阶级社会只有酷刑和折磨，这些酷刑和折磨外表看起来不那么粗暴，但内在却比古代社会的刑场和中世纪社会的葬身之地更加残酷。但是，如果天才因其傲慢的独立和冷漠疏远而与资产阶级社会相对立，懂得从资产阶级社会最深的内部结构解释它即将到来的衰落，打造出给予这个社会致命一击的武器，那他就闯祸了。对于这样的天才，资产阶级社会给他的只有表面上看起来不那么粗暴的酷刑和折磨，但其内在却比古代社会的肉刑和中世纪社会的火刑更加残酷。

在19世纪的天才人物中，没有人的命运比最天才的卡尔·马克思更艰

---

① 耶稣受难地。

第八章 马克思和恩格斯

难了。在他从事公共活动的第一个10年里,他已经不得不与日常的困苦搏斗,当他迁居伦敦时,迎接他的是流亡生活中一切可怕的事情,但对他来说真正可以称得上普罗米修斯式命运的,正是在他精力充沛、艰辛地登上高峰后才开始,数年、数10年来每天为生活中的平凡需求烦扰,为每天的面包忧心。直到逝世的那一天,他都没有成功地在资产阶级社会的土地上为自己争取到一点卑微的生存空间。

尽管如此,他与庸人们在庸俗意义上称之为"天才的"的生活方式相去甚远。他超人的力量与他超人的勤奋相匹配;他夜以继日的超量工作很早就开始损害他原本铁打的健康。他称无工作能力是每个人的死刑,只要他不是牲畜。他对待这个词十分严肃;当他有一次重病数周时,他写信给恩格斯说:"在这一段完全不能工作的时期里,我读了卡本特尔的《生理学》、洛德的《生理学》、克利克尔的《组织学》、施普尔茨海姆的《脑和神经系统的解剖学》以及施旺和施莱登关于细胞的著作。"① 在充满求知欲的同时,马克思始终记得自己年轻时说过的话——作者决不应该为了挣钱而写作,但必须挣钱才能写作;马克思从未错误判断"谋生写作的绝对必要性"。

但他所有的努力都失败了,由于一个敌对世界的怀疑或仇恨,或者充其量是畏惧。即使是那些在其他方面习惯于以独立自主为傲的德国出版商,也对这个声名狼藉的煽动者的名字望而却步。德国的所有党派都一致诋毁他,而在持续沉默的阴险恶毒都在卑鄙行事的地方,他纯洁的形象始终在人为的迷雾下闪闪发光。一个民族最伟大的思想家从来没有像马克思这样从人们的视线中消失得这么久、这么彻底。

在伦敦,马克思唯一还能算得上稳定的立足点是他为《纽约每日论坛报》工作,从1851年起持续了整整10年。拥有20万订户的《论坛报》当时是美国读者最多、最富有的报纸,通过对美国傅立叶主义的鼓动,它至少摆脱了一个纯资本主义企业的庸俗的赚钱方式。马克思为其工作的条件本身也不是完全不利的;他每周要写两篇文章,每篇文章的酬金是2英

---

① 《马克思恩格斯全集》中文第一版第30卷,第410页。

 马克思传

镑（40马克）。这样一来，年收入会有4000马克，这能够使马克思在伦敦勉强维持生计。总是吹嘘能吃上"流亡中的牛排"的弗莱里格拉特，在刚开始从事商业活动时挣得也没有比这多。

当然，问题绝不在于马克思从美国报纸获得的酬金是否与其著作贡献的文学和科学价值完全相称。一家资本主义的报社只用市场价格来计算，这是它在资产阶级社会的权利。马克思也没有提出更多的要求，但他自己能够在资产阶级社会中要求的是遵守缔结的劳动合同，也许还有对他劳动的些许尊重。但在这一点上，《纽约每日论坛报》及其编者完全没能做到。德纳在理论上是一个傅立叶主义者，但在实践上是一个固执的美国佬；恩格斯曾在一次愤怒时说过，他的社会主义相当于最可耻的小资产阶级的招摇撞骗。虽然德纳非常清楚他在马克思这样的合作者身上得到了什么，并且没少在他的订户面前用马克思来吹牛，甚至常把马克思写给他的信当作他自己的著作，这引起了原作者的愤怒。但他却用一个资本主义剥削者胆敢对一个受他剥削的劳动力所持的肆无忌惮态度来对待马克思。

德纳不仅在生意不好的时候立即将马克思的薪酬减半，而且只为他实际印刷的文章付钱，他毫不羞愧地把不符合他那一套的东西都扔到桌子底下。一连3到6个星期，马克思寄来的文章都被扔进了废纸篓。当然，马克思在一些德国报纸——如维也纳的《新闻报》——那里找得到的临时差事并没有更好。因此他有理由说，他为报纸工作的所得还不如一流畅销书的几行文字。

早在1853年，马克思就渴望有几个月的独处时间来进行科学研究："但是看来办不到了。经常给报纸写乱七八糟的东西已经使我厌烦。这占去我许多时间，分散注意力，而到头来一事无成。不管你怎样力求不受限制，总还是被报纸及其读者捆住了手脚，特别是像我这样需要拿现金的人。纯粹的科学工作完全是另外一回事"① 当马克思在德纳和善的权杖下又工作了几年后，他的语气听起来就完全不同了："一个人不得不把能同这类小报为伍视为幸福，这实在令人作呕。象习艺所的赤贫者一样，把骨

---

① 《马克思恩格斯全集》中文第二版第49卷，第455页。

第八章 马克思和恩格斯

头捣碎，磨成粉，再煮成汤，——这就是一个人在这种企业里完全注定要做的政治工作。"① 不仅在生活费用的匮乏方面，而且在全部生活条件的极端不稳定方面，马克思与现代无产阶级共命运。

马克思写给恩格斯的信以最感人的形式说明了人们以前只是粗略知道的情况；有一次，他是如何因为没有上街穿的衣服或鞋子而不得不守在家里的，另一次他又是如何缺乏几芬尼来买纸或读报，再一次他又如何为了能够将手稿寄给出版商而为几张邮票四处奔走。此外，还要为他支付不起的生活必需品与小商小贩们无休无止地争吵，他无法向他们支付最必要的杂货，更不用说那个随时威胁他要把债主放进屋子的房东了，而当铺作为常设的避难所，其高额利息吞噬了最后一点可以把忧虑的阴影从他家门槛吓走的东西。

而这个忧虑的阴影不仅蹲在门槛上，还和他一起坐在桌子旁。他那思想高尚的妻子早年习惯于无忧无虑的生活，如今在命运肆虐的刀光剑影中动摇迟疑，甚至希望自己和她的孩子们一起进入坟墓。在他的书信中不乏家务事的痕迹，他偶尔会认为，对于有抱负的人来说，没有什么比结婚并受困于私人生活的小苦难更愚蠢了。然而，每当妻子的抱怨令他不耐烦时，他都还是会为她开脱和辩解；他说过，在容忍难以形容的屈辱、痛苦和恐惧方面，妻子比他承受得更多、更沉重，主要是因为她不能躲在科学的殿堂里，而马克思却一再逃避到这里。看到孩子们青春的天真欢乐被缩减，父母双方都同样感到痛苦。

尽管这位伟大的思想家的命运是如此可悲，但它之所以上升到悲剧性的高度，是因为马克思自愿承担了几十年的痛苦折磨，而拒绝了逃避到一个资产阶级工作的避风港中的一切诱惑，而这样一份工作他本可以不失任何尊严便获得。关于这一点，他说得简单质朴，没有任何浮夸之词："但是我必须不惜任何代价走向自己的目标，不允许资产阶级社会把我变成制造金钱的机器。"② 这位普罗米修斯不是用赫菲斯托斯的楔子在岩石上锻造

---

① 《马克思恩格斯全集》中文第一版第 29 卷，第 97 页。
② 《马克思恩格斯全集》中文第一版第 29 卷，第 550—551 页。

241

 马克思传

出来的,而是用钢铁般的意志,像磁针一样牢固可靠地指向人类的最高目标。他的全部本性是柔韧的钢铁。最令人钦佩的是,他常常在同一封信中,似乎已经被最悲惨的痛苦压垮了,却以惊人的弹性站起身来,以智者的平静心态讨论最困难的问题,不会为琐碎烦忧皱下眉头。

然而,马克思感受到了资产阶级社会对他的迫害和打击。如果问:对于这位其真理只为后世所认可的天才来说,马克思遭受的这种痛苦折磨意味着什么呢?——那是愚笨的禁欲主义精神。虚荣心强的文人是矫饰浮华的,他们希望每天都能在报纸上看到自己的名字,但每一种生产力都有必要为自己的发展找到必要的空间,并从它所唤起的回声中获得新的力量进行新的创造。马克思并不是像他们在那些低劣的剧作和小说中所说的那样,是一个伪善的空谈家,而是一个像莱辛一样热爱生活的人。对马克思来说,垂死的莱辛给他青年时代的一位老朋友写信时的心情并不陌生:"我相信,您不会认为我是一个渴望得到别人赞扬的人。但是世人把某些人看得一无是处的那种冷漠态度,即使不使人悲痛欲绝,至少也使人心灰意懒。"马克思在他50岁生日前夕也写出过同样的苦涩:"苦干半个世纪了,可还是一个穷叫化子!"① 因此,他曾经希望自己被埋在地下一百英尺,也不愿继续过这种艰难困苦的生活,也曾发自内心地发出绝望的呼喊,他不让他最凶恶的敌人趟过他曾深陷8周的泥潭,彼时他曾出离愤怒,因细小琐事使他头脑疲惫,无法写作。

当然,马克思并没有因此而成为一条"该死的、闷闷不乐的狗",就像他有时嘲弄取笑时说的那样,就这一点而言,恩格斯说他的朋友从不愁眉苦脸是完全正确的。但是,正如马克思喜欢称自己天性坚韧,那么他在厄运中被捶打得愈发坚韧了。拱卫着他青年时代著作的宁静天空,越来越多地被沉重的积雨云所覆盖,他的思想就像闪电一样划破乌云,他对敌人的、有时是对朋友的评价变得过于锋利,伤害到的不仅是那些脆弱的灵魂。

因此,骂他是冷漠的煽动家的人,与那些像鲁莽的士官人物一样,仅

---

① 《马克思恩格斯全集》中文第一版第32卷,第76页。

第八章 马克思和恩格斯

仅把那些伟大的战士看成阅兵场上的漂亮木偶的人,都同样不多不少地想错了。

(二) 独一无二的同盟

然而,马克思在生活中的胜利并不只归功于他强大的力量。按照所有人的判断,如果没有恩格斯这个朋友,他最终会以这样或那样的方式被打败,而对恩格斯自我牺牲式的忠诚,人们在他们的书信往来公开后才能有一个准确的印象。

这是一幅史无前例的图像。历史上从来就不缺乏成双成对的朋友,在德国历史上也是如此,他们的毕生事业是如此紧密地融合在一起,以至于无法区分你我,但总还会留有一部分顽固的自我意志或自我思想的残余,或者只是暗中不愿意放弃自己的个性——按照诗人的话说,这是"世间儿女的最大幸福"。路德在梅兰希顿身上看到的终究只是软弱的学者,而梅兰希顿看路德终究也只是粗野的农民,而只有感觉迟钝的人,才不会在歌德和席勒的通信中看出大枢密顾问官和小宫廷顾问官之间暗中的不和。而联系马克思和恩格斯之间的友谊,却完全没有一点这种人性弱点的痕迹;他们的思想和创作越是交织在一起,他们每个人就越是一个完整的人。

他们在外表上并不相同。恩格斯是个金发的日耳曼人,身材修长,有英国人的风度,正如一位观察家对他的评价:无论是在军营还是在办公室,他总是注意穿着、严守纪律;他要建立的行政部门只有 6 个店员,却比用 60 名政府顾问要简练和清晰 1000 倍,那些顾问甚至都写不清楚字,弄脏所有的账本记录,鬼都看不懂他们写的字;这位曼彻斯特证券交易所受人尊重的成员,参加英国资产阶级的商业和娱乐活动——打猎和圣诞宴会等,但他却是一位思想工作者和斗士;远在城市边缘的小房子中藏着他的宝藏——一位爱尔兰民族的女子,当他对流氓无赖感到疲惫时,就在她的怀里休息。

相比之下,马克思身材矮小健壮,眼睛炯炯有神,头发像狮鬃般乌

 马克思传

黑，显示着他闪米特族的血统；不修边幅；一个操劳的家长，远离国际大都市的所有社会活动；他致力于艰苦的脑力劳动，几乎到了废寝忘食的地步；一位不知疲倦的思想家，对他来说，思考就是最大的享受；在这一点上，他是康德、费希特，特别是黑格尔的真正继承人，他喜欢重复黑格尔的话："即使是恶棍的犯罪思想也比天上的一切奇迹更为崇高而辉煌"，只不过他的思想不断地迫切要求行动；在小事上不切实际，但在大事上却很实际；在照顾一个小家庭方面过于笨拙，但在招募和领导一支用来推翻世界的大军方面的能力却无可比拟。

如果说每个人的文风都是不同的，那么马恩二人作为作家也都是独一无二的。他们每个人都以自己的方式成为语言大师，每个人也都是语言天才，掌握了许多领域的外语，甚至方言。恩格斯在这方面的成就还胜于马克思，但当他用母语写作时，即使在他的书信中，更不用说在他的著作中，他极其严格地要求自己不掺杂一词一句的外文，而不落入条顿语言纯结论的怪圈。他的文字简洁明快，通透易懂，他行文如流水，清澈见底。

马克思写东西更随意，同时也更艰深。在他年轻时的书信中，就像海涅年轻时的书信一样，可以清楚地看出他还在努力提高语言水平，而在他成熟年代的书信中，特别是自从他住在英国以后，他会把德语、英语和法语混在一起乱用。在他的著作中，有更多不可避免的外文词，也不乏英语或法语的语言习惯，但他对德语如此精通，以至于翻译他的著作会有严重的偏差。当恩格斯读到友人著作的法译本中的一章，还是马克思亲自费心润色了的一章时，他还是认为枯燥乏味、毫无生气。歌德曾经给冯·施泰因夫人写信说："在比喻方面，我可与桑丘·潘沙的谚语一较高下"，马克思也能够在语言上的比喻贴切方面与最伟大的"比喻大师"莱辛、歌德和黑格尔媲美。他理解了莱辛的话：在一个完美的表述中，概念和形象就像男人和女人一样结合在一起。为此，大学里的学者——从老资格的大师威廉·罗雪尔到最年轻的编外讲师都恪尽职守地批判他，歇斯底里地谴责他只会以一种模糊的、"用比喻的补丁缀合在一起的方式"让人理解自己。马克思在阐述他要解决的问题时，总是会给读者留出足够大的做有益思考的余地；他的话语是在绚丽的海洋深处泛起的涟漪。

第八章 马克思和恩格斯

恩格斯始终承认马克思是个卓越的天才；在他身边，恩格斯总是希望自己只做第二提琴手。但他从来都不只是马克思的解释者和助手，而是一个在思想上不同于马克思、却与他势均力敌的独立合作者。在他们友谊的初期，恩格斯在一个重要领域里付出的比得到的更多，因而马克思在20年后给他写道："你知道，首先，我对一切事物的理解是迟缓的，其次，我总是踏着你的脚印走。"① 恩格斯轻装上阵，行动方便。他的目光足够敏锐，可以看出一个问题或局势的关键点，但他不够深入，没有立即掌握所有的如果和但是，即使是最迫切的决定也带有诸多的如果和但是。当然，这种缺乏对于实干家来说却是一个很大的优势，马克思在没有征求过恩格斯意见之前，是不会做政治的决定，而恩格斯总能说到点子上。

出于同样的原因，马克思在理论问题上也征求恩格斯的意见，但不像政治问题那样卓有成效。在这方面，马克思通常处于优势地位。而且，他对恩格斯时常给他的敦促，迅速完成主要科学著作的建议充耳不闻。恩格斯曾劝告他："对你自己的著作哪怕就稍微马虎一次也好；对于那些糟糕的读者来说，这已经是太好了。主要是要把东西写完出版；你所看到的缺陷，蠢驴们是不会发现的。"② 这样的建议反映了真正的恩格斯，就像马克思的忽视反映出了真正的马克思。

从中可以看出，恩格斯在时评工作上比马克思准备得更好；马克思向一位共同的朋友这样描述恩格斯："他是一部真正的百科全书，不管在白天还是黑夜，不管头脑清醒还是喝醉酒，在任何时候他都能够工作，写作和思索起来像鬼一样快"③，显然，在《新莱茵报》于1850年秋停刊后，两人最初还打算在伦敦合作干点什么；至少马克思在1853年12月写信给恩格斯说："要是我们——你和我——当时在伦敦创办一个英文通讯社，你就不用在曼彻斯特的商行受折磨了，我也不会为债务所累了。"④ 相较于

---

① 《马克思恩格斯全集》中文第一版第30卷，第410页。
② 《马克思恩格斯全集》中文第一版第30卷，第536页。
③ 《马克思恩格斯全集》中文第二版第49卷，第484页。
④ 《马克思恩格斯全集》中文第二版第49卷，第508页。

 马克思传

这个"生意"的前景,恩格斯宁愿选择他父亲公司的职位,这可能是考虑到马克思的处境相对暗淡,并着眼于更好的时机,但他并不打算永远向"该死的生意"投降。1854年春,恩格斯仍在考虑回伦敦写作,但这是最后一次;大约在这个时候,他必定下定决心永久地背负起令人厌恶的枷锁,不仅是为了帮助他的朋友,也是为党保留最初的思想力量。只有在这个基础上,恩格斯才能做出牺牲,马克思也才能接受他的牺牲;付出和牺牲有着同样伟大的意义。

在恩格斯成为公司的合伙人之前的很长一段时间,他只是一名普通的职员,生活条件并不十分优越,但从他搬到曼彻斯特的第一天起,他就开始提供帮助,而且从不厌倦。1英镑、5英镑、10英镑,以及后来的上百英镑银行券,不断被寄往伦敦。恩格斯从未失去过耐心,即使在节俭意识看起来不怎么强的马克思和夫人看来,这份耐心偶尔是超过必要限度的重大考验。当马克思有一次忘记了在他名下的一张汇票的额度,并在到期日被吓了一跳的时候,恩格斯连头都没有摇过。或者,当马克思夫人再次整顿家务,出于错误的考虑而隐瞒了一大笔欠款,想要逐渐从她的家务钱中节省出来,从而怀着这样美好的愿望重新开始过苦日子时,恩格斯虽然也责骂这是"显然需要经常加以监督"的"妇人的愚蠢",却听凭友人的这种伪善的享乐,并且只是善意地告诫说:只要注意今后不再发生这种事就行了。

恩格斯不仅在白天为他的朋友在商行和证券交易所做苦工,而且还为他牺牲晚上大部分的闲暇时间,直到深夜。一开始,这是为了在马克思还不能熟练地用英语写作的时候,帮助马克思为《纽约每日论坛报》撰写或翻译信件,而在这个最初的理由消失后,这种不公开的合作仍然持续着。

所有这些都显得微不足道,因为相比之下,恩格斯做出了最大的牺牲——放弃了他凭借其无可比拟的研究能力和丰富的才干本能获得的科学成就。关于这一点,人们也是从两人的书信往来中才有准确的理解,即使只限于语言学和军事科学的研究,这是恩格斯出于"往日的爱好"和无产阶级解放斗争的实际需要而特别偏爱的。他痛恨所有的"自学成才"——他曾轻蔑地说"这纯粹是胡闹"——他的科学研究方法很全面,和马克思

第八章 马克思和恩格斯

一样不仅仅是个学究；对于每一个能够立即有助于打破无产阶级枷锁的新见解，他都认为有双倍的价值。

他开始研究斯拉夫民族的语言，就是出于这样的"考虑"——"我们当中至少有一个人"在下一场大型政治历史剧上演时，对那些恰好立即就会与之发生冲突的民族的语言、历史、文学以及社会制度的特点有所了解。东方的动荡使他关注到东方的语言；他对有 4000 多个词根的阿拉伯语望而却步，但"波斯语是一种真正的语言儿戏"①；他想在 3 个星期之内就掌握这门语言。随后，他又转战日耳曼语言："我现在完全陷进了乌尔菲拉；总有一天要把该死的哥特语搞通，到目前为止，我只是断断续续研究过。使我感到惊异的是，我发现我懂得的比我过去想象的要多得多；如果我再弄到一部工具书，我想两个星期就可以把它搞完。那时我再去研究古挪威语和盎格鲁撒克逊语。这两种语言我也始终没有牢固地掌握。到目前为止，我工作一直没有辞典或任何工具书：我只有哥特语读本和格林的书，但是这个老家伙的确了不起。"② 当 60 年代出现石勒苏益格—荷尔斯泰因问题时，恩格斯研究了一下"弗里斯兰—英格兰—日德兰—斯堪的纳维亚的语言学和考古学"，当爱尔兰问题再次爆发时，他又研究了"凯尔特—爱尔兰语"等等。在国际总委员会中，他丰富的语言知识对他很有帮助；有人会说："恩格斯能结结巴巴地用 20 种语言讲话"，因为在发言激动的时候，他会有点口吃。

由于在军事科学方面的研究更加热情、更加透彻，恩格斯也获得了一个"将军"的绰号。这个"往日的爱好"也被革命政治的实际需要所滋养。恩格斯认识到了"军事在最近的运动中必将具有的重大意义"。③ 与那些在革命年代站在人民一边的军官们一起，并不是一个很好的经历。恩格斯认为，"这些兵痞有一种卑鄙得难以置信的集团精神。他们彼此之间恨得要死，像小学生一样对于微小成绩也要相互妒忌，但对于'平民'，他

---

① 《马克思恩格斯全集》中文第二版第 49 卷，第 423 页。
② 《马克思恩格斯全集》中文第一版第 29 卷，第 482 页。
③ 《马克思恩格斯全集》中文第二版第 48 卷，第 291 页。

们却完全一致。"① 恩格斯想要达到能够在理论上参与讨论而不会出丑的程度。

他在曼彻斯特的房子都还没有住暖,就开始"苦攻军事"。他最开始研究的是"最普通和最常见的材料,即在步兵见习军官和尉官考试时所必需具备的、因而在所有书籍中都被认为是尽人皆知的东西"②。他研究了整个军队系统,包括所有技术上的细节:基础战术、从沃邦直到现代独立堡垒体系的筑城体系、架桥和野战工事的修筑、武器学(直至野战炮架的各种构造)、野战医院的餐饮供应等其他许多事项;最后他转而研究战争通史,在其中勤勉地深入研究了英国人纳皮尔、法国人若米尼和德国人克劳塞维茨。

恩格斯远没有本着肤浅的启蒙精神抨击战争在道德上的不合理性,而是试图正确认识战争在历史上的合理性,从而不止一次地引起了夸夸其谈的民主派可怕的怒火。拜伦曾把炽热的怒火发泄给两位军队指挥官,他们作为封建欧洲的旗手,在滑铁卢战役中给法国大革命的继承者以致命一击。巧合的是,恩格斯也曾在给马克思的信中勾画了布吕歇尔和威灵顿的历史形象,这幅画像虽然轮廓简略,但却清晰鲜明,即使是以当今军事科学的水平来看也无需做一丝修改。

在恩格斯非常喜欢、也做过最多研究的三个领域之一——自然科学领域中,在为了给那位更伟大的人物创造科学研究的自由空间而服商业苦役的几十年里,他没能得到机会完成自己的研究。

这一切也是一种悲惨的命运。但恩格斯从来没有为此哭诉过;因为他和他的朋友一样,极少多愁善感。他始终认为,能和马克思站在一起40年是他一生中最大的幸福,即使代价是马克思更高大的形象使他黯然失色。在马克思逝世后的大约10年里,恩格斯成为国际工人运动的第一人,在其中扮演无可争议的第一小提琴手。他从不觉得这是一种迟到的满足,相反,他认为归功于他的功绩比他应得的要大。

---

① 《马克思恩格斯全集》中文第二版第48卷,第282页。
② 《马克思恩格斯全集》中文第二版第48卷,第336页。

第八章　马克思和恩格斯

　　两个人都全心全意地为共同的事业而奋斗，而他们每个人都做出了不同却相等的伟大牺牲，谁都没有一丝不快的牢骚或炫耀，正是因此，他们的友谊成为了历史上无与伦比的同盟。

第九章　克里木战争和危机

（一）欧洲政治

1853年底，大约在马克思通过反对维利希的小册子结束了他与"民主派流亡者的骗局和玩弄革命的行为"的斗争的同时，欧洲政治随着克里木战争的爆发而开始了一个新时期，在接下来的几年里受到马克思的优先关注。

马克思对这个问题的看法主要记录在他为《纽约每日论坛报》撰写的文章中。虽然这家报纸试图把他压制在普通报纸通讯员的等级上，但马克思有理由说，"只有在例外的情况下，他才从事真正的报纸通讯工作"。他只忠于自己，由于他在辛勤研究的基础上创造了持久的价值，马克思有偿的文字工作就变得更加高尚了。

这些宝藏中的大部分还没有被发现，需要做些努力才能使它们面世。由于《纽约每日论坛报》把马克思提供给它的稿件当作原材料，视自己的喜好情况把它们扔进废纸篓，或打着自己的旗号出版，或者常常只是像马克思愤怒地说的那样，以他的名义发表一些"糟货"，因此不可能再完整还原登在美国报纸上的马克思的作品了，而要尽可能地做到这一点，需要仔细检查来准确判断其界限。

直到最近，马克思恩格斯通信集出版才提供了一个必不可少的证据。例如，从中可以看出，长期以来被认为作者是马克思的关于德国革命和反

第九章 克里木战争和危机

革命的系列文章,主要是由恩格斯撰写的;恩格斯不仅长期以来众所周知地为《纽约每日论坛报》撰写了军事文章,而且还在其他更广泛的方面参与该报的工作。除了上述系列文章外,还可以从《纽约每日论坛报》的专栏中收集到关于东方问题的文章,但这方面的收集,无论是它包含的内容还是不包含的内容,都比军事方面的更有争议,因为在军事方面只有一个不正确的作者。

然而,这种批判性的检查只会是这项工作中比较容易做的部分。尽管马克思十分重视这些日常的时评工作,但他不会将其置于这一工作本身所能容许的高度之上。即使是最伟大的天才也不可能随着在周二或周五到来的轮船,每周两次做出新的发现或诞生新的思想。正如恩格斯曾经说过的那样,常常是"完全凭记忆信笔写了一篇救急之作"。此外,日常的工作总是取决于当天的新闻和当天的心情,为了不使文章变得枯燥无聊,这是完全摆脱不了的。恩格斯和马克思之间的4大卷通信集如果没有这样上百个矛盾会变成什么呢?正是从这上百个矛盾中发展出他们思想和斗争的伟大方针。

但是,他们从克里木战争开始的欧洲政策的伟大方针,即使没有在《纽约每日论坛报》的专栏中等待重生的大量材料,今天也已经非常清楚了。在某种意义上,人们可以视这些方针为一个转折。《共产党宣言》的作者把他们的主要注意力放在德国和《新莱茵报》上。然后,这份报纸热情地支持波兰人、意大利人、匈牙利人的独立斗争;最后,它要求把俄国当作欧洲反革命的强大后备军来作战,并随之把这场战争愈发激烈地变成对英国的世界战争,伴随这样的战争,社会革命才能走出空想的领域,进入现实的领域。

与压在欧洲身上的"英俄奴役"相辅相成的,是马克思在克里木战争时期的欧洲政策。他对这场战争表示欢迎,因为他相信这场战争可以遏制沙皇主义通过反革命胜利而获得在欧洲的优势,但他并不赞同西方列强打击俄国的方式。恩格斯也这样认为,他称克里木战争是一出错中错的大喜剧,人们时刻在问:谁在这里受骗了?两人都认为,就英法两国、特别是英国领导的这场战争而言,只是一场虚假的战争,尽管它造成了数百万人

的死亡和数不清的金钱损失。

当然是这样，因为无论是假波拿巴还是英国外交大臣帕麦斯顿勋爵，都没有打算触及俄国巨人的要害。一旦他们确信奥地利在西部边境牵制住了俄国的主力部队，他们就把战争转移到克里木，紧紧咬住塞瓦斯托波尔要塞。过了很长时间后，他们才幸运地占领了一半的要塞。他们不得不满足于这个微不足道的成绩，并最终"恳请""战败的"俄国允许他们不受阻碍地撤回部队。

在假波拿巴身上足以解释为什么他不敢向沙皇挑战，进行一场生死之战，但在帕麦斯顿身上就不好解释了——大陆政府都担心他是一个革命的"放火者"，而大陆自由派则赞赏他是宪政自由派大臣的典范。马克思解开了这个谜题，他辛苦地研究了本世纪上半叶的蓝皮书①和议会记录，还有存放在大英博物馆的一系列外交报告，从而证明了，从彼得大帝时期到克里木战争时期，伦敦内阁和彼得堡内阁之间一直有秘密的合作，特别指出了帕麦斯顿是被沙皇政策收买的一个工具。这些研究结果并非没有争议，而且直到今天仍有争议，特别是关于帕麦斯顿的。对其不择手段的商业政策，以及这种政策的不彻底性和矛盾性，马克思给出的评价无疑要比大陆政府和自由主义者的恰当得多，但这并不能绝对必然地得出帕麦斯顿是被俄国收买的结论。不过，比起马克思，对这件事是否言过其实这一问题，更重要的事实是：他始终使用这一斗争方式；他把认清国际政治技巧的奥秘，并阻止政府的外交阴谋，或者在如果还没有能力阻止时加以谴责，视为工人阶级的必要任务。②

在马克思看来，最重要的是与野蛮势力进行不妥协的斗争，他看到这个势力的头位于彼得堡，而这个势力的手在欧洲各国的内阁里翻云覆雨。他不仅把沙皇统治看作是欧洲反动派的主要堡垒，其存在本身就是一种持

---

① 蓝皮书（Blue Books）是英国议会或政府的（包括政府向议会提交的）文件或报告书的通称，因封皮为蓝色而得名。英国从17世纪开始发表蓝皮书，它是英国经济史和外交史方面主要的官方资料。

② 参看马克思的系列文章《帕麦斯顿勋爵》。

第九章 克里木战争和危机

续的威胁和危险,还认为沙皇统治是主要的敌人,他通过不断地干涉西方的事务来阻碍和扰乱正常的发展,目的是获得地理上的地位,以确保对欧洲的统治,从而使欧洲无产阶级的解放成为不可能。马克思对这一观点决定性的重视,从那时起就在很大程度上影响了他的工人政策,比在革命年代更甚。

马克思只是延续了他在《新莱茵报》上就已经建立起的联系;对他来说,同样对恩格斯来说,这份报纸所支持的独立斗争的民族在很大程度上退居幕后了。并不是说二人都不再主张波兰人、匈牙利人和意大利人的独立,不再支持这些国家的权利,支持这些国家的权利同时也是德国和欧洲的利益。但早在1851年,恩格斯就给早先喜欢他的人送上一封干巴巴的辞职信:"我要十分明确地告诉意大利人、波兰人和匈牙利人,在一切现代问题上他们必须住口。"① 几个月后他告诉波兰人,他们是一个松散的国家,是在俄国自身被卷入革命之前只能作为工具使用的。他说,除了一些大胆的争吵不休的蠢事,波兰人在历史上从来没有做过别的事。即使是和俄国相比,他们也从未做出过什么具有历史意义的事情,而俄国同东方相比确实是进步的。俄国的统治,不管怎样卑鄙无耻,怎样带有种种斯拉夫的肮脏东西,但对于黑海、里海和中亚细亚,对于巴什基里亚人和鞑靼人,都起到促使他们文明化的作用,而且俄国所接受的文化因素,特别是工业因素,也比具有小贵族懒惰本性的波兰多得多。诚然,这些句子带有强烈的流亡者斗争的狂热色彩。恩格斯后来对波兰的评价又温和了许多,在他生命的最后几年,他承认波兰至少两次拯救了欧洲文明:1792至1793年的起义和1830至1831年的革命。

马克思则在意大利革命英雄纪念册中写道:"马志尼先生只知道城市以及城市中的自由派贵族和开明的公民。意大利农村居民(他们同爱尔兰的农村居民一样,都遭到了敲骨吸髓的压榨,经常被弄得精疲力竭,愚昧无知)的物质需要,对马志尼的世界主义的、新天主教的、意识形态的宣言里的那一套高谈阔论来说,当然是不值一提的。但是要向资产者和贵族

---

① 《马克思恩格斯全集》中文第二版第48卷,第181页。

 马克思传

说明，使意大利获得独立的第一步就是使农民得到完全的解放，并把他们的分成租佃制变为自由的资产阶级所有制，这确实是需要勇气的。"① 而对于在伦敦夸夸其谈的科苏特，马克思在他的朋友厄内斯特·琼斯的一封公开信中解释说，欧洲革命意味着劳动对资本的"十字军东征"。这些革命不能被贬低到像马札尔人这样一个不愚昧的、半野蛮的民族的思想和社会水平，他们还处于 16 世纪的半文明状态，实际上还幻想着能指挥德国和法国的伟大启蒙运动，并从英国的轻信中骗得了一个虚假的高度。

但马克思离《新莱茵报》的传统最远，因为他不仅不再把主要注意力放在德国身上，而且几乎把德国完全放在他的政治视野之外。可以肯定的是，德国当时在欧洲政治中扮演了一个令人极其失望的角色，可以只将其视为俄国的一个省，但如果这在某种程度上可以解释，那在某些方面则是灾难性的，马克思——恩格斯也是如此——在若干年内失去了与德国发展的任何密切联系。最重要的是，作为被吞并的莱茵省人，他们两人对普鲁士国家的蔑视，在曼托伊费尔—威斯特华伦时期增长到与他们对事物真实状况的敏锐洞察力大不相称的程度。

一个有力的证明是马克思关注当时普鲁士状况的一个特殊情况。事情发生在 1856 年年底，当时普鲁士由于诺因堡的贸易与瑞士发生了争执②。正如马克思在 1856 年 12 月 2 日给恩格斯的信中写道，这一事件促使他补习"在普鲁士历史方面的极端贫乏的知识"③。

---

① 梅林在这里弄错了，马克思是在 1851 年 9 月 11 日给魏德迈的信中写了这些话。参看《马克思恩格斯全集》中文第二版第 48 卷，第 385 页。

② 诺因堡冲突即纳沙泰尔冲突。纳沙泰尔（德文名诺因堡）是瑞士的一个州，在 1815 年的维也纳会议上被划归普鲁士；但却完全独立于普鲁士王国之外，仍旧是瑞士联邦的第 21 个州。在 1848 年 2 月的资产阶级革命中，纳沙泰尔州宣布彻底脱离普鲁士，成立共和国。但是法国、英国、俄国、奥地利在 1852 年 3 月 24 日的伦敦议定书中仍然向普鲁士弗里德里希-威廉四世重申，维也纳会议决定给予他的对纳沙泰尔的"主权"继续有效。于是在普鲁士和瑞士共和国之间便爆发了激烈的冲突。直到 1857 年法国进行了外交干涉，普鲁士被迫放弃了对纳沙泰尔的要求，冲突才算平息。

③《马克思恩格斯全集》中文第一版第 29 卷，第 84 页。

第九章 克里木战争和危机

他在信中总结了他的研究结果——在世界历史上还从未产生过比这更糟糕的东西。他后来在信中阐述内容,以及几天后在宪章派机关报《人民报》上更详细地重复的内容,并没有显示出他以往的历史观的高度,而是惊人地退到了那些民主派庸人诽谤谩骂的历史低地,而马克思的功绩正是克服这一点。

普鲁士国家对每一个有文化的人来说无疑都是一块硬骨头,但只嘲笑"霍亨索伦王朝的神权",嘲笑三个一再出现的"性格面具"——虔诚主义者、士官和小丑,嘲笑普鲁士历史是一个可以同奥地利历史的"魔鬼史诗"媲美的"肮脏的家族纪年"等等,是啃不碎这块硬骨头的,这最多只是解释了原因,但原因的原因仍然完全不清楚。

(二) 大卫·乌尔卡尔特、哈尼和琼斯

在为《纽约每日论坛报》工作的同时,马克思也在本着同样的精神,与乌尔卡尔特派和宪章派的机关报合作。

大卫·乌尔卡尔特是英国的一位外交家,他因准确认识并不懈反对俄国统治世界的计划而赢得了巨大的功绩,但这份功绩又因他对俄国人的狂热仇恨和对土耳其人的狂热喜爱而被贬低。马克思经常被称为乌尔卡尔特分子,但这是非常不公正的;可以说,他和恩格斯一样,更多地在批判这个人愚蠢的夸张行为,而不是欣赏他的真正成绩。恩格斯在1853年3月第一次提到乌尔卡尔特时写道:"现在我家里有疯狂的议员乌尔卡尔特的一本书,他认为帕麦斯顿是领津贴的俄国奸细。事情说起来很简单。这个家伙是凯尔特族的苏格兰人,受过撒克逊苏格兰式的教育;就倾向来说他是个浪漫派,就教育来说他是个自由贸易派。他曾以希腊独立运动支持者的身份去过希腊,然而,在同土耳其人打了三年仗以后,又到了土耳其,而且成了这些土耳其人的崇拜者。他狂热崇信伊斯兰教,他的原则是:如果

255

 马克思传

我不是加尔文派教徒,我只能成为穆罕默德的信徒。"① 总的来说,恩格斯认为乌尔卡尔特的书显然是十分好笑的。

马克思和乌尔卡尔特的共同点是反对帕麦斯顿的斗争。马克思在《纽约每日论坛报》上发表并被翻印在格拉斯哥一家报纸上的一篇反对这位部长的文章②,引起了乌尔卡尔特的注意。他在1854年2月与马克思会面,并恭维马克思,说他的文章就像是土耳其人写的。当马克思随后声明自己是一个"革命者"时,乌尔卡尔特大失所望,因为他有一个怪念头——欧洲革命者是沙皇统治自觉或不自觉的工具,为欧洲政府制造麻烦。在这次面谈之后,马克思写信给恩格斯:"他是一个十足的偏执狂。"③ 正如他同乌尔卡尔特所说的,马克思在其他一切方面都与乌尔卡尔特持截然相反的意见,只在一点上,即在对帕麦斯顿的评价上是一致的,但在这一点上乌尔卡尔特也没有帮助到他。

当然,人们不能对这些私密的表述过分计较。在公开场合,马克思尽管对他有批判性的保留意见,却多次承认乌尔卡尔特的功绩,并且毫不掩饰他即使没有被说服,但也受到了乌尔卡尔特的启发。因此,他并不反感偶尔为乌尔卡尔特派的机关报,特别是伦敦的《自由新闻》供稿,并允许将他在《纽约每日论坛报》上的几篇文章以小册子的形式传播。这些关于

---

① 《马克思恩格斯全集》中文第二版第49卷,第354—355页。
② 马克思大约在1853年10月1日—12月22日之间撰写了关于亨·帕麦斯顿勋爵的系列文章,揭露以帕麦斯顿为代表的英国寡头政治,以回击当时一些报纸对帕麦斯顿的吹捧。这组文章一开始是为《纽约每日论坛报》而写的;1853年10月,马克思在寄出他的第一篇文章后,又与厄·琼斯达成协议,同时在宪章派机关报《人民报》(伦敦)上发表这组文章。《人民报》把这些文章作为一组完整的论文,用一个总标题《帕麦斯顿勋爵》发表,署名为马克思博士,并在每篇文章之前注明"马克思博士为《纽约每日论坛报》而作,兼寄本报"。《人民报》在1853年10月22日至12月24日共刊登了马克思的8篇文章。最后一篇也和前几篇一样,结尾都注有"待续"字样。从马克思1853年12月14日给恩格斯的信中可以看出,马克思本想再写几篇文章来论述帕麦斯顿在1840—1841年伦敦公约签订期间的政策以及帕麦斯顿在1848—1849年革命时期的立场。但这种想法没有实现。
③ 《马克思恩格斯全集》中文第二版第49卷,第514页。

第九章　克里木战争和危机

帕麦斯顿的小册子以不同的版本发行了15000—30000册，并引起了巨大的轰动。但除此之外，马克思与苏格兰人乌尔卡尔特，和与美国人德纳一样合不来。

马克思和乌尔卡尔特之间是不可能保持长久联系的，因为马克思支持宪章运动，而乌尔卡尔特则对宪章运动倍加痛恨，他是一个自由贸易论者，又是俄国的敌人，在每一次革命运动中好像都能听到卢布滚动的声音。1848年4月10日，宪章运动遭受了严重的失败，并且再也没有恢复，但当它的残余部分还在竭力争取重生时，恩格斯和马克思勇敢而忠实地支持它，特别是不计报酬地与乔治·朱利安·哈尼和厄内斯特·琼斯在50年代发行的各个机关报合作——哈尼先后快速地出版了《红色共和党人》《人民之友》和《民主评论》，琼斯出版了《寄语人民》和《人民报》，其中《人民报》持续的时间最长，直到1858年。

哈尼和琼斯属于宪章派中的革命派，他们可能是最不受任何岛国局限性的；在民主派兄弟协会这个国际协会中，他们被认为是精神领袖。哈尼是一位水手的孩子，在无产阶级环境中长大；他在法国的革命文献中学习，特别是将马拉视为他的榜样。哈尼比马克思大一岁，在马克思主持《莱茵报》的时候，他是宪章派主要机关报《北极星报》的编辑人员。1843年，恩格斯曾到编辑部找过他，他回忆当时的恩格斯"个子很高，少年英俊，面孔几乎像孩子一样年轻【……】但是当时已经说得一口流利的英语"①。1847年，哈尼与马克思结识，并热情地成为了马克思的支持者。

哈尼在他的《红色共和党人》上刊登了《共产党宣言》的英译本，并加了边注——这是有史以来最革命的文件，并在他的《民主评论》中翻译了《新莱茵报。评论》上关于法国革命的文章，认为这是对法国事件的"真正的批判"。在流亡者斗争中，他又犯了老毛病，并与琼斯以及马克思和恩格斯发生了激烈的冲突。不久后，他搬到了泽西岛，然后去了美国，恩格斯在1888年去拜访过他。紧接着，哈尼又回到英国，作为一个伟大时代的最后一个见证者，在晚年去世。

---

① 《回忆马克思》，人民出版社2005年版，第67页。

 马克思传

厄内斯特·琼斯来自一个古老的诺曼家族,但在德国出生和接受教育,他的父亲作为坎伯兰公爵,即后来的汉诺威国王恩斯特-奥古斯特的军事随从在德国生活。这个极端反动的放荡子,英国报刊说他除了自杀什么法都犯过,生下了小厄内斯特,却没有尽到做父亲的责任,也没有让他受到家庭与宫廷联系的影响。早在孩童时期,他也表现出一种不可遏制的自由感,而在他成为一个男人后,他抵制住了所有将他禁锢在黄金锁链中的诱惑。当琼斯一家回到英国时,他大约为20岁,他在那里学习法律并获得了律师资格。然而,他牺牲了他出色的能力和家庭的贵族关系为他开辟的一切前景,而致力于宪章运动事业,他以如此强烈的热情支持这一事业,以至于在1848年被判处两年监禁。作为对他背叛其所在阶级的惩罚,他在监狱里被当作普通犯人对待。他在1850年出狱,但却完全没有悔改,从1850年夏天开始,在20年里,他与马克思和恩格斯保持着密切的联系,到晚年也一直与他们站在一起。

当然,这种友谊也像马克思恩格斯与弗莱里格拉特的友谊一样,并非完全没有冷淡疏远,琼斯与弗莱里格拉特一样有着诗歌天赋。马克思恩格斯与拉萨尔之间的友谊也是如此,对拉萨尔,马克思有类似的评价,但却严厉得多,正如他在1855年谈到琼斯时写道:"虽然不能不承认琼斯有充沛的精力、坚强的毅力和主动精神,但是,他大肆喧嚣,毫无章法地借各种理由进行鼓动,不顾时机急躁冒进,会把一切都毁掉。"① 后来,当宪章运动逐渐停止,琼斯向资产阶级激进主义靠近时,他们之间也不乏激烈的冲突。

但从根本上说,这仍然是一种坦率而真诚的友谊。琼斯最后的生活是在曼彻斯特当律师,并于1869年正值壮年时意外去世;恩格斯匆忙地把这个悲伤的通知寄往伦敦:"又失去了一个老朋友!"② 马克思回答说:"关于厄·琼斯的消息自然使我们全家极为震惊,因为他是为数不多的老朋友

---

① 《马克思恩格斯全集》中文第二版第49卷,第650页。
② 《马克思恩格斯全集》中文第一版第32卷,第233页。

第九章 克里木战争和危机

之一。"① 恩格斯后来又告知说，琼斯被安葬在他们的一位挚友威廉·沃尔弗安息的那个墓地里，还举办了一场隆重的葬礼。这个人死得真可惜。他的资产阶级词句毕竟只是一种伪装，他是政治家中实际上完全站在我们方面的唯一有教养的英国人。

（三）家庭和朋友

在这些年里，马克思远离了所有政治上的联系，实际上几乎远离了整个社会。他已经完全隐退到书房里了，离开书房也只是为了与家人在一起。1855年1月，他的家庭增添了一个小女儿爱琳娜。

和恩格斯一样，马克思也非常喜欢孩子。如果他能从繁重的工作中挤出一个小时，那就是为了和孩子们一起玩。孩子们像崇拜偶像一样眷恋他，或许也是因为他放弃了所有父亲的权威；孩子们把他当作一个同伴，并叫他"摩尔"，这是他的黑发和肤色为他赢得的绰号。马克思常说："孩子们应当教育自己的双亲"。最重要的是，孩子们禁止他在周日工作；在周日，他必须完全属于孩子们。周日到乡间游玩，在简朴的酒馆里休息，喝姜汁啤酒，吃面包夹奶酪，这是始终笼罩在他们一家头顶的厚重云层之间的一抹微弱阳光。

他们特别喜欢去汉普斯特德荒阜郊游，那是伦敦北部的一片未开垦的山地，长满了成片的树木和带刺的灌木。李卜克内西曾十分优美地描述了这样的周日郊游。② 今天的荒阜已经不是60年前的样子了，但从那家老酒店杰克·斯特拉斯堡中马克思经常坐的那张桌子旁，仍然可以看到荒阜壮丽的景色，其山峦与峡谷交叠如画，尤其是在周日，快乐的人们带去了满满的活力。南边是巨大的城市，有大量的房屋，最高的是圣保罗大教堂的

---

① 《马克思恩格斯全集》中文第一版第32卷，第233页。
② 参看威廉·李卜克内西《纪念卡尔·马克思——生平与回忆》，载于《回忆马克思》，人民出版社2005年版，第83及以下几页。

 马克思传

穹顶和威斯敏斯特教堂的塔楼,远处模糊可见萨里的山丘;北边是人口稠密、土壤肥沃的地带,布满了无数的村庄;西边是相连的海格特山丘,马克思在那里长眠。

然而,这个家庭的这一点简单的幸福被一道闪电劈开:1855年的耶稣受难日,马克思唯一的儿子,九岁的埃德加(或家人的昵称"穆希"),被死神带走了。这个小伙子已经显露出巨大的天赋,是大家的宠儿。弗莱里格拉特给家里写信时说道:"这是一个令人心碎的、可怕的损失,我内心的悲伤是无法用语言来形容的。"

马克思告知恩格斯有关疾病和死亡的信,听起来令人心碎。3月30日,他写道:"由于精神上的刺激,我的妻子一星期以来比任何时候都病得厉害。我自己当然要挺住,但是,我的心在流血,头痛欲裂。孩子在病中一刻也没有改变他那独特的、温和的,同时又是独立的性格。"① 4月6日:"可怜的穆希已经不在人世了。今天五六点钟的时候他在我的怀中睡着了(长眠不醒了)。我永远不会忘记,你的友谊在这个可怕的时刻怎样减轻了我们的痛苦。我因失去孩子而感到的悲伤,你是理解的。"② 而在4月12日:"亲爱的孩子曾使家中充满生气,是家中的灵魂,他死后,家中自然完全空虚了,冷清了。简直无法形容,我们怎能没有这个孩子。我已经遭受过各种不幸,但是只有现在我才懂得什么是真正的不幸。【……】

在这些日子里,我之所以能忍受这一切可怕的痛苦,是因为时刻想念着你,想念着你的友谊,时刻希望我们两人还要在世间共同做一些有意义的事情。"③

过了很久,伤口才开始愈合。在7月28日,马克思回复拉萨尔的安慰信时写道:"培根说,真正杰出的人物,同自然界和世界的联系是这样多,他们感兴趣的对象是这样广,以致他们能够轻松地化解任何损失带来的痛苦。我不属于这样的杰出人物。我的孩子的死深深地震动了我的心灵,我

---

① 《马克思恩格斯全集》中文第二版第49卷,第658页。
② 《马克思恩格斯全集》中文第二版第49卷,第659页。
③ 《马克思恩格斯全集》中文第二版第49卷,第660页。

第九章 克里木战争和危机

对这个损失的感受仍像第一天那样的强烈。我可怜的妻子也是万分悲痛。"① 而弗莱里格拉特在10月6日写信给马克思说:"你忘不掉自己的损失,这使我感到十分忧虑。因为我在这一点上无法帮到你,也没法劝慰你。我理解并且尊重你的悲痛,但是请你试着克制一下,否则你是会被他压垮的。这并不背叛你对儿子的思念。"

小埃德加的死是这个家庭几年来不断蔓延的一系列疾病的顶点,马克思本人也从春天开始患病,再也没有得到彻底解脱。他主要被肝病折磨着,他认为他的肝病是从他父亲那里遗传来的。而这间穷困的公寓和它所处的不健康的社区也在很大程度上导致这一家的健康状况越来越差。1854年夏天,霍乱在这里肆虐,据说是因为同时开挖的排水管穿过了1665年埋葬黑死病死者的井道。医生敦促他离开"索霍广场这个禁区",马克思多年来一直不断地呼吸着那里的空气。家庭中的又一新丧创造了这个机会:1856年夏,马克思夫人带着她的3个女儿前往特里尔,再度拜访她的老母亲。然而,她们赶到的时候,老母亲恰好在经历了11天的痛苦之后闭上了疲惫的双眼。

母亲的遗产不多,但属于马克思夫人的那份仍有几百塔勒,此外,似乎还有苏格兰亲戚的少量遗产。因此,在1856年秋,他们一家能够搬进一所离他们心爱的汉普斯特德荒阜不远的小房子里——哈弗斯托克小山,梅特兰公园路,格拉弗顿坊9号。年租金为36英镑。马克思夫人在写给一位女友的信中说:"这里和我们先前住过的小破房子比起来,真像是公侯的府第,虽然房子里的一切陈设只花了40英镑多一点【……】,但是最初一段时间我在我们舒适的客厅里总觉得自己真是一个贵人。我们把衣服被褥和其他先前留下的贵重东西从当铺赎了回来,而我又愉快地重新数着苏格兰古老的产品——麻缎小餐巾。但是好景不长,不久这些东西又只得陆续送进了当铺(孩子把它称做挂着三个球的怪房子);不过当时的舒适生活还是使我们高兴了一阵。"② 这是过于短暂地松了一口气。

---

① 《马克思恩格斯全集》中文第二版第49卷,第676页。
② 《回忆马克思》,人民出版社2005年版,第180页。

261

 马克思传

死神也在马克思的朋友中作祟。丹尼尔斯死于1855年秋天，维尔特于1856年1月在海地去世，康拉德·施拉姆在1858年初死于泽西岛。马克思和恩格斯极力想为他们在报刊上登载哪怕是简短的讣告，但没有成功。他们经常抱怨说，老近卫军正在消融，又没有新人加入。不管他们的"公开孤立"起初多么让他们高兴，也不管这两个孤独的人带着多么坚定不移的胜利信心参与欧洲政治——仿佛他们自己就是一个欧洲强国，但他们是太热情的政治家，很长一段时间他们都不会感到需要一个政党，因为正如马克思自己曾经说过的，他们的少数追随者并不是一个政党。在他们当中，没有人能够达到马克思和恩格斯的思想高度，只有一个人可以，但这个人得不到他们的完全信任①。

在伦敦，李卜克内西每天都去拜访马克思，特别是当马克思住在第恩街的时候。李卜克内西住在阁楼里，与生活的艰辛作着艰苦的斗争，共产主义者同盟的老伙伴们，列斯纳和木工罗赫纳，埃卡留斯和"忏悔的罪人"沙佩尔也是如此。其他人则分散在各地：德朗克先后在利物浦和格拉斯哥经商，伊曼特在邓迪当教授，席利在巴黎当律师，莱茵哈特在海涅生命最后几年给他做秘书，他们都属于忠实于马克思和恩格斯的亲密圈子。

但是，即使是最忠实的人也对政治斗争倦怠了。威廉·沃尔弗在曼彻斯特通过授课维持自己的生活，他仍然是马克思夫人曾经写过的那个样子——"勇敢、能干，有平民的天性"，只是随着岁月的流逝，这个单身汉的怪念头越来越多，他的"主要斗争"是与女房东之间为了茶、糖和煤而作的。在思想上，他对他流亡中的老朋友来说并没有什么意义。弗莱里格拉特仍然是那个可靠的老朋友；事实上，自从他在1856年夏天受托担任一家瑞士银行的伦敦代理人以来，他就有更大的可能为马克思提供经济帮助，特别是尽可能快地让马克思拿到《纽约每日论坛报》的酬金，报纸的付款人总是过分拖延付钱。弗莱里格拉特仍然毫不动摇地坚持自己的革命信念，但他越来越疏远于党派斗争。尽管他可能出于真诚的信念说到，对于革命者，没有比流亡更体面的埋葬地，但这位德国诗人不可能因流亡而

---

① 指拉萨尔。

第九章 克里木战争和危机

感到喜悦。由于他看到心爱的妻子思乡心切,看到孩子们不得不在异国他乡点亮圣诞树,他的诗歌灵感之源就少得可怜了。他深感痛苦,并为祖国再度想起它的著名诗人而感到幸福。

现在要说的是长长的"活死人"队伍!马克思在伦敦碰见了他早期哲学时代的一些同志:爱德华·梅因仍旧是个恶毒的人,孚赫作为科布顿的秘书要"创造"自由贸易的"历史",埃德加·鲍威尔反过来扮演共产主义鼓动者的角色,但马克思始终只称其为"小丑"。当布鲁诺·鲍威尔到伦敦探访他的兄弟,待了较长一段时间时,马克思也与这位青年时期的老友见了好几次面。由于布鲁诺·鲍威尔崇拜俄国的原始力量,而在无产阶级中看到的只是可以用武力和诡计来领导的"乌合之众",他们在最极端的情况下用1银格罗申就能搪塞,因而当然没有任何互相理解的可能。马克思发现他显然老了,头也秃了,举止像个迂腐的老教授,但他还是向恩格斯详细告知了他与这位"有趣的老先生"的闲谈。

仅就最近而言,就有足够多的"活死人"了,而这样的人还在逐年增加。莱茵河畔的老朋友们也是这样——格奥尔格·荣克、亨利希·毕尔格尔斯、海尔曼·贝克尔等人。他们中的一些人,如贝克尔和在他之后的勇敢的米凯尔,用"科学"来装饰他们的事业;首先,资产阶级必须完全战胜容克地主阶级,然后无产阶级才能为自己的胜利做打算。贝克尔教导说:"只要物质利益的乌合之众的蛀虫不断侵蚀,直到容克阶级的腐朽支柱化为灰尘,而历史在宇宙精神吹出第一口气时就会穿过全部这些外在灰浆而转变为最简单的日程。"到目前为止,这是一个非常漂亮的理论,在今天可能仍然吸引着许多自作聪明的人。但是,当贝克尔成为科隆市市长和米凯尔成为普鲁士财政部长时,他们已经如此沉迷于"物质利益的乌合之众",以至于他们极其强烈地反对"宇宙精神吹出第一口气"以及"最简单的日程"。

对于像贝克尔和米凯尔这样的人来说,杜塞尔多夫的商人古斯塔夫·列维是一个值得怀疑的替代品。1856年春天,他出现在马克思面前,要给马克思奉上在伊瑟隆和索林根等地的工厂暴动。马克思严厉反对这种危险又无用的愚蠢行为;他让莱维转告那些交给莱维所谓的或真正的使命的工

人们，让他们一段时间后再派人来伦敦，但在没有事先与他沟通的情况下什么都不要做。

对于莱维从杜塞尔多夫工人那里带来的另一项所谓的任务——警告马克思说拉萨尔是不值得信任的，马克思并没有同样予以否定。据莱维说，拉萨尔在哈茨费尔特审判取得胜利后，可耻地生活在伯爵夫人的束缚之下，靠她供养；他想和伯爵夫人一起去柏林，以便为她搜罗宫廷著作家；他为了转而投靠资产阶级而把工人当作用过的工具丢在一边；还有一些其他的流言蜚语。对此，我们完全有理由怀疑莱茵省工人是否会给马克思发出这样的消息，因为正是这些工人在几年后通过贺信和欢呼表明，在50年代的白色恐怖中，拉萨尔在杜塞尔多夫的房子一直是"提供最无畏和最坚定的党内援助的可靠庇护所"。更有可能的是，送信人自己设计了这个消息：比德曼对拉萨尔非常生气，因为他曾找拉萨尔借2000塔勒，但拉萨尔只愿借出500塔勒。

如果马克思知道这些，他肯定会对莱维采取最大的保留态度。但消息本身已经很容易引起强烈的猜疑了。马克思与拉萨尔保持着虽不频繁但不间断的通信，他一直把拉萨尔看作是一个在人品上和政治上都十分可靠的朋友和党员同志；事实上，在共产主义者同盟时期，莱茵省工人群体曾因卷入哈茨费尔特事件对拉萨尔产生了不信任，而马克思曾亲自反对过这种不信任。大约一年前，当拉萨尔从巴黎给他写信时，马克思还以十分真挚的方式回复道："得知你离伦敦这样近，却不想哪怕是花几天时间到这里来看看，我自然觉得奇怪。我希望你再考虑考虑，你会发现，巴黎到伦敦路很近，路费很便宜。假如法国不是对我紧闭大门，我会立即到巴黎去看你。"①

因此，很难解释马克思在1856年3月5日向恩格斯告知了莱维的那些轻浮的闲话，并补充说："这一切不过是从听到的情况中记得的一些细节。虽然我从前对拉萨尔抱有好感，不大相信工人们的流言蜚语，但是所有情

---

① 《马克思恩格斯全集》中文第二版第49卷，第675页。

第九章 克里木战争和危机

况总和起来给了我和弗莱里格拉特一种完全肯定的印象。"① 他告诉莱维，不可能根据几页纸的报告得出结论，但怀疑在任何情况下都是有用的；可以监视拉萨尔，但目前应该避免任何公开曝光。恩格斯对此表示同意，但有几点评论从他嘴里说出来没那么引人注意，因为他对拉萨尔的了解比马克思少。他说，这个家伙很可惜，因为他很有才华，但这些事情毕竟太不像话了。拉萨尔始终是一个需要高度提防的人；这个斯拉夫边境上的道地的犹太人，他总打算以党作幌子利用一切人以达到自己的私人目的。

马克思同这个人断绝了书信往来，而这个人在几年后能够完全真实地写信给他：你在德国除了我没有朋友。

（四）1857年的危机

当马克思和恩格斯在 1850 年秋退出了党的公开斗争时，他们曾声明："只有在新的危机之后才可能发生。但它正如新的危机一样肯定会来临。"②从那时起，他们每过一年就更加不耐烦地观察新危机的迹象。李卜克内西讲过，马克思对危机的预言有时不怎么准确，朋友们就因此取笑他；当危机真的在 1857 年到来时，马克思确实通过恩格斯告知威廉·沃尔弗，他将证明危机通常应该在两年前就爆发了。

危机开始于美国，而马克思从《纽约每日论坛报》给他发半薪就已经察觉到这次危机的先兆了。这个打击对他来说更加沉重，因为他在新家中已经出现了旧有的甚至更多的苦难。马克思不可能"像在第恩街那样艰难度日"；没有指望，而家庭开支不断增加。马克思 1857 年 1 月 20 日写信给恩格斯说："我根本不知道怎么办才好，我的处境的确比五年前更惨。"③这个消息对恩格斯来说像"晴天霹雳"一样，他赶忙施以援手，只是抱怨

---

① 《马克思恩格斯全集》中文第一版第 29 卷，第 29 页。
② 《马克思恩格斯全集》中文第二版第 10 卷，第 229 页。
③ 《马克思恩格斯全集》中文第一版第 29 卷，第 92 页。

 马克思传

马克思没有在两星期前就写信给他。恩格斯刚刚买了一匹马,用的是他父亲当作圣诞礼物寄给他的钱;"我非常难过的是,我在这里得养一匹马,而你们一家人却在伦敦受穷受苦。"① 几个月后,当德纳为他正在出版的一本百科全书中的军事词条寻求与马克思的合作时,恩格斯十分高兴。这件事来得"正是时候",使他感到"无限快慰",因为这将是一个巨大的帮助,让马克思摆脱永远的金钱困境;马克思应当能弄到多少条目,就承担多少,然后逐渐组织一个工作室。

但这没有任何结果。固然是缺乏人手,但事实证明,这一前景在其他方面也不像恩格斯设想的那样辉煌;稿费最终甚至还没有达到每行字1便士(8.5芬尼),而且即使很多地方只需做些简单的填充工作,恩格斯也有着过强的责任心,不会敷衍了事。从他们的书信往来中透露出来的那种轻蔑的判断是完全错误的,恩格斯曾评价部分由他、部分由马克思撰写的词条"纯粹是为了赚钱,仅此而已,可以心安理得地将其忘掉"。这份毕竟是次要的工作又渐渐停止了,马克思和恩格斯与百科全书的定期合作似乎没有超过字母C。

从一开始,这份工作就受到了严重的阻碍,因为恩格斯在1857年夏天患上了腺病,这迫使他在海边住了很长一段时间。马克思的情况也很糟糕。他的肝病再次发作,十分严重,以至于他只能极度劳累地做最必要的工作。7月,他的妻子生下了一个活不下来的孩子,当时的情况给他留下了可怕的印象,他深受到回忆的折磨。恩格斯在回信中惊慌地说:"你这样写,一定是心情非常沉重。"② 但马克思无法把这些事写下来,只推脱说见面再谈。

然而,当危机在秋天蔓延到英国、随后到欧洲大陆时,所有个人的不幸立即被忘掉了。马克思于11月13日写信给恩格斯说:"虽然我自己正遭到经济上的困难,但是从1849年以来,我还没有象在这次危机爆发时这样

---

① 《马克思恩格斯全集》中文第一版第29卷,第95页。
② 《马克思恩格斯全集》中文第一版第29卷,第143页。

第九章　克里木战争和危机

感到惬意。"① 而恩格斯第二天在回信中担心的是，危机不要发展得过于迅猛：

"但愿这种朝向慢性危机的'改善'，能够在决定性的主要的第二次打击到来以前出现。为了使居民群众振作起来，一段时期的慢性的压力是必要的。这样，无产阶级在进行打击时就能做得更好，更加熟练，更加协调；这正和骑兵的攻击一样，如果先让马小跑五百步，以便向敌人逼近到能让马飞驰的距离，就能取得好得多的战果。我不希望在整个欧洲完全被席卷以前，过早地发生事变，不然，斗争就会更艰难，更持久，更曲折。5月或6月，看来太早了：由于长时期的繁荣，群众不能不陷于可怕的昏睡状态。【……】

我的情况正同你一样。自从纽约的投机崩溃以来，我在泽稷再也不能安静，而在这普遍崩溃的情况下，我感到非常愉快。最近七年来，资产阶级的污秽毕竟多少沾了一些在我身上；现在，这些污秽被冲洗掉了，我又变成另一个人了。危机将象海水浴一样对我的身体有好处，我现在已经感觉到这一点了。1848年我们曾说过，现在我们的时代来了，并且从一定意义上讲确实是来了，而这一次它完全地来了，现在是生死的问题了。"②

然而事情还没有到生死攸关的地步。危机以自己的方式对革命产生影响，但与马克思和恩格斯假设的方式不同。这并不是说他们沉溺于毫无根据的乌托邦式的希望之中；相反，他们日复一日极其谨慎地研究危机的进程。马克思在12月18日写道：

"我的工作量很大，多半都要工作到早晨四点钟。工作是双重的：（1）写完政治经济学原理。（这项工作非常必要，它可以使公众认清事物的实质，也可以使我自己摆脱这个讨厌的东西。）

（2）当前的危机。关于这个问题，除了给《论坛报》写的文章外，我只是做做笔记，但是花费的时间却很多。我想，到春天，我们可以合写一

---

① 《马克思恩格斯全集》中文第一版第29卷，第198页。
② 《马克思恩格斯全集》中文第一版第29卷，第203—204页。

 马克思传

本关于这个问题的小册子,以便重新提醒德国公众:我们还在,还和过去一样。"① 这本小册子没有什么结果,因为危机并没有搅动群众,但正是因为这样,马克思获得了完成其计划中理论部分的闲暇。

10天之前,马克思夫人曾写信给在泽西岛的生命垂危的康拉德·施拉姆:"我们已强烈地感到美国的危机对我们钱包的影响(因为现在卡尔给《论坛报》不是每星期写两篇文章,而是至多只写一篇文章,这家报纸现在除了贝阿德泰勒和卡尔以外,已经不收一切欧洲通讯员的稿子了),但您也许会想象得到,卡尔是多么兴奋。他以往的工作能力和精力已经全部恢复了,而且精神焕发心情愉快,这是自从我们遭到很大不幸——失去了我们可爱的孩子(这使我一直悲恸不已)以后,几年来所没有的。卡尔白天为糊口而工作,夜里则为完成他的政治经济学而工作。目前,当这一著作成为时代的需要,成为一种必需品时,大概我们能找到一个可怜的出版商。"② 多亏了拉萨尔的努力,出版商找到了。

拉萨尔曾在1857年4月给马克思写信,语气像以往一样友好,他对马克思许久不与他通信感到惊讶,并且想不到原因。虽然恩格斯建议马克思回信,但马克思并没有回复。同年12月,拉萨尔出于一个其他的原因再次写信:

他的表弟麦克斯·弗里德兰德恳请他促成马克思与维也纳的《新闻报》的合作,弗里德兰德是该报的编辑之一。马克思当时的答复是拒绝弗里德兰德的提议,因为他虽然是"反法"的,但也是同样"反英"的,最不可能的就是为帕麦斯顿写东西。拉萨尔抱怨道,他不是多愁善感的人,但他4月份的那封信没有收到一个字的答复,他还是感到很痛苦。对此,马克思"简短而冷漠"地回答说,他没有答复的原因是很难用书面形式表达。除此之外,他只补充了几句话,包括宣布他打算出版一本经济学著作。

---

① 《马克思恩格斯文集》第10卷,第141页。
② 《马克思恩格斯全集》中文第一版第29卷,第631—632页。

第九章 克里木战争和危机

1858年1月，一本拉萨尔的《赫拉克利特》①被送到了伦敦，作者在12月的信中告知了寄书的事情，同时还提到了他的著作在柏林学术界受到的热情反馈。然而，2先令的邮资就已经保证它"不易为人们所接受"。对于书的内容，马克思的评价也是相当否定的。"极力卖弄"博学并没有给他留下深刻印象。他认为，如果一个人有钱、有时间，并且可以随意把书从波恩大学图书馆送到家里，那么大量堆砌引文是廉价的；拉萨尔这种在哲学上的华而不实完全像一个第一次穿上优雅西装的小伙子一样忸怩作态。这意味着，对于拉萨尔真正的博学来说，这种判断过于不合理，但可以很好解释，马克思不喜欢这本书的理由，在他看来正是教授级大人物必然对这本书感到高兴的原因，即在一个被认为是伟大的革命家的年轻人身上发现了如此老派的本性。众所周知，这部作品的大部分内容在其出版前十多年就已经写出来了。

从对他那封哀怨的信"简短而冷漠"的答复来看，拉萨尔仍然没有注意到有什么不对劲。他误解了——显然是善意的，而不是像马克思怀疑的那样是故意的——当面讨论的必要性，他毫无恶意地认为，马克思想告诉他一些东西，为此需要一个私下的时机。1858年2月，拉萨尔不含偏见地回了信，他赤裸裸地描述了柏林资产阶级因普鲁士王储与英国公主联姻而沉醉其中的骗局，另外还主动提出要为国民经济学著作找到一个出版商。

马克思接受了他的提议。当时，拉萨尔已经在3月底前准备好了与他自己的出版商弗兰茨·敦克尔的合同，条件比马克思要求得更优惠。马克思自己则希望这本书能分册出版，并愿意放弃前几分册的稿酬。然而，拉萨尔从一开始就为他争取到每个印张3个弗里德里希斯多尔的稿酬——普通教授只有2个。出版商只保留了在销售无利可图时取消第三册的权利。

但马克思又花3个季度的时间才交付了第一分册的手稿。肝疾复发和照料家庭妨碍他完成工作。1858年圣诞节前后，家里看起来"比以前任何时候都显得更加沉闷和阴郁"。1859年1月21日，"倒霉的手稿"写完了，

---

① 拉萨尔《爱非斯的晦涩哲人赫拉克利特的哲学》（两卷集），1858年柏林版。

但"没钱"支付邮资和保险。因此,马克思在写信给恩格斯,请他寄来必需的邮资时说道:"未必有人会在这样缺货币的情况下来写关于'货币'的文章!写这个问题的大多数作者都同自己研究的对象有最好的关系。"①

(五)《政治经济学批判》

马克思想要写一部伟大的国民经济学著作,深入探寻资本主义生产方式的究竟,但当他真正开始执行这个计划时,已经过去差不多15年了。在三月革命之前,他就已经考虑过这个计划,反对蒲鲁东的文章②就是计划的第一部分。在参加了革命年代的斗争之后,马克思立即重拾这项工作,并于1851年4月2日告知恩格斯:"我已经干了不少,再有五个星期我就可以把这整个经济学的玩意儿干完。完成这项工作以后,我将在家里研究经济学,而在博物馆里从事别的科学研究。这开始使我感到厌烦了。实际上,这门科学自亚·斯密和大·李嘉图以后就没有什么进展,虽然在个别的常常是极其精巧的研究方面做了不少事情。"③恩格斯十分高兴地回答说:"你终于把经济学搞完了,我很高兴。这件事情确实拖得太久了"。然而作为一个有经验的人,他补充道:"只要你那里有一本你认为是重要的书还没有看,你是不会动笔去写的。"④恩格斯总是倾向于认为,尽管有诸多其他障碍,但"主要的障碍"始终是友人"自己的顾虑"。

这些"顾虑"当然不是——恩格斯根本也没有这样的意思——从表面而来的。马克思自己在第一分册的序言中指出了,是什么使他在1851年没能结束,而要重新开始他的计划:"英国博物馆中堆积着政治经济学史的大量资料,伦敦对于考察资产阶级社会是一个方便的地点,最后,随着加

---

① 《马克思恩格斯全集》中文第一版第29卷,第370—371页。
② 指马克思的《哲学的贫困》。
③ 《马克思恩格斯全集》中文第二版第48卷,第237—238页。
④ 《马克思恩格斯全集》中文第二版第48卷,第244页。

第九章 克里木战争和危机

利福尼亚和澳大利亚金矿的发现,资产阶级社会看来进入了新的发展阶段"。① 他补充说,为《纽约每日论坛报》所做的 8 年工作必然会使他的研究变得特别零散,那么还要说明的是,这些工作在一定程度上帮他回归到政治斗争之中,而政治斗争对马克思来说始终是第一位的。恰恰是工人革命运动复兴的前景让他坐到椅子上,使他终于可以把这些年反复思考的东西写下来。

马克思与恩格斯的书信往来充分证明了这一点。他们在信中常常讨论经济学问题,更确切地说是在撰写一篇堪称"超级精美"的论文。有时,他们在信中的某些表述,展示出了这两位友人之间是如何进行思想碰撞的。恩格斯曾在信中谈到自己"在理论方面的众所周知的怠惰"②,使他内心中那个更好的自己不再发牢骚,而没有去探究事物的根本;而马克思也曾抑制不住地叹息:"这些人可知道,我对这一切东西懂得多么少啊!"③就像一个工厂主曾以"幽默的"措辞与他寒暄,说他肯定自己做过工厂主。

如果撇开这两个幽默夸张的例子——这么说是公平的,那么事实仍然是这样,即恩格斯更准确地了解资本主义社会的内部机制,而马克思懂得用更深刻的思考能力追寻其运动规律。当马克思向他的朋友阐述第一分册的计划时,恩格斯回答说:"这个 abstract〔纲要〕的确非常 abstract〔抽象〕,这在简短的叙述中是难免的,我常常要费力地去寻找辩证转化,因为我对一切抽象的推理很不习惯。"④ 另一方面,对于恩格斯为马克思解答的一些问题,如关于工厂和商人如何计算收入中自己花费的那部分或关于机器磨损或预付流通资本的周转计算,马克思要费些力气才能弄明白。他曾抱怨说,在政治经济学中,实践上有趣的东西和理论上必要的东西之间有很大的距离。

---

① 《马克思恩格斯文集》第 2 卷,第 593 页。
② 《马克思恩格斯全集》中文第二版第 48 卷,第 171 页。
③ 《马克思恩格斯全集》中文第一版第 32 卷,第 45 页。
④ 《马克思恩格斯全集》中文第一版第 29 卷,第 306 页。

 马克思传

马克思直到 1857 至 1858 年间才开始起草他的著作，这一点从计划着手写的东西发生变化这一事实也可以看出。早在 1858 年 4 月，他就想在第一分册中论述"资本一般"，但尽管这一分册增加到计划篇幅的 2 倍甚至 3 倍，其中仍然没有关于资本的内容，而只有关于商品和货币的两章。马克思从中看到了一个好处，那就是批评者将不能仅仅局限于跟风漫骂，他只是忽略了这将导致这些批评者使用沉默这一有效武器。

马克思在序言中概述了自己的科学发展历程，这里也不能缺少他总结历史唯物主义的著名语句："我的研究（对黑格尔法哲学的研究）① 得出这样一个结果：法的关系正像国家的形式一样，既不能从它们本身来理解，也不能从所谓人类精神的一般发展来理解，相反，它们根源于物质的生活关系，这种物质的生活关系的总和，黑格尔按照 18 世纪的英国人和法国人的先例，概括为'市民社会'，而对市民社会的解剖应该到政治经济学中去寻求。【……】我所得到的、并且一经得到就用于指导我的研究工作的总的结果，可以简要地表述如下：人们在自己生活的社会生产中发生一定的、必然的、不以他们的意志为转移的关系，即同他们的物质生产力的一定发展阶段相适合的生产关系。这些生产关系的总和构成社会的经济结构，即有法律的和政治的上层建筑竖立其上并有一定的社会意识形态与之相适应的现实基础。物质生活的生产方式制约着整个社会生活、政治生活和精神生活的过程。不是人们的意识决定人们的存在，相反，是人们的社会存在决定人们的意识。社会的物质生产力发展到一定阶段，便同它们一直在其中运动的现存生产关系或财产关系（这只是生产关系的法律用语）发生矛盾。于是这些关系便由生产力的发展形式变成生产力的桎梏。那时社会革命的时代就到来了。随着经济基础的变更，全部庞大的上层建筑也或慢或快地发生变革。在考察这些变革时，必须时刻把下面两者区别开来：一种是生产的经济条件方面所发生的物质的、可以用自然科学的精确性指明的变革，一种是人们借以意识到这个冲突并力求把它克服的那些法律的、政治的、宗教的、艺术的或哲学的，简言之，意识形态的形式。

---

① 括号里面的话，是梅林加的。——原文编辑注

第九章 克里木战争和危机

我们判断一个人不能以他对自己的看法为根据,同样,我们判断这样一个变革时代也不能以它的意识为根据;相反,这个意识必须从物质生活的矛盾中,从社会生产力和生产关系之间的现存冲突中去解释。无论哪一个社会形态,在它所能容纳的全部生产力发挥出来以前,是决不会灭亡的;而新的更高的生产关系,在它的物质存在条件在旧社会的胎胞里成熟以前,是决不会出现的。所以人类始终只提出自己能够解决的任务,因为只要仔细考察就可以发现,任务本身,只有在解决它的物质条件已经存在或者至少是在生成过程中的时候,才会产生。大体说来,亚细亚的、古代的、封建的和现代资产阶级的生产方式可以看做是经济的社会形态演进的几个时代。资产阶级的生产关系是社会生产过程的最后一个对抗形式,这里所说的对抗,不是指个人的对抗,而是指从个人的社会生活条件中生长出来的对抗;但是,在资产阶级社会的胎胞里发展的生产力,同时又创造着解决这种对抗的物质条件。因此,人类社会的史前时期就以这种社会形态而告终。"①

在这本题名为《政治经济学批判》的小册子中,马克思迈出了决定性的一步,超越了特别是由亚当·斯密和大卫·李嘉图发展出来的资产阶级经济学。它的顶峰由劳动时间确定商品价值,但由于把资产阶级生产视为社会生产永恒的自然形式,认为价值创造是人类劳动的自然属性,是单个人的具体劳动所赋予的,资产阶级经济学由此陷入了一系列它无法解决的矛盾。相反,马克思没有把资产阶级生产看作是永恒的自然形式,而只把它看作是社会生产的一定的历史形式,在这之前还有一系列其他形式。从这个角度出发,马克思对劳动创造价值的属性进行了彻底的考察;他研究了什么劳动,为什么以及劳动怎样创造价值,为什么价值是这种凝固的劳动而非别的形式。

因此,他得出了对于理解政治经济学来说的"飞跃点":劳动在资产阶级社会所具有的二重性。个人的具体劳动创造使用价值,无差别的社会劳动创造交换价值。就劳动创造使用价值而言,它是所有社会形式所固有

---

① 《马克思恩格斯全集》中文第二版第31卷,第412—413页。

的；作为以这种或那种形式占有自然物的有目的的活动，劳动是人类生存的自然条件，是同一切社会形式无关的、人和自然之间的物质变换的条件。这种劳动需要物质作为前提，因此不是它所创造的东西即物质财富的唯一源泉。即使劳动与自然物之间的关系在不同的使用价值中可能大不相同，但使用价值总是包含一个自然的基质。

交换价值是不一样的。它不包含任何自然物，劳动是它的唯一来源，因此也是由交换价值所构成的财富的唯一来源。作为交换价值，只要比例适当，一个使用价值和另一个使用价值完全同值。"一座宫殿的交换价值可以用一定数量的鞋油表示。反过来，伦敦的鞋油厂主们曾用几座宫殿来表示他们的大批鞋油的交换价值。"① 由于商品的交换与它们的自然存在方式完全无关，也不考虑它们应当满足的需求，因此，尽管商品的样子形形色色，却代表着同一个统一物：它们是相同的、无差别的劳动的结果，"对这种劳动来说，不论它出现在金、铁、小麦或绸缎中都是没有差别的，正如对氧气来说，不论它存在于铁锈、大气、葡萄汁或人血中都没有差别一样。"② 如果使用价值的差异来自产生使用价值的劳动的差异，那么，生产交换价值的劳动，同使用价值的特殊物质无关，因此也同劳动本身的特殊形式无关。它是相同的、无差别的、抽象的一般劳动，不再有种类上的差别，而只是尺度的差别，是由于劳动对象化在交换价值中的量不同。抽象的一般劳动的量有其唯一的尺度——时间，劳动用时、日、周等自然计时尺度作自己的尺度。劳动时间是劳动的活的存在，与劳动的形式、内容和个性无关。作为交换价值，一切商品都只是一定量的凝固的劳动时间。对象化在各种商品使用价值中的劳动时间，是使使用价值成为交换价值因而成为商品的实体，同时又计量商品的一定价值量。

劳动的二重性是商品生产所特有的一种社会劳动形式。在所有文明民族的历史起点——原始自然共产主义中，个人劳动直接被纳入社会有机体。在中世纪的徭役和实物租中，成为社会纽带的是劳动的特殊性，而不

---

① 《马克思恩格斯全集》中文第二版第31卷，第421页。
② 《马克思恩格斯全集》中文第二版第31卷，第421页。

第九章 克里木战争和危机

是劳动的一般性。在农村宗法式家庭中，女纺男织供本家庭的需要，在家庭的范围内，纱和布是社会产品，纺和织是社会劳动。家庭联系同它的自然发生的分工在劳动产品上打上了自己特有的社会烙印：纱和布没有作为同一个一般劳动时间的并无差别而同样有效的表现而相互交换。只有在商品生产中，个人劳动通过它采取与自身直接对立的形式，即抽象一般性的形式，才变成社会劳动。

到此为止，商品直接是使用价值和交换价值的统一，同时，它只有在同其他商品的关系中才是商品。商品相互间的实际关系是它们的交换过程。在这个彼此独立的个人所参加的过程中，商品必须同时表现为使用价值和交换价值，同时表现为满足特殊需求的特殊劳动和可以交换成等量一般劳动的一般劳动。商品交换的过程必须展开和解决这样的矛盾：对象化在一种特殊商品中的个人劳动应直接具有一般性的特征。

作为交换价值，任何个别商品都成为一切其他商品的价值尺度。但反过来说，一切其他商品用来计量自己价值的任何个别商品都成为交换价值的最适当的存在，而交换价值就因此成为一种特殊的独特商品，它通过把一切其他商品转化为它，直接把货币的一般劳动时间对象化了。因此，在一种商品中解决了商品本身包含的矛盾，即作为一种特殊的使用价值的一般等价物，因此对每种商品来说使用价值都是一般使用价值。而这种商品就是——货币。

作为一种特殊商品的商品交换价值结晶在货币中。货币结晶是交换过程的必然产物，在这个过程中，不同种类的劳动产品实际上是相互等同的，因此实际上转化为商品。这是通过历史途径本能地形成的。直接的物物交换，即交换过程的原始形式，表示着使用价值开始转化为商品，而不是商品转化为货币。交换价值越是发展，使用价值越是成为商品，交换价值越是获得自由的形式并不再直接与使用价值结合在一起，它就越是推动货币的形成。最初，有一种或几种具有最普遍的使用价值的商品——牲畜、粮食、奴隶，发挥着货币的作用。曾经有过各种极不相同的、或多或少不适合的商品交替地执行过货币的职能。如果这一功能最终转移到了贵金属身上，那是因为贵金属拥有一切商品的货币存在应该结晶在其中的那

种特殊商品所必须具备的物理属性——就其直接由交换价值的本性产生来说——就是：其使用价值的耐久性，可以任意分割，各部分是同质的，这种商品件件全无差别。

在贵金属中，又是黄金越来越多地成为唯一的货币商品。它被用作价值尺度和价格标准，用作商品的流通手段。通过把商品转化为黄金，在商品中积累的特殊劳动证明自己是抽象的一般劳动，是社会劳动；如果没有成功地实现这种变体，那么它就既不是作为商品也不是作为产品存在，因为商品之所以是商品，只是因为它对它的占有者而言没有使用价值。

因此，马克思证明了，商品和商品交换由于其固有的价值属性，如何以及为什么必然产生商品和货币之间的对立。他在作为具有一定属性的自然物的货币中，看出了一种社会生产关系，并因此搞清了现代经济学家对货币的混乱解释——他们刚想笨拙地断定是物的东西，突然表现为社会关系，而他们刚刚确定为社会关系的东西，却又表现为物来嘲弄他们。

从这一批评性研究中发射出的高光，起初让人眼花缭乱，而不是使人顿悟，甚至连作者的朋友也不例外。李卜克内西说，他从未对任何著作像对这部一样感到失望；米凯尔在其中发现"没有什么真正的新东西"。拉萨尔对这本小册子的艺术表现形式做了非常悦耳的评论，他毫不嫉妒地认为其形式在《赫拉克利特》之上。如果马克思从这些"空话"中产生了对拉萨尔的怀疑，认为他没有理解"很多经济方面的东西"，那么这一次他是对的。拉萨尔很快就表明，他没有准确认识到"飞跃点"，即创造使用价值的劳动和创造交换价值的劳动之间的区别。

如果这是在良材上得到的反馈，那么在朽木上又当如何呢？尽管恩格斯在1885年表示，马克思提出了第一个详尽的货币理论并已被普遍默认，但在7年后出版的资产阶级经济学的模范著作《政治学手册》中，有一篇关于货币的文章，用50栏的篇幅冗长地叙述了老一套的晦涩语言，并且在甚至对马克思一字未提的情况下，就声称货币之谜尚未解决。

对于一个把货币当作上帝的世界来说，货币怎么能不令人费解呢？

第十章　王朝的变革

（一）意大利战争①

1857年的危机并没有演变成马克思和恩格斯所期待的无产阶级革命。但是，这一危机并不缺乏革命的作用，只不过这些作用表现为王朝的变革而已。意大利王国和德意志帝国相继诞生，而法兰西帝国却消失得无影无踪了。

这些事物的变革有两方面的原因：一是资产阶级从未参加过自己的革命战斗，二是自1848年革命以来，他们已经不满足于让无产阶级来帮他们作战了。在那场革命中，特别是在巴黎的六月战斗中，工人拒绝了只为资产阶级做炮灰的旧习惯，而是要求至少分享一部分他们用自己的鲜血和骸骨赢得的胜利果实。

---

① 意大利战争（1859年4月29日—7月8日）是法国及撒丁王国与奥地利进行的战争。这次战争是拿破仑第三发动的，他力图在"解放"意大利的幌子下去扩张领土和加强法国的波拿巴制度。意大利大资产阶级和自由贵族则指望依靠战争使意大利在没有人民群众参加的情况下统一于萨瓦王朝的政权之下。然而，奥军在马真塔会战和索尔费里诺会战中遭到失败后，拿破仑第三慑于广泛开展的意大利反对奥地利王朝的民族解放运动，力求保持意大利政治上的分裂局面，于7月11日背着撒丁与奥地利单独缔结了维拉弗兰卡初步和约。战争的结果，法国得到了萨瓦和尼斯，伦巴第并入撒丁。威尼斯地区仍归奥地利管辖。

 马克思传

因此，早在革命的年代，资产阶级就已经有了一种狡猾的想法，那就是不再依靠已经变得多疑和不可靠的无产阶级，而是依靠另一种力量来为自己火中取栗了：特别是在德意志和意大利这样的国家，在那里首先需要建立民族国家，作为资本主义生产力顺利发展的必要条件。这就导致要把全国的统治权交给某个王公，而作为回报，他给予资产阶级自由活动的空间，以满足他们的剥削和扩张需求。但这样一来，资产阶级就不得不抛掉自己的政治理想，而满足于获取赤裸裸的利润，因为他们要获取王公的帮助，自己就得服从他的统治。

因此，还是在革命的年代，资产阶级就已经试图与一些最反动的小国眉来眼去了：这样的国家在意大利就是撒丁王国①，在这个"军事的、耶稣会的"小国中，正像一位德意志诗人所诅咒的那样，"士兵和神父们吸干了人民的骨髓"；这样的国家在德意志则是普鲁士王国，这个国家处于易北河东岸容克地主的沉重压迫之下。然而，资产阶级起初无论在意大利还是在德意志都没有达到目的。撒丁国王查理-阿尔伯特尽管自称是"意大利之剑"，但他还是在战场上被奥地利军队击败，作为流亡者客死异乡。而在普鲁士，弗里德里希·威廉四世拒绝了德国资产阶级放在托盘里献给他的那顶德意志帝国皇冠，认为它是一个用泥和陶土烧制的想象中的发箍，而宁愿卑劣地抢劫革命的遗骸。② 当然，这也使他在奥尔米茨把事情彻底弄糟了，不过这甚至不是由于奥地利的剑，而是由于奥地利的鞭子③。

耗尽了1848年革命精力的工业繁荣，现在在德意志和意大利却成为促

---

① 撒丁王国（1720—1861）由皮埃蒙特、撒丁、萨瓦、尼斯、利古里亚，以及热那亚组成，在意大利统一运动中起过重要作用。

② 法兰克福国民议会的左派与多数派通过妥协在皇权问题上取得一致。1849年3月28日在就普鲁士国王弗里德里希-威廉四世登基的问题进行表决时，290票赞成，248票弃权，无人反对。议会决定派遣代表前往柏林邀请弗里德里希-威廉四世，后者认为皇冠只能由各邦君主授予，遂于1849年4月3日拒绝国民议会为他加冕，代表团失败而归。

③ 1850年11月29日，奥地利与普鲁士之间签订了奥尔米茨协定，在尼古拉一世的压力下，普鲁士不得不放弃了以它自己为首统一德意志的企图，并同意恢复德意志联邦。

第十章 王朝的变革

进资产阶级发展的强大手段，并使民族统一成为资产阶级日益迫切的需要。随后，当1857年危机提醒人们资本主义所有荣耀的短暂性时，一切就发生了变动。首先是在意大利，但这并不是因为那里的资本主义发展比德国还要先进。恰恰相反！在意大利还根本不存在大工业，因而资产阶级和无产阶级之间的对立还没有尖锐到互不信任的程度。另一个同样重要的情况是，意大利的分裂是基于外国统治，而推翻这种外国统治却是一切阶级的共同目标。奥地利直接统治着伦巴第和威尼斯省，还间接统治着中意大利，那里的小君主们服从维也纳霍夫堡宫的命令。反对这种外国统治的斗争从19世纪20年代起就已经在不断进行了，并引发了极为残酷的镇压举措，从而引起了被压迫者的无情报复。奥地利棍棒的必然后果就是意大利的匕首。

但是，所有的暗杀、起义密谋都没能克制哈布斯堡王朝的强大力量，而意大利所有革命年代的起义也都因为这种力量而失败了。意大利以自己的力量独立（Italia fara da se）这一承诺已被证明是一种幻想。意大利需要外国的帮助来摆脱奥地利的统治，于是就把注意力转向了姊妹国家法国。自然，法国政策的传统原则正是要使意大利和德国处于分裂状态。但当时坐在法国王位上的冒险家①却是一个可以讨价还价的人。只要第二帝国还困守在外国在第一帝国灭亡后为法国领土划定的疆界内，它就始终是一出闹剧。法国需要进行征服，不过假波拿巴却无法以真波拿巴的方式来进行征服。因此他不得不满足于从自己所谓的伯父那里剽窃所谓的"民族原则"，并冒充被压迫民族的救世主，前提是他的善意服务要用大量的土地和人口来偿付。

不过，鉴于他的整体情况，他无法采取任何大规模行动。他不可能发动一场欧洲战争，更不用说一场革命战争，而最多只能在欧洲各国最高当局的认可下对共同的替罪羊下手而已。这一替罪羊在50年代初是俄国，在50年代末则是奥地利。奥地利在意大利的可耻统治已经蜕化成一场欧洲的丑闻。哈布斯堡王朝与神圣同盟的旧盟友成为死敌：因为奥尔米茨与普鲁

---

① 指拿破仑第三（路易·波拿巴）。

 马克思传

士成为死敌,因为克里木战争又与俄国成为死敌。而波拿巴尤其确信俄国会在进攻奥地利时提供帮助。

此外,法国的国内状况也要求通过对外行动来恢复波拿巴主义的威信。1857年的商业危机使法国工业陷于瘫痪,由于政府为阻止危机突然爆发而采取的措施,这一弊病变成了慢性病,以至于法国商业多年间一直陷于停滞。这使资产阶级和无产阶级都产生了反抗情绪,而且作为政变真正支柱的农民也开始发牢骚了。1857—1859年间谷物价格的暴跌使得农民抱怨说,由于极低的谷物价格,农民负担又这样重,法国农业将难以为继了。

在这种情况下,撒丁王国首相加富尔竭力争取了波拿巴。加富尔继承了查理-阿尔伯特的传统,但是却懂得如何以无比高超的技巧来维护它们。然而,限于无力的外交手段,加富尔迟迟没有取得进展,特别是波拿巴优柔寡断的性格也使其难以迅速作出决定。相反,意大利行动党却十分迅速地使这位各民族的解放者回过神来。1858年1月14日,奥尔西尼和他的同谋者在巴黎向皇帝的马车扔了几枚手榴弹,在马车上留下了76块弹片。虽然乘员没有受伤,但这位十二月政变首领对死亡威慑做出了回应,以这种人常有的方式建立了恐怖统治。然而,他这样做只是表明,他的统治在持续了7年之后依然根基不稳。而奥尔西尼从狱中写给他的一封信又给他腐朽的躯体带来了新的恐惧。信中说:"不要忘记,只要意大利不独立,欧洲的安定和你自己的安宁就只是一个幻觉。"① 据说奥尔西尼的第二封信意思更加清楚。在冒险家生涯的长途漂泊当中,波拿巴也曾与意大利密谋者们打成一片,他很清楚,他们的报复不是开玩笑。

因此,1858年夏天,他派人把加富尔请到了普隆比耶尔浴场,与他一起商量对奥地利的战争。双方约定,撒丁将获得伦巴第和威尼斯,使自己成为一个上意大利王国,为此它必须把萨瓦和尼斯割让给法国。这是一次外交上的交易,基本上与意大利的自由和独立没有什么关系。对于中意大利和南意大利则没有达成任何协议,尽管双方都有不可告人的目的。波拿

---

① 参看《总汇通报》1858年2月27日第58号,第225页。

第十章 王朝的变革

巴不能放弃法国的传统政策而促成建立一个统一的意大利。即便考虑到维护教皇的统治,他也希望建立意大利诸王朝的联盟,因为这将使这些王朝彼此削弱,从而确保法国影响力的优势地位。同时他还想为自己的堂兄弟吉洛姆建立一个中意大利王国。加富尔则寄希望于民族运动,一旦上意大利统一为一个较强大的国家,他就有机会利用民族运动来压制一切王朝的分离主义倾向。

1859年元旦,波拿巴在与奥地利驻巴黎大使谈话时透露了他的计划。几天后,撒丁国王就宣布说,他不能对意大利的痛苦呼声充耳不闻。维也纳理解了这番威胁的含义,战争态势迅速升级,而奥地利政府竟笨拙到成为进攻方。半破产的奥地利受到了法国的进攻和俄国的威胁,处于困难的境地,而与英国托利党人的冷淡友谊并不能使它摆脱这一困境。但奥地利设法争取了德意志联邦。虽然条例①没有规定德意志联邦有义务保卫各邦在德意志之外的领地,但是人们试图用军事和政治的口号来引诱它,即必须在波河保卫莱茵河。换句话说,维护奥地利在意大利的统治是德国的切身民族利益。

由于1857年危机及其影响,德国也开始了一场民族运动。但这一运动与意大利的民族运动不同,而这种不同对德国并没有好处。德国缺少外国统治的刺激,而且德国资产阶级从1848年起骨子里对无产阶级就有一种无法遏制的恐惧,虽然当时无产阶级对他们还没有构成什么危险。单是巴黎的六月之战就给他们上了一课。1848年之前,法国资产阶级的发展是德国资产阶级的理想,而1848年以后,它就以英国作为自己的榜样,因为那里的资产阶级和无产阶级的关系似乎颇为融洽。普鲁士王储同英国公主的联姻已经引发了德国资产阶级的狂喜;而当1858年秋天,患有精神疾病的国王不得不让位给自己的弟弟,而后者恰恰出于自由主义动机组织了一个弱

---

① 德意志联邦条例即《德意志联邦条例。1815年6月8日》,它是1815年6月8日在维也纳会议上通过的德意志联邦宪法。根据这一条例,34个德意志邦在形式上组成了德意志联邦,但是并没有消除德意志的分裂状态,各邦的独立性及德意志诸侯的政治权力仍然得到承认。

 马克思传

势的自由主义内阁时，资产阶级又发出了"加冕全牛宴的欢呼"。拉萨尔对此进行了颇为辛辣的嘲笑。这个可敬的阶级为了避免激怒摄政王①而否认了自己1848年的英雄们；当新内阁几乎使一切都保持原状的时候，他们不仅不向前推进，反而提出了一个臭名昭著的口号：不要操之过急！他们纯粹是担心新主的嫌恶会使只依靠他的恩典而存在的"新纪元"②像墙上的影戏一样消失。

随着战争阴云的迫近，德国的浪潮就更加高涨了。加富尔推动意大利统一的方式对德国资产阶级有很大的吸引力，因为他们早就想让普鲁士邦扮演撒丁所承担的那个角色。然而宿敌法国对德意志联邦头号强国的进攻却引起了担忧和回忆，使德国资产阶级又害怕起来了。难道这个假波拿巴是要走真波拿巴的老路吗？奥斯特利茨和耶拿的日子是否要再现，外国统治的锁链是否会再次在德国响起？奥地利的御用文人们不倦地在墙上描绘这一梦魇，描绘出一个"中欧大国"天堂般的未来图景。这个大国在奥地利的主导下，将包括德意志联邦、匈牙利、斯拉夫—罗马尼亚的多瑙河地区、阿尔萨斯和洛林、荷兰以及还不清楚的地区。面对这一宣传，波拿巴当然也出动了自己的文人墨客。他们不得不发誓，他们毫无恶意的主子根本没有获得莱茵河沿岸地区的欲望，而且他对奥地利发动战争只是为了追求最崇高的文明目标。

市侩们很难弄清楚这些混乱的意见，然而相比波拿巴主义的诱惑，他们逐渐开始对哈布斯堡的诱惑更为倾心。他们的庸俗爱国主义对哈布斯堡的诱惑大加赞赏，而相信十二月政变首领的文明使命则需要极为坚定的信念。然而，情况是如此复杂，以至于在所有原则性问题上完全一致的现实的和革命的政治家，都无法就德国对意大利战争应采取的实际政策达成一致。

---

① 后来的普鲁士国王和德国皇帝威廉一世。
② "新纪元"指普鲁士亲王威廉（1861年即位为国王）在1858年10月开始摄政时解散了曼托伊费尔的内阁，让温和的自由派执掌政权。资产阶级报刊高呼这个方针是"新纪元"。可是实际上威廉的政策完全是为了加强普鲁士君主政体和容克的阵地；大失所望的资产者拒绝批准政府提出的军事改革草案。由此而发生的1862年宪制冲突和1862年9月俾斯麦执掌政权结束了"新纪元"。

第十章　王朝的变革

（二）与拉萨尔的争论

与马克思达成一致之后，恩格斯首先行动，发表了他的小册子《波河与莱茵河》。拉萨尔为这本小册子找到了弗兰茨·敦克尔这个出版商。这一著作的目的是拆穿哈布斯堡王朝应当在波河上保卫莱茵河的口号。恩格斯指出，德国不需要意大利的任何一个地方来保卫自己，而如果仅仅出于军事理由的话，那么法国对莱茵河的要求比德国对波河的要求要强烈得多。不过，恩格斯认为，如果说奥地利在上意大利的统治在军事上对德国来说是可有可无的，那么在政治上对它就是极其有害的，因为奥地利鞭子对意大利爱国者的空前迫害会引起全意大利对德国的仇恨和极强烈的敌视。

但是，恩格斯认为，占领伦巴第的问题是意大利与德国的相互关系问题，而不是路易·拿破仑与奥地利的相互关系问题。对于像路易·拿破仑这样只为了自己的、在某些方面是反德国的利益才愿参与其间的第三者来说，问题只在于简单地握有一个省份，只是在万不得已时才放弃它。因此，面对波拿巴主义的威胁，哈布斯堡王朝的口号完全是有道理的。波河只是路易·拿破仑的借口，而莱茵河在任何情况下都是他的主要目标。只有占领莱茵河的疆界才能长期保持十二月政变在法国的统治。总而言之，正如古谚语所说：打麻袋，赶驴子。如果说意大利被迫当了麻袋，那么这次德国却根本不想当驴子。如果问题归根到底是在于谁占有莱茵河左岸的话，那么德国绝对不想不经过战斗就把波河这个即使不是最坚强的军事阵地，也是最坚强的军事阵地之一拱手让与他人。在战争前夜，也和在战争中一样，双方都力图占领每一个可以威胁和挫伤敌人的有利阵地，而不从道德原则方面去考虑这是否合乎永恒的正义与民族原则。那时大家都只顾维护自己的私利。

马克思完全同意这些观点。在读完小册子的手稿之后，他写信告诉作者："妙极了；就连政治问题也阐述得非常出色，这是非常不容易的。小

马克思传

册子必将大受欢迎。"① 而拉萨尔则宣称,自己完全不理解这些观点。紧接着,他也在弗兰茨·敦克尔的出版社发表了一本题为《意大利战争和普鲁士的任务》的小册子,从完全不同的前提出发,因而得出了完全不同的结论。但马克思认为这本小册子是一个"莫大的错误"②。

拉萨尔认为,在战争即将来临的迹象下产生的德国民族运动只是"绝对的恐法和仇法(拿破仑只是一个借口,法国的革命发展才是真正背后的原因)"③。在拉萨尔眼中,德法人民战争(欧洲大陆上两个伟大的文化民族在这一战争中将为了民族幻想而相互厮杀),反法的人民战争(战争背后没有民族的生存问题,但它的精神营养来自过度紧张的病态民族感情、顽固的爱国精神和幼稚的仇法情绪),对于欧洲文化,对于一切民族的和革命的利益都是极可怕的危险,会是反动原则自 1848 年 3 月以来赢得的最巨大的、后果难以估计的胜利。拉萨尔认为,用一切力量反对这样的战争是民主派性命攸关的任务。

拉萨尔详细解释说,意大利战争对德国的威胁并不严重。意大利统一运动的成功会为德意志民族带来最迫切的利益,一件好事情不会因为坏人去做而变成坏事情。如果波拿巴想通过意大利战争赢得几分声望,那么就应当拒绝给予他这种声望,从而使他为个人目的而决定做出的举动对于这些目的而言毫无用处。但是,人们怎么能与自己迄今为止想要和渴望的东西作斗争呢?一方面是坏人和好事,另一方面是坏事和"嗯,这个人?"。拉萨尔提到了勃鲁姆的被杀,提到了奥尔米茨、荷尔斯泰因、布龙采尔,以及并非波拿巴主义专制政府,而是哈布斯堡专制政府对德国犯下的一切罪行。德国人民一点也不想阻止奥地利的力量受到削弱。因为彻底击败奥地利恰恰是德国统一的首要前提。只有在意大利和匈牙利独立的那一天,1200 万奥地利德国人才会重新成为德意志民族的成员。只有到那时,他们才会感到自己是德国人,只有到那时,一个统一的德国才是可能的。

―――――――――――

① 《马克思恩格斯全集》中文第一版第 29 卷,第 391 页。
② 《马克思恩格斯全集》中文第一版第 29 卷,第 413 页。
③ 《拉萨尔致马克思恩格斯书信集》,1905 年俄文版,第 182 页。

第十章 王朝的变革

从波拿巴的整个历史情况出发,拉萨尔阐明道,这个在欧洲普遍被高估的狭隘的人,甚至根本没有考虑过征服意大利,更不用说德国了。然而,即使他真的沉迷于梦幻般的侵略计划,德国人又为什么会有理由这样不体面地感到恐惧呢?拉萨尔嘲笑那些有勇无谋的爱国者,他们在耶拿的岁月中发现了衡量民族力量的尺度,并纯粹由于恐惧而变得极其大胆。他们因害怕法国极为不可能的进攻而促使发动对法国的进攻。很明显,德国在抵御法国进攻的过程中能够并且定将发挥与侵略战争完全不同的力量,因为侵略战争必然会使法国人民团结在波拿巴的周围,只会巩固他的王位。

如果波拿巴想把从奥地利人那里夺得的战利品据为己有,或是只想使自己的堂兄弟成为中意大利王国国王的时候,拉萨尔才要求对法国开战。如果这两种情况都没有发生,而普鲁士政府却煽动德国人民发动反法战争的话,民主派就必须反对这种做法。但仅仅中立是不够的。普鲁士为了德意志民族的利益而必须完成的历史任务,毋宁说是派军队攻打丹麦,并宣布:"如果说拿破仑要在南方根据民族原则改变欧洲的地图,我们也要在北方做同样的事情。如果拿破仑要解放意大利,我们也要拿下石勒苏益格—荷尔斯泰因。"① 如果普鲁士继续犹豫不决,什么也不做,那么这就只能一再表明,德国的君主制度已没有能力承担民族事业了。

由于这个纲领,拉萨尔可以说被颂扬为预言了俾斯麦后来政策的民族先知。然而,俾斯麦在1864年为了石勒苏益格—荷尔斯泰因而发动的王朝侵略战争,与1859年拉萨尔希望发动的夺取石勒苏益格—荷尔斯泰因的人民革命战争没有任何关系,至多只有骆驼与马之间的那种相似之处。拉萨尔很清楚,摄政王不会完成他所提出的任务,仅仅因为这个原因,他就有充分的理由提出符合民族利益的建议,即使这一建议立即变成了对政府的指责。他有充分的理由向激动的群众指明正确的道路,使他们离开错误的道路。

---

① 参看拉萨尔《意大利战争和普鲁士的任务》,载于《拉萨尔》,1889年俄文增订第2版,第248页。

然而，除了在小册子中陈述的内容之外，拉萨尔还有一些"隐秘的理由"，他在给马克思和恩格斯的信中就谈过这些理由。他知道，摄政王准备站在奥地利一边介入意大利战争。他甚至并不反对这样做，因为他相信战争将会进行得很糟糕，这样就可以从战争不可避免的变局中获取革命的资本。然而，只有当民族运动从一开始就把摄政王的战争视为王朝内阁的战争，而绝非维护民族利益战争的时候，这种可能性才会出现。在拉萨尔看来，一场不得人心的对法战争对革命来说却是"莫大的幸事"。他预见到，在王朝领导下的得民心的战争则会引起各种反革命后果，他在自己的小册子里对此做了颇具说服力的阐述。

因此，拉萨尔对恩格斯在其著作中所建议的策略肯定是多少有些不理解的。尽管恩格斯十分精彩地证明，德国不需要波河来确保自己的军事实力地位，但他的结论似乎是值得商榷的：在战争中必须首先守住波河，因此德意志民族有义务支援奥地利对抗法国的进攻。因为很明显，如果奥地利成功击退波拿巴主义的进攻，只会引发反革命的后果。如果奥地利依托其上意大利的属地，并在德意志联邦的支持下取得了胜利，那么没有人能阻止它继续保有对上意大利的统治，而恩格斯本人正是十分强烈地予以谴责的。这样一来，哈布斯堡王朝在德国的霸权会得到巩固，而且联邦议会的烂摊子会重获新生。甚至即便奥地利推翻了法国的篡位者，它也会让旧的波旁王朝的统治取而代之，这既不符合德国的利益，也不符合法国的利益，更不符合革命的利益。

为了正确地理解马克思和恩格斯的观点，必须考虑到，他们也和拉萨尔一样，有自己的"隐秘的理由"，而且两人都是出于恩格斯给马克思的信中所提出的同一个理由。"在德国本土公开发表符合我们党的精神的政治性和论战性的东西，这是根本不可能的。"① 只是伦敦的这两位朋友的"隐秘的理由"不那么清楚，因为保存下来的只有拉萨尔给他们的信，而

---

① 《马克思恩格斯全集》中文第一版第30卷，第15页。

第十章 王朝的变革

没有他们给拉萨尔的信①。然而，如果综观他们当时的政论活动，我们还是能看出端倪的。在一年后恩格斯发表的反对波拿巴吞并萨瓦和尼斯的第二本小册子《萨瓦、尼斯与莱茵》中，他明确指出了他在第一本小册子中依据的前提条件。这样的前提基本上有两个，或者本质上是三个。

首先，马克思和恩格斯认为，德国的民族运动是货真价实的。这一运动是"自然地、本能地、直接地"② 产生的，并且可以吸引那些反对的政府。这一运动起先对奥地利在意大利的外国统治和意大利独立运动无动于衷。人民的本能要求与路易·波拿巴、法兰西第一帝国的传统做斗争，而且这种斗争是正当的。

但是，其次，马克思和恩格斯认为，德国受到了法俄联盟的严重威胁。马克思在《纽约每日论坛报》上指出，第二帝国的财政状况和内政状况已达到危急的地步，只有对外战争才能延长法国政变统治的期限，从而延长反革命在欧洲的统治。他担心波拿巴主义解放意大利只是一个借口。以便继续压迫法国，使意大利发生政变，把法国的"自然疆界"向德国推移，把奥地利变成俄国的工具，并迫使各国人民陷入一场合法或非法的反革命战争。然而，正如在第二本小册子中所指出的那样，恩格斯把德意志联邦支持奥地利的行动视为一个决定性的时刻，那时俄国将出现在战场上，以便使法国侵占莱茵河左岸，而自己也可以放手夺取土耳其。

最后，马克思和恩格斯认为，德意志各邦政府，特别是柏林的那班"过于聪明的人"将会背弃奥地利。他们欢迎那个把莱茵河左岸让给法国的巴塞尔和约③，而当奥军在乌尔姆和奥斯特利茨败北时又暗中庆幸。在

---

① 马克思就这一问题写给拉萨尔的信保存了下来，参看《马克思恩格斯全集》中文第一版第29卷。
② 《马克思恩格斯全集》中文第二版第19卷，第440页。
③ 巴塞尔和约是参加了第一次反法同盟的普鲁士于1795年4月5日同法国单独缔结的。和约承认普鲁士瓜分到的波兰领土，但普鲁士须答应法国在莱茵河左岸的领土要求，同时退出反法同盟。这个和约的签订是法军胜利的结果，也是法国在外交上善于利用第一次反法同盟参加国之间的矛盾（首先是普鲁士与奥地利之间的矛盾）的结果。这个和约的签订导致了第一次反法同盟的瓦解。

 马克思传

两人看来,德意志各邦政府必须在民族运动的推动下前进。恩格斯在给拉萨尔的信中曾用一句话表达了他们当时的愿望,拉萨尔在回信中又逐字重述了这句话:"如果法国人和俄国人同时进攻我们,如果我们面临溺水,那么战争万岁,因为在这种最绝望的状况下,从当前执政的政党到齐茨和勃鲁姆在内的所有政党都必然要垮掉,而民族为了拯救自己,必将求助于最果断坚决的政党。"拉萨尔认为这个意见非常正确,并且说他在柏林曾用一切力量证明,普鲁士政府如果发动战争,就会有利于革命。当然,前提只能是人民厌恶政府的这一战争,而将其视为反革命的神圣同盟战争。但是,无论如何,如果一切都像恩格斯所料想的那样发生,那么德意志联邦的烂摊子、奥地利在上意大利的外国统治和法国的政变都将同样灭亡。只有在这种意义上,他所提出的策略才是完全可以理解的。

从这一切可以看出,争论双方之间没有原则性的意见分歧,而正如马克思一年后所说,有的只是"对于实际前提的相反判断"。无论在民族问题还是在革命问题上,他们都没有任何分歧。对他们来说,无产阶级的解放是最高目标,而建立一些大的民族国家则是实现这一目标的不可或缺的前提。作为德国人,他们最关心德国的统一,而其不可或缺的前提是消除多个王朝的统治。因此,正是出于他们的民族意识,他们对德意志各邦政府毫不关心,并且希望它们失败。他们甚至从未有过这样一个冠冕堂皇的想法,即一旦各邦政府之间爆发战争,工人阶级应当放弃自己的一切政策,并且不假思索地把自己的命运交到统治阶级手中。他们的民族意识过于根深蒂固,不会被王朝的口号所迷惑。只是由于革命年代的遗产开始在王朝的变革中受到清算,情况才变得困难起来。要在革命目标和反动目标的一团混乱中划清正确的界限,这不是原则问题,而是事实问题。两种目标都没有接受实践的检验,但正是阻碍这种检验的事态发展足够清楚地表明,拉萨尔对"实际前提"的判断实质上比恩格斯和马克思更正确。由于这两人一定程度上接触不到德国的现状,并且即使没有高估沙皇政府的侵略欲望,也一定程度上高估了侵略的可能性。拉萨尔把民族运动完全归结为昔日对法国人的仇恨,可能是夸大了。然而这一运动是最不革命的,这体现在它最终的产儿身上:也就是德意

第十章 王朝的变革

志民族协会这个畸形儿。

拉萨尔可能也低估了俄国的危险。他在小册子中只是顺带提到了这个问题。然而，当普鲁士的摄政王完全按照拉萨尔预想的那样，动员了普鲁士军队并且向德意志联邦申请动员中小邦的军队时，危险似乎还是很遥远的事情。这种军事上的示威足以使十二月政变的首领和沙皇心情非常平和。在一位立即来到法国大本营的俄国副官的极力怂恿下，波拿巴向战败的奥地利皇帝提议言和，甚至放弃了自己公开纲领的一半。他满足于占领伦巴第，而让威尼斯仍处于哈布斯堡王朝的统治之下。波拿巴无法独自发动一场欧洲战争，而俄国又因为波兰的骚乱，解放农奴的困难，以及远未平复克里木战争的创伤而陷于瘫痪状态。

随着维拉弗兰卡条约①的签订，关于意大利战争的革命策略的争论结束了，但拉萨尔在给马克思和恩格斯的信中多次提起这个问题。他始终坚持认为他的观点是正确的，并为事态实际发展过程所证实。但是由于我们没有马克思和恩格斯的回信，两人也没有根据原定计划在公开宣言中陈述自己的观点，因此不可能对正方论据和反方论据作出判断。意大利统一运动的实际进程，中意大利各王朝为它们受压迫的"臣民"起义所推翻，加里波第的志愿军占领西西里和那不勒斯，以及所有这一切给波拿巴主义的

---

① 维拉弗兰卡条约是1859年7月11日法奥之间签署的维拉弗兰卡初步和约。1859年7月8日法奥两国皇帝在维拉弗兰卡城举行单独会晤，皮埃蒙特国王没有获准参加。这次会晤是根据拿破仑第三的建议举行的，因为他害怕战争拖下去会加强意大利和其他欧洲国家中的革命运动和民族解放运动。在这次会晤中签订了停战协定。7月11日法奥双方签署了初步和约，根据和约，伦巴第（曼都亚和培斯克拉两要塞除外）转归法国（但是拿破仑第三后来为了换取萨瓦和尼斯，把伦巴第让给了撒丁），威尼斯仍然受奥地利统治，同意在战时由于人民起义而被赶走的托斯卡纳公爵和摩地那公爵复位。和约规定建立以教皇为首脑的意大利联邦。这个和约完全符合拿破仑第三的计划，它并没有解决意大利民族统一这个课题，相反地却加深了国家的政治分裂，在它的某些地区保存了外国统治。尽管初步和约中的某些条文没有实行（例如，建立意大利联邦、两位公爵——他们的领土于1860年并入皮埃蒙特——在托斯卡纳和摩地那复位等条）或者有了改变，但整个说来，和约中提出的条件为1859年11月10日签订的苏黎世和约打下了基础。

计划造成的阻碍——这都是拉萨尔有理由提及的论据,虽然最后仍然是萨瓦王朝得到了好处①。

不幸的是,与拉萨尔的争论在某种程度上因马克思对他难以克服的不信任态度而加剧了。不能说马克思不希望把"这个人完全"争取过来。他曾称拉萨尔是一个"精力充沛的家伙",不可能与资产阶级政党勾结。他甚至认为,拉萨尔的《赫拉克利特》虽然写得不好,却仍然比民主派所能夸耀的任何东西都高明。然而,尽管拉萨尔对他开诚布公,马克思却总是认为必须采取外交手段,采取"巧妙管理"的办法,以便使拉萨尔就范。而且,一旦发生偶然的变故,马克思就会重新对他产生怀疑。

弗里德兰德曾通过拉萨尔再次向马克思提议为维也纳的《新闻报》撰稿,而且这次没有任何条件,但后来却不提这件事了。于是,马克思怀疑是拉萨尔妨碍了他的前途。当马克思的《政治经济学》②的付印从2月初推迟到5月底时,他也认为这是拉萨尔的"阴谋",并且永远不会宽恕拉萨尔。实际上,拖延是那个愚蠢的出版商自己造成的,而且出版商至少还可以为自己开脱——他必须先行出版恩格斯和拉萨尔的小册子,以使它们能够对当前问题发挥作用。

(三)流亡者之间的新斗争

意大利战争的两面性在流亡者中间引起了旧的对立和新的混乱。

正当意大利与法国的流亡者反对意大利的统一运动与法国的政变合流时,很大一部分德国流亡者却准备重蹈覆辙,而他们第一次干的蠢事曾使他们被放逐10年。此时,他们与拉萨尔的观点相去甚远。相反,他们却因为新纪元而醉心于摄政王的恩典,希望能从中分到一点恩惠。正如弗莱里

---

① 意大利的大资产阶级和自由派贵族希望没有人民群众的参与,通过战争在皮埃蒙特的萨瓦王朝的统治下实现意大利的统一。

② 指马克思的《政治经济学批判。第一分册》1859年柏林版。

第十章 王朝的变革

格拉特所嘲笑的那样,他们迸发着"大赦的狂热",而只要"国王陛下"愿意像金克尔在拉施塔特军事法庭上所预言的那样用武力统一德国,他们就准备进行任何爱国的行动。

金克尔现在又使自己成为这一派的代言人,并从1859年1月1日开始出版一份题为《海尔曼》的周刊。单从其老掉牙的标题就可以看出它是谁的思想子孙了。用弗莱里格拉特的话来说,它是又开始鼓吹"思乡情绪"的适当刊物,而这种情绪很快就隐匿在"自由派军士的骗局"中了。但正因为如此,这份周刊的发展就更加迅速了,并且很快就挤垮了埃德加·鲍威尔受工人教育协会委托出版的小型工人报纸《新时代》。《新时代》基本上是靠印刷商的贷款来维生的。因此,当金克尔把付印《海尔曼》这笔更有利可图和更可靠的生意交给印刷商时,该报就垮台了。然而,这种做法就连在资产阶级流亡者中也没有受到一致欢迎。自由贸易论者孚赫甚至成立了一个财务委员会来继续出版《新时代》。并通过将报纸改名为《人民报》实现了这个目标。埃拉尔德·比斯康普这个黑森选帝侯国的流亡者担任主编。他曾从外地为《新时代》撰稿,现在则辞去了教师职务,以便将自己的力量投入到重生的报纸中。

不久,比斯康普与李卜克内西找到了马克思,请他为报纸撰稿。自从1850年决裂后,马克思与工人教育协会没有任何联系。当李卜克内西为他个人恢复这一联系时,他甚至感到不满,尽管李卜克内西认为,没有工人的工人政党毕竟是个矛盾,但这个观点却有很多可取之处。然而,完全可以理解的是,马克思不可能这么快就摆脱所有不愉快的回忆,而且他下面的声明使协会的一个代表团"十分惊愕":他和恩格斯作为无产阶级政党的代表是由他们自己而不是别的什么人任命的,而这种任命已由于旧世界的一切政党对他们所怀有的普遍而特有的仇恨而得到确认。

起初,马克思对于和《人民报》合作的建议十分审慎。尽管他也认为不应当放任金克尔自由行事,也同意李卜克内西支持比斯康普的编辑工作,但他本人既不愿意直接为一份小报撰稿,也完全不愿意为任何不由恩格斯和他本人主编的党报撰稿。他却只答应帮助为报纸的发行出点力,让

 马克思传

这份报纸时不时地利用他在《论坛报》① 上发表的文章，并就各种问题提供口头的说明和指示。他在给恩格斯的信中说，《人民报》是一份流亡者的报纸，就像他们那个时代的巴黎的《前进报》和《德意志—布鲁塞尔报》一样。

但总有一天，有一份可供他们发表观点的伦敦报纸将是至关重要的。他还写道，由于比斯康普的工作没有报酬，所以应该得到更多的支持。但是，当这份"流亡者的报纸"开始阻碍金克尔的活动时，马克思不屈不挠的斗士性格使他不顾一切地支持这份报纸。他花了大量精力和时间来维持它，与其说是给报纸撰稿（据他自己说，他似乎仅限于写一些篇幅不大的短评），不如说是努力保证这份报纸的物质生存条件，以确保这份有四大版的机关报至少能够勉强支持下去。在为数不多的党内朋友中，所有能够捐一点钱的人都被要求竭尽全力，首先是恩格斯。恩格斯还勤奋地为《人民报》撰写了关于意大利战争的军事文章②，特别是在报上发表了关于他朋友刚刚出版的科学著作的宝贵论文③，不过论文的第三部分和最后部分却未能发表。因为到了8月底，《人民报》停刊了，而马克思所做努力的实际结果是，一个叫菲德利奥·霍林格尔的印刷商要求他承担仍需支付的印刷费。这是一个毫无道理的要求，但是"因为金克尔一伙人正是期待用这件事来制造一场公开的丑事，而且团结在该报周围的全体人员也不适宜于在法庭上出现"④，所以马克思就只好用大约5英镑使自己得以解脱。

《人民报》留给马克思的另一笔遗产却使他付出了无比巨大的牺牲和操劳。1859年4月1日，卡尔·福格特从日内瓦向包括弗莱里格拉特在内的伦敦流亡者寄送了一份关于德国民主派在意大利战争中的立场的政治纲领，并请他们根据这一纲领的精神为一份瑞士的新周刊撰稿。福格特是福

---

① 即《纽约每日论坛报》。
② 恩格斯的《意大利战争》。
③ 在1859年8月6日和20日的《人民报》上登载了恩格斯的书评《卡尔·马克思〈政治经济学批判。第一分册〉》。
④ 《马克思恩格斯全集》中文第一版第29卷，第474页。

第十章 王朝的变革

伦兄弟的外甥,这对兄弟在学生运动中发挥过显著作用。福格特曾与罗伯特·勃鲁姆一起成为法兰克福国民议会中的左翼领袖,并在垂死的议会的最后时刻被任命为帝国的五摄政之一。他现在以地质学教授的身份生活在日内瓦,并与日内瓦激进派的领袖法济一起担任瑞士等级议会的代表。在德国,人们还没有忘记他曾热心鼓吹一种狭隘的、自然科学的唯物主义,而这种唯物主义只要一涉及历史领域,就立刻陷入了谬误。而且,卢格贴切地形容道,福格特用"淘气的孩子气"来鼓吹这种唯物主义,并且试图用玩世不恭的词句来讽刺那些庸人。尤其是当他讲出"思想与大脑的关系就像胆汁与肝脏或尿液与肾脏的关系一样"这类言论的时候,就连他最亲密的同志路德维希·毕希纳也反对了这种启蒙民众的方式。

弗莱里格拉特请求马克思评判福格特提出的政治纲领,得到了一个简短的回答:"废话连篇"。马克思在给恩格斯的信中对此作了更详细的阐述:"德国放弃它的非德国的领地。不支持奥地利。法国的专制制度是暂时的,而奥地利的专制制度是不变的。让这两个专制者去厮杀。(甚至可以觉察到有些倾向于波拿巴。)德国采取武装中立。关于德国的革命运动,正如福格特'根据最好的消息得知',在我们这一代是不用想了。因此,只要奥地利被波拿巴消灭,在祖国就会自然而然地开始帝国摄政的、温和的、自由主义民族的发展,而福格特也许还会成为普鲁士的宫廷小丑。"① 当福格特虽然还没有出版计划中的周刊,但确实出版了《欧洲现状概述》,且这部著作与波拿巴主义口号的思想联系已经无可置疑时,马克思这几句话中表露出的怀疑对他而言就变成了一种确信。

除了弗莱里格拉特,福格特还曾向巴登流亡者卡尔·布林德求助,此人从革命年代起就是马克思的朋友,并在《新莱茵报。政治经济评论》上发表过一篇文章,不过不是马克思最亲密的同志之一。确切地说,布林德是那种认为"巴登州"仍然是世界中心的、"一本正经的"共和主义者。恩格斯特别喜欢拿这些"国务活动家"开玩笑,说这些人的思想尽管看似高深莫测,却通常都陷入了对自我的无限崇拜。布林德曾向马克思揭发了

---

① 《马克思恩格斯全集》中文第一版第29卷,第407—408页。

 马克思传

福格特的叛国阴谋,并声称手里有证据。布林德说,福格特曾从波拿巴那里领取过进行鼓动的津贴;他曾试图用3万古尔登来贿赂一位南德作家,在伦敦也有过贿赂的尝试;早在1858年夏天,当日罗姆·波拿巴亲王在日内瓦与法济之流会面时,就讨论了意大利战争,并指定俄国大公康斯坦丁为未来的匈牙利国王。

在比斯康普前来拜访马克思,请他为《人民报》撰稿时,马克思在谈话中提到这些消息;并补充说,这是南德人夸大其词的方式。在没有征求马克思意见的情况下,比斯康普就利用了布林德提供的情况,给《人民报》写了一篇文章,讽刺"帝国的摄政是帝国的叛徒",还把这一号报纸给福格特寄了一份。福格特在《比尔商业信使报》上答复说,要"警告"工人小心这个"流亡者集团",他们先前在瑞士的流亡者中以"制刷匠帮"或"硫磺帮"①之名而著称,而现在又聚集在伦敦,在他们的首领马克思领导下,在德国工人中搞阴谋诡计。这些阴谋从一开始就为大陆上的秘密警察所掌握,并会给工人们带来灾祸。马克思不想继续与这篇"混账文章"纠缠,只是满足于让《人民报》把它登在不显眼的位置。

但是,当马克思随后于6月初去曼彻斯特,在那里的党内朋友中为《人民报》募款时,李卜克内西在报纸的印刷所里发现了一份反攻福格特的匿名传单的校样,其中就有布林德的揭发材料。而且,正如排字工人费格勒所证实的那样,传单是用布林德交来的亲笔手稿排印的,而且校样上的改动也是布林德的笔迹。几天之后,李卜克内西从霍林格尔那里收到了文章的清样,并将它寄给了奥格斯堡《总汇报》,他曾为该报当过几年通讯员。他还说,传单是一位最可敬的德国流亡者写的,而且其中提到的各项事实都有根据。

当这份传单发表在《总汇报》上的时候,福格特控告该报诽谤。编辑部为了给自己辩护,要求李卜克内西提供他所承诺的证据,于是李卜克内

---

① 关于福格特用来侮辱马克思及其拥护者的"制刷匠帮"或"硫磺帮"等词的起源问题,参看马克思的《福格特先生》,见《马克思恩格斯全集》中文第二版第19卷,第69—430页。

第十章 王朝的变革

西又去找布林德。但是布林德却拒绝干预一份他很陌生的报纸的事务，并且完全否认自己的作者身份，尽管他不得不承认曾把文章的实际内容告诉过马克思，甚至把其中一部分发表在《自由新闻》这份乌尔卡尔特的报纸上。马克思起初就与这一切没有任何关系，而李卜克内西也完全预料到马克思不会承认这件事。尽管如此，马克思却认为应该尽全力揭露福格特，因为福格特硬把他拖入此事。然而，他试图让布林德承认的尝试也由于布林德的顽固而失败了，因此马克思不得不满足于排字工人费格勒的书面证明，即手稿是他所熟悉的布林德的笔迹，而且是在霍林格尔的印刷所里排印的。当然，这还丝毫不能证明福格特是有罪的。

然而，就在奥格斯堡的法庭审理这一案件之前，1859年11月10日的席勒纪念活动，即这位诗人的百年诞辰，又导致伦敦流亡者发生了新的争吵。大家知道，国内外的德国人都庆祝这个日子，用拉萨尔的话来说，是对德国人民的"精神统一"的证明，也是"本民族复兴的可喜保证"。纪念活动将在水晶宫①举行，活动盈余将用于建立席勒学院，附设一座图书馆，并计划每年都在席勒诞辰这一天举行年度讲座。然而，不幸的是，金克尔一派把持了纪念活动的筹备工作，并卑鄙而狭隘地从中谋取私利。金克尔一派怂恿普鲁士公使馆的一位官员（此人在科隆共产党人审判时期声名狼藉）来参加纪念活动，又试图吓跑流亡者中的无产阶级分子。一个名叫贝特齐希的人自称作家贝塔，充当了金克尔的文字帮手。他在《凉亭》杂志上极其无聊地吹捧自己的上司和主子。他还以同样无聊的方式嘲笑了那些想参加席勒纪念活动的工人教育协会成员。

在这种情况下，当弗莱里格拉特同意作为一名庆典诗人，在水晶宫的纪念活动中与庆典演说者金克尔同时或在其之后出场时，马克思和恩格斯感到很不愉快。马克思警告自己的老朋友不要参加任何"金克尔的示威"。弗莱里格拉特也承认，事情是有问题的，可能是为了满足某个人的虚荣心。但他认为，作为一个德国诗人，他不能完全置身事外。他认为，这一

---

① 水晶宫，用金属和玻璃筑成，是为1851年在伦敦举办的第一届世界工商业博览会建造的。

点是不言自明的。他认为，在席勒纪念活动中，即便某一派有自己的私下意图，这一意图归根结底也不是最重要的。在纪念活动筹备期间，弗莱里格拉特自然有一些"奇怪的体验"，因此认为（尽管他有一种根深蒂固的愚钝，总是从最好的一面看待人和事）马克思的警告可能是正确的。但他坚持认为，他出席纪念活动，并标志性地参与其中，对挫败某些意图的贡献比采取旁观态度更大。

然而，马克思不同意这一点，恩格斯更是如此，并以震怒的言辞谴责了弗莱里格拉特"诗人的沽名钓誉和文人的纠缠不休，再加上奴颜婢膝"①。这就是言过其实了。当时的席勒纪念活动确实不是通常的那种喧嚣的庆典，那是德国庸人为了纪念像仙鹤一样飞过自己睡帽的思想家和诗人而举办的。这个纪念活动在极左翼中也得到了共鸣。

当马克思向拉萨尔抱怨弗莱里格拉特时，拉萨尔回答说："也许弗莱里格拉特最好不参加庆祝活动。但无论如何，他写这首颂诗是件好事。在这个场合发表的所有作品中，这首诗是最出色的。"② 在苏黎世，海尔维格写了一首纪念歌曲，在巴黎，席利发表了纪念演说。在伦敦，工人教育协会也参加了在水晶宫举行的纪念活动。而为了抚慰协会的政治良心，它在前一天举办了罗伯特·勃鲁姆的纪念活动，李卜克内西在会上还发表了演说。在曼彻斯特，在前排主持纪念活动的是来自伍珀河谷的年轻诗人济贝耳，而与他有远亲关系的恩格斯却没有因此而受到特别的冒犯。虽然恩格斯在给马克思的信中说，自己与整件事完全无关，不过济贝耳写的闭幕词"自然是一首平淡无味的朗诵诗，但具有适当的形式"；"此外，这个闲人还领导《华伦斯坦的阵营》的演出；我看了两次彩排；如果这些家伙鼓起勇气干，可能还过得去"③。后来，恩格斯本人成为因此次纪念活动而在曼

---

① 《马克思恩格斯全集》中文第一版第29卷，第480页。
② 《拉萨尔致马克思恩格斯书信集》，1905年俄文版，第198页。
③ 《马克思恩格斯全集》中文第一版第29卷，第482页。

第十章 王朝的变革

彻斯特成立的席勒协会①的主席,威廉·沃尔弗还在他的遗嘱中为这个机构留下一大笔赠款。

就在弗莱里格拉特和马克思之间关系紧张的那段日子里,奥格斯堡地方法院审理了福格特对《总汇报》的控告。福格特的诉讼被拒绝,并由他承担了诉讼费用,但法律的失败对他来说却成了道义上的胜利。被指控的编辑们无法拿出丝毫证据证明福格特卖身投靠,正如马克思过于温和的评价所言,他们发挥了一通"乏味的政治谬论";这种谬论不仅从政治的观点,而且从道义的观点来看都应受到最严厉的谴责。他们大肆宣扬,政治对手的个人荣誉不受法律保护。他们指出,巴伐利亚的法官们怎么会让一个曾猛烈攻击过巴伐利亚政府并因其革命活动而不得不生活在国外的人享有权利呢!11年前,整个德国社会民主派曾以杀死拉图尔将军、加格恩将军和奥尔斯瓦尔德将军以及利希诺夫斯基公爵开启了自己的自由白日梦,而如果被控告的编辑们被定罪,他们就会发出真正的欢呼。如果福格特的企图成功了,那就会出现一个令人欣慰的前景,即克拉普卡、科苏特、普尔斯基、泰列基、马志尼也将会作为原告出现在奥格斯堡地方法院。

尽管玩弄了这个卑鄙的花招,或者说正是由于这个花招,这个辩护给法官留下了深刻印象。他们的法律良知足以使他们拒绝宣告那些提不出任何证据的被告无罪,但是毕竟不足以使他们承认一个为巴伐利亚政府和巴伐利亚民众极度憎恨的人享有权利。因此,他们急切地抓住了检察官暗示

---

① 席勒协会是为纪念伟大的德国诗人弗·席勒诞生一百周年于1859年11月在曼彻斯特成立的,它的目的是要成为曼彻斯特德国侨民的文化生活和社会活动的中心。起初,恩格斯对协会的带有普鲁士官僚主义烙印的活动抱批判的态度,并且和它保持距离。在席勒协会的章程经过一些修改以后,恩格斯于1864年担任协会理事会理事,后来又任协会主席,他曾为协会的活动付出了很多时间,发挥了很大作用。1868年9月,在恩格斯离开曼彻斯特期间,理事会曾经决定邀请卡·福格特在协会中作讲演,于是恩格斯1868年9月16日写了这封信,表示这项决定使他必须辞去协会主席和理事会理事的职务。理事会秘书戴维森于1868年10月2日代表理事会请求恩格斯不要辞职,但恩格斯没有同意。1870年4月,恩格斯重新被选为席勒协会理事会理事,但他已不再积极参加协会的活动。

给他们的救命稻草,根据形式上的理由,把案件移交给陪审法庭,而在那里,可以更加肯定福格特会受到谴责,因为那里不容许提出任何真凭实据,而陪审员也不需要说明自己判决的任何理由。

如果福格特没有参加这场不公正的游戏,那就不能责怪他了。相反,他却可以享受双重殉道者的荣光:他不仅受到无端的怀疑,而且还被剥夺了权利。某些次要的情况更加促成了他的胜利。当他的诉讼对手展示了比斯康普的信时,给人留下了非常致命的印象。因为这位第一个公开指控福格特的人在信中承认他没有真正的证据,只是表达了一些模糊的推测。他最后还提了一个问题,即在《人民报》停止出版之后,《总汇报》是否会雇用他为李卜克内西之后的第二位伦敦通讯员。甚至在审判结束后,《总汇报》的编辑们还在继续胡言乱语,说福格特当然是由同类人,即由马克思和弗莱里格拉特来评判的;而人们早就知道,马克思是比福格特更敏锐和更坚定的思想家,而弗莱里格拉特在政治品行方面比福格特更为正派。

在编辑科尔布呈交法庭的那些辩护书里,弗莱里格拉特被称为《人民报》的撰稿人和福格特的控告者之一。这是因为科尔布误解了李卜克内西有关这个问题的一个并不十分清楚的书面声明。当伦敦方面收到载有关于诉讼的报道的那一号《总汇报》的时候,弗莱里格拉特便把一篇简短的声明寄给该报,说他从来不曾做过《人民报》的撰稿人,而他的名字被列入福格特的控告者之内,也是他事先不知道并且从来没有同意过的。由于福格特是法济的密友,而弗莱里格拉特在瑞士银行的地位又是借重于法济的,因此人们就从这一声明得出了不愉快的结论。不过这些结论只有在弗莱里格拉特由于某种原因而必须反对福格特的时候才是公正的。然而这样的事情是根本谈不到的。在这时以前,弗莱里格拉特对福格特的案件根本不感兴趣,并且有充分的权利不希望科尔布在陷入困境难以自拔时用他的名字作掩护。当然,从弗莱里格拉特简短而又枯燥的声明里,人们可以间接地看出对马克思的拒斥态度;马克思本人也感到,弗莱里格拉特的声明丝毫不能消除他个人同马克思决裂并公开脱离党这样一种印象。声明的这一缺点可以用弗莱里格拉特的某种不满情绪来加以解释:马克思从党的利益出发而不想要他发表(弗莱里格拉特便是这样认为的)他为纪念席勒而

写的无害诗篇,可是另一方面,马克思却要求他立刻参加马克思所发动的一次论争,虽然并没有什么人迫使马克思进行这一论争。

还有一个情况使这个事件更显得是出于恶意中伤,那就是在这同时,布林德也在《总汇报》上发表了一个声明,这个声明虽然"无保留地指责"了福格特的政策,但断然否认那篇攻击福格特的文章是他写的。他在信里附了两份证明:在一份证明里,菲德利奥·霍林格尔说费格勒的说法是"恶意的捏造",即福格特的文章是在费格勒的印刷所印的并且是布林德写的;在第二份证明里,排字工人维厄确认霍林格尔的声明是真实的。

此外,一件不幸的事件起了火上浇油的作用,更为加深了弗莱里格拉特和马克思之间的不和。正是在这个时候,《凉亭》发表了贝塔的一篇文章,在这篇文章里,金克尔雇用的这个文丐以夸张的手法大捧弗莱里格拉特的诗才,而在文章结尾处则对马克思进行了卑鄙的辱骂。贝塔写道,这个惹祸招灾的、散播恶毒仇恨的能手剥夺了弗莱里格拉特歌唱的权利,剥夺了他的自由和个性。自从诗人接近马克思以来,诗人就停止了创作。

但是,在弗莱里格拉特和马克思通过书信往来进行了一番争吵之后,这场纠纷就随同动荡的1859年一道消逝在忘却的海洋中了。但是随着新的一年的到来,旧的争论又表面化起来,因为好斗的福格特想证实一句老话:"自作孽,不可活"。

(四) 插曲

大约在1860年新年时,福格特发表了一部题为《我对〈总汇报〉的诉讼》的著作。其中收入了奥格斯堡地方法院审理此案时的速记报告,一些声明,以及争论期间问世的其他文件,所有材料都是相当完整、逐字逐句记录下来的。

然而,书中也有关于"硫磺帮"的老套胡说的更为详细的叙述,这些胡说最早由福格特发表在《比尔商业信使报》上。值得一提的是,马克思被描写成一个勒索团伙的头目,这一集团就靠败坏"祖国的人们"的名誉为生,以至于人们不得不花钱换取它的沉默。原话是这样的:"这些人【……】向德国寄了不是一封信,而是几百封信,公开威胁要把他们参与革命的各种行动揭露出来,如果不把规定的款额限期交到指定地点的话。"① 这是福格特对马克思最恶毒的,然而决不是唯一的诬蔑。无论整个叙述是多么的虚假,它都掺杂着流亡者历史上各种半真半假的事实,这需要确切地了解所有细节,才不至于让人一看就糊涂。然而德国的庸人是最不可能有这样的了解的。

这部著作确实引起了相当大的轰动,尤其是德国的自由派报刊对其表示了热烈的欢呼。《国民报》为此写了两篇长篇社论,而这两篇社论于1月底寄到伦敦时,也使马克思全家十分愤怒,并使他夫人受到了特别巨大的震动。由于在伦敦得不到这部著作,马克思急忙写信给弗莱里格拉特,问他是否曾从他的"朋友"福格特那里收到过一本样书。弗莱里格拉特伤感地回答说,福格特不是他的"朋友",他也没有这样一本书。

马克思从一开始就很清楚答复福格特的必要性,尽管他向来不愿回应这种大规模的谩骂——他认为,报刊有权侮辱作家、政治家、喜剧演员和其他公众人物。甚至在福格特的书抵达伦敦之前,马克思就决定对《国民报》采取法律行动。这家报纸指控他有一系列罪恶和可耻的行为,而且又是在这样的公众面前指控他——这些人由于党派的偏见总是倾向于相信这种无耻至极的胡说。此外,由于马克思离开德国11年了,这些人没有丝毫依据足以支撑对他个人的判断。马克思不仅出于政治考虑,也是为了妻子和孩子,他有义务针对《国民报》损害名誉的指控提起诉讼。此外,他还准备在文字上回复福格特。

马克思首先同布林德算账。他仍然认为布林德手里有不利于福格特的罪证,而只是由于私人情面的关系才不肯把它们拿出来,因为一个庸俗的民主派总是认为自己应该照顾另一个庸俗的民主派的。但是马克思在这方面显然是弄错了,而恩格斯则比较正确;恩格斯认为,布林德是出于幼稚

---

① 参看马克思《福格特先生》,见《马克思恩格斯全集》中文第二版第19卷,第98页。

第十章 王朝的变革

而愚蠢的妄自尊大才任意编造了关于福格特想进行收买的各项细节的;当事情闹糟了的时候,他就打了退堂鼓,可是已经越来越深地陷入了泥坑。2月4日马克思给《自由新闻》的主编写了一封英文的公开信。在这封信里他说布林德、维厄和霍林格尔关于那篇匿名文章不是霍林格尔的印刷所承印的声明是一个卑鄙的谎言,因而卡尔·布林德是一个卑鄙的说谎者。马克思说,如果布林德认为这一指控对自己是个侮辱,他可以向英国的法庭去控告马克思。可是布林德却明智地没有到法庭去控告,而是试图从这整个事件中摆脱出来。于是他就在《总汇报》上发表了一篇很长的声明,猛烈地攻击福格特,并且用暗示的口吻提到福格特卖身投靠的事情,不过他依旧矢口否认文章是他写的。

但马克思对这一点却完全不能满足。他还在调解法庭上对排字工人维厄提起了诉讼,并且使维厄在发誓后作了供述。维厄这一次承认,他在霍林格尔的印刷所曾亲自为这篇文章排版以便在《人民报》上转载,并且看到布林德在校样上亲手改正的许多误植。随后他又说,他先前所以作出相反的供述,是因为受到了霍林格尔和布林德的利诱:霍林格尔曾答应给他金钱报酬,而布林德则保证将来酬谢他。根据英国的法律,这一供述确定了布林德应当受审,而厄内斯特·琼斯则表示准备根据维厄的这一供述而设法弄到一份逮捕布林德的命令。但是他又说,一旦提起诉讼,就无法再把它撤回,因为问题涉及的是刑事犯罪,而如果在提起诉讼之后又试图将此案和平了结,那么作为律师,他本人是要负刑事责任的。

但是马克思考虑到布林德的家庭而不愿做得太过分。他把维厄的供词送给了同布林德友好的路易·勃朗,并且写信告诉他说,如果事情到了必须对布林德提起刑事诉讼的地步,那么他会感到非常遗憾,但并不是为了罪有应得的布林德本人,而是为了布林德的家庭①。这封信起了它应起的作用:1860年2月15日,在也曾转载过《国民报》上的谩骂的《每日电讯》上出现了一则声明,在这一声明里,经常同布林德一家来往的一个名叫沙伊伯勒的人自称是攻击福格特的文章的作者。尽管这显然是一种手

---

① 《马克思恩格斯全集》中文第一版第30卷,第487页。

法，马克思却对这种手法感到满意，因为这样一来，他对文章的内容便无须负任何责任了。

在对福格特本人采取行动之前，马克思试图与弗莱里格拉特和解。他把反驳布林德的通告信和维厄的宣誓寄给了弗莱里格拉特，但是没有收到答复。他最后一次写信给弗莱里格拉特，向他解释福格特案件对于党的历史正当性和党今后在德国的地位的重要意义。他努力消除弗莱里格拉特可能对他抱有的不满情绪："如果我有哪一点对不起你，那我随时准备承认自己的错误。'人所具有的我都具有。'"① 马克思非常清楚，对处于目前状况下的弗莱里格拉特来说，这件事只会令人厌恶，但是弗莱里格拉特会明白，他是不可能完全袖手旁观的。"如果我们两个人都认识到，我们都按各自的方式抛开一切个人利益，并且从最纯正的动机出发，在许多年中间打起'最勤劳和最不幸的阶级'的旗帜，把它举到庸人所不可企及的高度，那么我认为，我们若是由于归根到底不过是出于误会的小事情而分手，就是对历史犯下了不应犯的罪过。"② 这封信以对最诚挚的友谊保证作为结尾。

弗莱里格拉特握住了伸向他的手，但不像"冷漠无情的"马克思向他伸手时那样热情。他回答说，他想继续忠诚于一向忠诚的"最劳苦最贫困的阶级"，同样也忠于他与马克思作为朋友和战友的个人关系。但是，他补充说："这7年来（自共产主义者同盟解散以来），我远离了党。我没有参加它的会议，也一直没有过问它的决议和行动。因此，我同党的关系事实上早已解除。我们在这方面从未互相欺骗过，这是我们之间的一种默契。而我只能说，我对此感觉很愉快。对我的以及对每个诗人的天性来说，自由是必不可少的。即使是党，也是一只笼子；即使是为党歌唱，在笼子外歌唱也比在笼子里歌唱更好。在我是共产主义者同盟盟员和《新莱茵报》编辑部成员之前很久，我就是无产阶级和革命的诗人。今后，我只

---

① 《马克思恩格斯全集》中文第一版第30卷，第451页。
② 《马克思恩格斯全集》中文第一版第30卷，第452页。

第十章 王朝的变革

愿保持独立，只愿属于自己并自己支配自己。"① 弗莱里格拉特在此生动地表达了对政治鼓动琐碎工作的厌恶。这甚至使他看到了从未发生过的事情。他不曾参加的会议，他一直没有过问的决议和演说，都从未发生过。

马克思在回信中指出了这一点。在再次澄清了可能发生的其他所有误会后，他联系弗莱里格拉特的口头禅写道："'不管这一切'，对我们来说，'受庸人攻击'这一口号始终要比'让庸人踩在脚下'这一口号更好一些。

我已公开向你陈述了自己的观点，希望你基本上同意这个观点。此外，我还曾尽力消除这样一种误会，以为我所说的'党'就是指八年前便已解散的'同盟'，或是十二年前便已不复存在的报纸编辑部。我所理解的党，是指按伟大历史意义上来讲的党。"② 这些话既贴切又起到了和解的作用，因为在伟大的历史意义上，两人"不管这一切"总是真正的同志。这些话之所以更增加了马克思的荣誉，是因为在福格特对他进行了孩子气的攻击之后，他完全可以要求弗莱里格拉特公开消除自己与福格特表现出的所有共性。然而，弗莱里格拉特只限于同马克思恢复了友好交往。在其余方面，他依然坚持观望。而马克思正是通过尽量避免把弗莱里格拉特的名字拖入此事，从而使他更容易保持这种态度。

马克思和拉萨尔由于福格特事件而产生的争执，则采取了不同的处理方式。马克思上一次给拉萨尔写信是在前一年的11月，内容与他们在意大利问题上的争执有关。而且这封信的语调用他自己的话来说"很粗鲁"，因此，马克思认为拉萨尔没有答复这封信是由于感情受到了伤害。在《国民报》的攻击之后，马克思当然希望在柏林有一个联系人，并请恩格斯设法与拉萨尔恢复关系，毕竟与其他人相比，拉萨尔仍然是一匹"马力"。与此相关的是，一名普鲁士候补法官费舍尔以乌尔卡尔特拥护者的身份向马克思自我举荐，表示愿意在德国报刊方面为任何委托效劳。当费舍尔代表马克思问候拉萨尔时，拉萨尔自然不愿意结识这个"无能而又无知的人物"。不论这个不久后遭遇致命事故的人在伦敦的表现如何，他在德国总

---

① 弗莱里格拉特《诗歌选和同马克思的通信》，1924年俄文版，第46页。
② 《马克思恩格斯全集》中文第一版第30卷，第488页。

 马克思传

是属于科堡公爵的御用文人,而这群人是理应声名狼藉的。

但在恩格斯与拉萨尔交涉之前,拉萨尔已经亲自写信给马克思,解释自己长时间沉默是因为缺少时间,并且极力要求马克思对付与福格特之间发生的"极其不幸的事件",因为这一事件已产生了巨大的公众影响。对那些了解马克思的人来说,福格特的描述不会伤害马克思;但对所有不了解马克思的人来说,由于整个事件人为地穿插着一些半真半假的事实,眼光不够敏锐的人是会完全信以为真的。拉萨尔特别强调了两点。首先,马克思自己也不是没有责任,因为他竟听信了布林德这样一个可悲的撒谎者(至少后来证明是如此)的话,而且完全相信了他对福格特最严厉的指责。其次,如果马克思没有其他证据,那么他就应当在辩护之前先撤回自己对福格特贿赂收买的指控。拉萨尔承认,必须有真正强烈的自制力,才能公正地对待如此肆无忌惮地和不公正地进行攻击的人。但是,如果马克思不想从一开始就使自己的辩护无效,他就必须提出证据说明自己的善意。接着,拉萨尔对李卜克内西给《总汇报》这样的反动报纸撰稿给予了最猛烈的谴责,并认为这会在公众中引起对党的巨大惊愕和不满。

马克思在收到拉萨尔的这封信时,手头还没有福格特的著作,因此还不能正确地估计事态。但可以理解的是,对于首先承认福格特的诚实这一建议,他不大会感到高兴,因为除了布林德的胡说之外,他手上还有关于福格特与波拿巴勾结的其他证据。他也不能同意对李卜克内西为《总汇报》撰稿提出的严厉谴责。他决不是这份报纸的友人,在新旧两个《莱茵报》时期就与其发生过极为激烈的争执。但是,尽管奥格斯堡的报纸在其他方面可能是反革命的,但是它却容许对外政策领域中的各种迥异观点在该报交锋。在这方面,《总汇报》一直是德国报刊的一个例外。

因此,马克思愠怒地回答说,在他眼中,《总汇报》与《人民报》几乎一模一样;他打算起诉《国民报》,并写一部著作来反驳福格特,而且要在序言中宣布,德国公众的意见对他说来完全无所谓。这些不情愿的话又被拉萨尔看得过重了。他反对把庸俗民主派的《人民报》与德国"最无耻和声名狼藉的报纸"混为一谈。不过,他主要是警告马克思至少在反驳福格特的著作发表以前,不要向《国民报》提起诉讼。他在结尾处表示希

望马克思不要被这封信留下伤害性的印象,应只是得到出于"忠实而诚挚的友谊"的印象。

拉萨尔在这一点上想错了。马克思在给恩格斯的信中以最激烈的措辞谈到这封信,甚至提出列维当年在伦敦对拉萨尔的"正式的指控",以反对拉萨尔。诚然,这种反对是以这样一种方式进行的:马克思想证明他没有过早地不信任,并且表明,这些"正式的指控"和关于拉萨尔的类似言论都没有误导他。不过,传闻的性质使拉萨尔无法承认马克思对传闻的无视有什么特殊价值,并以相应的方式进行了报复,出色而令人信服地描述了自己在最野蛮的反动时期对莱茵工人的自我牺牲和忠诚。

马克思对拉萨尔的态度与对弗莱里格拉特的态度不同,但拉萨尔也因此采取了不同于弗莱里格拉特的行动。他尽其所能地依照理解和良心向马克思提出建议,而建议被置之不理后,他在行动上提供的帮助也并未减少。

(五)《福格特先生》

拉萨尔的不要向普鲁士法庭起诉的警告很快就被证明是正确的。通过费舍尔的斡旋,马克思委托司法顾问韦伯向当地市法院提交了对《国民报》的诉讼,但即便诉讼被受理,他也没有像福格特在奥格斯堡地方法院那样取得成功。

市法院因"证据不足"而驳回了这一诉讼,因为《国民报》本身并没有发表侮辱性言论,而只是"单纯引用其他人的话"。然而,最高法院批驳了这种无聊的蠢话,但只是为了用更高级的蠢话来盖过它。如果把马克思说成是勒索者和伪币制造者匪帮的"有控制力的和深谋远虑的"头目,这对马克思来说根本不是一种侮辱。最高法院也没有在这种荒谬的解释中发现"法律错误",因此,马克思的控诉就被各级法院驳回了。

现在他只能从文字上来反驳福格特了,而这部著作几乎耗费了他整整一年时间。为了驳斥福格特的所有诽谤和各种无聊的捏造,他必须与世界

 马克思传

三大洲进行广泛的通信。直到1860年11月17日,马克思才完成了这部著作,他干脆将其命名为《福格特先生》。这是他的独立著作中唯一一部至今尚未再版的著作,并且可能只有少数印本保存下来。这是因为,这部著作——本身篇幅就很庞大:排得很密的12印张,马克思本人认为,按照普通的排法,这部书的篇幅还要扩大一倍——现在仍然需要在此基础上给出大量的注释,以便理解所有的暗示和涉及的所有关系。

但这样做完全是不值得的。马克思在攻击者的逼迫下不得不予以回应的许多流亡者故事现在理所当然地被遗忘了。在人们不得不读到马克思为了那些甚至连他鞋跟的边都沾染不了的诽谤攻击而自我辩解时,难免会有一种不舒服的感觉。不过,这部著作对文学爱好者来说又自然是一种极大的享受。马克思在著作第1页上就提出了一个他以莎士比亚的机智予以阐释的主题,这个主题就是"卡尔·福格特的老祖宗、不朽的约翰·福斯塔夫爵士……这位爵士现在又借卡尔·福格特的肉身还魂了,而且丝毫未减当年的风韵"①。但是马克思知道如何杜绝任何单调感;博古通今的学识为他提供了一支又一支的利箭,而他以致命的准确性射中了无耻的诽谤者。

"硫磺帮"不过是由一些无忧无虑的大学生组成的小团体,他们在1849—1850年冬天巴登—普法尔茨起义失败后,曾以玩世不恭的幽默感迷倒了日内瓦的漂亮姑娘们,吓坏了日内瓦的庸人们。但是这个团体已经消失10年了。曾是这个团体成员的西吉斯蒙德·波克罕(现在是伦敦西蒂区的一位富商)曾生动地描述过他们天真无邪的生活;马克思在自己著作的第一章就引述了这段生动描绘。他还结交了波克罕这样一位忠诚的朋友。令他十分满意的是,不仅在英国的许多流亡者,而且还有法国和瑞士的许多流亡者,可能与他关系疏远,甚至完全不认识,但都帮助了他,特别是瑞士工人运动久经考验的老战士约翰·菲力浦·贝克尔。

但在这里不可能详细叙述马克思如何揭穿福格特的阴谋和闹剧,以至于这些阴谋和闹剧连最可怜的碎屑都没有留下。无论如何,更重要的是马

---

① 《马克思恩格斯全集》中文第二版第19卷,第77页。

第十章 王朝的变革

克思施加的毁灭性反击，他证明，福格特的宣传无论就其背信弃义而言，还是就其无知而论，都是假波拿巴口号的回声。在第二帝国覆灭后由国防政府公布的杜伊勒里宫①文件中，有一张4万法郎的不义之财的收据，福格特于1859年8月从十二月政变首领的秘密资金中获得了这笔钱；即使接受对福格特来说是最温和的解释，这笔钱也可能是通过匈牙利革命者之手交来的。福格特与克拉普卡特别要好，并且不懂得德国民主派对波拿巴的态度与匈牙利民主派不同。后者可以容许的事物对前者来说却是可耻的背叛。

但是，不管福格特的动机如何，即使他没收到杜伊勒里宫的现款，马克思也以最确凿和无可辩驳的方式证明，福格特的宣传完全是按照波拿巴的口号进行的。这些章节特别透彻地阐明了当时欧洲的状况，是书中最有价值的部分，至今仍很有指导意义。当时对马克思与其说友好，不如说抱有敌意的洛塔尔·布赫尔，在这书出版时把这些章节称为现代历史的简明指南。拉萨尔欢呼这部著作"在任何方面都是杰出的作品"。而他也以他固有的正直和坦率承认，他现在认为马克思断定福格特出钱贿赂是完全有道理的，是十分自然的。拉萨尔承认，马克思进行了"具有大量论据的内在的证明"。恩格斯甚至认为，这部著作比《雾月十八日》②更为出色，文风更为简练，必要的论证也同样效果显著，完全称得上是马克思写出的最好的论战著作。无论如何，这部著作并未成为他最具有历史意义的论战著作；当《雾月十八日》和反驳蒲鲁东的论战著作日益突出的时候，这部著作却日益消失在阴影之中。这一方面是由于它的内容，因为福格特事件毕竟只是一个不值一提的插曲；但另一方面也是由于马克思本人，由于他的伟大本性，也由于他的微小弱点。

尽管他的主要任务恰恰是粉碎庸人的偏见，他的禀赋却使他无法把论战水平降低到可以使庸人信服的程度。马克思夫人在一封信中有些天真然

---

① 杜伊勒里宫是巴黎的一座宫殿，路易十八的皇宫；拿破仑第三的官邸。
② 马克思《路易·波拿巴的雾月十八日》。

而贴切地指出,这部著作只是说服了"所有知名人士"①;换句话说,这部著作所说服的人,正是根本无需说服他们相信下面这一点的人,即马克思并不是福格特想把他塑造成的恶棍。而且他们还有足够的品味和理智来欣赏这部著作的文学价值。马克思夫人写道:"甚至卢格这个老对头也称它为谐谑之作"②。可是对于爱国的庸人来说,这部著作却过于高深了,而且几乎不曾渗入他们的圈子。甚至在"反社会党人法"时期,像班班贝格尔和特赖奇克这样一些挑剔的作家还把福格特所说的"硫磺帮"搬出来反对德国社会民主党。

此外,马克思还遇到了所有实际事务中都会遇到的挫折,不过至少这一次他自己不是没有过错的。恩格斯敦促在德国印刷和出版这部著作,这在当时的出版条件下是可能的。拉萨尔也建议这样做。但他只是认为这样做成本较低,而恩格斯则提出了更有说服力的理由:"出版流亡者的著作,我们已经有过成百次的经验,永远是同样的毫无成果:永远是把金钱和劳动抛到污水坑里去,只落得个不痛快。【……】要是谁也看不到它,那么答复福格特对我们又有什么用呢?"③ 但是,马克思却坚持把著作交给伦敦的一个年轻的德国出版商,条件是由双方分担利润和损失,同时还要预付25英镑的印刷费。其中波克罕出资12英镑,拉萨尔出资8英镑。但是这家新出版社是如此的不稳固,它不仅没有在德国发行这本书,而且很快就倒闭了。马克思不仅没有收回一分钱的预付款,而且,由于出版商的一个合伙人向他提起了诉讼,他还不得不支付了几乎同样多的欠款。因为他忽略了订立一份书面合同,因此就得承担这家出版社的全部开支了。

当与福格特的争论开始时,马克思的一位朋友伊曼特写信给他说:"我不愿意因为就这件事写信给你而遭受谴责。如果你认为你有可能插手这样的一场麻烦,我将感到非常吃惊。"俄国的和匈牙利的流亡者也对马克思提出了类似的告诫。现在看来,人们很希望他能听从这些劝告。

---

① 参看《回忆马克思》,人民出版社 2005 年版,第 182 页。
② 参看《回忆马克思》,人民出版社 2005 年版,第 182 页。
③ 《马克思恩格斯全集》中文第一版第 30 卷,第 91—92 页。

这场十分讨厌的争吵为他赢得了一些新朋友,特别是使他重新与伦敦工人教育协会建立了友好关系,因为该协会第一时间就全力为他辩护。然而,这件事对于他毕生的伟大事业来说,与其说是一种促进,不如说是一种阻碍。正是它使马克思在精力和时间方面付出了巨大牺牲。这些牺牲不但没有给他带来任何实际收益,反而给他自己的家庭也制造了严重的麻烦。

(六)家事和私事

全心全意地牵挂自己丈夫的马克思夫人,由于福格特的"卑鄙攻击所造成的极大烦恼",比马克思本人更为痛苦。这些攻击使她度过了许多个不眠之夜。无论她多么英勇地坚持下去,誊抄了付印的大量手稿,然而,工作刚一结束她就病倒了。请来的医生宣布她患了天花,孩子们必须马上离开家。

可怕的日子到来了。李卜克内西夫妇收留了孩子们,马克思本人则与琳蘅·德穆特一起担负了照顾妻子的任务。她遭受了难以言喻的剧痛、失眠,对寸步不离病床的丈夫的万分担忧,虽然失去了一切外部感觉,但神智一直是清楚的。一个星期之后,多亏马克思夫人过去种过两次牛痘,病情才有了转机。最后,医生仍然认为这场可怕的疾病是种幸事。马克思夫人持续好几个月的那种神经兴奋状态使她在店铺里、公共马车上或其他什么地方染上了病毒;但如果不得这场病,她的这种精神状态会导致更危险的神经热或类似病症。

在她刚刚康复的时候,马克思自己就由于过度的惊恐、忧虑和各种折磨而病倒了。他的慢性肝病初次转成了急性病。医生也认为他得病的原因是不间断的精神刺激。马克思为《福格特先生》付出了辛勤劳动,却一分钱也没有拿到。而与此同时,《纽约每日论坛报》又把稿费减去了一半,结果债主们又冲进了家中。在恢复健康后,正像马克思夫人在给魏德迈夫

马克思传

人的信中所说的那样,马克思决定"到盛产烟草和奶酪的荷兰故乡去袭击一番"①;他希望能从姨夫那里多少借到一点钱。

这封信写于1861年3月11日,充满了明朗的幽默,有力地证明了燕妮·马克思本性中"自然的热情",其程度不亚于她的丈夫。魏德迈夫妇在美国流亡时必然也遭受了不少困苦,他们在多年沉默后又写来了信。马克思夫人立刻向这位"刚毅而忠实的、忧患与共的同志"②倾吐了她的全部心声。她告诉魏德迈夫人,在所有痛苦和不幸中支撑他们的,"我们生活中最美好最愉快的一面"③就是在孩子们身上感到的快乐。17岁的燕妮更像父亲,她"黑油油的浓发,明亮的温柔的黑眼睛,皮肤黑得像个克里奥洛,而又具有英国女性特有的丰采"④。15岁的劳拉更像翻版的母亲,"棕色的蓬松的卷发非常美丽,闪耀着欢乐光芒的可爱的淡绿色的眼睛又很迷人,【……】"⑤。"姊妹俩都长得美如鲜花,但是并不轻浮,我往往暗自惊奇,因为当年穿着轻盈纱裙的她们的母亲,也不如她们这样漂亮。"⑥

虽然两个女儿给父母带来了很多欢乐,但小女儿爱琳娜(爱称杜西)仍然是"全家的小宝贝和宠儿"。"小孩子正是在我们可怜的亲爱的埃德加死去的时候生下来的。对小弟弟的爱,对他的温存现在都转移给小妹妹了,大女孩们差不多是用母亲般的关怀来照顾她。天下简直没有比她更可爱、更像画一般美丽、更天真烂漫的小孩了。这个女孩子说话特别动听,也特别会讲故事。这些故事都是她从日夜不离的格林兄弟童话集里学来的。我们全家朗读童话读得头昏脑胀,但是只要在读《妖怪》或《青鬈王》或《白雪公主》时读漏一个音节,我们就惹祸了。由于喜欢这些童话故事,小女孩除了听惯了的英语外,还学会了德语,而且说得非常清楚准

---

① 《回忆马克思》,人民出版社2005年版,第184—185页。
② 《回忆马克思》,人民出版社2005年版,第179页。
③ 《回忆马克思》,人民出版社2005年版,第180页。
④ 《回忆马克思》,人民出版社2005年版,第180页。
⑤ 《回忆马克思》,人民出版社2005年版,第181页。
⑥ 《回忆马克思》,人民出版社2005年版,第181页。

第十章 王朝的变革

确。小女孩简直是卡尔的宠儿,她的笑声和唠叨,为卡尔驱散了许多忧愁。"① 接着,马克思夫人又写到了家中忠实的守护神琳蘅:"问问你的丈夫,他就会告诉你,她对我说来是多么珍贵啊。她和我们同甘共苦已经16个年头了。"② 这封感人的信在结尾处提到了几位朋友,只要这些人对她的卡尔不够忠诚,她就会作为一位真正的女性比马克思更加严厉地谴责他们。她写道:"我感到还是一刀两断为好。"于是,燕妮女士就和弗莱里格拉特家的女眷们完全断绝了来往。

同时,对荷兰的姨夫菲力浦斯的"袭击"也相当成功。马克思从荷兰去了柏林,继续执行拉萨尔多次提起的一个计划,即创办独立的党的机关报。在1859年的危机中,这一需要变得特别强烈,而1861年1月威廉国王登基时颁布的大赦令则使创办机关报成为可能。大赦的条件足够苛刻,充满了圈套和阴谋,但它至少允许《新莱茵报》的前编辑们能够回到家乡德国。

拉萨尔在柏林"十分友好地"接待了马克思,但是这个"地方"在他"个人看来仍是讨厌的"。这里没有任何高明的政策,只有与警察的争吵和军人与文官之间的倾轧。"柏林盛行一种傲慢无礼而轻浮的风气。议院受到蔑视。"③ 甚至与1848年的协商派④(他们当然也并非巨人)相比,拥有西姆桑和芬克的普鲁士众议院在马克思看来也不过是"官厅和学校的奇妙的混合物"⑤。在这个矮小的马厩里,唯一至少看起来像样的人物是一边的瓦尔德克,另一边的瓦盖纳和唐·吉诃德式的冯·布兰肯堡。然而,马克思依然认为,他感受到了一种普遍的启蒙气氛,以及大部分公众对资产阶级报刊的强烈不满。各阶层的人都认为灾难是不可避免的。马克思认

---

① 《回忆马克思》,人民出版社2005年版,第181—182页。
② 《回忆马克思》,人民出版社2005年版,第182页。
③ 《马克思恩格斯全集》中文第一版第30卷,第20页。
④ 协商派是1848年革命时期普鲁士制宪议会的议员,他们按照1848年5月22日的制宪议会会议上国王在开幕词中提出的"同国王协商"制定宪法的要求行事,从而放弃了主权属于人民的原则。
⑤ 《马克思恩格斯全集》中文第一版第30卷,第168页。

马克思传

为，在秋天即将举行的选举中，先前的那些协商派，也就是被国王担心是红色共和主义者的人将毫无悬念地当选，而围绕新的军事法案的讨论可能会发生斗争。因此，马克思认为拉萨尔创立报纸的计划是值得考虑的。

但对于拉萨尔实现这一计划的办法，马克思却有不同看法。拉萨尔想和马克思一起担任主编，并同意恩格斯担任第三位主编，条件是马克思和恩格斯不能拥有比他更多的决定权，否则他每次都会被否决。拉萨尔可能只是在一次随便的谈话中抛出了这个冒险的计划，这将使计划中的报纸从一开始就成为一个死胎。但是因为马克思根本不打算让拉萨尔起任何决定性影响，这个计划就愈加没有意义了。拉萨尔通过自己的《赫拉克利特》而在某些学者中赢得的声誉，以及通过美酒佳肴而在另一个寄生者的阶级中赢得的尊敬，使他被蒙蔽了，以至于——马克思是这样评价的——没有意识到他在广大群众中间是不光彩的。

"此外，还有他那一贯自以为是的脾气；他在'思辨概念'的世界中的留连（这家伙甚至梦想创造一种双料的新黑格尔哲学，并准备把它写成书）；法国的旧自由主义对他的感染；他那夸夸其谈的习气，以及纠缠不清和不知分寸，等等。

拉萨尔可以在有严格纪律的条件下当一名编辑。不然他只会给我们丢脸。"① 马克思就是这样向恩格斯报告他与拉萨尔的谈判的，并补充说，为了不得罪东道主，他把最后的决定推迟到与恩格斯和威廉·沃尔弗商量之后。恩格斯也与马克思有类似的疑虑，因此示意马克思拒绝。

总之，整个计划就像拉萨尔曾经预感到的那样，是一座空中楼阁。普鲁士大赦所设置的圈套之一就是，在比较过得去的条件下允许革命年代的流亡者回国而不予追究，但是决不恢复他们的公民权，根据普鲁士法律，他们因在国外逗留超过10年而失去了公民权。今天回国的流亡者，明天就能由于某个警察头子的邪恶念头而被逐出国境。对马克思来说，还有一个事实是：在革命前几年，尽管受到了普鲁士警察的压力，他就已经明确声明放弃普鲁士的国籍了。作为马克思的全权代表，拉萨尔想尽一切办法为

---

① 《马克思恩格斯全集》中文第一版第30卷，第164页。

第十章 王朝的变革

他争取普鲁士公民权。为此，他去恳求了柏林警察总监冯·采德利茨和"新纪元"的支柱之一，内务大臣什未林伯爵，但都是徒劳无功！采德利茨表示，马克思入籍的唯一障碍，就是他的"共和主义的或至少是非王室主义的信念"。而当拉萨尔劝什未林，不要继续"为政治信念而进行审查和迫害"（什未林曾十分尖锐地斥责前任曼托伊费尔和威斯特华伦的这种做法）的时候，什未林回答说："目前至少没有任何特殊的理由可以支持批准马克思入籍"。显然，像普鲁士这样的国家无法容忍马克思这样的人。从这方面来说，这些昏庸的大臣们是正确的，无论什未林伯爵还是他的前任屈尔韦特和曼托伊费尔都是如此。

马克思离开柏林之后又去了莱茵省，拜访了科隆的老朋友和在特里尔的年迈母亲，她母亲已行将就木。5月初，马克思返回了伦敦。他希望能结束家庭的奔命生活，完成自己的著作。在柏林，他在几经失败之后，与维也纳的《新闻报》建立了联系。该报答应为他的每一篇社论付1英镑的稿费，为他的每一篇通讯付半英镑的稿费。与《纽约每日论坛报》的联系似乎也恢复了。该报多次刊登他的文章，并明确指出文章的妙处。马克思说："这些美国佬的做法真怪，竟把证明书发给自己的撰稿人。"① 维也纳的《新闻报》"也对他的文章夸奖不已"。但旧债却从来没有全部还清，而且由于生病和旅行德国的时期没有任何收入，因此"过去的糟糕情况又出现了"。马克思给恩格斯问候新年时又诅咒了新年，说如果新的一年仍像旧年一样，那么就让它见鬼去吧。

1862年不仅同前一年一样，而且在糟糕程度上超过了前一年。维也纳《新闻报》尽管给马克思的文章做了许多宣传，但事实证明，它也许比美国报纸更加吝啬。马克思在3月就给恩格斯写信说："他们不登载最好的文章（尽管我一直在设法写得使他们能够登载），我倒不在乎。但是他们在四五篇文章中只登载一篇，而且只给一篇的稿酬，从财政方面来说是不行的。这使我甚至连文丐也不如。"② 在这一年中，马克思与《纽约每日论

---

① 《马克思恩格斯全集》中文第一版第30卷，第201页。
② 《马克思恩格斯全集》中文第一版第30卷，第226页。

 马克思传

坛报》断绝了一切联系。现在已无法确定这次决裂的所有细节，但总的原因可以追溯到美国内战。

尽管这场战争给马克思带来了极大的不幸，但他却以最热烈的同情心来迎接它。几年后，他在自己的主要科学著作的序言中写道："决不要在这上面欺骗自己。正像18世纪美国独立战争给欧洲中等阶级敲起了警钟一样，19世纪美国南北战争又给欧洲工人阶级敲起了警钟。"① 在与恩格斯的通信中，他以深厚的兴趣关注着战争的进程。在军事细节方面，由于他认为自己在战争科学方面只是个门外汉，所以他很乐意接受恩格斯的指导，而恩格斯在这一问题上的观点则至今仍具有历史上的和政治上的极高意义。例如，恩格斯曾用一句深刻的话阐明了军事问题与民军问题："只有以共产主义方式建立和培育起来的社会，才能十分接近民军制度，但即使这样也还不能完全达到。"② 诗人所说的"在限制中才显示出能手"③ 这句话在这里得到了证实，虽然是在另一种意义上。

恩格斯在进行军事判断时的天才限制了他对事件的全面观察。北方各州作战不顺利有时就使他相信他们将会被打败。他在1862年5月写道："北方佬尽管取得了种种成功，但是使我感到不安的倒不是军事形势本身。这仅仅是整个北部所表现的委靡不振和麻木的结果。这里人民的革命毅力又在哪里？他们任人痛打，而且还以所受到的鞭挞感到十分自豪。在整个北部何尝有丝毫的征象，证明他们在认真对待这一切？在德国，即使是在最坏的时候，我也没有见过这样的情况。恰恰相反，看来北方佬感到最高兴的是他们将使他们的国家债权人受骗上当。"④ 因此，恩格斯在7月认为，北方已经输了这场战争，而在9月则认为，南部的这些家伙至少知道他们想要的是什么⑤，所以比起北部萎靡不振的人们来说倒像是英雄一样。

---

① 《马克思恩格斯全集》中文第二版第44卷，第9页。
② 《马克思恩格斯文集》第10卷，第278页。
③ 参看歌德的十四行诗《自然和艺术》。
④ 《马克思恩格斯全集》中文第一版第30卷，第238页。
⑤ 《马克思恩格斯全集》中文第一版第30卷，第285页。

第十章 王朝的变革

相反,马克思却始终坚信北方会取得胜利。他在9月的一封回信中指出:"谈到北方佬,我仍旧确信,北部终将取得胜利【……】

北部进行战争的方法,正是一个长期以来欺骗成风的资产阶级共和国所能采取的方法。南部是一种寡头统治,更适应于进行战争,特别是因为它的寡头统治是一种生产劳动全部由黑人担负,而四百万'白种废物'专以打劫为业的寡头统治。尽管如此,我还是愿意用脑袋打赌,不管他们拥有怎样的'石壁将军杰克逊',他们还是会很快被打败的。"① 马克思的看法是正确的:战争归根到底也是由交战方所处的经济条件决定的。

这种惊人的清醒之所以特别令人钦佩,是因为同一封信展示了当时马克思生活在何等窘迫的贫困中。正如他在给恩格斯的信中所说,他采取了一个在这之前和之后都无法下决心采取的步骤:他试图找一份文职工作,并且有希望在一家英国铁路营业所工作。但事情失败了——他不知道这件事是幸运还是不幸——因为他的字迹模糊不清。但贫困却日甚一日。马克思一直在生病;除了他的旧肝病复发之外,困扰他多年的令人痛苦的痈和疖子也开始折磨他;而他的妻子在完全没有希望好转的情况下,又有再度病倒的可能。孩子们上学没有鞋子和衣服可穿,而当她们的女同学在世界博览会之年尽情享受的时候,她们却因贫穷而害怕任何人前来拜访。已经长大成人的大女儿看透了整个情况,并且开始感到十分痛苦。她试图背着父母去学演戏。

因此,马克思非常想实现一个他考虑已久的想法,但为了女儿们的教育问题又不断将其延后。他想把自己的家具留给已经派人去他家扣押物品的房东,向所有其他债主宣布自己破产,通过一位英国朋友给两个大女儿介绍家庭教师的工作,让琳蘅·德穆特去别家服务,而他自己则与妻子和小女儿一起搬到专为穷人阶层建造的出租房去住。

恩格斯避免了这个极端状况的发生。1860年春,他的父亲去世,这样他就在"欧门—恩格斯"公司里担任了更有利的职务,当然也承担了更重的代表责任,并且有希望以后成为合伙人。但是美国的危机给他带来了沉

---

① 《马克思恩格斯全集》中文第一版第30卷,第286—287页。

马克思传

重的压力,大幅削减了他的收入。1863年的最初几天,他遭到了不幸,玛丽·白恩士,那位因自由恋爱而与他相依为命了10年的爱尔兰人民的孩子去世了。受到巨大打击的恩格斯写信给马克思:"我无法向你说出我现在的心情。这个可怜的姑娘是以她的整个心灵爱着我的。"① 然而,马克思的回信却不像恩格斯所期待的那样有同情心。这一点最清楚不过地表明了马克思在生活上受到了怎样的折磨。他对恩格斯爱人的死只说了几句颇为冷漠的话,然后就详细描述了他所处的绝望境地:如果他得不到更多的钱,那么他的家业就连两个星期也维持不住了。诚然,他自己也承认在这样的时候向朋友谈论这些事情真是"太自私了"。"归根到底,我该怎么办呢?在整个伦敦我就没有一个人可以倾诉衷肠,而在我自己的家里,我又得扮演一个沉默的斯多葛派的角色,以便同另一方面来的猛烈爆发保持均衡。"② 马克思对恩格斯的不幸的"冷冰冰的态度"令恩格斯感到伤心,而他在推迟几天后才写的回信中也毫不掩饰这一点。虽然他手头没有什么大笔款项,但他仍然提出了一些使马克思摆脱困难的建议。

马克思也没有立刻回信,但只是为了使情绪平静下来,而不是因为坚持自己的错误。相反,他老老实实地承认了错误,但只是否认了对他"冷酷无情"的怀疑:在这封信以及后来的一封信中,他坦率地说出了让自己头脑发昏的原因,并以一种委婉的方式进行了和解。由于马克思夫人对恩格斯爱人的死也没有讲一句同情的话,而这必然会使恩格斯深为伤心。马克思写道:"女人是一种奇妙的创造物,甚至那些才智卓绝的也是这样。那天早上,我的妻子为玛丽和你的损失哭得这样厉害,以致完全忘记了她自己的痛苦,而这种痛苦正是在那一天达到了顶点;到了晚上她又深信,除了我们以外,世上没有一个人会感到这样痛苦,如果他家里既没有评价员又没有孩子的话。"③ 然而,恩格斯已经因为一句后悔的话而和解了。恩格斯写道:"同一个女人在一起生活了这样久,她的死不能不使我深为悲

---

① 《马克思恩格斯全集》中文第一版第30卷,第308页。
② 《马克思恩格斯全集》中文第一版第30卷,第309页。
③ 《马克思恩格斯全集》中文第一版第30卷,第317页。

第十章 王朝的变革

恸。我感到,我仅余的一点青春已经同她一起埋葬掉了。我接到你的信时,她还没有下葬。应该告诉你,这封信在整整一个星期里始终在我的脑际盘旋,没法把它忘掉。不过不要紧,你最近的这封信已经把前一封信所留下的印象消除了,而且我感到高兴的是,我没有在失去玛丽的同时再失去自己最老的和最好的朋友。"① 这是两人之间第一次,也是最后一次关系紧张。

恩格斯通过一种"特别大胆的办法"弄到了100英镑,马克思就靠着这笔钱维持生计,至少可以不搬进出租房去了。他就这样挣扎着熬过了1863年,而他的母亲就是在这一年年底去世的。马克思从母亲那里得到的遗产可能并不多。只有威廉·沃尔弗把他作为遗嘱的主要继承人而留给他的800—900英镑才使他稍稍松了一口气。

沃尔弗于1864年5月去世,马克思和恩格斯对此深感哀痛。他还不到55岁;他在动荡生活的颠沛流离中从不爱惜自己,而且正如恩格斯所抱怨的那样,对自己教师天职的执拗的忠诚加速了他的离世。由于在曼彻斯特的德国人中享有巨大声望,沃尔弗在度过了流亡初期的艰难岁月后,已经进入了相当舒适的生活状态。而且在去世前不久,他似乎继承了父亲的遗产。马克思后来把自己不朽名著的第一卷献给了这位"难以忘怀的朋友/勇敢的忠实的高尚的无产阶级先锋战士"②。沃尔弗作为朋友的最后一次关怀大大减轻了马克思的忧虑,使他得以不受干扰地撰写这部著作。

当然,从长远来看,这种忧虑并没有消除,但是却再也不像前些年那样令人心痛地纠缠马克思了。因为恩格斯于1864年9月与欧门家族签订了一份为期5年的合同,使他成为公司的合伙人,这样他就可以用依旧不知疲倦、但现在更加充实的双手,在马克思需要时提供帮助了。

---

① 《马克思恩格斯全集》中文第一版第30卷,第314页。
② 《马克思恩格斯全集》中文第二版第44卷,扉页后插页。

马克思传

（七）拉萨尔的鼓动

在最艰难的日子里，也就是 1862 年 7 月，拉萨尔到伦敦回访了马克思。

马克思在给恩格斯的信中说："为了在这个家伙面前保持一点体面，不得不把所有东西一丝不留地送进当铺！"①。拉萨尔对这些悲惨的情况一无所知；他对马克思和他的妻子布置的那种表面排场信以为真。体贴的女管家琳蘅·德穆特永远不会忘记这位访客的好胃口。这就产生了一种"极为尴尬的局面"，马克思却并未受到多少负面影响。只是，特别是随着一向不过分谦虚的拉萨尔的出现，马克思并未完全避免席勒谈到歌德时的那种情绪——这个人多么轻易地取得了一切，而我又要多么费力地为取得这一切而奋斗！

直到住了几个星期之后要离开时，拉萨尔似乎才弄清了情况。他表示愿意提供帮助，并且将在新年之前寄来 15 英镑。此外，他还答应马克思可以以他的名义开一张任意数额的期票，只要恩格斯或其他人能够担保。在波克罕的帮助下，马克思试图以这种方式获得 400 塔勒，但拉萨尔又提出了他接受这样做的条件，"为了防止一切不能预见的情况，不论当事人活着或者死亡"，恩格斯要以书面形式保证在期票到期前 8 天把应兑付的款项交给他。当然，马克思对于拉萨尔不信任他个人的担保感到不愉快，但是恩格斯却劝他不要为"这种蠢事"生气，并立刻提供了所需的保证。

这一金钱事务的进展并不十分清楚。10 月 29 日，马克思写信给恩格斯说，拉萨尔对他"非常生气"，并要求把担保金送到他的个人地址，因为他没有银行账户。11 月 4 日，弗莱里格拉特表示愿意付给拉萨尔那 400 塔勒。第二天恩格斯回信说，"明天"他要给弗莱里格拉特寄 60 英镑。但与此同时，两人又都谈到了期票的"延期"问题，这其中肯定发生了一些

---

① 《马克思恩格斯全集》中文第一版第 30 卷，第 260 页。

第十章 王朝的变革

不愉快的事情。至少拉萨尔于 1864 年 4 月 24 日对第三人表示，他已经有两年没给马克思写过信了，他由于"钱财的事"与马克思关系紧张。事实上，拉萨尔最后一次给马克思写信是在 1862 年底，拉萨尔给他寄了自己的小册子《现在怎么办？》①。这封信没有保存下来，但是马克思在 1863 年给恩格斯的信中提到了这封信的内容，说这封信曾要求归还一本书。6 月 12 日，马克思在对拉萨尔的鼓动进行了尖锐的批评后，也给恩格斯写了一封信："从今年年初以来我无论如何也不能下定决心给这家伙写信。"② 可见，马克思断绝书信往来是因为政治上的分歧。

因此，二人的主张实质上可能并不存在真正的矛盾。两种主张也许是相得益彰的。他们最后一次会面时的那种极不愉快的情况，很可能大大加剧了他们之间的政治分歧。无论如何，自从马克思访问柏林以来，这些意见分歧至少没有减少。

1861 年秋天，拉萨尔到瑞士和意大利旅行，在苏黎世认识了吕斯托夫，在卡普雷拉岛认识了加里波第；在伦敦他还访问了马志尼。他似乎对意大利行动党的一个有些异想天开的、从未实施过的计划很感兴趣。根据这一计划，加里波第将率领自己的义勇军在达尔玛齐亚登陆，并从那里发动匈牙利起义。拉萨尔本人没有留下关于此事的任何书面材料，可能这一切在最坏的情况下，都只是一时的幻想。因为拉萨尔心中有相当多的其他事情，在他来到伦敦之前，他已经通过两次报告开始将这些计划付诸实行。

对他来说，比一切意大利事件远为重要的是使马克思成为计划的支持者。但是，马克思却比一年前更加不易接近了。他愿意高薪出任拉萨尔仍打算办的报纸的驻英通讯员，但是不负任何责任，也不结成政治伙伴关系，因为除了一些遥远的终极目标外，马克思在任何一点上都与他不一致。马克思对拉萨尔向他提出的、在工人中进行鼓动的计划也同样持否定态度。他认为，拉萨尔过于受当下的状况所支配；他想把反对舒尔采－德

---

① 指拉萨尔的《现在怎么办？再论宪法的实质的讲话》。
② 《马克思恩格斯全集》中文第一版第 30 卷，第 353 页。

319

 马克思传

里奇这类小人物的斗争变为自己鼓动的中心点,即提出国家援助来反对"自助"①。在马克思看来,拉萨尔用这种做法恢复了天主教社会主义者毕舍在40年代与法国真正的工人运动斗争时的口号。拉萨尔重提宪章派主张普选权的口号时,忽视了德国和英国国情的不同,也忽视了第二帝国在这种选举权方面的教训。由于否认与德国早期的运动有任何自然联系,拉萨尔犯了宗派主义者的错误,即蒲鲁东的错误:不在阶级运动的实际因素中寻求现实的基础,而是想按照某种教条主义的药方给这个运动规定发展道路。

但是,拉萨尔并没有因此而退缩,他从1863年春天起继续把自己的鼓动作为纯粹的工人的鼓动进行下去。他甚至没有放弃希望,说服马克思认识到这一事业的美好,因为即使在他们中断通信之后,他仍然定期把自己的鼓动著作寄给马克思。当然,马克思对这些著作的态度却是拉萨尔料想不及的。在给恩格斯的信中,马克思尖锐地批评了这些著作,有时甚至超过著作本身。在这里没有必要详述那些不愉快的细节,因为读者可以在马克思和恩格斯的通信中读到它们。只说一点就够了。对这些为成千上万德国工人带来新生活的著作,马克思读过时就将其斥为预备班学生的剽窃,没读过时就称之为小学生的作业,不值得为了阅读它消磨时间。

只有浅薄的伪善者才会对此愚蠢地推托说,作为拉萨尔的老师,马克思有权利这样谈论他。马克思不是超人,他也只想成为这样一个人:人所固有的他无不具有。不加思考地人云亦云,这正是他最无法容忍的事情!在他看来,纠正他对别人的不公正和纠正他所受到的不公正,都是对他的一种尊敬。而且,如果人们以不偏不倚的、有根有据的批评来探究他与拉萨尔的关系,他自己的收获也比那些把他的每一句话都奉为经典的模仿者

---

① 舒尔采-德里奇的贮钱罐鼓动指他鼓吹用工人自己的钱创办储蓄贷款银行、消费合作社和生产合作社的活动。这种宣传的核心思想是资本家和工人的利益协调一致,工人通过节约来自助,也就是说工人应该节省以获得必要的资本,从而使他自己也能够成为企业主。他断言通过成立合作社可以在资本主义范围内改善工人阶级的状况,并且可以使小手工业生产者免于破产。

第十章 王朝的变革

要大。用莱辛的比喻说法,这些模仿者只会在他所开拓的道路上捧着他的拖鞋亦步亦趋。

马克思既是拉萨尔的老师,又不是拉萨尔的老师。某种意义上说,他对拉萨尔的评价可以说是黑格尔在临终前对其学生的评价——只有一个人理解我,可惜就连这个人也理解得不正确①。拉萨尔是马克思和恩格斯最有天才的追随者,但他却从未十分清晰地全面掌握他们的新世界观——历史唯物主义。事实上,他从未摆脱黑格尔哲学的"思辨概念",而且尽管他理解无产阶级阶级斗争的世界历史意义,但他总是用资产阶级时代所特有的唯心主义思维形式,用哲学和法学的思维形式来理解这一斗争。

因此,作为一个经济学家,拉萨尔远远没有达到马克思的水平,他对马克思的经济观点掌握得不够充分,甚至完全误解了马克思的经济观点。马克思本人在这一点上对他的评价有时过分温和,但更多时候又过分严厉。如果说在拉萨尔阐述马克思价值理论的著作中,马克思只发现了"很大的误解",那么我们倒可以说,拉萨尔根本就不理解这一理论。拉萨尔只从中吸收了符合他的法哲学世界观的内容:证明形成价值的一般社会劳动时间使社会的共同生产成为必要,以确保工人得到自己劳动的全部收入。然而,对马克思来说,他所阐明的价值理论是资本主义生产方式带来的一切谜题的解决方案;它是一条线索,可以根据这条线索探究价值与剩余价值的形成过程,这是一个必然会使资本主义社会转变为社会主义社会的世界历史过程。拉萨尔没有看到创造使用价值的劳动和创造交换价值的劳动之间的差别,即包含在商品中的劳动的二重性,而这种二重性对马克思来说是理解政治经济学的出发点。在这决定性的一点上,拉萨尔和马克思之间存在着最深刻的分歧,也就是法哲学观点与经济唯物主义观点之间的分歧。

在其他经济问题上,马克思对拉萨尔的弱点也进行了过分严厉的批评,特别是严厉批评了拉萨尔鼓动所依据的主要经济支柱:由他命名的铁

---

① 库格曼《伟大的马克思的二三事》,载于《回忆马克思》,人民出版社 2005 年版,第 337—360 页。

马克思传

的工资规律①和由国家贷款的生产合作社。马克思认为，铁的工资规律是拉萨尔从英国经济学家马尔萨斯和李嘉图那里抄来的，而生产合作社则是从法国天主教社会主义者毕舍那里抄来的。但实际上，二者都是拉萨尔从《共产党宣言》中得来的。

马尔萨斯的人口论认为，人的繁殖速度总是要超过食物增长的速度，而李嘉图便根据这一理论引申出一条规律，即平均工资要被限制在一个民族习惯上为维持生存和延续后代所必须的最低限度生活资料的水平上。拉萨尔从不用这种所谓的自然规律来论证工资规律。他与马克思和恩格斯一样，也坚决反对马尔萨斯的人口论。只是对资本主义社会来说，"在目前的条件下，在劳动的供求占统治地位的情况下"②，他才强调工资规律的"铁的"性质。在这一点上，他追随了《共产党宣言》的脚步。

直到拉萨尔去世3年后，马克思才证明了工资规律在资本主义社会高度发展时形成的弹性。他指出，资本对增殖价值的需要是这一规律作用的上限，而工人能够忍受而不至于迅速饿死的贫困程度则是其作用的下限。在这两个限度中间，决定工资水平的不是人口的自然变动，而是工人对资

---

① "铁的工资规律"是斐·拉萨尔的一个经济学观点。拉萨尔对他的"铁的工资规律"作了如下的表述："这个在现今的关系之下，在劳动的供求的支配之下，决定着工资的铁的经济规律是这样的：平均工资始终停留在一国人民为维持生存和繁殖后代按照习惯所要求的必要的生活水平上。这是这样一个中心点：实际日工资总是在它周围摆动，既不能长久地高于它，也不能长久地低于它。实际的日工资不能长期地高于这个平均数；因为，否则就会由于工人状况的改善而发生工人人口从而人手供应的增加，结果又会把工资压低到原来的或者低于原来的水平。工资也不可能长期地大大低于这个必要的生活水平。因为，那时就会发生人口外流、独身生活、节制生育，以致最后由于贫困而造成工人人数减少等现象，这样，就会使工人人手的供应短缺，从而使工资重新回到它原来的较高水平。因此，实际的平均工资处于运动之中，始终围绕着它这个中心上下摆动，时而高些，时而低些。"（见拉萨尔《工人读本。1863年5月17日和19日在美因河畔法兰克福所作的演说（根据速记记录）》1863年莱比锡第5版。）拉萨尔最初是在《就莱比锡全德工人代表大会的召开给中央委员会的公开答复》（1863年苏黎世版第15—16页）中论述这个"规律"的。

② 《现代史文件与资料》1934年俄文第2版，第2分册，第92页。

第十章 王朝的变革

本从他们的劳动力中尽可能多地榨取无酬劳动的持续趋势所进行的抵抗。因此，工人阶级的工会组织对无产阶级的解放斗争的意义，与拉萨尔为之判定的意义完全不同。

如果说在这一点上，拉萨尔只是在经济理解力上落后于马克思，那么他的生产合作社则陷入了严重的误区。他并没有从毕舍那里抄来这种东西，也没有把它看成万应灵药，而是把它当作生产社会化的开端。《共产党宣言》曾从这样的观点出发，谈到了把信贷集中在国家手中和建立国家工厂的措施。但《共产党宣言》只是将这两个措施与其他一系列措施并列，而这一切措施被认为"在经济上似乎是不够充分的和无法持续的，但是在运动进程中它们会越出本身，而且作为变革全部生产方式的手段是必不可少的"①。拉萨尔则认为自己的生产合作社是"有机的芥种，这个种子不可遏制地推动所有进一步的发展，并从本身向外扩展"。然而，拉萨尔的这些话表明他受到了"法国社会主义的感染"，因为他认为也可以在商品生产的基础上排除商品生产的规律。

我们在此只能指出拉萨尔的经济学缺陷中主要的几点，这些缺陷很可能使马克思生气。他早已说清楚的东西再一次被搞得含混不清了。一些与此相关的严厉的话语是可以理解的。但是，尽管马克思的愤怒可以理解，他却没有意识到，拉萨尔虽然在理论上有各种错误，但实质上仍在执行着他的政策。参加当时存在的运动中最极端的部分，以便以此推动运动前进，这是马克思本人一直建议的做法，而且他在1848年也是这样做的。拉萨尔受"当下状况"的影响并不比马克思在革命年代所受到的影响更大。如果说作为宗派创始者的拉萨尔否定了与早期运动的任何自然联系，那么这只能从下面这一事实来说才是正确的，即拉萨尔在自己的鼓动中从未提到过共产主义者同盟和《共产党宣言》。然而就是在几百号的《新莱茵报》上，人们也同样找不到提及共产主义者同盟和《共产党宣言》的地方。

在马克思和拉萨尔去世之后，恩格斯只是间接地，然而却是更加有力地为拉萨尔的策略辩解。1886年和1887年，当纲领非常混乱的无产阶级群众运动在美国开始时，恩格斯在给他的老朋友左尔格的信中说："每一

---

① 《马克思恩格斯文集》第2卷，第52页。

 马克思传

个新参加运动的国家所应采取的第一个步骤,始终是把工人组织成独立的政党,不管怎样组织起来,只要它是一个真正的工人政党就行。"① 这个政党所提出的第一个纲领还很混乱并且有很多缺点,这些都是不可避免的,然而也是暂时的缺点。他给美国的党内其他同志的信也表达了类似的意思。他说,马克思主义的理论不是唯一能救世的教条,而是对一个发展过程的阐明。不要硬把别人在目前还不能正确了解、但很快就能学会的一些东西灌输给别人,从而使初期不可避免的混乱现象变本加厉。

同时,恩格斯还引用了他和马克思在革命年代中所树立的榜样。"当我们在1848年春天回到德国的时候,我们参加了民主派,因为这是唯一能引起工人阶级注意的手段;我们是该派的最先进的一翼,但毕竟是它的一翼。"② 正像《新莱茵报》曾对《共产党宣言》保持缄默一样,恩格斯也警告说,不要在美国的运动中把它提出来。《宣言》与马克思和他所写的几乎所有小部分著作一样,对美国来说还是极其难以理解的。那里的工人刚刚投入运动,还完全没有成熟,在理论方面特别落后;"应当直接从实际出发,为此就需要完全新的著作。【……】只要人们多少走上正确的道路,《宣言》就会立即发生作用,现在它只能对少数人产生影响。"③ 当左尔格反驳说,《宣言》初次发表时对还是孩子的他产生了十分深刻的影响。恩格斯回复道:"要知道,四十年前你们毕竟是德国人,具有德国人的理论头脑,所以《宣言》在当时产生了那样的影响,可是它对其他民族却没有发生任何影响,虽然它也译成了法文、英文、佛来米文、丹麦文和其他语文。"④ 1863年,经过多年的沉重压迫后,这种理论修养在德国工人阶级中间已经所剩无几了,他们也需要经过长期教育才能重新理解《宣言》。

但是,拉萨尔的鼓动之所以无可非议,正是因为恩格斯经常完全正确地引用马克思的话,将鼓动称为新开始的工人运动的"主要的事情"。如果说拉萨尔作为经济学家远远不如马克思,那么作为革命家,他却与马克

---

① 《马克思恩格斯文集》第10卷,第558页。
② 《马克思恩格斯文集》第10卷,第562页。
③ 《马克思恩格斯全集》中文第一版第36卷,第610—611页。
④ 《马克思恩格斯全集》中文第一版第36卷,第633页。

第十章 王朝的变革

思平起平坐，除非我们责备他身上革命精力的猛烈冲动压倒了科学研究者坚持不懈的耐心。除了《赫拉克利特》这个唯一的例外，他的所有著作都是为了取得直接的实际效果。

这样看来，拉萨尔把自己的鼓动建立在阶级斗争广泛而坚实的基础之上，并把使工人阶级夺取政权作为自己始终不渝的目标。他也没有像马克思指责的那样，按照某种教条主义的药方给这个运动规定发展道路，而是把这一运动与本身已经在德国工人中间引起运动的"现实要素"——普选权和合作社问题联系起来。拉萨尔把普选权视为无产阶级阶级斗争的杠杆，这种判断比马克思和恩格斯的看法要正确得多，至少在他那个时代是如此。不管他关于由国家贷款的生产合作社引起了怎样的异议，它们都是基于这样一种正确的思想——用几年之后马克思本人的话来说："要解放劳动群众，合作劳动必须在全国范围内发展，因而也必须依靠全国的财力。"① 拉萨尔的追随者有时对他表现出的过分崇拜使他在表面上成了一个"宗派的创始者"，但这种情况至少不能首先直接归咎于他本人。他竭力避免"那些蠢材把整个运动看成是一个人的事情"；他不仅试图争取马克思和恩格斯，而且还想争取布赫尔、洛贝尔图斯和其他一些人参加他的鼓动。由于他未能争取到思想上与他相当的同伴，工人们的感激心情自然会采取不总是很有格调的个人崇拜形式。当然，拉萨尔也不是一个不爱表现的人。马克思总是把自己放在事业后面，这种自我克制的精神是拉萨尔所不具备的。

还有一个具有决定意义的情况需要注意，即自由资产阶级同普鲁士政府之间表面激烈的斗争。从历史上来看，这一斗争正是拉萨尔的鼓动的出发点。自1859年以来，马克思和恩格斯越来越关注德国事务，但是，正如他们1866年前的通信在许多方面所显示的那样，他们并未与德国事物发生实际的接触。尽管有革命年代里的经验，但是他们依然认为资产阶级革命甚至军事革命是可能的。他们高估了德国资产阶级，同样也低估了大普鲁士政策。他们从未摆脱年轻时的印象，因为在当时，他们的莱茵故乡自豪地意识到了自己的现代文化，从而瞧不起旧普鲁士的世袭省份。他们的主

---

① 《马克思恩格斯全集》中文第一版第21卷，第13页。

 马克思传

要注意力越是集中在沙皇建立世界霸权的计划上,他们就越是只把普鲁士邦视为至多是沙皇俄国的一个省份。他们自己倾向于只把俾斯麦视为一个俄国工具——即"杜伊勒里宫中的那个神秘人物"——的工具,关于这个神秘人物,他们在1859年就认为,他只是跟着俄国外交的调子跳舞。他们完全没有想到,大普鲁士政策尽管有所有其他的争议点,却可以引起对巴黎和对彼得堡都同样不愉快的意外事件。但是,如果他们仍然认为德国可能发生资产阶级革命,那么拉萨尔的策略在他们看来就是完全不合时宜的。而如果他们判断得正确的话,那么没有人会比拉萨尔更乐意同意他们的观点了。

不过,拉萨尔是在近处看到的东西,因而也就能做出更正确的判断。他的出发点正是这样一点,甚至就这一点来说也是正确的:即使等上多少世纪,甚至等上地质学上的多少纪,进步资产阶级的庸人运动也不会取得任何成果。但是,如果资产阶级革命没有可能,那么拉萨尔预见到,只要德国的全国统一这时还完全是可能的,那么这种统一就要通过王朝变革来实现了。在他看来,新的工人政党应当在这一变革中起开路先锋的作用。然而,当他在与俾斯麦的谈判中试图把大普鲁士政策引上危险道路时,他虽然没有违反原则,但确实违反政治策略的要求了。而马克思和恩格斯可以为此指责他,并且也确实指责了他。

在1863年和1864年,他们同拉萨尔分裂的原因归根结底与在1859年一样,是"对实际前提的相反的判断"。这就消除了这样一种表面的看法,即决裂的原因正是马克思这一时期对拉萨尔的严厉批评所造成的私人恩怨。虽然拉萨尔的名字在德国社会民主党的历史上将始终与马克思和恩格斯相提并论,马克思却从未完全克服自己对拉萨尔个人的偏见。甚至死亡的缓和力量在这里也没有产生持久的效果。

马克思从弗莱里格拉特那里得知了拉萨尔的死讯,并于1864年9月3日把这个消息用电报通知了恩格斯。恩格斯在第二天回复说:"你可以想象,这消息使我多么震惊。且不论拉萨尔在品性上、在著作上、在学术上究竟是个什么样的人,但是他在政治上无疑是德国最重要的人物之一。对我们来说,目前他是一个很不可靠的朋友,在将来是一个相当肯定的敌人,然而看到德国如何把极端政党的所有比较有才干的人都毁灭掉,毕竟

第十章 王朝的变革

还是会很痛心的。现在工厂主和进步党的狗东西们将会多么欢欣鼓舞，要知道，在德国国内，拉萨尔是他们唯一畏惧的人。"①

过了几天后，马克思才在 9 月 7 日写信说："拉萨尔的不幸遭遇使我在这些日子里一直感到痛苦。他毕竟还是老一辈近卫军中的一个，并且是我们敌人的敌人。【……】无论如何，使我感到痛心的是，近几年来我们的关系变暗淡了——当然，这是他的过错。另一方面，使我感到很欣慰的是，我没有受来自各个方面的挑拨的影响，在他的'得意年代'一次也没有反对过他。

真见鬼，我们这一伙人，变得越来越少了，又没有新人增加进来。"② 马克思给哈茨费尔特伯爵夫人写了一封慰问信："他在年轻得意时死去，像阿基里斯那样。"③ 不久以后，当空谈家布林德试图通过打击拉萨尔来抬高自己身价的时候，马克思毫不留情地痛斥了他："我决不会向这个除了自己的影子之外一无所有的荒唐的马志尼-斯嘉本说明拉萨尔这样一个人的作用以及他的鼓动的真正意图。相反，我深信，卡尔·布林德先生凌辱一只死狮，仅仅是执行大自然和伊索赋予他的使命"④ 几年后，马克思在给施韦泽的一封信中承认了"拉萨尔的不朽功绩"，认为拉萨尔尽管在鼓动时犯了"严重错误"，却把德国工人运动从 15 年的沉睡中重新唤醒。

但是后来又有一个时期，马克思对死去的拉萨尔的评判甚至比对生前的拉萨尔的评判更加严厉和不公平。因此，一个令人尴尬的残留物仍然存在，它只能在这样一种崇高思想中才能消除：即使是最伟大的人物也无法彻底阐明如此浩大的现代工人运动。

---

① 《马克思恩格斯全集》中文第一版第 30 卷，第 419 页。
② 《马克思恩格斯全集》中文第一版第 30 卷，第 422 页。
③ 《马克思恩格斯全集》中文第一版第 30 卷，第 669 页。
④ 《马克思恩格斯全集》中文第二版第 21 卷，第 31 页。

第十一章 国际的创始

（一）成立

1864年9月28日，拉萨尔去世几周后，国际工人协会在伦敦圣马丁堂的一次大会上成立。

它不是一个人的创造物，不存在"身小头大"的情况，不是无家可归的密谋者的帮伙；它既不是虚无的影像，也不是恐怖的怪物，就像资本主义的急先锋昧着良心的幻想所一再宣称的那样。相反，它是无产阶级解放斗争的一种过渡形式，它的历史性质决定了它的必要性和过渡性。

资本主义生产方式由于自身内部的矛盾，在创造现代国家的同时也在摧毁它。这种生产方式把民族矛盾推向极端，但也按照自己的形象重塑所有民族。在资本主义生产方式的基础上，民族矛盾是无法解决的，资产阶级革命所大肆歌颂和宣扬的那种民族和睦，总是会由于这一矛盾而破产。通过宣扬民族间的自由与和平，大工业将这个世界变成了以往任何一个历史时代都不曾有过的兵营。

但是，随着资本主义生产方式的消失，它的内部矛盾也将消失。当然，无产阶级的解放斗争只能在民族的基础上发展；而由于资本主义生产过程是在民族范围内进行的，所以各国无产阶级首先面对的是本国的资产阶级。但是，无产阶级并未陷入那种使资产阶级所有国际自由与和平的梦想突然迅速破灭的无情竞争。一旦工人认识到——这种认识与工人的阶级

第十一章　国际的创始

意识第一次觉醒同时发生，他们必须消除自己队伍中的竞争，以便能够有效地抵抗资本的优势力量，那么他们距离更深刻的认识就只有一步之遥了，即必须消除各国工人阶级之间的竞争，而且必须同心协力，以便摧毁资产阶级的国际统治。

因此，国际主义倾向很早就在现代工人运动中出现了。被利令智昏的资产阶级理解为不爱国、缺乏教养和理解力的那种东西，恰恰是无产阶级解放斗争的一个必要条件。虽然这场斗争能够并且必须化解民族倾向和国际倾向（资产阶级永远在这两种倾向之间挣扎）之间的对立，但它在这方面也像在其他方面一样，没有一根能把陡峭的坡道变为平顺的坦途的魔法棒。现代工人阶级在历史发展为他们设定的条件下进行斗争，这些条件靠一场猛烈的冲击无法突破，而只能通过理解它们才能克服它们，就像黑格尔所说的那样：理解便是克服。

但是，这样的理解很大程度上由于以下情况而变得困难，即立刻表现出国际倾向的欧洲工人运动的开端，大多与大的民族国家的建立同时发生并互相交错。而这正是资本主义生产方式所造成的。在《共产党宣言》宣告一切文明国家无产阶级的联合行动是无产阶级解放的必要条件几周后，便爆发了1848年革命。这场革命在英国和法国使资产阶级和无产阶级作为敌对的力量互相对垒，但在德国和意大利则只是引起了民族独立斗争。当然，无产阶级当时已经积极地行动起来，并完全正确地认识到，即便争取独立的斗争不是它的最终目标，毕竟也是通往这一目标的道路上的一个阶段。无产阶级为德国和意大利的民族运动提供了最勇敢的战士，而且这些运动在任何地方都没有获得比《共产党宣言》作者主编的《新莱茵报》更好的建议。但是，民族斗争自然要把国际主义思想推到后面，特别是在德国和意大利的资产阶级开始在反动的刺刀下避难之后。在意大利，工人互助团体在马志尼的旗帜下组织起来，它决非社会主义的旗帜，但至少是共

马克思传

和主义的旗帜。① 而在更发达的德国，工人们从魏特林时代起就对自己事业的国际联系并不陌生，但10年的阋墙之争②正是围绕民族问题而进行的。

法国和英国的情况则不同，因为这两个国家在工人运动开始时，国家的统一早已确立。早在三月革命以前的时期，国际思想便已盛行于这两个国家：巴黎被认为是欧洲革命的首都，而伦敦则是世界市场的中心。然而即便在这两个国家，在无产阶级失败以后，国际思想也或多或少受到了挫折。

六月战斗的可怕流血事件使法国工人阶级陷入瘫痪，而波拿巴专制主义的铁腕则阻碍了工人阶级工会组织和政治组织的发展。法国工人阶级又陷入了三月革命前的宗派主义，在这种宗派主义的混乱中更明显地出现了两个派别，其中的革命分子和社会主义分子就在某种程度上分道扬镳了。一个派别跟随布朗基，布朗基没有真正的社会主义纲领，却想通过少数坚决分子的大胆行动来夺取政权。后一个派别要远远强大得多，深受蒲鲁东思想的影响。蒲鲁东凭借发放无息贷款的交换银行和类似的教条实验使无产阶级远离了政治运动。马克思在《雾月十八日》中谈到这个派别时，认为它放弃利用旧世界本身所具有的一切强大手段来推翻旧世界，却企图躲在社会背后，用私人的办法，在自身有限的生存条件的范围内实现自身的解放。

宪章运动失败后，英国工人阶级在某些方面也出现了与此类似的发展。已达耄耋之年的伟大空想主义者欧文虽然健在，但是他的学派却沉沦于宗教自由思想。此外还产生了金斯莱和莫里斯的基督教社会主义。尽管这一派别与它在大陆上的蹩脚复制品不可混为一谈，但只限于做教育和合作社事业的它完全不关心政治斗争。即便是英国先于法国产生的工联所属

---

① "青年意大利"是1831年由朱·马志尼建立的一个秘密组织，主张建立意大利共和国，在实现意大利统一的斗争中起过重要作用。从1831年起秘密出版杂志《青年意大利》。1834年，马志尼倡议成立"青年欧洲"，"青年意大利"成为它的一个分支，于1848年解散。

② 指爱森纳赫派和拉萨尔派之间的斗争。

第十一章 国际的创始

的工会，也仍然对政治漠不关心，只限于满足眼前的需要，而 50 年代热火朝天的工业活动和英国在世界市场上的统治地位为满足这些需要提供了便利。

然而，尽管如此，在英国国土上的国际工人运动是极其缓慢地沉寂下去的。直到 50 年代末还可以看到它最后的痕迹。"民主派兄弟协会"继续存在到克里木战争时期，即使这个组织完全沉寂后，又产生了国际委员会以及后来主要由厄内斯特·琼斯推动创建的国际协会。这些组织当然没有多大的重要性，但是它们毕竟表明国际思想并未完全熄灭，而继续迸发着微弱的火花，很容易被阵阵烈风吹成燎原之火。

1857 年的商业危机，1859 年的战争，特别是 1860 年后美国南北各州之间爆发的内战，连在一起形成了这样的阵风。如果说 1857 年商业危机使波拿巴主义在法国的荣耀第一次受到持久的打击，而用对外政策的愉快冒险来抵御这次打击的尝试也完全没有成功。12 月的英雄①引发的结果早就不由他控制了。意大利的统一运动超出了他预想的范围，而法国资产阶级不满意马真塔会战和索尔费里诺会战②取得的有名无实的胜利。为了压制资产阶级日益嚣张的气焰，他显然想给予工人阶级更大的活动空间。实际上，第二帝国能否继续存在，恰恰取决于能否成功地完成使资产阶级和无产阶级相互制约的任务。

当然，波拿巴考虑的不是政治方面的让步，而是工会方面的让步。在法国工人群体中影响较大的蒲鲁东是第二帝国的反对者（尽管他的一些自相矛盾的想法可能给人以相反的感觉），但也是罢工的反对者。然而正是这一点似乎对法国工人的打击最大。尽管有蒲鲁东的告诫和严格的结社禁

---

① 指在 1851 年 12 月 2 日发动政变的路易·波拿巴。
② 马真塔会战和索尔费里诺会战是 1859 年奥意法战争期间进行的两次会战。1859 年 6 月 4 日，法军在通往米兰的要冲击败了奥军，攻占了马真塔，然后进入米兰。1859 年 6 月 24 日法国和皮埃蒙特联军在索尔费里诺会战中击败了奥军。恩格斯在 1859 年写的《军事事件》《奥军的失败》《马真塔会战》《索尔费里诺会战》《历史的公断》和《索尔费里诺会战》等文章中分别分析了这两次会战的进程。

马克思传

令,从 1853 到 1866 年,有不少于 3909 名工人因参加 749 个团体而被判刑。模仿凯撒的波拿巴一开始赦免了这些被判刑的人,然后又支持把法国工人派去参观 1862 年伦敦世界博览会。而且不可否认的是,他在同一时期,以比德意志民族联盟更彻底的方式实现了同样有意义的想法。代表是由同业工人选出的。在巴黎为 150 个行业的工人设立了 50 个选举站,总共向伦敦派出了 200 名代表。除了一部分自愿捐款外,费用由国库和市库各自承担 2 万法郎。代表们回国之后获准发表详细的报告,其中大部分报告远远超出了业务领域。在当时的情况下,这是一个重大的国家行动,引起了那位预感不祥的巴黎警察局长的惊叹。他认为,皇帝在开这种玩笑之前,最好立即废除结社的禁令。

实际上,工人并没有向他们自私的保护人表达他所声称的感激之情,而只是表示了他所应得的感激。在巴黎 1863 年的选举中,政府候选人只得到 82000 张选票,而反对派的候选人则得到 153000 张选票。然而在 1857 年的选举中,政府候选人还曾得到 111000 张选票,而反对派候选人却只有 96000 张选票。人们一般认为,这种变化只有一小部分是由于资产阶级的转向,而主要是由于工人阶级态度的改变,因为正是在假波拿巴开始向他们献媚讨好的时候,工人阶级有意宣布自己的独立,即使起初还只是在资产阶级激进主义的旗帜下进行。这种设想为这样一个事实所证明:1864 年在巴黎举行的一些补选中,有 60 名工人提名雕刻工托伦为候选人,并发表了预言社会主义复兴的宣言。宣言中说,社会主义者自然已从过去的经验中吸取了教训。1848 年时,工人们还没有制定明确的纲领;他们信奉这种或那种社会理论与其说经过思考,不如说出于本能。现在他们已经抛弃了空想的浮夸而要求社会改革。在这样的改革中,托伦要求新闻出版和集会自由,废除对结社的禁令,实行免费的义务教育,并且取消宗教预算。

但是,托伦只得到了几百张选票。蒲鲁东可能同意宣言的内容,但是反对参加选举,因为在他看来,投空白票是对帝国的一种更强烈的抗议。布朗基主义者认为宣言过于温和,而资产阶级的自由派和激进派除了个别例外,都蔑视和嘲笑了工人的独立行动,虽然托伦的竞选纲领还没有使这

第十一章 国际的创始

些派别有任何理由感到不安。这一切都和在德国同时发生的现象非常类似。受到这种情况鼓舞,波拿巴斗胆再前进一步:1864年5月颁布的一项法律虽然还没有废除组织工会的禁令(禁令直到4年以后才废除),却废除了刑法中禁止工人联合起来改善劳动条件的条款。

在英国,虽然自1825年起就废除了禁止结社的法令,但工会的存在无论在法律上还是事实上都还毫无保障。广大的工会会员没有政治选举权,而这种权利本可以有助于消除那些阻挠他们改善生活条件的斗争的法律障碍。大陆资本主义的崛起夺去了无数人的生计,使他们面临着危险的肮脏竞争:每当工人试图提高工资或缩短工时,资本家就威胁要输入法国、比利时、德国或其他国家的工人。随后,美国内战产生了特别轰动的影响。这场战争引起了一场棉花危机,给英国纺织业工人带来了极大的灾难。

于是,工会从安逸状态中被唤醒了。新的工联主义诞生了①。它的代表人物是最大的几个工会的一些经验丰富的领袖:机械制造工阿伦,木匠阿普尔加恩,细木工克里默,泥瓦工豪威耳,鞋匠奥哲尔等等。这些人承认政治斗争对工会也是必要的,并且把注意力集中于选举改革。他们是由激进派政治家布莱特担任主席的、在圣詹姆斯堂举行的声势浩大的集会的

---

① 工联伦敦理事会首次于1860年5月由伦敦各工联代表会议选出。理事会领导着伦敦各工联成千上万的群众,对整个英国工人阶级都有影响。在60年代前半期,它曾领导英国工人反对干涉美国、维护波兰和意大利的历次行动,稍后又领导了他们争取工联合法化的运动。在伦敦理事会中起领导作用的是联合起来的各工联领导人,有粗细木工工联的威·克里默及其后的罗·阿普尔加恩,鞋匠工联的乔·奥哲尔,泥瓦匠工联的埃·科尔森和乔·豪威耳,以及机械工人联合会的威·阿伦。工联伦敦理事会通过参加该理事会的国际工人协会总委员会委员同国际进行接触。马克思从国际成立时起就力图把广大的英国工人群众吸收进来,设法使工联的基层组织加入国际。根据总委员会英国委员们的动议,工联伦敦理事会在1866年秋历次会议上都讨论了加入国际的问题。理事会于1867年1月14日通过决议,表示赞同国际工人协会的原则,但断然拒绝与国际建立任何组织联系。此后,工联伦敦理事会通过它在总委员会中的成员继续与国际保持接触。工联争取成年男子普选权和秘密投票协会于1864年9月成立。奥哲尔任协会主席。他和协会书记罗·哈特韦耳、财务委员W.特里姆勒特后来都加入了国际总委员会。

 马克思传

推动力。大会对帕麦斯顿支持南方奴隶制各州而干预美国内战的计划提出了强烈抗议。1864年春加里波第访问伦敦时，这些人隆重地欢迎了他。

英国和法国工人阶级的政治觉醒使国际思想重新抬头。早在1862年世界博览会期间，法国工人代表团和英国工人之间就曾举行过"联谊会"。这种联系由于1863年的波兰起义①而更加紧密。波兰的事业早就深受西欧文化民族的革命分子的同情。对波兰的压迫和瓜分②使得东欧三强成为一股反动势力。波兰的复兴是对俄国在欧洲的霸权的一个致命打击。"民主派兄弟协会"便经常定期庆祝1830年波兰革命纪念日，向波兰人民表达诚挚的敬意，同时总是带有这样一种含义，即自由民主的波兰的复兴是无产阶级解放的必要前提。1863年的情况也是如此。在一次有法国工人代表参加的纪念波兰的伦敦集会上，社会的音调尖锐地响起。这也是由奥哲尔担任主席的英国工人委员会为感谢法国工人参加纪念波兰的集会所致宣言

---

① 1863年1月22日在沙皇俄国统治下的波兰王国境内爆发了民族解放起义。起义的领导者是由小资产阶级民主主义者和小贵族分子组成的中央民族委员会，后来改称临时民族政府。起义的参加者有手工业者、工人、青年学生、农民等。临时民族政府颁布的宣言为建立资产阶级民族国家提供了法律基础。宣言声明，全体公民一律平等，并宣告波兰独立；宣言还要求把农民耕种的土地转归农民所有，取消农民的一切封建徭役。在起义的过程中，代表右派势力的小贵族分子在临时民族政府中占优势，他们惧怕人民群众的革命行动，在同沙皇的斗争中表现出动摇性和不彻底性，并寄希望于欧洲各国政府的干涉，同时他们还阻挠农民获得土地、争取解放，因而起义逐渐失去了农民群众的支持。尽管起义者作战英勇，各国进步力量也对起义在物质上和道义上给予了大力支援，但是，由于领导核心不健全，1864年4月在沙皇军队的残酷镇压下，起义终于失败。

② 瓜分波兰指18世纪根据1772年5月3日在圣彼得堡签订的协定对波兰进行的三次瓜分。1772年第一次瓜分波兰时，奥地利分得了加利西亚，普鲁士分得了瓦尔米亚以及波美拉尼亚、库亚维恩和大波兰区的一部分；利夫兰及白俄罗斯东部的一部分划归俄国。1793年第二次瓜分波兰时，俄国得到了白俄罗斯的一部分地区和第聂伯河西岸乌克兰地区，普鲁士得到了但泽（今格但斯克）、托伦及大波兰区的部分地区。奥地利未参加第二次瓜分。1795年第三次瓜分时，俄国分得了立陶宛、库尔兰、白俄罗斯西部地区和沃伦的一部分。奥地利攫取了包括卢布林和克拉科夫在内的小波兰区的一部分。包括华沙在内的波兰本土大部分划归普鲁士。第三次瓜分以后，波兰贵族共和国已不再作为独立国家而存在了。

第十一章　国际的创始

的基调。宣言特别强调，英国资本用输入外国工人的办法强加给英国无产阶级的肮脏竞争，只是因为各国工人阶级之间缺乏系统的联系。

这篇宣言由比斯利教授译成了法文。他是一位在工人事业中颇有建树的学者，在伦敦大学教历史。宣言在巴黎的工场中引发了一场热烈的运动，最终决定派出代表团亲自将答复送到伦敦。1864 年 9 月 28 日，英国委员会在圣马丁堂召开了欢迎这个代表团的大会。会议由比斯利主持，参会者挤得水泄不通。托伦宣读了法国方面的答复词，开头谈到了波兰的起义："波兰又一次淹没在它的子民们的鲜血中，而我们仍然是无力的旁观者。"① 随后，它要求在所有重要的政治问题和社会问题上倾听人民的声音。必须摧毁资本的专制力量。分工把人变成了机械性的工具，而没有工人团结的自由贸易势必造成一种工业农奴制，它要比法国大革命时期所推翻的农奴制更加残酷无情。全世界工人必须联合起来，为这种罪恶的制度设下一道不可逾越的障碍。

经过一场热烈的讨论（埃卡留斯代表德国工人在讨论中发言），大会决定，根据工联主义者惠勒的提议，成立一个有权自行增加委员人数的委员会，并且委托它起草一个国际联合会的章程。这个章程在第二年举行的比利时国际代表大会对此作出最终决定前暂时有效。委员会被选举出来了：它由许多工联主义者和外国工人事业的代表组成，其中也有德国工人的代表——他在报纸的报道中列在最后——卡尔·马克思。

（二）《成立宣言》和《章程》

在这以前，马克思并没有积极参加运动。法国人勒吕贝请求他代表德国工人参加，特别是推荐一名德国工人作为发言人。马克思推荐了埃卡留斯，而自己只是在出席大会时沉默地坐在演说台上。

马克思对自己的科学工作的意义有足够高的评价，认为这种工作比那

---

① 参看阿多拉茨基等人主编的《第一国际文件集》1934 年俄文版，第 12 页。

335

 马克思传

些一开始就毫无希望的结社游戏更重要,但只要能为无产阶级做些有益的工作,他就准备放下自己的工作。这一次,他看到了"真正的力量"在发挥作用。他在给魏德迈的信中表达了与给其他朋友的信类似的内容:

"不久前成立的国际工人委员会【……】不是没有意义的。它的英国委员大部分是本地工联的领导人,也就是伦敦真正的工人国王;正是这些人组织了对加里波第的盛大欢迎,并且通过在圣詹姆斯大厅举行的规模巨大的群众集会(由布莱特主持)阻挠了帕麦斯顿发动他已经准备进行的反对美国的战争。委员会中的法国委员是一些影响不大的人,但是他们直接代表着巴黎的处于领导地位的'工人'。同不久前在那不勒斯举行过代表大会的意大利团体也有联系。虽然多年来我一直避免参加各种各样的'组织'等等,但是这一次我接受了建议,因为这是一桩可以取得显著成效的事业。"① 马克思认识到,"工人阶级显然正在复活",并且认为自己的最高义务就是为工人阶级开拓新的道路。

幸运的是,由于种种外部情况,思想领导权主动落到了他的身上。当选的委员会吸收了一些新的力量来补充自己。它由将近50名委员组成,其中一半是英国工人。次于英国的是代表德国的10名委员,其中的马克思、埃卡留斯、列斯纳、罗赫纳和普芬德过去都是共产主义者同盟盟员。法国有9名代表,意大利有6名,波兰和瑞士各2名。委员会在成立后建立了一个负责起草纲领和章程的小组委员会。

马克思也被选入这个小组委员会,但他多次由于生病或者由于接到通知太晚而无法出席会议。与此同时,马志尼的私人秘书沃尔弗少校、英国人韦斯顿和法国人勒吕贝一直在解决赋予小组委员会的任务。尽管马志尼当时在英国工人中很受欢迎,但他太不了解现代工人运动,因此他的草案无法打动有经验的工联主义者。他不理解并因而厌恶无产阶级的阶级斗争。他的纲领最多只是唱一唱社会主义高调,无产阶级早在60年代初就已经超越了这种高调。他的章程也是过时的精神的产物,是按照政治密谋团体的高度集中化的方式写成的,因此它既特别违反了工联的生存条件,也

---

① 《马克思恩格斯全集》中文第一版第31卷,第434—435页。

第十一章 国际的创始

普遍违反了整个国际工人协会的生存条件。而这个协会不是要掀起新的运动，而只是要把已经存在于各国、但仍然处于分散状态的无产阶级的阶级运动联合起来。勒吕贝和韦斯顿提出的草案也同样不过是老生常谈。

因此，当马克思接手这件工作时，整个工作已经处于极其混乱的状态。他决定尽可能"使这种东西连一行也不保留下来"①，并且为了完全不受它们的约束，他起草了一份——这是圣马丁堂的集会事先没有考虑到的——致工人阶级的宣言草案。在这份草案中，他先是回顾了1848年以来工人阶级的命运，然后比较清晰简洁地叙述了章程。小组委员会立即接受了他的提案，只是在章程序言中加进了一些关于"权利、义务、真理、道德和正义"②的词句。但是，正如他在给恩格斯的信中所说，他成功地使加进去的这些词句不致造成任何危害。后来，总委员会也一致热烈地通过了《宣言》和《章程》。

比斯利后来有一次在谈到这个"成立宣言"时说，它可能是工人反对资产阶级的事业的最有力、最令人信服的陈述，它的篇幅却只有短短的十几页。《宣言》一开头就指出了一个不容争辩的事实，即工人阶级的贫困在1848年到1864年期间并未减轻，虽然这一时期就工业的发展和贸易的扩大来说是史无前例的。为了证明这一点，宣言一方面令人信服地引用了关于英国无产阶级贫困状况的官方蓝皮书中的可怕统计数字，另一方面则将其与财政大臣格莱斯顿预算演说中论证这一时期实力和财富令人陶醉的增长（然而这种增长完全限于有产阶级）的数字进行了对比。《宣言》以英国的状况为例揭露了这种惊人的矛盾，因为英国是欧洲工商业最发达的国家。但是它也补充说，这种矛盾存在于大工业有所发展的所有欧洲大陆国家，只是带有不同的地方色彩并且规模较小罢了。

宣言指出，实力和财富的这种令人陶醉的增长完全只限于有产阶级。除非像英国那样，少数工人的工资稍微有些提高，但这种提高也被物价的普遍上涨抵消了。"工人阶级的广大群众的生活水平到处都在深深地下降，

---

① 《马克思恩格斯文集》第10卷，第215页。
② 《马克思恩格斯文集》第10卷，第215页。

下降的程度至少与那些站在他们头上的阶级沿着社会阶梯上升的程度一样。不论是机器的改进,科学在生产上的应用,交通工具的改良,新的殖民地的开辟,向外移民,扩大市场,自由贸易,或者是所有这一切加在一起,都不能消除劳动群众的贫困;在现代这种邪恶的基础上,劳动生产力的任何新的发展,都不可避免地要加深社会对比和加强社会对抗。这在欧洲一切国家里,现在对于每一个没有偏见的人都已成了十分明显的真理,只有那些一心想使别人沉湎于痴人乐园的人才会否认这一点。在这种'令人陶醉的'经济进步时代,在不列颠帝国的首都,饿死几乎已经成为一种常规。这个时代在世界历史上留下的标志,就是被称为工商业危机的社会瘟疫日益频繁地重复发生,规模日益扩大,后果日益带有致命性。"①

《宣言》接着评述了50年代工人运动的失败,指出这个时代也有其具有积极意义的特征。它特别强调了两件重大的事实。首先是法定的十小时工作日以及它带给英国无产阶级的非常良好的结果。通过立法限制工时的斗争直接牵涉到一个重大的斗争,即构成资产阶级政治经济学实质的供求规律的盲目统治和工人阶级所主张的通过社会关怀调节生产之间的斗争。"因此,十小时工作日法案不仅是一个重大的实际的成功,而且是一个原则的胜利;资产阶级政治经济学第一次在工人阶级政治经济学面前公开投降了。"②

无产阶级的政治经济学靠合作运动,靠少数勇敢的人独力创办起来的合作工厂,取得了一个更大的胜利。这些伟大的社会试验的价值不论给予多么高的估价都不为过。"工人们不是在口头上,而是用事实证明:大规模的生产,并且是按照现代科学要求进行的生产,没有那个雇用工人阶级的雇主阶级也能够进行;他们证明:为了有效地进行生产,劳动工具不应当被垄断起来作为统治和掠夺工人的工具;雇佣劳动,也像奴隶劳动和农奴劳动一样,只是一种暂时的和低级的形式,它注定要让位于带着兴奋愉

---

① 《马克思恩格斯文集》第3卷,第10页。
② 《马克思恩格斯文集》第3卷,第12页。

第十一章 国际的创始

快心情自愿进行的联合劳动。"① 但是，只限于偶然尝试的合作劳动，还不能摧毁资本主义的垄断。"也许正是由于这个缘故，那些自命清高的贵族，那些资产阶级的空谈慈善家，甚至那些迂腐的经济学者，先前在合作劳动制处于萌芽状态时，曾枉费心机地想要把它铲除，嘲笑它是幻想家的空想，咒骂它是社会主义者的邪说，现在却异口同声令人作呕地对它大肆吹捧了。"② 只有当合作劳动在全国范围内发展，它才能拯救群众。相反，土地巨头和资本巨头总是要利用他们的政治特权来永久保持他们的经济垄断。所以，夺取政权已成为工人阶级的伟大职责。

工人似乎已经理解了这一点，因为英国、法国、德国和意大利的工人都同时觉醒，并且同时都在努力从政治上改组工人政党。"工人的一个成功因素就是他们的人数；但是只有当工人通过组织而联合起来并获得知识的指导时，人数才能起举足轻重的作用。"③ 过去的经验证明，忽视在各国工人间应当存在的兄弟团结，忽视那应该鼓励他们在解放斗争中坚定地并肩作战的兄弟团结，就会使他们分散的努力遭到共同的失败。这种认识促使在圣马丁堂召开的大会创立了国际工人协会。

还有一个信念鼓舞着这次大会。工人阶级的解放既然要求兄弟般的合作，那么当政府的对外政策为追求罪恶目的而利用民族偏见并在掠夺战争中洒流人民鲜血和浪费人民财富时，他们又怎么能够达到这个伟大目的呢？使西欧避免了为在大西洋彼岸永久保持和推广奴隶制进行可耻的征讨的，并不是统治阶级的智慧，而是无产阶级对他们那种罪恶的疯狂行为所进行的英勇反抗。上层阶级只是以无耻的赞许、假装的同情或白痴般的漠不关心态度来观望俄罗斯怎样侵占高加索的山区要塞和宰割英勇的波兰。这就给工人阶级指明了他们的责任，要他们洞悉国际政治的秘密，监督本国政府的外交活动，在必要时就采用能用的一切办法反抗它。在不可能防止这种活动时就团结起来同时举行示威，努力做到使私人关系间应该遵循

---

① 《马克思恩格斯文集》第3卷，第12—13页。
② 《马克思恩格斯文集》第3卷，第13页。
③ 《马克思恩格斯文集》第3卷，第13—14页。

 马克思传

的那种简单的道德和正义的准则，成为各民族之间的关系中的至高无上的准则。为这样一种对外政策而进行的斗争，是争取工人阶级解放的总斗争的一部分。和《共产党宣言》一样，《宣言》的结语也是"全世界无产者，联合起来！"。

《章程》① 一开头就列举了一系列的理由，可以归结为以下几点：工人阶级的解放应该由工人自己去争取；工人阶级的解放斗争不是要争取新的阶级特权，而是要争取消灭一切阶级统治。劳动者在经济上受劳动资料即生活源泉的垄断者的支配，是一切形式的奴役的基础，是一切社会贫困、精神沉沦和政治依附的基础。因而工人阶级的经济解放是伟大的目标，一切政治运动都应该作为手段服从于这一目标。为达到这个伟大目标所做的一切努力之所以至今没有收到效果，是由于每个国家的各个工人团体之间和各国工人阶级彼此间缺乏亲密的联合。工人的解放既不是一个地方的问题，也不是一个国家的问题，而是涉及所有在其中存在现代社会的国家的社会问题，它只有靠这些国家有计划的合作才能解决。在这些清晰敏锐的论述之后，紧接着马克思不情愿地加进正文中的关于正义和真理、义务和权利的说教式的笼统词句。

协会的领导机构是由参加协会各国的工人组成的总委员会。在召开第一次代表大会以前，在圣马丁堂选出的委员会执行总委员会的职权，即负责各国工人组织之间的国际联系，使每个国家的工人能经常了解其他国家工人阶级运动的情况，收集工人阶级状况的统计材料，把所有工人团体普遍关心的问题提交讨论，在发生国际争端时安排所属组织的一致和同步行动，定期公布报告等任务。总委员会由每年召开一次的代表大会选出。代表大会决定总委员会所在地及下届代表大会的时间和地点。总委员会有权增补委员数量，有权在必要时改变代表大会的地点，但无权推迟代表大会的时间。参加国际的各国工人团体完全保持自己组织的独立性。任何独立的地方团体都可以不受限制地直接联系总委员会，但是总委员会顺利运作的一个必要前提是，各国独立的工人团体应尽可能统一为由一个中央机关

---

① 《马克思恩格斯文集》第3卷，第226—229页。

第十一章 国际的创始

来代表的全国性机构。

说国际是一个"伟大的头脑"的发明是不正确的,但对它来说幸运的是,在它诞生的时候有一个伟大的头脑为它指明了正确的道路,使它免于长期陷入歧途。这就是马克思所做的一切,也是他愿意做的一切。《宣言》和《章程》的无比高明之处恰恰在于,它们完全是从当时的现实情况出发的,同时正如李卜克内西中肯地指出的那样,它们包含的共产主义的最后结论不亚于《共产党宣言》。

但是,它们与《共产党宣言》不同的不仅是形式。马克思在给恩格斯的信中说,"重新觉醒的运动要做到使人们能像过去那样勇敢地讲话,还需要一段时间。这就必须做到实质上坚决,形式上温和。"① 《成立宣言》的任务完全不同。它的主要任务是要把欧洲和美洲分歧很大的所有工人联合成一支大军,而且,用恩格斯的话来说,要提出一个对英国的工联,法国、比利时、意大利和西班牙的蒲鲁东主义者和德国的拉萨尔派都不关门的纲领。正如马克思在《共产党宣言》中所论述的那样,要取得科学社会主义最后胜利,他完全寄希望于必然产生于工人联合行动的工人阶级的思想发展。

他的希望很快就受到了严峻的考验:他刚刚开始宣传国际的工作,就不得不与最容易理解国际原则的那个欧洲的工人阶级发生了严重的冲突。

(三) 与施韦泽的决裂

有一种由来已久但并不美妙也不真实的传说,说德国的拉萨尔派拒绝参加国际,并一直对它抱有敌视的态度。

首先,我们看不出有什么理由会促使他们这样做。他们非常重视的严密组织丝毫没有受到国际《章程》的影响。他们对于《成立宣言》也能完全同意,甚至对关于合作劳动的部分也特别满意——只有当合作劳动在全

---

① 《马克思恩格斯文集》,第 10 卷,第 216 页。

国范围内发展,并依靠国家财力的支持时,它才能拯救群众。

事实上,德国的拉萨尔派从一开始就对国际非常友好,虽然他们在国际成立时正忙于自己的事务。拉萨尔去世后,遵照他遗嘱的推荐,伯恩哈德·贝克尔当选为全德工人联合会主席。但是他是如此无能,以至于造成了无可救药的混乱局面。维系这个联合会的是它的机关报《社会民主党人报》,这份报纸是从1864年底开始在约·巴·冯·施韦泽的思想指导下出版的。这个精明能干的人极其热心地争取马克思和恩格斯给报纸撰稿,聘请李卜克内西进入编辑部(没有人强迫他这样做),并且在他的报纸的第2号和第3号上刊载了《成立宣言》。

然而,担任报纸驻巴黎通讯记者的莫泽斯·赫斯此时却怀疑托伦的独立性,说他是冒充红色煽动家的日罗姆·波拿巴的巴黎皇宫中的座上宾。但施韦泽只是在得到李卜克内西的明确许可后才发表这封信的。当马克思对此表示不满时,施韦泽更进一步,规定李卜克内西亲自编辑一切有关国际的稿件。就在1865年2月15日,他写信给马克思说,他将提出一项决议,宣布全德工人联合会完全同意国际的原则,并且保证派代表出席国际代表大会;但只是由于德意志联邦法律禁止不同团体的隶属关系,联合会才不能在形式上加入国际。施韦泽的这个提议没有得到进一步的答复;相反,马克思和恩格斯在公开声明①中拒绝给《社会民主党人报》撰稿。

从这一点已经足以看出,与施韦泽令人尴尬的决裂与有关国际的意见分歧毫无关联。马克思和恩格斯已经在声明中坦率地说明了造成决裂的原因。他们一刻也没有忽略过《社会民主党人报》的困难处境,也从来没有提出不适合柏林情况的任何要求。但是他们一再要求,该报至少要用与对待进步党时一样的大胆言词,来对待政府和封建专制的党派。他们指出,《社会民主党人报》采取的策略,使他们不能继续为该报撰稿。他们曾在《德意志—布鲁塞尔报》上为答复《莱茵观察家》而谈到过普鲁士王国政府的社会主义,以及工人政党对这种骗局的态度,因为《莱茵观察家》建

---

① 参看《马克思恩格斯全集》中文第一版第16卷,第88、95—98页。

第十一章 国际的创始

议"无产阶级"与"政府"结成"联盟"来反对"自由资产阶级"。① 他们甚至现在也一字不差地赞同他们原来的观点。

《社会民主党人报》的策略与这种"联盟"或"普鲁士政府的社会主义"毫不相干。在拉萨尔想用一次有力的冲击发动德国工人阶级的希望落空后，拥有数千成员的全德工人联合会就受到两个对手的夹击，而这两个对手的实力都足以压垮它。就当时的情况而言，年轻的工人政党从资产阶级那里除了顽固的憎恶以外什么也得不到，但只要狡猾的外交家俾斯麦想要推行他的大普鲁士政策，就至少可以指望他对人民群众做出某些让步。施韦泽对这种让步的价值和目的都不抱有任何幻想。但是，当德国工人阶级几乎完全缺乏组织合法存在的条件时，当它根本没有有效的选举权，而新闻出版、结社和集会的自由又任由官僚摆布时，如果《社会民主党人报》同样猛烈地攻击两个对手，那么向前发展就是不可能的，而只能挑拨一个对手去反对另一个对手。这种政策的必不可缺的条件只是，从各方面保持年轻工人政党的独立性，并始终使工人群众意识到这种独立性。

施韦泽努力推行这种政策，并且成功地做到了。要从《社会民主党人报》上哪怕找到只言片语带有与政府"联盟"反对进步党的味道，都是徒劳的。如果把施韦泽当时的公开活动与总的政治发展联系起来看，就会发现一些错误，而施韦泽本人也承认这一点，但是政策基本上是明智和前后一贯的。这个政策所追求的唯一目的就是工人阶级的利益，并且不可能受到俾斯麦或其他什么反动分子的指使。

即便在别的方面无法相提并论，施韦泽至少有一点优于马克思和恩格斯，这就是他确切了解普鲁士的情况。马克思和恩格斯只是透过有色眼镜来看待这些情况，而李卜克内西又不能胜任他理应根据实际情况承担的宣传和传达活动。1862年，李卜克内西应红色共和主义者勃拉斯的请求返回德国，勃拉斯也从流亡中归国，并创办了《北德总汇报》。但是，李卜克内西刚一进入编辑部，就发现勃拉斯已把报纸出卖给了俾斯麦内阁。李卜克内西立刻辞职。但是，在德国土地上的这第一次经历对他来说还是一个

---

① 参看马克思《〈莱茵观察家〉的共产主义》。

 马克思传

非常不幸的巧合。这不仅是因为他又像在长年的流亡生活中一样流落街头了。但是他对此毫不在意，因为他的事业的利益总是高于他的个人利益。然而，他与勃拉斯的这段经历却妨碍了他对德国的新形势做出不偏不倚的判断。

李卜克内西回到德国本土时，仍然是一个1848年革命的老战士。他还是《新莱茵报》所理解的那种革命家，在该报看来，社会主义理论，甚至无产阶级的阶级斗争都仍然排在人民反对腐朽阶级统治的革命斗争后面。无论李卜克内西多么熟悉社会主义理论的基本思想，但是他却从不熟悉这一理论的学术内容。他在流亡岁月中从马克思那里学到的东西，主要是判明国际政治的大局，以寻找革命运动的萌芽。马克思和恩格斯作为鄙夷易北河东岸一切事物的莱茵省人，对普鲁士国家极其轻视；而南德人李卜克内西对普鲁士的态度也完全如此，因为他在革命年代只在巴登和瑞士境内活动过，而这两个地方正是地方分立政策的发源地。对他来说，普鲁士仍然是三月革命前沙皇俄国的附庸国，它以卑鄙的收买手段来抵抗历史的进步。在德国的现代阶级斗争开始前，必须先把它彻底清除。李卜克内西没有认识到，50年代的经济发展也很大程度上改变了普鲁士国家，并在其中创造了种种条件，这些条件的影响足以使工人阶级摆脱资产阶级民主成为历史的必然。

因此，李卜克内西和施韦泽之间不可能达成持久的一致。在李卜克内西眼中，施韦泽发表5篇关于俾斯麦内阁的文章做得太过火了。这些文章虽然巧妙地在德国统一问题上把大普鲁士政策和无产阶级革命政策相提并论，但却犯了一个"错误"，就是过分雄辩地描写了大普鲁士政策的危险力量，几乎使人觉得是在颂扬这个政策。另一方面，马克思也犯了一个"错误"。他在2月13日给施韦泽的信①中说，虽然可以指望普鲁士政府会玩弄各种生产合作社的无耻把戏，但是决不能指望它会废除结社的禁令，因为这会给官僚政治和警察统治打开一个缺口。马克思在此只是忘记了他在反驳蒲鲁东时曾雄辩地阐明过的内容，即不是政府支配着经济关系，而

---

① 参看《马克思恩格斯书全集》中文第一版，第31卷，第449—451页。

第十一章 国际的创始

是经济关系反过来支配着政府。还没过几年，不管情不情愿，俾斯麦内阁就被迫废除了结社的禁令。在2月15日的回信中——施韦泽在信中保证促使全德工人联合会参加国际，并且再次强调有关国际的一切稿件均必须由李卜克内西独立编辑——施韦泽着重指出，他很乐意接受马克思可能给予他的任何理论教示，但是要正确解决日常策略的各种实际问题，就必须站在运动的中心并准确把握全局情况。接着，马克思和恩格斯就跟他决裂了。

但是，这一切分歧和混乱只能用哈茨费尔特伯爵夫人的灾难性举动来充分解释。拉萨尔的这位女性老友当时为了纪念曾经保护她的生命免遭耻辱的那个人而犯了一个极为严重的过错。她想把拉萨尔创立的组织变成一个信奉权威的宗派，把导师的每一句话奉为神圣，而且甚至不是按照导师说过的话，而是按照哈茨费尔特伯爵夫人对这些话的解释。从恩格斯3月10日给魏德迈的信中可以看出她的这种胡作非为。这封信在略微谈到《社会民主党人报》的创立之后谈道："但是，后来这份报纸开始宣传令人难以忍受的对拉萨尔的迷信，同时我们也已经确实获知（哈茨费尔特老太婆告诉过李卜克内西，要他按照这个方针办事）拉萨尔与俾斯麦的关系比我们过去怀疑的还要密切得多。他们之间有一个真正的协定，这个协定走得这样远，以致规定拉萨尔要到石勒苏益格—荷尔斯泰因去发表关于把这两个公国并入普鲁士的演说，而俾斯麦给的只是关于实行普选权之类的并不肯定的诺言，以及关于联合权和社会性质的让步、国家帮助工人合作社等方面的比较肯定的诺言。愚蠢的拉萨尔没有从俾斯麦那里得到任何保证，相反地，一旦他没有了用处，人家就会把他毫不客气地关进监狱。《社会民主党人报》的先生们全知道这一切，但是尽管如此，他们仍然越来越起劲地宣传对拉萨尔的迷信。此外，这帮家伙还被瓦盖纳（《十字报》）的威胁吓倒了，于是就去巴结俾斯麦，向他献殷勤，种种丑态，不一而足。这太不象话了。我们发表了附去的这篇声明，就退出了该报，李卜克内西也跟着退出了。"[①] 很难理解，熟识拉萨尔并读过《社会民主党人报》的

[①] 《马克思恩格斯全集》中文第一版第31卷，第465—466页。

 马克思传

马克思、恩格斯和李卜克内西,会相信哈茨费尔特伯爵夫人的无稽之谈。但既然他们相信了这种无稽之谈,那么他们离开拉萨尔所创始的运动也就完全可以理解了。

然而,他们的离开并没有对这个运动产生实际影响。甚至共产主义者同盟的一些老盟员,例如曾在科隆陪审法庭上雄辩地维护过《共产党宣言》原则的勒泽尔,也表示支持施韦泽的策略。

(四) 伦敦第一次代表会议

这样,拉萨尔派从一开始就脱离了新协会。而协会在英国工会和法国蒲鲁东主义者中的宣传工作一开始也只是缓慢地进行。毕竟,只有一小部分工会领导人理解政治斗争的必要性。而且,这些人似乎也只把国际视为达到工会目的的手段。但是,如果说这些人至少在各种组织问题上拥有大量实际经验,那么法国的蒲鲁东主义者则既没有这种经验,又对工人运动的历史本质缺乏明确的理解。新的协会面临的任务是极其大的,而为了完成这一任务,必须有巨大的耐心和顽强的努力。

马克思当时虽然常为病魔缠扰,并渴望使自己的主要学术著作尽速告一段落,但是仍然表现了高度的耐心和毅力。有一次他叹息说:"进行这种鼓动时讨厌的是,一旦参加进去,就会有各种各样的麻烦。"① 他还说,国际以及与国际有关的一切事务,像"梦魇"② 一样压在他的身上,而如能摆脱这个重担,他就会感到轻松愉快。但是这一点已经办不到了,因为常言说得好:有善始必有善终。实际上,如果负起这个重担不能比摆脱这个重担使他得到更大的满足和愉快,那他也就不成其为马克思了。

事情不久就清楚了:马克思是整个运动的真正的"首脑"。这决不是他自抬身价。他极度轻视任何廉价的声望。和那些尽量在人前装腔做势而

---

① 《马克思恩格斯全集》中文第一版第31卷,第35页。
② 《马克思恩格斯全集》中文第一版第31卷,第165页。

第十一章 国际的创始

实际上什么也不干的民主主义者的作风不同,他宁愿在幕后工作,也不愿出头露面。但是,在这个小小的协会的工作人员当中,没有一个人哪怕仅仅具备一点点为展开协会的如此广泛的宣传工作而必须具备的那些稀有的品质:对历史发展规律清楚透彻的认识,追求必要东西的毅力,满足于可能的东西的足够忍耐,对误入歧途的人的错误的宽容和对积重难返的无知的铁面无情。在这里,马克思能够在比革命时期的科隆更加广泛得多的领域内发挥他通过教育和领导工作来赢得人们敬仰的无比才能。

这样的运动在创始时所必不可免的种种私人的争吵和纠纷费去了他"极多的时间"。意大利的、特别是法国的会员制造了许多无谓的麻烦。在巴黎,"脑力劳动和体力劳动"的代表者之间从革命年代起就形成了深刻的分歧;无产者不能忘怀文人的屡屡背叛,而文人则把一切根本不理睬他们的工人运动看成是异端。而且,在波拿巴的军事专制的压迫下,由于工人阶级为波拿巴的密探所四面包围,特别是由于工人阶级没有通过自己的报刊或组织来互相联系的任何机会,因而在工人阶级内部猜疑之风也大为盛行。煮沸这碗"法国汤",国际总委员会花去了不少宝贵的夜晚并做出了许多冗长的决议。

对马克思来说,他与国际的英国支部打交道的工作是比较愉快和有成果的。英国工人曾为反对英国政府袒护美国南方叛乱各州的干涉行动进行了斗争,并且在阿伯拉罕·林肯再度当选总统时有权向他致函祝贺①。马克思起草了这封致"工人阶级的忠诚的儿子"的贺信,说他"领导他的国家进行解放被奴役种族……的史无先例的战斗"。②

---

① 1864年11月22日,总委员会决定致函阿·林肯,祝贺他再度当选为美国总统。贺信由马克思起草,于1864年11月29日经总委员会一致通过后,由美国驻伦敦大使弗·亚当斯转交林肯。1865年1月28日,总委员会收到以林肯的名义寄来的回信,这封信于1月31日在总委员会会议上宣读,并于1865年2月6日刊登在伦敦《泰晤士报》上。马克思于1865年5月9—25日之间写给威·李卜克内西的信中指出,在林肯对所有贺信的回信中,只有给国际工人协会的回信"不是单纯从形式上证明他已收到了贺信"。

② 《马克思恩格斯全集》中文第二版第21卷,第26页。

 马克思传

他说，只要美国的白人工人不理解奴隶制玷污了他们自己的共和国，只要他们在那些未经本人同意就被收作奴隶或出卖的黑人面前夸耀地表示，自己出卖自己、自己选择主人乃是白人工人的最高特权，他们就不能为自己争得真正的自由，也不能支援他们的欧洲弟兄的解放斗争。但是这种阻碍进步的意识现在已经被内战的血浪涤荡干净了。贺信是怀着对事业的明显的同情和热爱起草的。虽然马克思像莱辛一样，总喜欢用轻蔑的语气谈论自己的作品，他在给恩格斯的信中说，他不得不亲自起草贺信（这比写一部内容丰富的著作还要困难得多），为的是使这类作品所惯用的词句至少有别于庸俗的民主滥调。林肯很清楚地感受到了这种差别。他用极其友好而亲切的语调写来了回信，这使伦敦的报刊大为吃惊，因为这个"老人"只是用几句正式的恭维就打发了资产阶级民主派方面的贺信。

"就内容来说"，关于《工资、价格和利润》①的论文当然要比贺信重要得多。这个报告是马克思1865年6月26日②在国际总委员会会议上做的，为的是驳斥个别委员所主张的观点，即工资的普遍提高不能给工人带来任何益处，因此工会是有害的。这种观点源于这样一种错误的认识，即认为工资决定商品的价值，如果资本家今天开始支付5先令的工资而不是4先令，那么明天他们就会由于需求的增加而把原来价值4先令的商品按5先令出售。马克思认为，尽管这种观点极其庸俗而肤浅，然而要把与此有关的所有经济问题都给无知的人解释清楚并不容易。不可能在1小时内讲完政治经济学的课程。但是，马克思却极其成功地做到了这一点，从而使工会感谢他作出的重要贡献。

国际最初的显著成就首先应归功于为争取英国选举改革而展开的运动。早在1865年5月1日，马克思就向恩格斯报告说：

"改革同盟是我们一手建立的，在由十二个人（六个资产者，六个工人）组成的小小的委员会里，工人都是我们总委员会的委员（其中有埃卡留斯）。我们已经挫败了资产者想把工人阶级引入歧途的一切折中的企图。

---

① 参看《马克思恩格斯全集》中文第二版第21卷，第155—212页。
② 马克思是在6月20日和27日做的报告。

第十一章 国际的创始

【……】如果英国工人阶级的政治运动能够用这种方式重新活跃起来，那么，我们的协会不声不响地为欧洲工人阶级做出来的事情，就会比用其它任何方式做出来的要多。而且大有取得成功的希望"①。5月3日，恩格斯回信说："国际协会的确在短时期内不声不响地占领了很大的地盘。不过它现在干英国的事情，而不是再同法国的党徒无休止地纠缠下去，这倒是件好事。这也就是你花费一些时间所得的补偿。"② 当然，不久人们就发现，这样的成功也有它坏的一面。

总体而言，马克思认为，预定1865年在布鲁塞尔召开公开代表大会的条件还不够成熟。他不无理由地担心，在大会上会发生多种语言的争论。费了很大的力气，特别是由于法国人的反对，他才成功地将公开的代表大会变成在伦敦召开的非公开预备代表会议，这次会议只召集各主要委员会的代表来筹备未来的大会。对于事先达成这样的协议的必要性，马克思给出的理由是英国的选举运动和法国已经爆发的罢工，以及由于比利时刚刚通过的外国人法，这使得代表大会无法在布鲁塞尔召开。

这次代表会议于1865年9月25日至29日举行。总委员会出席会议的代表除了主席奥哲尔、总书记克里默和几名英国委员以外，还有马克思和他在国际的事务方面的两名主要助手——埃卡留斯和荣克。荣克是一位定居伦敦的瑞士钟表匠，精通德语、英语和法语。法国的代表有托伦、弗里布尔和利穆赞（他们后来都脱离了国际），以及马克思从1848年起的老朋友席利和后来成为巴黎公社英雄和烈士的瓦尔兰。来自瑞士的是代表罗曼语国家工人的订书匠杜普勒和代表德国工人的约翰·菲力浦·贝克尔（他以前是制刷工，现在是不知疲倦的鼓动家）。来自比利时的代表是塞札尔·德巴普，他过去是排字学徒工，后来学医，直到成为医生。

会议首先研究了协会的财务状况。人们发现，第一年度筹集到的资金不过33英镑。关于固定的会费问题还没有达成协议，只是决定为宣传目的和代表大会经费筹集150英镑：在英国筹集80英镑，法国40英镑，德国、

---

① 《马克思恩格斯文集》第10卷，第227—228页。
② 《马克思恩格斯全集》中文第一版第31卷，第116页。

 马克思传

比利时和瑞士各 10 英镑。这个预算当然也并没有实现，因为"物质的动力"从来不是国际的动力。多年以后，马克思仍然以沉痛的幽默口吻说，总委员会的财务始终是不断增长的负数，几十年以后恩格斯则写道，总委员会并没有大肆宣扬的"国际的数百万"，它所拥有的大都只是债务。可能从来也没有过一个组织用这样少的钱做了那么多的事。

总书记克里默报告了英国的情况。他指出，大陆上的人们以为工联都很富有，并且能够支持一项对它们自己也有好处的事业。但是，它们受到自己繁琐的章程的约束，被限制在狭窄的范围内。除了少数个人以外，它们也对政治一无所知，要教会它们理解政治是很困难的。但至少还是有了一定的进展。几年前，它们还甚至听不进国际代表的话；现在则友善地接待他们，听取并赞同他们的原则。工联第一次接受了与政治有着某种关系的协会。

来自法国的弗里布尔和托伦报告说，法国对国际抱着善意的态度。除巴黎外，协会还在卢昂、南特、埃尔伯夫、卡昂和其他地方招募了会员；并以 1.25 法郎的年会费卖出了大量会员证，但收入都用于设置巴黎中央局和支付代表的旅费了。法国代表们安慰总委员会说，有希望卖出剩余的 400 张会员证。他们抱怨代表大会的延期，认为这对事业的发展是一个巨大的障碍，也抱怨了工人对波拿巴主义警察制度的恐惧。他们提出，自己不断受到这样的指责：先展示一下你们能够做些什么，然后我们再加入。

贝克尔和杜普勒关于瑞士的报告相当顺利，尽管那里的鼓动工作在代表会议前 6 个月才开始。在日内瓦有会员 400 人，洛桑有 150 人，沃韦也有同样数目。每月的会员费为 50 便士，但会员都会加倍缴纳，因为他们都充分意识到必须用会费来帮助总委员会。当然，瑞士代表们并没有带钱来，他们只是安慰说，如果不是因为旅费，他们就会带来相当大的一笔盈余。

比利时刚刚进行了 1 个月的鼓动工作。但是，德巴普报告说，那里已经招募了 60 名会员，他们每年至少必须缴纳 3 法郎会费，其中三分之一将交给总委员会。

至于代表大会，马克思代表总委员会提议于 1866 年 9 月或 10 月在日

第十一章 国际的创始

内瓦召开。大会地点得到一致通过,但由于法国人的极力敦促,召开日期被提前到 5 月的最后一周。法国人还要求,凡是持有会员证的人都有权出席大会并投票。他们认为,这对他们来说是一个原则问题,他们对普选权的理解就是这样的。经过激烈的辩论,才通过了特别为克里默和埃卡留斯所主张的、只有代表才有权出席大会的制度。

总委员会所拟定的大会日程内容十分丰富:合作社劳动;缩短工时;女工和童工问题;工会的过去和未来;常备军对工人阶级利益的影响,等等。所有内容都被一致通过;只有两点引起了意见的分歧。

其中一点不是总委员会提出的,而是法国人提出的。他们要求把"宗教观念及其对社会的、政治的和思想的运动的影响"作为一个特别的议题列入日程。他们为什么要提出这个议题,以及马克思对此的看法,也许可以从他在蒲鲁东的悼词中的几句话里极其清楚地看出来。该悼词几个月前发表在施韦泽的《社会民主党人报》上。这也是马克思为该报写的唯一一篇文章。讣告中说:"但是,他【蒲鲁东——编者注】对宗教、教会等等的攻击在当时法国的条件下对本国来说是一个巨大的功绩,因为那时法国的社会主义者们认为,信仰宗教是他们优越于 18 世纪的资产阶级伏尔泰主义和 19 世纪的德国无神论的地方。如果说,彼得大帝用野蛮制服了俄国的野蛮,那么,蒲鲁东就是尽了最大的努力用空谈来战胜法国的空谈。"① 英国代表也警告要提防这个"不和谐的苹果",但法国人还是以 18 票对 13 票通过了自己的提案。

另一项引起争论的议题是总委员会提出的,涉及了马克思特别重视的一个欧洲政治问题,即"通过实现民族自决权和在民主与社会基础上恢复波兰,消除俄国在欧洲的影响的必要性"②。但是,特别是法国人对此漠不关心。他们认为,为什么要把政治问题和社会问题混为一谈?为什么自己在抵抗那么多压迫时,还要操心为远方的事呢?为什么要在普鲁士、奥地利、法国和英国政府同样存在有害影响时,偏偏抑制俄国政府的影响呢?

---

① 《马克思恩格斯全集》中文第二版第 21 卷,第 62 页。
② 《马克思恩格斯全集》中文第二版第 21 卷,第 260 页。

马克思传

比利时代表塞札尔·德巴普对此的观点也特别坚决。他认为，波兰的复兴只对3个阶级有利：上层贵族、下层贵族和神职人员。

在这里，蒲鲁东的影响是相当明显的。蒲鲁东曾多次反对波兰的复兴，最近一次还是在1863年波兰起义时。正如马克思在他的悼词中所说，蒲鲁东当时对沙皇表现出愚蠢而无耻的颂扬态度。相反，这次起义却重新激起了马克思和恩格斯在革命年代便对波兰抱有的同情：他们本想借机发表一个共同宣言，但是这当然没能实现。

他们对波兰的同情决不是毫无批判的。1863年4月21日，恩格斯在给马克思的信中写道："应该说，只有蠢人才会对1772年的波兰人发生兴趣。在大多数的欧洲国家，贵族在那个时代神气地，其中一部分甚至还有点威风地衰败了，虽然在他们之中普遍认为，唯物主义就是吃喝、肉欲、玩牌或者干坏事而得赏。但是没有哪国贵族像波兰小贵族这样愚蠢得只有一种本领，就是卖身投靠俄罗斯。然而，在整个欧洲，贵族的普遍的卖身投靠是一种十分好笑的情景。"① 但是，当俄国国内还谈不到革命的时候，唯有波兰的复兴才能削弱沙皇对欧洲文化的影响。因此，马克思认为对波兰起义的残酷镇压，以及沙皇专制制度在高加索的进展，是1815年以来欧洲最重要的事件。他在《成立宣言》论述无产阶级对外政策的那一部分特别强调了这两个事件，并且很久以后还痛心地谈到，这项议案遭到了托伦和弗里布尔的反对。当然，在英国代表的帮助下，他还是成功地打破了这种阻力，波兰问题仍然列入了日程。

代表会议白天在荣克主持下举行非公开会议，晚上在奥哲尔主持下举行半公开会议。在非公开会议上已经解决的问题，在半公开会议上由更广泛的工人群众来讨论。巴黎的代表们发表了一份关于代表会议和代表大会议程的报告，这个议程在巴黎的报刊上得到了热烈的响应。马克思显然满意地指出："我们的巴黎人感到有点惊讶，他们不想要的关于俄国和波兰的章节，恰恰引起了最大的震动。"② 十几年后，马克思还乐

---

① 《马克思恩格斯全集》中文第一版第30卷，第341页。
② 《马克思恩格斯全集》中文第一版第31卷，第161页。

第十一章 国际的创始

意提及法国著名历史家昂利·马丁对代表大会的整个议程、特别是对这一节的"热情评论"①。

（五）德国的战争

对马克思个人来说，他对国际的奉献产生了令人不快的后果：他由于无暇谋生，因而生活再次陷入窘境。

7月31日，他就不得不写信给恩格斯说，他两个月来全靠典当维持生活。"我诚心告诉你，我与其写这封信给你，还不如砍掉自己的大拇指。半辈子依靠别人，一想起这一点，简直使人感到绝望。这时唯一能使我挺起身来的，就是我意识到我们两人从事着一个合伙的事业，而我则把自己的时间用于这个事业的理论方面和党的方面。就我的条件来说，我住的房子的确太贵，再就是我们这一年比往年生活得好一些。但是唯有这种办法能使孩子们维持那些可以使她们的前途得到保证的社交关系，况且，她们受过许多痛苦，也应当使她们至少有一个短时期的补偿。我想你也会有这样的看法：即使单纯从商人的观点来看，纯粹无产者的生活方式在目前也是不适宜的，如果只有我们夫妻两人，或者这些女孩子都是男孩子，这种生活方式当然很好。"② 恩格斯立即提供了帮助，但是几年之内马克思还是重新陷入了穷困和生活中常见的忧虑。

几个月后，由于洛塔尔·布赫尔在1865年10月5日的来信中提出了一个既奇妙又出乎意料的建议，马克思有了一个新的收入来源。在布赫尔流亡伦敦的年代，两人没有任何关系，更不用说友谊关系了。当布赫尔在流亡者的小圈子中占据独立地位，并加入乌尔卡尔特派成为他的热烈拥护者以后，马克思仍然对他保持着极端批判的态度。相反，布赫尔则在波克罕面前极力赞扬马克思反驳福格特的著作，并且想在《总汇

---

① 参看马克思《乔治·豪威耳先生的国际工人协会史》。
② 《马克思恩格斯全集》中文第一版第31卷，第135页。

 马克思传

报》上写一篇书评；但是这件事一直没有实现，也许是由于布赫尔没有写，也许是由于奥格斯堡的报纸不肯发表。布赫尔在普鲁士大赦后返回祖国，并在柏林结识了拉萨尔。他与拉萨尔一起于1862年参观了伦敦世界博览会，并且通过拉萨尔亲自结识了马克思。马克思认为他是一个"虽说古怪，但是精明的人"①。他不相信布赫尔会同意拉萨尔的"对外政策"。拉萨尔死后，布赫尔供职于普鲁士政府，此后马克思在给恩格斯的信中痛斥他和洛贝尔图斯："这一群来自柏林、马尔克和波美拉尼亚的混蛋是多么下流无耻啊！"②

此时，布赫尔写信给马克思："先谈谈业务！《国家通报》想要一份论述货币市场（当然也包括商品市场，因为二者是不可分的）动向的月度报告，问我是否可以推荐什么人来做这件事。我答复说，没有人能比您更胜任这个工作。因此，他们要我找您商量这件事。文章的篇幅没有限制，越透彻越全面越好。至于内容，可以理解为只遵循您的科学信念；但是，考虑到读者圈（金融贵族），而不是考虑到编辑部，建议您只让事情的本质为专家所理解，以避免引起争论。"这封信接着又说了几句业务上的问题，并回忆了他与拉萨尔的共同郊游。用布赫尔的话来说，拉萨尔的死对他始终是个"心理之谜"；他还宣布，正如马克思所了解的那样，他又在重温他的初恋——档案。"我一直不同意拉萨尔的观点，他把发展的进程想象得过于迅速。进步党在消亡以前还要换几次皮；因此，凡是在有生之年还想为国家效命的人，都应该归附政府。"这封信在问候了马克思夫人和各位小姐特别是最小的一位以后，以一句套语结束："以最高的尊敬和忠诚向您致意"。

马克思在回信中拒绝了他的请求，但是对于他在信里写了些什么，以及他对布赫尔的来信有何想法，我们没有更详细的材料。在接到这封信以后，他立刻去了曼彻斯特，在那里与恩格斯商谈了这件事。在他们的通信中从来没有谈到此事，就目前所知，在马克思给其他友人的信中也只提过

---

① 《马克思恩格斯全集》中文第一版第30卷，第262页。
② 《马克思恩格斯全集》中文第一版第31卷，第40页。

第十一章 国际的创始

一次。但是 14 年后,当赫德尔和诺比林的谋杀事件①在柏林引发对社会党人的疯狂迫害时,他把这封信投进迫害者的阵营,造成了炸弹爆炸一样的破坏力。布赫尔当时是柏林会议②的秘书,并且据他的官方传记作者确认,第一部反社会党人的法案就是他起草的。这个法案在赫德尔暗杀事件发生后提交帝国议会,但仍被议会否决。

此后,人们常常讨论这样一个问题:俾斯麦是不是想通过布赫尔的信来收买马克思。的确,在 1865 年秋天,当《加斯坦条约》只是勉强弥合了普鲁士与奥地利行将破裂的关系时,俾斯麦确实如他所用的狩猎比喻那样,倾向于"把一切能吠叫的狗都放出去"。当然,他是一个不折不扣的易北河东岸容克,不会像迪斯累利甚或波拿巴那样对工人问题献媚。众所周知,不论他对拉萨尔抱着多么可笑的想法,他毕竟与拉萨尔亲自交谈过几次。现在他手下有两个更善于处理这种微妙问题的人,这就是洛塔尔·布赫尔和海尔曼·瓦盖纳。瓦盖纳当时极力想拉拢德国工人运动,但他只是拉拢了哈茨费尔特伯爵夫人。然而,作为容克党的思想领袖和俾斯麦的老友,瓦盖纳早在三月革命以前就拥有一个比布赫尔更独立的地位。布赫尔全仰仗俾斯麦的好意关照,因为官僚们都把他当作一个没有任命的闯入者加以白眼,而国王也因为 1848 年的事情对他根本不予理睬。无论如何,布赫尔是一个性格软弱的人,用他的朋友洛贝尔图斯的说法,是"一条没有骨头的鱼"。

因此,如果布赫尔的信有收买马克思的意思,那么也肯定不是在俾斯麦事先不知情的情况下发生的。问题只在于是否有过这样的收买企图。马克思利用布赫尔的信来反对 1878 年对社会主义者的迫害,是一个既无可指

---

① 1878 年 5 月 11 日和 6 月 2 日,威廉一世两次遇刺。第一次行刺的是帮工麦·赫德尔,第二次行刺的是无政府主义者卡·爱·诺比林。这两次遇刺成了俾斯麦加紧迫害社会民主党人和重新要求帝国国会通过反《社会党人非常法》的有利借口。《社会民主党德意志帝国国会议员的报告》中把 1878 年 5 月帝国国会解散到 1878 年 7 月 30 日重新选举,直到《反社会党人非常法》通过这段时期称为"恐慌统治"时期。

② 指重新审查 1878 年俄土之间的《圣斯特法诺和约》条件的外交会议。

 马克思传

责又巧妙的一着。但这还不能证明马克思从一开始就把布赫尔的信当作收买的企图,更不能证明它的确有这样的企图。布赫尔十分清楚,马克思自从与施韦泽决裂以来,一时间与拉萨尔派的关系非常不好。此外,在一份最枯燥无味的德国报纸上每月发表一篇关于国际货币和商品市场的报告,很难说是缓和对俾斯麦政策的普遍不满、尤其是使工人拥护这种政策的适当方法。因此,布赫尔保证说,他把流亡时期的老战友推荐给《国家通报》的负责人,并没有任何政治上不可告人的目的,这是完全可信的。但这一点有值得商榷的地方,例如,如果是进步的自由贸易论者,那么负责人从一开始就会加以拒绝。布赫尔在被马克思拒绝后,又去请求杜林。杜林最初同意参与此事,但很快就放弃了,因为该报负责人丝毫没有表现出布赫尔吹嘘的那种对"科学信念"的尊重。

  比起马克思由于为国际的繁重活动和科学工作而经历的经济困难,更糟糕的是他的健康的日益恶化。1866年2月10日,恩格斯写信给他说:"为了摆脱该死的痈,你的确应该采取一些合理的措施了【……】放弃一段时期的夜间工作,过一过多少有点规律的生活。"① 马克思2月13日回信说:"昨天我又躺倒了,因为左腰部的毒痈发作了。假如我有足够的钱——也就是说——来养家,而我的书又已完成,那我是今天还是明天被投到剥皮场上,换句话说,倒毙,对我都无所谓了。但在上述情况下,这暂时还不行。"② 一周后③,恩格斯收到一个可怕的消息:"这一次差一点送了命。家里人不知道这次的病是多么严重。如果这东西再以同样的形式重复三四次,那我就成了死人了。我非常消瘦,并且极度虚弱,虚弱的不是头部,而是腰部和腿部。医生们说得完全正确:此病复发的主要原因是过度的夜间工作。但是,我不能把迫使我这样过度工作的种种原因告诉那

---

  ① 《马克思恩格斯全集》中文第一版第31卷,第179页。
  ② 《马克思恩格斯文集》第10卷,第234页。
  ③ 梅林在这里弄错了。这里所引用的马克思的信是1866年2月10日写的。——原文编辑注

第十一章　国际的创始

些先生们，而且那样做也毫无意义。"① 然而，恩格斯还是迫使马克思去马盖特海滨休养了几个星期。

马克思在马盖特很快就恢复了愉快的心情。在给女儿劳拉的一封有趣的信中，他写道："我很高兴我住的是私人的房子，而不是旅馆或饭店，不然的话，就未必能避免关于当地的政治、教区的丑闻和左邻右舍的是非的那种令人厌烦的议论。但是我仍然不能像迪河岸上的磨坊主那样歌唱：'我不关心人家，人家也不关心我'，因为这里有我的女房东——是个聋子，像个树桩，还有她那个嗓音总是嘶哑的女儿。不过，她们是非常好的人，殷勤而不使人厌烦。至于我自己，则已经变成一根游荡的手杖，白天大部分时间散步，呼吸新鲜空气，一睡就是十个小时，什么也不阅读，写得就更少了，完全陷入佛教视为人类极乐的精神虚无状态。"② 马克思在信的最后开了一个玩笑，可能暗示了一件即将来临的大事："拉法格这个讨厌的小伙子以它的蒲鲁东主义来折磨我，而且，我要是不用一根结实的棍子揍他的克里奥洛人的脑袋，想必他是不会安静下来的。"③

正当马克思在马盖特休养的日子里，笼罩着德国上空的战争阴云发出了第一道闪电。4月8日，俾斯麦与意大利缔结了对付奥地利的攻守同盟，并在第二天向联邦议会提议，要求在普选权的基础上召开德意志议会，以便由德意志各邦政府共同协商全联邦的改革。马克思和恩格斯对这些事件所采取的立场表明，他们非常不了解德国的现状。他们的判断出现了动摇。4月10日，恩格斯在谈到俾斯麦召集德意志议会的提案时写道："他是何等的愚蠢，竟然相信这会对他有哪怕是丝毫的帮助！

【……】

如果事情真的弄到非打不可的地步，那么事态的发展将第一次取决于

---

① 《马克思恩格斯全集》中文第一版第31卷，第176页。
② 《马克思恩格斯全集》中文第一版第31卷，第508页。
③ 《马克思恩格斯全集》中文第一版第31卷，第510—511页。

 马克思传

柏林的行动。如果柏林人及时出动，情况就会顺利——但是谁能够信赖他们呢？"① 3天后，他重新对事件的发展做了极其清楚的预测："看来，德国的资产者在作过某些反抗以后是会同意的【即接受普选权——梅林注】，因为波拿巴主义毕竟是现代资产阶级的真正的宗教。我越来越清楚地看到，资产阶级没有自己直接进行统治的能力，因此，在没有一种像英国这样的寡头政治为了得到优厚报酬而替资产阶级管理国家和社会的地方，波拿巴式的半专政就成了正常的形式；这种专政维护资产阶级的巨大的物质利益，甚至达到违反资产阶级的意志的程度，但是，它不让资产阶级亲自参加统治。另一方面，这种专政本身又不得不违反自己的意志去承认资产阶级的这些物质利益。因此，我们现在看到，俾斯麦先生接受了民族联盟的纲领。是否实行当然完全是另一回事，但是俾斯麦是很难由于德国资产者而遭受失败的。"② 然而，恩格斯认为，俾斯麦真正会失败的地方是奥地利的兵力。贝奈德克无论如何是比弗里德里希·卡尔亲王更优秀的一位将军；奥地利很可能用自己的力量迫使普鲁士求和，而普鲁士则不可能用自己的力量迫使奥地利如此；因此，普鲁士的每一个胜利都将招致波拿巴的干预。

马克思在给一位新认识的朋友的信③中几乎用同样的话描述了当时的形势。这位朋友是汉诺威的库格曼医生，他在1848年还是个年轻小伙子时，就非常景仰马克思和恩格斯，并仔细收集了他们的所有著作。但直到1862年，他才通过弗莱里格拉特的介绍认识了马克思，并很快就成为他的亲密知己。在一切军事问题上，马克思都丝毫不加批判地完全信任恩格斯的判断，这对他来说是绝无仅有的事。

比高估奥地利的实力更使人吃惊的是恩格斯对普鲁士军队内部状况的

---

① 《马克思恩格斯全集》中文第一版第31卷，第207页。
② 《马克思恩格斯文集》第10卷，第237页。
③ 《马克思恩格斯全集》中文第一版第31卷，第517—518页。

第十一章 国际的创始

看法。这种看法之所以特别令人吃惊，是因为他刚刚在一部卓越著作①中，以远超资产阶级民主派空谈家的洞察力论述了造成普鲁士宪法冲突的军队改革②。他在5月25日的一封信中写道："如果奥地利人十分聪明，不首先进攻，那么在普鲁士军队中一定会产生骚动。这些家伙在这次动员中表现出的那种叛逆情绪，是从来没有过的。可惜，我们对于实际发生的事情只知道极小的一部分，但是这也足以说明，用这样的军队打进攻战是不行的。"③ 6月11日，他又写道："在这次战争中，后备军对普鲁士人来说就像1806年的波兰人一样危险，波兰人也曾构成军队的三分之一以上，在作战以前就把整个事情搞垮了；区别只是，后备军在失败以后将不是逃散，而是暴乱。"④ 这是在克尼格雷茨会战3周前写的。

克尼格雷茨会战⑤驱散了所有迷雾，恩格斯在会战后第二天就写道："你对普鲁士人有什么看法？他们以极大的努力利用了初步的成果【……】这样一场决定性的战斗在八小时之内结束，还是从来没有过的；在其他情况下也许要继续两天。但是针发枪是一种惊人的武器，另外，这些人打得确实很勇敢，这还是我在这种和平军队中从未见过的。"⑥ 马克思和恩格斯

---

① 指恩格斯的《普鲁士军事问题和德国工人政党》一文。
② 这里是指19世纪60年代初普鲁士政府和议会的资产阶级自由派多数之间的冲突，即所谓的宪法冲突。1860年2月，自由派多数拒绝批准陆军大臣冯·罗昂提出的改组军队提案。但是政府不久就争得资产阶级支持用于"维持军队战备、提高军队战斗力"的拨款，开始实施计划中的军队改组。1862年3月，议会的自由派多数拒绝批准军费开支，政府遂解散议会并决定重新选举。1862年9月底，反革命的俾斯麦内阁组成，同年10月，俾斯麦内阁再次解散议会，并着手实行军事改革，不经议会批准就拨付这项经费。直到1866年，当普鲁士战胜了奥地利，普鲁士资产阶级向俾斯麦投降以后，这场冲突才得到解决。
③ 《马克思恩格斯全集》中文第一版第31卷，第222页。
④ 《马克思恩格斯全集》中文第一版第31卷，第228页。
⑤ 克尼格雷茨会战又称萨多瓦会战，是1866年7月3日以奥地利和萨克森的军队为一方，普鲁士军队为另一方，在捷克萨多瓦村附近的克尼格雷茨（赫拉德茨—克拉洛韦城郊）进行的会战。这是1866年普奥战争中的一次决定性会战，以奥军败北而告终。
⑥ 《马克思恩格斯全集》中文第一版第31卷，第231—232页。

也会犯错误,而且常常犯错误,但是当事件本身迫使他们必须承认什么的时候,他们从来不固执己见。普鲁士的胜利使他们如鲠在喉,但是他们并没有因此而被无助地噎住。在这个问题上仍然起指导作用的恩格斯,在 7 月 25 日对形势做了这样的总结:"目前我觉得德国的情况相当简单。自从俾斯麦利用普鲁士军队极其成功地实行了资产阶级的小德意志计划的时候起,德国就这样坚决地沿着这个方向发展,以致我们和其它人一样只好承认这个既成事实,不管我们是否喜欢它。【……】

这件事情有个好处,那就是它使局势简单化了,同时由于它消除了各小邦首都之间的争吵,而且无论如何是加速了发展,所以革命就容易发生了。归根到底,德国议会毕竟是和普鲁士议院完全不同的。所有的小邦都将被卷入运动,地方割据的最恶劣的影响将会消失,各个党派将最终成为真正全国性的,而不再只是地方性的。"① 两天以后,马克思对此冷静地回复:"我完全同意你的看法,就是说,必须接受这样一种肮脏东西。不过在这种'初恋开始的日子里'离开得远远的,毕竟是一种愉快。"②

同时,恩格斯以绝非赞许的口吻写道:"李卜克内西老兄成为狂热的奥地利拥护者"③。显然,正是李卜克内西从莱比锡给《法兰克福报》寄去了一篇"激昂的通讯"。这个致王公于死命的报纸已经走得这样远,竟然指责普鲁士人无礼对待"可敬的黑森选帝侯",并且敬仰可怜的瞎子韦尔夫④。而施韦泽在柏林宣布,他的理由与措辞和伦敦的马克思和恩格斯一样。由于这种"机会主义的"政策,这个不幸的人直到今天仍然必须忍受那些虽然不理解马克思和恩格斯,但是却崇拜他们的重量级政治家们的义愤。

---

① 《马克思恩格斯文集》第 10 卷,第 239—240 页。
② 《马克思恩格斯全集》中文第一版第 31 卷,第 245 页。
③ 《马克思恩格斯文集》第 10 卷,第 241 页。
④ 指汉诺威国王格奥尔格五世。

第十一章 国际的创始

（六）日内瓦代表大会

与计划相反，在克尼格雷茨会战决定德国命运时，国际的第一次代表大会还没有召开。虽然这个新协会成立的第二年比第一年的发展迅速得多，但它还是不得不把会期再次推迟到1866年9月。

日内瓦开始成为协会在大陆上最重要的中心。那里成立了罗曼语区支部和德语区支部，并且都创办了自己党派的机关刊物。德语区支部的机关刊物是《先驱》①，一份由老贝克尔创办和主编的月刊。它的6卷年刊至今仍是国际史最重要的资料来源之一。《先驱》自1866年1月起出版，自称为"德语区支部的中央机关刊物"，因为德国的结社法不允许在国内成立支部，这就使国际的德国成员不论人数多少都留在日内瓦活动。出于类似的理由，日内瓦的罗曼语区支部也将自身的影响深入法国。

比利时的工人运动也创办了自己的报纸《人民论坛报》。马克思承认这份报纸也和日内瓦的两份报纸一样，是国际的官方机关报。但是，他并没有把巴黎出版的一份或几份以自己的方式维护工人利益的小报列入其中。国际的事业虽然在法国也进展顺利，不过在那里与其说是熊熊烈火，不如说刚是星星之火。由于完全没有新闻出版和集会的自由，很难建立起运动的真正中心，而波拿巴警察含糊的宽容态度，对于工人的斗志与其说起着鼓舞的作用，不如说起着麻痹的作用。势力强大的蒲鲁东主义也不适于巩固无产阶级的组织力量。

蒲鲁东主义在时而出现于布鲁塞尔、时而出现于伦敦的"青年法兰西"中尤其喧闹。1866年2月，在伦敦成立的国际法国支部激烈反对总委员会，因为总委员会把波兰问题列入了日内瓦代表大会的议程。他们用蒲鲁东的口气提出了这样的质问：俄国解放了自己的农奴，而波兰的贵族和

---

① 《先驱。国际工人协会机关报》，瑞士的一家德文月刊，1866年1月—1871年12月在日内瓦出版。

 马克思传

僧侣却一直拒绝给他们的农奴以自由，在这样的时刻，怎么能够想到用复兴波兰的办法来遏制俄国的影响呢？在德国的战争爆发时，国际的法国会员，甚至总委员会的法国委员，就像马克思说过的那样，也用"蒲鲁东主义的施蒂纳思想"引起了多次无用的争吵。他们宣布一切民族都已衰老，并且要求将其分解成小的"集团"，然后这些小的"集团"再组成"联盟"，但不是国家。"在人类的这种'个体化'以及相应的'相互性'向前发展的同时，其他一切国家的历史都应当停顿下来，全世界都应当等候法国人成熟起来实行社会革命。那时他们将要在我们的眼前做这种试验，而世界其余的部分将会被他们的榜样的力量所征服，也去做同样的事情。"① 这一段嘲讽之词是马克思首先针对他的"非常好的朋友"拉法格和龙格说的，这两人虽然后来都成了他的女婿，但是起初作为"蒲鲁东的信徒"曾经给马克思带来了很多麻烦。

国际的重心仍然在工联身上。马克思也是这样认为的。1866年1月15日，在给库格曼的信②中，他对于能把这个唯一的真正庞大的工人组织吸引到运动中来表示满意。特别使他高兴的是，几周以前，在国际的思想指导下，在圣马丁堂为选举改革召开了一次大会。随后，1866年3月，格莱斯顿的辉格党内阁提出了一项选举改革法案。就连他自己党内的一部分党员也觉得这项法案过于激进，于是内阁因这些党员的退出而垮台。迪斯累利的托利党内阁取而代之，企图把选举改革无限期地拖延下去。于是选举改革运动开始迅猛发展。7月7日，马克思在给恩格斯的信中写道："伦敦工人的游行示威，和我们1849年以来在英国看到的比起来，规模非常巨大，这完全是由国际一手组织的。譬如特拉法加广场上的主要人物鲁克拉夫特先生就是我们委员会的委员。"③ 在有2万人聚集的特拉法加广场上，鲁克拉夫特号召大家去"我们曾经砍下一个国王的头颅"④ 的白厅公园集

---

① 《马克思恩格斯全集》中文第一版第31卷，第230页。
② 《马克思恩格斯文集》第10卷，第232—233页。
③ 《马克思恩格斯全集》中文第一版第31卷，第233页。
④ 指17世纪英国资产阶级革命时对英王查理一世的处死。

第十一章　国际的创始

会。紧接着,在海德公园一次有 6 万人聚集的大会上,几乎发生了公开的起义。

工联完全承认国际在这场席卷全国的运动中的功绩。在设菲尔德召开的工联代表会议决定:"代表会议对国际工人协会以兄弟情谊联合各国工人的功绩深表敬意,并最恳切地建议出席会议的所有工会都参加这个组织,因为代表会议确信这对整个工人阶级的进步和繁荣极为重要。"① 不久便有相当多的工会加入了国际,但是这种道义上、政治上的巨大成功并没有在同等程度上成为物质上的成功。加入国际的各工会自行决定是否缴纳会费,甚至完全不缴会费。即使缴纳会费,数量也相当微小。例如,拥有 5000 会员的鞋匠工会每年只缴 5 英镑会费,拥有 9000 会员的木匠工会每年只缴 2 英镑,而拥有 3000 至 4000 会员的泥水匠工会每年甚至只缴 1 英镑。

马克思很早就认识到,"选举改革运动"又暴露出"一切英国运动的可诅咒的传统性"②。还在国际成立以前,工联就为了选举改革而与资产阶级激进派建立了联系。当运动开始显示出有获得巨大成果的希望时,这种联系只会越发密切。过去被极度愤慨地拒绝的那些"让步",现在也被看成是值得的付出。但是,马克思认为,这个运动缺少旧宪章主义者的火热精神。他指责英国人没有能力同时做两件事,选举改革运动越是向前发展,伦敦的领袖们对于"我们的比较狭隘的运动"就越是冷淡。"在英国,我们发动的改革运动却几乎断送了我们。"③ 由于马克思生病逗留在马盖特,他无法亲自干预这个运动,这也使得运动的这种发展失去了一个强大的阻碍。

《工人辩护士报》也给他增加了许多工作和麻烦。这份周报在 1865 年的代表大会上被提升为国际的官方机关刊物,并于 1866 年 2 月改名为《共和国》。马克思是该报的董事会成员,该报一直在与财政困难作斗争,因

---

① 古·耶克《国际》1926 年俄文版,第 17 页。
② 《马克思恩格斯全集》中文第一版第 31 卷,第 199 页。
③ 《马克思恩格斯全集》中文第一版第 31 卷,第 205 页。

而依靠资产阶级选举改革者的支持。马克思极力抵消资产阶级的影响，同时调节对编辑部的嫉妒。埃卡留斯一度担任该报主编，并发表了他的一篇反对斯图亚特·穆勒的著名论战文章①。马克思为这篇文章提供了许多帮助。但最终，正如他在给库格曼的信中所说，《共和国》"部分地由于经济的原因，部分地由于政治的原因"，暂时变成了一个纯粹的改革运动的机关报。

这所有情况充分表明，马克思对国际这次代表大会十分忧虑，担心"会在全欧洲面前出丑"。巴黎人坚持，代表大会应该按照伦敦代表会议的决议在5月底召开，马克思想亲自去说服他们相信这个日期是不可能的。恩格斯则认为，这件事完全不值得马克思去冒落入波拿巴警察魔掌的风险，他在那里将孤立无援。只要能够避免出丑，而这完全是可能的，那么代表大会是否能够通过什么有益的决议是次要的问题。在某种意义上，至少对马克思和恩格斯而言，任何这样的示威都是出丑，但这并不代表欧洲人也会这样认为。

难题终于解决了，因为日内瓦方面没有完成筹备工作，因而决定把大会延期到9月。除了巴黎以外，其他各地都同意了。马克思本人并不打算亲自出席大会，因为他的科学著作不允许任何长时间的中断。他认为，对工人阶级而言，完成这部著作要比他亲自参加任何这样的代表大会都更为重要。但是他仍然花了许多时间来确保代表大会顺利进行。他为伦敦的代表们起草了一份备忘录②，并且故意把它局限于这样几点，"这几点使工人能够直接达成协议和采取共同行动，而对阶级斗争和把工人组织成为阶级的需要则给以直接的滋养和推动"③。比斯利赞扬《成立宣言》的那段话也适用于这份备忘录：在短短几页之中，就无比透彻明白地概括了国际无产阶级当前最主要的要求。主席奥哲尔、总书记克里默，以及埃卡留斯和

---

① 指埃卡留斯于1866年11月—1867年3月发表在《共和国》报第192—211号上的一组文章，标题是《一个工人对约翰·斯图亚特·穆勒所阐明和维护的若干政治经济学论点的反驳》。

② 指马克思《给临时中央委员会代表的关于若干问题的指示》。

③ 《马克思恩格斯文集》第10卷，第243页。

第十一章 国际的创始

荣克作为总委员会的代表去了日内瓦,而后两者的理解力是马克思可以首先信赖的。

从9月3日到9月8日,大会在荣克的主持下召开,有60名代表出席。马克思认为,代表大会"从整个情况看,结果比我预期的要好",只是对"巴黎的先生们"进行了十分尖锐的评论。"巴黎的先生们满脑袋都是蒲鲁东的空洞词句。他们高谈科学,却什么也不懂。他们轻视一切**革命的**、即产生于阶级斗争本身的行动,轻视一切集中的、社会的,因而也是可以通过**政治手段**(例如,**从法律上缩短工作日**)来实现的运动;在**自由**和反政府主义或反权威的个人主义的**幌子**下,这些先生们——他们16年来竟泰然自若地忍受并且现在还在忍受着最可耻的专制制度!——实际上在宣扬庸俗的资产阶级的生意经,只不过按蒲鲁东的精神把它理想化了!"①此外,他还用更加严厉的措辞谈到了其他一些事情。

马克思这一评判十分尖锐。但是几年后,作为主要参与者亲自出席大会的约翰·菲力浦·贝克尔对大会上的喧嚣表达了可能更为尖锐的看法。只是贝克尔没有因为法国人而忘掉德国人,也没有因为蒲鲁东主义者而忘掉舒尔采-德里奇主义者。"为了从这些善良人的热烈祝贺中脱身出来,要在他们身上浪费多少礼节啊。"《先驱》同一时期关于代表大会的报道当然并不一样,但是这些报道应当用某种批判的眼光来阅读。法国的代表人数较多,拥有大约三分之一的代表委托书,他们虽然能言善辩,但并没有取得什么成就。他们关于国际只接纳体力劳动者而不接纳脑力劳动者为会员的提案,与关于把宗教问题列入协会纲领的提案一样被否决了。这样一来,这个怪胎就被永远消除了。他们提出的一个没有多大害处的提案被通过了,即研究国际信贷以便将来按照蒲鲁东的主张设立国际的中央银行。更糟糕的是通过了托伦和弗里布尔的一项提案:废除妇女劳动,因为它是"堕落的原则",妇女应当在家庭中占据自己的位置。但是,甚至瓦尔兰和其他法国人也反对这项提案,结果它只是与总委员会关于女工和童工的提案一起通过,而后者使前者化为乌有。此外,法国人还在决议的某些地方

---

① 《马克思恩格斯文集》第10卷,第243页。

 马克思传

偷运了一些蒲鲁东主义的私货。因此,马克思对于扭曲了他辛勤工作的这些瑕疵感到十分痛心。但是不可否认的是,他对大会的整个进程还是很满意的。

马克思只在一个问题上遇到了可能并且确实使他特别难过的挫折,这就是波兰问题。有了伦敦代表会议的经验以后,这个问题在给英国代表的备忘录中得到了细致的论证。备忘录说,欧洲工人必须解决这个问题,这是因为统治阶级不管怎样伪装关心各民族,实际上却在压迫它们,因为贵族和资产阶级把背后的那个阴险的亚洲强国视为对付工人阶级进攻的最后靠山。只有在民主的基础上复兴波兰,才能使这个强国不致为害。德国是作为神圣同盟的前哨,还是成为共和主义法国的盟友,都将取决于这一点。只要这个欧洲的大问题得不到解决,工人运动就将不断受到阻挠、中断和拖延。英国人极力支持马克思的提案,而法国人和一部分罗曼语区的瑞士人则同样极力反对这个提案。最后,大家一致同意了贝克尔的提案,贝克尔本人虽然赞成马克思的提案,但却希望避免因这个问题而公开分裂。通过的这项模棱两可的决议是:国际反对一切暴力统治,因此它力求消除俄国的帝国主义势力,并在社会民主的基础上复兴波兰。

除此之外,英国代表的提案取得了全线胜利。临时章程只做了几处修改就通过了;《成立宣言》没有经过讨论,但是此后国际的所有决议和声明都把它当作正式文件加以引用。总委员会改选了,会址设在伦敦。总委员会负责收集有关国际工人阶级状况的详细统计资料,并且在财力许可的条件下编制国际工人协会所关心的一切问题的报告。为了满足总委员会的支出,每一会员在下一年度要额外缴纳 30 生丁(24 芬尼)的特别会费,大会还建议在会员证费以外,每年定期向总委员会账户缴纳 0.5 便士或 1 便士(8.5 芬尼)的会费。

在大会的一些纲领性声明中,最重要的是关于劳动保护法和工会组织的决议。大会确立了工人阶级必须为争取劳动保护法而斗争的原则。"工人阶级并不是通过这种法律的施行来巩固政府的权力。相反,他们是把目

第十一章 国际的创始

前被用来压迫他们的政权变为自己的武器。"① 工人阶级可以借助于一般的法律，争取到依靠个人的孤军奋斗所争取不到的东西。大会认为，限制工作日是一个必备条件，没有它，无产阶级所有争取解放的努力都将遭到失败。为了恢复工人阶级的体力和健康，为了使工人阶级能够在智力上得到发展，能够参与社会生活并从事社会政治活动，限制工作日是必要的。大会建议把8小时当做工作日的法定限度，这8小时必须规定在一天中的某个时段，使这个时段能够包括8小时的工作时间和吃饭的休息时间。八小时工作日应当适用于所有成年的男女工人，而年满18岁就应算是成年。为了保护健康，不得实行夜班工作，不可避免的例外情况须由法律明文规定。必须特别严格地免除妇女的夜班工作，并且不允许妇女从事一切危害身体健康或有损道德的劳动。

代表大会确认，现代工业吸收男女儿童和少年参加社会生产的趋势是一种有益的和进步的现象，不论它在资本的统治下所采取的形式有多么丑恶。在合理的社会状态下，所有的儿童应该从9岁起就成为生产劳动者，正像每一个成年人都必须毫无例外地遵从下面这条普适的自然规律一样：他要吃饭就必须工作，并且不仅用脑工作，还要用手工作。大会建议，在目前的社会中把儿童和少年分为3个等级，即9岁到12岁的儿童，13岁到15岁的儿童和16岁到17岁的男女少年，并且对他们加以分别对待。在任何工场或家庭劳动中，第一类人的工作时间应限定为每天2小时，第二类人4小时，第三类人6小时，而且至少应该给最后一类人保留1小时的吃饭和休息时间。但是，儿童和少年的生产劳动必须与教育结合起来，而教育应理解为如下3个门类：智育、体育和技术教育。技术教育应该教授所有生产过程的一般科学原理，同时使成长中的孩子学会实际使用最基本的工具。

关于工会，代表大会的决议指出，它们的活动不仅是正当的，而且是必要的。工会是无产阶级用它所拥有的唯一社会力量即人数，来对抗资本集中的社会力量的手段。只要存在资本主义生产方式，工会就是不可或缺

---

① 《马克思恩格斯全集》中文第二版第21卷，第270页。

的，而且还要通过国际联系来扩大自己的活动。通过有意识地抵制资本的不断侵害，工会不知不觉地成为工人阶级的组织中心，正像中世纪的公社成为资产阶级的这种中心一样。工会在资本与劳动的日常斗争中不断进行游击战，作为消灭雇佣劳动有组织的手段而具有更重要的意义。现在，工会过分专注于反对资本的直接斗争，今后它不应与本阶级的一般政治运动和社会运动拉近距离。只有当无产阶级广大群众确信，他们的目标远不是有限的和自私的，而是争取千百万被压迫者的普遍解放时，工会才能得到最大程度的发展。

马克思根据这个决议的精神，在日内瓦代表大会结束之后不久又做了一次尝试，他对此抱有很大期望。1866年10月13日，他在给库格曼的信中写道："英国工联伦敦理事会（它的书记就是我们的主席奥哲尔）目前正在讨论是否宣布自己为国际协会英国支部的问题。如果它这样做，那么这里的工人阶级的领导权从某种意义上说就会转移给我们，而我们就能够把运动大大地'向前推进'。"① 但是工联委员会并没有这样做，尽管它对国际十分友好，但仍然决定保持自己的独立性。如果工联历史学家的记载是准确的话，那么工联委员会还曾拒绝一名国际代表参加自己的会议。国际这样做，原本是为了把大陆上一切罢工的情况迅速告知工联。

最初几年，国际就已经知道它将会取得巨大的成就，但同时也知道这些成就有一定的限度。但是它毕竟有理由暂时为自己的成就而高兴。马克思在刚刚完成的那部巨著中信心满满地指出，和日内瓦代表大会同时召开的巴尔的摩全美工人代表大会将八小时工作日作为工人摆脱资本主义桎梏的第一个要求。

马克思认为，在黑人劳动打上屈辱烙印的地方，白人劳动也不能得到解放。但是，消灭了奴隶制的美国内战的第一个果实，就是争取八小时工作日的运动，这个运动以特别快的速度，从大西洋传到太平洋，从新英格兰传到加利福尼亚。

---

① 《马克思恩格斯文集》第10卷，第247页。

第十二章 《资本论》

（一）产痛

马克思拒绝参加日内瓦代表大会是为了完成他的主要著作——他认为此前所写的都不过是一些"零零碎碎的东西"——因为在他看来，这对工人来说要比参加任何代表大会都更为重要。他所指的是从1866年1月1日开始的《资本论》第一卷誊清和修辞工作。工作一开始进行得非常顺利，因为"经过这么长的产痛以后，我自然乐于舐净这孩子"①。

这种产痛所延续的时间几乎是生理上孕育一个婴儿所需时间的两倍。马克思有充分的理由说，或许从来没有一部这样的著作是在比这更困难的条件下写成的。他曾一次又一次地为他的著作定下完成的期限：在1851年是"5个星期"，在1859年是"6个星期"。但这些打算都一次又一次地失败了，因为他无情的自我批判精神和无比认真的态度，驱使他不断进行新的研究。甚至最忠实的朋友的执意规劝也未能使他有所动摇。

1865年年底，他完成了这部著作，但仍然只是一大堆草稿。在这种形式下，除了他自己以外，任何人——甚至恩格斯——也不能进行编辑。从1866年1月到1867年3月，马克思从这一大堆草稿中，把《资本论》第一卷的经典版本加工成了一个"艺术的整体"。这是他卓越的工作能力的

---

① 《马克思恩格斯文集》第10卷，第235页。

 马克思传

最辉煌的见证,因为在 5 个季度中,他经常闹病,甚至像 1866 年 2 月那样有致命的危险。累累的债务"压得他头昏"。最后,筹备国际日内瓦代表大会也占去了他很多时间。

1866 年 11 月,第一捆手稿寄给了汉堡的民主著作出版商奥托·迈斯纳,他曾经出版过恩格斯论普鲁士军事问题的小册子。1867 年 4 月中旬,马克思亲自把其余的手稿带到汉堡。他发现,迈斯纳是一个"亲切可爱的人",稍作谈判之后就把一切问题都谈妥了。在等待于莱比锡刊印的初校样期间,马克思到汉诺威拜访了他的朋友库格曼,在那里受到了亲切的库格曼一家极其热情的款待。马克思在库格曼家中度过了快乐的几星期,他自己认为这是"人生的荒漠中的一个最美好和最令人愉快的绿洲"①。汉诺威有教养的人士对他表示了尊敬和同情,而他对此完全没有预期,这也对他的好心情起到了一点作用。他在 4 月 24 日给恩格斯的信中写道:"我们两个人在德国,尤其是在'有教养的'官场中的地位,跟我们所想象的完全不同"②。恩格斯在 4 月 27 日回信说:"我一直认为,使你长期以来呕尽心血的这本该死的书,是你的一切不幸的主要根源,如果不把这个担子抛掉,你就永远不会而且也不能摆脱困境。这个一辈子也搞不完的东西,使你在身体、精神和经济方面都被压得喘不过气来,我非常清楚地了解,你现在摆脱这个梦魇后,会感到自己像换了一个人似的,这主要是因为,当你重新投入这个世界时,会感到它已经不像过去那样黑暗。"③ 接着,恩格斯希望迅速摆脱"该死的生意"。他写道,只要忙于商业,他就不能做任何事情。而自从他担任公司的首脑并承担更大的责任以来,情况变得更糟了。

马克思在 5 月 7 日的信中对此回答说:"我希望,并且坚信,再过一年我会成为一个不愁吃穿的人,能够根本改善我的经济状况,并且终于又能站稳脚跟。没有你,我永远不能完成这部著作。坦白地向你说,我

---

① 《马克思恩格斯全集》中文第一版第 31 卷,第 551 页。
② 《马克思恩格斯全集》中文第一版第 31 卷,第 294 页。
③ 《马克思恩格斯文集》第 10 卷,第 248 页。

第十二章 《资本论》

的良心经常像被梦魇压着一样感到沉重,因为你主要是为了我才把你的卓越才能浪费在经商上面,使之荒废,而且还要分担我的一切琐碎的苦恼。"① 当然,无论下一年还是任何时候,马克思都没有"成为一个不愁吃穿的人",而恩格斯不得不再搞几年"该死的生意",但地平线毕竟开始变得清晰了。

在汉诺威的这段日子里,马克思给他的一位追随者、矿业工程师齐格弗里德·迈耶尔(此人之前一直住在柏林,不久前移居美国)写了一封拖延已久的回信。马克思在信中用下面这段话再次清楚地说明了他的"冷漠无情"。他写道:"您一定会把我想得很坏,而当我告诉您,您的来信不仅使我非常高兴,而且在接到来信的这段极端困苦的时期中对我也是一种真正的安慰时,您就会把我想得更坏。想到我已给我们党物色到一个原则性很强的能干的人,那么最坏的事情也就得到了补偿。此外,您的来信也充满了对我个人的最真挚的友谊,您知道,当我正在和(官方的)世界作最艰苦的斗争的时候,我是决不会低估这种友谊的。

那么,我为什么不给您回信呢?因为我一直在坟墓的边缘徘徊。因此,我不得不利用我还能工作的每时每刻来完成我的著作,为了它,我已经牺牲了我的健康、幸福和家庭。我希望,这样解释就够了。我嘲笑那些所谓'实际的'人和他们的聪明。如果一个人愿意变成一头牛,那他当然可以不管人类的痛苦,而只顾自己身上的皮。但是,如果我没有全部完成我的这部书(至少是写成草稿)就死去的话,那我的确会认为自己是不实际的。"②

在这段心情愉快的日子里,一位陌生的律师瓦尔内博耳德向马克思转达了一个消息,说俾斯麦想利用他和他的伟大才能来为德国人民效力。马克思认真对待了这个消息,但是他并没有沉醉于这种诱惑;他的想法和恩格斯一样:"这很能说明这个家伙的思维方式和眼界,他总是以己度人。"③

---

① 《马克思恩格斯文集》第 10 卷,第 256 页。
② 《马克思恩格斯文集》第 10 卷,第 253 页。
③ 《马克思恩格斯文集》第 10 卷,第 250 页。

 马克思传

但是,在惯常的冷静情绪中,马克思很难相信瓦尔内博耳德的消息。当北德意志联邦①尚未建立,而因卢森堡贸易事件而发生对法战争的危险刚刚平息的时候,俾斯麦不可能想到让《共产党宣言》的作者为自己效劳,从而得罪刚刚加入自己阵营的资产阶级,因为资产阶级对他的助手布赫尔和瓦盖纳已经非常反感了。

在返回伦敦途中,马克思不是与俾斯麦本人,而是与他的一个亲戚一起经历了一段小小的奇遇。他曾经不无欣喜地把这段奇遇告诉了库格曼。在轮船上,有一位以军人风度引起他注意的德国小姐,向他询问伦敦车站的一些情况。她得等待几个小时才能坐上她要坐的火车,于是马克思就像一个骑士那样,与她一起游览海德公园来消磨这段时间。"原来,她名叫伊丽莎白·冯·普特卡默,她是俾斯麦的外甥女,刚刚在柏林他家里住了几星期。她认识很多军人,因为我们的'勇敢的军队'中有不少英勇的健儿就是出自这个家庭。她是一个愉快的和有教养的女孩子,但是连鼻子尖上都带有贵族气味和黑白色彩。当她知道,她落入了'赤色分子'手中之后,不胜惊讶。"② 但是,这位小姐并未因此而失去她的兴致。在一封亲切的短信中,她以"孩子般的尊敬"向她的骑士表示了"由衷的感谢",感谢他对"一个未经世故的人"的各种照顾。而她父母也很高兴得知她在旅途中遇到好人。

马克思在伦敦完成了自己著作的校对,这次也免不了偶尔抱怨一下印刷的拖沓。但在1867年8月16日凌晨2时,马克思终于向恩格斯报告说,最后一个印张(第49印张)刚刚校完。"这样,这一卷就完成了。其所以

---

① 北德意志联邦是1867年建立的以普鲁士为首的德意志联邦国家,它取代了已经解体的德意志联邦。加入北德意志联邦的有19个德意志邦和3个自由市,它们在形式上都被承认有自治权。北德意志联邦的宪法保证普鲁士在联邦中居统治地位;普鲁士国王被宣布为联邦元首和联邦武装部队总司令,并被授予指导对外政策的权力。原来在联邦以外的巴伐利亚、巴登、符腾堡和黑森—达姆施塔特在1870年加入了联邦。北德意志联邦的建立在德意志国家统一的道路上向前迈进了一步。1871年1月,随着德意志帝国的建立,北德意志联邦不复存在。

② 《马克思恩格斯全集》中文第一版第31卷,第552页。

第十二章 《资本论》

能够如此,我只有感谢你!没有你为我作的牺牲,我是决不可能完成这三卷书的巨大工作的。我满怀感激的心情拥抱你!

【……】

我的亲爱的、忠实的朋友,祝你好!"①

(二) 第一卷

在他著作的第一章中,马克思再次总结了他1859年的著作②中关于商品和货币所做的阐述。这样做不仅是为求完整,而且也是因为即使是聪明人也不能完全正确地理解这个问题;也就是说,在叙述中,特别是在分析商品时,肯定存在着缺点。

当然,这些聪明人中,并不包括那些咒骂《资本论》第一章"晦涩的神秘主义"的德国学者们。"最初一看,商品好像是一种简单而平凡的东西。对商品的分析表明,它却是一种很古怪的东西,充满形而上学的微妙和神学的怪诞。就商品是使用价值来说,【……】它都没有什么神秘的地方。【……】例如,用木头做桌子,木头的形状就改变了。可是桌子还是木头,还是一个普通的可以感觉的物。但是桌子一旦作为商品出现,就转化为一个可感觉而又超感觉的物。它不仅用它的脚站在地上,而且在对其他一切商品的关系上用头倒立着,从它的木脑袋里生出比它自动跳舞还奇怪得多的狂想。"③ 这使所有的"木脑袋"大为不满,他们虽然能够大量产出超验的奇想和神学的诡计,却不能创造一件像普通的可以感觉的木桌子这样的感性事物。

事实上,单就文笔而论,第一章是马克思写的最出色的作品之一。他接下来探讨了货币如何转化为资本。如果在商品流通中实行等价交换,那

---

① 《马克思恩格斯全集》中文第一版第31卷,第328—329页。
② 指马克思的《政治经济学批判。第一分册》。
③ 《马克思恩格斯全集》中文第二版第44卷,第88页。

373

 马克思传

么货币占有者怎么能以商品的价值买卖商品，从而取得比他投入的价值更大的价值呢？他所以能够如此，是因为在现存的社会关系下，他在商品市场上发现了一种如此独特的商品，以至于这种商品的消费就是新价值的源泉。这种商品就是劳动力。

劳动力是作为活的劳动者而存在的，劳动者为了维持自己的生存，同时也为了维持自己一家的生存以保证在自己死后劳动力的延续，需要有一定量的生活资料。生产这种生活资料所必需的劳动时间，就是劳动力的价值。但是，以工资形式支付的这一价值，远远低于劳动力的购买者能够从劳动力中获取的价值。劳动者的剩余劳动，亦即劳动者超过为补偿他的工资所必要的劳动时间而耗费的劳动时间，是剩余价值和不断膨胀的资本的源泉。劳动者的无酬劳动养活着所有不劳动的社会成员，而我们生活于其中的整个社会状况都建立在这上面。

诚然，无酬劳动本身并不是现代资产阶级社会所独有的特点。自从存在有产阶级和无产阶级以来，无产阶级总是必须提供无酬劳动。只要社会上一部分人享有生产资料垄断权，劳动者，无论是自由的或不自由的，都必须在维持自身生活所必需的劳动时间以外，追加超额的劳动时间来为生产资料的所有者生产生活资料。雇佣劳动是自从社会划分为阶级以来就存在的那种无酬劳动制度的一种特殊的、历史的形式。为了正确地理解这种形式，必须按照它的本来面目来研究它。

货币占有者要把货币转化为资本，就必须在商品市场上找到自由的劳动者。这里所说的自由，具有双重意义：一方面，劳动者是自由人，能够把自己的劳动力当作自己的商品来支配，另一方面，他没有别的商品可以出卖，自由得一无所有，没有任何实现自己的劳动力所必需的东西。这不是一种自然史的关系，因为自然界既不产生货币或商品的所有者，也不产生自身劳动力的纯粹占有者。这也不是一切历史时期所共有的社会关系。这种关系是长期历史发展的结果，是许多经济变革的产物，是一系列更古老的社会生产形态死亡的产物。

商品生产是资本的起点。商品生产、商品流通和发达的商品流通即贸易，是资本产生的历史前提。现代世界贸易和世界市场在16世纪揭开了资

第十二章 《资本论》

本的现代生活史。庸俗经济学家幻想,从前某个时候有一批勤劳的精英积累了财富,而大批懒惰的无赖汉则最后除了自己的皮以外没有可出卖的东西。这种想法是一种乏味的儿童故事,正像资产阶级历史学家凭借一知半解把封建生产方式的解体描绘成工人的解放,而不是封建生产方式转变为资本主义生产方式一样。劳动者虽然不再像奴隶和农奴那样直接属于生产资料之列,但是他们也不再像自耕农和手工业者那样拥有自己的生产资料。正如马克思在论原始积累的一章中以英国历史为例所详细描述的那样,广大人民群众被用一系列暴力的和残酷的方法剥夺了土地、生活资料和劳动工具。资本主义生产方式所需要的自由劳动者就是这样创造出来的。资本来到世间时,从头到脚,每个毛孔都滴着血和肮脏的东西。而一旦它站稳脚跟,它就不但把劳动者和劳动实现条件的所有权分离开来,而且以不断扩大的规模再生产这种分离。

雇佣劳动与以往各种无酬劳动的不同之处,就在于资本的运动是无限的,而资本对剩余劳动的贪欲是无止境的。在那些不是产品的交换价值、而是产品的使用价值占主导地位的社会经济形态中,这种剩余劳动受到或大或小的需求范围所限制,而且不会从生产方式本身产生出对剩余劳动的无限需求。在产品的交换价值占主要地位的社会形态中,情况则不同。作为依靠别人劳动的生产者、剩余劳动的榨取者和劳动力的剥削者,资本在精力、贪婪和效率方面超过了以往一切以直接强制劳动为基础的生产过程。对资本说来,重要的不是劳动过程,即使用价值的生产,而是价值增殖过程,即交换价值的生产,因为资本可以从交换价值中取得比它所投入价值更多的价值。对剩余价值的贪欲永远不会满足,使用价值的生产以满足需要为限度,而交换价值的生产则没有这种限度。正像商品是使用价值和交换价值的统一一样,商品生产过程也是劳动过程和价值形成过程的统一。价值形成过程一直延续到资本以工资形式支付的劳动力价值被一个与它相等的价值所补偿的时候。超过了生产的这个阶段,价值形成过程就变为剩余价值生产过程,即价值增殖过程。作为劳动过程和价值增殖过程的统一,商品生产过程就变为资本主义生产过程,即商品生产的资本主义形式。在劳动过程中,劳动力和生产资料结合在一起。在价值增殖过程中,

 马克思传

资本的这两个组成部分表现为不变资本和可变资本。不变资本转化为生产资料、原料、辅助材料和劳动工具，并且在生产过程中不改变自己的价值量。可变资本转化为劳动力，并且在生产过程中改变自己的价值。它再生产出自身的价值和一定的多余部分，即本身可以变化、数量可多可少的剩余价值。马克思就这样为自己开辟了研究剩余价值的清晰道路。他发现了剩余价值的两种形式——绝对剩余价值和相对剩余价值，它们在资本主义生产方式的历史上各自起了不同的决定性的作用。

绝对剩余价值是由资本家在再生产劳动力所必要的时间以外延长劳动时间所生产出来的。只要可能，资本家会把工作日延长到24小时，因为工作日越长，创造的剩余价值就越多。相反地，劳动者却清楚地感觉到，他在为抵偿工资所必要的时间之外所做的每1小时的劳动，都被不公平地剥夺了。他不得不用自己的身体去体验，过长时间的劳动意味着什么。围绕着工作日长度所进行的斗争，从自由劳动者第一次登上历史舞台时起就开始了，并且一直持续到今天。资本家为自己的利润而斗争，而且不管他本人是好人还是坏蛋，竞争总是迫使他把工作日延长到人类劳动能力所能达到的极限。劳动者为自己的健康、为每天几小时的休息而斗争，以便除了工作、吃饭、睡觉以外还能像人一样地生活。马克思对英国资本家阶级和工人阶级之间长达半个世纪的内战进行了极其动人的描述。这场内战从大工业诞生时起开始，以十小时工作日法的颁布而告终；大工业曾促使资本家打破自然和风俗、年龄和性别、白昼和黑夜为剥削无产阶级所造成的所有障碍。工人阶级则通过斗争争取了十小时工作日法，作为一种强有力的社会阻碍，阻止了工人通过与资本家间的自由契约把自己和自己的家庭出卖给资本家，从而使他们陷入死亡和奴役。

相对剩余价值是为了增加剩余劳动，通过缩短再生产劳动力所必要的劳动时间而生产出来的。在那些产品决定劳动力价值的工业部门里，劳动生产率的提高会降低劳动力的价值。为此必须不断地变革生产方式，变革劳动过程的技术条件和社会条件。马克思在论述协作、分工、工场手工业、机器和大工业的各章中所作的历史的、经济的、技术的和社会心理的论述，连资产阶级学者也承认是最丰富的科学宝库。马克思不仅指出，机

第十二章 《资本论》

器和大工业为工人造成了以往任何一种生产方式也不曾造成的贫穷状况，而且指出，机器和大工业在不断地使资本主义社会革命化时，也为更高级的社会制度做着准备。工厂法是社会对自己的生产过程的反自然形式的第一个自觉而又有计划的反作用。这种立法在调节工厂和工场手工业中的劳动时起初不过表现为对资本剥削工人权利的干涉。

但是，事实的力量很快迫使立法进一步调节家庭劳动并干预亲权领域，从而迫使立法承认，大工业在破坏旧家庭制度及与之相适应的家庭劳动的经济基础时，也在破坏旧的家庭关系本身。"不论旧家庭制度在资本主义制度内部的解体表现得多么可怕和可厌，但是由于大工业使妇女、男女少年和儿童在家庭范围以外，在社会地组织起来的生产过程中起着决定性的作用，它也就为家庭和两性关系的更高级的形式创造了新的经济基础。当然，把基督教日耳曼家庭形式看成绝对的东西，就像把古罗马家庭形式、古希腊家庭形式和东方家庭形式看成绝对的东西一样，都是荒谬的。这些形式依次构成一个历史的发展序列。同样很明白，由各种年龄的男女个人组成的结合劳动人员这一事实，尽管在其自发的、野蛮的、资本主义的形式中，也就是在工人为生产过程而存在，不是生产过程为工人而存在的那种形式中，是造成毁灭和奴役的祸根，但在适当的条件下，必然会反过来转变成人道的发展的源泉。"① 机器在把工人贬低为自己的附属品的同时，也为提高社会生产力创造了可能性，从而使社会的全体成员都有机会得到无愧于人的发展，而这一点是以前的所有社会形态根本做不到的。

在研究了绝对剩余价值和相对剩余价值的生产以后，马克思在政治经济学史上第一次提出了合理的工资理论。商品的价格是它的价值的货币表现，而工资是劳动力的价格。出现在商品市场上的不是劳动本身，而是出卖自己劳动力的工人，而劳动则是通过劳动力这个商品的消费而产生的。劳动是价值的实体和不可分离的尺度，但它本身并没有价值。然而表面看来，劳动却似乎由工资偿付了，因为工人总是在完工以后才得到自己的工

---

① 《马克思恩格斯全集》中文第二版第44卷，第563页。

 马克思传

资。工资的形式消灭了工作日分为有酬劳动和无酬劳动的一切痕迹。这就发生了与奴隶制度下相反的情况。在奴隶劳动的情况下，甚至只是用来补偿自己生活资料价值的那一部分工作日，即也似乎是为主人的劳动。他的全部劳动似乎都是无偿的。相反，在雇佣劳动制度下，无酬劳动甚至也表现为有偿的。前者是财产关系掩盖了奴隶为自己的劳动，后者是货币关系掩盖了雇佣工人的无代价劳动。马克思指出，这就是为什么劳动力的价值和价格转化为工资形式，即转化为劳动本身的价值和价格，具有决定性的重要意义。这种表现形式掩盖了现实关系，正好显示出它的反面。工人和资本家一切法的观念，资本主义生产方式的一切神秘性，这一生产方式所产生的一切自由幻觉，庸俗经济学的一切辩护遁词，都是以这个表现形式为依据的。

计时工资和计件工资是工资的两种基本形式。马克思根据计时工资的规律，证明了工作日的缩短必然招致工资降低这种别有企图的说法的虚伪性。事实恰恰相反，工作日暂时的缩短会降低工资，而长期的缩短则会提高工资，工作日越长，工资也就越低。

计件工资不过是计时工资的转化形式，是最适合资本主义生产方式的工资形式。它在工场手工业全盛时代广泛流行，而在英国大工业的狂飙突进时期曾是延长工时和缩减工资的杠杆。计件工资对资本家极其有利，因为它在很大程度上使劳动的监督变得多余，而且为克扣工资和玩弄各种欺诈创造了许多机会。它却使工人受到很大损害：似乎能提高工资，实际却趋向于降低工资的过度劳动所造成的折磨，造成工人之间竞争的加强和团结的削弱，让寄生者即中间人介入资本家和工人之间，从支付的工资中攫取相当大的一部分，等等。

剩余价值和工资之间的关系，使资本主义生产方式不仅不断地为资本家再生产出资本，而且不断再生产出工人的贫困：一方面是占有一切生活资料、一切原料和一切劳动工具的资本家，另一方面是为了赚取一定量的生活资料而被迫向这些资本家出卖自己劳动力的广大工人，这些生活资料至多只能维持他们的劳动能力和养活有劳动能力的无产者的新一代。但是，资本不只是简单地再生产自身，它还不断地扩大和增殖，马克思在第

第十二章 《资本论》

一卷的最后一篇便探讨了这个"积累过程"。

不仅剩余价值产生自资本,而且资本也来源于剩余价值。每年生产出来的剩余价值的一部分在有产阶级之间分配,被他们作为收入耗费掉,而另一部分则作为资本积累起来。从工人阶级榨取来的无酬劳动,现在又被用来作为进一步榨取更多的无酬劳动的手段。在生产流中,原来预付的一切资本,与直接积累的资本相比,亦即与已经转化为资本的剩余价值或剩余产品(不管它仍然掌握在积累资本的人手中还是别人手中)相比,总是一个接近于零的量。建立在商品生产和商品流通之上的私有财产的规律,通过自身内在的、必然的辩证法转化为自己的直接对立物。商品生产的规律似乎使所有权建立在自己的劳动之上。平等的商品占有者彼此对立。占有他人商品的唯一方法是出让自己的商品,而自己的商品只有靠劳动才能生产出来。现在,所有权在资本家方面表现为占有别人无酬劳动或其产品的权利,而在工人方面则表现为不可能占有自身的产品。

当现代无产阶级开始看透事情的本质,当里昂的城市无产阶级敲响警钟,而英国的乡村无产阶级开始纵火的时候,庸俗经济学家发明了一种"节欲论"①。按照这种理论,资本是由于资本家的"自愿节欲"而产生的。马克思像拉萨尔以前所做的那样,痛斥了这种理论。实际上,资本积累全靠工人被迫的"节欲",全靠把工资强制压低到劳动力价值以下,从而把工人的必要消费基金部分转化为资本积累基金。这就是对工人的"奢侈"生活的感叹,因为石工们早餐时喝了一瓶香槟酒而对他们无休止地抱怨,以及基督教社会改良家为工人拟定的廉价食谱和这一类资本主义文丐争斗的真正来源。

资本主义积累的一般规律是这样的。资本的增大意味着它的可变部分即转化为劳动力部分的增大。如果资本构成保持不变,如果一定量的生产

---

① 庸俗经济学的代表人物断言,资本的积累要以资本家的节欲为前提,属于这一类的代表人物有纳·威·西尼耳(《政治经济学科学大纲》1836年伦敦版,第342—343页),阿·波特尔(《政治经济学》1841年纽约版,第133页),古·德·莫利纳里(《经济学概论》1846年巴黎版,第36页)。

马克思传

资料经常需要有同量劳动力使之运转，那么显然，对劳动的需求和工人的维生基金就会随着资本的增加而增加，而且资本的增加越迅速，它的增加也就越迅速。正像简单再生产不断再生产出资本主义关系本身一样，资本积累也以更大的规模再生产出资本主义关系：在一个极端上再生产出更多的资本家或更大的资本家，在另一极端上就再生产出更多的雇佣工人。因此，资本的积累就是无产阶级的扩大，而且在这种情况下，这种扩大是在对工人最有利的条件下发生的。在工人自己日益增大并以日益增长的规模转化为追加资本的剩余产品中，绝大部分都以支付手段的形式流回到他们手中，使他们得以扩大自己的消费范围，并更充裕地筹措衣服、家具等消费基金。可是，这一切丝毫不会改变工人所处的从属地位，正像丰衣足食的奴隶仍然是奴隶一样。在任何情况下，工人必须提供一定量的无酬劳动，虽然无酬劳动的数量可能减少，但决不会减少到严重威胁生产过程的资本主义性质的程度。如果工资提高到这种程度之上，那么获取利润的刺激便会减弱，资本的积累便会放缓，直到工资再次降低到与资本增殖的要求相符合的水平为止。

然而，在资本积累时，只有当资本的不变部分和可变部分的比例不变的时候，雇佣工人为自己制造的黄金锁链才会松弛和减轻。事实上，随着资本的积累，在马克思所说的资本有机构成中也发生了一场伟大的革命。不变资本靠减少可变资本而增加，劳动生产率的提高使生产资料的量比包含在其中的劳动力的量增长得更快，对劳动的需求不是与资本的积累成正比例地增加，而是相对地减少。资本的积聚也以另一种形式产生这样的作用，这种积聚与资本的积累无关，而是资本主义竞争的规律导致大资本吞并小资本的结果。一方面，在积累过程中形成的追加资本所吸引的工人，相比追加资本的量而言越来越少。另一方面，以新的构成再生产出来的旧资本，却越来越多地排斥以前所雇用的工人。这样就形成了相对过剩的劳动人口，即超过资本价值增殖需要的劳动人口，一支产业后备军。在不景气时期和平常时期，产业后备军所得的工资低于劳动力的价值，它没有固定的工作，或者依靠社会救济过活。但是无论在哪种情况下，它总是削弱在业工人的抵抗力，使他们的工资保持在低水平上。

第十二章　《资本论》

产业后备军是积累的必然产物，亦即财富在资本主义基础上发展的必然产物，但反过来又是资本主义生产方式的推动力。随着积累以及伴随积累而来的劳动生产力的发展，资本的突然膨胀力也增大了，这种膨胀力需要大量的人，以便在不缩减其他部门的生产规模的条件下，把他们一下子投到其他市场或新的生产部门去。现代工业特异性的生活过程，即复苏、生产高涨、危机和停滞这样一种小幅波动的10年周期的形式，就是以产业后备军的不断形成、多少被吸收和重新形成为基础的。社会财富、运用中的资本以及资本增殖的规模和力量越大，劳动人口的绝对数量和它的劳动生产力就越大，相对的过剩人口即产业后备军也就越多。产业后备军的相对数量是随着财富力量的增加而增加的。但是产业后备军比现役劳动军越大，那些贫困与劳动的痛苦成反比的工人阶层的人数也就越多。最后，工人阶级中的乞丐层和产业后备军越多，官方公认的赤贫者也就越多。这是资本主义积累绝对的、普遍的规律。

这个规律也决定了资本主义积累的历史趋向。随着资本的积累和积聚的发展，规模日益广大的、劳动过程的协作形式，科学在技术上的有意识的应用，土地有计划的共同开发，劳动资料向只能集体使用的劳动资料的转变，一切生产资料因作为联合的社会劳动的共同生产资料使用而实现的节约，也随之发展起来。掠夺并垄断这一转变过程所有利益的大资本家的人数在不断减少，同时，贫困、压迫、奴役、退化和剥削的程度却在日益增加，而且，人数不断扩大的、为资本主义生产过程本身的机制所训练、联合和组织的工人阶级的愤怒也日益增长。资本的垄断变成了与它一起并在它之下蓬勃发展起来的那种生产方式的桎梏。生产资料的积聚和劳动的社会化，达到了与它们的资本主义外壳不能相容的地步。资本主义私有制的丧钟响了，剥夺者就要被剥夺了。

那时，以个人劳动为基础的个人所有制将重新恢复起来，但却是在资本主义时代已经取得的成就的基础上恢复起来，这个基础就是：自由劳动者的协作，他们对土地以及由劳动本身所创造的生产资料的公有制。当然，实际上已经建立在社会生产之上的资本主义所有制转化为公有制，远不像建立在单个人自身的劳动之上的分散的所有制转化为资本主义所有制

那样是一个长期的、艰难的和痛苦的过程。在后一种情况下，是少数掠夺者剥夺人民群众，而在这里，将是人民群众剥夺少数掠夺者。

（三）第二卷和第三卷

《资本论》第二卷和第三卷遭到了和第一卷同样的命运。马克思曾经希望这两卷能在第一卷之后很快出版，但是过了许多年也没有把它们完成付印。新的日益深入的研究、长期的疾病以及最后的离世，使他未能完成整个著作。于是，由恩格斯从他朋友未完成的遗稿中编辑成了后两卷。这些手稿是一些笔记、草稿、摘录，既有理路连贯的大段文字，也有只供研究者自己弄清问题的简短评论。总之，这是从1861年到1878年这一长时期（尽管其间有过较长时间的中断）中所进行的巨大思想工作的成果。这些情况说明，我们不应到《资本论》后两卷中去寻求政治经济学中所有最重要问题的完整的、现成的答案，而只应部分地寻求这种问题的提法，以及关于寻求解决方案的方向的指示。正像马克思的整个世界观一样，他的这部主要著作不是包含现成最后真理的圣经，却是启发进一步思考、刺激进一步的思想工作，为真理而进一步斗争的不竭源泉。

这些情况也说明，为什么第二卷和第三卷在外观上、在文字形式上，不像第一卷那样完美，那样闪烁着思想的火花。虽然如此，由于撇开了叙述形式方面的一切考虑而直接论述思想，它们比第一卷给予部分读者以更高的享受。从内容来说，这两卷是对第一卷的必要补充和发展，对理解整个体系是不可或缺的。遗憾的是，直到现在它们还没有改写成普及本，因此广大受过教育的工人仍然不知道它们。

在第一卷中，马克思研究了国民经济学的一个基本问题：财富是从哪里产生的？利润的源泉是什么？在马克思以前的时代，对这个问题的回答有两个不同的方向。

"科学的"捍卫者认为我们生活于其中的世界是最好的世界，他们中的那些甚至在一部分工人中也受到尊敬和信任的人，如舒尔采-德里奇之

第十二章 《资本论》

流,用一整套貌似可信的理由和狡猾骗术来解释资本主义的财富,说它是为了"补偿"企业主慷慨"提供"的生产资本而系统提高商品价格的结果,是对企业主所冒的"风险"的报酬,是对企业主"精神领导"的报酬,等等。这一切解释总是想把一些人的富有和另一些人的贫穷说成是"公正的",从而也是不可避免的。

与此相反,资产阶级社会的批判者,即在马克思以前的各种社会主义派别,往往把资本家的致富说成是纯粹的欺诈,甚至是借助于货币或生产过程的无组织而对工人进行的盗窃。由此出发,这些社会主义者提出了各种空想的计划,设法通过废除货币和"组织劳动"等方式来消灭剥削。

在《资本论》第一卷中,马克思揭示了资本家致富的真正根源。他既未打算为资本家辩护,也未谴责他们的非正义,而是首先指出了利润是如何产生的,是怎样落入资本家的钱袋的。他用两个决定性的经济事实解释了这一点:第一,工人群众都是被迫把自己的劳动力当作商品出卖的无产者;第二,劳动力这个商品现在具有这样高的生产率,以致可以在一定的时间内生产出远远多于在这时间内维持劳动力本身存在所必要的产品。由于客观历史发展所造成的这两个纯粹的经济事实造成的结果是:无产者的劳动所创造的果实很自然地落入资本家手中,并且随着雇佣劳动制度的延续,必然地积累成不断增大的巨额资本。

因此,马克思不是把资本家的致富解释成对资本家的想象中的牺牲和善行的某种报酬,也不是解释成通常意义下的欺诈和盗窃,而是解释成资本家和工人之间在刑法意义上完全合法的交易,这种交易也遵守着其他一切商品买卖所遵守的那些法律。为了彻底阐明这种给资本家带来黄金果实的无可非难的交易,马克思彻底发展了伟大的英国古典经济学家亚当·斯密和李嘉图在18世纪末和19世纪初所发现的价值规律,即说明了商品交换的内在规律,并把这一规律应用于劳动力这种商品。价值规律以及马克思从这一规律推演出来的工资和剩余价值的规律,即对雇佣劳动的产品如何在没有暴力和欺诈的情况下自然地分为工人微薄的生活费和资本家不劳而获的财富所做的说明,就是《资本论》第一卷的主要内容。这一卷的伟大历史意义就在于,它阐明了只有废除劳动力的出卖,即废除雇佣劳动制

 马克思传

度，才能消灭剥削。

在《资本论》第一卷中，我们始终置身于劳动的场所，即个别工厂、矿山或现代农业企业中。该卷得出的结论对于每一个资本主义企业都是适用的。虽然这里指的仅仅是作为整个生产方式的典型的个别资本，但是当我们读完这一卷时，我们就可以弄清楚利润的日常来源，透彻地识破剥削的机制。在我们面前是堆积如山的、还浸透着工人汗水的刚刚出厂的各种商品，我们可以从它们身上清楚地分辨出由无产者的无酬劳动所创造，而又和整个商品一样合法地转化为资本家财产的那一部分。我们在这里亲手接触了剥削的根源。

但是，资本家的收获这时还远远没有运到仓库。剥削的果实就摆在那里，但还是采取着企业主无法享用的形式。只要资本家仅仅以商品堆积的形式占有这些果实，他就不会对自己的剥削感到高兴。他不是古希腊罗马世界的奴隶主或中世纪的封建统治者，掠夺劳动者仅仅是为了维持他本人的奢华生活和供养自己的宫廷。为了除掉维持"符合自己身份的生活"以外还能不断增加自己的资本，资本家必须把他的财产变为叮当作响的货币。为此，必须把雇佣工人生产的商品，连同包含在其中的剩余价值一起卖掉。商品必须从工厂仓库和农业仓库运向市场；资本家跟随着商品从办事处走向交易所，走向店铺，而我们也在《资本论》第二卷中随着它走向这些地方。

在演出资本家生活第二幕的商品交换领域中，资本家遇到了许多困难。在自己的工厂、自己的堡垒中，他是主人。那里有极其严格的组织、纪律和计划性。相反，在商品市场上却是完全的无政府状态、即所谓自由竞争在支配着一切。在这里，谁也不关心别人，谁也不关心整体。然而，正是通过这种无政府状态，资本家感到了自己在一切方面对其他人、对社会的依赖。

他必须与自己的所有竞争者步调一致。如果他超过绝对必要的时间才卖掉自己的商品，如果他没有储备足够的货币来及时地购买原料和一切必需物品，以免企业在这段时间受到任何干扰，如果他不设法使出售商品后回到自己手中的货币不被闲置起来，而投到有利可图的方面去，那他就必

第十二章 《资本论》

然要陷入不利局面。跑得最慢的被狗咬,如果他不设法使他在作坊和商品市场之间经常往来的业务也像在作坊本身中一样顺利进行,那么不管他怎样认真地剥削工人,他也仍然得不到通常的利润。他"理应获得的"利润的一部分将丢失到某个地方,只是不在他的口袋中。

单是这些还不够。资本家要想发财致富还必须生产商品,即有用物品。但是他必须按照社会所需要的种类和数量来生产那些商品。否则商品就会卖不出去,而其中所包含的剩余价值也将落空。但是,个别的资本家怎么会知道这一切呢?没有人会告诉他,在一定的时候社会究竟需要什么样的和需要多少商品,因为没有人知道这一点。我们是生活在一个无计划、无政府的社会中!每个个别的企业主也处于同样的状态。但是从这种混乱、复杂中仍然必须形成一个整体,它既能保证资本家的个别业务和他们的致富,又能保证整个社会需要的满足,保证社会的延续。更确切地说,从无规则的市场的一团混乱中,必须产生出:第一,个别资本的不断循环,即生产、销售、购买和再生产的可能性,而且,资本要不断从货币形态转化为商品形态,反过来又从商品形态转化为货币形态。这些阶段必须互相呼应,必须有货币的储备,以便随时利用市场行情进行购买和弥补企业的日常开支。另一方面,随着商品的出售而逐渐收回的货币必须立即重新加以运用。个别资本家似乎是彼此完全无关的,在这里却实际上结成了伟大的兄弟关系,因为他们彼此经常地通过信用、银行制度贷放所需要的货币,同时借用储存的货币,从而使个人和社会都能不间断地进行商品的生产和销售。资产阶级政治经济学只能把信用解释成"便利商品交换"的巧妙制度,而马克思则在他著作的第二卷中附带地说明:信用不过是资本的存在形式,是资本的两个生活阶段——生产阶段和商品市场阶段——之间的纽带,同时也是各个资本的貌似独立的运动之间的纽带。

第二,必须在个别资本的混乱中,保持整个社会的生产和消费的不断循环,同时使资本主义生产的各种条件——生产资料和工人阶级生活资料的生产,资本家阶级财富的日益增殖,即社会总资本的不断增长的积累和运动——始终得到保障。怎样从个别资本的无数错综混乱的运动中形成某种整体;这个整体的运动怎样不断地摇摆于高度的景气和危机时的崩溃之

 马克思传

间,以及怎样在重新恢复正常的关系以后不久又破坏这种关系。在这一切情况下,社会本身生活的维持和经济的进步对现代社会来说不过是一种手段,它的真正目的是资本以日益巨大的规模实现逐步的积累。马克思在他著作的第二卷中并没有彻底解决与此有关的一系列问题,但自亚当·斯密以来的一百年中,他是第一个把这些问题放在了规律性的坚实基础之上的。

但是,资本家棘手的任务并没有就此完成。现在,在越来越多的利润转化为货币以后和在这一过程中,产生了如何分配战利品这个大问题。各种各样的集团对此提出了要求,在企业主之外还有商人、银行家和土地所有者。他们都曾在各自的领域内帮助了对雇佣工人的剥削或工人所制造商品的贩卖,因此都要求得到自己的一份利润。但是,利润的分配是一个比乍看起来远为微妙复杂的任务。因为,当利润刚刚从作坊产生出来时,各个企业主之间,依企业种类的不同,在所获得的利润方面存在着很大差别。在某个生产部门中,商品的生产和销售进行得极为迅速,因而资本在最短期间内便连同增殖额一起收回了。它迅速地重新发挥机能并提供新的利润。在另一个部门中,资本在生产中占用许多年,要在很长一段时间以后才带来利润。在某些生产部门中,企业主不得不把自己资本的大部分投入死的生产资料,即建筑物、昂贵的机器等等,这些东西不管对榨取利润如何必要,其本身并不带来任何东西,并不产生利润。在另一些部门中,企业主可以花极少的费用把自己的资本主要用于雇用工人,而每个工人都是给企业主下金蛋的勤劳的母鸡。这样,在赚取利润本身中,各个资本家之间就产生了很大的差别,而这些差别在资产阶级社会眼中,比起收入在资本家和工人之间的独特的"分配"来,更是一种不可容忍的"不公正"。那么怎样在这里确立战利品的一种平衡、一种"公正的"分配,使每个资本家都能得到"自己的一份"呢?这一切任务不能通过有意识的和有计划的监管来解决。和生产一样,分配在当今社会中也带有无政府的性质。在这里,根本谈不到可以称之为社会措施的任何真正的"分配",有的只是交换、只是商品流通、只是买卖。但是,每一类剥削者和每一个剥削者之间,怎样仅仅通过盲目的商品交换,来取得从资本统治的观点看来是"公

第十二章 《资本论》

正的"、为无产阶级劳动力所创造的那一部分财富呢?

马克思在《资本论》第三卷中回答了这些问题。正如他在第一卷中分析了资本的生产和利润的生产的秘密,在第二卷中叙述了资本在工厂和商品市场之间、社会的生产和消费之间的运动一样,他在第三卷中则研究了利润的分配。他在进行这一研究时仍然遵守了同样的三个基本条件:资本主义社会中所发生的一切都不是偶然的,而是遵循着确定的、经常起作用的、即使是没有为当事者所意识到的规律;经济关系不是建立在掠夺和盗窃这种暴力方法之上的;某种社会理性对于整体的有计划的作用是不存在的。马克思以透彻的逻辑性和明晰性,仅仅从交换的机制,即从价值规律和由此推出的剩余价值规律,引申出了资本主义经济的所有现象和关系。

如果把这部著作作为整体来审视,我们可以说:包含着关于价值规律、工资和剩余价值学说的第一卷揭示了现代社会的基础,而第二、三卷则展示了这一基础之上的各层建筑。或者,可以用另一种比喻来说,第一卷揭露了社会机体的制造生命汁液的心脏,而第二、三卷则说明了整个机体直到表皮的血液循环和营养。

在后两卷中,我们随着内容来到了与第一卷完全不同的境界。在第一卷中,我们是在工场中,在劳动这个社会的深层矿井中探索了资本家致富的源泉。在第二、三卷中我们是在地面上,在社会的正式舞台上走动。在这里,出现在前台上的是货栈、银行、交易所、银钱业、穷困的地主及其忧虑,在这一切当中没有工人出场。实际上,工人在已饱受剥削以后,对于在他背后演出的这一切是漠不关心的。我们只是在工人于晨光熹微中成群结队地奔赴工厂,和于暮色黄昏中排成长长的行列离开工厂时,才在吵嚷忙碌的大群生意人中真正看到他们。

在这之后似乎看不清楚的是,资本家在获取利润方面的私人忧虑和在瓜分赃物方面的相互争吵对于工人又有什么关系。但是,《资本论》的第二、三卷在透彻理解现代经济机制方面,实际上与第一卷同样必要。当然,这两卷对于现代工人运动来说不像第一卷那样具有决定的根本的历史意义。但是,它们包含着对无产阶级在实际斗争中的思想武装来说价值无可估量的丰富见解。这里仅仅举两个例子。

 马克思传

在第二卷中,马克思在考察社会如何能从许多资本的错综混乱的运动中获得正常营养的时候,自然而然地涉及了危机的问题。人们不能指望这里会有关于危机的系统的、教科书式的论述,这里只有一些附带的评论。但是熟悉这些评论对于开明的有思想的工人来说是非常有用的。社会民主党的鼓动家,特别是工会的鼓动家总是断言,危机的产生首先是由于资本家的短视,因为资本家根本不愿意理解,工人群众是他们最好的主顾,而只要提高工人的工资,就足以获得有购买力的主顾并消除爆发危机的危险。

不管这种见解如何流行,但它是完全错误的。马克思用下面的话驳斥了这个见解:"认为危机是由于缺少有支付能力的消费或缺少有支付能力的消费者引起的,这纯粹是同义反复。除了需要救济的贫民的消费或'盗贼'的消费以外,资本主义制度只知道进行支付的消费。商品卖不出去,无非是找不到有支付能力的买者,也就是找不到消费者【……】。但是,如果有人想使这个同义反复具有更深刻的论据的假象,说什么工人阶级从他们自己的产品中得到的那一部分太小了,只要他们从中得到较大的部分,即提高他们的工资,弊端就可以消除,那么,我们只须指出,危机每一次都恰好有这样一个时期做准备,在这个时期,工资会普遍提高,工人阶级实际上也会从供消费用的那部分年产品中得到较大的一份。按照这些具有健全而'简单'(!)的人类常识的骑士们的观点,这个时期反而把危机消除了。因此,看起来,资本主义生产包含着各种和善意或恶意无关的条件,这些条件只不过让工人阶级暂时享受一下相对的繁荣,而这种繁荣往往只是危机风暴的预兆。"①

事实上,第二卷和第三卷使我们能够透彻地洞察危机的本质。危机不过是资本运动的不可避免的结果。这个运动在追求积累和增殖的急躁的、贪得无厌的冲动的驱使下,往往很快就会突破消费的一切阻碍,不管消费怎样由于某个社会阶层购买力的提高或由于获得了完全新的销售市场而急速地扩大。因此,应该抛弃那种隐藏在通行的工会鼓动背后的

---

① 《马克思恩格斯全集》中文第二版第45卷,第456—457页。

第十二章 《资本论》

思想,即认为资本和劳动之间存在着利益的协调,而只是由于企业主的短视才看不到它。同时也应该放弃医治资本主义的经济无政府状态的任何希望。雇佣工人争取提高物质生活水平的斗争,在自己的思想武库中有着千百种真正精锐的武器,而无须借助理论上站不住脚和实践上模棱两可的论据。

另一个例子。马克思在第三卷中第一次科学地说明了政治经济学始终束手无策的现象。也就是,不管资本在怎样千差万别的条件下投入各个生产部门,它照例总是带来所谓"通常的"利润。乍一看,这个现象似乎与马克思自己给出的解释,即资本主义财富来自雇佣工人的无酬劳动,是相矛盾的。确实,那个把较大一部分资本投入死的生产资料的资本家,怎么会和那些投入这方面的资金很少、因而能够雇用较大量活劳动的伙伴获得同样多的利润呢?

马克思极其简单地解决了这个谜。他指出,利润的差别如何由于某些商品按高于价值的价格出售、另些商品按低于价值的价格出售而拉平,并形成一切生产部门所共同的"平均利润"。资本家根本没有想到这一点,他们之间也没有任何自觉的协议,但是他们通过自己商品的交换,似乎把从工人那里剥夺来的全部剩余价值汇总在一起,然后和睦地分配剥削的总收获,使每个资本家都按照他的资本量得到相应的一部分。因此,个别的资本家所获得的完全不是他直接剥削所得的利润,而只是他的全体伙伴所得利润中他应该分得的那一份。"就利润来说,不同的资本家在这里彼此只是作为一个股份公司的股东发生关系,在这个公司中,按每100资本均衡地分配一份利润。因此,对不同的资本家来说,他们的各份利润之所以有差别,只是因为每个人投在总企业中的资本量不等,因为每个人在总企业中的入股比例不等【……】。"①

看似枯燥无味的"平均利润率"法则,包含着多么深刻的洞见!它多么清楚地揭示了资本家阶级团结的坚实物质基础:资本家们在日常斗争中

---

① 《马克思恩格斯全集》中文第二版第46卷,第178页。

是彼此敌对的兄弟，而对工人阶级却形成一种共济会①式的同盟，这个同盟在对工人的全面剥削上有着最深切和最自私的利害关系。资本家当然丝毫没有意识到这些经济规律的作用，但是根据统治阶级的万无一失的本能，他们却理解了自己的阶级利益以及这些利益与无产阶级利益的对立。不幸的是，在历史上的历次风暴中，这种自发的理解始终比——马克思和恩格斯在著作中——科学地阐明和论证了的工人的阶级意识，要更加牢靠。

这两个信手拈来的简短例子表明，《资本论》的后两卷包含着多少有待普及的足以启发受教育的工人思考和加深认识的丰富宝藏。这两卷虽然没有完成，但是却比任何现成的真理提供了更有价值的东西：它们启发思考，促进批判和自我批判，而自我批判正是马克思留给后世的学说的最基本的要素。

（四）著作的接受

在第一卷完成之后，恩格斯曾希望马克思在"摆脱这个梦魇"之后能够变成另外一个人，这个希望只是部分地实现了。

马克思的健康状况没有得到持久的改善，而他的生活也依然处于困窘之中。他认真地考虑过搬到生活费用远为低廉的日内瓦去，但是命运却使他不得不留在伦敦，留在大英博物馆的宝藏旁边。他想为自己著作的英译

---

① 共济会是17世纪末18世纪初出现于英国的一种秘密团体，旨在传播并执行其秘密互助纲领。它最早起源于中世纪的石匠和教堂建筑工匠的行会，后来随着英帝国向外扩张传播到欧美许多国家。共济会谴责封建制度和英国国教，谋求建立一个世界范围内的新宗教。共济会秘密分会的活动是模仿工匠行会的神秘典礼和秘密仪式。该会会员赋予自己净化道德、慈善为怀和革新世界的任务。他们相信永恒不变的、决定社会发展的自然规律。但这些规律只有他们最智慧的领导人物才能认知，这些领导人物是至高无上的权威，负责教育一般会员遵守这些规律，培养博爱、正义和启蒙的精神。

第十二章 《资本论》

本找一个出版商，同时在第一国际的运动走上健全的轨道以前，他不能也不愿意放弃对它的思想领导。

他的二女儿劳拉和"学医的克里奥洛人"保尔·拉法格的结合是他家的一件喜事。这对年轻人在1866年8月就已经订婚了，但是未婚夫要在完成医学教育以后再考虑结婚。拉法格因参加列日的学生代表大会而被巴黎大学在毕业前两年开除，他为了国际的事情来到伦敦。作为蒲鲁东的拥护者，他本来跟马克思没有什么密切关系，只是出于礼貌的关系才拿着托伦的介绍信去马克思家里。于是就发生了常常会发生的事。马克思在二人订婚后写信给恩格斯："起初这个青年对我有些依恋，但是很快就把自己的依恋从老头子移到女儿身上。他的经济状况中等，因为他是从前一个种植场主家庭的独生子。"① 马克思告诉他的朋友，拉法格是个漂亮的、有教养的、性格刚毅的、体格健壮的青年，是个很不错的小伙子，只是过于娇生惯养，并且过于天真。

拉法格生于古巴岛的圣地亚哥，但9岁时便已经来到法国。他从其黑白混血的祖母身上继承了黑人的血液。他自己很喜欢谈到这一点，而他端正面孔上的暗淡的肤色和一对大白眼球也证明了这一点。这种混血也许就是拉法格的某种固执性格的来由，马克思有时会半带恼怒地嘲笑他的"黑人脑壳"。但是他们之间的这种善意嘲弄的语气，只是表明他们彼此极为了解而已。对马克思来说，拉法格不但是一个给他女儿创造生活幸福的女婿，而且也是一个有才华的得力助手，是自己思想遗产的忠实守护者。马克思当时仍然主要关心他的书能否成功。1867年11月2日，他在给恩格斯的信中写道："对我的书的沉默，很使我不安。我没有得到任何消息。德国人是非常奇怪的家伙。他们作为英国人、法国人甚至意大利人在这方面的奴仆所做出的功绩，的确使他们有权对我的书置之不理。我们的人在那里又不善于宣传。那就只好像俄国人那样——等待。忍耐是俄国外交和成功的基础。但是咱们大伙都只有一条命，等到头来会等死的。"② 这段话

---

① 《马克思恩格斯全集》中文第一版第31卷，第250页。
② 《马克思恩格斯全集》中文第一版第31卷，第378页。

 马克思传

所流露出的不耐烦情绪虽然完全可以理解，但毕竟并不完全正确。

当马克思写这封信的时候，书刚出版两个月，这样短的时间内不可能写出什么彻底的评论。如果问题不在于评论的彻底性，而只是在于"轰动一下"——马克思起初认为这对影响英国是最为必要的，那么恩格斯和库格曼在这方面已经尽了最大的努力。同时也不能责备他们过于死板。毕竟，他们做出了很大的成绩。他们在许多资产阶级报纸上争取刊登了书籍出版或者转载序言的简讯。他们甚至迎合当时流行的做法，准备了一则耸人听闻的广告，预告要在《凉亭》杂志上刊登马克思的传记文章和马克思的肖像。但是马克思本人请求他们不要开这样的"玩笑"。"我认为这种事弊多利少，并且有损于科学家的品德。例如，迈耶尔百科词典的出版者早就写信来要我的传记。我不仅没有给，而且连信都没有回。人各有所好。"① 恩格斯为《凉亭》写的文章——作者自己说它是一篇"急就的和非常粗糙的东西"——后来刊登在约翰·雅科比的机关刊物《未来报》（该报自1861年起由吉多·魏斯在柏林出版）上。这篇文章后来还有一段奇特的遭遇。李卜克内西曾把它删减后转载在《民主周报》上，这引起恩格斯不客气的指责："小威廉现在堕落不堪，他甚至不敢指出拉萨尔抄袭了你的著作并作了歪曲。整个传记因此被阉割了，为什么阉割之后还要转载，只有他自己知道。"② 众所周知，李卜克内西完全赞同传记中被删去的那段话，但是他不愿得罪刚刚脱离施韦泽并且正在帮助建立爱森纳赫派的拉萨尔派。可见，不仅是书，甚至文章也有它自己的命运。

然而，如果不是最初几个月，那就是不久之后，马克思还是收到了几篇关于他的书的好评。例如，恩格斯在《民主周报》上，施韦泽在《社会民主党人报》上和约瑟夫·狄慈根在《民主周报》上发表的评论。恩格斯自不必说，马克思也承认施韦泽虽然有个别错误，但的确研究了这本书，能够理解它的重点；至于狄慈根，马克思只是在自己的书出版后才第一次听说他，马克思称赞他有哲学天赋，但没有对他过高的评价。

---

① 《马克思恩格斯全集》中文第一版第32卷，第561页。
② 《马克思恩格斯全集》中文第一版第32卷，第350页。

第十二章 《资本论》

1867年，第一次出现了"专家"的评论。这就是杜林对马克思著作的书评，刊载在迈耶尔辞典的《附录》中。但是，马克思认为，这篇书评并没有抓住《资本论》中新的基本要素。不过马克思并没有对这篇评论感到不满。他甚至说它"非常体面"，虽然他也怀疑杜林写这篇文章不是出于对书的兴趣和同情，而是出于对罗雪尔和其他大学权威的仇恨。恩格斯则从一开始就对杜林的文章不大满意，而在这一点上他显得更有远见。事实很快就证明了，因为杜林不久就改变态度，放肆地攻击马克思的书。

马克思在其他"专家"那里的境遇也并不愉快。甚至8年以后，这些庸人中有一个人谨慎地隐匿了姓名，煞有介事地宣布说，马克思作为一个"自学者"，在科学方面落后了整整一个时代。既然有诸如此类的评论，那么也就可以理解马克思在谈到这些人时所用的那种辛辣语调了。不过，他也许过多责怪了他们的恶意，而较少责怪他们的无知。他的辩证方法的确是他们所不理解的。下面的事实尤其说明了这一点。甚至那些不乏善意和经济知识的人，对马克思的书也感到难于理解，而相反，那些在经济学方面修养很差并且多少敌视共产主义的人，只要曾经熟悉黑格尔的辩证法，就会非常热情地谈论这本书。例如，马克思曾经不公平地苛责了弗·阿·朗格的一本关于工人问题的书①的第二版，作者在书中详细论述了《资本论》第一卷。马克思写道："朗格先生【……】对我大加赞扬，但目的是为了抬高他自己。"② 这当然不是朗格的目的，他对工人问题的诚挚关心是毋庸置疑的。但是马克思下面这一段说法却无疑是正确的：第一，朗格对黑格尔的方法一窍不通；第二，他尤其不理解马克思应用这个方法的批判方式。朗格的确把问题头足倒置了。朗格认为，拉萨尔对待黑格尔的思辨方法要比马克思更为自由和独立，而马克思的思辨形式与他的哲学榜样的手法极为接近。他认为，在该书的某些部分中，例如在他自己所不大重视的价值理论方面，这种形式是勉强地套到所论述的主题上去的。

---

① 朗格《工人问题及其在目前和将来的意义》1865年杜伊斯堡版。
② 《马克思恩格斯全集》中文第一版第32卷，第671页。

马克思传

马克思曾把第一卷赠送给弗莱里格拉特,他对第一卷的评论尤其奇特。1859 年以后,二人仍然保持着友谊,尽管偶尔由于第三者的过失发生过隔阂。这时年近 60 的弗莱里格拉特已由于他所管理的银行分行的倒闭而失业,于是他打算回德国去,因为他在那里有一笔大家都知道的社会赠款足以使他安度晚年。他给老友写的最后一封信——此后二人未再通信——对年轻的拉法格夫妇的婚事表示了衷心祝贺,对赠给他的《资本论》第一卷也表示了衷心的感谢。弗莱里格拉特写道,读过这本书使他深受教益并且得到最大的乐趣。他认为,书也许不会马上获得极大的成功,但正因为这个缘故,它的影响将更为深远和持久。"我知道,莱茵河畔的许多商人和厂主都对《资本论》极为赞赏。书将在这些人当中完成自己的使命,此外它还将成为学者必备的参考书。"的确,弗莱里格拉特曾说自己仅仅是一个"灵感式的经济学家",而且不管是对于"黑格尔还是黑赫尔",他终生都抱有反感。但他毕竟在伦敦这个世界贸易的中心住了近 20 年,因此,他只是把《资本论》第一卷看成是青年商人的指南,最多也只是把它看成是有用的科学参考书,这是令人十分惊异的。

卢格的评论却完全不同。虽然他极端仇视共产主义,并且没有任何经济知识,但他曾经是一个青年黑格尔主义者。他写道:"这是一部划时代的著作,它给各个历史时代的发展和衰亡、阵痛和可怕的苦难岁月投射了灿烂的、有时是令人目眩的光辉。关于无酬劳动所创造的剩余价值,关于对曾经为自己工作的工人的剥夺,以及关于未来对剥夺者的剥夺的研究,都是经典式的。马克思学识渊博,有着卓越的辩证法的才能。这部著作超出了许多人士和报刊作家的水平,但毫无疑问地它将深入人心,尽管它的构思宏大,但正是由于构思宏大,它定将发生强烈的影响。"路德维希·费尔巴哈也做了类似的评论,但是由于他自己的思想发展情况,他不大重视作者的辩证法,而更重视"书中有着大量极其有趣的,无可争辩的,虽然是使人战栗的事实"。这些事实证明了他的道德哲学:没有生活上必要的东西,也就没有道德的必要性。第一卷的译本最早在俄国出版。早在

第十二章 《资本论》

1868年10月12日，马克思就在信中告诉库格曼①，一个彼得堡的出版商给了他一个惊喜，他的书的译本已经付印，并且请他寄去一张自己的照片作为封面的装饰。马克思不愿意在这件小事上拒绝他的"好朋友们"即俄国人。他觉得这是命运的讽刺，因为他用德文、法文和英文与俄国人不倦地连续斗争了25年，而他们却总是他的"赞助人"。他反驳蒲鲁东的著作和他的《政治经济学批判》一书，在任何地方也不像在俄国那样畅销。但是他并没有过分看重这件事，他说这纯粹是一种追求西方最极端事物的贪食症。

但情况并非如此。虽然译本直到1872年才出版，但它是一件严肃的科学工作，马克思本人在译本完成后也承认它"译得很出色"。译者是以笔名"尼古拉-逊"闻名的丹尼尔逊，最重要的几章是勇敢的青年革命家洛帕廷翻译的。1870年夏天洛帕廷拜访马克思后，马克思这样描述他："他头脑很清醒，有批判力，性格开朗，坚毅，像一个俄国农民一样知足。"② 俄国的书报检查机关根据如下的理由批准了译本的出版："尽管作者就其观点来说是坚定的社会主义者，而且全书具有十分明显的社会主义性质，然而，鉴于该书的论述绝非所有人都能理解，作者的论证方法又具有严谨的数学科学形式，委员会认为不能对该著作提出司法上的追究。"③ 该译本于1872年3月27日问世，到5月25日就售出了1000本，占全部印数的三分之一。

同时，法译本也开始出版，它和同时出版的德文第二版一样，都是分册出版的。法译本是约·鲁瓦翻译的，且得到了马克思本人的鼎力帮助。这对马克思来说是一件"吃力不讨好的工作"。他有时抱怨说，这还不如他自己亲自翻译来得轻松。但也正因为此，他认为法译本有着甚至可以与原书媲美的独立的科学价值。

《资本论》第一卷在英国不像在德国、俄国和法国那样成功。只有

---

① 《马克思恩格斯全集》中文第一版第32卷，第554页。
② 《马克思恩格斯全集》中文第一版第32卷，第505页。
③ 《马克思恩格斯全集》中文第一版第33卷，第493页。

 马克思传

《星期六评论》杂志①对它发表过一篇短评,赞美它的叙述方式,使最枯燥无味的经济学问题获得了独特的魅力。恩格斯为《双周评论》写的一篇长文,尽管与该刊有密切联系的比斯利曾努力争取它的发表,但还是被编辑部以"过于枯燥"的理由退稿了。马克思曾对英译本寄予很大的希望,但他在世时没能见到英译本。

---

① 《政治、文学、科学和技艺星期六评论》,英国的一家保守派周刊,1855—1938年在伦敦出版。

第十三章　处于鼎盛期的国际

（一）英国、法国、比利时

《资本论》第一卷出版前不久，国际于1867年9月2日到8日在洛桑召开了第二次代表大会。这次大会不像日内瓦大会那样盛大。

总委员会在7月发出通告①，号召多派代表参加大会。这个通告因为对国际第三年活动的枯燥概述而格外显眼。只有瑞士方面报告了运动的持

---

① 这份用法文发表的《国际工人协会总委员会呼吁书》最初是1867年6月4日由总委员会指定的委员会用英文写的，在7月9日的会议上讨论通过。会议决定把呼吁书首先译成法文，因为巴黎各支部的蒲鲁东主义的领导人背着总委员会制定了自己的代表大会议程。拉法格受托把呼吁书译成法文。1867年7月10—13日马克思对译出的法文本呼吁书进行校订，它与英文本有很大的区别。1867年7月它在伦敦以传单形式印发，标题是《国际工人协会总委员会呼吁书。致会员、各所属团体和全体工人》，并且在1867年7月30日《国际信使》第28—29期，1867年8月4日《未来呼声报》第31期和1867年8月31日《人民论坛报》第8号等许多报刊上转载。由约·菲·贝克尔把法文译成德文的呼吁书被收入1867年夏在日内瓦印发的小册子《邀请参加9月2—8日在洛桑召开的国际工人协会第二次代表大会》，后来又被转登在1867年8月《先驱》第8期上。

 马克思传

续进展。此外还有比利时,那里对马谢讷罢工工人的血腥镇压①引起了无产阶级的愤怒。

此外,通告还描述了在各国妨碍宣传的种种情况。其中谈到,1848年前对研究社会问题有如此浓厚兴趣的德国,现在已经完全埋头于统一运动。在法国,由于工人阶级只享有有限的自由,因此尽管国际曾经积极支持那里发生的罢工,却没有像预期中那样扩展。这里指的是1867年春巴黎铜匠的大规模罢工,这次罢工后来发展成为争取结社自由的原则性斗争,并以工人的胜利而告终②。

通告对英国也进行了温和的斥责,指出它只顾选举改革,而忽略了经济运动。然而,选举改革已经完成了。迪斯累利在群众的压力下被迫批准了比格莱斯顿的计划更广泛的选举改革,即给予城市的所有租户以选举权,而不管房租是多少。因此,总委员会希望,英国工人已经到了可以欢迎国际的有益性的时候了。

最后,总委员会提到了北美的协会,已有一些州的工人争取到了八小时工作制。接着通告强调,每个支部无论大小,都有权派一名代表出席大会,会员超过500人的支部,每500人可以派一名代表。大会议程中列入了下列问题:(1)工人阶级的国际采取哪些实际手段才能为工人阶级的解放斗争建立一个共同的中心?(2)工人阶级怎样才能利用他们给予资产阶级和政府的贷款来解放自身?

议程某种程度上涉及了共同的问题,但是并没有任何备忘录来论证议程的各项细节。埃卡留斯和乐器工人杜邦作为总委员会代表来到洛桑。杜邦是法国的通信书记,是一个非常能干的工人,由于荣克缺席而担任了会议的主席。出席会议的代表共71人。德国代表中有库格曼、弗·阿·朗

---

① 马谢讷大屠杀指1867年2月在马谢讷枪杀比利时的矿工和冶金工人的事件。3月13日《国际信使》发表了总委员会的呼吁书,抗议这次大屠杀,并号召英国矿工和冶金工人援助死者遗属和受伤者。

② 指1867年2—3月间发生的巴黎铜匠和裁缝的罢工。国际工人协会总委员会为支援这一行动在英国工人中为他们募集资金,使他们成功地让雇主实行了固定工资额。

第十三章 处于鼎盛期的国际

格、充满活力的路德维希·毕希纳,以及拉登多夫——一位勇敢的资产阶级民主主义者、共产主义的激烈反对者。罗曼语系国家的代表占了绝大多数,除了少数比利时人和意大利人以外,出席的都是法国人和说法语的瑞士人。

蒲鲁东主义者这次比总委员会做了更彻底、更迅速的准备。会前3个月,他们就拟定了大会的议程,其中将要讨论下列问题:作为社会相互关系基础的互助,服务中的价值平等,信用和人民银行,互助保险机构,男女的社会地位,集体利益和个人利益,作为法律的守卫者和保护者的国家,刑法,以及其他类似的十几个问题。结果造成了一团混乱,在此没有必要详加叙述,因为这一切和马克思毫无关系,而那个有些自相矛盾的决议也纯粹是一纸空文。

大会在实践方面比在理论方面取得了更大的成功。它批准了将总委员会会址设在伦敦的决定,确定会员每年的会费为10生丁或1格罗申,并且规定如期交纳会费是派代表出席年度代表大会的条件。大会还通过决议,指出争取工人社会解放的斗争与工人的政治行动密不可分,而争取政治自由是首要且绝对必要的事情。大会非常重视这项决议,甚至决定要每年重申这项决议。最后,它对资产阶级的和平和自由同盟①也采取了正确的态度。这个同盟是不久前从激进资产阶级中产生的,并且在国际之后立即在日内瓦召开了第一次代表大会。对于该同盟的种种逢迎企图,国际大会用一个简单的纲领答复说:只要对我们自己的目的有利,我们将乐于支持你们。

---

① 指国际和平和自由同盟。这是由一批小资产阶级共和主义者和自由主义者(包括维·雨果、朱·加里波第等人)于1867年在瑞士的日内瓦建立的资产阶级和平主义组织。1867—1868年,米·巴枯宁参加了同盟的领导工作,同盟在巴枯宁的影响下企图利用工人运动和国际工人协会来达到自己的目的。和平和自由同盟曾宣称通过建立"欧洲联邦"可以消除战争。这一思想反映了小资产阶级广大阶层的和平愿望,但在群众中散布了荒谬的幻想,诱使无产阶级放弃阶级斗争。马克思指出,这一组织是"为同无产阶级国际相对抗而创立的国际资产阶级组织"。

马克思传

它怪不怪的是，这次不大成功的大会在资产阶级世界中引起的轰动比上一次大会大得多，虽然上一次大会是在德国战争余波未息的时候召开的。尤其是以《泰晤士报》——埃卡留斯为之写通讯——为首的英国报刊密切关注了洛桑大会，虽然它们对第一次大会根本未予理会。当然，资产阶级报刊少不了要嘲笑一番，但却开始极其严肃地对待国际了。马克思夫人在《先驱》上写道："当人们拿这次大会同他的异母兄弟——和平大会比较的时候，这种比较总是有利于长兄的，人们把国际看做动人心魄的命运悲剧，而把和平大会只是看做一出滑稽戏。"马克思也为此感到欣慰，虽然洛桑的争论不可能使他满意。"事情在向前发展着。【……】而且我们没有经费！此外，在巴黎有蒲鲁东主义者的阴谋，在意大利有马志尼的阴谋，在伦敦有怀着嫉妒心的奥哲尔、克里默和波特尔的阴谋，在德国有舒尔采-德里奇和拉萨尔分子！我们可以十分满意了！"① 恩格斯则认为，除了总委员会留在伦敦之外，洛桑通过的一切决议都不重要。事实上这正是问题的关键，因为从国际成立第三年起，其平静发展的时期就已经结束了，随后到来的是激烈斗争的时期。

洛桑大会闭幕后没几天，就发生了一场影响深远的冲突。1867年9月18日，在曼彻斯特，芬尼社社员②光天化日之下武装袭击了运载两名该社被捕社员的警车。他们用武力砸开了囚车，释放了两名囚犯，并开枪打死了押送的警官。真正的肇事者没有被发现，但是大批被捕的芬尼社社员中有几个人被挑出来安上了谋杀的罪名，尽管在极不公正的法庭审判中并没

---

① 《马克思恩格斯全集》中文第一版第31卷，第348页。
② 芬尼社社员是爱尔兰民族主义革命组织爱尔兰革命兄弟会的参加者。19世纪50年代，爱尔兰掀起了反对英国殖民统治，争取独立的革命运动。50年代末，詹·斯蒂芬斯领导的小资产阶级秘密革命组织爱尔兰革命兄弟会起初在侨居美国的爱尔兰人中间，不久也在爱尔兰本土出现。该组织自称芬尼社。芬尼的古爱尔兰语"Fiann"，是传说中爱尔兰古代英雄芬恩·麦库尔统率的武装民团的名称。芬尼社曾广泛活动于英国、爱尔兰和美国等地，其宗旨是争取爱尔兰的独立并建立爱尔兰共和国，其成员主要是城市小资产阶级和非贵族出身的知识分子。1865年，芬尼社社员的武装起义未能成功；1867年芬尼社社员密谋发动的武装起义也遭英国政府镇压。

第十三章　处于鼎盛期的国际

有提出任何不利于被告的确凿罪证，但还是有3人被处以绞刑。这个事件在全英国引起了巨大的轰动，并且发展为一场"芬尼社恐慌"。12月，芬尼社社员在伦敦的一个几乎居民全是小资产阶级和无产阶级的克勒肯威尔区监狱的墙边实施了一次爆炸，造成12人死亡，100多人受伤。国际本身跟芬尼社社员的密谋毫无关系，马克思和恩格斯也都谴责了克勒肯威尔的爆炸事件，说它是一件使芬尼社社员本身受到最大损害的大蠢事，因为它减弱甚至完全打消了英国工人对爱尔兰事业的同情。但是英国政府把反抗几世纪来无耻压迫祖国爱尔兰的芬尼社社员当成普通罪犯，这种方式必然会激起一切有革命思想的人的愤怒。早在1867年6月，马克思就给恩格斯写信说："这些猪猡把对待政治犯不比对待杀人犯、路劫犯、伪造货币犯和鸡奸犯更坏这种情况誉为英国的人道！"① 恩格斯则更加激动，因为莉希·白恩士是一位火热的爱尔兰爱国者。

但是，马克思对爱尔兰问题的浓厚兴趣，有着比同情被压迫民族更深刻的根源。他的研究使他确信，爱尔兰人的解放是英国工人阶级解放的必要前提，而英国工人阶级的解放又是欧洲无产阶级解放的先决条件。只要英国地主寡头仍然保有着爱尔兰这个牢固的前哨，要推翻它就是不可能的。一旦爱尔兰人民掌握了自己的命运，一旦他们成为自身的立法者和统治者，一旦他们获得自治，那么消灭大部分由英国地主组成的土地贵族就远比在英国容易，因为这在爱尔兰不仅是一个简单的经济问题，而且也是一个民族问题，爱尔兰的大地主不像在英国那样是传统的权贵，反而是人民恨之入骨的压迫者。只要英国军队和英国警察从爱尔兰消失，那里立刻就会爆发土地革命。

至于英国资产阶级，马克思认为，它与英国贵族的共同利益是，把爱尔兰完全变为一个牧场，以尽可能低廉的价格向英国市场供应肉类和羊毛。但是，资产阶级在目前的爱尔兰经济中还有另外一些更为重要的利益。由于租地的日益集中，爱尔兰不断把过剩人口投向英国劳动市场，从而造成了英国工人阶级工资的降低以及物质和道德状况的恶化。英国所有

---

① 《马克思恩格斯全集》中文第一版第31卷，第322—323页。

 马克思传

工商业中心的工人都分裂为英国无产阶级和爱尔兰无产阶级这两个敌对阵营。普通的英国工人都憎恨爱尔兰工人这个竞争对手，自以为在他们面前是统治民族的一分子，因而成为贵族和资本家反对爱尔兰的工具，从而巩固了贵族和资本家对自己的统治。英国无产者对爱尔兰工人怀有宗教的、社会的和民族的偏见。他们对待爱尔兰工人的态度和过去美国蓄奴州的白种工人对待黑人的态度大致相同。爱尔兰人也连本带利地加以回敬。他们把英国工人看成是英国统治爱尔兰的帮凶和愚蠢的工具。这种对立又受到报刊、教堂讲坛、滑稽小报，总之，受到统治阶级掌握的一切工具的人为煽动，使英国工人阶级虽有自己的组织却无能为力。

用马克思的话说，这种祸害还越过了大洋。英国人和爱尔兰人之间的对立妨碍了英美两国无产阶级的任何认真的和真诚的合作。如果说国际最重要的任务是加速英国这个资本的大本营的社会革命，那么使爱尔兰独立就是加速这一革命的唯一手段。国际必须在任何情况下都公开站在爱尔兰一边，而总委员会的任务则是唤醒英国工人阶级，使他们意识到：爱尔兰的民族解放对他们来说并不是一个抽象的正义或博爱的问题，而是他们自己的社会解放的首要条件。

在往后的几年中，马克思为完成这个任务全力以赴。正像他把波兰问题（这个问题自日内瓦大会以来就从国际的议程中消失了）的解决视为推翻俄国世界统治的杠杆一样，他也把爱尔兰问题的解决视为推翻英国世界统治的杠杆。甚至当工人中那些想进入下届议会的"阴谋家"——马克思甚至把总委员会前任主席奥哲尔也归入其中——利用爱尔兰问题作为联合资产阶级自由派的借口时，马克思在这个问题上的立场也没有动摇。因为格莱斯顿想利用已轰动一时的爱尔兰问题作为竞选口号来重新掌权。总委员会向英国政府提出了——当然毫无结果——请愿书，抗议对3名在曼彻斯特被判罪的芬尼社社员处以死刑，指责这是一种司法谋杀行为，并在伦敦多次组织了捍卫爱尔兰权利的公众集会。

总委员会的这些活动引起了英国政府的不满，同时也招致了法国政府对国际的打击。波拿巴一连3年静静旁观国际的发展，以便用它来恫吓不服管束的资产阶级。当国际的法国会员在巴黎成立理事会时，他们曾告知

第十三章 处于鼎盛期的国际

了巴黎警察局局长和内务大臣,但是没有得到二者的答复。同时,法国当局也不惜玩弄小的诡计和欺骗。当日内瓦大会的文件由于害怕波拿巴主义邮局的暗检室①而委托一位入籍英国的瑞士人带给总委员会时,法国边境警察窃走了这些文件,而法国政府则对总委员会的申诉充耳不闻。但是伦敦外交部迫使法国政府受理了申诉,于是法国政府不得不退还赃物。此外,"副皇帝"鲁埃尔也以另一种方式碰了一个钉子。他表示,只要法国会员在日内瓦大会上宣读的宣言"加上对如此关怀工人的皇帝的几句感谢之词",他就允许宣言在法国报刊上发表。尽管法国会员一直非常谨慎地避免刺激这个潜伏的野兽,并因此被资产阶级激进派怀疑是伪装的波拿巴分子,但这一点还是被拒绝了。

他们是否真的因此而乱了章法,以至于像某些法国作家所说的那样,参加了资产阶级激进派反对帝国的一些温和的示威。不管怎样,波拿巴与工人阶级公开决裂有更为深远的原因。1866年的灾难性危机②所引发的罢工运动,其规模之大令波拿巴感到不安。随后,当1867年春法国和北德联邦之间由于卢森堡交易而面临战争威胁时,巴黎工人在国际的影响下与柏林工人交换了和平宣言。最后,法国资产阶级要求"为萨多瓦复仇"的叫嚷如此吵闹,以至于在杜伊勒里宫产生了用"自由主义的"让步来堵住资产阶级嘴巴的恶毒想法。

在这种情况下,波拿巴认为,以国际巴黎理事会是芬尼社阴谋的中心为借口而对其进行打击可以做到一箭双雕。但是,尽管他派人在夜间突击搜查了理事会成员,但是没有找到密谋的蛛丝马迹。为了使这次落空的打

---

① 暗检室最初是法国路易十四统治时期建立的一个机构,其职能是向政府提供私人的通信秘密。后来暗检室一词成了普鲁士、奥地利和其他一些欧洲国家邮政部门所属的秘密机构的统称,这些机构秉承政府的旨意,专门从事违法的信件检查活动。

② 1866年的危机在英国信贷领域里表现得特别尖锐;1866年5月,当时财政恐慌达到极点,英格兰银行受到破产的威胁,银行董事会收到了首相罗素和财政大臣格莱斯顿签署的信,批准1844年法令暂停生效,这样才使贷款业务得以扩大并使国内财政恐慌有所缓和。

击不过于出丑，只好对巴黎理事会进行法律追究，罪名是它作为拥有20名以上会员的团体，未经批准就进行活动。3月6日和20日，法庭对国际的15名会员提起了公诉，判处他们每人100法郎罚金，并查封巴黎理事会。上级法院支持了这个判决。

但是在这之前又发生了新的审判。检察官和法庭本来对被告极为温和，托伦也代表全体被告做了口气十分温和的辩护。但是，初审过后两天，即3月8日，新的理事会就成立了，这个公然的嘲弄打破了波拿巴最后的幻想。5月22日，新理事会的9名理事被法院传讯，他们在瓦尔兰进行了出色而又措词尖锐的辩护之后，各被判处3个月监禁。这样一来，帝国就与国际公开对立了，而国际的法国支部则从这次与"十二月的屠夫"最后的公然决裂中汲取了新的活力。

国际与比利时政府也发生了激烈的冲突。沙勒罗瓦矿区的煤矿主对工资微薄的工人的不断虐待激起了工人的暴动①，然后矿主又动用武力来镇压手无寸铁的群众。在恐怖之下，国际比利时支部挺身而出维护遭受迫害的工人的利益，在报刊和公众集会上披露工人的悲惨处境，声援死伤工人的家属，并替被捕工人进行司法援助，使他们得以被陪审员宣判无罪。

比利时司法大臣德·巴拉对此进行了报复。他在比利时议会上疯狂辱骂国际，威胁要用暴力手段对付国际，特别是禁止国际在布鲁塞尔召开下一次代表大会。但是国际的会员没有被吓倒；他们在一封信中答复说，他们就算屈从一桶杜松子白兰地，也不会屈从一个人的命令，不管司法大臣喜不喜欢，下一次大会都将在布鲁塞尔召开。

---

① 由于经济危机，比利时沙勒罗瓦地区的工厂主在1867年初把冶金工人以及附属矿井的矿工的工资降低了10%。工资降低的那一天，面包和面粉的价格再次提高。该地区的冶金业工人从1867年2月1—3日进行罢工并要求恢复他们原有的工资。2月2—8日，许多矿工加入了罢工，他们要求降低面粉价格。罢工者在2月2日占领了马谢讷的碾磨厂。市长下令向罢工者开枪，许多人受伤，其中3名工人受了致命伤。

第十三章 处于鼎盛期的国际

（二）瑞士和德国

国际这几年蓬勃发展最有效的工具，是1866年危机在所有较发达的资本主义国家引起的普遍的罢工运动。

总委员会从未在任何地方号召过罢工运动，但只要某个地方爆发了这种运动，总委员会总是倡导无产阶级的国际团结精神，通过建议和行动确保工人的胜利。它卸下了资本家手中的一种有力武器，使资本家不能靠输入外国劳动力来打击罢工工人。它还使敌人不自觉的援军变成了勇于自我牺牲的盟友，并向受其影响的每个国家的工人表明，支援外国工人阶级同志提高工资的斗争，也符合其自身利益。

国际的这项活动非常持久，使它在全欧洲赢得了威望，甚至远远超过了它实际拥有的实力。资产阶级不愿也确实不能理解，罢工扩大的根源在于工人阶级的苦难，所以他们认为罢工是国际秘密策动的结果。他们把国际看成是恶魔般的怪物，每当发生罢工便想置国际于死地。每次大罢工都成为维护国际生存的斗争，而在每次这样的斗争之后国际的力量总是得到新的锻炼。

1868年春在日内瓦爆发的建筑工人罢工，以及从同年秋天一直延续到次年春天的巴塞尔绦带工人和染丝绸工人的罢工，就是这类罢工的典型例子。日内瓦的建筑工人为了提高工资和缩短工时而开始了斗争，工厂主却要求工人退出国际，以此作为达成协议的条件。罢工工人立刻拒绝了这个蛮横无理的要求，并且依靠总委员会从英国、法国和其他国家争取到的援助，最终实现了他们原来的要求。巴塞尔傲慢的资本家做得更加愚蠢：他们毫无理由地拒绝一家绦带厂的工人在秋季集市最后一天按惯例休假几小时的请求，并且威胁工人说：不听话就滚蛋。有一部分工人没有服从，于是第二天厂主无视解雇工人要在两周前预先通知的规章，借着警察的帮助把他们逐出了工厂的大门。这种粗暴的挑战激怒了

 马克思传

巴塞尔的工人，于是一场持续数月的斗争爆发了，最后瑞士州政府竟然想用军事管制和某种类似戒严状态的措施来恐吓工人。在巴塞尔，这种可恶的煽动的目的很快被揭露出来，那就是摧毁国际。为此，资本家不惜采取残酷的手段，拒绝将住房租给失业工人，面包商、肉商和杂货商不向他们赊卖物品。他们甚至做出滑稽的事来，如派人到伦敦去调查总委员会的资金状况。"如果这些正统的基督徒生活在基督教萌芽的时代，他们定会首先去调查使徒保罗在罗马的银行存款了。"① 这是马克思在嘲笑《泰晤士报》时说的话，该报把国际的分会比做早期基督教教团。但是巴塞尔工人坚定不移地忠于国际，当资本家最终屈服时，他们在市场广场举行大规模游行来庆祝胜利。巴塞尔工人也从其他国家获得了充分的支援。这次罢工掀起的浪潮一直涌向美国——国际在那里刚刚站稳脚跟；1848年流亡者，在当地任音乐教师的弗·阿·左尔格已在纽约取得了类似于贝克尔在日内瓦的那种地位。

国际所领导的罢工运动，首先为自己在德国铺平了道路。在此以前，它在德国只有一些分散的支部。全德工人联合会在经过艰难的斗争和纷乱之后，已经成长为一个卓越的组织，并以最可喜的方式继续发展，特别是在其成员选举施韦泽为自己公认的领袖之后。施韦泽还是北德联邦议会埃尔伯费尔德—巴门选区的议员，他的老对手李卜克内西则是萨克森的施托尔贝格—施奈堡选区的联邦议会议员。不久，二人就由于民族问题上的对立立场而发生了激烈冲突。施韦泽本着马克思和恩格斯的精神，站在克尼格雷茨会战所打造的基础之上。李卜克内西则反对北德联邦，认为它是非法和邪恶暴行的产物，即使暂时把社会问题放到次要地位，也必须首先加以摧毁。1866年秋，李卜克内西帮助建立了萨克森人民党，该党提出了一个激进民主的纲领，但还不是社会主义的纲领。并且，他从1868年年初开始在莱比锡主编该党的机关刊物《民主周报》。萨克森人民党的成员主要来自萨克森工人阶级，因此很容易把它与德意

---

① 《马克思恩格斯全集》中文第一版第16卷，第419页。

第十三章 处于鼎盛期的国际

志人民党区别开来,因为后者中除少数几个像约翰·雅科比那样正直的思想家以外,还有法兰克福交易所的民主主义者、士瓦本主张地方独立的共和主义者,以及那些认为俾斯麦驱逐几个中小诸侯是亵渎法律的义愤填膺的斗士们。萨克森人民党与德意志工人协会联合会保持着极为良好的睦邻关系,该联合会是进步资产阶级在拉萨尔初露峥嵘时为了抵制他的鼓动而成立的。但正是在与拉萨尔派的斗争中,特别是在奥古斯特·倍倍尔(李卜克内西把他视为自己的忠实战友)当选为联合会主席之后,这个联合会就向左转了。

《民主周报》第一期指出,施韦泽是所有社会民主事业先锋战士都鄙弃的人。这在当时已成为一种陈词滥调,因为自从3年前马克思和恩格斯拒绝与施韦泽合作以来,施韦泽片刻也没有动摇过力图按照拉萨尔的思想来领导德国工人运动,也正因为这个原因,他成不了那种一味墨守拉萨尔教导的宗派主义。因此,他也试图比李卜克内西更早和更切实地向工人宣传《资本论》第一卷。1868年4月,他亲自向马克思请教关于普鲁士计划降低铁的关税一事的意见。①

作为总委员会的德国通信书记,马克思无法拒绝回答一位来自工业发达选区的工人议员向他提出的问题。而且,马克思对施韦泽的活动的看法也发生了很大变化。他虽然只是在远方观察着施韦泽,但是他也认识到施韦泽在领导工人运动方面有着"无可非议的智慧和毅力"。马克思在总委员会的会议上把他视为自己党内的人,对分歧不置一词。

但分歧依然存在。马克思和恩格斯甚至没有消除对施韦泽的不信任。即使他们不再怀疑他与俾斯麦暗中勾结,但仍然认为他接近马克思的目的是排挤李卜克内西。他们无法摆脱全德工人联合会是一个"宗派"的想法,而施韦泽首先想拥有"自己的工人运动"。不过马克思和恩格斯始终认为,施韦泽的政策远比李卜克内西的政策优越。

---

① 参看马克思1868年5月4日写给恩格斯的信,见《马克思恩格斯全集》中文第一版第32卷。

 马克思传

马克思认为施韦泽无疑是当时德国所有工人领袖中最有头脑和最有魄力的一个，并且认为正是由于他，李卜克内西才不得不被提醒存在着不依赖小资产阶级民主运动的工人运动。恩格斯的看法也是如此。他认为，这个"家伙"远比其他任何人都更清楚地理解总体政治形势和对其他党的态度，并且更善于阐明自己的思想。"他声称'对我们说来，一切旧政党只是反动的一帮，它们的差别对我们几乎没有任何意义'。虽然他也承认1866年及其后果摧毁了小王国，破坏了正统原则，动摇了反动势力，推动了人民参加运动，但他现在仍然在猛烈抨击其他后果、赋税压迫等等，并且对俾斯麦所持的态度，像柏林人所说的，例如比李卜克内西对前国王的态度要'有分寸'得多。"① 在另外一个场合，恩格斯评论了李卜克内西的策略，说他十分讨厌李卜克内西每周都要重复的这样一个训诫："什么在联邦议会、瞎子韦耳夫和可敬的黑森选帝侯的地位没有恢复以前，在无法无天的俾斯麦没有受到严厉的法律惩处以前，我们不应当进行革命。"② 当然，这番话中有些夸大，但也道出了许多真理。

马克思后来曾说，人们过去相信，基督教神话之所以能在罗马帝国时代产生，只是因为当时没有印刷术。实际上恰恰相反，能在转瞬间将捏造的消息传遍全世界的报刊和电讯，在一天之内编造出来的神话（资产阶级蠢材们都相信这些神话并加以传播）要比过去100年间制造出来的还多得多。这一观点正确性的一个有力证明是，几十年来人们——而且不仅是"资产阶级蠢材"——一直相信这样一个神话，即施韦泽想把工人运动出卖给俾斯麦，而李卜克内西和倍倍尔又把工人运动拉回了正轨。

事实恰恰相反。施韦泽坚持原则性的社会主义立场，而《民主周报》则向那些拥护"前王公"的分立主义者和维也纳的自由主义腐朽分子暗送秋波。这种策略从社会主义立场来看是完全不能容许的。倍倍尔在他的回忆录中说，由于革命在内部较弱的奥地利要比在内部较强的普鲁士更容易

---

① 《马克思恩格斯全集》中文第一版第32卷，第175页。
② 《马克思恩格斯全集》中文第一版第32卷，第235页。

第十三章 处于鼎盛期的国际

获得成功,所以当时希望奥地利能够战胜普鲁士。但这是一种事后的解释,而且不管对它做何评价,在当时的文献中看不到这种解释的任何痕迹。尽管马克思与李卜克内西有私人的友谊而对施韦泽不信任,他却丝毫没有误判事情的真实情况,并在回答施韦泽所提出的降低铁的关税问题时,虽然形式上极为谨慎克制,但在实质上却详尽透彻。于是,施韦泽实施了他3年前就已考虑成熟的一个计划,在1868年8月底在汉堡召开的全德工人联合会代表大会①上提议加入国际。鉴于当时德国的结社法,这种加入不能正式进行,只能限于发表一个关于团结和同情的声明。为了表达德国工人对其科学著作的感谢。马克思被邀请为嘉宾出席此次大会。马克思虽然对施韦泽的事先函询给予了热情回复,但后来没有去汉堡,不论施韦泽如何向他一再催请。

马克思在感谢"盛情的邀请"的信中说,他由于总委员会筹备布鲁塞尔大会的工作他未能成行,但是他"满意地"指出,代表大会的议程包含了构成一切严肃工人运动的真正出发点的那些问题:争取完全政治自由的鼓动,争取法定工作日长度和争取工人阶级有计划的国际合作。马克思在给恩格斯的信中说,他在这封信中祝贺拉萨尔派放弃了拉萨尔的纲领。②但是,实际上很难想象拉萨尔会反对这三点。

相反,施韦泽本人在汉堡大会上表明了他与拉萨尔传统的事实决裂。他不顾强烈反对,最后只因提出了内阁问题,就为他和他在帝国议会中的

---

① 1868年8月22—26日,全德工人联合会代表大会在汉堡举行。这次大会表明,联合会中的先进分子在工人运动经验的启示下,并在国际工人协会和《资本论》的影响下开始抛弃拉萨尔的教条。大会原则上赞成罢工运动,但又表示反对实际组织罢工;大会原则上承认各国工人共同行动的必要性,但实际上联合会的领导人继续阻挠联合会加入国际工人协会。在这次大会上,约·巴·施韦泽和弗·弗里茨舍建议在柏林召开全德各工会代表大会,正统的拉萨尔分子拒绝了这一建议,而要施韦泽和弗里茨舍以国会议员身份召开这样的代表大会。

② 参看马克思1868年8月26日写给恩格斯的信,见《马克思恩格斯全集》中文第一版第32卷,第133—134页。

同事弗里茨舍争取到了许可,于 9 月底在柏林召开全德工人代表大会①,以便以罢工为目的建立一个彻底而广泛的工人组织。施韦泽从欧洲的罢工运动吸取了有益教训。他没有高估这一运动,而是清楚地认识到,愿意完成自己使命的工人政党不应听任自发的罢工无序进行。因此他坚持主张建立工会,但却错误地估计了这些工会的存在条件,想把这些工会组织得像全德工人联合会一样严密,而且只让工会在某种程度上成为工人联合会的附属辅助组织。

马克思警告他要避免犯这种严重错误,显然是徒劳地。在二人的往来书信中,施韦泽的信全都保存了下来,马克思的信则只保存了 1868 年 10 月 13 日的一封,但可能是最重要的一封②。从形式上看,这封信对待施韦泽的诚恳态度无可非议,但对施韦泽成立工会的计划却极力反对。但由于马克思称拉萨尔创立的联合会为"宗派"并认为它必须并入阶级运动,他的批评所造成的影响有所减弱。施韦泽在写给马克思的最后一封回信中理直气壮地辩称,他一直努力与欧洲工人运动保持同步。

在汉堡大会几天以后,德意志工人协会联合会在纽伦堡召开大会③。对于时代的特征,这个大会也做出自己的理解。它的多数派通过了把国

---

① 这次柏林全德工人代表大会是约·巴·施韦泽和弗·弗里茨舍经拉萨尔派的全德工人联合会汉堡大会的同意,以国会议员身份于 1868 年 9 月 26 日召开的。出席代表大会的代表有 206 名,代表了 142000 多名工人(主要是北德意志各城市的)。这次代表大会拒绝奥·倍倍尔和威·李卜克内西领导的德国工人协会联合会派遣代表参加。柏林代表大会以后,一批工会按拉萨尔派的宗派主义组织的模式建立起来,并且联合成为一个以施韦泽为首的总的联合会。马克思在这封信中对施韦泽作了尖锐的批评,因为组织并召开这样的代表大会导致了德国各工会的分裂,同时,代表大会所通过的章程从根本上违背了工会运动的目的和性质。
② 《马克思恩格斯文集》第 10 卷,第 292—295 页。
③ 指倍倍尔领导的德国工人协会联合会于 1868 年 9 月 5—7 日在纽伦堡举行的代表大会。总委员会派格·埃卡留斯作为正式代表出席了这次代表大会。代表大会以多数票(69 对 46)通过了关于加入国际工人协会的决议,并选出一个由 16 名委员组成的委员会负责实施这一决议。1868 年 9 月 22 日,总委员会批准该委员会为国际工人协会在德国的执行委员会。

第十三章　处于鼎盛期的国际

际《章程》的基本条款作为自己的政治纲领,并且采用《民主周报》作为联合会的机关刊物。从此少数派永远消失了。其次,多数派否决了设立国家监督下的工人养老保险基金会的提案,而支持成立工会合作社的提案,因为经验表明,这种合作社最适于通过自己的基金会帮助年老、患病和流动的工人。这个理由不像呼吁在罢工中展开的劳资斗争那样有力。汉堡大会认为加入国际的理由在于一切工人党派的共同利益,而纽伦堡大会则没有如此严肃地对待这个问题。仅仅几周以后,《民主周报》就用黑体字报道说,德意志人民党在斯图加特代表会议上决定赞成纽伦堡会议的纲领。

全德工人联合会和德意志工人协会联合会之间还是和解了,而马克思为了德国工人运动的统一,极力在李卜克内西和施韦泽之间进行公正的斡旋,但是没有成功。纽伦堡的联合会以毫无根据的借口拒绝派代表出席施韦泽和弗里茨舍在柏林召开的工会代表大会。不过出席这次大会的人数却很多,并且成立了许多"工人组织",这些组织联合成了实际由施韦泽领导的"工人组织联合会"。

纽伦堡联合会根据倍倍尔拟定并且比施韦泽的章程更符合工会生存条件的章程,创立了一个名字过于堂皇的"国际工会联合会"。此后他们一再提议与施韦泽的联合会统一甚至合并,但是每次都遭到严词拒绝。对方认为,他们首先破坏了统一,因此不必再用关于协调一致的建议来企图恢复已被他们破坏的这种统一;如果他们确实希望统一,可以加入现存的"工人组织联合会",并在这个组织框架内争取他们认可的那些改革。

马克思虽然未能阻止德国工人运动的分裂,但是毕竟确认了它的两个派别都想加入国际。因此他想到,要在当前条件下把总委员会会址在下一年内暂时移到日内瓦,因为工人组织虽然在各地实力薄弱,但至少都初步划定了自己的主要活动范围。对伦敦法国人支部的恼怒也促成了他的这个想法。法国人支部虽然人数不多,但是吵嚷得很厉害,并且由于为小丑

411

皮阿宣扬暗杀波拿巴一事喝彩,给国际造成了许多麻烦①。由于总委员会极力制止它的胡闹,它也同样对总委员会的"独裁"大加挞伐,并准备向布鲁塞尔大会控告总委员会。

幸亏恩格斯坚决劝阻马克思不要采取这个冒险的步骤。恩格斯认为,不应该由于少数几个蠢人的缘故,就把事业交给一些虽有诸多善意和可靠的本能,但没有领导运动才能的人。运动的影响越是巨大,并且还在向德国蔓延,马克思便更是应该把它掌握在自己手中。的确,不久后正是在日内瓦发现,单靠善意和本能是不够的。

(三) 巴枯宁的鼓动

国际的第三次代表大会于1868年9月6日至13日在布鲁塞尔召开。

这次大会虽然比以前或以后的任何一次代表大会人数都多,但仍然具有明显的地方性质。比利时人占了出席人数的一半以上,法国人占了五分

---

① 1868年6月29日在伦敦克利夫兰大厅举行的纪念1848年巴黎无产阶级六月起义的群众集会上,法国小资产阶级民主主义者费·皮阿发表了演说,号召采取恐怖行动反对拿破仑第三。布鲁塞尔的《淘气鬼》报1868年7月5日第25期有关此次会议的报道中把这次集会说成是一次国际会议,并把费·皮阿说成是国际的领导人之一。这种说法被其他报纸一再重复。总委员会考虑到这会在工人的心目中破坏国际的威信,而且会给波拿巴政府提供一个求之不得的、迫害在法国和比利时的国际会员的借口,于是马克思在1868年7月7日的会议上提出了这个决议。

被总委员会通过的决议由埃卡留斯记录在1868年7月7日的总委会会议记录本中。最先刊载于1868年7月12日《自由报》第55号,后又转载于1868年7月19日《蟋蟀报》第29期、1868年7月26日《人民论坛报》第7号和其他报纸。

决议在报刊上出现之后,费·皮阿所在的伦敦的法国人支部发生了分裂。不赞同皮阿的挑拨性和冒险性的策略的无产阶级代表欧·杜邦、海·荣克、保·拉法格等人离开了该支部。皮阿的一小伙人与国际中断联系,但他们继续以国际的名义进行活动,并一再支持总委员会里反对马克思的路线的各个反无产阶级的小集团。1870年5月10日总委员会正式与这一小伙人划清了界限(见马克思1870年提出的《总委员会关于"在伦敦的法国人联合支部"的决议草案》)。

第十三章 处于鼎盛期的国际

之一左右。11名英国代表中有6名是总委员会的代表,除了埃卡留斯、荣克和列斯纳以外,还有工联主义者鲁克拉夫特。瑞士只有8名代表,德国只有3名,其中还有代表科隆支部的莫泽斯·赫斯。收到正式邀请的施韦泽因有几宗庭审案件待处理而未能成行,但是他以书面声明宣布,全德工人联合会完全拥护国际的宗旨。只是由于德国的结社法,联合会未能正式加入国际。意大利和西班牙各派了一名代表。

从大会的议程中,可以清楚地感觉到,国际的力量在它创立的第四年有了进一步的壮大。蒲鲁东派在日内瓦和洛桑对工会和罢工所表示的反对态度,现在几乎完全转变了。但是他们仍然通过了一项关于"交换银行"和"无偿贷款"的学院式决议,尽管埃卡留斯引证英国的经验,指出蒲鲁东主义的这些药方在实践上是不可能实现的,而赫斯则援引马克思在20年前所写的驳斥蒲鲁东的著作,指出它们在理论上是毫无根据的。

因此,蒲鲁东派在"财产问题"上遭到了彻底失败。根据德巴普的提议,通过了一项附有详细论证的冗长决议。这个决议要求,在一个秩序良好的社会中,采石场、煤矿和其他矿场以及铁路都应该属于全体人民,也就是说,属于服从正义原则的新组建的国家,在此之前,它们的业务应移交给工人协会,但必须保障全体人民的利益。土地和森林也应该在同样的保障条件下成为国家的共同财产,并交给农业种植协会去经营。最后,运河、公路、电报机构,总之,一切交通工具均应继续保持社会公有。虽然法国人强烈反对这种"粗陋的共产主义",但大会只是决定在下次代表大会上再次讨论这个问题,大会召开地点定为巴塞尔。

根据马克思的说法,他根本没有参与起草布鲁塞尔大会所通过的各项决议。但他对大会的进程并未感到不满,这不仅因为那里的工人阶级像汉堡和纽伦堡两地的一样,也对他的科学著作表示感谢,以致无论从个人来说还是从事业来说都给了他很大的满足,也因为伦敦的法国人支部对总委员会的一切控告都被大会驳回了。但是他把大会的一项在日内瓦大会时便已提出的问题的决议称作"胡说八道",这个决议要求用全面停工,即各国人民罢工的办法来阻止战争威胁。他最不反对的是,大会与不久后在伯尔尼召开第二次代表大会的和平自由同盟彻底决裂。这个同盟曾与建议国

 马克思传

际联合，但在布鲁塞尔得到了冷淡的答复，被认为没有合理的存在理由，它应该劝告自己的成员加入国际各支部。

曾经出席和平自由同盟在日内瓦举行的第一次代表大会，并在布鲁塞尔大会前几个月参加国际的米哈伊尔·巴枯宁，是这种联合的主要推动者。在联合建议遭到拒绝以后，巴枯宁试图怂恿和平自由同盟通过一个纲领，其目的是摧毁一切国家并在它们的废墟上建立各国自由生产团体的联盟。但他依然是少数派，其中就有约翰·菲力浦·贝克尔。巴枯宁依靠这个少数派成立了一个新的国际社会主义民主同盟①，这个同盟虽然提出了整体加入国际的任务，但还有一个特殊的任务，就是在一切人的普遍平等和道德平等的伟大原则基础上研究政治问题和哲学问题。

早在9月份的《先驱》杂志上，贝克尔就报道了这个同盟，说它的目的是要在意大利、法国、西班牙和它影响所及的地方建立国际的支部。但直到3个月后，即1868年12月15日，贝克尔才请求总委员会接纳该同盟加入国际。这是在同样的请求遭到比利时和法国的联合委员会拒绝之后提出的。一周后，即12月22日，巴枯宁从日内瓦写信告诉马克思："我的老友！【……】我现在比以前更加理解你是正确的。你选定了一条阳关大道，招呼我们追随你的足迹，而嘲笑我们当中那些在民族的或纯政治的事业的羊肠小道上迷失了方向的人。我现在做的，正是你早在二十多年前就已着

---

① 社会主义民主同盟是米·巴枯宁于1868年10月在瑞士日内瓦建立的国际性无政府主义组织。同盟的盟员宣布以无神论、阶级平等和取消国家为自己的纲领，否认工人阶级进行政治斗争的必要性。同盟的这种小资产阶级无政府主义的纲领得到了意大利、瑞士和其他一些国家工业不发达地区的支持，这些地区还建立了该同盟的支部。1869年国际工人协会总委员会同意在解散同盟这个独立组织的条件下接受同盟各支部加入国际。实际上，同盟盟员加入国际之后，仍然在国际内部保持着自己的秘密组织，并在巴枯宁的指挥下进行反对总委员会的活动。巴黎公社遭到镇压以后，同盟反对国际的斗争更加激烈，尤其激烈地反对无产阶级专政和按民主集中制原则建立工人阶级的独立政党。马克思、恩格斯和国际总委员会对同盟进行了坚决的斗争，揭露了这个企图分裂工人运动的宗派集团的真面目。1872年9月国际工人协会海牙代表大会以绝对多数票通过了将同盟领导人巴枯宁和詹·吉约姆开除出国际的决定。

第十三章 处于鼎盛期的国际

手的事情。自从我在伯尔尼大会上与资产者郑重而公开地诀别以来，我就除了工人的世界以外再不知道有其他社会、其他环境。现在国际就是我的祖国，而你是国际的主要创始人之一。所以，我亲爱的朋友，你看，我是你的学生，而且我是以此自豪的。这就是我认为必须说的一切【……】"① 没有理由怀疑这些保证的诚意。

几年后，巴枯宁在与马克思进行激烈斗争时将马克思同蒲鲁东比较，最迅速和深刻地说明了巴枯宁和马克思的关系。他说："马克思是一位极其严肃、极其深刻的经济思想家。与蒲鲁东相比，他有着巨大的优点，因为他是一个真正的唯物主义者。蒲鲁东虽然极力想摆脱古典唯心主义的传统，但他终其生是个不可救药的唯心主义者，而正如我在他死前两个月向他说的，他有时为圣经所左右，有时为罗马法所左右，始终是一个彻头彻尾的形而上学者。他的最大的不幸，就是他从来没有研究过自然科学，从来没有掌握自然科学的方法。他有着一种常常给他指出正确道路的天才本能，但是他的思想的坏习惯，亦即唯心主义的习惯，却不断地使他陷入旧的迷误。结果他陷入了一种常见的矛盾——一个经常与唯心主义的幽灵搏斗的强有力的天才、革命的思想家，却一直没有力量战胜这个幽灵。"② 这就是巴枯宁对蒲鲁东的看法。

紧接着，巴枯宁描述了他眼中马克思的性格："马克思作为一个思想家站在正确的道路上。他提出了一个基本原理，即历史上的一切宗教的、政治的和法律的过程都不是原因，而是经济过程的结果。这是一个伟大而富于创造性的思想，但发现这一思想的荣誉并不属于他一个人。另外有许多人在他以前就意识到了这一思想，甚至曾经部分地表述了这一思想，但是只有马克思才给了它以科学的论证，使它成为自己的整个经济学说的基础。另一方面，蒲鲁东对自由有着远为深刻的理解和感受。当蒲鲁东还未醉心于教条和形而上学时，他有着革命家的真正本能，他崇拜撒旦并宣扬无政府主义。马克思在理论上很可能创立一种更为合理的自由学说，但是

---

① 参看《巴枯宁传记材料》1928年俄文版，第3卷，第137—138页。
② 参看《巴枯宁传记材料》1928年俄文版，第3卷，第366页。

马克思传

他却缺乏蒲鲁东的那种本能。作为德国人和犹太人，他从头到脚都是一个权威论者。"① 巴枯宁对马克思的评价就是如此。

关于他自己，巴枯宁从这种比较中得出的结论是，他实现了这两个体系更高度的统一。他发展了蒲鲁东的无政府主义体系，使它摆脱了一切教条主义、唯心主义和形而上学的附属物，并以科学中的唯物主义和历史中的社会经济学作为它的基础。但这不过是巴枯宁的一种彻头彻尾的自我欺骗。他远远地走在蒲鲁东前面，比蒲鲁东有着更高的欧洲文化的教养，而且远比蒲鲁东更能理解马克思。但是他不像马克思那样精通德国哲学，也不像马克思那样仔细研究过西欧各国人民的阶级斗争。而且最重要的是，他对政治经济学的无知甚至比蒲鲁东对自然科学的无知更加致命。巴枯宁理论修养中的这个缺陷，按照他自以为荣光的说法，是由于他因革命行为而在萨克森、奥地利和俄国的监狱以及西伯利亚冰原的煎熬中虚掷了大把大好年华，但这个缺陷也并没有因此而减少。

"撒旦的化身"既是他的力量，也是他的弱点。俄国著名批评家对巴枯宁惯用的这个字眼有一段出色而贴切的评价："米哈伊尔犯过许多过错和罪恶，但是他身上有着一种胜过他所有缺点的东西——这就是他精神深处的那种永恒运动的原则。"巴枯宁是个彻底的革命家，他像马克思和拉萨尔一样，具有使人倾听自己声音的天赋。对于一个除了自己的思想和意志以外一无所有的贫穷流亡者说来，能够在西班牙、意大利和俄国等一些欧洲国家纺出国际工人运动的第一缕线，这是相当大的功绩。但是只要提及这些国家的名字，就会发现巴枯宁和马克思之间最深刻的区别。两人都预见到革命的迅速发展。但是马克思研究过英国、法国和德国的工人运动，而把大工业无产阶级视为革命的核心；巴枯宁则把希望寄托在大批脱离了阶级队伍的青年、农民群众甚至流氓无产阶级身上。虽然他始终清楚地意识到，马克思作为一位科学思想家比他更胜一筹，但是他却在自己的行动中经常犯"老一辈革命家"所特有的错误。他安于自己的命运，认为科学尽管是生活的指针，但不是生活本身，而只有生活才会创造真正的事

---

① 《巴枯宁传记材料》1928年俄文版，第3卷，第366—367页。

第十三章 处于鼎盛期的国际

物和生命。

仅仅根据二人不可挽回的决裂来判断他们之间的关系,这对巴枯宁和马克思来说同样是愚蠢和不公正的。追溯一下他们30年间不断的相吸相斥,这从政治上、特别是在心理学的角度上看会更有吸引力。两人都是从青年黑格尔派出发的:巴枯宁是《德法年鉴》的教父之一。当他的老主顾卢格与马克思决裂时,他曾决定支持马克思。但当他后来在布鲁塞尔了解到马克思所理解的共产主义宣传时,他非常震惊,并在几个月后开始热心投入向德国冒险进军的海尔维格的义勇军。只是他后来认识到这种行为的愚蠢,并且公开承认了这一点。

此后不久,在1848年夏天,《新莱茵报》指控巴枯宁是俄国政府的工具。这个错误是该报收到两个不同来源的消息而引起的。《新莱茵报》以使巴枯宁完全感到满意的方式承认了这个错误。在柏林的一次会面中,马克思和巴枯宁重修旧好,《新莱茵报》也在巴枯宁被普鲁士驱逐时极力支持他。后来,该报又严厉地批判了他的泛斯拉夫主义鼓动,但在前言里说明"巴枯宁是我们的朋友",并且明确承认他是从民主的动机出发进行活动的,他在斯拉夫问题上的自我欺骗也是完全可以原谅的。此外,这篇文章①的作者恩格斯在反驳巴枯宁时,在主要论点上也有失妥之处,因为恩格斯否认了奥地利各斯拉夫民族确实具有的历史前途。马克思和恩格斯比任何人都更早、更热烈地赞扬了巴枯宁参加德累斯顿五月起义的革命行动。②

巴枯宁在从德累斯顿撤退时被捕,并先后被萨克森和奥地利的军事法庭判处死刑,后来两处的死刑都被"赦免"为终身苦役,最后他被引渡给俄国,在那里的彼得—保罗要塞度过了可怕的苦难岁月。这期间,有一个疯狂的乌尔卡尔特分子又在《晨报》上指控巴枯宁是俄国政府的奸细,并且说他根本没有服苦役。除了赫尔岑、马志尼和卢格以外,马克思也在这

---

① 恩格斯《民主的泛斯拉夫主义》,见《马克思恩格斯全集》中文第一版第6卷,第322—342页。

② 参看恩格斯《德国的革命和反革命》。

 马克思传

家报纸上对此提出抗议。① 然而,一个不幸的巧合是,这位巴枯宁的诽谤者也姓马克思,只有少数人知道这一点,虽然这个庸人坚决拒绝在报刊上公开自己的姓名的要求。这种姓名的巧合后来被冒牌革命家赫尔岑用来进行卑鄙的阴谋。1857年,巴枯宁从彼得保罗要塞被送到西伯利亚。1861年他成功地从西伯利亚逃跑,然后经日本和美洲大陆到了伦敦。这时赫尔岑欺骗他说,马克思曾在英国报刊上揭发巴枯宁是俄国奸细。这是造成巴枯宁和马克思之间多次反目的那些挑拨离间中的第一次。巴枯宁脱离欧洲生活已有10多年,因此他在伦敦首先接近与他毫无共同之处的赫尔岑之流的俄国流亡者,这是可以理解的。巴枯宁在泛斯拉夫主义(如果可以这样称呼的话)方面也始终是个革命者,赫尔岑则在温和自由主义的面具下,用对"腐朽的西方"的咒骂和对俄国村社的神秘崇拜替沙皇制度效劳。直到赫尔岑去世前巴枯宁都与他保持私交,考虑到赫尔岑在巴枯宁苦难的青年时代曾经帮助过他,这一点是无可非议的。但巴枯宁早在1866年就给赫尔岑写了一封政治绝交信,指责赫尔岑想不通过政治变革就达到社会变革,并且只要国家不去触动大俄罗斯的村社,就会原谅国家所做的一切,甚至认为俄国的村社不仅是俄国和所有斯拉夫国家的救星,也是欧洲乃至全世界的救星。巴枯宁对这种幻想进行了毁灭性的批判。

巴枯宁在逃出西伯利亚之后,起先住在赫尔岑家里,因此和马克思没有来往。尽管如此,他把《共产党宣言》译成俄文发表在赫尔岑的《钟声》上。这可以看出他性格的特点。

---

① 指1853年8月在《晨报》上展开的关于米·巴枯宁的论战。这场论战是由该报8月19日刊登的伊·戈洛文的一篇匿名文章《欧洲。——一个人》引起的。为反驳这篇颂扬巴枯宁的文章,戴·乌尔卡尔特的追随者弗·约·马克思8月23日在该报发表了一篇短评《俄国间谍巴枯宁》,署名为"弗·马·"。8月24日该报又刊登了一封由戈洛文、亚·赫尔岑和波兰民主主义者斯·沃尔采尔署名的反驳弗·马·的信,题为《俄国间谍巴枯宁》,其中提到早在1848年就有一家"德国报纸"传播过对巴枯宁的诽谤。8月31日该报刊登了阿·卢格致《晨报》编辑的信《米哈伊尔·巴枯宁》,该文对马克思和《新莱茵报》公开进行诽谤,指责马克思和《新莱茵报》蓄意传播关于巴枯宁的谣言。

第十三章　处于鼎盛期的国际

巴枯宁第二次逗留伦敦时,即国际创立期间,马克思曾经打破僵局去拜访巴枯宁。他有充分的理由可以使巴枯宁相信,他不仅不曾煽动对他的诽谤,而且曾极力反对这种诽谤。二人离别时已经成为朋友。巴枯宁非常赞赏国际的计划。马克思在11月4日给恩格斯的信中说:"巴枯宁向你致意。他今天到意大利去了,将在那里(佛罗伦萨)住下来。【……】应当说,我很喜欢他,而且比过去更喜欢。【……】

总之,他是十六年来我所见到的少数几个没有退步、反而有所进步的人当中的一个。"①

但是,巴枯宁欢迎国际的那种喜悦并没有保持多久。旅居意大利期间,"老一辈革命家"的精神又在他身上觉醒。他之所以选择这个国家,是因为那里气候宜人,生活成本低廉,特别是德法两国当时已经拒绝他入境,而且也出于政治原因。他认为意大利人是斯拉夫人反对奥地利威权国家的天然盟友,而加里波第的英雄事迹则早在西伯利亚时期就激发了他的幻想。这些事迹首先让他意识到,革命浪潮又开始高涨了。他在意大利发现了大批秘密政治团体。他还在这些团体中发现了一群随时准备参加任何密谋的脱离阶级的知识分子,一群经常处于饥饿边缘的农民群众,以及漂泊不定的流氓无产阶级,特别是那不勒斯的流浪汉。他很快就从佛罗伦萨搬到了那不勒斯,并在那里住了数年。在他看来,这些阶级是革命的真正动力。他把意大利看成是可能最接近爆发社会革命的国家。但是他很快就不得不承认了自己的错误。那时马志尼的宣传还盛行于意大利,而马志尼是反对社会主义的。他用暧昧的宗教战斗口号和严格的集中倾向,只是为了力争建立一个统一的资产阶级共和国。

在意大利的那些年里,巴枯宁的革命鼓动采取了更加明确的形式。由于缺乏理论修养,加上过分敏捷的思维和躁动的活力,巴枯宁总是受到所处环境的强烈影响。马志尼的宗教的、政治的教条主义,更加助长了他的无神论和无政府主义,导致他对一切国家政权的否定。同时,他认为是那些争取普遍变革的先进战士阶级的革命传统,也对他偏爱密谋和地方暴动

---

① 《马克思恩格斯全集》中文第一版第31卷,第17—18页。

的倾向产生了极强烈的影响。因此,巴枯宁建立的革命社会主义的秘密团体,主要是为了反对"马克思和加里波第令人厌恶的资产阶级空谈"。这个团体最初只有意大利人参加,但很快就扩大成为国际性的组织。

为了这个秘密团体,巴枯宁于1867年秋搬到日内瓦,企图首先影响和平自由同盟。当这一步失败后,他开始寻求加入国际,虽然他在长达4年的时间内,一直没有进一步关注过国际。

(四) 社会主义民主同盟

虽然如此,马克思却仍然对这位老革命家保持着友好的感情,并且反对自己周围的人对巴枯宁已经或准备发起的各种攻击。

这些攻击来自西吉斯蒙德·波克罕。他是一个诚实的民主主义者,自从福格特事件及其他一些事件发生以来,一直对马克思有过许多帮助。但是,波克罕有两个弱点:他自认为是有才华的作家,但实际上并非如此;而且他对俄国人有着莫名其妙的憎恨,与赫尔岑对德国人莫名其妙的憎恨不相上下。

波克罕首先攻击了赫尔岑,在1868年初的《民主周报》前几期上写了一系列文章彻底鞭挞了赫尔岑。当时巴枯宁早已与赫尔岑决裂,波克罕却仍然攻击他是赫尔岑的"哥萨克",说他是"牢不可破的否定",把他和赫尔岑一起钉在十字架上。波克罕从赫尔岑的著作中得知,巴枯宁多年前曾经发表过一个"卓越的论点",说"积极的否定是一种创造力",于是波克罕义愤填膺地问道:在俄国国境的欧洲一侧是否有什么人提出这样的口号呢,这是否会引起成千上万的德国小学生的轰笑呢。善良的波克罕由于幼稚而根本没有想到,巴枯宁当时颇为流行的那句名言"破坏的欢乐就是创造的欢乐"出自《德国年鉴》的一篇文章,那时巴枯宁还生活在德国青年黑格尔派的圈子里,并且正与马克思和卢格一起创办《德法年鉴》。

人们知道,马克思对这类论调内心深感厌恶,并且极力反对波克罕企

第十三章 处于鼎盛期的国际

图利用恩格斯在《新莱茵报》上反驳巴枯宁的文章——因为这些文章"极其符合他的意图"——来论证自己的胡说。因为恩格斯是巴枯宁的老友，所以马克思要求这些文章无论如何不能带有侮辱性质。恩格斯也同样提出了抗议，因而波克罕的企图未能实现。约翰·菲力浦·贝克尔也要求波克罕不要攻击巴枯宁，但他收到了一封"严厉的回信"。正如马克思给恩格斯的信中所说的那样，波克罕在信中以他"所特有的委婉语调"宣称，他将与贝克尔保持友谊，并将继续给他（不过为数极少）金钱上的帮助，但二人的通信必须从此不谈政治。马克思虽然和波克罕十分要好，但是认为他的"恐俄症"已经到了危险的程度。

马克思本人与巴枯宁的朋友关系并没有因为他参加过和平自由同盟的几次代表大会而受到影响。马克思给巴枯宁寄去一本带献辞的《资本论》时，和平自由同盟已经在日内瓦召开了第一次代表大会。由于没有收到任何答谢的话，马克思在因其他事情写给日内瓦一位俄国流亡者①的信中，还询问过"老朋友巴枯宁"，尽管他对巴枯宁究竟还是不是他的朋友略有怀疑。巴枯宁在12月22日的一封信中回答了这个间接的询问，他在这封信中承诺将踏上马克思20年来一直走的那条战斗道路。

但是就在巴枯宁给马克思写信的当天，总委员会已经决定拒绝贝克尔关于接受社会主义民主同盟加入国际的提议。马克思是这一决定的倡议人。他已经从《先驱》上知道了同盟的存在，但是他一直认为它不过是日内瓦的地方产物，是个死胎，不值得进一步考虑。他了解老贝克尔，知道他虽然喜欢搞小圈子，但在其他方面很可靠。现在贝克尔寄来了社会主义民主同盟的纲领和章程，并写道，同盟想要弥补国际所缺少的"理想主义"。正如马克思在给恩格斯的信中所说，在总委员会中，"特别是在法国人当中，对这个文件表示了极大的愤怒"②，因而总委员会立即决定拒绝这个请求。马克思受委托起草这一决议。他在12月18日"后半夜"给恩格

---

① 指亚·亚·谢尔诺-索洛维耶维奇。
② 《马克思恩格斯全集》中文第一版第32卷，第218页。

 马克思传

斯写了一封征求意见的信①,证明他本人当时也有些气愤。他还说:"这一次波克罕是对的"。同盟的纲领和章程都使他感到气愤。纲领首先宣布,同盟是信奉无神论的,它要求消灭一切宗教迷信,用科学代替信仰,用人的正义代替神的正义。接着,纲领要求实现各个阶级和两性在政治上、经济上和社会上的平等,而且建议从废除继承权开始。它还要求男女儿童从出生时起就享有发展才能的平等手段,即享受抚养、教育以及在科学、工业和艺术的一切领域受指导的平等。最后,纲领反对不以工人战胜资本的事业为直接和间接目的的任何政治活动。

马克思对这个纲领的评价很糟糕。不久之后,他把它称为"陈词滥调的杂烩"、"无聊的废话,故弄玄虚的和只求暂时效果的荒谬臆想的集大成"。但是在理论问题上,国际由于自身性质有必要在开始时表现较大的宽容。它的历史使命恰恰在于通过自己的实际活动制定一个国际无产阶级的共同纲领。更重要的是,国际的组织是一切成功的实践活动的前提。而同盟的章程则企图以贻患无穷的方式干预这个组织。该同盟虽然宣布自己是国际的一个分支,并完全承认国际的章程,但是却想建立自己的特殊组织。它的创始人在日内瓦成立了临时的中央委员会。各国都要设立全国执行局,以便在各地建立组织,并设法使这些组织加入国际。在国际的年度代表大会上,作为国际的分支,同盟的代表希望在单独的会场召开自己的公开会议。

恩格斯立即坚决反对这种提议,因为这样会形成两个总委员会和两个代表大会。而一有机会,设在伦敦的实际的总委员会就会与设在日内瓦的"理想主义的"总委员会发生冲突。在其他问题上,恩格斯建议要冷静行事。急躁的行动会不必要地刺激工人(特别是瑞士工人)中的许多庸俗分子,并将给国际造成损害。应该冷静而坚决地拒绝这些人,告诉他们,他们既然选择了一个特殊的领域,那就应该等一等,看看他们在这个领域能够搞出什么名堂来。而暂时没有什么能够阻碍一个团体的成员成为另一个

---

① 这封信写于1868年12月15日后半夜,恩格斯于12月18日给马克思回信。

第十三章 处于鼎盛期的国际

团体的成员。关于同盟的理论纲领，恩格斯也认为他从来没有看过比这更糟的东西。他说，巴枯宁看来已成了一头"不折不扣的蠢牛"。不过这个字眼并不表明他对巴枯宁有任何特别的敌意，或者说，并不比马克思在信中骂他的忠实友人贝克尔为"老糊涂"的敌意更大。马克思和恩格斯总是非常喜欢在他们的私密通信中使用这类"荣誉"头衔。

这时马克思已经冷静下来，并且提出了总委员会拒绝同盟加入国际的决议草案。① 不论就形式或内容来说，这个答复都无可指摘。贝克尔只是间接地受到轻微的指责：问题是由同盟的几个创立者预先决定的，因为他们作为国际的会员曾经在布鲁塞尔大会上共同作出拒绝国际与和平自由同盟合并的决定。实质上，拒绝的依据是，允许第二个国际组织在国际内外进行活动，必定会成为破坏国际本身无懈可击的手段。

有人说贝克尔因这个决议而大发雷霆，这是完全不可能的。比较可信的是巴枯宁的说法：贝克尔从一开始就反对建立同盟，但是他的意见被他所属的秘密团体成员否决了；他虽然想保持这个秘密团体，要它的成员在国际内部按照秘密团体的精神进行活动，但是为了避免任何纠纷，他要求他们无条件地加入国际。无论如何，设在日内瓦的同盟中央委员会用一个提议回答了总委员会拒绝它加入的决议，即只要总委员会承认同盟的理论纲领，就可以把同盟的支部改为国际的支部。

在此期间，马克思收到巴枯宁12月22日写的一封善意的来信。但是马克思的怀疑导致他没有进一步重视这种"温情的态度"。同盟的新提议也同样引起了他的怀疑，但是他没有被这种怀疑所支配，而只是就事论事

---

① 1868年，社会主义民主同盟把它的纲领和章程以传单的形式用法文和德文印发。11月29日，约·菲·贝克尔将这两个文件寄给国际的总委员会，希图总委会承认同盟为国际工人协会的一个支部。12月15日，总委员会讨论了同盟的纲领和章程。马克思认为接纳另一个国际性的组织加入国际协会同协会的共同章程相抵触，总委员会根据马克思的这个意见决定不接纳同盟作为一个支部加入国际，并委托马克思起草一个文件作为对同盟的公开答复。马克思通过书信同恩格斯交换意见之后于12月22日写成《国际工人协会和社会主义民主同盟》一文，当日经总委员会会议讨论并稍加修改后一致通过。这个文件揭露了同盟的分裂主义策略。

地做了回答。根据他的提议，总委员会于1869年3月9日决定，讨论它所属的各个工人政党的理论纲领不是它的任务。由于各国工人阶级所处的发展阶段不同，它们的实际运动也以极不相同的理论形式表现出来。国际行动的共同性，各国支部的机关刊物所进行的思想交流，以及全体大会上所进行的直接讨论，将逐渐为整个工人运动制定出共同的理论纲领奠定基础。而目前，总委员会的任务只是，询问各个工人政党纲领的一般倾向是否符合国际的总倾向，即是否符合工人阶级彻底解放。

在这方面，同盟的纲领包含着足以引起危险误解的词句。所谓各阶级在政治上、经济上和社会上的平等，如果按照字面意思理解，相当于资产阶级社会主义者所宣扬的劳资协调。无产阶级运动的真正秘密和国际的伟大目的，反而是要消灭阶级。但是，从上下文可以看出，"各阶级的平等"出现在同盟纲领中只是出于笔误，所以总委员会毫不怀疑同盟一定会放弃这种成问题的语句，那么同盟支部转为国际支部也就不会有任何困难了。如果这种改变最终能够实现，那么按照国际的章程，各新支部的所在地和会员人数应该上报给总委员会。于是，同盟按照总委员会的希望修改了令人反感的措辞。6月22日，同盟通知总委员会，说它的组织已经解散，并已建议自己的各支部转为国际的支部。总委员会以一致通过的决议接受巴枯宁领导的日内瓦支部加入国际。巴枯宁的秘密团体虽然表面上解散了，但它仍然以一种或多或少的松散形式存在着。巴枯宁本人也仍然按照同盟的纲领进行活动。从1867年秋天到1869年秋天，巴枯宁住在日内瓦湖畔，有时住在日内瓦，有时住在沃韦和克拉朗，并且在瑞士的罗曼语系工人中有巨大的影响。

这些工人特殊的生活条件帮助了巴枯宁。如果想正确判断当时的形势，就决不能忘记，国际当时还不是一个有着明确理论纲领的党，正如总委员会致同盟书①中所承认的那样，国际还容许各种各样的倾向在自己队伍中存在。今天，人们仍然可以从《先驱》中看出，就连这个巨大同盟热心而当之无愧的先驱贝克尔，也从不关心理论问题。因此，在国际的日内

---

① 指马克思《国际工人协会总委员会致社会主义民主同盟中央局》。

第十三章　处于鼎盛期的国际

瓦支部也有两个极不相同的派别。一派是所谓的"fabrique"（厂工），按日内瓦方言的意思是指珠宝业和钟表业中工资优厚的熟练工人，他们几乎全是当地人；另一派是所谓的"gros métiers"（粗工），主要是建筑工人，他们几乎全是外国人，特别是德国人，这些人只是靠不断的罢工才争到了勉强可以忍受的劳动条件。前者拥有选举权，后者则没有这种权利。但是厂工人数不多，不能在选举中独立取胜，因此非常倾向于在选举中向资产阶级激进派妥协，粗工则从一开始就排除了这种诱惑，他们更热衷于巴枯宁所宣扬的那种直接的革命行动。

巴枯宁在汝拉的钟表工人中找到了更为广阔的招募园地。他们不是制造奢侈品的熟练工人，大部分在家中工作，而来自美国机器的竞争经常威胁着他们的悲惨生活。他们零零落落地散居在山中的小窝里，几乎不适合群众性的政治运动。即使他们适合于这种运动，惨痛的经验也迫使他们对政治畏缩不前。起初，有个叫库勒里的医生在他们当中为国际进行鼓动，他是一个具有博爱思想的人，但是在政治问题上却很混乱。他不仅要求工人与激进派，甚至要求工人与纳沙泰尔的保皇自由派在选举上实行联合，工人总是因这种联合而受到亏待。库勒里的政策彻底失败以后，汝拉的工人找到洛克勒工业学校的一位青年教师詹姆斯·吉约姆，让他担任他们的新领袖。他在思维方式上完全与工人打成一片，并在洛克勒主编的小报《进步报》上宣扬人人自由平等的无政府主义社会的理想。当巴枯宁第一次来到汝拉时，他发现这里为他的种子准备了完美的土壤，但是这些可怜的恶魔对他的影响恐怕比他对这些恶魔的影响更大，因为从这时起，他对一切政治活动的谴责远比过去激烈。但是，瑞士的罗曼语系各支部之间暂时还是和平相处的。1869年1月，主要在巴枯宁的坚持下，它们组成了联合委员会，并开始发行大型周刊《平等报》。巴枯宁、贝克尔、埃卡留斯、瓦尔兰和国际的其他著名成员都为该刊撰稿。巴枯宁也推动罗曼语系联合委员会向伦敦的总委员会建议，把继承权问题列入巴塞尔大会的议程。巴枯宁完全有理由这样做，因为讨论这类问题是大会的一项主要任务。总委员会采纳了这个建议。

当然，马克思把这看成是巴枯宁的挑战，但是他完全欢迎这个挑战。

 马克思传

（五）巴塞尔代表大会

在1869年9月5日和6日召开的巴塞尔年度代表大会上，国际对自己第五年的活动进行了回顾。①

这一年是迄今为止最生气蓬勃的一年，是"资本和劳动间的游击战"即罢工频繁暴发的一年。欧洲的有产阶级在越来越多地谈论这些罢工，说它们不是由无产阶级的贫困和资本的专制引起的，而是由国际的密谋引起的。

于是，以武力镇压运动的野蛮愿望便越发强烈。在英国，甚至发展到罢工的矿工与军队发生流血冲突的地步。在法国卢瓦尔矿区的里卡马利附近，一个醉酒的兵痞造成了一场血案，有20名工人——其中有2名妇女和1名儿童——被枪杀，大批工人受伤。但是，最残暴的事件发生在比利时，即马克思起草的一份义正词严的总委员会宣言中所说的"这个大陆上的典范的立宪国家，这个与世严密隔绝的地主、资本家和神甫的舒适小天堂"②。宣言号召欧洲和美国的工人支援在塞兰和波利纳日被屠杀的过度追逐利润的受害者。宣言说："比利时政府每年都要制造屠杀工人的惨案，其准确性并不比地球每年都要环绕太阳公转一次的准确性逊色。"③

血的种子使国际收获了成熟。1868年秋天，英国第一次根据改革后的选举法进行选举。这次选举完全证实了马克思对改革同盟的片面政策的警告。没有一个工人代表当选。"大财主们"胜利了，格莱斯顿重新掌握了政权。但是他并不想认真改变在爱尔兰问题上的方针，也不想迎合工联的正义要求。这给新工联主义注入了新的力量。在1869年召开的伯明翰工联年会上，工联代表极力邀请王国有组织的工人加入国际。这不仅因为工人阶级的利益在任何地方都是一致的，而且因为国际的原则能够保证地球上各民族的持久

---

① 参看马克思《总委员会向国际工人协会第四次年度代表大会的报告》。
② 《马克思恩格斯全集》中文第一版第16卷，第395页。
③ 《马克思恩格斯全集》中文第一版第16卷，第395页。

第十三章　处于鼎盛期的国际

和平。1869年夏天，英国和北美联邦之间面临战争威胁。于是总委员会给美国全国工人联合会寄去了一封由马克思起草的通告信，里面说道："现在轮到你们来阻止战争了，因为这个战争的直接结果将使大西洋两岸正在兴起的工人运动倒退若干年。"① 通告信得到了大洋彼岸的热烈响应。

法国的工人运动也进展顺利。警察对国际的迫害通常总是促使它的追随者更为增加。在许多次罢工当中，总委员会的有益干预促成了工会的建立。不管国际的精神在这些工会中是如何强烈，要禁止它们是不可能的。在1869年的选举中，工人虽然还没有提出自己的候选人，但是他们支持了提出极端激进竞选纲领的资产阶级极左政党的候选人。他们这样做至少间接地造成了波拿巴的惨败，特别是在大城市中的惨败，虽然这种努力的成果暂时再次落到资产阶级民主派手中。此外，第二帝国已开始摇摇欲坠，它从外部受到西班牙革命的沉重打击，这场革命于1868年秋天从国内赶走了女王伊萨伯拉。

德国的情况有些不同。在那里，波拿巴主义不仅没有衰落，反而在加强。民族问题分裂了德国工人运动，而这种分裂成为刚刚开始发展的工会运动的严重障碍。施韦泽由于为工会鼓动选择了一条错误道路而陷入困境，因而一蹶不振。对他不断进行的无端指责，使他的一些拥护者也不再信任他，甚至有人极为失策地建议他搞一次小政变，这反而使他本来还不大动摇的声望受到了严重的损害。

结果，全德工人联合会的少数派分裂出去，与纽伦堡联合会一起组成了新的社会民主党，其成员按照建党地址名称自称为"爱森纳赫派"②。两

---

① 《马克思恩格斯全集》中文第一版第16卷，第401页。
② 德国社会民主工党（爱森纳赫派）1869年成立以后，一直为争取德国工人运动的统一而斗争。1872年9月初，社会民主工党美因茨代表大会通过决议，要求同拉萨尔派"进行原则上的合作"，9月底《人民国家报》发表声明，希望召开两派共同代表大会讨论分歧意见以便实现统一，而拉萨尔派的执行委员会和代表大会却先后作出了反对统一的决议。1874年2月，爱森纳赫派国会议员向拉萨尔派代表建议组成统一的国会党团，又遭到拒绝。同年7月，社会民主工党科堡代表大会再次声明，希望德国两个工人派别统一起来，但是仍然没有得到拉萨尔派的响应。后来，由于爱森纳赫派不断发展壮大，而拉萨尔派内部矛盾重重，日趋瓦解，同时反动派加紧了对两派的迫害，拉萨尔派领导人才不得不谋求和解，以摆脱困境。

 马克思传

派之间开始展开激烈的斗争，但是二者对国际采取了大体相同的立场。只要德国的结社法还存在，他们的立场实质上是一样的，不同的只是形式。当李卜克内西利用国际总委员会来反对施韦泽（他无权这样做）时，马克思和恩格斯感到非常不满。他们虽然也欢迎"拉萨尔教会的解体过程"，但是当另一个派别还完全没有与德意志人民党分手，至少还与它在个别问题上保持着松散的卡特尔关系时，他们也不知道该如何对待这个派别。他们仍然认为施韦泽作为一个辩论者胜过他的一切对手。

奥匈帝国工人运动自1866年奥地利战败之后，紧密团结地发展起来了。拉萨尔派在那里完全没什么影响，而正因为此，总委员会在向巴塞尔大会做年度报告时指出，更多的群众都团结在国际的旗帜周围。

因此，大会是在有利的前景下召开的。虽然只有78名会员参加，但是比以往历次大会都更具有"国际的"气派，总共有9个国家的代表出席。代表总委员会出席大会的仍然是埃卡留斯和荣克，此外还有两位最有名望的英国工联代表——阿普尔加思和鲁克拉夫特。法国派出代表26人，比利时5人，德国12人，奥地利2人，瑞士23人，意大利3人，西班牙4人，北美1人。李卜克内西代表新的派别爱森纳赫派，莫泽斯·赫斯代表柏林支部。巴枯宁除了法国的代表委托书以外还有一份意大利的代表委托书，吉约姆则代表洛克勒。大会仍然由荣克主持。

大会首先讨论组织问题。根据总委员会的提案，大会一致同意所有支部和加入国际的团体，要像总委员会几年以前就做过的那样废除主席的职位，因为工人组织不应当保持君主制的、权威的原则，甚至在主席一职纯属名誉职位的地方，这种职位也包含了违反民主原则的因素。另一方面，总委员会建议扩大它自身的权限，主张总委员会应有权在下届代表大会做出决议以前开除任何违反国际精神的支部。这个提案通过了，但是加了一条限制，即凡是设有联合委员会的地方，在开除支部以前应该征求联合委员会的意见。巴枯宁和李卜克内西都热烈拥护这个提案。这对李卜克内西说来是很自然的，而对巴枯宁说来则不是这样。不管他有什么机会主义的考虑，他这样却违反了他的无政府主义原则。最有可能的是，他是想借助魔王来战胜小鬼，指望总委员会支持他反对一切在他看来纯属机会主义的

第十三章 处于鼎盛期的国际

议会政治活动。只有李卜克内西的一篇激烈反对施韦泽和倍倍尔参加北德联邦议会的著名演说，可能是对巴枯宁这种观点的支持。但是马克思不赞同李卜克内西的演说，因而巴枯宁的打算落空了；他很快就认识到，违反原则是要自食其果的。

在大会要讨论的理论问题中，土地公有制问题和继承权问题最为重要。第一个问题实际上在布鲁塞尔已经解决了。这个问题比前一年解决得更加顺利：大会以54票的多数决定社会有权把土地转为公有，然后又以53票的多数承认这种转化必须符合社会的利益，少数派大都在投票时弃权。反对第二个决议的总共有8票，而反对第一个决议的只有4票。关于如何实现这个决议仍有许多不同意见。结果决定将这个问题延至下次在巴黎召开的代表大会上进行彻底讨论。

关于继承权问题，总委员会起草了一份报告，这份报告以马克思所特有的方式把基本观点归纳为几条原理。① 和资产阶级的其他所有法律一样，继承法不是建立在生产资料私有制之上的社会经济组织的原因，而是它的表现和法律上的结果。继承奴隶的权利并不是奴隶制的原因，相反，奴隶制才是继承奴隶的原因。当生产资料变为公有时，继承权，就其具有社会意义的部分而论，将自然地消失，因为一个人只能把他生前所占有的东西留给他的后人。因此，废除那种使少数人终生有权攫取其他多数人劳动成果的制度，仍然是一个伟大的目标。宣布废除继承权是社会革命的出发点，正像希望在保持目前商品交换的状态下废除买主和卖主之间的合同法一样荒谬。这在理论上是错误的，而在实践上则是反动的。继承权只有到了过渡期才能加以改变，因为那时候，一方面社会的现行经济基础还未得到改造，另一方面，工人阶级却已拥有足够的力量为彻底改造社会实行准备措施。作为这样的过渡措施，总委员会建议扩大遗产税并限制根据遗嘱的继承权。这种继承权相比家庭继承权更是一种迷信，因为它更能加强私有制的原则。

与这种观点相反，负责研究这个问题的小组委员会提议，把废除继承

---

① 参看马克思《总委员会关于继承权的报告》。

马克思传

权列为工人阶级的基本要求。但它只是用了一些意识形态口号来论证自己的提案,诸如"特权""政治和经济公平""社会秩序"等等。在相当短的辩论过程中,除了埃卡留斯以外,比利时人德巴普和法国人瓦尔兰也都赞同总委员会的报告,而巴枯宁则为小组委员会的报告辩护,因为这个报告就是根据他的思想产生的。他支持小组委员会的报告似乎是基于实际的理由,而其实却是一种不切实际的理由。他认为,不废除继承权就不能实现公有制。倘若剥夺劳动者的土地,他们是会反抗的,而如果废除继承权,他们会感觉不到自己的利益受到直接触犯,因而土地私有制会逐渐消亡。在对小组委员会提案进行记名投票时,有32票赞成,23票反对,13票弃权,7人缺席;在对总委员会提案进行投票时,有19票赞成,37票反对,6票弃权,13人缺席。可见,二者都没有得到绝对多数,因而问题的讨论也没有得到显著的结果。

巴塞尔大会无论在资产阶级世界还是在无产阶级世界都比前几届大会引起了更热烈的反响。最博学的资产阶级人士带着恐惧和幸灾乐祸的心情注意到,国际终于表现出了共产主义性质;大会关于土地公有制的决议在无产阶级当中博得了一片欢呼。日内瓦的德语支部发表了一篇告农民宣言。这篇宣言马上被译成法文、意大利文、西班牙文、波兰文和俄文,并迅速得到广泛传播。在巴塞罗那和那不勒斯成立了第一批农业工人的支部。在伦敦的一次大型集会上,成立了土地和劳动同盟①,总委员会有10名委员参加了该同盟的委员会,同盟的口号是:土地归于人民!

在德国,德意志人民党"高尚的骑士们"尤为疯狂地反对巴塞尔大会的决议。这种情况起初使李卜克内西感到惊慌,迫使他声明爱森纳赫派不

---

① 土地和劳动同盟于1869年10月在总委员会的参与下在伦敦成立。参加同盟执行委员会的有十多个总委员会委员。在格·埃卡留斯根据马克思的指示起草的纲领中,除了提出关于改革财政税收制度和国民教育等一般的民主要求外,还列入了土地国有化、缩短工作日等要求,以及宪章运动的普选权和建立农业移民区的要求。马克思认为同盟能够推动英国工人阶级的革命化,把它看做是在英国成立独立的无产阶级政党的途径之一。但是到1870年秋,资产阶级分子加强了对同盟的影响,1872年同盟便与国际完全失去了联系。

受大会决议的约束。幸亏人民党怒不可遏的庸人们不满足于此，而要求爱森纳赫派干脆拒绝大会决议，于是李卜克内西终于像马克思和恩格斯早就希望的那样与这个党决裂了。然而，他最初的犹豫对施韦泽是有利的。施韦泽多年来一直在全德工人联合会中"宣扬"土地公有制。但是马克思以为他只是现在才进行这种宣传，并且只是为了嘲弄自己的敌手，因而说他的行为"无耻"。恩格斯则抑制着自己对这个"恶棍"的愤怒，这至少因为他承认，施韦泽总是在理论上"极其机警地"保持正确；同时他也清楚地知道，一旦问题涉及理论观点，施韦泽的对手就会被打得体无完肤。

此时，拉萨尔派不仅在组织方面是最团结的德国工人政党，而且在原则方面也是最先进的。

（六）日内瓦的论争

巴塞尔大会关于继承权的争论是巴枯宁和马克思之间的一种思想决斗。从这个意义上说，这次争论虽然没有得到明确解决，但它的走向与其说对马克思有利，不如说对马克思不利。但如果由此得出结论说，马克思受到了严重打击，并且准备以有力的打击来摧毁巴枯宁，也是不符合事实的。

马克思对巴塞尔大会的进程完全满意。当时他正与女儿燕妮在德国休养，于9月25日从汉诺威写信给女儿劳拉说："我很高兴，巴塞尔代表大会闭幕了，而且会开得还比较好。每当党带着'自己的全部溃疡'出现在公众面前的时候，我总是感到不安。在登场人物当中谁也没有站在原则高度上，但同上等阶级的愚昧无知比较，工人阶级的过失是微不足道的。在我们沿途经过的德国城镇中，没有一个城镇的地方报纸不对'这个可怕的代表大会'的活动充满了恐惧。"①

巴枯宁也和马克思一样，对巴塞尔大会的进程感到满意。有人说他曾

---

① 《马克思恩格斯全集》中文第一版第32卷，第620—621页。

 马克思传

想用关于继承权问题的提案打倒马克思,并通过这个理论胜利争取把总委员会的会址从伦敦迁往日内瓦,而当他做不到这一点时,就在《平等报》周刊上更加猛烈地抨击总委员会。这种说法一再被人重复,以至于变成了真正的神话。其实,这里面没有一个字是真的。巴塞尔大会以后,巴枯宁根本没有在《平等报》上写过一行字;巴塞尔大会以前,亦即在1869年7—8月间,他虽然是这个刊物的主编,但是要在他的一长串文章中找到敌视总委员会或马克思的任何痕迹都是徒劳的。例如,论述"国际的原则"的4篇文章完全符合这个伟大的组织所立足的根本精神。如果说巴枯宁在这些文章中对马克思所说的"议会迷"对无产阶级议员的致命影响表示了某种疑虑,那么,第一,这种疑虑自那时以来已得到充分的证实;第二,这种疑虑比起李卜克内西在同一时期对工人阶级参加资产阶级议会所做的猛烈攻击要温和得多。

其次,即使巴枯宁对继承权的见解如何离奇,但他毕竟有权要求对它进行讨论,因为国际的历次大会上都讨论过比这更为离奇的提案,但是没有人认为这些提案的提出者有什么奸诈的意图。至于说他计划把总委员会从伦敦迁往日内瓦这种指责,也被他下面这段简单明了的话驳斥了:"只要有人提出这种办法,我首先就会尽全力反对这种办法,因为我认为这种办法对国际的未来是致命的。诚然,日内瓦各支部在极短的时期内就做出了巨大的成就。但是笼罩着日内瓦的是一种过于狭隘、过于特殊的日内瓦精神,国际工人协会总委员会不适合迁移到那里去。而且,只要欧洲现有的政治结构继续存在,伦敦就显然仍旧是总委员会唯一适当的所在地,只有疯子和国际的真正敌人才会企图把总委员会迁往其他城市。"①

现在有人认为巴枯宁从来就是个撒谎家,说巴枯宁的这段声明不过是事后编造的遁词。但是这种可能的反驳也站不住脚,因为巴枯宁早在巴塞尔大会之前就已决定,在大会之后从日内瓦搬到洛迦诺。他决定这样做是由于某些他无力改变的情况。他当时经济拮据,妻子临近产期,因此他决定搬到洛迦诺去等候她的分娩。他打算在那里把《资本论》第一卷译成俄

---

① 《巴枯宁传记材料》1928年俄文版,第3卷,第184页。

第十三章 处于鼎盛期的国际

文。他的一个名叫柳巴文的年轻崇拜者为他找到了一位俄国出版商①,答应为他的译本付 1200 卢布的稿费,并且预付给他 300 卢布。

由此可见,所谓巴枯宁在巴塞尔大会前后曾经策划的各种阴谋根本不存在。但是这次大会确实使他尝到了苦果。在波克罕的怂恿下,李卜克内西当着第三人的面宣布,他有证据证明巴枯宁是俄国政府的奸细。巴枯宁在巴塞尔召开了名誉法庭,要李卜克内西在法庭上提出他指责的根据。李卜克内西根本提不出这种根据,于是法庭对他进行了严厉的斥责。虽然如此,经历了科隆共产党人案件和流亡生活后,过于喜欢怀疑奸细的李卜克内西还是诚恳地向对手伸出了和解之手,巴枯宁也诚恳地握了他的手。

使巴枯宁特别难堪的是,几个星期之后,10 月 2 日,莫泽斯·赫斯在巴黎的《觉醒报》上又提出了老一套的诽谤。作为巴塞尔大会德国代表的赫斯,曾经想要介绍大会的内幕,并因此谈到巴枯宁的"阴谋",说他曾经打算推翻国际的基本原则,并把总委员会从伦敦迁到日内瓦。他说,这些阴谋已在巴塞尔被粉碎了。赫斯在结尾表示了毫无价值的怀疑:他虽然不怀疑巴枯宁的革命观点,但这个俄国人是施韦泽的思想近亲,而施韦泽正是在巴塞尔被德国代表们指责为被揭露的德国政府的奸细。在巴枯宁的鼓动和施韦泽的鼓动之间根本看不出任何"近亲"关系,因此这种攻击的恶意就更加显而易见。而且这两个人也没有丝毫的接触。

当然,如果巴枯宁不再理睬这篇无聊的文章,那就再明智不过了。但是,对他的政治诚实度的不断怀疑使他愤怒,而且越是在他背后阴险攻击就越是如此。这也不难理解。于是他写了一篇反驳的文章,但是由于激愤而一发不可收拾,他自己也知道文章不会被《觉醒报》接受。他非常猛烈地攻击了"德国犹太人",不过把拉萨尔和马克思这样的"巨人"排除在波克罕和赫斯这样的侏儒之外。巴枯宁决定把这篇长篇论战文章当作阐述自己革命信仰的一部巨著的序言,并把它寄给巴黎的赫尔岑,要他代为物色一位出版商。他还在文章中附上了一个为《觉醒报》写的较为简短的声明。但是,赫尔岑担心这个声明也不会被报纸接受,因此亲自写了一篇为

---

① 即彼·波利亚科夫。

巴枯宁反驳赫斯的辩护文章。于是《觉醒报》不仅刊登了这篇文章，而且附上了一段使巴枯宁感到十分满意的编者按语。

但是，赫尔岑对巴枯宁的长文一点儿也不满意。他反对攻击"德国犹太人"，并且对于巴枯宁不攻击马克思而攻击没有多大名气的波克罕和赫斯感到特别惊讶。关于这一点，巴枯宁在10月28日回信说，虽然他也认为马克思是整个论争的祸首，但是由于两个原因而原谅他，甚至称他为"巨人"。第一个原因是正义。"抛开他反对我们的一切卑污行为不谈，我们，至少是我，不能不承认他对社会主义事业的巨大功绩，因为他把自己的智慧和精力诚实地献给社会主义事业已经将近二十五年，而在这方面他无疑地超过了我们所有的人。他是国际的最初的创立者之一，而且可以说是主要的创立者。而在我看来这是一个巨大的功绩，不管他怎样反对我们，我今后也将永远承认这个功绩。"①

接着，巴枯宁认为，政治和战略上的考虑决定了他对马克思的态度："他不会容忍我，而依我看来，除了他自己和他的亲近的人以外，他也不爱任何人……马克思在国际中无疑是个有用的人。他至今在国际中仍然是社会主义的一个最坚定、最聪明、最有影响的支柱，是抵制任何资产阶级思潮和意向对国际的侵袭的一道最坚固的防壁。如果我为了报复私怨而打击甚至削弱他的无疑有益的影响，那我永远都不会原谅我自己。可能而且肯定会发生的是，不久我就不免要同他进行斗争，但不是为了私怨，而是为了原则问题，为了他和他领导的英国和德国的党所热烈捍卫的国家共产主义。这将是一场你死我活的斗争。但是万事都有它的时机，而现在时机尚未到来。"②

最后，巴枯宁提出了一个策略上的动机，说这个动机阻止了他攻击马克思。如果他公开反对马克思，那么就会有四分之三的国际成员成为他的敌人。反之，如果他反对马克思周围的那一伙乞丐，大多数人都会支持他，而马克思本人也会感到高兴，或者如巴枯宁在他的法文信中用德文所

---

① 《巴枯宁给赫尔岑和奥格辽夫的信》，1906年俄文版，第338页。
② 《巴枯宁给赫尔岑和奥格辽夫的信》，1906年俄文版，第339页。

第十三章 处于鼎盛期的国际

说的那样,也会"幸灾乐祸"。

写过这封信后不久,巴枯宁就搬到洛迦诺去了。由于忙于个人事务,他在巴塞尔大会之后滞留日内瓦的几个星期中,几乎没有参加当地的工人运动,甚至也没有为《平等报》周刊写过一句话。接替他编辑职务的是罗班和佩龙,罗班是一年前搬到日内瓦的比利时教师,佩龙则是一名在巴枯宁之前就担任过该刊编辑的珐琅画工。两人都是巴枯宁的同道,但是无论行事还是文风都与巴枯宁截然不同。巴枯宁极力启发和唤起粗工,从事自主行动,认为粗工远比厂工更富于无产阶级革命精神。他对他们的做法甚至与他们自己的委员会也背道而驰,更不用说与厂工相矛盾了。厂工虽然在粗工罢工的时候也支持他们,但是却从自己的这种无可否认的功绩中得出了不正确的结论,认为粗工无论在何种情况下都应该跟着他们走。巴枯宁反对我们今天称之为"分等政策"这种客观危险时的观点,直到如今也仍然值得一读。巴枯宁之所以与这种危险做斗争,主要是因为厂工有与资产阶级激进派进行妥协的根深蒂固的倾向。相反,罗班和佩龙则认为能够调和并掩盖厂工和粗工之间的这种矛盾,它不是巴枯宁制造的,而是来源于社会对立。这使他们二人经常处于动摇状态,因而既不能满足厂工也不能满足粗工,而只会为各种各样的阴谋大开方便之门。

当时住在日内瓦的一个俄国流亡者尼古拉·吴亭就是玩弄这种阴谋的高手。他在60年代初曾参加过俄国的大学生骚乱。而当情况变得危险时,他逃亡国外,靠着他那烧酒专卖商的父亲给他的一笔可观的年金——据说有12000千到15000千法郎——过着舒适的生活。这个虚荣的、爱说大话的空谈家靠这笔钱取得了单靠才智永远得不到的地位。但是,他也只是在造谣中伤中取得了这种成就,而在这种场所,正如恩格斯曾说过的那样,"有正事要干的人永远斗不过那些整天搞阴谋的人"[①]。吴亭最初接触过巴枯宁,但受到巴枯宁的坚决斥责。因此,巴枯宁从日内瓦搬走给了他一个求之不得的机会,使他能够用造谣中伤的办法来打击他所憎恨的这个人。他为这个高尚的目的所花的力气并没有白费。随

---

① 《马克思恩格斯全集》中文第一版第32卷,第425页。

 马克思传

后他就拜倒在沙皇的脚下，卑微地哀求恩赦。沙皇也没有不依不饶。1877年俄土战争①时，吴亭成了沙皇的军需供应商，通过这种方式，他赚了一笔比他父亲的烧酒生意更大的钱，但这笔钱肯定不比他父亲赚的钱更干净。

罗班和佩龙虽然为人诚实，但是难以置信地无能，这就使吴亭更容易达到愚弄他们的目的。最糟的是，他们正是在瑞士法语区工人关心得最少的问题上对国际总委员会发动了攻击。《平等报》周刊抱怨总委员会过多地关心爱尔兰问题，没有为英国建立联合委员会，并且没有解决李卜克内西和施韦泽之间的争论等等。这一切都与巴枯宁毫无关系。而产生他赞同甚至煽动这些攻击的假象，只是因为罗班和佩龙是他的支持者，而詹姆斯·吉约姆的小报也持同样的论调。

在1870年1月1日除日内瓦以外只发给法语各联合委员会的内部通告②中，总委员会反驳了罗班的各种攻击。这份形式犀利的通告紧紧抓住了问题的实质。从中可以看出，总委员会拒绝在英国建立联合委员会的那些论据，直到今天仍然值得重视。总委员会指出，虽然革命运动可能首先从法国开始，但是只有英国才能成为重大经济革命的杠杆。英国是已经没有农民并且土地全部集中在少数人手中的唯一国家，是资本主义生产形式几乎支配着国内全部生产，而广大居民都是雇佣工人的唯一国家；是阶级斗争和通过工联的工人阶级组织相当普遍和成熟的唯一国家。最后，由于

---

① 1876—1877年，巴尔干半岛形势紧张，形成了后来导致1877—1878年俄土战争的所谓"东方危机"。俄国借口支持土耳其统治下信奉基督教的各斯拉夫民族改革和独立的要求，企图在这一地区扩张自己的势力。

俄土战争以俄国的胜利告终以后，俄国和土耳其于1878年3月3日在圣斯特凡诺（君士坦丁堡附近）签订的。和约规定成立一个自治的保加利亚公国，使它在名义上属于土耳其（缴纳贡赋），但由俄国占领2年；承认塞尔维亚、黑山和罗马尼亚独立及其版图的扩展。和约的签订意味着俄国对巴尔干的影响大大加强，因而引起了英国和奥匈帝国的强烈反对。在外交和军事威胁的压力下，俄国政府被迫把和约提交1878年6月13日—7月13日在柏林举行的国际会议进行审查。恩格斯在1878年3月已经预见到俄国在即将召开的国际会议上不得不退却的局面。

② 指马克思的《总委员会致瑞士罗曼语区联合会委员会》。

英国在世界市场上的支配地位,英国经济的每一次革命都将直接影响到全世界。

因此,英国具备进行社会革命的所有必要的物质前提,但是它却缺乏概括化的思想和革命的热情。总委员会的任务就在于给它灌输这种思想和热情,而总委员会也做到了这一点。这从最著名的伦敦资产阶级报纸的抱怨也可看出。这些报纸抱怨说,总委员会毒害英国工人阶级的民族精神,把他们推向了革命的社会主义。如果英国建立联合委员会,它会介于国际总委员会和工联总委员会之间,不会享有任何威信。另一方面,总委员会也将失去对这个无产阶级革命的伟大杠杆的影响。把这个杠杆完全交到英国人手里,并且用空洞的喧嚣来代替严肃的、不为人知的工作,这将是愚蠢的。

但是这份通告还没有送到目的地,日内瓦方面就发生了灾难。《平等报》周刊编辑委员会中原有 7 名委员是巴枯宁的拥护者,只有 2 名是他的反对者。由于一件政治上相当偶然、无足轻重的小事,多数派提出了信任问题,于是发现了采取摇摆政策的罗班和佩龙。少数派得到了联合委员会的支持,多数派的七名委员退出了编辑部,其中就有老贝克尔。在巴枯宁居住日内瓦期间,贝克尔曾与他保持着良好的友谊,但是根本不赞成罗班和佩龙的做法。此后,《平等报》周刊的领导权便落入吴亭手中。

(七) 机密通知

当时,波克罕仍在对巴枯宁大肆抨击。

2 月 18 日,他向马克思诉苦说,约翰·雅科比出版的《未来报》拒绝刊登他的一封信,这封信,如马克思给恩格斯的信中所说,是一封"关于俄国情况的长信,一种翻来覆去、无法形容的大杂烩"①。同时,波克罕引证卡特科夫的话,怀疑"巴枯宁过去在金钱上有些不清白",而卡特科夫

---

① 《马克思恩格斯全集》中文第一版第 32 卷,第 433 页。

 马克思传

虽然在年轻时曾是巴枯宁的同道,但后来投入了反动阵营。马克思和恩格斯对这种怀疑都没有加以重视,恩格斯以哲人的冷静态度说道:"靠借钱过日子对俄国人来说太常见了,他们谁也不能因此而谴责谁"①。马克思在把波克罕的阴谋通知恩格斯之后接着写道,总委员会要决定是否应该把里昂的一个叫里沙尔的人(此人后来确实被发现是叛徒)开除出国际。他还说,里沙尔除了对巴枯宁奴颜婢膝并过分卖弄聪明以外,是无可指责的。"看来,我们最近的通告信引起了强烈的反应,瑞士和法国都在驱逐巴枯宁分子。但一切总归有个限度,对此我将予以注意,以免发生不当。"②

与这种良好愿望形成鲜明对比的是,马克思在几个星期以后,即3月28日,通过库格曼给爱森纳赫派不伦瑞克委员会发去了一份《机密通知》③。这份通知的主要内容就是总委员会于1月1日只发给日内瓦和瑞士法语区各联合委员会的那个通告,通告已经达到了它的实际目的,甚至导致了马克思不赞成的"驱逐"巴枯宁派的行动。很难理解马克思为什么要不顾这种不愉快的经历而把这个通告寄给德国,何况德国根本就没有什么巴枯宁的拥护者。

更难理解的是,马克思在他的《机密通知》中给通告增添了序言和结语,而这些东西更可能导致"驱逐"巴枯宁的行动。序言一开头就痛斥巴枯宁,说他最初企图混入和平自由同盟,但是他在该同盟的执行委员会中一直被人当作"可疑的俄国人"而受到严密监视。巴枯宁荒唐的纲领在这个同盟中破产以后,他加入了国际,想把国际变成他的私人工具。为此,他创立了社会主义民主同盟,而当总委员会拒绝承认这个同盟时,他宣布这个同盟已经解散,但实际上同盟依然在巴枯宁的领导下存在着。他极力想用其他办法达到自己的目的。他力争把继承权问题列入巴塞尔大会的议程,想借此在理论上战胜总委员会,从而为总委员会搬到日内瓦打下基础。用马克思的话说,巴枯宁编织了一个"处心积虑的阴谋",想确保自

---

① 《马克思恩格斯全集》中文第一版第32卷,第437页。
② 《马克思恩格斯全集》中文第一版第32卷,第434页。
③ 参看《马克思恩格斯全集》中文第一版第16卷,第465—479页。

第十三章　处于鼎盛期的国际

己在巴塞尔大会上获得多数，但是他没能够通过自己的提案，总委员会也仍然留在伦敦。"这次失败所引起的懊丧——巴枯宁在心灵深处大概以为他自己的各种阴谋诡计的成功是会导致胜利的"①，这种懊恼表现为《平等报》周刊对总委员会的攻击，而总委员会在1月1日的通告已经对此做了答复。

接着，马克思在《机密通知》中逐字逐句地重述了通告，并且指出：在接到通告以前，日内瓦方面就发生了危机，罗曼语区联合委员会不赞同《平等报》周刊对总委员会的攻击，并准备将该刊置于严格监督之下，此后巴枯宁就离开日内瓦去了提辛。"不久赫尔岑去世了。巴枯宁自从打算宣布自己是欧洲工人运动的领导人的时候起，就背弃了他的老朋友和导师赫尔岑，而在赫尔岑去世以后，却立即对他大肆赞扬起来。为什么？尽管赫尔岑自己是一个很富的人，他每年还从同情他的俄国假社会主义的泛斯拉夫主义派那里得到25000法郎的宣传费。巴枯宁由于自己的赞歌而获得了这笔钱财，于是——malgré sa haine de l'héritage〔尽管他憎恶继承制度〕——却 sine beneficio inventarii〔毫无限制地〕开始占有了'赫尔岑的遗产'"。② 同时，在日内瓦已经形成了一个年轻俄国流亡者的团体，他们都是一些真诚的学生。与泛斯拉夫主义做斗争，是他们的纲领的要点。据马克思说，他们想作为一个支部加入国际，并且暂时委托马克思做他们在总委员会的代表，这两个提议都被接受了。同时他们宣布，他们很快将会撕破巴枯宁的假面具。因此，这个极端危险的阴谋家的把戏至少在国际范围内将很快被揭穿。《机密通知》到这里就结束了。

无须一一列举通知包含的关于巴枯宁的众多错误。马克思对巴枯宁的指责越是严重，也就越是显得缺乏根据。这首先是指关于巴枯宁霸占赫尔岑遗产的指责。在俄国从来就没有过一个假社会主义的泛斯拉夫主义党每年给赫尔岑25000法郎的宣传费。这一点微小的事实根据是，年轻的社会

---

① 《马克思恩格斯全集》中文第一版第16卷，第469页。
② 《马克思恩格斯全集》中文第一版第16卷，第478页。

 马克思传

主义者巴赫梅季耶夫在 50 年代设置了一笔 2 万法郎的革命基金①，由赫尔岑来管理。但是没有任何充分的证据证明，巴枯宁有意将这笔基金装进自己的腰包。尤其不能根据巴枯宁在罗什弗尔的《马赛曲报》上为纪念他青年时代的朋友和后来政治上的敌手所写的诚恳悼词而断言这一点。根据这篇文章，至多只能责备他的多愁善感，而这种多愁善感，也跟巴枯宁的其他所有缺点和弱点一样，正是和一个"极端危险的阴谋家"所具有的品质水火不容的。

从《机密通知》的结语就可以看出，是什么东西使马克思陷入了迷误。一切虚假的消息都是日内瓦的俄国流亡者委员会告诉他的。或者说是吴亭或者贝克尔通过吴亭报告给他的。至少从马克思给恩格斯的一封信中可以推断，对巴枯宁最大的猜疑，即谴责他霸占赫尔岑的遗产一节，是贝克尔提供的消息所引起的。但是这一点自然与下述情况不符：贝克尔虽然在一封保存下来的给荣克的信中抱怨日内瓦的混乱、"厂工"和"粗工"之间的纠纷，以及"罗班之流的神经质的虚假热情和巴枯宁之流的顽固头脑"，但是最后却赞扬了巴枯宁，说他"变得好些并且有用些了"。贝克尔和俄国流亡者们给马克思的信没有保存下来。马克思在给国际的这个新支部的兼有公私两种性质的回信②中，认为最好绝口不提巴枯宁。他建议，俄国支部的主要任务就是协助波兰人，即劝告俄国人帮助欧洲从它的邻人手中解放出来。他幽默地答应做青年俄罗斯的代表，并且说，一个人永远不能料到他会搭上怎样奇妙的伙伴③。

尽管用了这种开玩笑的说法，但是显然马克思对于国际开始吸引俄国革命家这件事深感满意。否则就很难理解，他怎么会听信完全陌生的吴亭

---

① 指 1858 年俄国地主帕·巴赫梅季耶夫交给亚·赫尔岑的一笔宣传费（所谓的巴赫梅季耶夫基金）。1869 年在巴枯宁和尼·奥格辽夫的压力下，赫尔岑同意把基金分成两部分，其中一部分由奥格辽夫转交给谢·涅恰耶夫。1870 年，在赫尔岑死后，涅恰耶夫从奥格辽夫手中得到了另一部分基金。马克思从约·菲·贝克尔 1870 年 3 月 13 日的来信中了解到这件事情。

② 指马克思的《国际工人协会总委员会致日内瓦的俄国支部委员会委员》。

③ 《马克思恩格斯全集》中文第一版第 32 卷，第 452 页。

第十三章 处于鼎盛期的国际

对巴枯宁的猜疑，因为在这以前，当他的老友波克罕向他提出这种猜疑时，他都会予以反对。由于一种奇妙的巧合，巴枯宁在同一时期受了一个俄国流亡者的欺骗。他把这个流亡者看成了即将来临的俄国革命的海燕，甚至让自己卷入一场冒险，这场冒险比他动荡一生的其他所有风险都更有损他的名声。

写完《机密通知》几天后，即4月4日，在拉绍德封召开了罗曼语区联合委员会的第二次年会。在这次年会上发生了公开的决裂。已被总委员会批准加入国际的社会主义民主同盟日内瓦支部，要求参加罗曼语区联合委员会，并请求准许它的两名代表参加大会的讨论。吴亭反对这个请求，并且猛烈攻击巴枯宁。他说同盟的日内瓦支部是巴枯宁阴谋的工具，但是受到吉约姆极其坚决的反对。吉约姆是个狭隘的狂热分子，他后来对马克思所犯的罪，并不比这时吴亭对巴枯宁所犯的罪更少，但是就教养和能力来说他毕竟与对手不同。他以21票对18票的多数获得了胜利。但是少数派拒绝服从多数派的意志，于是大会分裂了。因此，两个大会同时召开，多数派的大会决定把联合委员会会址从日内瓦搬到拉绍德封，并把《团结报》改成联合委员会的机关报，将由吉约姆在诺因堡发行。

少数派为自己的阻挠进行辩解，认为多数派实际上纯粹是偶然产生的，因为出席拉绍德封大会的只有15个支部，而仅日内瓦就有30个支部，并且所有或者几乎所有这些支部都不愿意同盟支部加入罗曼语区的联合委员会。反之，多数派则坚决主张联合委员会不能拒绝接纳总委员会已经接纳的支部。老贝克尔在《先驱》上说，这一切争吵实际上都是荒谬的，并且是由于双方缺乏兄弟情谊而引起的。主要关注理论宣传的社会主义民主同盟支部，不需要被接纳为全国性的联合会，何况人们认为这个支部是早被日内瓦人厌弃的巴枯宁的阴谋的工具。尽管如此，只要它希望加入联合委员会，那么对此加以拒绝或者把是否接纳它的问题变成分裂的理由，将是狭隘和幼稚的。

但事情并不像贝克尔所想的那样简单。虽然分裂后的两个大会所通过的决议仍然有许多共同点，但恰恰在曾经引起日内瓦纷争的基本问题上有分歧。多数派的大会捍卫"粗工"的观点。它拒绝任何只通过国家改革来

441

马克思传

实行社会改造的政策,因为所有在政治上组织起来的国家都不过是根据资产阶级法律进行资本主义剥削的工具。因此,无产阶级无论以何种形式参与资产阶级的政治,都只能巩固现存制度,并麻痹无产阶级的革命行动。与此相反,少数派的大会则捍卫"厂工"的观点,它反对不参与政治,认为这损害了工人运动,并建议参加选举,这并不是因为参加选举可以实现对工人阶级的解放,而是因为工人代表参加议会是良好的宣传手段,从策略上来看是不应忽视的。

拉绍德封的新联合委员会要求总委员会承认它为罗曼语区联合委员会的领导。但是,总委员会没有同意这个要求,并且在6月28日决定,得到日内瓦大多数支部支持的日内瓦联合委员会仍然保留它目前的职能,建议新联合委员会采用某种地方性的名称。这个决定相当公平并且是由新联合委员会自己引发的。但是它却拒不服从,并且大肆攻击总委员会的专横和"权威主义"。结果给国际内部的反对派提供了第二个口号——除了不参与政治的口号外。

总委员会于是就与拉绍德封的联合委员会断绝了任何联系。

(八) 爱尔兰大赦和法国的全民投票

1869年年末到1870年年初的那个冬天又是马克思身体被各种疾病折磨的时期,但是他至少已经摆脱了长期以来对金钱的担忧。1869年6月30日,恩格斯摆脱了"可爱的商业"①。他在半年以前就曾问马克思,一年350英镑是否足够生活开支。恩格斯想与公司合伙人商定,在五六年内每年支给马克思这笔钱。两人的通信没有透露,他们最后究竟是怎样商定的。无论如何,恩格斯不仅在五六年内,而且直到马克思逝世都完全保障了马克思的生活。

在政治上,两人当时在爱尔兰问题上下了许多功夫。恩格斯详细研究

---

① 《马克思恩格斯全集》中文第一版第32卷,第309页。

第十三章 处于鼎盛期的国际

了这个问题的历史背景,但是可惜他的研究成果没有出版。马克思则极力敦促总委员会支持爱尔兰人的运动,要求对那些被违法判刑并在狱中备受虐待的芬尼社社员实行大赦①。总委员会对爱尔兰人民在这个运动中展现出来的坚定精神和豪迈气概表示钦佩,谴责了格莱斯顿的政策,因为格莱斯顿不顾在选举时许下的诺言而拒绝实行大赦,或者提出一些侮辱腐朽政府的受害者和爱尔兰人民的条件。总委员会猛烈抨击这位首相,指责他虽然身居要职,却公然对美国奴隶主的叛乱高声喝彩,而现在又向英国人民宣扬服从的教义。其次,他在爱尔兰大赦问题上的一切行为都是"侵略政策"的真正产物,他就是靠这个政策煽风点火,迫使他的敌手保守党人下台。马克思在给库格曼的信中说,总委员会像以前攻击帕麦斯顿一样坚决地攻击了格莱斯顿。马克思写道:"在这里进行煽动的流亡者喜欢从安全的远方攻击大陆上的专制君主。对我来说,只有当着威势逼人的暴君的面做这类事才觉得够刺激。"②

马克思的长女在爱尔兰运动中所获得的巨大成就使他感到特别高兴。由于英国报刊对狱中的芬尼社社员所受的虐待始终保持沉默,于是燕妮·马克思用她父亲在50年代用过的笔名威廉斯,向罗什弗尔的《马赛曲报》寄了几篇文章,生动地描述了自由英国对待政治犯的情况。格莱斯顿无法忍受这些发表在当时也许是大陆上阅读量最大的报纸上的揭露性文章。几个星期后,大多数在押的芬尼社社员就都被释放并去了美国。

---

① 1869年夏天和秋天,爱尔兰广泛展开了争取赦免被囚禁的芬尼社社员的运动。许多次群众大会都通过了要求英国政府释放爱尔兰革命者的请愿书。英国政府首脑威·格莱斯顿拒绝了爱尔兰人的这些要求。1869年10月24日,伦敦举行了声援芬尼社社员的大规模示威游行。示威游行之后,国际工人协会总委员会通过了呼吁英国人民保护被囚禁的爱尔兰人的决议,并为此成立了由马克思、本·鲁克拉夫特、海·荣克和格·埃卡留斯组成的一个委员会。根据马克思的建议,总委员会于1869年11月就不列颠政府对被囚禁的爱尔兰人的态度以及工人阶级在爱尔兰问题上的立场展开讨论。在讨论过程中,马克思曾两次发言,并草拟了《总委员会关于不列颠政府对被囚禁的爱尔兰人的政策的决议草案》,这个决议草案于1869年11月30日由总委员会通过。

② 《马克思恩格斯文集》第10卷,第313—314页。

 马克思传

《马赛曲报》因极其大胆地打击摇摇欲坠的帝国而蜚声欧洲。1870年年初，波拿巴做了最后一次绝望的尝试，把自由派空谈家奥利维埃提拔为首相，想借这种对资产阶级的让步来拯救自己沾满血污的统治。奥利维埃实行了所谓"改革"，但就像临死的猫也要捉老鼠一样，波拿巴要求用全民投票来为这些"改革"举行一次真正波拿巴式的洗礼。奥利维埃软弱地服从了，他甚至建议省长们要为全民投票的成功展开"猛烈的"活动。但是"波拿巴"的警察比这位虚荣的空谈家更懂得怎样使全民投票获得成功。在这场"伟大的"国家行动前夕，警察发现了据说是国际会员为谋杀波拿巴而策划的炸弹阴谋。奥利维埃胆小如鼠，特别因为事情牵涉到工人而躲到警察背后。法国各地都对国际的知名"领袖"进行了搜查和逮捕。

5月3日，总委员会匆忙地对这种卑劣行为提出了抗议，并且声明说："章程也责成本会所有支部公开进行活动。即使本会章程中没有这项特别规定，同工人阶级合为一体的协会，其性质本身也是与任何形式的秘密团体不相容的。如果说工人阶级，即构成各个民族的大多数、创造各个民族的一切财富、甚至篡夺者的政权也总是力图用它的名义来掩饰自己统治的阶级，也在进行阴谋活动的话，那么它的阴谋活动也是在公开进行，有如太阳之冲破黑暗，——它充分意识到：除了它以外不可能存在任何合法的政权。

【……】为对付本会法国各支部而掀起的叫嚣和采取的暴力措施，只是追求一个目的——玩弄全民投票的骗局。"① 事实确实如此，但是这种卑鄙的手段再一次达到了卑劣的目的："自由的帝国"以700万票对150万票的多数宣告成立。

但是在这之后，有关炸弹阴谋的骗局便烟消云散了。虽然警察扬言曾经在国际会员那里发现了一本密码字典，但是他们在这个字典中除了拿破仑这样的个别人名和硝化甘油这样的个别化学名词之外根本没有破译出任何东西，而这些东西即使是提交给波拿巴的法庭都显然过于荒唐。因此国

---

① 《马克思恩格斯全集》中文第一版第16卷，第483、484页。

第十三章 处于鼎盛期的国际

际的法国会员只被安上了参加秘密的或未经许可的团体的罪名,并且因为是重犯而被指控和判罪。

后来成为巴黎公社社员的铜匠沙伦这次做了精彩的辩护。之后,法庭于7月9日对一些人做了判决,其中最高的刑罚是1年监禁,并剥夺公民权1年。但与此同时,爆发了一场彻底扫除第二帝国的暴风雨。

第十四章 国际的衰微

（一）色当会战①以前

关于马克思和恩格斯对战争采取的态度，已经写过很多东西了，尽管在这方面可以说的基本上很少。他们在战争中看到了一个元素，不是像毛奇那样认为战争是上帝的秩序，而是认为战争是魔鬼的秩序，是阶级社会特别是资本主义社会不可分割的伴随现象。

作为历史学家，他们所站的立场当然不是完全不符合历史的——战争就是战争，每一场战争都要用同样的标准来衡量。他们认为，每场战争都有其特定的先决条件和后果，这取决于工人阶级对战争的态度。这也是拉萨尔的观点。1859年，马克思和恩格斯曾与拉萨尔就当时战争的实际状况进行过争论，但他们3个人都是从如何最彻底地利用这场战争为无产阶级解放斗争服务这个决定性观点出发的。

这样的观点决定了他们对1866年战争②的态度。在1848年德国革命未能实现民族统一之后，普鲁士政府力争通过经济发展来唤醒德国的统一

---

① 色当会战是1870年9月1—2日在法国东北部城市色当附近进行的一次会战。这是1870—1871年普法战争中的一次决定性会战。在这次会战中，法军全部被击溃。法军司令部1870年9月2日签了投降书，以拿破仑第三为首的10万余名官兵全部成为俘虏。法军在色当会战中的惨败加速了第二帝国的灭亡，法兰西共和国遂于1870年9月4日宣告成立。

② 指普奥战争。

第十四章　国际的衰微

运动,而不像老德皇威廉所说的那样,建立一个扩大的普鲁士,而不是一个统一的德国。马克思和恩格斯、拉萨尔和施韦泽、李卜克内西和倍倍尔完全一致地认为,德国无产阶级在解放斗争的最初阶段所需要的德国统一只能通过民族革命来实现,因此他们异常激烈地反对大普鲁士政策中所有王朝地方主义的企图。但在克尼格雷茨的决定性会战之后,他们依据对"实际情况"的洞察程度,或早或晚都尝到这个酸苹果:立刻发现了民族革命由于资产阶级的懦弱和无产阶级的软弱而无法实现,而用"铁和血"黏合在一起的大普鲁士——比本来也是当然完全不可能的——恢复德国联邦议会及其可怜的各自为政,为无产阶级的阶级斗争提供了更有利的前景。马克思和恩格斯立即得出了这个结论,拉萨尔的继任者的施韦泽也是如此;他们接受了北德意志联邦所有残缺和无力的样子,认为这个样子虽然决不是受欢迎的,也不会是鼓舞人的,但却是一个事实。比起联邦议会可怜的各自为政,它为德国工人阶级的斗争创造了更坚实的抓手。另一方面,李卜克内西和倍倍尔仍然坚持大德意志的革命观念,并在1866年后的几年里为摧毁北德意志联邦而不懈努力。

在马克思和恩格斯于1866年作出决定之后,他们对1870年战争的立场在一定程度上也已经确定。他们从未对战争的直接原因发表过意见,对于俾斯麦反对波拿巴而促使霍亨索伦亲王为西班牙王位候选人,以及对于波拿巴反对俾斯麦而推动的法意奥战争联盟,根据当时已知的情况,都不可能作出正确判断。但就波拿巴的战争政策是针对德国的民族统一而言,马克思和恩格斯认为德国处于防御状态。

马克思在7月23日为国际总委员会撰写的宣言中详细论述了这一观点。他称"1870年7月的军事阴谋不过是1851年12月的政变的修正版"①,但它敲响了第二帝国的丧钟,它的结局也会像它的开端一样,不过是一场可怜的模仿剧。然而,人们不应忘记,正是欧洲各国政府和统治阶级使波拿巴能够把复辟帝国的残酷笑剧表演了18年之久。如果战争从德国方面来看是一场防御性的,那么是谁把德国置于必须进行自卫的地步,又是谁

---

① 《马克思恩格斯文集》第3卷,第114页。

马克思传

使路易·波拿巴能够对德国进行战争呢？是普鲁士。在克尼格雷茨会战之前，俾斯麦曾同波拿巴暗中勾结，而在克尼格雷茨会战之后，他不是用一个自由的德国来对抗一个被奴役的法国，而是把第二帝国的所有奸猾伎俩都嫁接到其旧制度固有的一切美妙之处上，波拿巴主义的统治就这样在莱茵河两岸称雄。这样一来，除了战争还能有什么其他的结果呢？"如果德国工人阶级听任目前这场战争失去其严格的防御性质而蜕变为反对法国人民的战争，那么无论胜利或失败，都同样要产生灾难性的后果。德国在它的所谓解放战争之后所遭到的那一切不幸，将会变本加厉地重新落到它的头上。"① 宣言中提到了德国和法国工人反对战争的示威活动，让人不必担心这样一个悲惨的结果。随后宣言强调，在自杀式斗争的背景下，潜伏着俄国的险恶形象。如果德国人允许普鲁士政府援引或接受哥萨克的援助，那么他们在抵御波拿巴入侵的防御性战争中理应得到的所有同情心都会立即丧失殆尽。

在发表这一宣言的两天前，即 7 月 21 日，北德议会批准了 1.2 亿塔勒的战争贷款。拉萨尔派的议会代表，按照他们自 1866 年以来的政策，对此投了赞成票。相反，爱森纳赫派的议会代表李卜克内西和倍倍尔则投了弃权票，因为他们的批准将是对普鲁士政府的信任投票，而普鲁士政府在 1866 年的行动为目前的战争做了准备，拒绝票可能被视为对波拿巴的罪恶政策的认可。李卜克内西和倍倍尔主要是从道德的角度来理解战争，这完全符合李卜克内西后来在其关于埃姆斯电报的文章中以及倍倍尔在其回忆录中所表达的思想。

然而，他们在这样做的时候，与自己的议会党团，特别是领导层——不伦瑞克委员会②产生了激烈的矛盾。事实上，李卜克内西和倍倍尔的弃

---

① 《马克思恩格斯文集》第 3 卷，第 116 页。
② 1869 年 8 月 7—9 日在德国爱森纳赫举行了德国、奥地利和瑞士社会民主主义者全德代表大会。会上成立了德国无产阶级的独立的革命政党德国社会民主工党，即爱森纳赫党或爱森纳赫派。该党的领导人是奥·倍倍尔和威·李卜克内西。党的领导机构是由 5 人组成的执行委员会，会址设在不伦瑞克，通称不伦瑞克委员会。另有 11 人组成的监察委员会负责对执行委员会的工作进行检查，会址设在维也纳。这次代表大会通过的纲领，即爱森纳赫纲领，总的来说是符合国际工人协会共同章程的精神的。该党成为国际工人协会的一个支部。

第十四章 国际的衰微

权不是一项实际的政策,而是一种道德声明——无论它本身多么合理,都不符合当时局势的政治要求。对争议双方说:你们都不对,但我不会干涉你们的争论——这在私人生活中是可行的,但不适用于国家生活的,人民必须承担国王间争吵的后果。在战争的头几周,莱比锡的《人民国家报》——爱森纳赫派的机关报所采取的明确而坚定的态度表明了不可能中立的实际后果。这加剧了编辑部(即李卜克内西)和不伦瑞克委员会之间的冲突,后者则向马克思寻求帮助和建议。

马克思在战争刚刚爆发时,即7月20日,也就是在李卜克内西和倍倍尔弃权之前,就曾写信给恩格斯,对法国的"共和派沙文主义"进行了严厉的批评:"法国人是该受鞭打的。如果普鲁士人取胜,那末国家权力的集中将有利于德国工人阶级的集中。此外,如果德国人占优势,那末,西欧工人运动的重心将从法国移到德国。只要把1866年以来两国的运动加以比较,就可以看出,德国工人阶级在理论上和组织上都超过法国工人阶级。它在世界舞台上对于法国工人阶级的优势,同时也就会是我们的理论对于蒲鲁东等人的理论的优势。"① 但是,当马克思接到不伦瑞克委员会的问询时,他一如既往地在重要问题上写信给恩格斯征求他的意见,而恩格斯也和1866年一样,确定了二人的详细策略。

恩格斯在8月15日的回信中写道:"我看情况是这样:德国已被巴登格卷入争取民族生存的战争。如果德国被巴登格打败了,那么,波拿巴主义就会有若干年的巩固,而德国会有若干年、也许是若干世代的破产。到那时,就再也谈不上什么独立的德国工人运动了,到那时,恢复民族生存的斗争就将占去一切,德国工人充其量也只能跟在法国工人后面跑。如果德国胜利了,那么,法国的波拿巴主义就肯定要遭到破产,关于恢复德国统一的无休止的争论就将最终平息,德国工人就能按照与过去截然不同的全国规模组织起来,同时,不管法国出现什么样的政府,法国工人无疑将获得比在波拿巴主义统治下要自由一些的活动空间。包括各个阶级在内的德国全体人民群众已经认识到,问题首先正是在于争取民族生存,因此,

---

① 《马克思恩格斯全集》中文第一版第33卷,第5—6页。

 马克思传

他们立即投入了这场斗争。在这种情况下,一个德国的政党要按照威廉的那一套去宣传全面抵制,并把形形色色的次要的考虑置于主要的考虑之上,我认为是不行的。"①

恩格斯和马克思一样严厉地谴责了已经深入到共和主义圈子里的法国沙文主义。"如果没有大批法国人的沙文主义,即资产者、小资产者、农民以及由波拿巴在大城市中所创造出来的、怀有帝国主义情绪的、欧斯曼的、出身于农民的建筑业无产阶级的沙文主义,巴登格是无法进行这场战争的。这种沙文主义不遭到打击,而且是彻底的打击,德国和法国之间就不可能实现和平。本来可以指望这一工作由无产阶级革命担负起来;但是战争既已开始,德国人只好自己来做这一工作,并且立即就做。"②

"次要的考虑"是将会由俾斯麦一伙人指挥战争,幸运的话,俾斯麦他们将获得暂时的荣耀。这要归功于德国资产阶级的困境,非常令人厌恶,但也无可奈何。"但是,由此就把反俾斯麦主义提高为唯一的指导原则,那是荒谬的。首先,现在俾斯麦同1866年一样,总是在按照**他自己**的方式给我们做一部分工作,虽然他并不愿意做,然而还是在做着。他在给我们创造比过去更宽阔的活动场地。此外,现在已经不是1815年了。现在,南德意志人必然要参加国会,从而就将产生一种与普鲁士主义相抗衡的力量。【……】总之,像李卜克内西那样,因为不喜欢1866年以来的全部历史,就想让这段历史倒退回去,那是愚蠢的。但是我们了解我们的典型的南德意志人。"③

恩格斯在信中再次谈到李卜克内西的政策。"威廉的下列说法很有趣:因为俾斯麦过去是巴登格的同谋者,所以正确的立场是保持中立。如果这是德国人的普遍意见,那么马上又会出现莱茵联邦,而高贵的威廉总有一天会看到,他在这个联邦中会扮演什么角色,工人运动会变成什么样子。一贯受到拳打脚踢的人民,才是真正能够实现社会革命,而且是在威廉所

---

① 《马克思恩格斯文集》第 10 卷,第 340 页。
② 《马克思恩格斯文集》第 10 卷,第 340—341 页。
③ 《马克思恩格斯文集》第 10 卷,第 341 页。

第十四章　国际的衰微

喜爱的无数小邦里实现社会革命的人民！

【……】

威廉显然指望波拿巴获胜，只想这样一来他的俾斯麦就会彻底完蛋。你记得他总是用法国人去威胁俾斯麦。当然，你也是站**在威廉一边**的！"①最后一句话带有讽刺意味；因为李卜克内西提到了马克思同意他和倍倍尔在战争贷款问题上的弃权。

马克思承认他认可李卜克内西的"声明"。这是一个使死守原则变成勇敢行为的"时机"，但是决不能由此得出结论说，这个时机继续存在，更不能得出结论说，德国无产阶级在这场已经变成民族战争的战争中的态度，可以用李卜克内西对普鲁士人的仇视来概括。马克思有充分的理由谈到"声明"，而不是这样的弃权。拉萨尔派附和资产阶级多数派批准了战争贷款，而没有以任何方式表明他们的社会主义立场，李卜克内西和倍倍尔则投了"积极的一票"。他们不仅为自己的弃权行为辩护，而且还"作为社会主义的共和主义者，作为反对一切民族的一切压迫者并力求使一切被压迫者结成兄弟同盟的国际的会员"对这场战争以及每一场王朝战争提出原则性抗议，并表示希望欧洲各国人民从目前的灾难性事件中吸取教训，尽最大努力争取他们的自决权，消除当前作为所有国家和社会弊端根源的暴力和阶级统治。这份"声明"第一次在一个欧洲的议会中，在世界历史性的问题上，坦坦荡荡地高举国际的旗帜，马克思对此当然是十分满意的。

这就是马克思的"认可"，这一点从他的用词中就可以看出。弃权根本不是"死守原则"，而是一种妥协；李卜克内西实际上本想直接拒绝贷款，只是由于被倍倍尔说服，才在表决时弃权。其次，正如《人民国家报》在每一号中都证明了的，弃权并不是只为把握"时机"。最后，这也并不代表一种"勇敢行为"，因为它本身就带有正当理由。如果马克思是指这种意义上的勇气之举，那他就得在更高的程度上赞美勇敢的梯也尔——他不顾帝国的马穆鲁克们在他周围疯狂谩骂而在法国议院强烈反对

---

① 《马克思恩格斯文集》第 10 卷，第 342、343 页。

战争，或者赞美法夫尔和格雷维那样的资产阶级民主派——他们没有对战争贷款投弃权票，而是直接反对，尽管巴黎的爱国主义的喧闹至少和柏林的一样危险。

恩格斯从他对形势的看法中得出对德国工人政策的结论，总结如下：参加民族运动，只要这一运动仅限于保卫德国（但这并不排除在缔结和约以前在某种情况下的进攻）；强调德国民族利益和普鲁士王朝利益之间的区别；反对兼并阿尔萨斯和洛林的一切企图；等到巴黎由一个共和主义的、非沙文主义的政府掌握政权，就力争同它达成光荣的和平；不断强调德国工人利益和法国工人利益的一致性，他们不会赞成战争，现在发动战争也不会彼此交战。

对此，马克思宣布自己完全同意，并把同样的意思答复给不伦瑞克委员会。

（二）色当会战以后

但是，在委员会能够将从伦敦传来的指示付诸实践之前，事情已经发生了彻底的逆转。色当战役已经打响，波拿巴被俘，帝国崩溃了，在巴黎建立起一个资产阶级共和国。领导人是法国首都的前议员，他们自称是"国防政府"。

德国方面，防御性的战争已经结束。普鲁士国王作为北德意志联邦的首脑，以最庄严的方式再三宣布，他不是与法国人民作战，而只是与法国皇帝的政府作战；而巴黎的新统治者也宣布，他们愿意支付任何可能的金额作为战争赔款。只有俾斯麦要求割让土地；他为了占领阿尔萨斯和洛林而继续推进战争，从而把防御性战争变成了孩童般的嘲讽。

在这一点上，俾斯麦追随波拿巴的足迹，也组织了一种全民投票，用来解除普鲁士国王的庄严义务。各式各样的"知名人士"早在色当会战前夕就向国王宣读了"群众公告"，其中提出了"保护边界"的要求。"德国人民的一致愿望"给老先生留下了如此深刻的印象，以至于他在9月6

第十四章 国际的衰微

日就写信回国:"如果王侯们反对这种舆论,他们就是拿自己的王位冒险。"9月14日,半官方的《本省通信》宣布,北德意志联邦的首脑认为受到自己明确和自愿做出的承诺的约束,这是"头脑简单的无理要求"。

然而,为了将"德国人民的一致愿望"完全呈现出来,所有的反对意见都遭到暴力镇压。9月5日,不伦瑞克委员会发出呼吁,要求工人阶级公开示威,争取与法兰西共和国实现光荣的和平,反对兼并阿尔萨斯和洛林;马克思向委员会提出建议的信中的部分内容被逐字收录进这份呼吁。①9月9日,这份呼吁书上的签名者被军方逮捕,并被戴上镣铐拖到勒岑要塞。约翰·雅科比作为政治犯被押送到那里,因为他曾在柯尼斯堡的集会上反对强行吞并法国领土,并说过一句大逆不道的话:"几天前,我们还在打一场防御战,为亲爱的祖国进行神圣的斗争;而今却成了一场侵略战争,为日耳曼种族在欧洲的霸权而战。"大量没收、禁止、抄家和逮捕手段使军事恐怖统治更加完备,保护"德国人民的一致愿望"不受任何怀疑。

在不伦瑞克委员会成员被捕的同一天,国际总委员会发表了由马克思撰写、恩格斯部分参与的第二篇宣言,对新的事态进行了说明。宣言有理有据地指出,其关于这场战争将敲响第二帝国丧钟的预言将迅速实现,而对于在德国方面是否仍是一场防御战争的怀疑也迅速得以证实。普鲁士的军事阴谋集团决定进行侵略,但他们如何使普鲁士国王免除他自己承担的防御性战争的义务呢?"导演这出戏的人们便不得不把事情弄成这样:仿佛威廉是违心地顺从了德意志民族的不可抗拒的要求。他们立刻将此意暗示给了德国自由资产阶级以及他们那帮教授、资本家、市议员和新闻记者。这个在1846—1870年争取公民自由的斗争中表现得空前犹豫、无能和怯懦的资产阶级,看到要在欧洲舞台上扮演凶猛吼叫的德国爱国之狮的角

---

① 参看卡·马克思和弗·恩格斯《给社会民主工党委员会的信》,这封信写于1870年8月22日和30日之间,1870年9月5日以传单形式刊印的社会民主工党委员会的宣言中曾引用这封信,该宣言又载于1870年9月11日《人民国家报》第73号。

色,当然是欣喜若狂。它再次要求它的公民独立自主的权利,摆出一副逼迫普鲁士政府的样子。逼迫政府干什么呢?逼迫政府接受政府自己的秘密计划。它深切忏悔不该那样长久地、几乎像信奉宗教一样地深信路易·波拿巴永无谬误,因此它大声疾呼要求肢解法兰西共和国。"①

宣言随后审视了"这些爱国勇士们"为了吞并阿尔萨斯和洛林所使用的那些"独特论据"。他们不敢公然说阿尔萨斯和洛林的居民渴望投入德国怀抱,但这两省的领土曾有很长一段时间隶属于早已寿终正寝的德意志帝国。"如果依照古玩鉴赏家的想法恢复昔日欧洲的地图,那就千万不要忘记,先前勃兰登堡选帝侯曾以普鲁士领主身份做过波兰共和国的藩臣。"②

然而最迷惑"许多头脑迟钝的人"的,是"有心计的爱国者们"要求把阿尔萨斯和洛林当作防止法国侵略的"物质保证"。在恩格斯所做的军事科学分析中,宣言证明了德国完全不需要在与法国之间的边境上进行增援,这场战争的经验就会表明这一点。"如果最近这次战争证明了什么东西的话,那就是证明了从德国向法国进攻较为容易。"③ 但是,把军事上的考虑当成决定国界的原则,岂不完全是一件蠢事和时代错乱吗?"如果按照这条规则行事,那么奥地利就仍然有权要求取得威尼斯,要求取得明乔河一线;而法国就仍然有权为保护巴黎而要求取得莱茵河一线,因为巴黎从东北受到进攻的危险,无疑比柏林从西南受到进攻的危险要大。如果国界按军事利益来决定,那么这种要求就会没完没了,因为任何一条军事分界线都必然有其缺点,都可能用再兼并一些邻近地区的办法加以改善;并且这种国界永远也无法最终地和公允地划定,因为每一次总是战胜者强迫战败者接受自己的条件,从而播下新战争的种子。"④

宣言提到了拿破仑在蒂尔西特和约中得到的"物质保证"。然而,几

---

① 《马克思恩格斯文集》第 3 卷,第 121—122 页。
② 《马克思恩格斯文集》第 3 卷,第 122 页。
③ 《马克思恩格斯文集》第 3 卷,第 123 页。
④ 《马克思恩格斯文集》第 3 卷,第 123 页。

第十四章 国际的衰微

年之后,他那赫赫威势就像一根腐烂的芦苇被德国人民摧毁了。"普鲁士现在在它最狂妄的幻想中能够或者敢于向法国索取的'物质保证',难道能够和拿破仑第一曾从德国本身索取过的相比吗?结果也会是同样悲惨的。"① 现在,民众爱国主义的喉舌们会说:你们不应该把德国人同法国人混为一谈;德国人所要的不是荣誉,而是安全;德国人本质上是爱好和平的民族。"1792年为了用刺刀镇压18世纪革命这一崇高目的而侵入法国的当然不是德国人呀!由于奴役意大利、压迫匈牙利和瓜分波兰而染污了双手的也不是德国人呀!在德国现行军事制度下,所有成年男子被分成现役常备军和归休常备军两部分,这两部分都同样受到上帝的恩赐,从而必须绝对服从执政者。这样的军事制度当然是维护和平的'物质保证',并且是文明的最终目的!在德国,也如在任何其他地方一样,有权势者的走卒总是用虚伪的自我吹嘘毒化社会舆论。

这帮德国爱国志士一看到法国的梅斯和斯特拉斯堡这两个要塞就装出气愤的样子,但是对于俄国在华沙、莫德林、伊万城等处修筑庞大的防御工事体系,他们却不认为有什么不好。他们在波拿巴入侵带来的恐怖景象面前周身发抖,而他们对于受俄皇监护的耻辱却若无其事。"②

紧接着,宣言指出,吞并阿尔萨斯和洛林将使法兰西共和国投入沙皇主义的怀抱。难道条顿族人真的相信这就可以保证德国的自由与和平吗?"如果德国在军事上的侥幸、胜利后的骄横以及王朝的阴谋驱使下要去宰割法国,那么它就只有两条路可走。它必须不顾一切后果,公开充当俄国扩张政策的工具,或者是稍经喘息之后重新开始准备进行另一次'防御'战争,但不是进行那种新发明的'局部'战争,而是进行种族战争,即反对联合起来的斯拉夫语种族和罗曼语种族的战争。"③

对他们无力阻止的这场战争,德国工人阶级表示坚决支持,认为这是一场争取德国独立、争取德国和欧洲从第二帝国这个可恶的梦魇的羁绊下

---

① 《马克思恩格斯文集》第3卷,第124页。
② 《马克思恩格斯文集》第3卷,第124—125页。
③ 《马克思恩格斯文集》第3卷,第125页。

 马克思传

解放出来的战争。"正是德国的产业工人和农业劳动者一起，撇下了半饥半饱的家庭而组成了英勇的军队的骨干。"① 他们在战场上大批战死，还要在家穷死饿死。他们现在要求保证他们付出的无数牺牲不致白费，使他们获得自由，使他们对波拿巴军队的胜利不会像1815年那样变成人民的失败。他们所要求的第一个保证，就是"给法国以光荣的和平"并"承认法兰西共和国"。宣言提到了不伦瑞克委员会的集会。不幸的是，不能期望他们立即取得成功。但历史将表明，德国工人并不是像德国资产阶级那样的软骨头。他们将履行自己的职责。

随后，宣言转而分析法国方面的新形势。共和国并没有推翻王权，而只是占据了它空出来的位子。它不是作为一项社会成就，而是作为一项民族防御措施而宣告成立的。它掌握在一个临时政府手中，组成这个政府的，一部分人是声名狼藉的奥尔良党人②，一部分人是资产阶级共和党人，而后者中的某些人又在1848年六月起义时留下了洗不掉的污点。这个政府成员的职务分配似乎预示着什么不妙的地方。奥尔良人占据了强势地位——军队和警察，而所谓的共和党人则被分到了说空话的岗位。这个政府最初的一些行为很清楚地证明，他们从帝国那里继承的不仅是一大堆残砖断瓦，而且还有帝国对工人阶级的恐惧。

"由此可见，法国工人阶级正处于极困难的境地。在目前的危机中，当敌人几乎已经在敲巴黎城门的时候，一切推翻新政府的企图都将是绝望的蠢举。法国工人应该履行自己的公民职责，但同时他们不应当为民族历史上的1792年所迷惑，就像法国农民曾经为民族历史上的第一帝国所欺骗那样。他们不应当重复过去，而应当建设未来。唯愿他们镇静而且坚决地利用共和国的自由所提供的机会，去加强他们自己阶级的组织。这将赋予他们以海格立斯般的新力量，去为法国的复兴和我们的共同事业即劳动解

---

① 《马克思恩格斯文集》第3卷，第126页。
② 奥尔良党人（奥尔良派）是金融贵族和大资产阶级的保皇派，是1830年七月革命到1848年二月革命这一时期执政的波旁王朝幼系奥尔良公爵的拥护者。奥尔良公爵统治时期在历史上被称为奥尔良王朝，又称七月王朝。

第十四章 国际的衰微

放的事业而斗争。共和国的命运要靠他们的力量和智慧来决定。"①

这篇宣言在法国工人中得到了热烈响应。他们放弃了与临时政府的斗争，尽到了公民的义务。尤其是巴黎的无产阶级，他们作为国民自卫军武装起来，在对法国首都的英勇保卫中发挥了最突出的作用，但他们并没有让自己被1792年的民族记忆所迷惑，而是热心于在自身阶级的组织中工作。德国工人也表现出了同样的高度。尽管有各种威胁和迫害，拉萨尔派和爱森纳赫派一样，要求与共和国实现光荣的和平；当北德意志议会在12月再次开会批准新的战争贷款时，两派的议会代表都投了一轮反对票。最重要的是，李卜克内西和倍倍尔以强烈的热情和具有挑战性的勇气领导了这场斗争，为此——而不是像广为流传的传说那样，由于他们在7月时的弃权——那些日子的荣誉便首先与他们的名字连在一起。他们在议会闭幕后以叛国罪的罪名被捕。

那年冬天，马克思再次被过度的工作所累。8月，医生让他去海滨，但在那里，一场重感冒使他"瘫痪了"，直到当月最后一天他才回到伦敦，尽管还没有康复。即便如此，他还是不得不承担总委员会几乎全部的国际通讯工作，因为大部分的驻外通讯员都去了巴黎。他在9月14日向他的朋友库格曼抱怨说，他从来不能在夜里3点钟以前睡觉。他至少可以从恩格斯那里期望未来能轻松一点，因为他在这些天里正长期地迁居伦敦。

无疑，马克思此时希望法兰西共和国能够成功抵抗普鲁士的侵略战争。德国的情况使马克思感到十分心酸痛苦，甚至让教皇集权主义的韦耳夫派领袖文特霍尔斯特也尖刻地调侃说，如果俾斯麦一定想吞并，那么他应该把卡宴当作他治国手腕最合适的胜利品；马克思在12月13日给库格曼的信中写道："看来，不但波拿巴、他的将军们和他的军队已经成了德国的俘虏，而且千疮百孔的整个帝国制度也同他们一起适应橡树和菩提树之国的气候了。"② 在这封信中，他显然满意地记录了英国的舆论，在战争

---

① 《马克思恩格斯文集》第3卷，第127—128页。
② 《马克思恩格斯文集》第10卷，第347页。

马克思传

开始时是非常同情普鲁士的，现在却完全相反。除了人民群众对共和国的坚决同情，"进行战争的方式——征集制度、焚毁村庄、枪杀自由射手、扣留人质以及类似三十年战争时期的种种暴行——在这里已经激起了公愤。当然，英国人在印度、牙买加等地也这样干过，可是法国人既不是印度人，也不是中国人，更不是黑人，而普鲁士人也不是'天生的'英国人！一个国家的人民，如果他们的常备军已被彻底消灭，而他们还要继续保卫自己的话，那简直就是犯罪，这是一种真正的霍亨索伦的观念。"① 老实的弗里德里希-威廉三世在反对拿破仑第一的普鲁士人民战争中，已经受到了这种思想的影响。

马克思认为俾斯麦炮轰巴黎的威胁"也不过是一种诡计。根据概率论的所有规则，炮轰是根本不可能对巴黎这个城市本身产生严重影响的。即使毁坏了几处外围防御工事，打开了一个缺口，可是在被围者的人数超过包围者的人数的情况下，那又有什么用呢？【……】

通过断粮迫使巴黎投降倒是唯一现实的办法。"② 马克思顺带描绘了一幅画面！这个"没有祖国的家伙"否认自己在军事科学问题上有什么独立的判断力，表示俾斯麦要求的对法国首都的炮轰"也不过是一种诡计"，理由与德军所有的著名将领的一样——唯一的例外是罗昂，他们在德国总部幕后持续数周的激烈争论中将其当作"年轻军官的胡闹"加以抵制。而所有的爱国教授和报刊编辑都任由俾斯麦的半官方刊物对普鲁士王后和普鲁士王妃进行道德上的谴责，因为这些女人无论是由于多愁善感，还是出于叛国的理由，据说都阻止了她们那些怕老婆的丈夫们去炮轰巴黎！

此外，当俾斯麦夸夸其谈，指责法国政府使报刊和议员无法自由发表意见时，马克思在1871年1月16日的《每日新闻》中，用对同时在吵嚷着的警察事务的尖刻描述，阐明了这个"柏林式的玩笑"。他是这样总结的："法国目前不仅是为它自身的民族独立，而且是为德国和欧洲的自由

---

① 《马克思恩格斯文集》第 10 卷，第 348 页。
② 《马克思恩格斯文集》第 10 卷，第 349 页。

而战斗,幸而它的事业决不是没有希望。"① 这句话概括了马克思和恩格斯在色当之后对普法战争的态度。

(三) 法兰西内战

1月28日,巴黎投降了。在俾斯麦和茹尔·法夫尔缔结的和约里明确规定,巴黎国民自卫军队可以保留武器。

国民议会的选举结果是反动的保皇派占多数,他们选举老牌阴谋家梯也尔为共和国总统。在国民议会接受了和平预案——割让阿尔萨斯—洛林和50亿战争赔款——之后,他首先关心的是解除巴黎武装。因为对这个顽固的资产阶级和议会中的容克地主们来说,武装起来的巴黎不是别的,而是革命。

3月18日,梯也尔首先试图抢夺巴黎国民自卫军的大炮,并大胆谎称这些大炮是国家财产,而这些大炮其实是国民自卫军在围攻期间出资制造的,在1月28日的投降和约中也被承认为国民自卫军的财产。在此期间,国民自卫军进行了抵抗,奉命去抢夺大炮未遂的部队也转而加入了自卫军。内战就此爆发。巴黎在3月26日选出了它的公社,公社历史记载了丰富的巴黎工人的英勇斗争和所受的苦难,与凡尔赛秩序党卑鄙的残暴和诡计一样丰富。

无需过多强调,马克思是以多么浓烈的同情来关注事情发展的。4月12日,他写信给库格曼说:"这些巴黎人,具有何等的灵活性,何等的历史主动性,何等的自我牺牲精神!在忍受了6个月与其说是外部敌人不如说是内部叛变所造成的饥饿和破坏之后,他们起义了,在普军的刺刀下起义了,好像法国和德国之间不曾发生战争似的,好像敌人并没有站在巴黎的大门前似的!历史上还没有过这种英勇奋斗的范例!"②

---

① 《马克思恩格斯全集》中文第一版第17卷,第301页。
② 《马克思恩格斯文集》第10卷,第352—353页。

 马克思传

如果巴黎人战败了,那只能归咎于他们的"仁慈"。他们在部队和国民自卫军中的反动分子撤离战场后,应当立即向凡尔赛进军。但他们由于讲良心,不愿开启内战,就好像在邪恶的小矮子梯也尔企图解除巴黎武装时还没有开始内战似的。但即使战败了,巴黎人的起义还是我们党自六月起义以来最光荣的业绩。"就让人们把这些冲天的巴黎人同那个戴着陈腐面具,散发着兵营、教堂、土容克的气味,特别是市侩气味的德意志普鲁士神圣罗马帝国的天国奴隶们比较一下吧"①

当马克思谈到巴黎起义是"我们党"的业绩时,既可以是一般意义上的,即巴黎工人阶级是运动的骨干,也可以是特殊意义上的,即国际的巴黎成员是公社中最有见地和最勇敢的战士,尽管他们在公社委员会中只占少数。国际已经被当作一个普遍的幽灵,必然成为统治阶级对所有不喜欢的事物的替罪羊,以至于巴黎起义也要归罪于它的邪恶煽动。然而奇怪的是,巴黎警察的一家机关报想为国际的"伟大领袖"参与起义而开脱;3月19日,它发表了一封据称是马克思写的信,说他在信中斥责巴黎各支部对政治问题关注太多,对社会问题不够重视。马克思急忙在《泰晤士报》上给这封信贴上了"无耻的捏造"②的标签。

没有人比马克思更清楚,公社并非由国际创造的,但他始终承认国际与公社血脉相连。当然只是在国际的纲领和章程所划定的框架内,根据这个框架,每一个旨在无产阶级解放的工人运动都属于国际。无论是公社委员会中的布朗基派多数,还是虽然属于国际但主要在蒲鲁东思想下生活和活动的少数派,马克思都没有把他们当作亲密的志同道合者。在公社期间,马克思在当时的情况下尽可能与这个少数派保持思想上的联系,但可惜只有极少量的残存文献被保存下来。

对于一封已经遗失的马克思的信,公共工程部的代表莱奥·弗兰克尔于4月25日作出答复:"如果您愿意以某种方式协助我,提供建议,那我是非常高兴的,因为我现在可以说是一个人,但也独自负责我打算在公共

---

① 《马克思恩格斯文集》第10卷,第352—353页。
② 《马克思恩格斯全集》中文第一版第17卷,第311页。

第十四章　国际的衰微

工程部推行的所有改革。从您上一封信中几行话中可以看出，您将尽最大努力使所有人民、所有工人，特别是德国人理解，巴黎公社与德国的旧式公社没有任何关系。无论如何，您将通过这种方式，为我们的事业做出巨大贡献。"马克思对这封信可能作出的任何答复，甚至他可能提出的任何建议，都没有被保存下来。

另一方面，弗兰克尔和瓦尔兰写给马克思的信也遗失了。而马克思在5月13日给瓦尔兰的回信中写道：

"我已经同送信人见过几次面。

把那些能使凡尔赛的恶棍们声名狼藉的案卷放到安全的地方去，是不是更好一些？这类预防措施是决不会有什么害处的。

有人从波尔多写信告诉我，在最近的市镇选举中，有四个国际会员当选。320外省已经开始闹风潮。可惜那里的行动只是地方性的和'和平'的。

为了维护你们的事业，我已经写了几百封信，寄给世界各地凡有我们支部的地方。何况工人阶级从公社成立那天起就是拥护公社的。

甚至英国的资产阶级报纸也放弃了它们最初那种凶狠的态度。有时，我还能在这些报纸上发表一些对你们有利的文章。

我觉得，公社浪费在琐碎事务和个人争执上的时间太多了。大家知道，除了工人的影响之外，还有其它各种影响存在。如果你们来得及弥补已失去的时间，那么这一切就不会造成什么损害。"①

最后，马克思指出，有必要尽快采取行动，因为3天前，法德之间已经在美因河畔法兰克福达成最终和平，俾斯麦此时与梯也尔在镇压公社方面有着同样的利益，特别是因为50亿的战争赔偿金将从那时起开始支付。

就马克思在这封信中提出的建议而言，人们会感觉到某种谨慎的保留态度，而他写给公社成员的所有东西无疑都是以同样的语气。这并不是说他畏惧对公社的行为承担无条件的责任——因为这正是他在公社失败后立即全面而公开所做的——而是因为他完全不愿表现出任何独裁者的行为方

---

① 《马克思恩格斯文集》第10卷，第355—356页。

 马克思传

式，不愿在能够最好地认识到该做什么和不该做什么的地点和位置之外下指令。

5月28日，公社的最后一批保卫者倒下了，而马克思两天后就向总委员会提交了关于"法兰西内战"的宣言，这是他笔下最精彩的文献之一，至今仍是后来出现的关于巴黎公社的大量文献中的亮点。在这里，马克思再次在一个困难而复杂的问题上证明他有惊人的能力，在一个看似无法解决的杂乱无章的欺骗性表面下，在上百次传来传去的流言飞语的混乱中，准确地认清事物的历史内核。就宣言涉及的事实而言——前两个部分和第四部分（即最后一部分）描述了实际的发展状况——，它在各个方面都是准确的，此后在任何一点上也都没有遭到反驳。

诚然，宣言没有对公社的历史进行批判，但这也不是宣言的任务。宣言的目的是让人们看到公社的荣誉和正义，反对敌人施加的侮辱和不公；它是一本斗争的小册子，而不是一本历史论文。公社的缺点和过错，后来经常成为社会主义方面严厉的、有时甚至是过于严厉的批判对象。而马克思则仅限于这样的简述："在任何一次革命中，除了真正代表革命的人物，总还要挤进来另外一种人。这种人当中有些是以前各次革命的忠诚的幸存者，他们对当前的运动并没有深刻的了解，但他们由于具有人人皆知的忠诚和勇敢精神或者纯粹是由于传统力量，还保留有对人民的影响；另外有些人则不过是空喊家，他们年复一年地用老一套的刻板语言大骂现政府，从而骗取了第一流革命家的名声。在3月18日以后，确实也出现了上面说的那样一些人，他们有时甚至扮演了显要的角色。他们极力阻碍工人阶级的真正运动，同以前这种人阻碍各次革命充分发展的情况完全一样。"① 他们是一种无法避免的祸害，摆脱他们需要时间，但公社恰恰没有这样的时间。

宣言的第三部分分析了巴黎公社的历史本质，让人兴趣盎然。这种本质与在外表上可能相似的早期历史产物——从中世纪的公社到普鲁士的城市制度——的本质截然不同。"只有俾斯麦这个除了策划铁血阴谋之外，

---

① 《马克思恩格斯文集》第3卷，第164—165页。

第十四章 国际的衰微

总是喜欢重操最适合于他的智力的旧业即给《喧声》杂志（柏林的《笨拙》杂志）撰稿的人，才会异想天开，以为巴黎公社要仿效普鲁士的市政体制。普鲁士的市政体制不过是1791年法国旧的市政组织的拙劣仿制品，它把城市管理机构降低为普鲁士国家警察机器上的辅助轮子。"① 在对公社的各种解释中，以及在公社中表现出来的各种利益，宣言认识到，公社完全是一个具有广泛代表性的政治形式，而一切旧有的政府形式本质上都是压迫性的。"公社的真正秘密就在于：它实质上是工人阶级的政府，是生产者阶级同占有者阶级斗争的产物，是终于发现的可以使劳动在经济上获得解放的政治形式"②

这一点，宣言无法用一个公社的明确的政府纲领来加以证明；公社没有形成这样一份纲领，也不可能形成这样一份纲领，因为它从存在的第一天到最后一天都在进行生死攸关的斗争。宣言是用公社所推行的实际政策来论证的，认识到这种政策最内在的本质是消灭国家，其最淫贱的形式就是第二帝国，它只不过是社会机体上的一个"寄生赘瘤"，吸食它的力量并抑制它的自由发展。公社的第一个法令就是废除常备军而代之以武装的人民。公社剥夺了迄今为止作为国家政府工具的警察的所有政治职能，并将其转变为公社中承担责任的机构。在铲除了旧政府的物质力量工具——常备军和警察之后，公社又摧毁了精神压迫的工具——僧侣势力；公社下令将教会与国家分离，并剥夺教会所占有的一切财产。一切教育机构对人民免费开放，完全不受教会和国家的干涉。国家的官僚机构被根除，包括法官在内的所有公务人员都由选举产生，可以随时罢免，并将其工资限制在最高6000法郎。

尽管这些阐述在细节上很有见地，但却与马克思和恩格斯25年来所持有的、并已在《共产党宣言》中宣告的观点存在某种程度的矛盾。在他们看来，未来无产阶级革命的最终结果之一是被称为国家的这一政治组织的消亡，但只是逐渐地消亡。这个组织的主要目的始终是通过武装力量确保

---

① 《马克思恩格斯文集》第3卷，第157页。
② 《马克思恩格斯文集》第3卷，第158页。

 马克思传

多数劳动者受到少数有产者的经济压迫。随着少数有产者的消失,武装压迫或国家权力的必要性也会消失。但与此同时,马克思和恩格斯强调,为了达成这个目标和未来社会革命的其他更为重要的目标,工人阶级必须首先占领有组织的国家政治暴力,用它来粉碎资本家阶级的反抗,并重组社会。但是,《共产党宣言》的观点与总委员会的宣言对巴黎公社从一开始就要彻底消灭寄生国家的赞誉并不相符。

当然,马克思和恩格斯对此是完全清楚的;在1872年6月人们仍对公社记忆犹新时出版的《共产党宣言》新版序言中,他们明确提到了宣言并做了修正——工人阶级不能简单地掌握现成的国家机器,并运用它来达到自己的目的。但后来在马克思逝世后,恩格斯至少在与无政府主义倾向的斗争中,再次放弃了这种修正,而完全重复了《宣言》的旧观点。巴枯宁的追随者以自己的方式利用总委员会的宣言,这一点是可以理解的。巴枯宁自己也讥笑说,马克思的思想都被公社抛弃了,他不得不在与所有逻辑相矛盾的情况下向公社脱帽致敬,把公社的纲领和目标变成自己的。实际上,如果一场完全没有准备、但突然被残酷的攻击所逼迫的起义,可以用几道简单的法令来废除国家的压迫机器,这不证实了巴枯宁不厌其烦地重复的东西吗?无论是带着某种善意或者恶意,总还是可以从总委员会的宣言中读出,在公社本质中含有的可能性被过分描绘成现存的现实性。但是无论如何,如果说巴枯宁在1871年的鼓动比以往任何一次更活跃,那是由于巴黎公社给欧洲工人阶级留下了强大的印象。

宣言最后说:"工人的巴黎及其公社将永远作为新社会的光辉先驱而为人所称颂。它的英烈们已永远铭记在工人阶级的伟大心坎里。那些扼杀它的刽子手们已经被历史永远钉在耻辱柱上,不论他们的教士们怎样祷告也不能把他们解脱。"① 宣言一发表就引起了巨大的轰动。马克思在给库格曼的信中写道:"这你大概已经收到了吧!它引起了一片疯狂的叫嚣,而我目前荣幸地成了伦敦受诽谤最多、受威胁最大的人。在度过二十年单调的沼泽地的田园生活之后,这的确是很不错的。政府的报纸《观察家报》

---

① 《马克思恩格斯文集》第3卷,第181页。

第十四章 国际的衰微

以向法庭起诉来威胁我。看他们敢！对这帮恶棍我一点也不在乎！"① 轰动刚一掀起，马克思就立刻自称是宣言的作者。

在后来的几年里，马克思还被社会民主党人斥责——至少有少量的声音，他们认为马克思让国际承担了不应承担的公社的责任，从而危及国际。他本可以捍卫国际免受不公正的攻击，他必须为国际的错误和过失忏悔。这是自由主义"政治家们"的策略，马克思不能遵从，正是因为他是马克思。他从未想过要牺牲他事业的未来，从而妄想以此来减少当前威胁到他的危险。

（四）国际和公社

由于未经筛选、未加考虑地接管了公社的遗产，国际面对的是一个充满敌人的世界。

最不重要的是各国资产阶级报刊对国际的大量诽谤性攻击。相反，在某种意义上和某种程度上，国际因此获得了一种宣传手段，因为总委员会要通过公开声明驳斥这些攻击，并由此至少在伟大的英国报刊上找到了一些听众。

总委员会不得不承担更重的负担——照顾来自公社的众多流亡者，其中一些人迁往比利时和瑞士，但主要都去了伦敦。国际的财政状况一直不好，只有下大力气才能筹集到必要的资金，而且不得不把长达数月的精力和时间用在这上面，而忽视了它的常规任务，当几乎所有的政府都在动员反对国际时，就需要更急迫地执行这些任务了。

但即使是这场各国政府的战争，也还不是最棘手的问题。战争首先在大陆的个别国家以或多或少的力度发动，但所有政府联合起来煽动反对有阶级意识的无产阶级的尝试却暂时失败了。早在1871年6月6日，法国政府就在茹尔·法夫尔的一份通告中进行了这种尝试，但这份文件是如此愚

---

① 《马克思恩格斯全集》中文第一版第33卷，第236—237页。

 马克思传

蠢和虚伪,以至于没有得到其他政府的响应,甚至连极易接受每一个反动的、完全是与工人为敌的倡议的俾斯麦也没有,他被德国社会民主党人(包括拉萨尔派和爱森纳赫派)对公社旗帜鲜明的拥护吓得失去了他巨大的自信。

一段时间后,西班牙政府再次通过其外交部长的通告,做了联合欧洲各国政府反对国际的第二次尝试。通告说,单个政府对国际采取最严厉的措施并压迫其在自己范围内的支部是不够的:所有政府都必须联合起来,努力消除这一罪恶。如果不是立即被英国政府扼杀,这个号召会更早得到响应。格兰维尔勋爵反驳说,国际"在国内"的活动主要局限于在罢工问题上提供建议,并且只有极少的资金用于支持罢工,而构成其纲领的一部分的革命计划更多反映的是外国成员的观点,而不是英国工人的观点,英国工人的注意力主要集中在工资问题上。但是外国人和英国居民一样,也受到法律的保护;如果他们违反了法律,参加了针对与英国友好相处的任何国家的战争行动,那他们将受到惩罚,但没有理由对在英国土地上的外国人采取特别的预防措施。对于一个无理要求的合理反击,当然引起了俾斯麦的半官方刊物的怨言,只要英国是一个避难所,对其他欧洲国家的骚扰受到英国法律的保护而受惩罚,那么为抵御国际的反击而采取的防范措施实际上就是无效的了。

如果各国政府不能成功地对国际进行共同讨伐,那么国际自己也无法形成一个严密的阵型来反抗其在大陆各个国家的支部所遭受的迫害。这是国际最为沉重的忧虑,这并不是因为它感到自己脚下的根基在摇晃——英国、法国和德国,这些国家曾经被国际视为工人阶级最可靠的支柱,它们的大工业多少都有一定程度的发展,工人们也都或多或少地拥有对立法机关有限的选举权。表面上,这些国家对国际的重要性表现在,在国际的总委员会中有20名英国人,15名法国人,7名德国人,而瑞士人和匈牙利人各有2人,波兰人、比利时人、爱尔兰人、丹麦人和意大利人各1人。

在德国,拉萨尔从一开始就把工人鼓动根植于本国的土壤上,马克思曾为此严厉地指责过他。但很快就证实,这帮助德国工人政党渡过了大陆所有其他国家的社会主义发展必须经历的危机。但与此同时,战争造成了

第十四章 国际的衰微

德国工人运动的暂时停滞；它的两个派别都充分地专注于处理自己的事情，以致无法更多地关心国际。此外，尽管两派都宣称反对吞并阿尔萨斯和洛林，支持巴黎公社，但只有爱森纳赫派被总委员会承认为国际的一个分支，受到更多的重视，以至于先于拉萨尔派受到叛国罪的指控和类似糟糕的事情的困扰。倍倍尔在激昂的议会演说中宣称，德国社民党人与法国公社社员休戚与共；俾斯麦自己承认，正是这次演说首先引起了他的怀疑，而这些怀疑后来在对德国工人运动日益猛烈的打击中得到宣泄。然而，就爱森纳赫派对待国际的态度来说，更具决定性的是，自从他们在本国范围内作为一个独立的政党出现后，与国际就越来越疏远了。

在法国，梯也尔和法夫尔在容克地主大会上通过了一项针对国际的严酷的特别法，使本来就已经在凡尔赛屠杀中血流成河的工人阶级完全丧失行动能力。这些"守卫秩序的英雄们"的复仇欲望是如此之疯狂，不惜要求瑞士甚至英国将公社的流亡者作为极端罪犯进行引渡，而他们在印度差点就走运成功了！因此，总委员会切断了与法国的所有联系。为了使自己拥有法国的成员，总委员会接受了一些公社流亡者，其中部分以前就是国际的成员，部分是以革命活力而闻名的人，以此向巴黎公社表示敬意。就其本身而言，这是非常好的，但却没有导致总委员会的加强，而是削弱。因为公社流亡者也沦落到所有流亡者不可避免的命运之中，即通过内讧自我消耗。此时，马克思不得不在法国流亡者那里遭遇到类似于20年前在德国人那里的困境。他当然是最不会为自己有责任做的事情而要求任何赞赏的人，但法国流亡者无休止的拉帮结派迫使他在1871年11月发出了一声哀叹："我花了将近五个月时间为流亡者奔波，并用关于内战的宣言挽救了他们的声誉，而他们对我的报答就是这样。"①

最后，国际失去了它迄今为止在英国工人中得到的支持。从表面上看，破裂首先出现在工联的两位杰出领袖鲁克拉夫特和奥哲尔因为关于内战的宣言而宣布辞职，他们是总委员会的初始成员，奥哲尔甚至是总委员会的主席。由此产生了这样的传闻：工会脱离国际是由于在道德上厌恶国

---

① 《马克思恩格斯全集》中文第一版第33卷，第321页。

际对公社的拥护。然而,传闻中包含的那点真相绝不是决定性的。这件事有更深层的关联。

国际和工会之间的联盟从一开始就是一种理性的结合。双方彼此需要,但都没有想到过在任何情况下与对方的融合。马克思以精湛的技艺在《成立宣言》和《国际章程》中打造了一个二者共同的纲领,但即使工会能够签署这个纲领,他们实际上也只是从中选取适合自己的东西。格兰维尔勋爵在给西班牙政府的答复电报中十分准确地描述了这一利害关系。工会的目的是改善资本主义社会土壤上的劳动条件,为了实现或确保这一目的,他们虽不排斥政治斗争,但在选择战友和斗争手段方面,只要不影响他们的实际目的,就完全不受任何原则性的考虑的限制。

马克思必然很快就认识到,工联的这种冷漠特性,深深根植于英国无产阶级的历史和本质之中,不是能轻易打破的。工联需要国际来贯彻选举改革,而一旦选举改革得以贯彻,他们就开始与自由党眉来眼去,没有自由党的帮助,他们不可能期待赢得议会席位。早在1868年,马克思就斥责了这些"阴谋家",其中也提到过多次竞选议会的奥哲尔。另一次,马克思为宗派领袖布朗特尔·奥勃莱恩的一些追随者位列总委员会的事实进行辩解,他说了一句很独特的话:"这些奥勃莱恩派尽管很愚蠢,但是在总委员会中形成一种常常是十分必要的、与工联主义者相对抗的力量。他们比较革命,在土地问题上比较坚定,较少民族主义,不易为资产阶级用各种方式所收买。否则他们早就被驱逐出去了。"① 而一再提出的为英国组建一个单独的联合会委员会的建议遭到了马克思的反对,正如他在1870年1月1日的总委员会通告中所解释的那样,主要是因为英国人缺乏总结的精神和革命的热情,所以这样一个联合会委员会将会成为激进议员的玩物。

在英国工人领袖脱离国际之后,马克思以最激烈的措辞斥责了他们,说他们卖身于自由党内阁。这对个人来说可能是恰当的,但对其他人来说却不合适,即使我们将贿赂理解为现金支付以外的"其他形式"。阿普尔

---

① 《马克思恩格斯全集》中文第一版第33卷,第332页。

第十四章 国际的衰微

加思至少与奥哲尔和鲁克拉夫特一样被视为工联主义者,甚至被议会两院视为工联主义的正式代表。早在巴塞尔大会之后,他就被他的议会资助人质问,对大会关于共同财产的决议持怎样的态度,但他没有被这种委婉的威胁所吓倒。当他于1870年被选入皇家委员会,为防治性病的法案提供建议,从而成为第一个有资格被君主称为我们忠实和挚爱的工人时,他仍旧签署了关于"法兰西内战"的宣言,并自此至终都忠于总委员会。

这个无可指摘的人,后来也拒绝了商务部的任命,恰恰在他身上,可以看出英国工人领袖为何突然变卦。工联的下一个目标是为他们的团体和他们的财务争取法律保护。当1871年春政府提出了一项法律草案时,他们的目的似乎已经实现了。根据该法案,只要工联的章程不违反刑法,每个工会都应有权进行合法登记,并且在财务上得到法律保护。但是,政府在用一只手给予的同时,又用另一只手拿回去了。

在该法的第二部分中,结社自由被废止了,因为那些曾经针对罢工设计的所有弹性规定——禁止"使用暴力""威胁""恐吓""骚扰""妨害"等等,不仅重新得到认可,而且还更加严苛了。这是一部真正的特别法:工会实施的行为或旨在促成其目的的行为会被定罪,而同样的行为如果是由其他团体实施的,则免予刑事处罚。英国工联的历史学家们用他们还算礼貌的方式说:"宣称工会组织的存在是合法的似乎没有什么用处,因为刑法的适用范围已经扩展到这些团体为实现其目的而惯用的日常和平手段上了。"工会组织首次成为受法律认可和保护的团体,但针对工会行动的法律规定也得到了明确认可,甚至更加严苛。

当然,工联及其领导人拒绝了这份危险的礼物。然而,他们抵抗的结果无非是政府将其法案拆分为两部分:一部使工会合法化的法律和一部以重罚威胁所有工会行动的刑法补充规定。这当然不是真正的成功,而是工会领导人被诱骗并自投罗网的圈套。对他们来说,他们的钱箱高于工会的原则。他们所有人——而且阿普尔加思甚至率先——根据新法注册了他们的社团;而1871年9月,曾作为国际与工联之间纽带的、代表"新工联主义"的联合工会会议正式解散,因为"创建时要解决的任务已经完成了"。

 马克思传

工联领导人可能会这样安慰自己的良心,即他们在逐渐资产阶级化的过程中,已经习惯于只把罢工看成工会运动的粗暴形式。早在1867年,其中一人就在皇家委员会面前宣称,罢工对工人和雇主都意味着对金钱的绝对浪费。因此,当1871年英国无产阶级掀起一场巨大的九小时工作制运动时,他们全力以赴地加以制止,而英国的无产阶级群众并没有顺应他们领导人的"政治家式的"发展,而是被新的刑法补充规定彻底激怒。这场运动从4月1日森德兰的机械制造工人罢工开始,迅速蔓延到各机械制造区,并在纽卡斯尔的罢工中达到高潮,5个月后以工人的全面胜利告终。但伟大的机械制造协会却对这场群众运动采取完全敌对的态度;直到14个星期后,作为协会成员的罢工工人才在常规的失业补助之外获得了每周5先令的罢工补助。这场运动很快就扩展到了许多其他行业,几乎完全由为这场斗争而成立的九小时联盟来推动,并赢得了约翰·伯内特这位非常能干的领导人。

九小时联盟从国际总委员会那里得到了更加积极的支持,总委员会派其成员科恩和埃卡留斯前往丹麦和比利时,以防工厂主的代理人招募外国工人。他们在很大程度上取得了成功。马克思在与伯内特的谈判中,忍不住说了一句苦口婆心的话:不幸的是,有组织的工人团体在陷入窘境之前与国际保持着一定距离;如果国际能够及时赶来,就可以及时采取一切预防措施。与此同时,国际看似在群众中获得了大量的替代者,以弥补它在领导人身上所失去的;国际总是在建立新的支部,而现有的支部也获得了越来越多的新成员。但在这个过程中,英国必须要有自己的联合会委员会这一需求也越来越迫切地被提了出来。

此时,马克思终于做出了他长期抗拒的让步;因为在公社垮台后,新的革命不再是近期可预见的,对于总委员会直接掌握革命最有力的杠杆,他似乎也不再那么重视了。但事实证明,他以前的疑虑终究是有道理的;随着联合会委员会的成立,国际的痕迹在英国比在其他国家都更早消失。

第十四章　国际的衰微

（五）巴枯宁主义的反对派

如果说巴黎公社失败后，国际在德国、法国和英国不得不与巨大的困难作斗争，那么在其他国家就更为困难了，因为国际在这些国家立足尚浅。在普法战争爆发前，在瑞士的罗曼语区就已经出现了小型的危机源，并蔓延到了意大利、西班牙、比利时和其他国家；似乎有巴枯宁派将压过总委员会的倾向。

这种发展并不是巴枯宁煽动性活动的责任，或者像总委员会所认为的那样，是他的阴谋。诚然，巴枯宁在1871年的头几天中断了《资本论》的翻译工作，以便投身于新的政治活动，但这种活动与国际毫无关系，并且严重损害了巴枯宁的政治声誉。这指的是涅恰耶夫事件，在这件事上，并不像巴枯宁的热情崇拜者们试图做的那样容易过关，他们只是指责他"太过善良而过分亲近"。

涅恰耶夫是一个20岁左右的年轻人，农奴出身，但在自由派人士的善意帮助下进入师范学校，准备从事教职。他投入了当时的俄国学生运动，并在这场运动中谋得了一定的地位，但这既不是由于他贫乏的教育，也不是由于平凡的智力，而可能是由于他狂热的干劲和对沙皇压迫的巨大仇恨。然而，他最突出的特点是，当需要推进他的事业时，他没有任何道德上的顾虑。他没有任何个人追求，在必要的时候可以抛弃一切，但他不会在任何应受谴责的行动面前畏缩，只要他认为这样做会产生革命的效果。

早在1869年春，他就以双重身份出现在日内瓦，一个身份是从彼得—保罗要塞逃出来的政治犯，另一个身份是据说正在秘密准备全俄革命的全能委员会的代表。二者都是编造的；没有这样的委员会，涅恰耶夫也没有进过彼得—保罗要塞。他在一些亲密战友被捕后去了国外，根据他自己的说法，是为了影响老一代的移民，用他们的名字和他们的著作激励俄罗斯青年。他在巴枯宁那里以几乎令人无法理解的程度实现了这一目的。巴枯宁对这个"年轻的野蛮人"、这个"小老虎"——巴枯宁习惯这么叫

471

他——印象深刻,他是一个将用革命的能力推翻旧俄罗斯的新一代代表。巴枯宁非常信任"委员会",他承诺无条件服从由涅恰耶夫传达给他的委员会的命令,并立即准备与涅恰耶夫一起出版一系列最尖刻的革命著作,并送到俄国国内。

对于这些著作,巴枯宁无疑要负部分责任;而研究著作中的一些最糟糕的成就是属于他的还是涅恰耶夫的,并没有什么重要的意义。此外,在要求俄国军官像巴枯宁一样承诺无条件服从"委员会"的呼吁书中,在将俄国强盗行径理想化的小册子中,在充斥着巴枯宁偏爱的恐怖观念和可怕措辞的革命问答手册中,对巴枯宁的作者身份都没有异议。但无法证明巴枯宁曾经参与过涅恰耶夫的煽动实践,他甚至还是这种实践的受害者,而且太晚才将其认清并赶走了"小老虎"。如果国际总委员会指控巴枯宁和涅恰耶夫以必然会引起俄国警察注意的形式发送信件、印刷品或电报,从而给俄国的无辜者带来灾难,那么像巴枯宁这样的人按理是应当免受这样的指责的。涅恰耶夫本人在被揭发时承认了事情的真实情况;他恬不知耻地承认了他那些卑劣的做法,即让所有不与他完全一致的人出丑,从而消灭他们或把他们完全拖入运动。他用同样的方法让信任他的人在冲动时签署损害声誉的声明,或者从他们那里窃取机密信函,以此来对他们实施敲诈。

当涅恰耶夫于1869年秋回到俄国的时候,巴枯宁还没有认清这种做法。涅恰耶夫带着巴枯宁的一份书面证明,其中证明他是"全权代表"——当然,既不是国际的,甚至也不是同盟的,而是欧洲革命联盟的。这个联盟是巴枯宁以其创造才能为俄国事务而建立的社会主义民主同盟的一个分支。这个联盟可能只存在于纸面上,但巴枯宁的名字足以让涅恰耶夫在学生青年中的鼓动有一定的分量。然而,他基本上是在"委员会"的骗局中活动的。当他新赢得的追随者之一——学生伊万诺夫开始怀疑这个秘密权威的存在时,他把这个令人不安的怀疑者通过暗杀的方式清除了。尸体的发现导致大量人被捕,但涅恰耶夫却越过国界逃跑了。

1870年1月的头几天,他再次出现在日内瓦并开始那套老把戏。巴枯宁强烈主张杀害伊万诺夫是一种政治犯罪,而不是普通犯罪,因此瑞士不

第十四章 国际的衰微

应像俄国政府要求的那样允许引渡涅恰耶夫。与此同时，涅恰耶夫躲藏得如此之好，以至于警察无法抓到他。但他自己却恶意捉弄了这位保护他的人，他让巴枯宁放弃翻译《资本论》，全力投入革命宣传，并承诺与出版商就已经支付的预付款达成协议。巴枯宁当时的生活极其贫困，只能将这一承诺视为涅恰耶夫或他神秘的"委员会"将偿还预付给出版商的300卢布。"委员会"的"正式决议"写在印有信笺抬头并饰有斧头、匕首和左轮手枪的纸上，然而涅恰耶夫不是把这份决议寄给出版商本人，而是寄给了出版商的介绍人柳巴文。信中恐吓柳巴文，如果他不想死，就不准要求巴枯宁偿还预付款。巴枯宁是通过柳巴文的一封咒骂他的信得知此事的。他急忙通过开具新的收据来承认他的债务，并承诺一旦有能力就会立即还款。在此期间，他还获悉涅恰耶夫的其他事情，如袭击并抢劫辛普朗邮局的计划，因而与涅恰耶夫决裂了。

对于巴枯宁来说，这种难以理解的、对一位政治家来说不可原谅的轻信，被证明是他生命中最离奇的一段插曲，造成了非常令人不快的后果。马克思在1870年7月便获悉此事，并且是来自一个非常诚实的人——老实人洛帕廷，他于5月在日内瓦逗留期间曾徒劳地试图说服巴枯宁，在俄国没有这样一个"委员会"，涅恰耶夫也从未蹲过彼得—保罗要塞，勒死伊万诺夫完全是一场毫无意义的谋杀。如果上述有一件事成立，洛帕廷一定是知情的。这样一来，马克思对巴枯宁的不利意见就必然大大加深了。然而，俄国政府利用这个机会，在伊万诺夫被谋杀后通过大量逮捕行动发现了涅恰耶夫的活动。为了使俄国革命者在全世界面前难堪，俄国政府第一次公开进行政治审判，并设置了陪审团；1871年7月，在彼得堡开始了所谓的涅恰耶夫案件的审判，被告有80多名，主要是大学生，其中大多数人被严重定罪，判处监禁或在西伯利亚矿场强制劳动。

当时，涅恰耶夫本人仍逍遥法外；他在瑞士、伦敦和巴黎交替逗留，并在巴黎度过了围城和公社时期；直到1872年秋天，他才被苏黎世的一个密探出卖。巴枯宁和他的朋友们在苏黎世的沙贝利茨那里出版了一本小册子，用来阻止以普通谋杀罪引渡被捕的涅恰耶夫，这对他来说并不耻辱。在涅恰耶夫仍旧被引渡时，他给奥加廖夫写了一封信，奥加廖夫同样被涅

 马克思传

恰耶夫所迷惑，甚至在赫尔岑死后把由他支配的巴赫梅季耶夫基金的全部或部分交给了涅恰耶夫："某种来自内心的声音告诉我，涅恰耶夫已经无可救药地毁灭了，他无疑知道这一点，这次将从他混乱、堕落但并不低劣的本性深处唤醒他所有的原始能量和坚韧。他将作为一个英雄而毁灭，而且这一次不会再背叛任何人任何事。"涅恰耶夫在10年可怕的监禁中没有辜负这个期望，直到他死去；他尽可能地弥补自己过去的罪过，并表现出一种钢铁般的毅力，甚至使他的看守也顺从于他的意志。

在巴枯宁和涅恰耶夫决裂的同时，普法战争爆发了。巴枯宁的思想立刻发生了转向；这位老革命家现在寄希望于德军的入侵会发出在法国进行社会革命的信号。面对贵族的、君主制的和军事上的入侵，法国工人如果不想背叛自己的事业，也不想背叛社会主义的事业，就不能袖手旁观；德国的胜利将会是欧洲反动派的胜利。对于国内革命会使人民对外的抵抗瘫痪这一观点，如果巴枯宁正确地予以驳斥，并能够为此援引法国历史，那么他的提议就能劝说持波拿巴主义的和反动思想的农民阶级与城市工人联合起来进行革命，但这毕竟是不切实际的幻想。他认为：不应把任何法令或共产主义的提议或组织形式带给农民，那只会导致他们对城市的反抗；相反，我们应当从农民的灵魂中诱导出革命，以及其他一些诸如此类离奇的空话。

帝国灭亡后，吉约姆在《团结报》中号召武装志愿军赶赴法兰西共和国进行援助。这真是一个愚蠢的玩笑，尤其是出自一个狂热地鼓吹国际人士应远离所有政治的人之口；除了被人嘲笑外，也起不到任何作用。但对于巴枯宁在9月26日呼吁在里昂建立革命公社的尝试，不能从同样的角度来看待。巴枯宁被革命分子邀请到那里。人们占领了市政厅，废除了"国家的行政和统治机器"，取而代之的是成立"公社的革命联邦"，但克吕泽烈对国际的背叛和其他个别人的懦弱使得国民自卫军可以轻松地挫败这场运动。巴枯宁敦促要采取有力的措施，首先要求逮捕政府代表，但是徒劳无功。他本人被俘，但又被一支志愿军分队释放了。他在马赛逗留了几个星期，希望运动能再次复兴，当他的希望没有实现时，他于10月底返回洛迦诺。

第十四章　国际的衰微

应当让反动派去嘲讽这次失败的尝试。巴枯宁的一个反对者，尽管对无政府主义十分厌恶，但还没有失去公正的判断力，他恰如其分地写道："不幸的是，在社会民主党的报刊上也可以听到嘲笑的声音，而巴枯宁的尝试实则不应受到这种嘲讽。当然，那些不赞同巴枯宁及其追随者的无政府主义观点的人，可以而且必然会对他毫无根据的希望进行批评。但除此之外，他当时的行动是一次大胆的尝试，意在唤醒法国无产阶级还在沉睡中的能量，在反对外敌的同时针对资本主义社会秩序。后来公社也尝试做了同样的事情，众所周知，马克思对此是十分赞同的。"① 无论如何，这比莱比锡《人民国家报》用熟悉的腔调歌颂巴枯宁在里昂发表的宣言更加客观和理性，就算在柏林的新闻局都没有比这句话更适合俾斯麦的了。

在里昂的失败让巴枯宁深感灰心。他看到，他认为已经触手可及的革命又消失在远方，特别是当曾在他心中唤起新希望的公社起义也被粉碎的时候。同时，他对马克思推动的革命宣传的憎恨也在加深，因为他把无产阶级萎靡不振的主要责任归咎于这种革命宣传。此外，他的经济状况极其悲惨，得不到兄弟们的帮助，有几天他口袋里的钱不超过 5 生丁，还不够买一杯他习惯喝的茶。他的妻子害怕他筋疲力尽，并在道德上自毁。但他自己决定用散碎的闲暇时间写一部著作，阐明他对人类发展、哲学、宗教、国家和无政府主义的看法。这本应是他的遗嘱。

然而，这部著作并没有完成；这个不安分的灵魂注定不会安于长时间的休息。吴亭继续在日内瓦进行煽动，并在 1870 年 8 月成功地将巴枯宁和他的几个朋友从日内瓦中央支部驱逐出去，因为他们属于同盟的支部。然后，吴亭到处散播一个谎言，说总委员会从未接纳同盟的支部加入国际；他声称从埃卡留斯和荣克那里得到的相关文件是伪造的。在此期间，罗班已经迁往伦敦，并成为总委员会成员，而他在《平等报》中曾激烈地反对过总委员会。总委员会以此证明了自身的公正性，因为罗班作为一名对同

---

① 尤·斯切克洛夫《巴枯宁的生平和事业》1972 年俄文版，第 4 卷，第 46 页。

 马克思传

盟的宣誓支持者的身份并没有终止。他于 1871 年 3 月 14 日就提议召开一次国际的非公开会议来决定日内瓦的争端。虽然总委员会认为应该在公社前夕拒绝这一提议，但还是在 7 月 25 日决定把日内瓦的事情提交给 9 月召开的会议。在这次会议上，应罗班的要求，总委员会确认了通知埃卡留斯和荣克同盟的日内瓦支部加入国际的文件是真实的。

这封信一寄到日内瓦，同盟的支部就在 8 月 6 日自行解散了，并立即向总委员会告知了这一决定。这件事看起来办得漂亮；在从总委员会那里收到了对于吴亭谎言的歉意之后，支部为了和平与和解做出了牺牲。但事实上，吉约姆后来公开承认了，决定此事的是其他的原因。支部已经沦落到无足轻重的地步，特别是在日内瓦的公社流亡者看来，它不过是个人争吵的死亡残骸。吉约姆则在同一群流亡者身上看到了合适的人，他们可以在更广泛的基础上领导反对日内瓦联合会委员会的斗争。同盟的支部因此解散了，实际上在几个星期后，同盟的残余与公社社员联合起来，组成了一个新的"革命的社会主义宣传和行动支部"。这个支部宣称同意国际的一般原则，但保留了国际章程和大会赋予它的充分自由。

巴枯宁起初与这一切毫无关系。日内瓦支部在解散前甚至认为没有必要向住在洛迦诺的他征求意见，这本应是他作为同盟领导人的所谓绝对权力的标志。然而，并不是出于自尊心受损，而是因为他认为在这种情况下解散支部是一种懦弱和暗箱操作的伎俩，巴枯宁在一封尖刻的信中对此提出了抗议："我们不要以挽救国际的团结为借口，犯懦弱的错误"。但与此同时，他在对日内瓦纷争的全面描述中，着手澄清他认为的争端所涉及的原则，作为他在伦敦会议上给他的支持者的教科书。

这部著作中相当多的片段被保存了下来，它们与巴枯宁一年前与涅恰耶夫编造的俄国小册子有很大的不同。不管人们对巴枯宁的特殊观点一向抱有什么看法，但这些片段至少提供了令人信服的证据，证明日内瓦纷争的根源比个人争吵更为深远，而且即使是个人争吵也起了作用，主要责任也在于吴亭和他的同伙。

巴枯宁一刻也没有否认过他与马克思及其"国家共产主义"之间的深刻对立，也没有温和地对待他的对手。但他至少没有把马克思描绘成一个

第十四章 国际的衰微

眼里只有自己卑鄙目的的不值得一提的人。他证明了国际起源于群众之中，然后由致力于人民事业的聪明人接棒，他补充说："我们借此机会向德国共产党的杰出领袖，首先是公民马克思和恩格斯，以及公民菲·贝克尔——我们以前的朋友和现在不可调和的对手——表示敬意，就个人的创造而言，他们是国际的真正创造者。我们更愿意向他们致敬，因为我们很快将被迫与他们作斗争。我们对他们的尊重是纯洁而深刻的，但并没有达到偶像崇拜的地步，也不会导致我们成为他们的奴隶。尽管我们对他们曾经和现在为国际所做的巨大贡献给予充分肯定，但我们仍要与他们错误的专制理论、独裁者的专横以及那种暗地图谋的作风、无用的阴谋活动、卑鄙的人格、肮脏的侮辱和无耻的诽谤作斗争，这些也是几乎所有德国人的政治斗争的特点，而且不幸地被带到国际里来了。"① 这当然是十分粗鲁的，但巴枯宁从来没有允许自己失去理智，否认马克思作为国际的创始人和领导人所获得的不朽功绩。

然而，巴枯宁的这部著作也没有完成。当马志尼在卢加诺出版的一份周刊上发表对公社和国际的猛烈攻击时，巴枯宁正在写这部著作。巴枯宁立即在《一个国际主义者对马志尼的答复》中作了答复，在马志尼及其追随者与他进行论战时，他又用表达同一思想的其他小册子作了跟进。在经历了前一段时间的所有失败之后，巴枯宁取得了彻底的成功：以往在意大利的发展上微不足道的国际，现在在那里迅速传播开来。这不是因为巴枯宁的"阴谋"，而是因为他用动人的言辞缓解了特别是意大利青年因巴黎公社而陷入的革命紧张情绪。

在意大利，大工业还不发达；尚在萌芽中的无产阶级，其阶级意识的觉醒也很缓慢，缺乏任何防卫和抵抗的法律武器。另一方面，半个世纪以来为争取民族统一而进行的斗争，在市民阶级中唤醒并滋养了一种革命传统；在无数次的起义和谋反中，人们一直在为这个目标而奋斗，直到最后以一种必然令所有革命同志感到非常失望的形式实现：先是在法国后是在

---

① 吉约姆《国际。文件和回忆（1864—1878）》1907年巴黎版，第2卷，第165—166页。

 马克思传

德国的武器保护下，亚平宁半岛最反动的国家建立起意大利君主制。巴黎公社的英勇斗争将革命青年从这种消沉的情绪中唤醒了。如果马志尼在坟墓的边缘，郁闷地避开了激起他对社会主义的旧恨的新光，那么真诚歌颂国际这个"未来的太阳"的加里波第，则是更高大的民族英雄。

巴枯宁很清楚他的追随者来自国家的哪个阶层。他在1872年4月写道："在此以前，意大利所不足的，不是本能，而是组织和思想。现在这两者都在形成，这样一来，意大利在西班牙之后并且和西班牙一起，也许是现在最革命的国家。意大利有其他国家所不足的东西：朝气勃勃、坚毅奋发的青年，他们完全脱离了常规，毫无升官发财的前途，看不到出路，虽然出身于资产阶级，但是在道德和智力上还没有磨灭到像其他各国资产阶级青年那样的程度。现在他们不假思索地投到革命的社会主义中来，接受了我们的全部纲领，即同盟的纲领。"① 巴枯宁的这段话是写给一位西班牙同志的，为了给他打气。巴枯宁在西班牙不是自己，而是通过几个朋友发挥影响的。如果这样他仍认为他在西班牙的成功等同于他在意大利的成功的话，那就不是为鼓舞人说的假话，而是无可争辩的事实。

在西班牙，工业发展仍然非常落后；在已经有现代无产阶级的地方，他们被束缚了手脚，被剥夺了一切权利，因此在这种困境中留给他们最后的唯一手段就是武装起义；巴塞罗那，这个西班牙最大的工厂城市，其历史上发生的街垒战比世界上任何其他城市都多。除此之外，长期内战使国家四分五裂，所有革命分子陷入巨大失望，他们只是在1868年秋天赶走了波旁王朝，现在却在一个外国国王的统治之下——尽管是非常不稳固的。因此，巴黎革命的大火所迸发出的火星在西班牙也落到了高高堆起的易燃物上。

在比利时，情况与意大利和西班牙不同，因为那里已经有了无产阶级群众运动。但运动几乎仅局限于该国的瓦隆地区；其骨干是由极富革命思

---

① 马克思和恩格斯曾在《社会主义民主同盟和国际工人协会。根据国际海牙代表大会决定公布的报告和文件》一文中引用了巴枯宁的这封信中的一部分，见《马克思恩格斯全集》中文第一版第18卷，第515页。

第十四章 国际的衰微

想的博里纳日矿工组成的,对他们来说,通过法律手段提高阶级地位的想法已经因他们年复一年淹没在血泊中的罢工而被扼杀在萌芽状态。然而,他们的领导人是蒲鲁东主义者,因此更倾向于巴枯宁的观点。

如果我们考察一下巴黎公社失败后在国际内部发展起来的巴枯宁主义反对派,就会发现,他们用了巴枯宁的名字,只是因为他们相信能从巴枯宁的观点中找到解决社会矛盾和紧张关系的办法,而这些实际上就是从他的观点中产生的。

(六) 伦敦第二次代表大会

国际总委员会决定于9月在伦敦召开大会,来取代即将到来的年度代表大会。

1869年在巴塞尔决定了下一届代表大会在巴黎召开。但是,可敬的奥利维厄为庆祝全民投票而针对法国支部的逮捕行动,促使总委员会在1870年7月凭借其权限,将大会的地址改为美因茨。同时,总委员会向各国联合会提议将其总部从伦敦转移到另一个国家,但遭到一致拒绝。后来,战争的爆发也阻碍了美因茨大会的召开,总委员会受各国联合会的委托,根据事态发展决定下一次代表大会的时间。

然而,根据事态的发展,在1871年秋召开大会是不合适的。可以预见的是,国际的成员在各个国家所承受的压力将使他们只能派很少的代表出席大会,而那些少数能够出席的成员因此也更容易遭到本国政府的报复。但国际更没有理由增加其牺牲者的数量,因为对受难者的照顾已经对其力量和资金提出了最大的要求。

因此,总委员会决定先在伦敦召开一次闭门会议,而非公开大会,就像1865年那样;而稀少的出席者证实了总委员会的担心。大会于9月17日至23日举行,只有23名代表出席,包括6名比利时人、2名瑞士人、1名西班牙人和13名总委员会成员,但其中6人只有发言建议权。

在这次大会广泛而众多的决议中,一些工人阶级的普遍统计数据、工

 马克思传

会的国际关系和农民有关的决议,在当时的情况下只具有学术意义。最重要的是武装国际以抵御外部敌人的汹涌攻势,并加强团结以抵御内部的破坏分子,这两个任务基本是一致的。

大会最重要的决议与国际的政治作用有关。它首先提到了《成立宣言》《章程》、洛桑大会的决议和其他官方声明,其中宣称工人阶级的政治解放与社会解放是不可分割的。随后,大会阐明了,国际正面临着猖獗的反动派,这个反动派无耻地镇压了工人阶级的任何解放追求,并试图用野蛮的暴力使阶级差别和基于阶级差别的有产阶级的统治永久化。工人阶级只有把自己组成一个特殊的政党,与有产阶级的所有旧政党组织相对立,才能作为一个阶级对抗有产阶级的所有暴力;将工人党组织成一个政党,这对于社会革命的胜利及其最终目的——消灭阶级来说是必不可少的。最后,工人阶级通过其经济力量已经在一定程度上建立了个体力量的统一,这也必然被用作与剥削者的政治力量作斗争的杠杆。基于所有这些原因,大会提醒国际所有成员,在工人阶级的斗争状态下,其经济运动和政治活动是不可分割的。从组织角度来看,大会要求总委员会限制其补充成员的数量,不要总是考虑同一国籍的人。总委员会这个名称应当只有自己有权使用;各个国家的联合会委员会应以国名,地方支部则应以其所在的地名命名;大会禁止所有的派别名称,如实证论派、互助主义派、集体主义派、共产主义派,等等。国际的每名成员都要和以前一样,每年要交纳总委员会一便士。

对于法国,大会建议加强在车间的鼓动并发放印刷册子;对于英国,建议成立一个单独的联合会委员会,只要各省分支机构和工联认可,就能得到总委员会的批准。此外,大会声明,德国工人在普法战争期间履行了自己的职责。另一方面,大会拒绝对所谓的涅恰耶夫的阴谋承担任何责任,并委托吴亭在日内瓦的《平等报》上发表根据俄国的消息来源得出的关于涅恰耶夫审判的摘要报告,但在发表前要提交给总委员会。

大会宣布同盟的问题已经解决,因为日内瓦支部已经自行解散,而且禁止了采用派别名称等表明有别于国际共同目的的特殊任务。至于汝拉地区,大会批准了总委员会1870年6月29日的决定,承认日内瓦联合会委

第十四章 国际的衰微

员会是瑞士罗曼语区唯一被授权的委员会,但大会同时呼吁,面对国际目前所遭受的迫害,工人们必须比以往任何时候都更要发扬统一和团结的精神。因此,大会建议汝拉地区的杰出工人重新加入日内瓦联合会委员会。但如果不能做到这一点,大会决定,已经分离出去的支部可以自称为汝拉联合会。但大会随后宣布,总委员会有义务否认任何所谓的国际的机关刊物——比如在资产阶级公众面前讨论国际内部问题的汝拉的《进步报》和《团结报》。

最后,大会授权总委员会视情况决定召开下次代表大会或能够代替它的会议的日期和地点。

从总体上看,不能否认大会的决议具有实事求是的精神;会议向汝拉各支部提出的解决办法,即自称为汝拉联合会,经过了这些支部的自行衡量。只有关于涅恰耶夫的决议包含了一种个人的讥讽,无法用事实来证明。如果说在资产阶级报刊上对涅恰耶夫案的揭露被用来反对国际,那也是一种诽谤,就像当时每天都有几十个扔到国际头上的诽谤一样,而国际并不认为自己有义务进行反证;在类似这样的情况下,国际只要轻蔑地将其当作垃圾踢走就够了。但即使国际想破例一次,它也不能任命一个充满怨恨的阴谋家做通讯员,不能期待这个人对巴枯宁会像对资产阶级报刊一样真实诚恳。

吴亭用一个他认为有价值的谋杀故事开始了委托给他的工作。他打算在苏黎世开展工作,声称那里除了巴枯宁领导的几个同盟的斯拉夫人之外,没有其他敌人。在那里,据说有8个讲斯拉夫语的人在光天化日下,在一条运河附近的一个偏僻的地方袭击了他,把他打伤了,扔在地上,如果不是4个德国学生路过,救下他未来可以为沙皇服务的宝贵生命,他就被彻底打死了,尸体也会被扔进运河。

撇开这个特殊情况不谈,大会的决定无疑提供了一个互相理解的基础,特别是在整个工人阶级运动处于四面楚歌的时候。然而,早在10月20日,由同盟的残余和一些公社流亡者在日内瓦组建的"革命的社会主义宣传和行动支部"就向总委员会申请加入国际。在征得了日内瓦联合会委员会的意见后,总委员会拒绝了这个请求。于是,在代替被停刊的《团结

报》的《社会革命报》上,与"由俾斯麦主义领导的德国委员会"展开了激烈交锋,而根据这份出色的报纸的观点,这个德国委员会就是国际的总委员会。顺便说一下,这个神话般的口号迅速得到响应,因此马克思给一位美国的朋友写信时谈到:"这是指下述不可饶恕的事实而言,即我是德国人,实际上在总委员会中具有决定性的精神影响。(请注意:在总委员会中,德国人在数量上比英国人和法国人都少三分之二。可见,罪孽在于英国人和法国人在理论方面受着德国人的统治(!),而他们把这种统治即德国的科学认为是十分有益的,甚至是必要的。)"①

汝拉各支部随后在11月12日的松维利耶大会上发动总攻。22个支部中只有9个支部派了16名代表参加这次大会,而这些少数代表中还有大部分人患有结核病。但他们却更加信口开河。伦敦大会把一个名字强加给他们,这使他们感到非常耻辱,虽然这是他们自己权衡过的,但他们还是决定服从,并从今以后自称为汝拉联合会。为了报复这种耻辱,他们宣布解散罗曼语区联合会,这当然没有付诸实施。然而,大会的主要成就是起草并向国际的所有联合会发布一份通告,抗议承认伦敦大会的合法性,并呼吁要在尽可能短的时间内召开一次全体代表大会。

这份由吉约姆起草的文件在开篇就谈到,国际正处于一个致命的下坡路上。最初,国际是"对所有权威的巨大抗议";《章程》保障了每个支部或支部的每个团体的独立性,而总委员会作为一个执行机构被赋予了非常有限的职权。然而,渐渐地,人们已经习惯了对国际的盲目信任,以致巴塞尔代表大会自愿退位,因为总委员会被授权接受、拒绝或解散各支部,直到下一次代表大会作出决议。巴塞尔大会的这项决议是在巴枯宁的积极倡导和吉约姆的同意下作出的。

此后5年一直由同样的人组成并在同一地点开会的总委员会,认为自己是国际的"合法首脑"。由于总委员会把自己看成一种政府式的组织,所以他们自然而然地把自己的奇特思想视为只有在国际中才合理的官方理论。在其他团体中出现的不同意见,他们断然认为是异端邪说。因此,逐

---

① 《马克思恩格斯全集》中文第一版第33卷,第334页。

第十四章 国际的衰微

渐形成了一个正统派,总部设在伦敦,其代表是总委员会的成员。没有必要指责他们的意图,因为他们是按照特定学派的观点行事的,但必须要与他们进行最坚决的斗争,因为他们的绝对权力必然会产生腐化作用;一个对自己的同类拥有这种权力的人不可能一直是一个有道德的人。

伦敦大会继续了巴塞尔大会的工作,并通过决议,使国际这个由各个独立支部组成的自由联盟变成总委员会手中的一个专制的和等级制的组织。为了给这座"大厦"加冕,大会甚至决定由总委员会决定下一次代表大会或替代它的会议的地点和时间;这样一来,总委员会就变得独断专权,可以用秘密会议取代由国际公开宣布的全体代表大会。因此,有必要将总委员会限制在其最初的使命上,即一个简单的通讯和统计机构,并通过独立团体的自由联合来实现总委员会想要通过独裁和集中来实现的统一。在这一点上,国际必然已经成为了未来社会的一个典范。

尽管有这样的悲观表述,或者因为有这样的悲观表述,这份来自汝拉的通告并没有达到它的真正目的;它对于尽快召开代表大会的要求,甚至在比利时、意大利和西班牙都没有得到响应。在西班牙,在对总委员会进行尖锐攻击的背后,人们怀疑这是巴枯宁和马克思之间的争风吃醋;在意大利,人们不希望被汝拉指挥,就像不希望被伦敦指挥一样;只有在比利时,人们决定修改章程,即明确宣布国际是完全独立的联合会的结合,并宣布总委员会是一个"通讯和情报中心"。

松维利耶通告在欧洲的资产阶级报刊上收到了更大的赞扬,像是获得了一件稀世珍宝。资产阶级报刊散布的关于总委员会的可怕权力的所有谎言,特别是在巴黎公社失败之后的,如今都在国际内部得到了证实。在此期间,《汝拉简报》取代了迅速停刊的《社会革命报》,至少可以满足于转载资产阶级报刊上热情赞美的文章。

对松维利耶通告的这种喧闹的回响促使总委员会也在一份通告中作出答复,题目是——《所谓国际内部的分裂》。

483

 马克思传

（七）国际分裂的根源

就涉及松维利耶和其他地方控诉总委员会由于极度排斥异己等等而做出了越权甚至伪造章程的行为而言，这份通告进行了一场完全胜利的辩论。对此，人们只能抱怨，不得不将大部分笔墨浪费在微不足道的问题上。

事实上，今天要处理这些琐事需要付出一定的努力。因此，在国际成立时，巴黎成员出于对波拿巴警察的恐惧，在章程法文版中删去了"一切政治运动都应该作为手段服从于这一目标"① 这句话中的"作为手段"几个字。这件事很简单，也很清楚，但尽管如此，现在还是有谣言被不厌其烦地散布出来，说是总委员会后来伪造了"作为手段"这几个字。或者说，如果伦敦大会承认德国工人在战争期间履行了自己的职责，那么就会谴责总委员会中盛行"泛日耳曼主义"。

总委员会的通告彻底澄清了这些无稽之谈。如果这些谣言是为了破坏已经摇摇欲坠的同盟的中央集权，而总委员会只能靠这份通告在反动派的攻击下勉强维持，那么人们就会理解通告中指责同盟为国际警察工作的最后几句话的辛酸。"同盟【……】宣布在无产阶级队伍中实行无政府状态，是摧毁集中在剥削者手中的强大的社会力量和政治力量的最可靠的手段。它以此为借口，竟要求国际在旧世界正力图置国际于死地的时候，用无政府状态来代替自己的组织。"② 国际从外部受到的压力越大，来自内部的攻击就越显得愚蠢，尤其是越没有根据。

然而，事情这一边的光亮，遮住了通告在另一个方向上的视野。正如其标题所示，它只想了解国际内部"所谓的"分裂；像马克思在《内部通告》中所做的那样，把整个冲突归结为"几个阴谋家"，特别是巴枯宁的

---

① 《马克思恩格斯文集》第 3 卷，第 226 页。
② 《马克思恩格斯全集》中文第一版第 18 卷，第 53 页。

第十四章 国际的衰微

阴谋。通告再次强调了曾对巴枯宁的"把各个阶级混为一谈"和巴塞尔大会等提出的指控,指责他与涅恰耶夫勾结把无辜的人出卖给俄国警察,并专门用一个章节说明巴枯宁的两个追随者原来是波拿巴的密探。这对巴枯宁来说当然是非常不愉快的;但对总委员会来说,它的追随者在几个月后也发生了同样的遭遇,但却没怎么损害到它的名誉。如果通告指责"年轻的吉约姆"把日内瓦的"厂工"说成是可恨的"资产阶级",那么它完全没有注意到这样一个事实——在日内瓦,"厂工(fabrique)"一词被理解为一个高薪的奢侈品工人阶层,他们在选举中或多或少地与资产阶级政党达成了存在争议的妥协。

但到目前为止,该通告最薄弱的方面是它对总委员会被指控为"正统"的辩护。它援引的是,伦敦大会直截了当地禁止所有支部使用派别名称。这当然是有道理的,因为国际成为了一个集工会协会、合作社、教育和宣传协会为一体的颇为繁杂的混合体。但总委员会的通告对这项决议的解释是有非常大的争辩余地的。

通告的原文是:"无产阶级反对资产阶级斗争的第一阶段,带有宗派运动的性质。这在无产阶级还没有发展到作为一个阶级来行动的时期是有其理由的。有些思想家在批判社会矛盾的时候,提出了一些解决这些矛盾的幻想的办法,而工人群众则只有接受、宣传和实现这些办法。这些倡导者建立的宗派,按本质来说是弃权论的,即厌弃任何实际活动、政治、罢工、结社——总而言之,厌弃任何集体的运动。无产阶级绝大多数对他们的宣传始终是漠不关心的,甚至是敌视的。巴黎和里昂的工人不愿意理睬圣西门派、傅立叶派和伊加利亚派,就像英国的宪章派和工联派不承认欧文派一样。宗派在开始出现时曾经是运动的杠杆,而当它们一旦被这个运动所超过,就会变成一种障碍,那时宗派就成为反动的了。法国和英国的宗派,以及目前德国的拉萨尔派都证明了这一点。拉萨尔派多年来一直是无产阶级组织的绊脚石,而最终成了警察手中的简单工具。"① 在通告的另一处,拉萨尔派被称为"俾斯麦的社会主义者",说他们在其警察机关报

---

① 《马克思恩格斯全集》中文第一版第18卷,第398—399页。

 马克思传

《新社会民主党人报》之外，扮演着普鲁士德意志帝国的走狗角色。

没有任何地方明确证明是马克思写的这份文件；根据内容和风格，恩格斯在其中可能有或多或少的参与。但是，关于宗派的说法无论如何都是源自马克思；在他与党内朋友同一时期的通信中，也可以看到同样的想法，而且他在反对蒲鲁东的论战文章中已经首次提出了这个想法。这个思想本身恰当地说明了社会主义宗派的历史意义，但马克思错误地把巴枯宁派甚至拉萨尔派与傅立叶派和欧文派混为一谈。

人们可以随意地蔑视无政府主义，并简单地将其看作是工人阶级运动的一种疾病。但不能设想的是，尤其是在经历了半个世纪的今天，认为这种疾病是从外部传染给工人运动的。而事实相反，这种疾病是工人运动固有的和与生俱来的，并在有利、或者说是相当不利的情况下发展起来。但即使在 1872 年，这个错误也很难被理解。巴枯宁绝不是一个墨守成规的人，他也没有一套现成的制度，工人只需接受并实施就可以了；马克思自己也不厌其烦地重复说过，巴枯宁在理论上为零，只是作为一个阴谋家在发挥作用，他的纲领是在表面上东拼西凑出来的大杂烩！

宗派创始人的决定性特征是，他们敌视所有无产阶级群众运动——一方面由于他们不想了解这样的运动，另一方面也由于群众运动不想了解他们。即使巴枯宁真的只是为了自己的目的而想夺取国际，也只是证明作为一个革命者，他只依赖于群众。无论他和马克思之间的斗争有多么激烈，他始终把通过国际为无产阶级群众运动搭起框架看作是马克思的不朽功绩。他与马克思的不同之处在于，他们对这种群众运动为达到其目标而必须采取的策略的看法不同；但不管巴枯宁在这方面的看法如何错误，都与宗派把戏无关。

现在甚至连拉萨尔派也是如此！1872 年，他们当然还没有达到社会主义原则的高度，但他们的理论洞察力和组织力比欧洲任何其他同时代的工人政党都要强，包括仍以拉萨尔的鼓动著作为精神食粮的爱森纳赫派。拉萨尔把他的鼓动建立在无产阶级阶级斗争的广泛基础上，堵上了所有宗派主义的大门。他的继任者施韦泽对政治斗争和社会斗争的不可分割性如此重视，以至于李卜克内西责备他是"议会迷"。如果说施韦泽不幸无视了

第十四章 国际的衰微

马克思关于工会问题的警告,那他早就退出了运动;而拉萨尔派也开始考虑消除这一错误,特别是通过柏林建筑工人罢工的胜利。他们已经克服了战争对他们鼓动的暂时干扰,群众正越来越密集地涌向他们。

由于马克思对拉萨尔和一切与拉萨尔有关的人和事都怀有不可抑制的反感,所以没有必要强调对拉萨尔派的攻击,但就总委员会的通告中提出这些攻击的相关性而言,它们还是获得了特殊的意义。这些攻击清晰地阐明了国际分裂的真相,以及这个伟大同盟因巴黎公社失败而陷入的无法解决的矛盾。从那时起,全世界的反动派都被动员起来反对国际,而面对这一波冲击,国际只能通过紧密团结起自身的力量来保卫自己。但公社的失败也证明了政治斗争的必要性,而如果没有在较大程度上松动国际的联系,这种斗争则是不可能的,因为它只能在国界之内进行。

像放弃政治这种要求,无论多么夸张,最深层的原因都是出于合理的、对资产阶级议会主义诱惑的不信任——李卜克内西在他1869年的著名演讲中就尖锐地表达了这种不信任。而在巴黎公社失败后几乎在所有国家都表现出来的对总委员会独裁的不满也是这样,无论怎样过度,都是源于人们或多或少清楚地意识到,一个全国性的工人政党的生存条件首先要受它所在的国家的约束,它不能无视这些生存条件,就像人不能跃出自己的影子一样,换句话说,它不能受国外的控制。尽管马克思已经在国际的章程中确定了政治斗争和社会斗争的不可分割性,但实际上在各个领域都涉及所有资本主义生产方式的国家的工人阶级所共有的社会要求,并且只在产生于这种社会要求的情况下才谈及政治问题,如合法缩短工作日。真实而直接的政治问题,特别是与国家宪法有关的问题,在不同的国家是完全不同的,在无产阶级因国际而更加清醒之前,马克思一直回避这种问题;所以他会严厉地指责拉萨尔将鼓动局限在一个国家!

有人认为,如果不是因为巴黎公社的失败和巴枯宁的鼓动,被迫面对政治问题,马克思会继续长期保持这种沉默。这是有可能的,甚至是大概率的,但他以一贯的方式接受了这场被迫面对的斗争。只是他没有意识到,他所要解决的任务在当时国际的状态下是不可能解决的,国际在内部瓦解的程度与它更紧密地团结起来对付外部敌人的程度是一样的。如果总

委员会的领导人把他眼里最发达、而且是祖国的工人政党,看作是一支可收买的警察部队,那就有力地证明了国际的丧钟已经敲响。

但这并不是唯一的证据。在开始形成全国性工人政党的地方,国际都分裂了。李卜克内西曾因施韦泽对国际的冷淡态度而对他进行过激烈的指责!而现在,李卜克内西自己是爱森纳赫派的首脑,他不得不面对恩格斯完全相同的指责,并以施韦泽为榜样,还援引德国的结社法回答说:"我现在不想因这个问题而威胁到我们自己组织的存在"。如果倒霉的施韦泽敢于发表这种厚颜无耻而又十分虔诚的言论——他从来没有这样做过——,那这对想要有"自己的党"的"裁缝大王"来说,事情会有很大的不同。爱森纳赫支部的建立给日内瓦的"德语支部团体"带来了第一次打击;而对国际在大陆拥有的这个存在时间最长和最强大的组织的最后打击,则是1871年成立的瑞士工人党。在这一年年底,贝克尔不得不下令《先驱》停刊。

马克思和恩格斯在1872年还没有认识到这种联系。他们声称,国际本可以在完成比自身还伟大的使命后,带着所有的荣誉退出历史舞台,但却在个别阴谋家的颠覆活动中灭亡,这是有失偏颇的。事实上,当今天的无政府主义者说,没有什么比认为一个恶毒的人、一个"最危险的阴谋家"就能够破坏像国际这样的无产阶级组织的想法更不符合马克思主义的时候,我们必须坚持,而不是与那些相信马克思和恩格斯永远不会犯错误的虔诚的灵魂一道——对这一点的任何怀疑都会使这些人感到毛骨悚然。当然,如果这两个人今天还能自己发言的话,对于不能用无情的批判——这个在他们手中永远锋利的武器来针对他们自己,他们只会刻薄地表示嘲讽。

他们真正的伟大不在于从未犯过错,而在于一旦认识到错误后,从不会固守错误。早在1874年,恩格斯就承认,国际已经过时了。"要创立一个像旧国际那样的新国际,即世界各国各无产阶级政党的联盟,需要有对工人运动的普遍镇压,即像1849—1864年那样的情形。可是现在的无产阶

第十四章 国际的衰微

级世界太大、太广了"①他安慰自己，国际支配了10年来欧洲历史的一个方面——蕴藏着未来的一面——并且可以自豪地回顾自己的工作。1878年，马克思在一份英国杂志上反驳了关于国际失败并已死亡的说法，他写道："事实上，在德国、瑞士、丹麦、葡萄牙、意大利、比利时、荷兰和美国或多或少是在全国范围内组织起来的社会民主主义的工人政党，全都是国际性的团体，这些团体已经不是一个个稀疏地分散在各个国家、靠一个并非处于中心的总委员会而联合起来的支部，它们本身就是在经常的、积极的、直接的交往中，通过思想交流、相互帮助和共同理想而团结起来的工人群众。

【……】由此可见，国际并没有消逝，而只是从诞生的初期阶段转入了更高的阶段，在这一阶段，它的初衷已经部分地实现。它在不断向前发展的过程中还要经历许多变化，到那时它的历史的最后一章才可以写出来。"②

在这几句话中，马克思再次证明了他真正的预见性眼光。在各国工人政党还处于萌芽的时候，在新的国际③成立前的10多年里，他就预见到了它的历史本质，但他承诺国际的第二种形式会永远存在，他只确定一件事，那就是等时候到了，新的生命总是会从废墟中绽放出来。

（八）海牙代表大会

在总委员会3月5日的通告中，宣布了要在9月初召开年度代表大会。同时，马克思和恩格斯决定提议将总委员会从伦敦迁到纽约。对于这个提议的必要性和实用性，以及他们提出这项提议的动机，存在很多争论。人

---

① 《马克思恩格斯文集》第10卷，第399页。
② 《马克思恩格斯全集》中文第二版第25卷，第325—326页。
③ 1889年7月14—20日在巴黎举行的国际社会主义工人代表大会，实际上是第二国际的成立大会。

 马克思传

们认为这是国际的头等葬礼；据说，马克思想要以此来掩盖国际已无药可救的事实。但事实恰恰相反，马克思和恩格斯在总委员会迁到纽约之后，还在全力支持它，并试图让它维持下去。还有人说，马克思已经厌倦了国际的活动，想要再次不受干扰地致力于他的科学工作。恩格斯在某种意义上证实了这一点；在1872年5月27日给李卜克内西的一封信中，他提到了比利时方面关于完全取消总委员会的提议，并补充说："这对我个人倒是合适的，因为我也好，马克思也好，反正都不再参加总委员会了；在目前的情况下，我们几乎没有时间进行工作，这种状况应该结束了。"① 但这只是在愤怒的情况下随口一说。即使马克思和恩格斯拒绝再次被选入总委员会，也不必将其从伦敦迁走，而且马克思曾多次否认他会在国际站稳脚跟之前为了他的科学工作而忽视国际；现在，在国际所遭遇过的最严重的危机中，他当然也不会想到以这种理由背离国际。

更恰如其分的表述写在了马克思本人在7月29日给库格曼的信中："这次国际代表大会（9月2日在海牙开幕）将关系到国际的存亡，在我退出以前，我至少要使国际不被腐败分子所占据。"②，将总委员会从纷争越来越多的伦敦迁出，也是防止"腐败分子"的一方面。然而，在总委员会中没有巴枯宁主义倾向的代表，或者说力量很弱，不足为虑。但即使在其德国、英国和法国的成员中，也出现了如此混乱的局面，以至于不得不任命一个自己的小委员会来解决这种无休无止的争吵。

甚至在马克思和总委员会的两位成员——多年来一直是他最能干和最忠实的助手埃卡留斯和荣克之间，也开始疏远；就埃卡留斯而言，早在1872年5月就发生了公开决裂。埃卡留斯的生活条件十分贫困，他声称要辞去国际总书记的职务，因为他认为自己是不可或缺的，并希望将他那微薄的每周15先令的工资翻倍。在此期间，英国人约翰·黑尔斯代替他当选，埃卡留斯要马克思为此负责是没有道理的。相反，马克思一直在为他辩护，反对这个英国人。另一方面，马克思曾多次斥责他，因为埃卡留斯

---

① 《马克思恩格斯全集》中文第一版第33卷，第477页。
② 《马克思恩格斯全集》中文第一版第33卷，第503页。

第十四章　国际的衰微

向媒体兜售有关国际内部的消息，特别是有关伦敦大会的秘密谈判。荣克则再次指责恩格斯和他的专横态度造成了马克思与他的疏远。这里面可能有一些是符合事实的。自从马克思能够每天与恩格斯交流后，他可能在没有恶意的情况下，不再像以前那样频繁地接近埃卡留斯和荣克了；而"将军"本人——恩格斯的一个秘密绰号，根据其好友的见证，喜欢用一种简短无理的军事腔调；每当轮到他来做总委员会的主席时，人们往往会为暴风雨般的场面做好准备。

自从黑尔斯被任命为总书记以来，他和埃卡留斯之间就存在着致命的敌意；此外，国际的一部分英国成员是站在埃卡留斯这边的。另一方面，马克思在新总书记那里没有得到支持。相反，当英国联合会根据伦敦大会的决定成立，并于7月21日和22日在诺丁汉召开了有21名代表参加的第一次代表大会时，忠实于巴枯宁主义"各联合会的自治权受到威胁"这一口号的黑尔斯提出，应直接而不是通过总委员会来联系其他联合会，其次要求大会修改《章程》以限制总委员会的权限。黑尔斯撤回了第二项提案，但第一项提案被通过了。在纲领方面，这次大会虽然没有表现出巴枯宁主义的倾向，但它确实背叛了英国的激进主义；大会希望使土地公有化，但绝不是所有生产资料的公有化，这也是黑尔斯的主张。黑尔斯公然对总委员会搞阴谋诡计，总委员会不得不在8月解除了他的职务。

在总委员会的法国成员中，布朗基派占了上风，它在政治活动和严密的集中制这两个引发争论的主要问题上是相当可靠的，但由于当时欧洲反动派只是在等待机会以其强大的优势打击国际，而布朗基派在这种情况下原则上倾向于搞革命性突袭，因而对国际来说可能比任何其他派别更加危险。事实上，对布朗基主义者可能掌权的担忧，也许是马克思考虑将总委员会从伦敦迁走的最大动因，特别是迁到纽约，在那里能够建立总委员会的国际性组织并保证档案的安全，而这在欧洲大陆的任何地方都是不可能的。

在9月2日至7日召开的海牙代表大会上，由于德国人和法国人在61名代表中占比较大，马克思可以掌握可靠的大多数。他的反对者指责他用人为的手段制造了这个多数，这一指责是完全没有根据的，因为这是在攻

击委托书的真实性；尽管代表大会将一半的时间用于审查委托书，但还是有一个例外，其他所有的委托书都通过了审查。然而，马克思早在6月就为德国人和法国人的委托书给美国写信。一些代表不是代表本国的支部，而是外国的；另一些代表则出于对警察的顾虑，以假名出席，或者出于同样的原因隐瞒了委托他们的支部的名称。因此，在关于大会的各种报告中，关于各个国家参与情况的数据有很大差异。

严格来说，德国各个组织只有8名代表出席了会议：伯恩哈德·贝克尔（不伦瑞克）、库诺（斯图加特）、狄慈根（德累斯顿）、库格曼（策勒）、米尔克（柏林）、里廷豪森（慕尼黑）、肖伊（符腾堡）和舒马赫（索林根）。此外，马克思作为总委员会的代表，除了受到纽约的委托，还分别受莱比锡和美因茨的委托，恩格斯分别受布雷斯劳和纽约委托。莱比锡的赫普纳有一份来自纽约的委托，柏林的弗里德兰德有一份来自苏黎世的委托。另外两名代表使用的似乎是德语名——瓦尔特和斯瓦尔姆，实际上是法国人，叫做赫德盖姆和丹特莱格；两个人都是非常不可靠的，赫德盖姆是波拿巴在海牙的密探。在法国代表方面，支持马克思的弗兰克尔和龙格是公社流亡者，兰维埃和瓦扬等人属于布朗基派，他们用自己的名字出席，但他们的委托来源多少都有点不清不楚。总委员会的代表除了马克思之外，还有两个英国人（罗奇和赛克斯顿）、一个波兰人（符卢勃列夫斯基）和三个法国人（赛拉叶、库尔奈和杜邦），伦敦共产主义工人协会的代表是列斯纳。英国联合会委员会派出了4名代表，其中包括在海牙就与巴枯宁派一起耍花招的埃卡留斯和黑尔斯。

在巴枯宁派中，意大利人没有派代表参加代表大会；他们在8月的里米尼会议上就拒绝了与总委员会的任何联系。西班牙的5名代表，除拉法格外，都拥护巴枯宁派，8名比利时代表和4名荷兰代表也是如此。汝拉联合会派了吉约姆和施维茨格贝尔，而日内瓦则坚持指派老贝克尔。从美国来了4名代表：左尔格，他和贝克尔一样是马克思最忠实的支持者之一；还有布朗基主义者德雷尔，他是前公社社员；第三份委托书交到了一个巴枯宁主义者手中，而第四份是唯一被大会宣布无效的委托书。丹麦、奥地利、匈牙利和澳大利亚各派了一名代表。

第十四章 国际的衰微

在为期3天的委托书审查中，就已经出现了暴风雨般的场面。拉法格的西班牙委托书引起了激烈的争论，但在几张弃权票的情况下得到了确认。在关于芝加哥支部发给居住在伦敦的一位成员的委托书的辩论中，英国联合会委员会的一位代表断言，这位成员不是公认的工人领袖。对此，马克思回答说，不做英国的工人领袖才是一种荣誉，因为大多数这样的领袖都把自己出卖给自由派了。这句话虽然使委托书得到了确认，但却引起了强烈的不满，并在大会后被黑尔斯和同志们极力用来对付马克思。作为一个一贯对自己行为负责的人，他当然从未后悔或收回说过的话。在委托书审查结束后，一些与巴枯宁及其同盟有关的呈件被提交给一个五人委员会进行预先审查；其成员是从迄今为止尽可能少地参与有关同盟争议的人中选出来的，德国人库诺任主席，委员有法国人吕肯、维沙尔和瓦尔特即赫德盖姆，以及比利时人斯普林加尔。

直到第四天，随着宣读总委员会提交给大会的报告，真正的协商才开始。这份报告由马克思撰写，由他本人用德语朗读，赛克斯顿用英语朗读，龙格用法语朗读，万·登·阿伯勒用佛兰德语朗读。报告谴责了自波拿巴的全民投票以来针对国际的所有暴力行为——对公社的血腥屠杀，梯也尔和法夫尔的卑鄙举动，法国容克地主大会的无耻行径，德国的叛国罪审判等；报告还抨击了英国政府干预爱尔兰支部的恐怖主义行为，以及通过其公使馆对同盟分支机构进行的调查。与各国政府的迫害同时发生的，还有文明世界施加谎言的威力，通过虚构国际的事情，通过激起喧嚣的电文和无耻地伪造官方文书，特别是通过那个可恶的诽谤杰作——将芝加哥的大火归咎于国际并在全世界范围内传播的电报。令人惊奇的是，当时摧毁西印度群岛的飓风居然没有被归咎于国际恶魔般的影响。针对这些放肆而丑陋的活动，总委员会着重强调国际的不断进步：它进入到了荷兰、丹麦、葡萄牙、苏格兰、爱尔兰，并在美国、澳大利亚、新西兰和布宜诺斯艾利斯传播开来。报告在热烈的掌声中通过了，根据一位比利时代表的提案，大会对无产阶级解放斗争的所有受害者表达了钦佩和同情。

大会随后进入了对总委员会的讨论。拉法格和左尔格用阶级斗争的需要证明了总委员会的必要性；如果没有一个中央领导机构，工人阶级反对

资本的日常斗争就无法进行；即使没有总委员会，也一定会创造出一个。持相反意见的主要是吉约姆，他否认总委员会的必要性，认为最多承认它是一个负责通讯和统计的中央代理处，但要剥夺它所有决定性的权力。他认为，国际并不是由一个在政治和社会理论上绝对正确的聪明人发明的，而是——按照汝拉各支部的观点——从工人阶级的经济生存条件中发展出来的，这足以保证工人阶级在目标上的一致。

这项讨论直到协商的第五天才结束，而且是在秘密会议上；顺便说一下，关于委托书的辩论也是闭门进行的。马克思在其长篇演说中，主张不仅要保留而且要加强总委员会现有的权力；它应当有权在某些条件下不仅可以中止个别支部、而且可以中止整个联合会的活动，直到下一届次代表大会。

总委员会既没有警察也没有士兵可供支配，但它在思想上的权威不能被削弱；与其把它贬低到一个邮箱的地位，还不如将其废除。大会以 36 票对 6 票，15 票弃权的多数采纳了马克思的意见。

此后，恩格斯提议将总委员会从伦敦迁到纽约。他提到，从伦敦迁往布鲁塞尔的问题已经考虑过几次，但布鲁塞尔总是拒绝。然而，目前的情况使得这一决定不能再推迟，用纽约取代伦敦是必要而迫切的。至少要在接下来的一年内对此事作出决定。这项提案引起了普遍的惊讶，但对多数人来说主要是感到为难。法国代表提出了特别强烈的异议；他们得到普遍认同，以至于进行了分段投票，首先是关于迁移的问题，然后是关于迁往的地点。在迁移的问题上，以 26 票对 23 票，9 票弃权的微弱多数做出决定；接着有 30 票支持纽约。随后选出了新的总委员会的 12 名成员，他们又被赋予了补充 7 名成员的权利。

在同一次会议上，还开启了关于政治行动的讨论。瓦扬按照伦敦大会就这一问题作出的决定提出了一项决议案；工人阶级必须把自己组建成一支与所有资产阶级政党截然不同并与之敌对的政党。瓦扬和龙格一起，特别援引了巴黎公社的经验，说公社就是由于缺乏政治纲领而失败的。一位德国的代表说施韦泽就是由于远离政治而成为了一名密探，这个说法不太有说服力，因为他说的就是 3 年前在巴塞尔大会上因为他的"议会

第十四章 国际的衰微

迷"而被德国代表谴责为密探的那个施韦泽。吉约姆从自己的角度提到了瑞士的经验，那里的工人在选举时与三教九流结成了选举联盟，有时与激进派结成联盟，有时与反动派。汝拉地区在这种舞弊行为上置身事外；他们也是政治家，但却是消极的政治家；他们不想夺取政治权力，而是想摧毁它。

这场协商一直持续到第二天，即大会的第六天，也是最后一天。这一天从一个意外开始——兰维埃、瓦扬和其他布朗基主义者因总委员会迁往纽约的决议而离开了大会；他们在不久后印发的一份传单上写道："要求国际履行的职责，被国际拒绝了。它逃避革命，躲到大西洋的另一边去了。"左尔格接替了兰维埃的主席一职。随后，瓦扬的提案以35票对6票，8票弃权通过。一些代表已经离开了，但他们中的大多数人都留下了书面声明，表示赞成这项议案。

最后一天的最后几个小时被五人委员会关于巴枯宁和同盟的报告占据了。它以4票对比利时委员的1票的表决结果宣布：第一，一个在其章程上直接违背国际的章程的秘密同盟被证明是存在的，但还不能充分确定它是否仍然存在。第二，这份章程草案和巴枯宁的信件证明，他曾试图，甚至可能成功地在国际内部建立一个秘密团体，其章程在政治和社会关系上与国际的章程完全不同。第三，巴枯宁用欺诈手段强占他人财产；为了逃避责任，他或他的代理人曾采取恐吓手段。出于这些考虑，委员会的大多数成员提议驱逐巴枯宁、吉约姆和他们的几个追随者。库诺作为委员会的报告人并没有提出实质证据，他只声明委员会的多数人已经达成了出于道义的确信，并要求代表大会投出信任票。

在被主席要求为自己辩护时，已经拒绝在委员会面前露面的吉约姆宣布，他放弃任何辩护，这样就不用参与这件在他看来滑稽的事情了。他说，这种攻击不是针对某些人，而是针对自由联合的目标。这方面的代表，只要是仍出席大会的人，已经对此有所准备，并乐于缔结一项团结公约。随后，一名荷兰代表宣读了这份公约；4名西班牙代表、5名比利时代表、2名汝拉代表以及1名荷兰代表和1名美国代表签署了公约。为了避免国际的分裂，签署者表示愿意与总委员会保持一切行政上的联系，但

495

 马克思传

只要不违反国际的《共同章程》，总委员会就不得干涉各联合会的任何内部事务；同时要求所有联合会和支部为下一次大会做好准备，以助自由联合（autonomie fédérative）的原则取得胜利。大会没有就此事进行协商，而是以 27 票对 7 票，8 票弃权的决定开除了巴枯宁，以 25 票对 9 票，9 票弃权开除了吉约姆。委员会关于开除其他人的提案被驳回，但它受托公布有关同盟的文件。

海牙代表大会的最后这一幕当然是不够庄严的。委员会多数人的决定因为有密探①参与而归于无效，人们当然并不清楚这一点；如果巴枯宁因为政治原因而被开除，基于在道义上相信他是一个无可救药的捣乱分子，那么即使没有白纸黑字的证据证明他的所有阴谋，至少也是可以理解。但是，此时要在不分"你我"的问题上剥夺巴枯宁诚实的名声，这是不可原谅的。遗憾的是，马克思应为此负责。

马克思弄到了所谓的"革命委员会"的所谓决议，这是用来威胁柳巴文不得要求巴枯宁偿还 300 卢布的预付款，这是俄国出版商为翻译《资本论》而让他转交给巴枯宁的。这份文件的内容并不为人所知，但当柳巴文——现在是巴枯宁的激烈反对者——把它寄给马克思时，他同时写道："当时我认为巴枯宁在这封信中的参与是不可否认的，但今天，在对整个事件进行冷静思考后，我发现他的参与是无法证明的，因为这封信有可能是涅恰耶夫在没有巴枯宁的任何帮助下发出的。"事实确实如此，但仅凭这封收信人自己都怀疑其犯罪性质的信，巴枯宁就在海牙被控为无耻的骗子。

虽然巴枯宁多次承认了预付款的事，并承诺不管怎样都会偿还，但似乎没有能力这样做，他长期缺钱。另一方面，在这一悲惨的事件中，人们显然没有从唯一的受害者即出版商本人那里听到任何消息，他似乎以一种哲学的冷静对待自己职业中习以为常的命运。因为有太多作家，其中包括最著名的一些，都曾拿着出版商的预付款不还！这当然是不值得称赞的，但这并不意味着做这种事的人就该被送上绞刑架。

---

① 指冒充德国代表的法国人赫德盖姆。

第十四章　国际的衰微

（九）余波

无论马克思和恩格斯如何努力地维系，国际的历史还是随着海牙代表大会的召开而告终。他们尽一切所能帮助纽约的新的总委员会完成使命。

但新的总委员会没能在美国的土地上扎根。那里的各支部之间也存在着各种各样的分歧，同样缺乏经验和联系，缺乏精神力量和物质资源。新的总委员会的灵魂人物是左尔格，他了解美国的情况，曾反对总委员会的迁移，但在最初的拒绝之后，他对于被选为总书记一事还是表示接受；他的想法过于认真和诚实，以至于每当需要他的时候，他都会逃避责任。

在无产阶级事务中，使用外交手段总是一件棘手的事情。马克思和恩格斯曾有理由地担心过，他们把总委员会搬到纽约的计划会在德国、法国和英国工人中引起强烈反对，他们尽可能地拖延时间，以免过早地增加已然颇丰的引发冲突的素材。但他们在海牙代表大会上意外的成功，也造成了不小的恶果。担心的抵抗并没有因此而缓和，而是更加激烈和尖锐了。

相比之下，德国人的表达方式最温和。李卜克内西是反对迁移的，甚至后来一直宣称这是一个错误，但当时他和倍倍尔一起在胡贝图斯堡坐牢。然而，如果说他对国际的兴趣在某种程度上有所减弱，那么爱森纳赫派的群众就更是如此，这正是来自他们的代表在海牙获得的印象。恩格斯在 1873 年 5 月 8 日给左尔格的信中写道："德国人，虽然他们自己有同拉萨尔派的纠纷，但是对海牙代表大会感到非常失望和沮丧，因为他们本来希望在那次代表大会上看到与国内争吵相反的局面，取得完全的友谊与和谐"①。由于这个本身就令人很不愉快的原因，可以认为，国际的德国成员对总理事会的迁移并没有太多热情。

---

① 该信写于 5 月 3 日，见《马克思恩格斯全集》中文第一版第 33 卷，第 584 页。

 马克思传

更让人担心的是布朗基派的背离。马克思和恩格斯在真正具有决定性的问题上,特别是在反对法国的另一派别上——观点完全倾向于巴枯宁派的蒲鲁东派,除了德国人之外,最倚重的就是他们。布朗基主义者的痛苦更甚,因为他们正确地意识到,总委员会的迁移首先是为了剥夺他们搞叛变策略的这个杠杆。无可否认,他们在这个过程中害了自己。由于他们无法在自己的祖国进行鼓动,所以在脱离国际后,他们就陷入了流亡者的不幸命运。恩格斯在1874年9月12日写给索尔格的信中说:"法国流亡者彻底垮台了,他们彼此争吵不休,而且是由于纯粹的私事,大部分是由于钱的问题,我们几乎完全不同他们来往了。【……】在战争、公社和流亡期间过的那种浪荡生活,使这些人极端地腐化了,只有贫困才能使懒散惯了的法国人重新变得聪明起来。"① 但这不过又是可怜的安慰罢了。

总委员会的迁移给英国的运动造成了最严重的倒退。早在9月18日,黑尔斯就在英国联合会委员会提出了对马克思的谴责表决,理由是他关于英国工人领袖出卖自己的说法;这项提案被通过,只有附注部分因平票被否决了,附注中说马克思本人并不认同这一指责,只是出于其个人目的而提出。为此,黑尔斯宣布了一项将马克思开除出国际的提案,而另一名成员则宣布抵制海牙代表大会的决议。黑尔斯此时完全公开地延续他在海牙已经秘密建立的与汝拉各支部的联系;因此,他在11月6日以联合会委员会的名义写信给他们说,旧的总委员会的虚伪性已经被揭穿——它企图在旧国际内部建立一个秘密团体,借口是消灭它为自己的目的而捏造出来的其他秘密团体。但除此之外,黑尔斯还强调,在政治行动的问题上,英国人并不同意汝拉支部的观点;英国人确信这种行动是有用的,但认同其他联合会的最完满的自治权,由于各国的情况不同,这是十分必要的。

黑尔斯找到的热心的同盟者是埃卡留斯和荣克。荣克开始还有些克制,现在则几乎是最激烈地反对马克思和恩格斯。他们二人当时都犯了严重的错误,因为个人的动机使他们完全失去了客观的判断——起初是由于嫉妒和敏感,因为马克思似乎听恩格斯的意见多于听他们的,但后来主要

---

① 《马克思恩格斯全集》中文第一版第33卷,第646—647页。

 第十四章 国际的衰微

还是因为他们放弃了作为总委员会老成员所具有的受人尊敬和有影响力的地位。不幸的是,他们由此而造成的损失也更大。在多次代表大会上,他们作为马克思所持观点的最热心和最有见地的阐释者而闻名;如果他们现在为同样的观点援引汝拉支部的宽容来反对海牙决议的不容忍,那么马克思和恩格斯的专断作风似乎就因此而变得毋庸置疑了。

他们这种搬起石头砸自己的脚的行为也不过是一种可怜的安慰罢了。在英国,特别是在爱尔兰各支部,他们遇到了强烈的抵抗,而在联合会委员会内部也是如此。于是,他们发动了某种政变,向所有支部和全体成员发出呼吁,宣布英国的联合会委员会内部分裂严重,不可能进行合作。他们要求召开代表大会,决定海牙大会的决议是否有效。呼吁中对大会决议做的解释,不在于政治行动是强制的——因为这也是大多数人的观点——,而在于总委员会规定每个联合会应在其国内遵循的政策。少数派立即在一份似乎是由恩格斯撰写的反呼吁中纠正了这种蓄意捣乱的行为,并抗议反对提议召开代表大会,认为那是非法的,但大会还是在 1873 年 1 月 26 日召开了。大多数支部都赞成召开大会,而且只有赞成的支部才派了代表参加。

黑尔斯在大会开幕时对旧的总委员会和海牙大会提出了严厉指控,并得到了埃卡留斯和荣克的积极支持。大会宣布一致反对海牙决议,并拒绝承认纽约的总委员会;另一方面,主张在国际的多数联合会提出要求时召开新的国际代表大会。英国的联合会就这样分裂了。残余的两个部分都被证明无力积极参与 1874 年的选举,而这次选举推翻了格莱斯顿内阁,这主要是由于工联的干预。工联提出了很多候选人,并首次把自己的两名成员带进议会。

旧国际的死亡证书,可以说是由它的第六次代表大会签发的。此次代表大会由纽约的总委员会决定于 9 月 8 日在日内瓦召开。巴枯宁派的反动代表大会则于 9 月 1 日同样在日内瓦召开,由 2 名英国代表(黑尔斯和埃卡留斯)、5 名比利时代表、5 名法国代表、5 名西班牙代表、4 名意大利代表、1 名荷兰代表和 6 名汝拉代表组成,而马克思主义代表大会的绝大多数由瑞士人组成,其中大部分甚至住在日内瓦。连总委员会也没能派出

 马克思传

代表；英国人、法国人、西班牙人、比利时人、意大利人也没有出席，只有一个德国人和一个奥地利人参加。老贝克尔吹嘘说，在不到30名的代表中，有13名就像是从土里捏出来的一样，为的是通过成员的数量给大会带来更大的声望，并确保多数人在正确的方向上。马克思当然不允许这样自欺欺人的事件；他坦率地承认大会的"惨败"，并建议总委员会暂时把国际在形式上的组织放在次要位置，但如果可能的话，不要因此失掉对纽约中心点的掌控，以免白痴和冒险家篡夺领导权，损害事业的声誉。事件、其不可避免的发展，以及事物间的错综复杂，本身就能确保国际以一种更好的形式复兴。

这是在当时的情况下所能作出的最明智和最有价值的决定。但不幸的是，它的效果由于马克思和恩格斯认为应该对巴枯宁进行最后一击而有所削弱。海牙代表大会曾委托提议驱逐巴枯宁的五人委员会公布其调查情况，但该委员会没有执行这一任务，原因是"其成员分散在各国"，也可能由于其权威的基础非常薄弱，因为其中一名成员已经宣布巴枯宁无罪，另一人甚至在此期间被揭发是个警探。于是，海牙代表大会的文书委员会（杜邦、恩格斯、弗兰克尔、马克思和赛拉叶）取代了他们，并在日内瓦代表大会召开前几周发布了一份题为《社会主义民主同盟和国际工人协会》的备忘录。这份备忘录是由恩格斯和拉法格撰写的，马克思只参与了最后几页的编辑，但他对此所负的责任当然不亚于实际作者。

要对这本关于同盟的小册子——为了简洁起见，习惯称其为关于同盟的小册子——的细节正确与否进行批判性检查，至少要占用与它本身相同的10个印张的篇幅。但如果因此不去做这样的检查，也不会有多大的损失。在这样的争斗中，攻击总是有来有回的，巴枯宁派对马克思主义者的责难实际上也没有那么愚蠢，以至于当他们曾被强硬甚至不合理地对待时，他们也有权哀怨地控诉。

从另一个角度看，可以说这篇文章排在马克思和恩格斯发表的所有著作中的末位。这篇文章完全没有他们其他的论战著作所具有的独特魅力和不朽价值，也就是没有通过负面的批评来展现新观念的积极方面。文章丝毫没有涉及国际衰落的内部原因；它只是在《机密通知》和《所谓国际内

第十四章　国际的衰微

部的分裂》已有的线索上打转。巴枯宁和他的秘密同盟用阴谋诡计破坏了国际。这篇文章不是一份历史文件，而是一份单方面的起诉书，它的倾向性在每一页上都很明显；尽管如此，它的德文译者认为应该多做一件事，即以检察官的理解方式将标题作了润色——《一个反对国际工人协会的阴谋》。

国际衰落的原因根本不是秘密同盟的存在，在关于同盟的小册子中也没有证明过这种存在的实际影响。在这方面海牙代表大会的调查委员会已经不得不用可能性和概率来应付了。不管人们如何谴责巴枯宁——特别是对他这种地位的人来说用充满幻想的章程草案和难以入耳的宣言来自我陶醉——，但鉴于缺乏明确的材料，人们不得不承认，他始终活跃的想象力在其中发挥了最大作用。关于同盟的小册子，其后半部分被填充以高贵的吴亭所揭露的涅恰耶夫案审判和巴枯宁的西伯利亚流放——巴枯宁在流放中应该已经尝试去做一个无耻的勒索者和强盗了。对此，小册子根本没有举出任何证据，而其他方面的证据则仅限于将涅恰耶夫说过做过的所有事情都不假思索地记在了巴枯宁的账上。

特别是关于西伯利亚的章节，纯粹是一篇低级趣味的小说：说什么在巴枯宁被流放到西伯利亚的时候，西伯利亚的总督是巴枯宁的某个亲戚；由于这种亲戚关系和巴枯宁为沙皇政府的效忠，被流放的巴枯宁成了当地的秘密摄政者，他滥用权力，偏袒资本主义企业主以换取"小费"。诚然，巴枯宁"对科学的憎恶"偶尔会战胜这种贪欲。这就是为什么他破坏了西伯利亚商人在当地建立一所大学的计划，而建立大学需要沙皇的许可。

吴亭特别风雅地美化了巴枯宁找卡特科夫借钱的轶事，波克罕几年前就试图向马克思和恩格斯报告此事，但当时没有得到他们的赞赏。据波克罕所说，巴枯宁曾从西伯利亚写信给卡特科夫，要几千卢布用于逃亡。然而，按照吴亭的说法，巴枯宁是在成功逃到伦敦后才向卡特科夫要钱的，为了偿还他在西伯利亚流放期间从烧酒的大包税人那里接受的贿赂，他的良心备受煎熬。这最终是一种懊悔的激动情绪，但令吴亭感到惊恐的是，即使是这种所谓人类的情绪，巴枯宁也只能通过向一位他明知是"告密者、文坛恶霸和俄国政府爪牙"的人乞讨来表达。吴亭的想象力竟敢达到如此令人眩晕的高度，而且远未因此而有所减弱。

501

马克思传

吴亭于1873年10月底来到伦敦，报告了关于巴枯宁"更令人吃惊的事"。恩格斯在11月25日给左尔格的信中写道："这个家伙【指巴枯宁。——梅林】在实践中真是认真地运用了自己的教义问答；他和他的同盟完全靠招摇撞骗过日子已经有好多年了，他们认为，这方面的情况丝毫不能透露出去，不然会使某些必须加以重视的人名誉扫地。你根本想象不到，这是一个什么样的骗子集团。"① 幸运的是，当吴亭来到伦敦时，关于同盟的小册子已经在几个星期前就问世了；因此，至少那些"更令人吃惊的事"就隐藏在吴亭热爱真理的胸怀之中了。此后，吴亭懊悔地投入了父亲的怀抱，靠发战争横财提高他的烧酒收入。

恰恰是关于同盟的小册子中达到高潮的关于俄国的这一半，对其政治效果破坏得最严重。甚至那些与巴枯宁关系紧张的俄国革命者圈子也对它感到厌恶。巴枯宁对俄国运动的影响在70年代仍未减弱，而马克思却失去了他在俄国赢得的大部分好感。但小册子在其他方面没溅起什么水花，正是因为它取得了一项成功——迫使巴枯宁退出了斗争，但对以巴枯宁为名的运动却毫发未伤。

巴枯宁首先在他寄给《日内瓦报》②的一份声明中作了答复。声明表达了关于同盟的小册子的攻击使他充满了深深的痛苦，他用在海牙调查委员会中有两名密探——实际上只有一名——的事实论证了这些攻击是无效的。随后他提到了他60岁的年龄和随着年龄增长而恶化的心脏病，使他的生活变得越来越困难。"让年轻人去干吧！至于我，我已经没有必要的力量，也许也没有必要的信心，再去滚动息息法斯的石头，去对抗到处都在高唱凯歌的反动派。所以我退出了战场，只求我亲爱的同龄人做一件事——遗忘。从今以后，我不会打扰任何人的安宁，让他们也别来打扰我！"③ 他指责马克思把国际作为他个人复仇的工具，但他仍然承认马克思

---

① 《马克思恩格斯全集》中文第一版第33卷，第612页。
② 《日内瓦国民、政治和文学报》。瑞士的一家保守派日报，1826年起在日内瓦出版。
③ 尤·斯切克洛夫《巴枯宁的生平和事业》，1972年俄文版第4卷，第316页。

第十四章 国际的衰微

是这个"伟大而卓越的协会"的创始人之一。

在给汝拉各支部的告别信中,巴枯宁对马克思的攻击更加严厉,但在事情阐述上更加冷静。他辞去鼓动工作的理由又是他的年龄和疾病,说他在这样的情况下参与斗争会给斗争带来更多的障碍,而非帮助。但他隐退的理由实际上是日内瓦的两次代表大会证明了他的胜利和反对派事业的失败。

当然,巴枯宁的"出于健康的考虑"被嘲笑为搪塞,但他在赤贫和病痛中度过的最后几年,证明他确实已经力竭。他"也许"对革命的迅速胜利失去了信心,这一点从他写给最亲近的朋友的密信中也可以看出。巴枯宁于 1876 年 7 月 1 日在伯尔尼去世。他本应死得更加安详,并在大多数工人阶级之中——即使不是全体工人阶级——获得一个更好的身后名。

尽管他有种种缺点和弱点,历史都将确保他在国际无产阶级的先锋中占有一席之地。但只要这个地球上还有庸人,无论他们是想用警察的睡帽盖住自己的长耳朵,还是在马克思的狮子皮下隐藏自己颤抖的肢体,巴枯宁的这个地位都会存在争议。

第十五章 最后十年

（一）马克思在家中

1853年底，在共产主义者同盟临终痉挛之后，马克思曾经退回自己的书房，同样，1873年底，在国际临终痉挛之后，马克思又退回了书房。但这一次却是永久的，直到生命的结束。

有人曾将他生命的最后10年称为"慢性死亡"，但这过分夸张了。公社失败以后的斗争确实沉重地打击了他的健康。1873年秋天，他得了很严重的头痛病，面临着中风的巨大危险。这种大脑受到慢性压抑的状况使他不能工作和写作。如果长久持续下去，后果会十分严重。但是经过他和恩格斯的共同朋友、他完全信赖的曼彻斯特医生龚佩尔特治疗了几周之后，他终于康复了。遵照龚佩尔特医生的建议，马克思决定在1874年去卡尔斯巴德疗养，以后的两年也是如此。1877年，他为了改换疗养环境，又去了诺因阿尔。但到了1878年，他就去不成了。因为两次暗杀德皇的事件，以及随后对社会主义者的迫害，使他无法再进入大陆。尽管如此，在卡尔斯巴德的3次疗养仍然对他产生了"神奇的"功效。他几乎完全摆脱了多年的肝病。现在只剩下慢性胃病和神经紧张，后一种病的症状是头痛，尤其是持续的失眠。但是，在夏天去海滨浴场或避暑地疗养以后，这些病也都或多或少消失了。它们直到新年之后才重新发作。完全恢复健康当然是可

第十五章 最后十年

能的,只要马克思允许自己完全休息。在充满劳作和牺牲的生活后,年近60的马克思有充分的权利休息。但是他完全不考虑休息。为了完成自己的主要科学著作,他满怀热情地重新投入研究工作,他的研究范围此时已经大大扩展了。恩格斯对此说道:"马克思研究任何事物时都考查它的历史起源和它的前提,因此,在他那里,每一单个问题都自然要产生一系列的新问题。他研究原始时代的历史,研究农学、俄国的和美国的土地关系、地质学等等,主要是为了使《资本论》第三卷地租篇的撰写具有前人从未企及的完善性。马克思除了能以所有的日耳曼语和罗曼语自由阅读以外,还学习了古斯拉夫语、俄语和塞尔维亚语。"① 但是这些只占他一天工作时间的一半。虽然马克思退出了公开的鼓动,但是他并没有停止在欧美工人运动中的活动。他几乎与各国工人运动的所有领导人都通信。他们每当遇到重大事件,总是尽可能亲自向他请教。他越来越成为革命的无产阶级最受欢迎的、每求必应的顾问。

正如李卜克内西极其动人地描绘了50年代的马克思那样,拉法格也同样动人地描绘了70年代的马克思。② 他认为,他的岳父的身体应该是十分强健的,这样才能支持那种非常的生活方式和那样耗费精力的脑力劳动。他写道:"而他的身体也确实是强健有力的。他身材在中等以上,肩宽、胸厚、四肢很匀称,只是躯干与两腿比较起来显得长了一点,这是犹太人常有的现象。"③ 不仅仅犹太人是这样,歌德的体型也是这样,他也属于民间所说的"坐着的巨人"。这种人由于脊椎较长,在坐着的时候显得比实际要高些。拉法格认为,如果马克思在年轻时多做体操,他就会成为一个非常强壮的人。他经常做的唯一运动是散步。他能一边谈话,一边连续走几个小时,甚至攀登小山,而丝毫不感到疲倦。但是他通常也只是为了

---

① 《马克思恩格斯全集》中文第二版第29卷,第424页。
② 参看威廉·李卜克内西《纪念卡尔·马克思——生平与回忆》和保尔拉法格《忆马克思》,载于《回忆马克思》,人民出版社2005年版,第16—126、186—205页。
③ 《回忆马克思》,人民出版社2005年版,第191、193页。

 马克思传

在书房整理自己的思想才表现出这种能力。在他的书房从门到窗之间的地毯上，留有一条由于来回走动而踏出的痕迹，就像草地上的一条小路一样。

虽然马克思睡得很晚，但他每天早晨八九点钟就起床，喝过黑咖啡和读过报纸以后，就到自己的书房，一直工作到半夜甚至更晚。只是在吃饭的时候或傍晚（当天气好的时候）到汉普斯泰特荒阜去散步的时候，才休息一会。中午，他在沙发上睡一两个钟头。工作成了马克思的一种癖好，以致废寝忘食。他的胃不能不为他的头脑的繁重工作付出代价。他吃得很少，常常因胃口不佳而感到痛苦，为了增强食欲，他常吃些味重的刺激性的食物，如火腿、熏鱼、鱼子酱和泡菜等。同时，他也很少饮酒，尽管他从来不是禁酒运动的拥护者，而且作为一个莱茵省人，他善于品评佳酿。另一方面，他的烟瘾很大，大量地消耗着火柴。他有一次说，《资本论》甚至将不够付他写作时所吸的雪茄烟烟钱。由于长年的贫困，他不得不凑合吸一些质量可疑的烟草，因此这种癖好对他的健康没有好处，医生不得不一再禁止他吸烟。

马克思把欣赏优美的文学作品当作精神上的休息。终其一生，文学始终是他的一种慰藉。他在这方面拥有极其广博的知识，但是从不炫耀。他的著作很少显露在文学方面博学的迹象。唯一的例外是他反驳福格特的论战性著作，他在著作中为了艺术的目的而大量引用了整个欧洲文学的作品。正如他自己的主要著作反映着整个时代一样，他所爱好的文学家都是伟大的世界诗人，他们的作品也都反映着整个时代，如埃斯库罗斯、荷马、但丁、莎士比亚、塞万提斯和歌德。据拉法格说，马克思每年总要重读一遍埃斯库罗斯的原著。他始终是古希腊作家的忠实读者，而对那些教唆工人反对古典文化的卑鄙小人，他恨不得挥鞭将其赶出神庙。

马克思精通上至中世纪的德国文学。在晚近的作家当中，除歌德外，他最欣赏海涅。他年轻的时候似乎不大喜欢席勒，而当时德国的庸人们则醉心于这位诗人多少被误解的"理想主义"，马克思认为这只不过是用夸夸其谈的贫乏来代替平淡无奇的贫乏罢了。自从他最后离开德国以后，他

就不太关注德国文学了。甚至那些理应值得他重视的少数德国作家,如赫伯尔和叔本华,他也从未提及。而理查·瓦格纳曲解德国神话的叙事诗,则偶尔会受到他的猛烈抨击。

在法国作家中,马克思非常推崇狄德罗,他认为狄德罗的《拉摩的侄子》是一部独一无二的杰作。这种爱好扩大到18世纪法国的全部启蒙文学。恩格斯曾经说过,在这种文学中,法兰西精神不论在形式还是内容上都达到了迄今为止的最高水平。就内容来说,如果考虑到当时的科学状况,那么这种文学的意义在今天看来也是极高的,而就形式来说,更是没有被后人超越。马克思的看法与恩格斯一致,他摒弃了法国的浪漫主义作家。他特别不喜欢夏多勃里昂的故作高深——拜占庭式的夸张和感情的卖弄,总之,厌烦他在文字上的那种过火的矫揉造作。马克思非常欣赏巴尔扎克的《人间喜剧》,认为它用诗歌的镜子反映了整整一个时代。他曾希望在完成自己的巨著后写一篇评论《人间喜剧》的文章,但是这个计划也像其他许多计划一样胎死腹中。

自从马克思永久定居伦敦以后,英国文学就在他的文学爱好中位居前列。莎士比亚的伟岸身影在这里盖过了其他一切作家,成了他全家的崇拜对象。遗憾的是,马克思从未谈论过莎士比亚对决定他时代命运的各种问题的态度。相反,他却评论过拜伦和雪莱。他说,凡是热爱和了解这两位诗人的人都会认为,拜伦死在36岁是一件幸事,因为倘若他活得更久一些,他无疑会成为一个反动的资产者。相反,雪莱在29岁就与世长辞,是值得惋惜的,因为他是一个彻头彻尾的革命家,永远会属于社会主义的先驱。马克思非常喜欢18世纪的英国小说,特别是菲尔丁的《汤姆·琼斯》,认为这部小说在某种程度上也是世界和时代的写照。此外,马克思也认为瓦尔特·司各脱的某几部小说是所属流派中的典范。

在文学鉴赏方面,正如他对莎士比亚和瓦尔特·司各脱的偏爱所表明的那样,马克思没有任何政治和社会偏见。但是他也绝不是那种常常与政治冷漠甚至奴颜婢膝相关的"纯粹美学"的信徒。在文学方面,马克思也是一个了不起的人,一个不能用任何死板公式来衡量的具有独立和原创精

 马克思传

神的人。因此,他在选择文学读物方面绝不挑挑拣拣,甚至对于那些使学院审美家们望而生畏的读物,他也并不嫌弃。马克思与达尔文和俾斯麦一样,都爱读小说。他特别喜欢探险小说和幽默小说——上至塞万提斯、巴尔扎克和菲尔丁,下至保尔·德·科克和因写了《基督山伯爵》而内疚的大仲马。除了优美的文学以外,马克思还时常到另一个完全不同的领域寻求思想上的休息。特别是在精神痛苦和遭遇重大不幸的日子里,他常到数学中避难,因为数学对他有一种镇静作用。恩格斯和拉法格都认为,马克思在数学方面有一些独到的发现,事情是否真实,在此不作讨论。看过他的遗稿的数学家们有不同的看法。

尽管如此,马克思却不是把自己关在博物馆中、只在节日才遥望世界的瓦格纳,甚至也不是胸中住着两个灵魂的浮士德。他爱说的一句话是,"为人类工作"。凡是有幸能够致力于科学研究的人,都应该把自己的学识为人类服务。这种志趣使马克思保持了身心的活力。在家人和朋友之中,他总是一个最开朗而风趣的伴侣。从他那宽阔的胸膛里时常发出爽朗的笑声。任何寻访这位"红色恐怖的博士"(从巴黎公社时期起,人们就这样称呼马克思)的人,都会发现他既不是一个阴郁的狂热分子,也不是一个书斋里的幻想家,而是一个谈笑自若的俗世的人。

读者在读他的书信时,常常都会感到惊讶的是,这个思想丰富的人怎么会在不知不觉之间从极度紧张的暴怒状态转到深邃而平静的哲学思考中来。他的听众似乎也对他的这一特点有同感。例如,海德门在谈到他和马克思的谈话时说:"当马克思非常愤慨地谈到自由党的政策,尤其是自由党对爱尔兰的政策的时候,这位老战士的一双深邃的小眼睛炯炯发光,浓眉紧锁,宽大的鼻子和脸颊也颤动起来,口若悬河地进行了严厉激烈的斥责。这使我感到他是个激情满怀容易冲动的人,也看出他精通英语。他由于愤怒而十分激动时的讲话姿态,同他叙述他对某一时期的经济事件的看法时的面部表情,形成十分鲜明的对照。他从先知者和大雄辩家毫不费力地一变而为冷静的哲学家,所以我马上感到,要经过很多年以后,我才不会在这些经济问题上感到自己在他面前像一个小

第十五章　最后十年

学生在老师面前那样。"① 虽然马克思这时在资产阶级圈子中已经比20年前著名得多，但他仍旧远离所谓的社交生活。例如，海德门是通过一名保守党议员的介绍才注意到他的。但是，马克思的家在70年代初却成了一个极其活跃的交往中心，成了公社流亡者的另一个"正义避难所"，他们在那里总是能得到建议和帮助。这群不安分的人自然也惹了不少的烦恼和麻烦。当他们逐渐离去以后，连殷勤好客的马克思夫人都不禁如释重负地叹气说：真够我们受的。

但是他们之中也有例外。1872年，曾担任公社委员和公社机关报编辑的沙尔·龙格和燕妮·马克思结了婚。他和他妻子一家不论在私人关系上还是在政治上都不像拉法格那样亲密。但他也是一个能干的人。关于他，马克思夫人曾这样写道："他还是像以前一样喜欢发火，吵嚷和争辩。但是我必须称赞他说，他在国王学院讲课是很准时的，他的上司对他很满意。"这段幸福婚姻曾因为第一个孩子的早逝而陷入阴霾，但随后"一个大胖小子"茁壮地成长起来，给全家特别是外祖父带来了欢乐。

拉法格夫妇也是公社的流亡者，住在马克思家旁边。他们的两个孩子都不幸夭折了。在命运的这一沉重打击下，拉法格放弃了行医，认为干这一行不靠某种程度的招摇撞骗是不行的。马克思夫人认为，"他背弃了药王爷，多可惜"。尽管幸运的是，拉法格天性乐观，"像个黑人似地工作着"，而他的妻子又是一位勇敢的、不知疲倦的帮手。但是，他所经营的那家影印石印社依然生意惨淡。他很难抵挡大资本家的竞争。

马克思的三女儿那时也有了一个法国追求者利沙加勒，他曾参加公社的战斗，后来写过一部公社史②。爱琳娜·马克思似乎对他颇有好感，但是她的父亲怀疑求婚者是否可靠。经过长时间的折腾以后，这件事终于没有结果。

---

① 《列宁全集》第二版增订版第20卷，第389页。
② 普·奥·利沙加勒《1871年的公社史》1876年布鲁塞尔版。

1875年春天,马克思一家又搬到同一个城区的另一所房子里。他们搬到哈佛斯托克小山的梅特兰公园路41号。马克思在这里度过了他的最后岁月,直到逝世。

(二) 德国社会民主党

德国社会民主党一开始就是在一国的范围内发展起来的,因此避免了老国际其他所有分支在转变为一国的工人政党时陷入的危机。1874年1月10日,在日内瓦代表大会失败的几个月后,该党庆祝了自己在帝国议会选举中的第一次重大胜利。它赢得了35万张选票和9个议席,其中3席属于拉萨尔派,6席属于爱森纳赫派。

但是,老国际衰亡最后的和最显而易见的原因是:总委员会的领导人马克思和恩格斯,同这个蓬勃发展的工人政党很难达成谅解,而由于他们本是德国人,这个党当然是他们最熟悉的,而且是最接近他们的理论观点的。二人的脱离实际并不是毫无恶果。他们从国际的视角观察事物,而这妨碍了他们洞悉各国的实际情况。就连英国和法国最热心拥戴他们的人都承认,他们甚至没有透彻地了解英法两国的情况。自从他们离开祖国以后,他们就再也没有能够真正熟悉德国的情况。甚至在实际的党派问题方面,他们对拉萨尔以及与拉萨尔有关的一切无法消除的不信任也蒙蔽了他们的判断。

这一点在新选出的帝国议会第一次开会时表现得十分清楚。在爱森纳赫派的6名议员中,有2人,即倍倍尔和李卜克内西,还在监狱里。其余4人,即盖布、莫斯特、莫特勒和瓦尔泰希的表现则使得他们自己的拥护者都大失所望。倍倍尔在他的回忆录中写道,各方面的人都痛苦地向他抱怨,3个拉萨尔主义者,哈森克莱维尔、哈赛尔曼和赖默在议会中的成就大大地超过了这4个人。恩格斯对这种情况的看法却完全不同。他写信给左尔格说:"拉萨尔派被自己在帝国国会的议员弄得威信扫地,以致政府

第十五章 最后十年

不得不开始对他们进行迫害,以便重新制造一种假象,似乎它在认真地对付这个运动。不过,拉萨尔派从选举时起,迫于需要不得不追随我们。真正值得庆幸的是,哈赛尔曼和哈森克莱维尔被选进了帝国国会。他们在那里使自己当众出丑;他们将被迫或者同我们的人站在一起,或者自担风险地去干蠢事。不管是这样还是那样,结果都会使他们完蛋。"① 没有比这更彻底的误判了。

议会中两个党团的代表彼此相处得很好,他们根本不计较哪一个党团在议会讲坛表现得更成功。两派在选举斗争中所采取的方式,使人既不能责备爱森纳赫派为半社会主义,也不能责备拉萨尔派与政府勾勾搭搭。两派获得了大致相等的票数,它们在议会中提出了同样的要求,反对同样的对手,并在选举后同样遭到政府激烈的迫害。它们实际上只是在组织问题上才有分歧,但就是这一个障碍也被检察官泰森多夫的上进心清除了。他几次从唯命是从的法庭弄到判决书,从而既摧毁了爱森纳赫派的松散组织,也摧毁了拉萨尔派的严密组织。

因此,这两派的联合就自然而然地临近了。1874年10月,当特耳克向李卜克内西提出拉萨尔派的和解建议时,当时已经出狱的李卜克内西就毅然决然地、或许有点武断地接受了这个建议。虽然他备受伦敦方面的指责,但他的功绩并不因此而逊色。在马克思和恩格斯看来,拉萨尔派仍旧是个垂死的宗派,迟早要无条件投降。在平等基础上和拉萨尔派谈判,在他们看来是对德国工人阶级利益的肆意侵犯。1875年春天,当两派代表商定的共同纲领草案公布后,马克思和恩格斯就勃然大怒了。

5月5日,在恩格斯此前已给倍倍尔写过一封详细的抗议信后,马克

---

① 《马克思恩格斯全集》中文第一版第33卷,第645—646页。

 马克思传

思给爱森纳赫派的领袖们寄了一封关于所谓纲领的信①。在这封信中,他空前猛烈地痛斥拉萨尔。他认为,拉萨尔熟知《共产党宣言》,他这样粗暴地歪曲《宣言》,不过是为了粉饰他同专制主义者和封建主义者这些敌人结成的反资产阶级联盟,因而把其他一切阶级一概称为反对工人阶级的反动的一帮。但是"反动的一帮"这个口号本身根本不是拉萨尔提出的,而是施韦泽在拉萨尔死后提出的。当施韦泽提出这个口号时,恩格斯曾明确赞扬了他。拉萨尔的确是从《共产党宣言》中借用了他所谓的工资铁律。为此,他曾不得不容忍自己被指责为马尔萨斯人口论的拥护者,虽然他与马克思和恩格斯一样不赞同这个理论。

如果撇开这封论纲领的信中最令人不快的方面不谈,那么它就是关于科学社会主义基本原理的一篇极有教益的论文。对于统一纲领,它无疑进

---

① 《给奥·倍倍尔的信》是恩格斯批判拉萨尔主义的重要文献。恩格斯批评了德国社会民主工党(爱森纳赫派)在准备与全德工人联合会(拉萨尔派)合并时在纲领草案中对拉萨尔派的无原则妥协让步。恩格斯强调指出,对于工人阶级政党来说,一个新的纲领是一面公开树立起来的旗帜,外界就是根据它来判断这个党的,因此必须清除纲领草案中的拉萨尔主义。他在信中批判了斐·拉萨尔鼓吹的"对工人阶级说来,其他一切阶级只是反动的一帮"以及所谓"铁的工资规律"和"国家帮助"等错误观点。他还批判了纲领草案中关于建立"自由国家"的错误主张,指出:"当无产阶级还需要国家的时候,它需要国家不是为了自由,而是为了镇压自己的敌人,一到有可能谈自由的时候,国家本身就不再存在了。"这封信同马克思的《哥达纲领批判》有密切的联系,表明了马克思和恩格斯对拉萨尔主义进行坚决斗争以维护科学社会主义原则的共同立场和观点。写信的直接原因是,1875年3月7日《人民国家报》和《新社会民主党人报》发表了两个工人党的合并纲领草案。这个草案在原则上认同了拉萨尔主义,充斥着大量的荒谬论点。马克思和恩格斯对这个纲领草案进行了严厉批判。他们认为,必须在理论问题和政治问题上坚持原则,决不能向拉萨尔派妥协让步,而应当迫使拉萨尔派放弃他们的错误主张,只有在这种条件下才能实行两党的合并。但是,爱森纳赫派领导人没有接受马克思、恩格斯的批评,这个合并纲领草案只在文字上略加修改就于1875年5月在哥达举行的合并大会上通过。恩格斯的这封信写于1875年3月18—28日,36年之后才首次发表在奥·倍倍尔的回忆录《我的一生》1911年斯图加特版第2卷。这封信的中译文1939年发表在何思敬、徐冰翻译,延安解放社出版的《哥达纲领批判》。

第十五章 最后十年

行了不遗余力的批判。然而,众所周知,这封非常重要的信只是使收信人对自己的方案作了几处微小而且无关紧要的修改。20多年后,李卜克内西说,即使不是全体,大多数人也会赞同马克思的观点,而且他的建议很可能在统一代表大会上得到多数人支持。但是即使那样,少数派还是会不满意,而这是应当避免的,因为问题不在于表述科学原理,而是在于两个派别的合并。

关于这封论纲领的信的隐而未发,有一个不那么堂皇、但是却比较有说服力的解释:这封信超过了爱森纳赫派的思想水平,甚至超过了拉萨尔派的思想水平。诚然,还在几个月以前,马克思就曾埋怨爱森纳赫派的机关刊物上不时发表一些半学究气的庸人空论,这些作品来自教员、医生和大学生,因此李卜克内西应该为此而受到斥责。但是马克思仍然认为,曾经如此煞费苦心地灌输到党内,并且已经生根发芽的现实主义观点,会被拉萨尔派从民主派和法国社会主义者那里借来的意识形态法律空谈和其他废话冲洗得一干二净。然而在这一点上,马克思是完全错误的。在理论问题上,两派大致处于同一水平,而如果说它们之间有什么差异,倒不如说是拉萨尔派某种程度上更占优势。爱森纳赫派对于统一纲领草案丝毫没有异议。而几乎完全由拉萨尔派组成的西德工人代表大会却对它进行了批评,该批评在许多方面接近于几周以后马克思对它的批评。不过,不必特别强调这一点。两派都离马克思和恩格斯所创立的科学社会主义还很远。他们对于历史唯物主义的思维方式几乎没有任何概念,对于资本主义生产方式的秘密也是同样一窍不通。当时爱森纳赫派最著名的理论家卡·奥·施拉姆对待价值理论的方式,就是上述情况最突出的例证。

实际上,两派的统一是有利的,马克思和恩格斯没有理由反对它,只是他们认为,拉萨尔派会牵着爱森纳赫派的鼻子走。毕竟,马克思本人也曾在他论纲领的信中说过:一步实际运动胜过一打纲领。但是因为这个新合并的党的理论混乱有增无减,所以他们就把这种情况视为不自然的合并的影响,他们的不满情绪也就增强而不是减弱了。

引起他们不满的原因与其说在于原来的拉萨尔派,不如说更多地在于原来的爱森纳赫派,这一点当然可能使他们感到困惑。恩格斯偶尔认为拉

 马克思传

萨尔派不久后将成为最有见识的人，因为至少他们在合并后还存在了一年的报纸上发表的谬论最少。恩格斯说，受雇于人的鼓动家，这班一知半解的人，是重重地压在他们自己的党头上的大祸害。特别使他恼怒的是莫斯特，因为他"能够既给整卷《资本论》写出概述，而又对此书一窍不通"①，而且竭力替杜林的社会主义辩护。恩格斯在1876年5月24日写信给马克思说："有一点是清楚的：这些人以为，杜林对你进行了卑鄙的攻击，就使我们对他无可奈何，因为倘若我们讥笑他在理论上的无稽之谈，那就会显得是对他的人身攻击进行报复！"② 就连李卜克内西也挨了一顿训斥："威廉切望填补我们的理论空白，对庸人的一切异议给以回答，并且描绘出未来社会的图景，因为庸人毕竟也会在这方面向他们提出问题；同时，他想在理论方面尽量离开我们而独立，由于他在理论上一窍不通，所以他在这方面总是走得比他自己意料的远得多。"③ 但是，这一切都与拉萨尔及其传统毫不相干。

新合并的党由于获得了迅速增多的实际成就，而开始对理论无动于衷。不过，就连这样说也是言过其实的。党并不是轻视理论本身，而是轻视在它大力推进的热潮中被它视为理论上的细微末节的东西。在党的一些新星周围，聚集着不被社会承认的发明家和改革家，疫苗接种反对论者，自然疗法宣扬者以及类似的古怪天才，这些人希望在已经猛醒的工人阶级中得到哪怕是拒绝的承认。任何一个带来善意并且提供治疗社会恶疾的某种药方的人都被欣然接纳，而从学院里涌来的那批人尤其受到欢迎，因为这有利于加强无产阶级和科学的联盟。一位大学教授如果按照任何一种对社会主义的模糊理解而向社会主义靠拢，或者表示希望靠拢，他就不必担心他的精神财富会受到太严厉的批评。

杜林特别具有免受这种批评的条件，因为他在为人和活动方面有许多东西吸引着柏林社会民主党人中的思想活跃分子。他无疑具有很高的才能

---

① 《马克思恩格斯全集》中文第一版第34卷，第13—14页。
② 《马克思恩格斯全集》中文第一版第34卷，第13页。
③ 《马克思恩格斯全集》中文第一版第34卷，第19页。

第十五章 最后十年

和天赋。他贫穷且早年失明,在大学讲师的困难位置上坚持多年,在讲坛上宣扬自己的政治激进主义,对统治阶级毫不让步,对马拉、巴贝夫和巴黎公社社员毫不吝惜赞美之词。这自然得到了工人的同情。他的为人的一个阴暗面是大言不惭地自称精通六门学问。实际上,由于生理上的缺陷,他对这些学问一门也不精通。他还把他的前辈,哲学方面的费希特和黑格尔,经济学方面的马克思和拉萨尔都一棍子打死。他的这种不断增长的自大还不引人注目,也可能是人们考虑到他精神上的闭塞和生活上的苦斗,从而原谅了这种缺乏涵养的表现。马克思根本没有注意杜林"疯狗式的"攻击,而攻击的内容也不足以促使他作出回答。他长时期无动于衷地看待党员中对杜林不断增长的推崇,尽管杜林由于深信自己永不会犯错误并且创立了自己的"最后真理"体系,具备了一个天生的宗派主义者的一切素质。甚至当李卜克内西(他这一次倒是忠于职守的)给马克思和恩格斯寄来一些工人来信,提醒他们注意党的宣传有庸俗化的危险时,他们还拒绝批判杜林,认为这是"一件过于次要的工作"。只是1876年5月莫斯特给恩格斯寄来一封趾高气扬的信时,才似乎是压死骆驼的稻草。

从这时起,恩格斯才详细研究了杜林所谓的"创造体系的真理",并写了一组文章进行批判。这些文章从1877年年初陆续发表在合并的党的新中央机关报《前进报》上,文章后来成为——仅次于《资本论》的——最重要和最成功的一部科学社会主义文献①。但是党对这部著作的态度却说明,危险确实迫在眉睫。1877年5月在哥达召开的年度党代表大会,几乎要把恩格斯当作异端来审判,正像御用的大学学阀曾经对付杜林那样。莫斯特提议停止在中央机关报上发表反对杜林的文章,因为这些文章"对于

---

① 《反杜林论》是恩格斯阐述马克思主义基本理论的重要著作。在这部著作中,恩格斯通过对欧根·杜林在哲学、经济学和社会主义领域宣扬的错误观点的批判,对马克思主义的3个组成部分——哲学、政治经济学和科学社会主义作了全面系统的阐述,揭示了这3个组成部分之间的内在联系,指出唯物辩证法和唯物史观作为科学的世界观和方法论,贯穿于马克思主义政治经济学和科学社会主义,唯物史观和剩余价值理论的创立使社会主义由空想变为科学。这部著作最初以《欧根·杜林先生在科学中实行的变革》为名发表,后以《反杜林论》著称。

 马克思传

《前进报》的大多数读者来说是毫无趣味的,甚至非常令人反感"。瓦尔泰希本来是莫斯特的死敌,但这一次却附和他说,恩格斯文章的语气会使人倒胃口,并且使《前进报》提供的精神食粮变得难以下咽。幸亏通过了一个折衷的提案,才避免了最严重的尴尬。提案说,为了实际的和鼓动的理由,这场学术论争应该继续进行下去,但不应在《前进报》正刊上进行,而应在该报的学术副刊上进行。同时,这次代表大会决定从当年10月起出版一份学术性的双周刊。这是卡尔·赫希柏格建议的,并且将由他资助出版。赫希柏格是当时德国众多资产阶级社会主义信徒中的一位。他是一个法兰克福彩票商的儿子,年轻但很富有,是一个能够作出重大牺牲的无私的人。凡是认识他的人都对他的个人品质交口称赞。但是从他所发表的文章来看,他在写作和政治方面受到的评价却差得多。在这方面,赫希柏格似乎是一个十分平庸而又枯燥无味的人物,不懂得社会主义的历史和理论,尤其对于马克思和恩格斯的科学观点完全是门外汉。由于他看不到无产阶级的阶级斗争乃是工人阶级解放的杠杆,他便希望通过和平的和合法的发展途径,为了工人事业把有产阶级、特别是他们中的知识分子争取过来。

马克思和恩格斯由于还不很熟悉这个人,曾拒绝给新杂志《未来》撰稿。此外,他们曾经和其他许多人一样,接到过一份匿名的邀稿函。恩格斯认为,大会决议不管在实际鼓动方面怎样值得尊重,在科学方面却一文不值,不足以使这个杂志具有科学性质,因为科学性是根本不能靠法令来建立的。一个没有相当明确的科学倾向的社会主义科学杂志是不可想像的。而且,由于当时德国流行着形形色色的或者暧昧不明的倾向,谁也不能保证这本杂志的倾向对于他们是合适的。

从《未来》杂志的第一期就可以看出,马克思和恩格斯的克制是多么正确。可以说,赫希柏格的发刊词就是他们所反对的在40年代的社会主义中起削弱和软化作用的那一切东西的翻版。因此,他们就避免了任何尴尬的争论。德国党的一位同志问他们是否因哥达代表大会上的辩论而生气时,马克思回答说:"我'不生气'(如海涅所说),恩格斯也一样。我们两人都把声望看得一钱不值。举一个例子就可证明:由于厌恶一切个人崇

拜，在国际存在的时候，我从来都不让公布那许许多多来自各国的、使我厌烦的歌功颂德的东西；我从来也不予答复，偶尔答复，也只是加以斥责。"① 他又补充说："但是，最近一次党的代表大会上所发生的那类事件——它一定会被党在国外的敌人充分利用——，毕竟促使我们慎重对待与'德国的党内同志'的关系。"② 这些话并无恶意，因为恩格斯仍旧在《前进报》的学术副刊上平静地发表他反对杜林的文章。

然而，就实质而论，马克思为那种"腐败的风气"而深感忧虑，这种风气在群众中不如在领导人中表现得那样强烈。10月19日，他写信给左尔格说："同拉萨尔分子的妥协已经导致同其他不彻底分子的妥协：在柏林（通过莫斯特）同杜林及其'崇拜者'妥协，此外，也同一帮不成熟的大学生和过分聪明的博士妥协，这些人想使社会主义有一个'更高的、理想的'转变，就是说，想用关于正义、自由、平等和博爱的女神的现代神话来代替它的唯物主义的基础（这种基础要求人们在运用它以前进行认真的、客观的研究）。《未来》杂志的出版人赫希柏格博士先生是这种倾向的代表，他已经'捐资'入党，——我想他可能怀有'无比高尚的'意图，但是，我对'意图'不感兴趣。世界上很难找到一种比他的《未来》杂志的纲领更糟糕、更'谦逊地自负'的东西了。"③ 实际上，如果马克思和恩格斯在任何时候曾与这种"倾向"妥协的话，那么他们就得否定他们过去的一切。

（三）无政府主义与东方战争④

1877年的哥达大会上，决定派代表出席同年9月在根特举行的世界社

---

① 《马克思恩格斯文集》第10卷，第422—423页。
② 《马克思恩格斯文集》第10卷，第423页。
③ 《马克思恩格斯文集》第10卷，第420页。
④ 指1877—1878年的俄土战争。

会主义者代表大会。李卜克内西当选为德国党的代表。

这次代表大会的召开是由比利时人发起的。他们这时已经对无政府主义学说感到有些失望,并且想把海牙大会上分裂的两派重新联合起来。巴枯宁派开过几次代表大会:1873年在日内瓦,1874年在布鲁塞尔,1876年在伯尔尼,但是他们的力量一直在缩小。这个派别曾经由于无产阶级解放斗争的实际需要而产生,而现在却由于不符合这一斗争的实际需要而瓦解了。

这场动荡的源头,即日内瓦"厂工"和"粗工"之间发生的争执,揭示出了真正的对立。一方面,是工资优厚的工人,享有政治权利,有条件进行议会斗争,但是被诱使与资产阶级政党结成种种暧昧不清的同盟。另一方面,是工资低微而又没有政治权利的工人,他们拥有的唯一武器就是自己的体力。争执的根源就在于这些实际的对立,而不是像通常所传说的那样,在于他们之间的理论对立:这里是理性,那里是非理性!

不论无政府主义被打得有多惨,它仍旧不断复活。这说明,当时也和现在一样,事情并不那样简单。理解无政府主义完全不等于承认无政府主义。同样地,在承认参加议会政治活动的必要性的同时,不能忘记这种活动尽管可以带来一些改良,甚至是完全可以接受的改良,却能把工人运动引到一条丧失革命精神的死路上去。所以,巴枯宁曾经从自己的拥护者中举出许多对无产阶级解放斗争作出巨大贡献的人,这不是偶然的。李卜克内西当然从来都不是巴枯宁的朋友,但是在巴塞尔大会期间,他至少和巴枯宁一样热烈呼吁不参与政治。其他如法国的茹尔·盖得、意大利的卡洛·卡菲埃罗、塞扎尔·德巴普、俄国的帕维尔·阿克雪里罗得,在海牙大会期间以及其后很长一段时间都曾是最热忱的巴枯宁主义者。他们最终都变成了同样热忱的马克思主义者。但是,正如他们当中有些人明确指出的那样,这只是因为他们首先接受了巴枯宁和马克思之间的共同之处,而不是因为他们抛弃了自己先前的信念。

马克思和巴枯宁两人都要求无产阶级的群众运动。而他们之间的争论只在于运动所应采取的主要途径。但是现在,巴枯宁派所召集的几次国际大会表明,无政府主义的道路是行不通的。

第十五章 最后十年

要说明无政府主义在几次代表大会期间迅速衰落的情况，那就离题太远了。无政府主义的瓦解是急转直下而且十分彻底的。总委员会以及为维持总委员会而征收的会费都被取消了。人们又禁止代表大会对原则问题进行表决，而且好不容易才打消了禁止脑力劳动者参加国际的企图。然而，在创立组织、制定新纲领草案和新策略方面，情况更令人沮丧。在日内瓦大会上，特别就总罢工是不是社会变革唯一可靠的手段这个问题进行了辩论，但是没有作出任何决议。在布鲁塞尔举行的下一次大会上，关于公共事业这个主要议题的争论也同样没有结果。德巴普曾就这个问题作了一次报告，事后他被指责完全背离了无政府主义道路。这种指责不无道理。很明显，如果德巴普想把这个问题解释明白，他就必然会失态。经过激烈的辩论，这个问题被推迟到下次大会去解决，然而在下次大会上仍旧未获解决。意大利人宣布"召开代表大会的时代已经结束了"，他们要求"以行动来宣传"。在两年内，他们利用国内的饥荒发动了60次骚动，但他们的事业却毫无成就。

无政府主义之所以堕落为一个僵化的宗派，不仅由于它在理论观点方面无可救药的混乱，而且更由于它对涉及现代无产阶级最直接利益的所有实际问题一概抱着否定的态度。当瑞士开始争取十小时工作制的群众运动时，无政府主义者拒绝参加。当佛兰德的社会主义者为推动立法禁止工厂使用童工而发起请愿运动时，无政府主义者也同样拒绝参加。当然，无政府主义者也拒绝任何争取普选权的斗争，或者在已经争得了普选权的地方鼓吹对它进行抵制。与这种毫无成果、毫无希望的政策相比，德国社会民主党的成就越发显得耀眼夺目，于是各地群众都疏远了无政府主义的宣传。

1876年无政府主义者的伯尔尼大会决定在第二年召开世界社会主义者代表大会，而这次代表大会在根特的召开，在很大程度上是由于意识到无政府主义无法争取人民群众。根特大会于9月9日到15日举行。参加大会的代表共有42人，其中只有11人是吉约姆和克鲁泡特金领导的无政府主义骨干分子。许多过去支持无政府主义的人，包括大部分比利时代表和英国人黑尔斯，都转而支持李卜克内西、格雷利希和弗兰克尔领导的社会主

519

 马克思传

义一派。在李卜克内西和吉约姆之间曾发生激烈的冲突，因为吉约姆谴责德国社会民主党在议会选举时把自己的纲领藏到口袋里。但总的来说，大会进行得相当平和。无政府主义者已经没有兴趣唱高调，他们在发言中使用了一种温和的小调。这使他们的对手能够礼尚往来地对待他们。不过，计划中的"团结条约"并没有能缔结，因为双方的意见分歧过大。马克思对于这次大会并没有别的期待。他正紧张地注视着世界的另一个角落——俄土战争，期待那里会发生革命风暴。他给李卜克内西写了两封提供建议的信，其中1878年2月4日的第一封信的开头是这样说的："我们最坚决地站在土耳其人方面，这有两个理由：

（1）因为我们研究了土耳其农民——也就是研究了土耳其的人民群众——并且认识到他们无疑是欧洲农民的最能干和最有道德的代表之一。

（2）因为俄国人的失败会大大加速俄国的社会变革（它的因素大量存在），从而会加速整个欧洲的急剧转变。"① 3个月以前，马克思在给左尔格的信中说："这次危机是欧洲历史的一个新的转折点。俄国——我曾经根据非官方的和官方的俄文原始材料（官方材料只有少数人能看到，而我是由彼得堡的朋友们给弄到的）研究过它的情况——早已站在变革的门前，为此所必需的一切因素都已成熟了。由于土耳其好汉不仅打击了俄国军队和俄国财政，而且打击了统率军队的王朝本身（沙皇、王位继承者和其他六个罗曼诺夫），变革的爆发将提前许多年。……

俄国大学生的愚蠢行为仅仅是一个预兆，本身毫无意义。但是，它毕竟是一个预兆。俄国社会的一切阶层目前在经济上、道德上和智力上都处于土崩瓦解的状态。"② 事实证明，马克思的这种观察是完全正确的。但是，正像马克思在急切地期待革命时经常发生的那样，他把事态的发展过程看得很清楚，却低估了发展道路的长期性。

俄国人最初的失败变成了胜利。正如马克思认定的那样，他们的胜利是由于俾斯麦的暗中援助，由于英国和奥地利的背叛，更重要的是由于土

---

① 《马克思恩格斯全集》中文第一版第34卷，第294页。
② 《马克思恩格斯全集》中文第一版第34卷，第275页。

耳其人的过错。他们本应该以革命手段推翻君士坦丁堡的古老苏丹政权，因为这个政权是沙皇最得力的支柱。在这样的最严重的危急时刻不能奋起革命的人民，是注定要失败的。

因此，俄土战争不是以一次欧洲革命，而是以一次外交官会议而告结束。举行这次会议的时间和地点，正是德国社会民主党遭受了近乎致命打击的时间和地点①。

（四）曙光

尽管如此，在世界的地平线上还是出现了新的曙光。俾斯麦打算用来摧毁德国社会民主党的反社会党人法令，实际上成了这个党的英雄时代的开端。同时，它也消除了这个党和伦敦的两位老人之间的所有误会和争执。

但是在这以前，还要进行最后的斗争。德国社会民主党光荣地经受住了1878年夏谋刺德皇事件之后的迫害和选举的考验。但是，在它准备对付即将到来的打击时，却没有充分理解它将遇到的是怎样一种刻骨的仇恨。法令刚一生效，当局就立刻忘记了自己为消除帝国议会的疑虑而作出的"公正地实施"这个法令的诺言。社会民主党的所有机构都被无情地粉碎了，数以百计的人被抛到街头，生计无着。几周以后，整个柏林及郊区都

---

① 非常法或反社会党人法，即反社会党人非常法，是俾斯麦政府在帝国国会多数的支持下于1878年10月19日通过并于10月21日生效的一项法律，其目的在于反对社会主义运动和工人运动。这项法律将德国社会民主党置于非法地位，党的一切组织、群众性的工人组织被取缔，社会主义的和工人的刊物被查禁，社会主义文献被没收，社会民主党人遭到镇压。但是，社会民主党在马克思和恩格斯的积极帮助下战胜了自己队伍中右的和"左"的机会主义倾向，得以在非常法生效期间正确地把地下工作同利用合法机会结合起来，大大加强和扩大了自己在群众中的影响。在日益壮大的工人运动的压力下，反社会党人非常法于1890年10月1日被废除。

明显违反法令的条文,宣布了所谓小规模戒严。大约有60个家庭的父亲立即收到了驱逐令,而这不仅使他们失去了面包,也使他们失去了祖国。

单是这一点就引起了可以理解且难以避免的混乱。如果说,巴黎公社失败以后,国际总委员会曾经抱怨救济公社流亡者使它几个月来无法开展正常工作,那么,德国社会民主党的领导人由于处处受到警察的迫害,以及可怕的经济危机,其任务势必更加艰巨。无可否认,这场风暴把谷粒与糠皮区别开来了,近年来混进党内的许多资产阶级分子被证明是靠不住的,一些领导人有负众望,另一些甚至是比较能干的领导人,则在反动派的沉重打击下感到气馁,害怕再用更有力的抵抗激怒敌人。

这一切都使马克思和恩格斯感到不快。当然他们也低估了必须克服的种种困难。但是他们确实有理由对社民党帝国议会党团的行为感到不满,这个党团甚至在谋刺德皇事件后的选举中还保留着9名成员。这些议员当中的一位,麦克斯·凯泽尔,在讨论新关税时发言并投票赞成提高铁的关税,这一点当然造成了很坏的影响。因为全世界都知道,新关税的目的是要使帝国国库的岁入增加几亿,保护大地主的地租不受美国竞争的影响,并且使大工业能够从陶醉于初创年代时给自己造成的创伤中恢复过来。而反社会党人法的目的在很大程度上是要摧毁群众对威胁着他们的贫困化的抵抗。

当倍倍尔想替凯泽尔的投票辩护,说他曾经仔细研究过铁的关税问题时,恩格斯直截了当地回答说:"如果他的研究哪怕还有一点价值的话,那他就应该知道:在德国有两个冶金工厂,多特蒙特联合公司和克尼格斯和劳拉冶金工厂,两者中任何一个都能够满足全部国内市场的需要,而此外还有很多较小的工厂;因而在这种情况下保护关税简直是荒谬的;在这里只有占领国外市场才能解救,因此就要实行彻底的自由贸易,不然就是破产;而炼铁工厂主本身,只有当他们组成一个瑞恩时,才会希望实行保护关税,瑞恩就是一种秘密协议,它在国内市场强制实行垄断价格,以便把剩余产品用倾销价格向国外推销,他们现在实际上已这样做了。既然凯泽尔投票赞成铁的关税,那他就是为维护这个瑞恩的利益,为维护这个垄

第十五章　最后十年

断资本家的秘密协议的利益而说话和投票的……"① 当卡尔·希尔施也在《灯笼》上相当严厉地批评凯泽尔的策略时，社会民主党党团竟产生这样一种不幸的想法，认为自己受了委屈，因为凯泽尔是在它的批准下发言的。这样，在马克思和恩格斯眼中，这个党团就完全烂透了。马克思认为："他们已患了议会迷病症，竟认为他们自己是超乎批评之上的，并且把任何批评斥为大逆不道！"②

卡尔·希尔施是一位青年作家，在李卜克内西多年监禁期间，他作为《人民国家报》的代理主编为自己赢得了声誉。后来他一直住在巴黎，但是在德国颁布非常法后被逐出巴黎。于是他做了德国社会民主党领导人从一开始就应该做的事：自1878年12月中旬起，他在比利时的布雷达出版了周刊《灯笼》，其开本和文体与罗什弗尔的《灯笼报》一样，使它便于装在普通信封里寄往德国，成为德国社会民主主义运动的汇合点和基地。希尔施的意图是好的，而且在原则问题上头脑相当清醒。但是他所选择的那种短小精悍的警句形式不大符合工人报纸的要求。在这方面比较成功的是《自由》，这是几周以后由莫斯特在共产主义工人教育协会的协助下在伦敦出版的。但是，这个周报也只是有一个还算合理的开端，随后就堕入了毫无目的的革命儿戏。

对德国党的领导人来说，由于这两份在某种程度上是野生的、不归他们领导的刊物的出现，在国外出版党的机关刊物就变得极为迫切了。倍倍尔和李卜克内西极力主张这一点，而对于主张保持审慎克制政策的党内势力集团十分顽强的反对，他们也成功地抑制住了。与莫斯特达成协议已经不可能了，但希尔施已停止出版《灯笼》，并且表示愿意担任新机关刊物的主编。马克思和恩格斯完全信任希尔施，因此也准备为新刊物撰稿。新刊物将以周刊的形式在苏黎世发行。其筹备工作委托给住在苏黎世的3名党内同志：被逐出柏林的保险公司经纪人施拉姆、卡尔·赫希柏格和被赫希柏格请来做文学顾问的爱德华·伯恩施坦。

---

① 《马克思恩格斯全集》中文第一版第34卷，第401—402页。
② 《马克思恩格斯全集》中文第一版第34卷，第391页。

 马克思传

但他们显然并不急于接受委托。当1879年7月他们出版了自己的《社会科学和社会政治年鉴》时，他们犹豫的原因就很明显了。该年鉴一年出版两期，它的编辑宗旨曾被《德国社会主义运动的回顾》一文所特别说明。这篇文章的署名用了3颗星标。不过它的实际作者只有赫希柏格和施拉姆。伯恩施坦仅仅写了几行字。

这篇文章的内容是令人难以置信的浅薄无聊和不懂策略的胡说八道。它历数党的种种罪行，说什么党缺乏"良好的风度"，只知一味斥责别人，说党讨好群众而漠视有教养的阶级——无产阶级运动中总是招惹庸人们生气的一切东西。文章最后得出一个务实而明智的结论，要党决心利用非常法强加给它的闲暇来忏悔和沉思。马克思和恩格斯对这种拙劣作品感到愤怒。在给党的领导人的私人通告信中，他们明确要求：如果出于实际理由要在党内容忍有这种思想的人，至少不应赋予他们在重要岗位上发表言论的权利。当然，赫希柏格并没有被赋予这种权利，他只不过是将其据为己有。他正是这样完全专断地要求苏黎世的"三星"有权监督希尔施的编辑部，并且反对按照《灯笼报》的风格来编报。于是，希尔施和伦敦的二老就拒绝和这个新报纸发生任何关系了。

关于这件事的众多往来通信中，只有一些片断保存下来。从中可以看出，倍倍尔和李卜克内西完全不同意"三星"的主张。但是，他们为什么没有及时加以制止，却令人难以理解。赫希柏格亲自到了伦敦，然而在那里只见到了恩格斯。他那混乱的观点给恩格斯留下了极坏的印象，虽然不管恩格斯还是马克思都不怀疑他的良好意图。而且，由于双方都很激动，彼此也不可能及时达成谅解。1879年9月19日，马克思写信给左尔格说，如果新的周刊按照赫希柏格的方式来编辑，那么他们将被迫公开反对这种"糟蹋"党和理论的行为。"这样，这些先生们就预先得到了警告，而且他们也充分了解我们，他们应当懂得，这就意味着：服从或决裂！如果他们想让自己丢脸，那就活该他们倒霉！但是我们无论如何不允许他们给我们丢脸。"①

---

① 《马克思恩格斯全集》中文第一版第34卷，第390页。

第十五章 最后十年

幸而事情并没有走到极端。福尔马尔接任了苏黎世《社会民主党人报》的主编。正像马克思和恩格斯所说的那样,他把这个报办得够"蹩脚"的,不过毕竟还没有引起他们的公开抗议。只是马克思和恩格斯"经常在书信来往中同莱比锡人进行争论,而且往往争论得很激烈"①。其实"三星"也并不是危险人物。施拉姆完全退缩了,赫希柏格时常外出旅行,而伯恩施坦在形势压力下完全摆脱了垂头丧气的情绪,就像许多党内同志过去在困难处境的影响下情绪低落而这时也一致同时振作起来一样。马克思和恩格斯后来比开始时更公正地说明了德国党的领导人所不得不与之斗争的巨大困难,而这也大大有助于平息人们的情绪。1880年11月5日,马克思写信给左尔格说:"比较安稳地住在国外的人,不应当使那些在国内极其艰苦的条件下工作并作出巨大牺牲的人处境更加困难,而使资产阶级和政府高兴。"② 几周以后,双方甚至达成了正式的和解。

1880年12月31日,福尔马尔辞去了他的主编职务。德国党的领导人为了迁就两位老人,决定任命卡尔·希尔施做他的继任者。由于希尔施当时住在伦敦,因此倍倍尔决定到那里去和他谈判。同时,他也早就打算与马克思和恩格斯把问题彻底谈谈清楚。他还带着伯恩施坦同行,为的是消除伦敦方面对伯恩施坦仍然存在的偏见,虽然后者在此期间已完全证明了自己。这次去伦敦的卡诺萨之行,正如它在党内的称呼那样,完全达到了目的。只是希尔施最初承诺同意担任主编,随后又提出了一个条件,说他希望在伦敦主编《社会民主党人报》。这一点被拒绝了,结果,伯恩施坦被任命为主编,起初是临时的,后来就成为常任的。他光荣地完成了自己的任务,使伦敦方面十分满意。一年以后,当举行反社会党人法颁布后的第一次议会选举时,恩格斯欢欣鼓舞地指出:无产阶级从来没有这样英勇地战斗过。

法国方面情况也有了好转。在1871年5月的血腥一周后,梯也尔向惊魂未定的凡尔赛资产者们宣布,社会主义在法国已经死亡了。他已经忘

---

① 《马克思恩格斯全集》中文第一版第34卷,第449页。
② 《马克思恩格斯全集》中文第一版第34卷,第449页。

525

 马克思传

记,在1848年6月的日子以后,他曾经同样证明自己是一位虚假的预言家。他大概以为血流得越多——如果计算巴黎工人在巷战、死刑、放逐、苦役和流亡而遭受的损失,那么1871年牺牲的人数达10万之多——,效果就越大。然而,梯也尔这一次又彻底搞错了。1848年后,经过两个10年,社会主义才从昏迷和沉寂中苏醒过来。而1871年后,社会主义只花了5年就重新宣布了自己的存在。1876年,当军事法庭还没有停止自己的血腥勾当,当公社的保卫者们还在继续被枪杀时,第一次工人代表大会就在巴黎召开了。

当然,这首先只是一个宣告。大会是在资产阶级共和党人的庇护下召开的,因为这些人希望在反对保皇派地主的斗争中得到工人的支持。大会决议所涉及的都是像舒尔采-德里奇在德国所主张的合作组织这样的无害问题。但是可以预见,事情不会一直如此。自1803年与英国签订贸易协定以来,大机器工业缓慢发展,在1870年后大大加速。它面临着一些非常艰巨的任务:治愈战争在整整三分之一的法国土地上所造成的创伤,为新军国主义的庞大建设积累资金,最后,补偿因阿尔萨斯的割让而蒙受的损失,它1870年前一直是法国工业最发达的省份。大工业满足了这些要求。全国各地普遍建立起工厂,创造了工业无产阶级。在旧国际的全盛时代,实际上只在法国东北部的几个城市中才有工业无产阶级。

这就是茹尔·盖得迅速获得成功的原因。盖得以其鼓动性很强的口才投入到1876年巴黎代表大会以后兴起的工人运动。他最初是无政府主义的信徒,不久前离开了无政府主义。他的观点缺乏理论上的清晰性,这一点从他在1877年创办的《平等报》也可以看得出来。虽然《资本论》已经译成法文出版,但盖得对马克思却一无所知,而只是由于卡尔·希尔施的介绍才知道马克思的理论。然而他以充分的决心和明确的态度掌握了土地公有和生产出来的生产资料公有的思想。由于他是一位一流的天才演说家和机智的论辩家,他善于用无产阶级解放斗争这个最新的口号唤起法国工人的热情,而这个口号在旧国际的历次代表大会上曾遭到法国代表们最激烈的反对。

第十五章　最后十年

1878年2月，第二次工人代表大会在里昂召开，这次大会的组织者打算使它成为巴黎代表大会的翻版。但是盖得已经把一个由20位代表组成的少数派争取到自己的旗帜下。这样，在政府和资产阶级看来，事情就变得危险了。于是它们又开始迫害工人运动，用对《平等报》编辑们的罚款和监禁迫使这家报纸停刊。但是盖得和他的同志们并没有气馁。他们继续毫不畏惧地工作。在1879年10月在马赛召开的第三次工人代表大会上，他们已经争取到代表的大多数，这个多数派立刻成立了一个社会主义政党，并组织起来准备进行政治斗争。《平等报》复活了，并且得到了拉法格这样一位积极的撰稿人。这个刊物几乎所有的理论文章都是他写的。稍后，马隆，一位前巴枯宁主义者，出版了《社会主义评论》。马克思和恩格斯支持这个刊物，给它寄去了几篇文章。

1880年春，盖得去了伦敦，与马克思、恩格斯和拉法格一起为年轻的党起草竞选纲领。他们就所谓最低纲领达成了一致。这个纲领的开头是说明共产主义目标的简短绪论，而在经济部分中只提出了那些直接来自工人运动的要求。诚然，他们没有就每一个条文都取得一致意见。盖得坚持要在纲领中列入法定最低工资的要求，马克思则认为，如果法国无产阶级还幼稚到需要这样一种诱饵，那在目前就根本不值得费力起草什么纲领了。

但是马克思对于这个纲领的看法并不那么坏。总的来说，他认为这个纲领是使法国工人摆脱含糊不清的词句并立足于现实基础上的一个强有力的手段。马克思根据这个纲领所引起的反对和同情得出结论说，法国终于产生了真正的工人运动。在这以前只有宗派，而宗派自然是坚持创立人所提出的口号的。同时，无产阶级群众则跟随激进派或冒充激进的资产者。在紧要关头，他们为这些人战斗，而到第二天，这些取得政权的人就屠杀和驱逐工人。因此，当法国政府被迫大赦公社社员而使他们有可能回国时，马克思就欣然同意他的两个女婿返回法国。拉法格到法国与盖得合作，而龙格则在《正义报》取得了一个有影响力的编辑职位。这个报纸由领导极左翼的克列孟梭创办。俄国的情况有所不同，但是按照马克思的观点来看却更令人满意。这里的人比其他任何地方都更为热心地阅读并且更

 马克思传

重视马克思的主要著作。特别是在年轻的俄国学者当中，马克思拥有许多追随者，甚至还有一些私人朋友。但是当时俄国的群众运动——如果算得上是群众运动的话——的两大派别即民意党和土地平分社①，却与他的观点和学说毫不相干。这两个派别都完全站在巴枯宁的立场上，至少以它们最重视农民阶级这一点而言是这样。马克思和恩格斯曾把它们的主要问题表述如下：俄国公社，这一固然已经大遭破坏的原始土地公共所有制形式，是能够直接过渡到高级的共产主义的土地所有制形式呢，还是它必须先经历西方的历史发展所经历的那个瓦解过程？

对于这个问题，马克思和恩格斯在给维拉·查苏利奇译的新俄文版《共产党宣言》序言②中作了"目前唯一可能的"答复："假如俄国革命将成为西方无产阶级革命的信号而双方互相补充的话，那么现今的俄国土地公有制便能成为共产主义发展的起点。"③ 这个观点说明了马克思热烈同情民意党的原因，这个党的恐怖政策已经使沙皇成为被革命拘禁在加特契纳的囚徒。对于放弃任何革命政治活动而只限于宣传的土地平分社，马克思却抱着比较严厉的态度。可是，为了把马克思主义精神灌输到俄国工人运动中而做了很多工作的阿克雪里罗得和普列汉诺夫等人，却正是这一派的成员。

最后，英国也露出一线光明。1881年6月，一本题为《大家的英国》的小书出版了。这本书是海德门写的，基本上是在阐述民主联盟的纲领。民主联盟是由英格兰和苏格兰的各种激进团体（一半是无产阶级的，一半

---

① 1879年8月，土地和自由社分裂为民意党和土地平分社。民意党是俄国土地和自由社分裂后产生的革命民粹派组织，1879年8月建立。主要领导人是安·伊·热里雅鲍夫、亚·德·米哈伊洛夫等。该党主张推翻专制制度，提出广泛的民主改革要求。但是民意党人把民主革命的任务和社会主义革命的任务混为一谈，认为在俄国可以超越资本主义，经过农民革命走向社会主义。民意党领导机关还宣称以恐怖手段作为政治斗争的主要手段，于1881年3月13日刺杀了沙皇亚历山大二世。在沙皇政府的残酷迫害下，民意党在1881年以后就瓦解了。

② 马克思和恩格斯《〈共产党宣言〉俄文第二版序言》，载于卡·马克思和弗·恩格斯《共产党宣言》1882年日内瓦版。

③ 《马克思恩格斯文集》第2卷，第8页。

是资产阶级的）组成的。有关劳动和资本的几章几乎是逐字转述甚至照录马克思的《资本论》。但是海德门既没有提到《资本论》，也没有提到作者的名字。他只是在序言的结尾说，他这本书的思想内容以及一大部分实际材料都应归功于一位伟大的思想家和具有独创性的作家的著作。海德门在马克思面前为自己辩解的一番话使他这种奇特的引用方式更令人反感。他说，马克思的名声很不好，英国人不喜欢受外国人教训，等等。从此，马克思就与海德门决裂了，并且认为他是一个"靠不住的家伙"。

但是，同年在英国一家月刊的12月号上发表的贝尔福特·巴克斯的一篇论马克思的文章，却使他非常满意。尽管马克思发现这篇文章里所引用的传记资料大多不正确，而关于他的经济原理的阐述也有许多错误和混乱之处，但它是英国发表的第一篇充满了对新思想的真正热情并且大胆地挑战英国庸人的文章。这篇文章在伦敦西区的墙上用大字海报加以宣传，引起了很大的轰动。马克思写信把这件事告诉了左尔格。这个向来不惧毁誉的铁人，这次似乎稍稍有点得意了，而这是完全可以谅解的。这封信是在极为激动的心态下写的，从信结尾的一句话就可以看出："对我最重要的是，还在11月30日我就收到了上述的一期《现代思想》，使我亲爱的妻子在她生命的最后几天里得到了愉快。你知道，她是多么热情地关怀所有这类事情。"① 马克思夫人于1881年12月2日逝世。

（五）暮色

正当政治和社会的地平线上豁然开朗——而这对马克思来说总是最重要的事——的时候，暮色却日益迫近马克思本人和他的家庭。自从欧洲大陆拒绝他去温泉疗养以后，他的身体疾病复发了，使他多少丧失了工作的能力。从1878年起，他就不再为完成他的主要著作而工作了。差不多同时或稍晚一些，他又开始为他妻子的健康担忧。

---

① 《马克思恩格斯全集》中文第一版第35卷，第241页。

 马克思传

  他的妻子一向拥有和谐的心灵，幸福而平静，因而得以享有一个较为无忧无虑的晚年。她在因左尔格妻子失去两个正当少壮的孩子而写信安慰她时也谈到过这一点："我非常清楚，在遭到这样的损失之后，要恢复心灵的平静，是多么困难，需要多么长的时间。但是，生活却立即用它那些微小的欢乐和重大的忧虑、种种日常的操劳和细小的烦恼来帮助我们。短暂的忧虑压倒了巨大的悲痛，于是极度的悲痛就在不知不觉中缓和下去；当然这并不能使创伤，特别是母亲心上的创伤彻底愈合；但是在心灵中对新的痛苦和新的欢乐的新的感受性，甚至新的敏感性却逐渐苏醒过来。于是，就怀着一颗饱受创伤但总还有希望的心继续生活下去，直到这颗心最后完全停止跳动，永远安息。"① 又有谁比这位饱受忧伤的女斗士更配得上这样轻松地死去，更配得上这样从容地辞别人世呢？然而她却没有这样从容安息的福分：在停止呼吸以前，她还得忍受极大的痛苦。

  1878年秋天，马克思初次写信告诉左尔格说，他的妻子"健康情况很不好"。1年后，他就写道："我的妻子仍然病得很厉害，我自己也始终没有完全恢复健康。"② 在很长时间不能确定病因之后，终于判明马克思夫人患的是癌症，这将使她在可怕的痛苦中缓慢而不可避免地走向死亡。只要想一想这位妇女在漫长的一生中对马克思具有怎样的意义，就可以理解马克思为此感到多么悲痛。她自己则比她丈夫以及所有身边的人更为沉着坚定，她以无比坚强的精神力量抑制着自己的痛苦，在家人面前经常做出快乐的样子。1881年夏天，当她的病严重恶化的时候，她还有勇气到巴黎去看她两个已婚的女儿。由于病情已经到了无可挽救的地步，因此医生们也同意她这次冒险的旅行。马克思在1881年7月22日给龙格夫人的信中告诉她，他们两个就要到她那里去："望立即回信，因为在你没有告诉妈妈要从这里给你带些什么以前，她是不会离开伦敦的。你知道，她喜欢张罗这类事。"③ 这次旅行就马克思夫人病情所允许的情况来说总算是顺利的，

---

 ① 《马克思恩格斯全集》中文第一版第35卷，第467页。
 ② 《马克思恩格斯全集》中文第一版第34卷，第400页。
 ③ 《马克思恩格斯全集》中文第一版第35卷，第198页。

第十五章　最后十年

但是在回来的时候，马克思自己却害了胸膜炎，并引发了支气管炎甚至初起的肺炎。这场病非常危险，但是多亏爱琳娜和海伦·德穆特忘我地悉心看护，终于平安地过去了。关于这段悲惨的日子，爱琳娜写道："前面那个大房间里躺着我们的母亲，旁边那个小房间里睡着摩尔，他们俩平时朝夕相处，相亲相爱，现在再不能同住一屋了。

……

摩尔又一次战胜了病魔。我永远忘不了那天早晨，他觉得自己强健得能到母亲房间去。他们在一起又都年轻起来，她像一个热恋中的少女，他像一个热恋中的小伙子，他们又恢复了生命的活力，而不像一个在死亡线上挣扎的老人和一个即将被病魔夺去生命的老妇，彼此在作最后一次话别。"①

当1881年12月2日马克思夫人逝世的时候，马克思的身体还很虚弱，因此医生不允许他伴随他的爱侣这段最后的旅程。马克思在给燕妮·龙格的信中说："我之所以服从，还因为亲爱的亡人在她去世的前夕对护士说过轻视任何仪式的话：'我们不是那种重表面形式的人！'

……

她及时咽气，这对我是一个安慰……如唐金医生预先告诉我的，病势带有逐渐衰亡的性质，同年老衰竭一样。甚至在最后的几小时，也不用同死亡进行任何斗争，而是慢慢地沉入睡乡；她的眼睛比平时更加富于表情，更加美丽，更加明亮！"②

恩格斯在燕妮·马克思的墓前发表了演说。他称赞她是她丈夫光荣而忠实的伴侣，并且用下面的话结束了他的演说："我用不着说她的个人品德了。这是她的朋友们都知道而且永远不会忘记的。如果有一位女性把使别人幸福视为自己最大的幸福，那么这位女性就是她。"③

---

① 《回忆马克思》，人民出版社2005年版，第109页。
② 《马克思恩格斯全集》中文第一版第35卷，第232、233页。
③ 《马克思恩格斯全集》中文第二版第25卷，第545—546页。

 马克思传

(六) 最后一年

马克思比他的妻子只多活了 15 个月。但是这期间的生活只不过是一种"慢性死亡"。恩格斯在马克思夫人逝世的那天说:"摩尔也死了",他的感觉是对的。由于两位朋友在这段短暂的时间内多半是分开的,因此他们的通信最后还活跃了一个时期。马克思生命的最后 1 年就在这些通信中阴郁而壮丽地逝去。频频发作的病痛摧残着他。无情的人类命运就这样击垮了这个强大的人。

仍然将他与生命联系在一起的,是那种为毕生奋斗的事业献出最后力量的强烈愿望。1881 年 12 月 15 日,他在给左尔格的信中写道:"最近这场病之后,我已是双重残废了:精神上是由于失去了我的妻子,生理上是由于病后胸膜硬结和支气管应激性增强。

遗憾的是,我不得不花一些时间来专门恢复自己的健康。"① 这段时间一直延续到他逝世的那天,因为恢复他健康的所有尝试都失败了。

医生们先把他送到怀特岛的文特诺,然后又送到阿尔及尔。1882 年 2 月 20 日,他到了阿尔及尔,但由于旅途寒冷而在路上再一次得了胸膜炎。不幸的是,阿尔及尔的这个冬天和春天比任何时候都更为多雨和糟糕。他于 5 月 2 日搬到蒙特卡洛,但是在那里的经历也好不到哪里去。在那里,他又因为潮湿和寒冷的旅行而得了胸膜炎,而且那里的天气也一直很坏。

直到他在阿让特伊住到龙格夫妇家中时,他的健康状况才有所改善。家庭生活可能对此起了不小的作用。而且,马克思也用附近的昂吉安的硫矿泉水治好了他的慢性支气管炎。然后,他和女儿劳拉一起到日内瓦湖畔的沃韦住了 6 个星期,这也使他的健康状况大有起色。当他在 9 月回到伦敦时,看起来精力充沛,经常与恩格斯一起登上比他的住宅高出约 300 英

---

① 《马克思恩格斯全集》中文第一版第 35 卷,第 239 页。

第十五章 最后十年

尺的汉普斯泰特荒阜,并未感到什么不适。马克思打算重新开始工作,因为医生虽不让他在伦敦过冬,却允许他在英国南部沿海过冬。当11月的雾季开始时,他动身去了文特诺,但是那里也像春天在阿尔及尔和蒙特卡洛一样,天气多雾潮湿。他又患了感冒,无法在户外强身健体,而只能蛰居室内,以致身体越来越虚弱。科学工作是不可能的,尽管马克思对所有的科学发现,甚至那些与他的工作领域并无密切关系的科学发现,如德普勒在慕尼黑电气展览会上的试验,都有浓厚兴趣。总的来说,他的书信都流露出一种压抑沮丧的情绪。当年轻的法国工人党表现出不可避免的幼稚病时,他对他的女婿们叙述他的思想的方式感到不满:"龙格是最后一个蒲鲁东主义者,而拉法格是最后一个巴枯宁主义者!让他们见鬼去吧!"① 就在当时,他脱口说出了一句后来如此奇特地启发了一切庸人的话,即:他本人无论如何不是一个马克思主义者。

1883年1月11日,致命的最后一击到来了:他的女儿燕妮意外去世。第二天,马克思带着严重的支气管炎回到伦敦,不久又患上了喉头炎,使他几乎无法吞咽。"他以坚忍精神忍受着极大的痛苦,宁愿喝一升牛奶(这是他生平最厌恶的东西)而不吃某些硬的食物。"② 2月间又发现了肺部脓肿。由于15个月来不断服用各种药物,药物此时对他的身体已经没有任何作用,只是使他食欲不振,消化不良。眼看他一天天消瘦下去。但是医生们还没有放弃希望,因为支气管炎已经几乎痊愈,吞咽食物也比较容易了。但是,死亡是出乎意料地来临的。3月14日午后,卡尔·马克思坐在自己的安乐椅上,安详而毫无痛苦地长眠了。

恩格斯虽然对这个无可补偿的损失深感悲痛,却也为此而深感安慰。"医术或许还能保证他勉强拖几年,无能为力地活着,不是很快地死去,而是慢慢地死去,以此来证明医术的胜利。但是,这是我们的马克思决不能忍受的。眼前摆着许多未完成的工作,受着想要完成它们而又不能做到

---

① 《马克思恩格斯全集》中文第一版第35卷,第107页。
② 《马克思恩格斯全集》中文第一版第19卷,第382—383页。

 马克思传

的唐达鲁士式的痛苦,这样活着,对他来说,比安然地死去还要痛苦一千倍。他常常喜欢引用伊壁鸠鲁的话:'死不是死者的不幸,而是生者的不幸。'不能眼看着这个伟大的天才像废人一样勉强活着,去给医学增光,去受他健壮时经常予以痛击的庸人们嘲笑,——不能那样,现在的情况要比那样好一千倍,我们后天把他送到他夫人安息的墓地去,这要比那样好一千倍。"①

3月17日,星期六,马克思被安葬在他夫人的墓中。他的家人十分明理地拒绝了"一切仪式",因为那会显得与马克思的一生极不协调。只有几个忠实的朋友站在敞开的墓旁:恩格斯,共产主义者同盟时期的两个老同志列斯纳和罗赫纳,从法国来的拉法格和龙格,从德国来的李卜克内西,还有两位一流的科学家,化学家肖莱马和生物学家雷伊·郎凯斯特。

恩格斯用英语向他的亡友致最后的告别词。他简短、诚恳而又真实地概括了马克思过去和将来对人类的贡献。这里就用恩格斯的话作为本书的结束语:"3月14日下午两点三刻,当代最伟大的思想家停止思想了。让他一个人留在房里还不到两分钟,当我们进去的时候,便发现他在安乐椅上安静地睡着了——但已经永远地睡着了。

这个人的逝世,对于欧美战斗的无产阶级,对于历史科学,都是不可估量的损失。这位巨人逝世以后所形成的空白,不久就会使人感觉到。

正像达尔文发现有机界的发展规律一样,马克思发现了人类历史的发展规律,即历来为繁芜丛杂的意识形态所掩盖着的一个简单事实:人们首先必须吃、喝、住、穿,然后才能从事政治、科学、艺术、宗教等等;所以,直接的物质的生活资料的生产,从而一个民族或一个时代的一定的经济发展阶段,便构成基础,人们的国家设施、法的观点、艺术以至宗教观念,就是从这个基础上发展起来的,因而,也必须由这个基础来解释,而不是像过去那样做得相反。

---

① 《马克思恩格斯文集》第10卷,第504—505页。

第十五章 最后十年

不仅如此。马克思还发现了现代资本主义生产方式和它所产生的资产阶级社会的特殊的运动规律。由于剩余价值的发现,这里就豁然开朗了,而先前无论资产阶级经济学家或者社会主义批评家所做的一切研究都只是在黑暗中摸索。一生中能有这样两个发现,该是很够了。即使只能作出一个这样的发现,也已经是幸福的了。但是马克思在他所研究的每一个领域,甚至在数学领域,都有独到的发现,这样的领域是很多的,而且其中任何一个领域他都不是浅尝辄止。

他作为科学家就是这样。但是这在他身上远不是主要的。在马克思看来,科学是一种在历史上起推动作用的、革命的力量。任何一门理论科学中的每一个新发现——它的实际应用也许还根本无法预见——都使马克思感到衷心喜悦,而当他看到那种对工业、对一般历史发展立即产生革命性影响的发现的时候,他的喜悦就非同寻常了。例如,他曾经密切注视电学方面各种发现的进展情况,不久以前,他还密切注视马塞尔·德普勒的发现。

因为马克思首先是一个革命家。他毕生的真正使命,就是以这种或那种方式参加推翻资本主义社会及其所建立的国家设施的事业,参加现代无产阶级的解放事业,正是他第一次使现代无产阶级意识到自身的地位和需要,意识到自身解放的条件。斗争是他的生命要素。很少有人像他那样满腔热情、坚韧不拔和卓有成效地进行斗争。最早的《莱茵报》(1842年),巴黎的《前进报》(1844年)、《德意志—布鲁塞尔报》(1847年)、《新莱茵报》(1848—1849年)、《纽约每日论坛报》(1852—1861年),以及许多富有战斗性的小册子,在巴黎、布鲁塞尔和伦敦各组织中的工作,最后,作为全部活动的顶峰,创立伟大的国际工人协会,——老实说,协会的这位创始人即使没别的什么建树,单凭这一成果也可以自豪。

正因为这样,所以马克思是当代最遭嫉恨和最受诬蔑的人。各国政府——无论专制政府或共和政府,都驱逐他;资产者——无论保守派或极端民主派,都竞相诽谤他,诅咒他。他对这一切毫不在意,把它们当做蛛丝一样轻轻拂去,只是在万不得已时才给以回敬。现在他逝世了,在整个

 马克思传

欧洲和美洲,从西伯利亚矿井到加利福尼亚,千百万革命战友无不对他表示尊敬、爱戴和悼念,而我可以大胆地说:他可能有过许多敌人,但未必有一个私敌。

他的英名和事业将永垂不朽!"①

---

① 《马克思恩格斯文集》第3卷,第601—603页。

说　明

　　附上一部学术性的资料卷既不符合本书的性质，也不符合本书的目的。因此，我只限于略做说明，给那些想深入了解的读者指出主要路径，他们从中可以很容易地找到次要路径。

　　在不断增加的关于马克思的文献中，传记性的作品相对较少。虽然从来都不乏短篇传略，但它们都充斥着错误，而且随着这些传略越是频繁地在书与书之间传抄，它们也越来越平淡无奇。恩格斯首先在这方面理出了一些头绪，特别是在1878年白拉克主编的《人民历书》上发表了一篇传略①。后来，他还为《政治科学手册》（1892年耶拿版第5卷，第1130页及以下几页）撰写了一篇关于马克思的文章②，这篇文章尽管总体上是可靠的，但也不免有个别错误。

　　在其他传记作品中，还有一部作品值得注意，即威·李卜克内西《纪念马克思——生平与回忆》1896年纽伦堡版③。文章叙述的内容基本上限于50年代，但是如果不考虑细节上的诸多不准确之处的话，它对这一时期作了出色的描绘。克拉拉·蔡特金的一个为付印而加以扩充的报告《卡尔·马克思及其生平事业》（1913年埃尔伯费尔德版），虽然具有另一种形式，却同样以其热烈的感情而著称。这一著作建立在对题材透彻理解的

---

　　① 恩格斯《卡尔·马克思》，载于《回忆马克思恩格斯》，人民出版社2005年版，第1—12页。

　　② 恩格斯《马克思，亨利希·卡尔》，见《马克思恩格斯全集》中文第二版第29卷，第418—428页。

　　③ 《回忆马克思恩格斯》，人民出版社2005年版，第16—126页。

马克思传

基础上,它的附录具有更为特殊的价值,因为它作为指南把读者一步步引入马克思在其著作中开辟的思想世界。相反,约翰·斯巴哥的《马克思的生平与事业》(1910年纽约版)则是毫无价值的汇编作品。

马克思传记(1850年以前)的主要史料是习惯上称为《遗著选》的4卷本著作,尽管它早已不是马克思遗著的唯一版本(弗·梅林编《卡尔·马克思、弗里德里希·恩格斯和斐迪南·拉萨尔遗著选》1902年斯图加特版)。这部作品现在已安然地存在了15年;在1913年第二版跋中对某些细节作了订正。第1卷显著补充了古斯达夫·迈尔关于《莱茵报》《德法年鉴》以及弗里德里希·恩格斯的著作,而第4卷则补充了拉萨尔给马克思的5封信,伯恩施坦后来发现了这些信并发表在《新时代》(第33年卷第1册,第19页及以下)上。在这部作品的引言和注释中,我根据手稿和已刊印资料罗列了大量传记材料,因此本书的前几章某种程度上只是这些材料的摘录而已。

第二个主要史料(1850年到1870年这20年)是同为4卷的马克思恩格斯之间的通信(奥·倍倍尔、爱·伯恩施坦编《1844年至1883年间马克思恩格斯通信集》,1913年斯图加特版)。这部宏伟著作也得到了敌对方体面的尊重。对此作了更详细论述的学术著作列举如下:伯恩施坦在《社会科学和社会政治文库》(第38卷)中的著作;古·迈尔在《政治杂志》(第7卷)中的著作;梅林在《社会主义与工人运动史文库》(第5卷)中的著作;海·翁肯在《普鲁士年鉴》(第155卷)中的著作;施穆勒在《德意志帝国立法、行政和国民经济年鉴》(第39卷)中的著作。

第三个主要史料(1870年到1883年间)是与左尔格的通信(《约·菲·贝克尔、约·狄慈根、弗里德里希·恩格斯、卡尔·马克思给弗·阿·左尔格等人的书信和书信摘录》1906年斯图加特版)。书信原件和其余的手稿材料都被左尔格交给了规模巨大的纽约公共图书馆。

对于一系列篇幅较小的通信(与库格曼、魏德迈、弗莱里格拉特等人的通信),我将在提到这些人时再加以列举。在此,我只想以真挚的感激之情铭记卡尔·格律恩堡的《社会主义与工人运动史文库》在我整个写作

说　明

期间给予我的支持。这份杂志尽管创办时间较短，却由于其主编的高超能力而成为所有社会主义研究的中心。

青年时代

我获准在维也纳毛特纳和帕彭海姆的极为出色的图书馆中查阅了诉讼文件，我从这些文件中获得了马克思的族谱记录。梅林《关于卡尔·马克思传记的零星资料》（《新时代》第29年卷第1册，第4页，附有关中学毕业考试的若干细节材料）。梅林《冯·威斯特华伦一家》（《新时代》第10年卷第2册，第481页）。

黑格尔的弟子

爱琳娜·马克思全文刊载了马克思给父母的信（《新时代》第16年卷第1册，第4页）。青年黑格尔派的著作包括：科本《弗里德里希大帝和他的敌人》1840年莱比锡版；布鲁诺·鲍威尔《符类福音作者的福音故事考证》1841年莱比锡版；卢格《通信和日记》1886年柏林版。《博士论文》①（《遗著选》第1卷，第63页）；《德国现代哲学和政论界轶文集》1843年苏黎世版；1842年1月1日至1843年3月31日的《莱茵报》全本保存在柏林王室图书馆。古·迈尔《三月革命前普鲁士政治激进主义的开端》（载于《政治杂志》第6卷）提供了从档案中搜集来的关于该报历史的文献资料，以及关于青年黑格尔派的政治演变的丰富材料。伯恩施坦于1902年6月在他的《社会主义文献》上发表了马克思给卢格的8封信，对于阐明报纸的内部危机具有重要意义。马克思在《莱茵报》上发表的最重要的文章现在都已被收集（《遗著选》第1卷，第171页）。参见路德维希·费尔巴哈《通信与遗著》1874年海德堡版。

---

① 见《马克思恩格斯全集》中文第二版第1卷，第1—106页。

马克思传

流亡巴黎

《德法年鉴》。唯一一本包括头两期的双期合刊于1844年3月在巴黎出版。作为引言的通信，以及马克思和恩格斯各有两篇的论文①现已重印（《遗著选》第1卷，第360页）。古·迈尔的《〈德法年鉴〉和巴黎〈前进报〉的消亡》（《格律恩堡文库》第3卷）提供了大量关于该杂志历史的档案材料。卢格《回忆录》1886年柏林版。马克思认为阶级斗争理论中属于自己的精神财产，在自己1852年3月5日写给魏德迈的信中予以阐发②。参见梅林《关于马克思恩格斯传记的新材料》（《新时代》第25年卷第2册，第163页）。另见普列汉诺夫《论阶级斗争学说的开端》③（《新时代》第21年卷第1册，第275页）和罗特施坦《马克思之前阶级斗争的宣告者》（《新时代》第26年卷第1册，第836页）。有一整份《前进报》现存维也纳市立图书馆；马克思在该报上发表的唯一一篇文章④收入《遗著选》第2卷，第41页。

弗里德里希·恩格斯

年轻的恩格斯可以说是被古·迈尔在他的文章《弗里德里希·恩格斯的笔名》（《格律恩堡文库》第4卷）中重新发现的。恩格斯给他青年时几个友人的信最令人感兴趣，这些信被迈尔发表在《新观察》1913年9月和10月号上。希望迈尔准备全面论述恩格斯早期文学和政治活动的著作能够

---

① 《马克思恩格斯全集》中文第一版第1卷，第407—418、419—451、452—467、596—625、626—655页。

② 《马克思恩格斯文集》第10卷，第106页。

③ 见《普列汉诺夫哲学著作选集》三联书店1961年版第2卷，第512—570页。

④ 《马克思恩格斯全集》中文第二版第3卷，第375—396页。

说 明

尽快问世。恩格斯和马克思合著的《神圣家族》①,载于《遗著选》第2卷,并附有详细注释。恩格斯《英国工人阶级状况》1845年莱比锡版②。

流亡布鲁塞尔

伯恩施坦在他的《社会主义文献》中转载了马克思和恩格斯反对施蒂纳的论战著作的一些较大片断。关于马克思和恩格斯与"真正的"社会主义的关系,参见《遗著选》第2卷。魏特林《和谐与自由的保证》,附梅林的传记性引言和注释,1908年柏林版。蒲鲁东《通信集》第2卷,第198页。马克思《哲学的贫困》③ 1885年斯图加特版。在党的档案馆中保存有几乎一整份的《德意志—布鲁塞尔报》;马克思和恩格斯在该报上发表的最重要的文章都收入《遗著选》第2卷。保存下来的关于共产主义者同盟的相对稀少的材料,现在编入马克思《揭露科隆共产党人案件》④,附恩格斯的引言和有关文件,第四次重印,附梅林的引言和说明,1914年柏林版。贝尔特朗《1848年前比利时的社会民主运动》(《新时代》第23年卷第2册,第277页)。罗特施坦《国际前史》(《新时代》增刊第17期)。《威廉·沃尔弗全集》,梅林编,1909年柏林版。马克思《雇佣劳动与资本》⑤,附恩格斯的导言,1891年柏林版。马克思恩格斯《共产党宣言》⑥。经过作者之一重新审订过的最新一版1890年在柏林出版。

革命和反革命

《新莱茵报》的一系列社论载于《遗著选》第3卷。梅林《弗莱里格

---

① 《马克思恩格斯全集》中文第一版第2卷,第3—268页。
② 《马克思恩格斯全集》中文第一版第2卷,第269—587页。
③ 《马克思恩格斯全集》中文第一版第4卷,第71—198页。
④ 《马克思恩格斯全集》中文第二版第8卷,第457—536页。
⑤ 《马克思恩格斯文集》第1卷,第699—743页。
⑥ 《马克思恩格斯文集》第2卷,第3—67页。

拉特和马克思的通信》(《新时代》增刊第 12 期)。拉萨尔和马克思的通信①收入《遗著选》第 4 卷。

流亡伦敦

《新莱茵报评论》。从中重印了马克思《1848 年至 1850 年的法兰西阶级斗争》②，附恩格斯的导言，1895 年柏林版；其他著作包括许多每月述评与书评，以及恩格斯《德国维护帝国宪法的运动》③ 都收入《遗著选》第 3 卷。1914 年的《普鲁士年鉴》上发表了几篇以档案资料为依据的文章，首次澄清了金克尔案件。关于伦敦流亡者的生活，参见梅林的《新资料》，这些资料源自马克思与魏德迈的通信。马克思《路易·波拿巴的雾月十八日》④ 1914 年斯图加特版。马克思《揭露科隆共产党人案件》。

马克思和恩格斯

这一章基本上以《马克思恩格斯通信集》为基础；这里略去个别细节的资料来源。

克里木战争和危机

由于这一章已经付印，所以我不能再为此利用下面这本书：《马克思恩格斯 1852—1862 年著作集》，梁赞诺夫编，1917 年斯图加特版。该著作的前两卷只叙述到 1855 年底，但已经有 1000 页以上了；后面还有两卷将要出版。但是已出版卷次的传记资料价值很低，以至于我既不需要订正也

---

① 《马克思恩格斯通信集》三联书店 1957—1958 年版，第 2、3 卷。
② 《马克思恩格斯文集》第 2 卷，第 77—187 页。
③ 《马克思恩格斯全集》中文第二版第 10 卷，第 3—109 页。
④ 《马克思恩格斯文集》第 2 卷，第 461—578 页。

说 明

不需要补充正文。总体上只是加深了这样一个印象,即为《纽约每日论坛报》所做的工作并不是马克思必须忍受的苦难中最轻的部分。德纳不是报纸的真正所有者,而只是真正所有者格里利和麦克尔拉斯的奴隶。这一点不会使每个读者得出主编的结论,即不管怎样,德纳对马克思的态度还是正确的。马克思在与他的10年交往中从来没有想到,德纳只是在患难中对他表示同情的同道。梁赞诺夫收入两卷中的马克思恩格斯的文章与短评具有非常不同的价值:其中一部分作为附带的但是内容丰富的作品,可以补充作者的伟大科学成就,而另一部分——特别是编入第2卷的部分——则不过是"地地道道的报纸通讯",马克思和恩格斯恐怕会对重新发表这些文章极不满意。关于本章提到的乌尔卡尔特、哈尼、琼斯和其他个人关系,见《马克思恩格斯通信集》;古·迈尔《马克思致拉萨尔的两封不为人知的信》(1855年),载于《法兰克福报》,1913年8月10日。马克思《政治经济学批判》① 1859年柏林版。

王朝的变革

恩格斯《波河与莱茵河》《萨瓦、尼斯与莱茵》②,伯恩施坦编的两篇论文,1915年斯图加特版。拉萨尔《意大利战争和普鲁士的任务》1892年柏林版。福格特《我对〈总汇报〉的诉讼》1859年日内瓦版。马克思《福格特先生》③。马克思与拉萨尔、弗莱里格拉特、魏德迈的通信,特别是与恩格斯的通信。

国际的创始

有关国际的较早的著作(戴斯杜、维列塔尔等人的著作)完全过时

---

① 《马克思恩格斯全集》中文第二版第31卷,第411—582页。
② 《马克思恩格斯全集》中文第一版第13卷,第247—299、633—680页。
③ 《马克思恩格斯全集》中文第二版第19卷,第69—430页。

马克思传

了；鲁道夫·迈耶尔《第四等级的解放斗争》1874年柏林版，只要加以必要的注意，有时可以利用。耶克《国际》1904年莱比锡版是对这个伟大组织进行科学描述的第一次尝试。这本小书起初只是一部偶然诞生的著作，是为纪念国际成立40周年的报告而写，今天读起来仍然很有启发，只是在一个公认的关键点上过时了：它片面而严厉地指责一切非马克思主义思想的分子，特别是巴枯宁。耶克没有充分看透吴亭的阴谋和波克罕的诡计，而过分相信马克思有关巴枯宁的同盟的小册子。除了耶克的著作之外，还有约翰·菲力浦·贝克尔在日内瓦出版的6个年度的《先驱》（1866年至1871年），仍然是有关国际历史的最佳指南。当然，我在正文中对施韦泽的所谓背叛没有再提一个字。见施韦泽《政治文章与演说》，梅林编，1912年版。古·迈尔《冯·施韦泽和社会民主党》，1909年耶拿版。

对施韦泽的为人和政策作了精彩描述的是亨·劳芬贝格《汉堡、阿尔托纳及其近郊的工人运动史》1901年汉堡版。倍倍尔《我的一生》第2卷第1—137页（冯·施韦泽先生时期）。倍倍尔只重复早已被驳倒的旧指责，却没有批判性地探讨这些反驳。关于1865年国际的伦敦会议，见麦·巴赫在《新时代》第20卷上第549页上的文章。《卡尔·马克思致路·库格曼的信》（《新时代》第20年卷第2册，第26页）。

《资本论》

论述理论史的《资本论》第4卷的全部保存下来的片断都被考茨基编为一本书出版：考茨基《剩余价值学说史》[①] 1905年斯图加特版。如果说所有《资本论》的通俗化作品都过时了，那只是因为这些作品仅限于论述《资本论》第一卷。第一卷的"普及版"是考茨基1914年在斯图加特出版的。有关这一经典著作的大量文献的特色与其说体现在内容上，不如说体现在篇幅上，而且这一点不仅仅适用于反对者。凭借知识的渊博，语言的华美，研究的逻辑明确性和思考的独立性，同时还越过边界进一步发展了

---

① 考茨基《剩余价值学说史》三联书店2009年版。

说 明

科学认知，罗莎·卢森堡《资本积累论。论帝国主义的从经济解释》①（1913年柏林版）最接近于这部典范著作。特别是所谓奥地利马克思主义者（埃克施泰因、希法亭等人）贬低这部著作的手法，正是马克思主义卫道士们的拿手好戏。

处于鼎盛期的国际

本章和下一章的参考资料除《马克思恩格斯通信集》和《先驱》之外，还应特别注意关于巴枯宁的文献：巴枯宁《著作集》第1—6卷，1907—1913年巴黎版。詹姆斯·吉约姆《国际。文件与回忆》1905—1910年巴黎版。麦克斯·耐特劳《巴枯宁和1872年秋天以前意大利的国际》（《格律恩堡文库》第2卷，第275页）；麦·涅特劳《巴枯宁和1868—1873年间西班牙的国际》（《格律恩堡文库》第4卷，第243页）。麦·涅特劳《巴枯宁和1868—1873年间的俄国革命运动》（《格律恩堡文库》第5卷，第357页）。勃鲁普巴赫尔《马克思和巴枯宁》1913年慕尼黑版。当我强调这批文献对国际历史的不可或缺性时，并不是因为它们包含了真正的真理和智慧。相反，非常遗憾的是，这些著作的作者合理地要求公正地对待巴枯宁，却没有要求公正对待马克思。然而，兼听则明这句老话对于历史学也是适用的。一本值得称道的小书是斯捷克洛夫《米哈伊尔·巴枯宁》1913年斯图加特版。作者是一位真正的马克思主义者，但正是因为这样，他才要求德国社会民主党对巴枯宁的纪念采取公正的态度。《机密通知》② 全文刊载在致库格曼的一封信中（《新时代》第20年卷第2册，第472页）。

---

① 卢森堡《资本积累论》三联书店1959年版。
② 《马克思恩格斯全集》中文第一版第16卷，第465—479页。

 马克思传

国际的衰微

马克思《法兰西内战》①，附恩格斯的导言，1891年柏林版。这一著作收入国际关于战争和公社的3篇宣言。马克思在书信中关于公社的意见参见《新时代》第20年卷第1册，第708页。起义期间马克思同公社委员会委员的通信的少数断片，收入《新时代》第29年卷第1册，第734页。《国际工人协会汝拉联合会致国际各联合委员会的备忘录》1873年松维利耶版。《所谓国际内部的分裂。国际工人协会总委员会内部通告》②1872年日内瓦版。麦·巴赫《英国国际的分裂》（《新时代》第21年卷第2册，第21页）。《一个反对国际工人协会的阴谋》1874年不伦瑞克版（所谓的《同盟小册子》）。

在这里，我们要谈一谈考茨基和梁赞诺夫扼杀尚处于萌芽状态的本书的企图。

尽管关于拉萨尔的一些异端言论已经引起了考茨基对我的公开警告，说我"反对马克思"，还说我"辜负"了拉法格夫人的"信任"，但是我还是公开坚持执行自己的传记计划，甚至敢于在杂志《新时代》上我所主编的杂感栏（见《新时代》第31年卷第2册，第985页）评论勃鲁普巴赫尔关于马克思和巴枯宁的著作，而不把这部著作骂得狗血喷头。虽然我指责该书对马克思进行了某些攻击并有不公正之处，但我仍然宣布它是一部"有用的和有价值的著作"，因为它消除了马克思和马克思主义者对巴枯宁的一系列不公正的指责，而我决没有把我自己排除在这些马克思主义者之外。我评论的主要内容是，国际是在完成了自己伟大的历史使命之后死亡的，因此，它的死亡要比死于那些肆无忌惮的煽动者的卑鄙阴谋要远远光荣得多。

我所讲的也只限于这些，但是梁赞诺夫却针对我那可怜的6页纸发表

---

① 《马克思恩格斯文集》第3卷，第95—223页。
② 《马克思恩格斯全集》中文第一版第18卷，第7—55页。

说 明

了一本篇幅在10倍以上的小册子，而考茨基还乐于为其在《新时代》上开辟专栏（梁赞诺夫《社会民主主义的旗帜和无政府主义的商品》，载于《新时代》第32年卷第1册，第5、7、8、9、10和13期）。当然，梁赞诺夫对我实事求是的言论未置一词。甚至通过歪曲我的话或是夸大与事实无关的因疏忽造成的笔误，他想向我证明的两三个错误也与我认为重要的事情毫无关系。他的目的就在于把我描绘成一个既缺乏知识又无判断能力的人，甚至没有应有的善意来总体论述马克思的事业。我的形象可以说就是挂在年市摊位上的涂着朱红色的鬼脸，而摊贩就站在这些鬼脸前面吆喝着：瞧这里，一个怪物！

梁赞诺夫当然十分适合扮演这种摊贩的角色。他是这样一种文体的能手，这种文体是他从自己崇拜的波克罗那里学来的，而马克思曾十分贴切地描述过这种文体：“当他拿起笔来的时候，唉，他就不知轻重，言语乏味。而且，他又没有进行过必要的学习。他象野人一样，以为用种种惹人注目的色彩把自己的脸刺上花纹就美化了自己的脸。在他的话中，庸俗平淡和滑稽可笑的词句，比比皆是。他本能地给他的几乎每一句话都戴上了小丑尖帽。"① 但是梁赞诺夫决不仅仅是本能地这样做的。如果他能够按照自己的喜好摆出一副严峻面孔的话，那么这个"严肃的研究者"（他喜欢这样称呼自己和自己一类的人物）就变成了一个拙劣的伪造者。为了在自己的小册子中向我开几个卑劣的玩笑，他不得不把波克罗1869年夏天在吉多·魏斯主编的《未来报》上发表反对巴枯宁的文章的责任推到我的身上。在这里梁赞诺夫引用了我的一段话，我在其中说，我年轻的时候会参加《未来报》编辑部，而在同一个地方还指出我参加编辑部的时间是1870年1月。梁赞诺夫干脆把这个日子扔进了废纸篓，还捏造出一个说法，好像我在1869年6月25日，而且恰好是在这一天，在《未来报》上发表了一篇文章。这样一来，他就通过小小的隐瞒和伪造给自己赢得了一块空地，然后就得意洋洋地嘲笑我在1869年夏天在《未来报》编辑部扮演的"小毛孩子"的角色，虽然当时我与该报还没有任何哪怕是最疏远的关系。

---

① 《马克思恩格斯全集》中文第一版第32卷，第561页。

547

 马克思传

任何资产阶级杂志都会唾弃这种作为反对社会民主党作家武器的小丑行为,而考茨基竟然毫不迟疑地在《新时代》上干了出来,而我20年来一直是该杂志最勤奋的撰稿人。

但是现在看一看这些西塞罗对卡提利纳的指责吧!在第1页上,他们就指责我在评论勃鲁普巴赫尔著作的文章中兜售"最腐朽的商品",并且引起了这样的危险,即"在社会民主党的旗帜下,把无政府主义者先前对恩格斯和马克思、倍倍尔和李卜克内西所发出的一切指责,如所谓诽谤狂、无耻的谎言、伪造、隐瞒蒙混、道德感的空前混乱等等,偷运进党的文献中"。如果在小册子的第1页上,这种危险还只是"迫在眉睫"的话,那么在第2页上,它已经发生了,我已经"对伟大的死者进行了用道德来粉饰、用伪善来掩盖的谩骂"。我最严重的罪过是想否定现代工人运动最伟大的思想家马克思,而把巴枯宁推出来取代他作为真正的救世主,或者用梁赞诺夫那种插科打诨的语调来说,我想把"马克思当作克劳狄乌斯,把巴枯宁当作哈姆雷特的父亲,把德国社会民主党当作王后,而把梅林当作哈姆雷特,这个哈姆雷特又想劝说王后扔掉较坏的一半,而与另一半更加贞洁地生活下去"。接下来,梁赞诺夫就又从这悲剧的高潮落入他更熟悉的小丑胡闹的领域,指责我盲目相信勃鲁普巴赫尔和吉约姆"令人作呕的"胡说,而根据这些胡说,马克思的国际只是一个假象,"这个假象背后隐藏着一帮由没有良心的和道德上迟钝的耶稣会士组成的邪恶帮派"。

的确,梁赞诺夫也举出了两个减轻我的罪名的情况:首先是我极大的无知,"对于对象只有肤浅的认识,而只要不是用德语发表的相关文献就全然不知"。其次是我深感良心有愧,因为我诽谤巴枯宁比诽谤吴亭及与他一伙的人还要厉害。这是一个梁赞诺夫只能根据他伪造的引文来支持的论断。因为他隐瞒了一个事实:在他引用的我的《德国社会民主党史》的一段话中,我为巴枯宁出于纯个人的动机才反对马克思的指责进行了辩护;而且我用巴枯宁的教养和生活过程解释了他的无政府主义理论。但是梁赞诺夫却加了着重号地引用了我本身是正确的补充意见,即在巴枯宁反对马克思的斗争中,他的个人野心和个人嫉妒心"发挥了作用"。现在,

说 明

在有关巴枯宁的新材料出现之后,我很高兴放弃这个说法。但是梁赞诺夫有些机智却完全错误地认定,我是由于这些新材料,才为了安抚自己的良心而使巴枯宁成为社会主义的第一位思想领袖。如果梁赞诺夫认为我当时的评语是对巴枯宁的诽谤中最恶毒的,那么要么是他不了解他的最爱波克罕和吴亭——但这对于这样一位"严肃的研究者"来说难以设想——,要么是他真的疯了。

这本小小的文选足以证明,如果在其他方面都是事实的话,我来写马克思的传记无异于要驴子弹六弦琴。但事实是否如此,这本书的读者看一下第13章和第14章就能立刻作出判断。这两章进一步详细论证了我在对勃鲁普巴赫尔的书的短评中所勾画的粗略轮廓。在马克思主义卫道士的眼中,我不可原谅的罪行首先是,在履行每一个历史学家应尽的义务时,我在叙述巴枯宁和马克思之间的争论时,不仅听取了马克思派证人的证词,而且也听取了巴枯宁派证人的证词;其次,我按照至少每个马克思主义历史学家的义务,没有把国际的历史看成是卑鄙无耻的阴谋家推翻一尘不染的英雄的一出悲喜剧,而是把它看成一个伟大的历史现象,而只有从伟大的历史联系中才能解释这一现象的兴起和衰落。

关于马克思主义卫道士的讨论已经够多了,因为考茨基本人已经通过他在1914年8月4日的机会主义政策,以及他那臭名昭著的发现——国际"本质上是和平时期的工具"而"不是战争时期的有效工具"——充分表明了他们的特点。

最后十年

拉法格《忆马克思》①(《新时代》第9年卷第1册,第10页)。马克思《关于纲领的信》②(《新时代》第9年卷第1册,第561页)。恩格斯的一封类似的信载于倍倍尔《我的一生》第2卷,第318页。斯捷克洛夫

---

① 《回忆马克思恩格斯》,人民出版社2005年版,第186—205页。
② 马克思《哥达纲领批判》,见《马克思恩格斯文集》第3卷,第419—450页。

 马克思传

《海牙代表大会后巴枯宁派的国际》，载于《新时代》增刊第 18 期。马克思关于东方战争的意见参见《与左尔格的通信》第 156 页和李卜克内西《关于东方问题》1878 年莱比锡版一书的附录。关于反社会党人法实施最初几年间的争论，参见《与左尔格的通信》和倍倍尔的《我的一生》。马克思夫人的最后一封信见《与左尔格的通信》第 151 页。关于马克思最后的生病、去世和恩格斯主持的葬礼，参阅《与左尔格的通信》第 186 页和 1883 年 3 月 22 日的《社会民主党人报》（苏黎世）。

图书在版编目(CIP)数据

马克思传 / (德) 梅林著；胡晓琛，高杉译. —北京：中央编译出版社，2022.10（2025.10 重印）

ISBN 978-7-5117-4143-1

Ⅰ. ①马… Ⅱ. ①梅… ②胡… ③高… Ⅲ. ①马克思 (Marx，Karl 1818-1883)-传记 Ⅳ. ①A711

中国版本图书馆 CIP 数据核字（2022）第 078623 号

马克思传

选题策划	张远航
责任编辑	李媛媛　纪宛伯
责任印制	李　颖
出版发行	中央编译出版社
地　　址	北京市海淀区北四环西路 69 号（100080）
电　　话	（010）55627391（总编室）　（010）55627310（编辑室） （010）55627320（发行部）　（010）55627377（新技术部）
经　　销	全国新华书店
印　　刷	北京文昌阁彩色印刷有限责任公司
开　　本	710 毫米×1000 毫米　1/16
字　　数	519 千字
印　　张	35.5
版　　次	2022 年 10 月第 1 版
印　　次	2025 年 10 月第 4 次印刷
定　　价	138.00 元

网　　址	www.cctphome.com　　邮　箱　cctp@cctphome.com
新浪微博	@中央编译出版社　　微　信　中央编译出版社（ID：cctphome）
淘宝店铺	中央编译出版社直销店（http：//shop108367160.taobao.com）　（010）55627331

本社常年法律顾问　北京市吴栾赵阎律师事务所律师　闫军　梁勤
凡有印装质量问题，本社负责调换。电话：（010）55626985